中国人口普查
CHINA POPULATION CENSUS

2020

广东省人口普查年鉴

（第6册）

GUANGDONG POPULATION CENSUS YEARBOOK 2020

(BOOK 6)

广　东　省　统　计　局
广东省第七次全国人口普查领导小组办公室　编

Compiled by
Guangdong Provincial Bureau of Statistics
Office of the Leading Group of Guangdong Province for the Seventh National Population Census

中国统计出版社
China Statistics Press

图书在版编目（CIP）数据

广东省人口普查年鉴. 2020. 第 6 册 / 广东省统计局, 广东省第七次全国人口普查领导小组办公室编. -- 北京 : 中国统计出版社, 2022.9
ISBN 978-7-5037-9948-8 -6

Ⅰ. ①广… Ⅱ. ①广… ②广… Ⅲ. ①人口普查－统计资料－广东－2020－年鉴 Ⅳ. ①C924.256.5-54

中国版本图书馆 CIP 数据核字(2022)第 157084 号

广东省人口普查年鉴-2020（第 6 册）
Guangdong Population Census Yearbook 2020 (Book 6)

作　　者/国务院第七次全国人口普查领导小组办公室
责任编辑/郭　栋　佘竞雄
执行编辑/张　怡
封面设计/李雪燕
出版发行/中国统计出版社有限公司
通信地址/北京市丰台区西三环南路甲 6 号　邮政编码/100073
发行电话/邮购（010）63376909　书店（010）68783171
网　　址/http://www.zgtjcbs.com/
印　　刷/河北鑫兆源印刷有限公司
经　　销/新华书店
开　　本/880mm×1230mm　1/16
字　　数/960 千字
印　　张/40
版　　别/2022 年 9 月第 1 版
版　　次/2022 年 9 月第 1 次印刷
定　　价/1680.00 元（全六册附光盘）

目　录

第6册

第四部分　跨县（市、区）流动人口（长表数据资料）

第一卷　概要

1-1　各地区户数、人口数和性别比……4364

1-2　各地区分年龄、性别的人口……4370

1-3　全省分年龄、性别的人口……4391

第二卷　民族

2-1　全省各民族分性别、行业的人口……4395

2-2　全省各民族分性别、职业的人口……4402

2-3　全省各民族分性别、主要生活来源的 15 岁及以上人口……4405

2-4　全省各民族分性别、婚姻状况的 15 岁及以上人口……4408

2-5　全省各民族分性别、初婚年龄的人口……4410

2-6　全省按民族、生育孩次分的育龄妇女人数(2019.11.1-2020.10.31)……4420

2-7　全省各民族 15-64 岁妇女平均活产子女数和平均存活子女数……4422

第三卷　教育

3-1　全省分学业完成情况、性别、受教育程度的 3 岁及以上人口……4425

3-2　全省分年龄、性别、学业完成情况的 3 岁及以上各种受教育程度人口……4426

第四卷　就业

4-1　各地区分性别、年龄的就业人口……4445

4-2　各地区分性别、受教育程度的就业人口……4461

4-3　全省分年龄、性别、受教育程度的就业人口……4469

4-4　各地区分性别、行业大类的就业人口……4470

4-5　全省分年龄、性别、行业大类的就业人口……4574

4-6　各地区分性别、职业中类的就业人口……4587

4-7　全省分年龄、性别、职业中类的就业人口……4659

第五卷　婚姻

5-1　各地区分性别、婚姻状况的 15 岁及以上人口 ……4671
5-2　全省分性别、职业、婚姻状况的人口……4677
5-3　全省分年龄、性别、受教育程度、婚姻状况的人口……4678
5-4　全省分初婚年龄、性别、初婚年份的人口……4698
5-5　全省分年龄、性别、初婚年龄的人口……4712
5-6　全省分性别、受教育程度、初婚年龄的人口……4722

第六卷　生育

6-1　各地区分性别、孩次的出生人口(2019.11.1-2020.10.31)……4729
6-2　全省按年龄、受教育程度、生育孩次分的育龄妇女人数(2019.11.1-2020.10.31) ……4738
6-3　全省育龄妇女分年龄、孩次的生育状况(2019.11.1-2020.10.31)……4758
6-4　各地区育龄妇女年龄别生育率 ……4759
6-5　各地区按活产子女数分的 15-64 岁妇女人数……4762
6-6　全省按受教育程度、活产子女数分的 15-64 岁妇女人数……4765
6-7　全省按职业、活产子女数分的 15-64 岁妇女人数……4765
6-8　各地区按存活子女数分的 15-64 岁妇女人数……4766
6-9　全省按受教育程度、存活子女数分的 15-64 岁妇女人数……4769
6-10　全省按职业、存活子女数分的 15-64 岁妇女人数……4769

第七卷　迁移和户口登记地

7-1　全省按现住地、户口登记地类型分的户口登记地在外乡镇街道人口 ……4773
7-2　全省按现住地、职业和性别分的户口登记地在本省其他乡镇街道人口 ……4824
7-3　全省按现住地、职业和性别分的户口登记地在外省人口 ……4833
7-4　全省按现住地、户口登记地类型、受教育程度分的户口登记地在本省其他乡镇街道人口……4842
7-5　全省按现住地、户口登记地类型、受教育程度分的户口登记地在外省人口 ……4857
7-6　全省按现住地和出生地分的人口 ……4872
7-7　全省按现住地和五年前常住地分的人口 ……4884

第八卷　老年人口

8-1　各地区分性别、健康状况的 60 岁及以上老年人口……4899
8-2　全省分年龄、性别、健康状况的 60 岁及以上老年人口……4905
8-3　全省分性别、婚姻状况、健康状况的 60 岁及以上老年人口……4907
8-4　全省分性别、主要生活来源、健康状况的 60 岁及以上老年人口 ……4908
8-5　各地区分性别、主要生活来源的 60 岁及以上老年人口……4909

8-6　全省分年龄、性别、主要生活来源的人口 …… 4918
8-7　全省分性别、婚姻状况、主要生活来源的 60 岁及以上老年人口 …… 4921
8-8　全省分性别、居住状况、主要生活来源的 60 岁及以上老年人口 …… 4922
8-9　全省分年龄、性别、居住状况的 60 岁及以上老年人口 …… 4923
8-10　全省分性别、婚姻状况、居住状况的 60 岁及以上老年人口 …… 4926

第五部分　附　录

附录 1　广东省第七次全国人口普查工作基本情况 …… 4929
附录 2　广东省第七次全国人口普查公报
　　广东省第七次全国人口普查公报（第一号）——全省常住人口情况 …… 4933
　　广东省第七次全国人口普查公报（第二号）——地区人口情况 …… 4935
　　广东省第七次全国人口普查公报（第三号）——人口性别构成情况 …… 4937
　　广东省第七次全国人口普查公报（第四号）——人口年龄构成情况 …… 4939
　　广东省第七次全国人口普查公报（第五号）——人口受教育情况 …… 4941
　　广东省第七次全国人口普查公报（第六号）——城乡人口和流动人口情况 …… 4943
附录 3　国务院关于开展第七次全国人口普查的通知
　　国务院关于开展第七次全国人口普查的通知 …… 4947
　　广东省人民政府转发国务院关于开展第七次全国人口普查的通知 …… 4949
附录 4　全国人口普查条例 …… 4953
附录 5　第七次全国人口普查方案 …… 4959

第四部分 跨县（市、区）流动人口（长表数据资料）

第一卷 概要

1-1 各地区户数、

地区	户数			合计			
	合计	家庭户	集体户	合计	男	女	性别比(女=100)
广东	**2162864**	**1908673**	**254191**	**4878871**	**2783687**	**2095184**	**132.86**
广州市	**465823**	**423940**	**41883**	**954590**	**528892**	**425698**	**124.24**
荔湾区	18072	17372	700	38010	20060	17950	111.75
越秀区	11630	10694	936	29826	15121	14705	102.83
海珠区	44737	41840	2897	90627	47738	42889	111.31
天河区	71928	61889	10039	141284	77066	64218	120.01
白云区	125819	116843	8976	251605	138746	112859	122.94
黄埔区	35421	31670	3751	75226	44438	30788	144.34
番禺区	81128	74028	7100	155622	86057	69565	123.71
花都区	36157	33285	2872	78382	44303	34079	130.00
南沙区	19487	17192	2295	41946	25812	16134	159.99
从化区	2329	1955	374	6827	3898	2929	133.08
增城区	19115	17172	1943	45235	25653	19582	131.00
韶关市	**13244**	**11709**	**1535**	**40521**	**21296**	**19225**	**110.77**
武江区	4227	3857	370	12422	6311	6111	103.27
浈江区	3387	2790	597	11255	5729	5526	103.67
曲江区	1609	1412	197	5201	2859	2342	122.08
始兴县	389	347	42	1091	584	507	115.19
仁化县	783	732	51	2126	1208	918	131.59
翁源县	553	454	99	1717	952	765	124.44
乳源瑶族自治县	447	402	45	1415	801	614	130.46
新丰县	404	356	48	1116	654	462	141.56
乐昌市	910	854	56	2685	1397	1288	108.46
南雄市	535	505	30	1493	801	692	115.75
深圳市	**608451**	**524706**	**83745**	**1425761**	**811379**	**614382**	**132.06**
罗湖区	25673	22655	3018	72601	37741	34860	108.26
福田区	33259	27974	5285	92382	49855	42527	117.23
南山区	38176	28986	9190	106278	59767	46511	128.50
宝安区	184492	159358	25134	406577	234725	171852	136.59
龙岗区	146361	129088	17273	346590	193658	152932	126.63
盐田区	4773	3794	979	15098	8595	6503	132.17
龙华区	103847	90583	13264	230749	134282	96467	139.20
坪山区	21700	18883	2817	49101	29085	20016	145.31
光明区	50170	43385	6785	106385	63671	42714	149.06
珠海市	**51706**	**44143**	**7563**	**123529**	**71235**	**52294**	**136.22**
香洲区	30311	25923	4388	71951	40971	30980	132.25
斗门区	10953	10152	801	24685	14499	10186	142.34
金湾区	10442	8068	2374	26893	15765	11128	141.67
汕头市	**12832**	**11190**	**1642**	**42352**	**23507**	**18845**	**124.74**
龙湖区	5085	4788	297	13973	7661	6312	121.37
金平区	3378	3192	186	10543	5443	5100	106.73
濠江区	396	190	206	1954	1312	642	204.36
潮阳区	626	547	79	2192	1169	1023	114.27
潮南区	919	638	281	4154	2480	1674	148.15
澄海区	2356	1771	585	9302	5308	3994	132.90
南澳县	72	64	8	234	134	100	134.00
佛山市	**219710**	**190923**	**28787**	**496590**	**295196**	**201394**	**146.58**
禅城区	29946	27051	2895	65249	37249	28000	133.03
南海区	90261	75920	14341	210154	125051	85103	146.94
顺德区	78730	70774	7956	172772	102902	69870	147.28
三水区	14326	11491	2835	34836	21583	13253	162.85
高明区	6447	5687	760	13579	8411	5168	162.75

人口数和性别比

单位：户、人

人口数								平均家庭户规模（人/户）
家庭户				集体户				
小计	男	女	性别比（女=100）	小计	男	女	性别比（女=100）	
3927995	**2162122**	**1765873**	**122.44**	**950876**	**621565**	**329311**	**188.75**	**2.06**
800741	**436885**	**363856**	**120.07**	**153849**	**92007**	**61842**	**148.78**	**1.89**
35086	18348	16738	109.62	2924	1712	1212	141.25	2.02
26008	13009	12999	100.08	3818	2112	1706	123.80	2.43
80298	42277	38021	111.19	10329	5461	4868	112.18	1.92
109942	59643	50299	118.58	31342	17423	13919	125.17	1.78
216690	118446	98244	120.56	34915	20300	14615	138.90	1.85
60542	34202	26340	129.85	14684	10236	4448	230.13	1.91
133217	73173	60044	121.87	22405	12884	9521	135.32	1.80
64939	36479	28460	128.18	13443	7824	5619	139.24	1.95
33574	19222	14352	133.93	8372	6590	1782	369.81	1.95
4370	2324	2046	113.59	2457	1574	883	178.26	2.24
36075	19762	16313	121.14	9160	5891	3269	180.21	2.10
32814	**16546**	**16268**	**101.71**	**7707**	**4750**	**2957**	**160.64**	**2.80**
10577	5246	5331	98.41	1845	1065	780	136.54	2.74
8288	4165	4123	101.02	2967	1564	1403	111.48	2.97
4126	2112	2014	104.87	1075	747	328	227.74	2.92
907	469	438	107.08	184	115	69	166.67	2.61
1860	988	872	113.30	266	220	46	478.26	2.54
1319	653	666	98.05	398	299	99	302.02	2.91
1169	613	556	110.25	246	188	58	324.14	2.91
859	454	405	112.10	257	200	57	350.88	2.41
2399	1171	1228	95.36	286	226	60	376.67	2.81
1310	675	635	106.30	183	126	57	221.05	2.59
1138065	**612211**	**525854**	**116.42**	**287696**	**199168**	**88528**	**224.98**	**2.17**
59195	28973	30222	95.87	13406	8768	4638	189.05	2.61
70247	34895	35352	98.71	22135	14960	7175	208.50	2.51
70187	35515	34672	102.43	36091	24252	11839	204.85	2.42
325030	178595	146435	121.96	81547	56130	25417	220.84	2.04
290147	155205	134942	115.02	56443	38453	17990	213.75	2.25
10772	5585	5187	107.67	4326	3010	1316	228.72	2.84
187438	103134	84304	122.34	43311	31148	12163	256.09	2.07
39432	21955	17477	125.62	9669	7130	2539	280.82	2.09
85617	48354	37263	129.76	20768	15317	5451	280.99	1.97
95751	**53044**	**42707**	**124.20**	**27778**	**18191**	**9587**	**189.75**	**2.17**
55791	30365	25426	119.42	16160	10606	5554	190.96	2.15
21888	12410	9478	130.93	2797	2089	708	295.06	2.16
18072	10269	7803	131.60	8821	5496	3325	165.29	2.24
28874	**15346**	**13528**	**113.44**	**13478**	**8161**	**5317**	**153.49**	**2.58**
11843	6332	5511	114.90	2130	1329	801	165.92	2.47
9502	4878	4624	105.49	1041	565	476	118.70	2.98
428	252	176	143.18	1526	1060	466	227.47	2.25
1404	718	686	104.66	788	451	337	133.83	2.57
1434	826	608	135.86	2720	1654	1066	155.16	2.25
4070	2238	1832	122.16	5232	3070	2162	142.00	2.30
193	102	91	112.09	41	32	9	355.56	3.02
387214	**222282**	**164932**	**134.77**	**109376**	**72914**	**36462**	**199.97**	**2.03**
54203	30361	23842	127.34	11046	6888	4158	165.66	2.00
153165	87596	65569	133.59	56989	37455	19534	191.74	2.02
144275	83482	60793	137.32	28497	19420	9077	213.95	2.04
24436	14299	10137	141.06	10400	7284	3116	233.76	2.13
11135	6544	4591	142.54	2444	1867	577	323.57	1.96

1-1 续表 1

地　区	户　数			合　计			
	合计	家庭户	集体户	合计	男	女	性别比(女=100)
江门市	**37147**	**34128**	**3019**	**101555**	**57307**	**44248**	**129.51**
蓬江区	10724	9667	1057	29226	15872	13354	118.86
江海区	6806	6137	669	18568	10295	8273	124.44
新会区	5769	5454	315	15989	9276	6713	138.18
台山市	2504	2191	313	8089	4687	3402	137.77
开平市	3739	3543	196	11036	6060	4976	121.78
鹤山市	6393	6036	357	14881	8866	6015	147.40
恩平市	1212	1100	112	3766	2251	1515	148.58
湛江市	**17892**	**15480**	**2412**	**58248**	**29404**	**28844**	**101.94**
赤坎区	4350	3948	402	13446	6471	6975	92.77
霞山区	7569	7218	351	23067	11769	11298	104.17
坡头区	619	590	29	1927	1020	907	112.46
麻章区	2249	959	1290	8859	4749	4110	115.55
遂溪县	487	428	59	1912	825	1087	75.90
徐闻县	588	563	25	1908	1024	884	115.84
廉江市	829	683	146	3131	1380	1751	78.81
雷州市	412	396	16	1256	672	584	115.07
吴川市	789	695	94	2742	1494	1248	119.71
茂名市	**5587**	**4465**	**1122**	**22345**	**11894**	**10451**	**113.81**
茂南区	2959	2384	575	10220	5529	4691	117.86
电白区	802	583	219	3949	2251	1698	132.57
高州市	813	578	235	3990	2092	1898	110.22
化州市	564	496	68	2387	1174	1213	96.78
信宜市	449	424	25	1799	848	951	89.17
肇庆市	**16104**	**13217**	**2887**	**47641**	**28214**	**19427**	**145.23**
端州区	4119	3742	377	12626	7007	5619	124.70
鼎湖区	1158	778	380	5576	3307	2269	145.75
高要区	2416	1855	561	6265	3781	2484	152.21
广宁县	254	195	59	946	549	397	138.29
怀集县	187	163	24	673	415	258	160.85
封开县	269	219	50	903	522	381	137.01
德庆县	275	259	16	871	472	399	118.30
四会市	7426	6006	1420	19781	12161	7620	159.59
惠州市	**99764**	**87317**	**12447**	**256169**	**150467**	**105702**	**142.35**
惠城区	36529	31992	4537	95232	54378	40854	133.10
惠阳区	40072	35336	4736	94281	56848	37433	151.87
博罗县	14342	11924	2418	41357	24584	16773	146.57
惠东县	7987	7364	623	22904	13278	9626	137.94
龙门县	834	701	133	2395	1379	1016	135.73
梅州市	**8457**	**7551**	**906**	**30168**	**15226**	**14942**	**101.90**
梅江区	3749	3130	619	13380	6599	6781	97.32
梅县区	2591	2505	86	8682	4314	4368	98.76
大埔县	279	244	35	1095	623	472	131.99
丰顺县	369	315	54	1302	709	593	119.56
五华县	402	374	28	1635	921	714	128.99
平远县	253	229	24	854	444	410	108.29
蕉岭县	337	306	31	1317	692	625	110.72
兴宁市	477	448	29	1903	924	979	94.38

单位：户、人

人口数								平均家庭户规模（人/户）
家庭户				集体户				
小计	男	女	性别比（女=100）	小计	男	女	性别比（女=100）	
85206	**46483**	**38723**	**120.04**	**16349**	**10824**	**5525**	**195.91**	**2.50**
24689	13151	11538	113.98	4537	2721	1816	149.83	2.55
15512	8447	7065	119.56	3056	1848	1208	152.98	2.53
13731	7639	6092	125.39	2258	1637	621	263.61	2.52
5800	3097	2703	114.58	2289	1590	699	227.47	2.65
10032	5372	4660	115.28	1004	688	316	217.72	2.83
12402	7083	5319	133.16	2479	1783	696	256.18	2.05
3040	1694	1346	125.85	726	557	169	329.59	2.76
45923	**23238**	**22685**	**102.44**	**12325**	**6166**	**6159**	**100.11**	**2.97**
11176	5694	5482	103.87	2270	777	1493	52.04	2.83
21378	10873	10505	103.50	1689	896	793	112.99	2.96
1735	881	854	103.16	192	139	53	262.26	2.94
2858	1545	1313	117.67	6001	3204	2797	114.55	2.98
1485	698	787	88.69	427	127	300	42.33	3.47
1776	933	843	110.68	132	91	41	221.95	3.15
2291	983	1308	75.15	840	397	443	89.62	3.35
1128	586	542	108.12	128	86	42	204.76	2.85
2096	1045	1051	99.43	646	449	197	227.92	3.02
13872	**6644**	**7228**	**91.92**	**8473**	**5250**	**3223**	**162.89**	**3.11**
6698	3391	3307	102.54	3522	2138	1384	154.48	2.81
2136	977	1159	84.30	1813	1274	539	236.36	3.66
1717	840	877	95.78	2273	1252	1021	122.62	2.97
1742	730	1012	72.13	645	444	201	220.90	3.51
1579	706	873	80.87	220	142	78	182.05	3.72
32296	**17782**	**14514**	**122.52**	**15345**	**10432**	**4913**	**212.33**	**2.44**
9697	5247	4450	117.91	2929	1760	1169	150.56	2.59
2755	1409	1346	104.68	2821	1898	923	205.63	3.54
3380	1997	1383	144.40	2885	1784	1101	162.03	1.82
513	242	271	89.30	433	307	126	243.65	2.63
428	213	215	99.07	245	202	43	469.77	2.63
609	295	314	93.95	294	227	67	338.81	2.78
799	416	383	108.62	72	56	16	350.00	3.08
14115	7963	6152	129.44	5666	4198	1468	285.97	2.35
195795	**109294**	**86501**	**126.35**	**60374**	**41173**	**19201**	**214.43**	**2.24**
76814	42096	34718	121.25	18418	12282	6136	200.16	2.40
71461	40903	30558	133.85	22820	15945	6875	231.93	2.02
27266	15178	12088	125.56	14091	9406	4685	200.77	2.29
18478	10202	8276	123.27	4426	3076	1350	227.85	2.51
1776	915	861	106.27	619	464	155	299.35	2.53
24304	**11914**	**12390**	**96.16**	**5864**	**3312**	**2552**	**129.78**	**3.22**
9885	4822	5063	95.24	3495	1777	1718	103.43	3.16
7980	3987	3993	99.85	702	327	375	87.20	3.19
789	372	417	89.21	306	251	55	456.36	3.23
960	471	489	96.32	342	238	104	228.85	3.05
1280	661	619	106.79	355	260	95	273.68	3.42
723	343	380	90.26	131	101	30	336.67	3.16
1057	488	569	85.76	260	204	56	364.29	3.45
1630	770	860	89.53	273	154	119	129.41	3.64

1–1 续表 2

地区	户数			合计			
	合计	家庭户	集体户	合计	男	女	性别比(女=100)
汕尾市	**7086**	**6452**	**634**	**20778**	**11649**	**9129**	**127.60**
城区	2187	1883	304	6220	3459	2761	125.28
海丰县	3837	3578	259	11189	6282	4907	128.02
陆河县	324	284	40	1243	761	482	157.88
陆丰市	738	707	31	2126	1147	979	117.16
河源市	**15458**	**13911**	**1547**	**49398**	**26213**	**23185**	**113.06**
源城区	11566	10648	918	36401	18914	17487	108.16
紫金县	814	662	152	2944	1730	1214	142.50
龙川县	975	820	155	2940	1656	1284	128.97
连平县	269	231	38	1137	667	470	141.91
和平县	241	204	37	911	507	404	125.50
东源县	1593	1346	247	5065	2739	2326	117.76
阳江市	**7438**	**6921**	**517**	**25316**	**13884**	**11432**	**121.45**
江城区	3795	3523	272	13347	7260	6087	119.27
阳东区	2377	2245	132	7761	4290	3471	123.60
阳西县	580	515	65	1868	1074	794	135.26
阳春市	686	638	48	2340	1260	1080	116.67
清远市	**17689**	**15186**	**2503**	**57802**	**31876**	**25926**	**122.95**
清城区	11090	9405	1685	37225	20578	16647	123.61
清新区	2791	2630	161	8423	4482	3941	113.73
佛冈县	937	745	192	2687	1606	1081	148.57
阳山县	296	273	23	997	508	489	103.89
连山壮族瑶族自治县	109	98	11	441	225	216	104.17
连南瑶族自治县	107	105	2	347	162	185	87.57
英德市	2041	1650	391	6502	3700	2802	132.05
连州市	318	280	38	1180	615	565	108.85
东莞市	**426514**	**374684**	**51830**	**842335**	**494603**	**347732**	**142.24**
市辖区	426514	374684	51830	842335	494603	347732	142.24
中山市	**117218**	**109787**	**7431**	**239022**	**137000**	**102022**	**134.28**
市辖区	117218	109787	7431	239022	137000	102022	134.28
潮州市	**7494**	**6751**	**743**	**21084**	**11320**	**9764**	**115.94**
湘桥区	3143	2719	424	9176	4542	4634	98.01
潮安区	4162	3863	299	11120	6347	4773	132.98
饶平县	189	169	20	788	431	357	120.73
揭阳市	**2354**	**1997**	**357**	**6669**	**3695**	**2974**	**124.24**
榕城区	504	391	113	1316	702	614	114.33
揭东区	678	581	97	2173	1259	914	137.75
揭西县	109	106	3	351	186	165	112.73
惠来县	180	175	5	416	218	198	110.10
普宁市	883	744	139	2413	1330	1083	122.81
云浮市	**4896**	**4215**	**681**	**16998**	**9430**	**7568**	**124.60**
云城区	2598	2396	202	8938	4930	4008	123.00
云安区	402	230	172	1272	766	506	151.38
新兴县	1016	850	166	3438	1962	1476	132.93
郁南县	301	269	32	1121	590	531	111.11
罗定市	579	470	109	2229	1182	1047	112.89

单位：户、人

人口数								平均家庭户规模（人/户）
家庭户				集体户				
小计	男	女	性别比（女=100）	小计	男	女	性别比（女=100）	
17324	**9281**	**8043**	**115.39**	**3454**	**2368**	**1086**	**218.05**	**2.69**
4803	2622	2181	120.22	1417	837	580	144.31	2.55
9764	5228	4536	115.26	1425	1054	371	284.10	2.73
923	489	434	112.67	320	272	48	566.67	3.25
1834	942	892	105.61	292	205	87	235.63	2.59
42332	**21770**	**20562**	**105.87**	**7066**	**4443**	**2623**	**169.39**	**3.04**
33102	17039	16063	106.08	3299	1875	1424	131.67	3.11
2103	1093	1010	108.22	841	637	204	312.25	3.18
2179	1088	1091	99.73	761	568	193	294.30	2.66
732	365	367	99.46	405	302	103	293.20	3.17
604	278	326	85.28	307	229	78	293.59	2.96
3612	1907	1705	111.85	1453	832	621	133.98	2.68
20689	**10863**	**9826**	**110.55**	**4627**	**3021**	**1606**	**188.11**	**2.99**
11065	5891	5174	113.86	2282	1369	913	149.95	3.14
6295	3303	2992	110.39	1466	987	479	206.05	2.80
1402	713	689	103.48	466	361	105	343.81	2.72
1927	956	971	98.46	413	304	109	278.90	3.02
45202	**23209**	**21993**	**105.53**	**12600**	**8667**	**3933**	**220.37**	**2.98**
28813	14988	13825	108.41	8412	5590	2822	198.09	3.06
7434	3784	3650	103.67	989	698	291	239.86	2.83
1825	986	839	117.52	862	620	242	256.20	2.45
828	370	458	80.79	169	138	31	445.16	3.03
372	171	201	85.07	69	54	15	360.00	3.80
340	160	180	88.89	7	2	5	40.00	3.24
4684	2312	2372	97.47	1818	1388	430	322.79	2.84
906	438	468	93.59	274	177	97	182.47	3.24
675679	**387129**	**288550**	**134.16**	**166656**	**107474**	**59182**	**181.60**	**1.80**
675679	387129	288550	134.16	166656	107474	59182	181.60	1.80
212405	**120281**	**92124**	**130.56**	**26617**	**16719**	**9898**	**168.91**	**1.93**
212405	120281	92124	130.56	26617	16719	9898	168.91	1.93
16637	**9009**	**7628**	**118.10**	**4447**	**2311**	**2136**	**108.19**	**2.46**
6935	3648	3287	110.98	2241	894	1347	66.37	2.55
9150	5092	4058	125.48	1970	1255	715	175.52	2.37
552	269	283	95.05	236	162	74	218.92	3.27
4373	**2407**	**1966**	**122.43**	**2296**	**1288**	**1008**	**127.78**	**2.19**
650	367	283	129.68	666	335	331	101.21	1.66
1490	854	636	134.28	683	405	278	145.68	2.56
310	155	155	100.00	41	31	10	310.00	2.92
374	198	176	112.50	42	20	22	90.91	2.14
1549	833	716	116.34	864	497	367	135.42	2.08
12499	**6504**	**5995**	**108.49**	**4499**	**2926**	**1573**	**186.01**	**2.97**
7496	3943	3553	110.98	1442	987	455	216.92	3.13
579	302	277	109.03	693	464	229	202.62	2.52
2056	1133	923	122.75	1382	829	553	149.91	2.42
886	418	468	89.32	235	172	63	273.02	3.29
1482	708	774	91.47	747	474	273	173.63	3.15

1-2 各地区分年龄、性别的人口

单位：人

地　区	合　计			0岁			1-4岁		
	合计	男	女	小计	男	女	小计	男	女
广　东	**4878871**	**2783687**	**2095184**	**8709**	**4747**	**3962**	**129829**	**69924**	**59905**
广州市	**954590**	**528892**	**425698**	**1358**	**736**	**622**	**19107**	**10181**	**8926**
荔湾区	38010	20060	17950	63	30	33	736	426	310
越秀区	29826	15121	14705	43	19	24	514	301	213
海珠区	90627	47738	42889	102	56	46	1280	682	598
天河区	141284	77066	64218	148	72	76	1958	1070	888
白云区	251605	138746	112859	420	225	195	5537	2885	2652
黄埔区	75226	44438	30788	165	90	75	1999	1080	919
番禺区	155622	86057	69565	136	79	57	2441	1300	1141
花都区	78382	44303	34079	110	70	40	1912	1007	905
南沙区	41946	25812	16134	82	46	36	1084	582	502
从化区	6827	3898	2929	5	4	1	157	73	84
增城区	45235	25653	19582	84	45	39	1489	775	714
韶关市	**40521**	**21296**	**19225**	**133**	**71**	**62**	**1671**	**931**	**740**
武江区	12422	6311	6111	46	27	19	507	278	229
浈江区	11255	5729	5526	27	12	15	408	239	169
曲江区	5201	2859	2342	16	9	7	226	126	100
始兴县	1091	584	507	7	1	6	53	27	26
仁化县	2126	1208	918	8	7	1	96	48	48
翁源县	1717	952	765	3	2	1	75	51	24
乳源瑶族自治县	1415	801	614	3	3		70	38	32
新丰县	1116	654	462	2		2	48	30	18
乐昌市	2685	1397	1288	12	6	6	127	64	63
南雄市	1493	801	692	9	4	5	61	30	31
深圳市	**1425761**	**811379**	**614382**	**3113**	**1710**	**1403**	**43415**	**23114**	**20301**
罗湖区	72601	37741	34860	161	85	76	2222	1228	994
福田区	92382	49855	42527	197	102	95	2470	1319	1151
南山区	106278	59767	46511	161	91	70	2070	1128	942
宝安区	406577	234725	171852	903	508	395	12299	6415	5884
龙岗区	346590	193658	152932	763	424	339	11436	6149	5287
盐田区	15098	8595	6503	22	14	8	399	230	169
龙华区	230749	134282	96467	584	306	278	7535	4064	3471
坪山区	49101	29085	20016	100	61	39	1540	811	729
光明区	106385	63671	42714	222	119	103	3444	1770	1674
珠海市	**123529**	**71235**	**52294**	**188**	**104**	**84**	**3120**	**1678**	**1442**
香洲区	71951	40971	30980	86	53	33	1625	866	759
斗门区	24685	14499	10186	61	26	35	804	423	381
金湾区	26893	15765	11128	41	25	16	691	389	302
汕头市	**42352**	**23507**	**18845**	**60**	**36**	**24**	**1021**	**534**	**487**
龙湖区	13973	7661	6312	18	12	6	341	188	153
金平区	10543	5443	5100	23	11	12	389	187	202
濠江区	1954	1312	642	1		1	17	6	11
潮阳区	2192	1169	1023	3	3		44	24	20
潮南区	4154	2480	1674	2	1	1	56	30	26
澄海区	9302	5308	3994	13	9	4	164	91	73
南澳县	234	134	100				10	8	2
佛山市	**496590**	**295196**	**201394**	**721**	**402**	**319**	**10382**	**5713**	**4669**
禅城区	65249	37249	28000	114	66	48	1266	710	556
南海区	210154	125051	85103	289	156	133	4317	2363	1954
顺德区	172772	102902	69870	223	124	99	3549	1950	1599
三水区	34836	21583	13253	70	39	31	893	494	399
高明区	13579	8411	5168	25	17	8	357	196	161

1-2 续表 1

单位：人

地 区	合 计			0岁			1-4岁		
	合计	男	女	小计	男	女	小计	男	女
江门市	**101555**	**57307**	**44248**	**240**	**128**	**112**	**3701**	**1986**	**1715**
蓬江区	29226	15872	13354	51	22	29	1011	545	466
江海区	18568	10295	8273	56	31	25	755	421	334
新会区	15989	9276	6713	38	22	16	595	319	276
台山市	8089	4687	3402	16	8	8	278	153	125
开平市	11036	6060	4976	31	16	15	467	246	221
鹤山市	14881	8866	6015	35	23	12	455	228	227
恩平市	3766	2251	1515	13	6	7	140	74	66
湛江市	**58248**	**29404**	**28844**	**153**	**85**	**68**	**2553**	**1355**	**1198**
赤坎区	13446	6471	6975	33	22	11	595	314	281
霞山区	23067	11769	11298	70	39	31	1195	638	557
坡头区	1927	1020	907	8	4	4	111	55	56
麻章区	8859	4749	4110	14	4	10	168	98	70
遂溪县	1912	825	1087	7	4	3	85	41	44
徐闻县	1908	1024	884	6	5	1	96	56	40
廉江市	3131	1380	1751	9	2	7	135	75	60
雷州市	1256	672	584	6	5	1	55	28	27
吴川市	2742	1494	1248				113	50	63
茂名市	**22345**	**11894**	**10451**	**36**	**19**	**17**	**668**	**387**	**281**
茂南区	10220	5529	4691	19	10	9	306	183	123
电白区	3949	2251	1698	5	2	3	114	69	45
高州市	3990	2092	1898	4	2	2	62	33	29
化州市	2387	1174	1213	6	4	2	99	53	46
信宜市	1799	848	951	2	1	1	87	49	38
肇庆市	**47641**	**28214**	**19427**	**87**	**52**	**35**	**1322**	**734**	**588**
端州区	12626	7007	5619	32	20	12	403	217	186
鼎湖区	5576	3307	2269	6	3	3	185	112	73
高要区	6265	3781	2484	7	4	3	95	51	44
广宁县	946	549	397	1	1		28	12	16
怀集县	673	415	258	2	1	1	22	10	12
封开县	903	522	381	1	1		32	16	16
德庆县	871	472	399	2	1	1	40	22	18
四会市	19781	12161	7620	36	21	15	517	294	223
惠州市	**256169**	**150467**	**105702**	**519**	**288**	**231**	**8147**	**4406**	**3741**
惠城区	95232	54378	40854	207	118	89	3295	1796	1499
惠阳区	94281	56848	37433	179	96	83	2754	1456	1298
博罗县	41357	24584	16773	78	48	30	1249	712	537
惠东县	22904	13278	9626	50	24	26	753	402	351
龙门县	2395	1379	1016	5	2	3	96	40	56
梅州市	**30168**	**15226**	**14942**	**92**	**48**	**44**	**1248**	**702**	**546**
梅江区	13380	6599	6781	36	17	19	421	241	180
梅县区	8682	4314	4368	32	17	15	437	256	181
大埔县	1095	623	472	6	4	2	46	22	24
丰顺县	1302	709	593	3	2	1	52	28	24
五华县	1635	921	714	1		1	61	39	22
平远县	854	444	410	2	2		51	20	31
蕉岭县	1317	692	625	3	2	1	79	46	33
兴宁市	1903	924	979	9	4	5	101	50	51

1-2 续表 2

单位：人

地　区	合　计			0岁			1-4岁		
	合计	男	女	小计	男	女	小计	男	女
汕尾市	**20778**	**11649**	**9129**	**66**	**29**	**37**	**809**	**424**	**385**
城　区	6220	3459	2761	11	5	6	220	126	94
海丰县	11189	6282	4907	41	16	25	450	229	221
陆河县	1243	761	482	7	4	3	60	26	34
陆丰市	2126	1147	979	7	4	3	79	43	36
河源市	**49398**	**26213**	**23185**	**163**	**84**	**79**	**2346**	**1268**	**1078**
源城区	36401	18914	17487	123	61	62	1806	1003	803
紫金县	2944	1730	1214	10	4	6	128	62	66
龙川县	2940	1656	1284	12	10	2	128	67	61
连平县	1137	667	470	3	3		42	25	17
和平县	911	507	404	3	2	1	43	22	21
东源县	5065	2739	2326	12	4	8	199	89	110
阳江市	**25316**	**13884**	**11432**	**81**	**43**	**38**	**1048**	**573**	**475**
江城区	13347	7260	6087	46	26	20	528	287	241
阳东区	7761	4290	3471	22	11	11	324	185	139
阳西县	1868	1074	794	4	1	3	72	38	34
阳春市	2340	1260	1080	9	5	4	124	63	61
清远市	**57802**	**31876**	**25926**	**162**	**92**	**70**	**2568**	**1416**	**1152**
清城区	37225	20578	16647	124	72	52	1697	935	762
清新区	8423	4482	3941	20	10	10	451	267	184
佛冈县	2687	1606	1081	5	3	2	77	44	33
阳山县	997	508	489				38	20	18
连山壮族瑶族自治县	441	225	216	1		1	30	16	14
连南瑶族自治县	347	162	185				15	8	7
英德市	6502	3700	2802	11	7	4	215	106	109
连州市	1180	615	565	1		1	45	20	25
东莞市	**842335**	**494603**	**347732**	**966**	**501**	**465**	**18315**	**9930**	**8385**
市辖区	842335	494603	347732	966	501	465	18315	9930	8385
中山市	**239022**	**137000**	**102022**	**466**	**251**	**215**	**6799**	**3679**	**3120**
市辖区	239022	137000	102022	466	251	215	6799	3679	3120
潮州市	**21084**	**11320**	**9764**	**41**	**24**	**17**	**691**	**364**	**327**
湘桥区	9176	4542	4634	24	16	8	312	167	145
潮安区	11120	6347	4773	16	7	9	363	191	172
饶平县	788	431	357	1	1		16	6	10
揭阳市	**6669**	**3695**	**2974**	**7**	**4**	**3**	**149**	**86**	**63**
榕城区	1316	702	614				14	6	8
揭东区	2173	1259	914	4	2	2	70	40	30
揭西县	351	186	165	2	2		12	8	4
惠来县	416	218	198				9	3	6
普宁市	2413	1330	1083	1		1	44	29	15
云浮市	**16998**	**9430**	**7568**	**57**	**40**	**17**	**749**	**463**	**286**
云城区	8938	4930	4008	28	21	7	471	289	182
云安区	1272	766	506	3	2	1	30	17	13
新兴县	3438	1962	1476	8	6	2	101	74	27
郁南县	1121	590	531	8	4	4	68	34	34
罗定市	2229	1182	1047	10	7	3	79	49	30

1-2　续表 3　　　　单位：人

地　区	5-9岁			10-14岁			15-19岁		
	小计	男	女	小计	男	女	小计	男	女
广　东	**180081**	**98978**	**81103**	**146159**	**81813**	**64346**	**261460**	**151790**	**109670**
广州市	**22827**	**12623**	**10204**	**18553**	**10372**	**8181**	**55257**	**30872**	**24385**
荔湾区	940	528	412	939	504	435	2392	1264	1128
越秀区	682	407	275	662	365	297	1464	834	630
海珠区	1702	964	738	1559	859	700	3882	2029	1853
天河区	2352	1298	1054	1940	1053	887	9632	5249	4383
白云区	6072	3368	2704	4828	2782	2046	15572	8772	6800
黄埔区	1952	1067	885	1381	788	593	3061	1803	1258
番禺区	3141	1726	1415	2697	1476	1221	7949	4352	3597
花都区	2636	1443	1193	2146	1196	950	5495	3122	2373
南沙区	1167	664	503	871	489	382	1731	1111	620
从化区	215	113	102	172	107	65	705	373	332
增城区	1968	1045	923	1358	753	605	3374	1963	1411
韶关市	**2695**	**1460**	**1235**	**2290**	**1202**	**1088**	**3631**	**1980**	**1651**
武江区	832	455	377	611	315	296	1118	595	523
浈江区	650	357	293	623	329	294	1694	938	756
曲江区	357	201	156	341	180	161	415	220	195
始兴县	81	46	35	79	44	35	42	22	20
仁化县	136	69	67	105	59	46	71	46	25
翁源县	146	68	78	110	57	53	53	34	19
乳源瑶族自治县	113	68	45	91	50	41	50	27	23
新丰县	47	27	20	39	21	18	28	16	12
乐昌市	228	111	117	199	98	101	108	57	51
南雄市	105	58	47	92	49	43	52	25	27
深圳市	**55070**	**30160**	**24910**	**42443**	**23837**	**18606**	**55878**	**33530**	**22348**
罗湖区	3476	1866	1610	2895	1606	1289	3063	1721	1342
福田区	3519	1869	1650	2857	1527	1330	4103	2528	1575
南山区	2957	1618	1339	2500	1416	1084	4457	2499	1958
宝安区	14678	8056	6622	11152	6275	4877	15182	9321	5861
龙岗区	14852	8117	6735	11798	6642	5156	13384	7967	5417
盐田区	691	370	321	660	372	288	956	529	427
龙华区	8341	4641	3700	5755	3221	2534	7835	4691	3144
坪山区	2282	1237	1045	1884	1068	816	2497	1575	922
光明区	4274	2386	1888	2942	1710	1232	4401	2699	1702
珠海市	**4453**	**2446**	**2007**	**3876**	**2201**	**1675**	**8090**	**4495**	**3595**
香洲区	2336	1269	1067	2056	1162	894	4358	2379	1979
斗门区	1076	578	498	973	558	415	1262	771	491
金湾区	1041	599	442	847	481	366	2470	1345	1125
汕头市	**2051**	**1136**	**915**	**2172**	**1175**	**997**	**3729**	**2082**	**1647**
龙湖区	732	407	325	745	410	335	1186	582	604
金平区	781	447	334	825	440	385	904	456	448
濠江区	27	16	11	16	12	4	854	586	268
潮阳区	81	43	38	92	38	54	79	49	30
潮南区	146	73	73	158	86	72	153	90	63
澄海区	277	146	131	329	184	145	548	315	233
南澳县	7	4	3	7	5	2	5	4	1
佛山市	**13920**	**7724**	**6196**	**12639**	**7205**	**5434**	**24297**	**14932**	**9365**
禅城区	1561	883	678	1420	817	603	2621	1558	1063
南海区	5564	3125	2439	4516	2589	1927	9995	6091	3904
顺德区	4983	2718	2265	5122	2900	2222	8961	5652	3309
三水区	1229	679	550	1034	583	451	2121	1245	876
高明区	583	319	264	547	316	231	599	386	213

1-2 续表 4

单位：人

地　　区	5-9岁			10-14岁			15-19岁		
	小计	男	女	小计	男	女	小计	男	女
江门市	**6089**	**3344**	**2745**	**5484**	**3022**	**2462**	**7032**	**3944**	**3088**
蓬江区	1566	855	711	1453	805	648	2476	1423	1053
江海区	1045	557	488	793	432	361	1379	656	723
新会区	1073	573	500	974	525	449	1069	635	434
台山市	511	277	234	474	252	222	553	331	222
开平市	875	489	386	899	488	411	682	382	300
鹤山市	789	468	321	681	396	285	699	423	276
恩平市	230	125	105	210	124	86	174	94	80
湛江市	**4177**	**2298**	**1879**	**3524**	**1958**	**1566**	**6491**	**3331**	**3160**
赤坎区	976	536	440	876	506	370	1202	541	661
霞山区	2028	1145	883	1725	967	758	1946	1059	887
坡头区	154	76	78	105	55	50	99	61	38
麻章区	280	153	127	229	128	101	2394	1272	1122
遂溪县	138	72	66	126	69	57	230	56	174
徐闻县	150	84	66	120	64	56	92	47	45
廉江市	222	113	109	148	69	79	384	217	167
雷州市	75	41	34	55	26	29	52	22	30
吴川市	154	78	76	140	74	66	92	56	36
茂名市	**951**	**534**	**417**	**838**	**458**	**380**	**4310**	**2535**	**1775**
茂南区	388	215	173	363	195	168	1608	998	610
电白区	151	91	60	122	66	56	826	481	345
高州市	138	78	60	138	79	59	1511	828	683
化州市	139	78	61	123	69	54	303	194	109
信宜市	135	72	63	92	49	43	62	34	28
肇庆市	**2507**	**1386**	**1121**	**2291**	**1270**	**1021**	**5125**	**3026**	**2099**
端州区	536	311	225	629	351	278	2558	1564	994
鼎湖区	387	205	182	283	143	140	667	356	311
高要区	318	172	146	343	220	123	588	322	266
广宁县	40	23	17	38	18	20	46	18	28
怀集县	25	15	10	22	7	15	28	16	12
封开县	52	24	28	44	30	14	32	17	15
德庆县	61	39	22	66	38	28	41	16	25
四会市	1088	597	491	866	463	403	1165	717	448
惠州市	**12568**	**6842**	**5726**	**10258**	**5624**	**4634**	**17143**	**10318**	**6825**
惠城区	4746	2592	2154	4014	2179	1835	7885	4679	3206
惠阳区	3978	2132	1846	3110	1757	1353	4822	2937	1885
博罗县	2093	1159	934	1786	974	812	3337	2093	1244
惠东县	1611	887	724	1240	659	581	931	527	404
龙门县	140	72	68	108	55	53	168	82	86
梅州市	**1854**	**931**	**923**	**1726**	**909**	**817**	**2956**	**1387**	**1569**
梅江区	738	373	365	714	372	342	1918	922	996
梅县区	650	321	329	555	306	249	654	295	359
大埔县	60	29	31	66	29	37	47	34	13
丰顺县	63	31	32	55	30	25	47	25	22
五华县	69	39	30	84	52	32	59	28	31
平远县	54	29	25	47	28	19	24	12	12
蕉岭县	81	39	42	92	40	52	55	20	35
兴宁市	139	70	69	113	52	61	152	51	101

1–2　续表 5　　　　单位：人

地　区	5–9岁			10–14岁			15–19岁		
	小计	男	女	小计	男	女	小计	男	女
汕尾市	**1313**	**697**	**616**	**1130**	**586**	**544**	**1467**	**779**	**688**
城　区	362	190	172	291	145	146	648	306	342
海丰县	765	401	364	685	356	329	649	385	264
陆河县	72	44	28	59	30	29	82	44	38
陆丰市	114	62	52	95	55	40	88	44	44
河源市	**4067**	**2165**	**1902**	**3627**	**1984**	**1643**	**3244**	**1689**	**1555**
源城区	3264	1740	1524	2932	1583	1349	1982	1017	965
紫金县	186	104	82	169	91	78	179	115	64
龙川县	191	112	79	152	78	74	208	133	75
连平县	60	34	26	51	34	17	62	36	26
和平县	40	14	26	47	29	18	62	30	32
东源县	326	161	165	276	169	107	751	358	393
阳江市	**1699**	**932**	**767**	**1505**	**782**	**723**	**2250**	**1245**	**1005**
江城区	944	530	414	796	430	366	1361	742	619
阳东区	493	258	235	467	242	225	675	367	308
阳西县	95	58	37	104	56	48	85	54	31
阳春市	167	86	81	138	54	84	129	82	47
清远市	**4152**	**2234**	**1918**	**3258**	**1753**	**1505**	**4293**	**2304**	**1989**
清城区	2609	1398	1211	1953	1076	877	3190	1726	1464
清新区	744	404	340	633	335	298	549	342	207
佛冈县	122	66	56	139	75	64	168	73	95
阳山县	97	41	56	75	33	42	50	20	30
连山壮族瑶族自治县	48	26	22	24	11	13	8	3	5
连南瑶族自治县	32	15	17	21	11	10	21	11	10
英德市	440	252	188	342	174	168	210	94	116
连州市	60	32	28	71	38	33	97	35	62
东莞市	**28114**	**15636**	**12478**	**20923**	**12053**	**8870**	**41140**	**24925**	**16215**
市辖区	28114	15636	12478	20923	12053	8870	41140	24925	16215
中山市	**8957**	**5001**	**3956**	**7288**	**4141**	**3147**	**10739**	**6280**	**4459**
市辖区	8957	5001	3956	7288	4141	3147	10739	6280	4459
潮州市	**1086**	**577**	**509**	**1029**	**572**	**457**	**1674**	**772**	**902**
湘桥区	462	235	227	447	239	208	1156	492	664
潮安区	593	325	268	553	315	238	502	271	231
饶平县	31	17	14	29	18	11	16	9	7
揭阳市	**381**	**214**	**167**	**356**	**190**	**166**	**1049**	**500**	**549**
榕城区	36	20	16	28	13	15	250	83	167
揭东区	202	116	86	183	93	90	356	176	180
揭西县	29	18	11	19	10	9	14	7	7
惠来县	12	7	5	18	10	8	21	10	11
普宁市	102	53	49	108	64	44	408	224	184
云浮市	**1150**	**638**	**512**	**949**	**519**	**430**	**1665**	**864**	**801**
云城区	719	394	325	580	330	250	578	310	268
云安区	43	25	18	48	32	16	255	139	116
新兴县	170	101	69	178	93	85	485	200	285
郁南县	79	38	41	60	30	30	35	21	14
罗定市	139	80	59	83	34	49	312	194	118

1-2 续表 6

单位：人

地 区	20-24岁			25-29岁			30-34岁		
	小计	男	女	小计	男	女	小计	男	女
广 东	**534816**	**300771**	**234045**	**652896**	**374809**	**278087**	**745820**	**437148**	**308672**
广州市	**137766**	**72461**	**65305**	**144290**	**79414**	**64876**	**142374**	**82023**	**60351**
荔湾区	4113	2153	1960	5252	2709	2543	4822	2629	2193
越秀区	3780	1880	1900	4239	2103	2136	3744	1911	1833
海珠区	10312	5035	5277	12850	6703	6147	14630	7921	6709
天河区	30630	16136	14494	28441	15658	12783	19450	11300	8150
白云区	37707	19058	18649	37613	20344	17269	36311	21095	15216
黄埔区	9502	5588	3914	12453	7259	5194	13280	8146	5134
番禺区	23771	12383	11388	23955	13214	10741	23765	13653	10112
花都区	8615	4573	4042	8897	5106	3791	12120	6995	5125
南沙区	3718	2429	1289	5412	3405	2007	6781	4162	2619
从化区	837	442	395	622	357	265	764	435	329
增城区	4781	2784	1997	4556	2556	2000	6707	3776	2931
韶关市	**3466**	**1772**	**1694**	**2880**	**1417**	**1463**	**3996**	**1999**	**1997**
武江区	650	309	341	937	450	487	1321	666	655
浈江区	1587	743	844	674	310	364	902	425	477
曲江区	634	396	238	268	131	137	466	251	215
始兴县	54	28	26	88	48	40	132	70	62
仁化县	90	57	33	167	97	70	209	106	103
翁源县	106	55	51	161	77	84	187	95	92
乳源瑶族自治县	75	40	35	128	66	62	162	91	71
新丰县	76	42	34	116	71	45	155	76	79
乐昌市	114	59	55	192	95	97	286	134	152
南雄市	80	43	37	149	72	77	176	85	91
深圳市	**157136**	**88872**	**68264**	**227948**	**130545**	**97403**	**239879**	**142291**	**97588**
罗湖区	7294	3539	3755	10096	5041	5055	9345	4937	4408
福田区	11495	6340	5155	15417	8407	7010	12757	7229	5528
南山区	13885	7742	6143	17503	10021	7482	14935	8838	6097
宝安区	45591	26331	19260	67836	39588	28248	74652	44387	30265
龙岗区	34863	19042	15821	50894	28294	22600	54095	31348	22747
盐田区	1318	794	524	1521	867	654	1789	1035	754
龙华区	28304	16273	12031	42821	25081	17740	44391	27519	16872
坪山区	4228	2623	1605	6306	3832	2474	8182	4907	3275
光明区	10158	6188	3970	15554	9414	6140	19733	12091	7642
珠海市	**16406**	**8969**	**7437**	**14822**	**8856**	**5966**	**17461**	**10425**	**7036**
香洲区	9741	5317	4424	9170	5333	3837	10174	5960	4214
斗门区	2094	1293	801	3067	1926	1141	3860	2331	1529
金湾区	4571	2359	2212	2585	1597	988	3427	2134	1293
汕头市	**3412**	**1919**	**1493**	**3746**	**2030**	**1716**	**5167**	**2854**	**2313**
龙湖区	977	524	453	1241	664	577	1605	902	703
金平区	768	373	395	740	341	399	1037	502	535
濠江区	382	258	124	108	67	41	123	76	47
潮阳区	153	83	70	209	113	96	293	154	139
潮南区	294	171	123	456	274	182	652	396	256
澄海区	828	504	324	963	555	408	1417	807	610
南澳县	10	6	4	29	16	13	40	17	23
佛山市	**48350**	**29009**	**19341**	**60892**	**36385**	**24507**	**74790**	**45313**	**29477**
禅城区	6709	3671	3038	9375	5247	4128	10643	6145	4498
南海区	21003	12617	8386	26293	15586	10707	31594	19134	12460
顺德区	15989	9900	6089	20520	12556	7964	26123	15959	10164
三水区	3849	2293	1556	3421	2183	1238	4544	2908	1636
高明区	800	528	272	1283	813	470	1886	1167	719

1–2 续表 7　　单位：人

地　区	20–24岁			25–29岁			30–34岁		
	小计	男	女	小计	男	女	小计	男	女
江门市	**7162**	**4251**	**2911**	**8520**	**4848**	**3672**	**12189**	**6852**	**5337**
蓬江区	3073	1719	1354	2482	1313	1169	3308	1800	1508
江海区	1364	821	543	1868	1084	784	2494	1418	1076
新会区	853	557	296	1248	747	501	1777	998	779
台山市	368	238	130	609	350	259	998	567	431
开平市	448	249	199	768	419	349	1187	624	563
鹤山市	864	550	314	1225	737	488	2013	1209	804
恩平市	192	117	75	320	198	122	412	236	176
湛江市	**7970**	**3509**	**4461**	**4814**	**2301**	**2513**	**5971**	**2836**	**3135**
赤坎区	1906	645	1261	1138	523	615	1484	717	767
霞山区	1697	881	816	2016	925	1091	2588	1210	1378
坡头区	93	48	45	208	112	96	252	115	137
麻章区	3078	1441	1637	504	335	169	451	261	190
遂溪县	242	82	160	144	50	94	180	72	108
徐闻县	149	68	81	183	91	92	175	95	80
廉江市	546	197	349	247	85	162	324	100	224
雷州市	113	56	57	126	57	69	179	87	92
吴川市	146	91	55	248	123	125	338	179	159
茂名市	**2891**	**1444**	**1447**	**1739**	**821**	**918**	**2102**	**987**	**1115**
茂南区	1806	921	885	799	392	407	999	515	484
电白区	462	315	147	331	162	169	416	198	218
高州市	377	102	275	232	124	108	267	120	147
化州市	144	63	81	218	84	134	256	93	163
信宜市	102	43	59	159	59	100	164	61	103
肇庆市	**3649**	**2106**	**1543**	**4129**	**2385**	**1744**	**5971**	**3513**	**2458**
端州区	764	379	385	1032	512	520	1318	702	616
鼎湖区	581	327	254	419	265	154	573	343	230
高要区	802	462	340	395	219	176	654	401	253
广宁县	45	27	18	74	41	33	132	67	65
怀集县	51	25	26	54	34	20	90	56	34
封开县	54	29	25	102	60	42	130	72	58
德庆县	56	37	19	61	29	32	105	55	50
四会市	1296	820	476	1992	1225	767	2969	1817	1152
惠州市	**23570**	**14714**	**8856**	**29268**	**17557**	**11711**	**36229**	**21533**	**14696**
惠城区	9577	5713	3864	10696	6160	4536	12585	7335	5250
惠阳区	9193	6031	3162	12396	7780	4616	14986	9184	5802
博罗县	3410	2131	1279	3912	2370	1542	5280	3070	2210
惠东县	1278	775	503	2093	1170	923	3078	1780	1298
龙门县	112	64	48	171	77	94	300	164	136
梅州市	**2553**	**1141**	**1412**	**2244**	**1042**	**1202**	**2901**	**1422**	**1479**
梅江区	1616	721	895	841	397	444	1127	571	556
梅县区	511	197	314	668	323	345	852	414	438
大埔县	57	32	25	127	57	70	137	78	59
丰顺县	82	48	34	114	52	62	149	83	66
五华县	120	68	52	162	76	86	183	87	96
平远县	30	14	16	79	30	49	96	35	61
蕉岭县	48	21	27	100	39	61	140	64	76
兴宁市	89	40	49	153	68	85	217	90	127

1-2 续表 8　　单位：人

地　区	20-24岁			25-29岁			30-34岁		
	小计	男	女	小计	男	女	小计	男	女
汕尾市	**1686**	**895**	**791**	**2106**	**1204**	**902**	**2380**	**1382**	**998**
城　区	728	348	380	622	368	254	691	421	270
海丰县	726	417	309	1103	627	476	1291	723	568
陆河县	63	42	21	98	59	39	148	100	48
陆丰市	169	88	81	283	150	133	250	138	112
河源市	**2735**	**1495**	**1240**	**4063**	**2100**	**1963**	**5321**	**2722**	**2599**
源城区	2039	1118	921	2948	1513	1435	3890	1963	1927
紫金县	154	94	60	252	131	121	327	184	143
龙川县	150	89	61	299	168	131	367	195	172
连平县	50	24	26	86	44	42	122	61	61
和平县	49	30	19	83	38	45	109	55	54
东源县	293	140	153	395	206	189	506	264	242
阳江市	**1842**	**1040**	**802**	**2176**	**1179**	**997**	**2728**	**1474**	**1254**
江城区	1211	667	544	1052	560	492	1287	669	618
阳东区	394	232	162	690	406	284	878	498	380
阳西县	128	81	47	235	114	121	230	125	105
阳春市	109	60	49	199	99	100	333	182	151
清远市	**4289**	**2396**	**1893**	**4541**	**2424**	**2117**	**6629**	**3629**	**3000**
清城区	3360	1884	1476	2898	1574	1324	4267	2411	1856
清新区	337	190	147	529	263	266	943	459	484
佛冈县	133	74	59	250	146	104	300	181	119
阳山县	54	30	24	91	43	48	109	42	67
连山壮族瑶族自治县	32	15	17	47	17	30	45	22	23
连南瑶族自治县	22	4	18	33	16	17	26	15	11
英德市	299	171	128	620	329	291	808	448	360
连州市	52	28	24	73	36	37	131	51	80
东莞市	**84963**	**50581**	**34382**	**104228**	**62653**	**41575**	**139428**	**82656**	**56772**
市辖区	84963	50581	34382	104228	62653	41575	139428	82656	56772
中山市	**21158**	**12343**	**8815**	**26891**	**15704**	**11187**	**35661**	**20731**	**14930**
市辖区	21158	12343	8815	26891	15704	11187	35661	20731	14930
潮州市	**1935**	**862**	**1073**	**1588**	**864**	**724**	**2169**	**1152**	**1017**
湘桥区	1265	489	776	563	278	285	813	397	416
潮安区	613	346	267	925	532	393	1246	701	545
饶平县	57	27	30	100	54	46	110	54	56
揭阳市	**651**	**283**	**368**	**522**	**284**	**238**	**677**	**376**	**301**
榕城区	300	123	177	74	46	28	109	62	47
揭东区	67	45	22	151	80	71	236	136	100
揭西县	18	9	9	33	16	17	48	22	26
惠来县	60	24	36	57	28	29	46	25	21
普宁市	206	82	124	207	114	93	238	131	107
云浮市	**1226**	**709**	**517**	**1489**	**796**	**693**	**1797**	**978**	**819**
云城区	453	269	184	828	449	379	1021	545	476
云安区	217	115	102	78	42	36	91	55	36
新兴县	190	124	66	289	175	114	389	228	161
郁南县	80	45	35	136	57	79	118	67	51
罗定市	286	156	130	158	73	85	178	83	95

1-2 续表 9

单位：人

地区	35-39岁			40-44岁			45-49岁		
	小计	男	女	小计	男	女	小计	男	女
广 东	**559089**	**331974**	**227115**	**433169**	**253766**	**179403**	**446326**	**253946**	**192380**
广州市	**99460**	**58127**	**41333**	**76456**	**43836**	**32620**	**80880**	**45269**	**35611**
荔湾区	3782	2032	1750	3028	1621	1407	3200	1714	1486
越秀区	2844	1459	1385	2327	1175	1152	2636	1351	1285
海珠区	10255	5641	4614	8083	4334	3749	8416	4539	3877
天河区	11042	6436	4606	7736	4331	3405	8557	4602	3955
白云区	25448	15061	10387	19813	11393	8420	21739	11956	9783
黄埔区	8350	5253	3097	5612	3464	2148	5946	3597	2349
番禺区	17348	10154	7194	13555	7809	5746	13556	7624	5932
花都区	9807	5750	4057	7458	4332	3126	7165	4097	3068
南沙区	4866	3021	1845	4254	2695	1559	4809	2934	1875
从化区	695	403	292	638	362	276	730	438	292
增城区	5023	2917	2106	3952	2320	1632	4126	2417	1709
韶关市	**3457**	**1698**	**1759**	**3166**	**1686**	**1480**	**3522**	**1977**	**1545**
武江区	1179	547	632	997	521	476	1113	588	525
浈江区	855	411	444	714	365	349	773	411	362
曲江区	432	215	217	417	227	190	408	248	160
始兴县	102	45	57	96	55	41	134	71	63
仁化县	145	86	59	168	96	72	225	139	86
翁源县	189	110	79	144	77	67	161	91	70
乳源瑶族自治县	129	66	63	136	78	58	133	80	53
新丰县	91	57	34	117	64	53	131	88	43
乐昌市	200	100	100	225	126	99	280	158	122
南雄市	135	61	74	152	77	75	164	103	61
深圳市	**160998**	**96815**	**64183**	**112319**	**66213**	**46106**	**110728**	**62635**	**48093**
罗湖区	7301	3944	3357	5623	3101	2522	6266	3326	2940
福田区	8549	4845	3704	6188	3435	2753	7048	3705	3343
南山区	10007	6097	3910	7566	4596	2970	8468	4892	3576
宝安区	49517	29947	19570	33500	19814	13686	30538	17421	13117
龙岗区	38631	22788	15843	28810	16783	12027	29328	16362	12966
盐田区	1538	939	599	1357	793	564	1551	896	655
龙华区	25947	16249	9698	15509	9348	6161	14194	8082	6112
坪山区	5920	3542	2378	4386	2644	1742	4433	2631	1802
光明区	13588	8464	5124	9380	5699	3681	8902	5320	3582
珠海市	**13005**	**7831**	**5174**	**9755**	**5864**	**3891**	**10848**	**6387**	**4461**
香洲区	7425	4376	3049	5603	3331	2272	6290	3669	2621
斗门区	2915	1792	1123	2041	1209	832	2242	1286	956
金湾区	2665	1663	1002	2111	1324	787	2316	1432	884
汕头市	**4566**	**2525**	**2041**	**4271**	**2338**	**1933**	**4613**	**2565**	**2048**
龙湖区	1475	807	668	1342	743	599	1487	842	645
金平区	1125	582	543	1059	559	500	991	529	462
濠江区	83	65	18	83	52	31	95	61	34
潮阳区	244	133	111	252	126	126	290	141	149
潮南区	459	282	177	462	257	205	566	325	241
澄海区	1159	648	511	1049	590	459	1152	647	505
南澳县	21	8	13	24	11	13	32	20	12
佛山市	**61629**	**37599**	**24030**	**51041**	**30749**	**20292**	**54764**	**32137**	**22627**
禅城区	8180	4798	3382	6244	3654	2590	6527	3775	2752
南海区	26039	15968	10071	21515	13009	8506	22878	13454	9424
顺德区	21699	13210	8489	18044	10809	7235	19560	11284	8276
三水区	3961	2543	1418	3591	2289	1302	4106	2572	1534
高明区	1750	1080	670	1647	988	659	1693	1052	641

1-2 续表 10

单位：人

地区	35-39岁			40-44岁			45-49岁		
	小计	男	女	小计	男	女	小计	男	女
江门市	**11310**	**6335**	**4975**	**10052**	**5845**	**4207**	**10673**	**6137**	**4536**
蓬江区	3101	1648	1453	2663	1531	1132	2533	1413	1120
江海区	2097	1204	893	1699	994	705	1718	982	736
新会区	1713	1015	698	1655	971	684	1917	1101	816
台山市	799	441	358	825	460	365	1004	584	420
开平市	1199	610	589	1099	616	483	1182	681	501
鹤山市	1967	1147	820	1767	1043	724	1896	1116	780
恩平市	434	270	164	344	230	114	423	260	163
湛江市	**5081**	**2554**	**2527**	**4129**	**2122**	**2007**	**3960**	**2118**	**1842**
赤坎区	1231	635	596	965	489	476	867	437	430
霞山区	2289	1086	1203	1917	951	966	1684	889	795
坡头区	205	111	94	124	75	49	135	82	53
麻章区	373	225	148	311	186	125	304	192	112
遂溪县	162	66	96	136	67	69	137	71	66
徐闻县	170	86	84	150	78	72	184	89	95
廉江市	226	101	125	207	93	114	205	92	113
雷州市	109	63	46	84	47	37	121	80	41
吴川市	316	181	135	235	136	99	323	186	137
茂名市	**1823**	**925**	**898**	**1569**	**822**	**747**	**1554**	**865**	**689**
茂南区	820	446	374	682	369	313	687	398	289
电白区	345	182	163	319	162	157	286	161	125
高州市	263	139	124	249	140	109	227	138	89
化州市	243	100	143	188	84	104	206	98	108
信宜市	152	58	94	131	67	64	148	70	78
肇庆市	**5213**	**3158**	**2055**	**4359**	**2669**	**1690**	**4694**	**2874**	**1820**
端州区	1312	712	600	993	571	422	1015	584	431
鼎湖区	541	341	200	470	297	173	477	298	179
高要区	691	427	264	594	350	244	735	441	294
广宁县	133	72	61	86	50	36	115	81	34
怀集县	88	50	38	68	42	26	82	57	25
封开县	109	69	40	84	48	36	89	51	38
德庆县	73	41	32	84	46	38	70	41	29
四会市	2266	1446	820	1980	1265	715	2111	1321	790
惠州市	**28061**	**16963**	**11098**	**22445**	**13436**	**9009**	**23816**	**13951**	**9865**
惠城区	9779	5873	3906	7387	4376	3011	7679	4419	3260
惠阳区	10767	6638	4129	8506	5158	3348	8691	5123	3568
博罗县	4624	2732	1892	4072	2422	1650	4545	2692	1853
惠东县	2642	1583	1059	2264	1349	915	2619	1532	1087
龙门县	249	137	112	216	131	85	282	185	97
梅州市	**2510**	**1215**	**1295**	**2288**	**1124**	**1164**	**2551**	**1385**	**1166**
梅江区	998	476	522	879	426	453	963	513	450
梅县区	724	349	375	680	331	349	716	378	338
大埔县	108	59	49	100	56	44	106	66	40
丰顺县	128	66	62	141	63	78	199	111	88
五华县	198	101	97	142	76	66	173	97	76
平远县	73	32	41	75	38	37	85	52	33
蕉岭县	125	65	60	122	68	54	128	74	54
兴宁市	156	67	89	149	66	83	181	94	87

1-2　续表 11　　　　单位：人

地　区	35-39岁			40-44岁			45-49岁		
	小计	男	女	小计	男	女	小计	男	女
汕尾市	**1902**	**1085**	**817**	**1562**	**898**	**664**	**2123**	**1193**	**930**
城　区	517	306	211	416	242	174	537	308	229
海丰县	1093	638	455	872	505	367	1221	682	539
陆河县	102	63	39	100	60	40	143	88	55
陆丰市	190	78	112	174	91	83	222	115	107
河源市	**5169**	**2716**	**2453**	**4079**	**2204**	**1875**	**4203**	**2354**	**1849**
源城区	3839	1985	1854	2862	1496	1366	2923	1570	1353
紫金县	300	155	145	305	197	108	299	196	103
龙川县	314	175	139	276	142	134	252	150	102
连平县	112	58	54	110	63	47	144	91	53
和平县	94	55	39	85	44	41	95	64	31
东源县	510	288	222	441	262	179	490	283	207
阳江市	**2504**	**1373**	**1131**	**2197**	**1213**	**984**	**2340**	**1310**	**1030**
江城区	1260	677	583	1133	615	518	1141	646	495
阳东区	818	463	355	697	387	310	782	420	362
阳西县	206	120	86	165	105	60	194	111	83
阳春市	220	113	107	202	106	96	223	133	90
清远市	**6045**	**3311**	**2734**	**4887**	**2807**	**2080**	**5106**	**3094**	**2012**
清城区	3685	2088	1597	2849	1673	1176	2950	1776	1174
清新区	927	456	471	800	421	379	810	460	350
佛冈县	325	184	141	278	171	107	334	229	105
阳山县	99	55	44	100	50	50	99	57	42
连山壮族瑶族自治县	35	18	17	39	23	16	33	20	13
连南瑶族自治县	34	16	18	31	11	20	24	13	11
英德市	805	425	380	688	397	291	735	466	269
连州市	135	69	66	102	61	41	121	73	48
东莞市	**111764**	**67501**	**44263**	**89134**	**52890**	**36244**	**88474**	**50074**	**38400**
市辖区	111764	67501	44263	89134	52890	36244	88474	50074	38400
中山市	**30235**	**17845**	**12390**	**25242**	**14697**	**10545**	**26646**	**14845**	**11801**
市辖区	30235	17845	12390	25242	14697	10545	26646	14845	11801
潮州市	**2063**	**1087**	**976**	**2111**	**1166**	**945**	**2627**	**1497**	**1130**
湘桥区	806	394	412	734	393	341	909	498	411
潮安区	1145	642	503	1292	723	569	1628	947	681
饶平县	112	51	61	85	50	35	90	52	38
揭阳市	**664**	**397**	**267**	**616**	**352**	**264**	**662**	**403**	**259**
榕城区	106	70	36	118	78	40	128	89	39
揭东区	255	155	100	205	124	81	190	123	67
揭西县	37	19	18	25	11	14	28	15	13
惠来县	50	22	28	37	20	17	45	23	22
普宁市	216	131	85	231	119	112	271	153	118
云浮市	**1630**	**914**	**716**	**1491**	**835**	**656**	**1542**	**876**	**666**
云城区	897	500	397	812	450	362	771	445	326
云安区	95	58	37	109	73	36	89	59	30
新兴县	353	211	142	346	198	148	383	230	153
郁南县	106	52	54	84	47	37	108	53	55
罗定市	179	93	86	140	67	73	191	89	102

1-2 续表 12

单位：人

地 区	50-54岁			55-59岁			60-64岁		
	小计	男	女	小计	男	女	小计	男	女
广 东	**344072**	**196682**	**147390**	**203329**	**113039**	**90290**	**100314**	**50659**	**49655**
广州市	**65257**	**36073**	**29184**	**40939**	**22308**	**18631**	**21267**	**10679**	**10588**
荔湾区	2951	1536	1415	2205	1160	1045	1360	677	683
越秀区	2306	1173	1133	1723	842	881	1027	448	579
海珠区	6956	3683	3273	4473	2374	2099	2367	1179	1188
天河区	7472	3872	3600	5136	2696	2440	2843	1387	1456
白云区	17284	9369	7915	10931	6117	4814	5364	2857	2507
黄埔区	4789	2837	1952	3166	1743	1423	1648	815	833
番禺区	10313	5742	4571	5980	3239	2741	3016	1437	1579
花都区	5579	3184	2395	3029	1673	1356	1585	829	756
南沙区	3661	2315	1346	1855	1138	717	779	391	388
从化区	562	370	192	340	210	130	166	92	74
增城区	3384	1992	1392	2101	1116	985	1112	567	545
韶关市	**3290**	**1905**	**1385**	**2462**	**1370**	**1092**	**1275**	**654**	**621**
武江区	966	521	445	806	422	384	430	201	229
浈江区	793	438	355	590	301	289	317	159	158
曲江区	401	254	147	295	177	118	147	83	64
始兴县	82	46	36	75	47	28	23	13	10
仁化县	266	158	108	184	107	77	89	51	38
翁源县	175	118	57	84	53	31	45	29	16
乳源瑶族自治县	103	65	38	87	53	34	48	29	19
新丰县	127	80	47	67	44	23	32	14	18
乐昌市	252	145	107	180	107	73	94	46	48
南雄市	125	80	45	94	59	35	50	29	21
深圳市	**88095**	**48893**	**39202**	**57403**	**29630**	**27773**	**31635**	**14827**	**16808**
罗湖区	5491	2906	2585	3713	1893	1820	2237	1045	1192
福田区	6505	3337	3168	4440	2147	2293	2700	1250	1450
南山区	7637	4224	3413	5359	2653	2706	3418	1503	1915
宝安区	22521	12691	9830	13804	7254	6550	6824	3219	3605
龙岗区	23119	12844	10275	15164	7818	7346	8741	4082	4659
盐田区	1328	757	571	889	507	382	438	227	211
龙华区	11485	6193	5292	8208	4022	4186	4695	2181	2514
坪山区	3315	2003	1312	1972	1135	837	997	494	503
光明区	6694	3938	2756	3854	2201	1653	1585	826	759
珠海市	**8835**	**5334**	**3501**	**5606**	**3188**	**2418**	**2863**	**1506**	**1357**
香洲区	5306	3204	2102	3399	1939	1460	1725	903	822
斗门区	1724	982	742	1105	599	506	613	318	295
金湾区	1805	1148	657	1102	650	452	525	285	240
汕头市	**3336**	**2007**	**1329**	**1798**	**1075**	**723**	**858**	**479**	**379**
龙湖区	1065	661	404	662	386	276	387	207	180
金平区	708	410	298	429	238	191	251	125	126
濠江区	91	61	30	42	27	15	12	10	2
潮阳区	199	111	88	100	69	31	51	26	25
潮南区	428	276	152	207	135	72	59	48	11
澄海区	820	469	351	343	207	136	95	62	33
南澳县	25	19	6	15	13	2	3	1	2
佛山市	**40841**	**24576**	**16265**	**21716**	**12968**	**8748**	**9039**	**4830**	**4209**
禅城区	4943	2932	2011	2711	1550	1161	1207	622	585
南海区	17316	10385	6931	9452	5701	3751	4126	2255	1871
顺德区	14221	8341	5880	7325	4267	3058	2895	1522	1373
三水区	3116	2075	1041	1609	1025	584	567	304	263
高明区	1245	843	402	619	425	194	244	127	117

1–2　续表 13　　单位：人

地　　区	50–54岁			55–59岁			60–64岁		
	小计	男	女	小计	男	女	小计	男	女
江门市	**8295**	**4876**	**3419**	**4744**	**2765**	**1979**	**2283**	**1175**	**1108**
蓬江区	1997	1079	918	1277	682	595	743	343	400
江海区	1275	716	559	802	431	371	452	202	250
新会区	1552	938	614	804	497	307	301	167	134
台山市	874	527	347	426	287	139	158	101	57
开平市	939	565	374	583	319	264	267	154	113
鹤山市	1322	839	483	627	412	215	245	138	107
恩平市	336	212	124	225	137	88	117	70	47
湛江市	**3351**	**1800**	**1551**	**2297**	**1222**	**1075**	**1446**	**752**	**694**
赤坎区	703	382	321	507	256	251	362	177	185
霞山区	1397	736	661	939	480	459	635	320	315
坡头区	130	67	63	122	57	65	70	37	33
麻章区	289	186	103	182	112	70	106	65	41
遂溪县	102	51	51	81	46	35	54	30	24
徐闻县	169	104	65	129	80	49	47	32	15
廉江市	174	75	99	104	55	49	68	30	38
雷州市	103	58	45	78	46	32	40	24	16
吴川市	284	141	143	155	90	65	64	37	27
茂名市	**1311**	**764**	**547**	**816**	**436**	**380**	**540**	**252**	**288**
茂南区	571	332	239	380	198	182	234	97	137
电白区	214	142	72	147	88	59	65	38	27
高州市	191	119	72	100	56	44	67	36	31
化州市	210	112	98	95	50	45	48	25	23
信宜市	125	59	66	94	44	50	126	56	70
肇庆市	**3842**	**2437**	**1405**	**2139**	**1404**	**735**	**896**	**486**	**410**
端州区	778	457	321	465	262	203	253	120	133
鼎湖区	451	292	159	251	170	81	109	61	48
高要区	614	404	210	286	211	75	55	38	17
广宁县	93	60	33	62	47	15	22	13	9
怀集县	55	43	12	45	33	12	18	12	6
封开县	81	53	28	50	29	21	19	9	10
德庆县	61	30	31	62	34	28	29	16	13
四会市	1709	1098	611	918	618	300	391	217	174
惠州市	**19252**	**11373**	**7879**	**11647**	**6806**	**4841**	**5572**	**2973**	**2599**
惠城区	6656	3790	2866	4482	2395	2087	2463	1217	1246
惠阳区	6667	3985	2682	4005	2388	1617	1810	1007	803
博罗县	3510	2133	1377	1853	1183	670	767	437	330
惠东县	2149	1282	867	1144	729	415	489	281	208
龙门县	270	183	87	163	111	52	43	31	12
梅州市	**2278**	**1281**	**997**	**1732**	**958**	**774**	**1086**	**561**	**525**
梅江区	898	489	409	726	357	369	491	222	269
梅县区	677	337	340	538	287	251	349	181	168
大埔县	78	51	27	58	40	18	35	28	7
丰顺县	116	74	42	76	50	26	18	13	5
五华县	154	104	50	89	59	30	49	36	13
平远县	93	58	35	54	42	12	32	19	13
蕉岭县	130	91	39	86	57	29	47	21	26
兴宁市	132	77	55	105	66	39	65	41	24

1–2 续表 14 单位：人

地　区	50–54岁			55–59岁			60–64岁		
	小计	男	女	小计	男	女	小计	男	女
汕尾市	**1930**	**1136**	**794**	**1079**	**653**	**426**	**477**	**288**	**189**
城　区	538	320	218	272	171	101	134	73	61
海丰县	1064	610	454	590	336	254	262	163	99
陆河县	122	75	47	97	74	23	32	23	9
陆丰市	206	131	75	120	72	48	49	29	20
河源市	**3567**	**1969**	**1598**	**2551**	**1373**	**1178**	**1600**	**834**	**766**
源城区	2472	1295	1177	1868	923	945	1274	646	628
紫金县	286	182	104	178	120	58	65	39	26
龙川县	212	120	92	164	106	58	91	49	42
连平县	137	89	48	64	51	13	33	19	14
和平县	78	46	32	56	37	19	24	13	11
东源县	382	237	145	221	136	85	113	68	45
阳江市	**1904**	**1069**	**835**	**1225**	**682**	**543**	**648**	**350**	**298**
江城区	926	529	397	611	326	285	354	192	162
阳东区	646	356	290	386	211	175	191	102	89
阳西县	138	76	62	93	61	32	45	23	22
阳春市	194	108	86	135	84	51	58	33	25
清远市	**4206**	**2531**	**1675**	**3047**	**1644**	**1403**	**1758**	**889**	**869**
清城区	2500	1464	1036	2001	1025	976	1180	573	607
清新区	601	352	249	378	190	188	269	126	143
佛冈县	261	174	87	135	98	37	58	37	21
阳山县	80	54	26	42	28	14	25	15	10
连山壮族瑶族自治县	39	20	19	32	20	12	14	7	7
连南瑶族自治县	29	16	13	20	10	10	11	5	6
英德市	592	383	209	365	236	129	157	102	55
连州市	104	68	36	74	37	37	44	24	20
东莞市	**61029**	**35204**	**25825**	**30072**	**17636**	**12436**	**11898**	**6398**	**5500**
市辖区	61029	35204	25825	30072	17636	12436	11898	6398	5500
中山市	**19645**	**11185**	**8460**	**9976**	**5671**	**4305**	**4255**	**2220**	**2035**
市辖区	19645	11185	8460	9976	5671	4305	4255	2220	2035
潮州市	**1978**	**1179**	**799**	**1014**	**620**	**394**	**439**	**258**	**181**
湘桥区	678	404	274	413	239	174	229	130	99
潮安区	1237	732	505	565	355	210	199	123	76
饶平县	63	43	20	36	26	10	11	5	6
揭阳市	**498**	**325**	**173**	**236**	**157**	**79**	**78**	**52**	**26**
榕城区	91	69	22	36	25	11	17	11	6
揭东区	134	87	47	65	47	18	21	14	7
揭西县	29	17	12	14	10	4	8	5	3
惠来县	37	27	10	16	13	3	3	2	1
普宁市	207	125	82	105	62	43	29	20	9
云浮市	**1332**	**765**	**567**	**830**	**473**	**357**	**401**	**196**	**205**
云城区	684	386	298	481	258	223	237	104	133
云安区	100	68	32	67	49	18	16	11	5
新兴县	283	170	113	133	82	51	50	26	24
郁南县	119	69	50	51	31	20	26	18	8
罗定市	146	72	74	98	53	45	72	37	35

1-2 续表 15

单位：人

地 区	65-69岁			70-74岁			75-79岁		
	小计	男	女	小计	男	女	小计	男	女
广 东	**70033**	**34305**	**35728**	**31947**	**15725**	**16222**	**15055**	**7090**	**7965**
广州市	**14689**	**7325**	**7364**	**6943**	**3467**	**3476**	**3197**	**1526**	**1671**
荔湾区	1009	503	506	524	283	241	225	111	114
越秀区	901	435	466	464	222	242	209	93	116
海珠区	1680	806	874	956	467	489	471	220	251
天河区	2081	1040	1041	940	452	488	438	202	236
白云区	3423	1831	1592	1669	845	824	786	388	398
黄埔区	1082	510	572	433	208	225	177	81	96
番禺区	2131	995	1136	966	466	500	469	213	256
花都区	1031	522	509	454	238	216	186	97	89
南沙区	522	261	261	187	90	97	93	49	44
从化区	109	53	56	40	25	15	33	20	13
增城区	720	369	351	310	171	139	110	52	58
韶关市	**1074**	**529**	**545**	**642**	**308**	**334**	**409**	**166**	**243**
武江区	391	200	191	205	96	109	133	49	84
浈江区	267	127	140	162	79	83	103	45	58
曲江区	147	56	91	98	37	61	66	29	37
始兴县	20	11	9	11	6	5	7	2	5
仁化县	65	35	30	46	24	22	26	10	16
翁源县	31	17	14	20	9	11	12	6	6
乳源瑶族自治县	39	23	16	19	11	8	19	10	9
新丰县	18	11	7	12	9	3	6	2	4
乐昌市	74	39	35	54	27	27	31	10	21
南雄市	22	10	12	15	10	5	6	3	3
深圳市	**22322**	**10402**	**11920**	**9402**	**4541**	**4861**	**4086**	**1816**	**2270**
罗湖区	1759	782	977	818	377	441	405	175	230
福田区	2109	931	1178	1019	475	544	487	194	293
南山区	2838	1298	1540	1372	641	731	560	258	302
宝安区	4446	2103	2343	1740	851	889	720	289	431
龙岗区	6120	2852	3268	2554	1264	1290	1104	512	592
盐田区	323	130	193	159	75	84	75	31	44
龙华区	3056	1435	1621	1154	560	594	496	243	253
坪山区	642	319	323	233	120	113	97	52	45
光明区	1029	552	477	353	178	175	142	62	80
珠海市	**2103**	**1001**	**1102**	**1029**	**492**	**537**	**534**	**252**	**282**
香洲区	1304	616	688	649	294	355	355	167	188
斗门区	426	196	230	193	106	87	116	52	64
金湾区	373	189	184	187	92	95	63	33	30
汕头市	**688**	**343**	**345**	**429**	**195**	**234**	**212**	**119**	**93**
龙湖区	306	139	167	192	85	107	104	59	45
金平区	218	108	110	150	69	81	71	36	35
濠江区	10	9	1	5	2	3	3	3	
潮阳区	39	21	18	33	16	17	15	11	4
潮南区	30	23	7	17	8	9	6	2	4
澄海区	83	42	41	30	15	15	13	8	5
南澳县	2	1	1	2		2			
佛山市	**6367**	**3187**	**3180**	**2753**	**1366**	**1387**	**1225**	**586**	**639**
禅城区	922	447	475	424	197	227	202	102	100
南海区	2825	1441	1384	1270	645	625	557	274	283
顺德区	2073	1018	1055	800	396	404	358	159	199
三水区	394	200	194	180	89	91	74	33	41
高明区	153	81	72	79	39	40	34	18	16

1-2 续表 16

单位：人

地　区	65-69岁			70-74岁			75-79岁		
	小计	男	女	小计	男	女	小计	男	女
江门市	**1886**	**919**	**967**	**950**	**465**	**485**	**422**	**190**	**232**
蓬江区	727	337	390	403	190	213	162	72	90
江海区	377	173	204	189	92	97	85	34	51
新会区	213	107	106	91	47	44	51	27	24
台山市	96	56	40	50	31	19	25	13	12
开平市	216	108	108	111	60	51	41	16	25
鹤山市	167	86	81	62	26	36	31	14	17
恩平市	90	52	38	44	19	25	27	14	13
湛江市	**954**	**480**	**474**	**610**	**297**	**313**	**388**	**203**	**185**
赤坎区	243	109	134	164	81	83	97	50	47
霞山区	412	202	210	249	114	135	154	75	79
坡头区	46	28	18	29	15	14	18	11	7
麻章区	65	37	28	45	21	24	26	12	14
遂溪县	30	17	13	15	8	7	17	10	7
徐闻县	33	18	15	26	13	13	13	7	6
廉江市	62	39	23	27	13	14	28	16	12
雷州市	17	7	10	13	8	5	12	8	4
吴川市	46	23	23	42	24	18	23	14	9
茂名市	**411**	**201**	**210**	**327**	**194**	**133**	**219**	**123**	**96**
茂南区	187	79	108	133	76	57	95	40	55
电白区	57	33	24	48	32	16	22	18	4
高州市	56	29	27	50	29	21	33	23	10
化州市	41	22	19	33	20	13	18	13	5
信宜市	70	38	32	63	37	26	51	29	22
肇庆市	**681**	**368**	**313**	**360**	**182**	**178**	**179**	**83**	**96**
端州区	230	112	118	132	58	74	87	39	48
鼎湖区	92	53	39	42	21	21	21	11	10
高要区	46	33	13	22	14	8	10	6	4
广宁县	15	10	5	8	3	5	6	4	2
怀集县	13	9	4	6	2	4	1	1	
封开县	9	7	2	8	4	4	5	2	3
德庆县	26	12	14	19	9	10	7	3	4
四会市	250	132	118	123	71	52	42	17	25
惠州市	**3933**	**1932**	**2001**	**1813**	**886**	**927**	**974**	**456**	**518**
惠城区	1918	895	1023	869	418	451	517	221	296
惠阳区	1253	622	631	604	301	303	284	147	137
博罗县	449	234	215	208	100	108	85	43	42
惠东县	276	156	120	117	59	58	79	39	40
龙门县	37	25	12	15	8	7	9	6	3
梅州市	**924**	**484**	**440**	**525**	**290**	**235**	**299**	**157**	**142**
梅江区	449	227	222	242	136	106	122	60	62
梅县区	290	143	147	144	77	67	97	51	46
大埔县	26	16	10	16	8	8	8	5	3
丰顺县	19	9	10	19	11	8	10	7	3
五华县	41	24	17	26	19	7	9	7	2
平远县	24	16	8	13	6	7	11	5	6
蕉岭县	34	24	10	23	7	16	11	6	5
兴宁市	41	25	16	42	26	16	31	16	15

1-2 续表 17

单位：人

地 区	65-69岁			70-74岁			75-79岁		
	小计	男	女	小计	男	女	小计	男	女
汕尾市	**323**	**177**	**146**	**190**	**108**	**82**	**104**	**53**	**51**
城 区	97	58	39	55	27	28	36	22	14
海丰县	172	87	85	98	59	39	46	21	25
陆河县	22	10	12	17	9	8	11	7	4
陆丰市	32	22	10	20	13	7	11	3	8
河源市	**1112**	**542**	**570**	**628**	**313**	**315**	**408**	**195**	**213**
源城区	895	423	472	503	246	257	341	157	184
紫金县	43	23	20	29	14	15	17	10	7
龙川县	44	22	22	38	18	20	19	11	8
连平县	26	16	10	17	8	9	12	8	4
和平县	26	19	7	8	6	2	2		2
东源县	78	39	39	33	21	12	17	9	8
阳江市	**491**	**270**	**221**	**309**	**161**	**148**	**167**	**95**	**72**
江城区	295	161	134	180	93	87	101	56	45
阳东区	124	70	54	86	40	46	40	21	19
阳西县	34	23	11	15	10	5	10	9	1
阳春市	38	16	22	28	18	10	16	9	7
清远市	**1339**	**665**	**674**	**731**	**349**	**382**	**412**	**192**	**220**
清城区	930	454	476	504	230	274	256	118	138
清新区	206	100	106	102	47	55	74	37	37
佛冈县	44	24	20	31	18	13	14	6	8
阳山县	14	7	7	11	7	4	8	4	4
连山壮族瑶族自治县	4	1	3	6	5	1			
连南瑶族自治县	16	8	8	1		1	6		6
英德市	92	50	42	59	32	27	38	18	20
连州市	33	21	12	17	10	7	16	9	7
东莞市	**7238**	**3783**	**3455**	**2793**	**1348**	**1445**	**1032**	**482**	**550**
市辖区	7238	3783	3455	2793	1348	1445	1032	482	550
中山市	**2789**	**1342**	**1447**	**1174**	**574**	**600**	**587**	**285**	**302**
市辖区	2789	1342	1447	1174	574	600	587	285	302
潮州市	**345**	**174**	**171**	**145**	**77**	**68**	**67**	**35**	**32**
湘桥区	194	88	106	85	42	43	37	18	19
潮安区	139	81	58	54	30	24	24	14	10
饶平县	12	5	7	6	5	1	6	3	3
揭阳市	**62**	**34**	**28**	**29**	**18**	**11**	**17**	**11**	**6**
榕城区	7	5	2	2	2				
揭东区	12	8	4	11	7	4	5	2	3
揭西县	12	3	9	11	6	5	7	5	2
惠来县	3	2	1	1	1		1	1	
普宁市	28	16	12	4	2	2	4	3	1
云浮市	**302**	**147**	**155**	**165**	**94**	**71**	**117**	**65**	**52**
云城区	179	81	98	79	42	37	66	31	35
云安区	11	7	4	10	7	3	7	5	2
新兴县	44	21	23	19	9	10	6	4	2
郁南县	21	12	9	8	5	3	4	4	
罗定市	47	26	21	49	31	18	34	21	13

1-2 续表 18

单位：人

地　区	80-84岁			85-89岁			90岁及以上		
	小计	男	女	小计	男	女	小计	男	女
广　东	**9401**	**4104**	**5297**	**4561**	**1795**	**2766**	**1805**	**622**	**1183**
广州市	**2235**	**985**	**1250**	**1216**	**451**	**765**			
荔湾区	216	92	124	165	57	108	34	14	20
越秀区	141	58	83	86	31	55	96	25	71
海珠区	348	152	196	209	69	140	30	12	18
天河区	321	145	176	137	55	82	168	47	121
白云区	564	234	330	356	119	237	25	11	14
黄埔区	136	63	73	69	35	34	48	14	34
番禺区	279	129	150	106	52	54	13	4	9
花都区	102	48	54	42	17	25	6	1	5
南沙区	49	22	27	19	7	12	3	2	1
从化区	24	15	9	10	4	6	8	3	5
增城区	55	27	28	17	5	12	49	10	39
韶关市	**280**	**109**	**171**	**133**	**52**	**81**			
武江区	116	47	69	43	19	24	12	2	10
浈江区	63	23	40	41	15	26	9	2	7
曲江区	36	8	28	22	9	13	1		1
始兴县	2	2		2		2	1		1
仁化县	22	11	11	7	2	5	2		2
翁源县	9	2	7	4	1	3			
乳源瑶族自治县	7	3	4	3		3			
新丰县	3	1	2	1	1		2	1	1
乐昌市	19	10	9	8	4	4	1		1
南雄市	3	2	1	2	1	1	395	127	268
深圳市	**2436**	**1007**	**1429**	**1060**	**414**	**646**			
罗湖区	276	112	164	115	45	70	54	17	37
福田区	316	129	187	152	69	83	48	20	28
南山区	371	163	208	166	69	97	75	27	48
宝安区	403	161	242	196	67	129	102	27	75
龙岗区	600	251	349	232	92	140	12	3	9
盐田区	47	15	32	25	11	14	43	15	28
龙华区	280	115	165	116	43	73	7	2	5
坪山区	53	20	33	27	9	18	9	4	5
光明区	90	41	49	31	9	22	48	18	30
珠海市	**337**	**133**	**204**	**150**	**55**	**95**			
香洲区	226	87	139	97	35	62	9	5	4
斗门区	74	36	38	30	12	18	13	2	11
金湾区	37	10	27	23	8	15	31	10	21
汕头市	**120**	**54**	**66**	**72**	**31**	**41**			
龙湖区	65	29	36	27	8	19	11	2	9
金平区	34	15	19	29	13	16			
濠江区	2	1	1				2	1	1
潮阳区	8	3	5	5	4	1			
潮南区	1	1		2	2		2	1	1
澄海区	8	4	4	9	4	5			
南澳县	2	1	1				134	54	80
佛山市	**725**	**309**	**416**	**365**	**152**	**213**			
禅城区	101	47	54	52	17	35	65	24	41
南海区	350	151	199	190	83	107	31	16	15
顺德区	207	81	126	89	40	49	7	1	6
三水区	49	21	28	21	7	14	4	2	2
高明区	18	9	9	13	5	8	63	29	34

1–2　续表 19　　　　　　　　　　　　　　　　　　　　　　　　　　　　单位：人

地　　区	80–84岁			85–89岁			90岁及以上		
	小计	男	女	小计	男	女	小计	男	女
江门市	**313**	**143**	**170**	**147**	**53**	**94**			
蓬江区	129	66	63	46	19	27	18	10	8
江海区	55	25	30	47	12	35	6	4	2
新会区	43	20	23	16	6	10	1	1	
台山市	15	6	9	9	4	5	5	2	3
开平市	25	11	14	12	5	7	5	1	4
鹤山市	26	9	17	5	1	4	3	1	2
恩平市	20	6	14	12	6	6	40	16	24
湛江市	**220**	**106**	**114**	**119**	**61**	**58**			
赤坎区	65	31	34	25	14	11	13	3	10
霞山区	72	27	45	41	22	19	2		2
坡头区	10	8	2	6	3	3	7	2	5
麻章区	19	10	9	14	9	5	5	2	3
遂溪县	14	9	5	7	2	5	2	1	1
徐闻县	6	3	3	8	3	5			
廉江市	12	6	6	3	2	1	1	1	
雷州市	10	4	6	7	4	3	3	1	2
吴川市	12	8	4	8	2	6	35	20	15
茂名市	**126**	**70**	**56**	**79**	**37**	**42**			
茂南区	61	26	35	59	28	31	2	1	1
电白区	11	8	3	6	2	4	4	3	1
高州市	16	10	6	5	4	1	4	3	1
化州市	10	7	3	3	2	1	2	2	
信宜市	28	19	9	6	1	5	21	8	13
肇庆市	**121**	**50**	**71**	**55**	**23**	**32**			
端州区	56	22	34	26	11	15	4	2	2
鼎湖区	12	5	7	5	2	3			
高要区	7	4	3	3	2	1			
广宁县	1	1		1	1				
怀集县	3	2	1				1		1
封开县	1	1					1		1
德庆县	5	2	3	2	1	1	8	3	5
四会市	36	13	23	18	6	12	94	33	61
惠州市	**591**	**269**	**322**	**269**	**107**	**162**			
惠城区	298	140	158	130	46	84	30	8	22
惠阳区	160	61	99	86	37	49	5	4	1
博罗县	67	34	33	27	13	14	10	5	5
惠东县	59	29	30	22	10	12			
龙门县	7	5	2	4	1	3	65	24	41
梅州市	**210**	**109**	**101**	**126**	**56**	**70**			
梅江区	107	48	59	58	20	38	17	7	10
梅县区	54	28	26	37	16	21	3	1	2
大埔县	8	5	3	3	3				
丰顺县	8	5	3	3	1	2	4	3	1
五华县	3	3		8	3	5	2		2
平远县	5	4	1	4	2	2			
蕉岭县	10	6	4	3	2	1	3	2	1
兴宁市	15	10	5	10	9	1	19	12	7

1−2 续表 20

单位：人

地　区	80−84岁			85−89岁			90岁及以上		
	小计	男	女	小计	男	女	小计	男	女
汕尾市	**84**	**38**	**46**	**28**	**12**	**16**			
城　区	26	14	12	12	6	6	9	7	2
海丰县	39	15	24	13	5	8			
陆河县	8	3	5				3	2	1
陆丰市	11	6	5	3	1	2	66	17	49
河源市	**278**	**124**	**154**	**171**	**65**	**106**			
源城区	241	108	133	143	54	89	1		1
紫金县	8	4	4	8	5	3	5	4	1
龙川县	9	4	5	9	3	6			
连平县	4	2	2	2	1	1			
和平县	2	1	1	5	2	3	4		4
东源县	14	5	9	4		4	30	11	19
阳江市	**119**	**64**	**55**	**53**	**18**	**35**			
江城区	66	35	31	39	13	26	9	3	6
阳东区	32	15	17	7	3	4	1	1	
阳西县	10	7	3	4	1	3	4	1	3
阳春市	11	7	4	3	1	2	45	11	34
清远市	**223**	**94**	**129**	**111**	**41**	**70**			
清城区	159	63	96	76	28	48	5	1	4
清新区	32	17	15	13	5	8	1		1
佛冈县	5	2	3	7	1	6	1		1
阳山县	3	2	1	1		1			
连山壮族瑶族自治县	3		3	1	1				
连南瑶族自治县	4	3	1	1		1	1		1
英德市	14	5	9	11	5	6			
连州市	3	2	1	1	1		76	30	46
东莞市	**548**	**242**	**306**	**200**	**80**	**120**	**76**	**30**	**46**
市辖区	548	242	306	200	80	120	54	16	38
中山市	**317**	**135**	**182**	**143**	**55**	**88**	**54**	**16**	**38**
市辖区	317	135	182	143	55	88	6	3	3
潮州市	**54**	**27**	**27**	**22**	**10**	**12**			
湘桥区	29	15	14	15	5	10	1		1
潮安区	20	8	12	5	4	1			
饶平县	5	4	1	2	1	1	4	2	2
揭阳市	**7**	**5**	**2**	**4**	**2**	**2**			
榕城区							1	1	
揭东区	2	2		3	1	2	2	1	1
揭西县	3	2	1						
惠来县							1		1
普宁市	2	1	1	1	1		11	7	4
云浮市	**57**	**31**	**26**	**38**	**20**	**18**			
云城区	27	13	14	17	7	10			
云安区	3	2	1				1	1	
新兴县	7	6	1	3	3				
郁南县	4		4	6	3	3			
罗定市	16	10	6	12	7	5			

1-3　全省分年龄、性别的人口

单位：人、%

年　龄	人口数			占总人口比重			性别比
	合计	男	女	合计	男	女	(女=100)
总　计	**4878871**	**2783687**	**2095184**	**100**	**57.06**	**42.94**	**132.86**
0–4岁	**138538**	**74671**	**63867**	**2.84**	**1.53**	**1.31**	**116.92**
0	8709	4747	3962	0.18	0.10	0.08	119.81
1	26591	14378	12213	0.55	0.29	0.25	117.73
2	30235	16266	13969	0.62	0.33	0.29	116.44
3	36283	19479	16804	0.74	0.40	0.34	115.92
4	36720	19801	16919	0.75	0.41	0.35	117.03
5–9岁	**180081**	**98978**	**81103**	**3.69**	**2.03**	**1.66**	**122.04**
5	35689	19419	16270	0.73	0.40	0.33	119.35
6	34875	19243	15632	0.71	0.39	0.32	123.10
7	35231	19298	15933	0.72	0.40	0.33	121.12
8	39472	21763	17709	0.81	0.45	0.36	122.89
9	34814	19255	15559	0.71	0.39	0.32	123.75
10–14岁	**146159**	**81813**	**64346**	**3.00**	**1.68**	**1.32**	**127.15**
10	33263	18616	14647	0.68	0.38	0.30	127.10
11	32729	18247	14482	0.67	0.37	0.30	126.00
12	29264	16199	13065	0.60	0.33	0.27	123.99
13	26070	14694	11376	0.53	0.30	0.23	129.17
14	24833	14057	10776	0.51	0.29	0.22	130.45
15–19岁	**261460**	**151790**	**109670**	**5.36**	**3.11**	**2.25**	**138.41**
15	30753	17350	13403	0.63	0.36	0.27	129.45
16	48453	28164	20289	0.99	0.58	0.42	138.81
17	52814	31335	21479	1.08	0.64	0.44	145.89
18	53554	31954	21600	1.10	0.65	0.44	147.94
19	75886	42987	32899	1.56	0.88	0.67	130.66
20–24岁	**534816**	**300771**	**234045**	**10.96**	**6.16**	**4.80**	**128.51**
20	91560	50701	40859	1.88	1.04	0.84	124.09
21	96578	54154	42424	1.98	1.11	0.87	127.65
22	110000	62785	47215	2.25	1.29	0.97	132.98
23	114311	64411	49900	2.34	1.32	1.02	129.08
24	122367	68720	53647	2.51	1.41	1.10	128.10
25–29岁	**652896**	**374809**	**278087**	**13.38**	**7.68**	**5.70**	**134.78**
25	129749	73391	56358	2.66	1.50	1.16	130.22
26	122629	69778	52851	2.51	1.43	1.08	132.03
27	130935	74898	56037	2.68	1.54	1.15	133.66
28	132454	76665	55789	2.71	1.57	1.14	137.42
29	137129	80077	57052	2.81	1.64	1.17	140.36
30–34岁	**745820**	**437148**	**308672**	**15.29**	**8.96**	**6.33**	**141.62**
30	162869	95301	67568	3.34	1.95	1.38	141.04
31	154673	90185	64488	3.17	1.85	1.32	139.85
32	142719	83569	59150	2.93	1.71	1.21	141.28
33	151754	89404	62350	3.11	1.83	1.28	143.39
34	133805	78689	55116	2.74	1.61	1.13	142.77
35–39岁	**559089**	**331974**	**227115**	**11.46**	**6.80**	**4.66**	**146.17**
35	117898	69722	48176	2.42	1.43	0.99	144.72
36	115760	68720	47040	2.37	1.41	0.96	146.09
37	107291	63655	43636	2.20	1.30	0.89	145.88
38	116042	69236	46806	2.38	1.42	0.96	147.92
39	102098	60641	41457	2.09	1.24	0.85	146.27
40–44岁	**433169**	**253766**	**179403**	**8.88**	**5.20**	**3.68**	**141.45**
40	90582	53711	36871	1.86	1.10	0.76	145.67
41	94686	56053	38633	1.94	1.15	0.79	145.09
42	84578	49527	35051	1.73	1.02	0.72	141.30
43	77559	45155	32404	1.59	0.93	0.66	139.35
44	85764	49320	36444	1.76	1.01	0.75	135.33

1-3 续表

单位：人、%

年 龄	人 口 数			占总人口比重			性别比
	合计	男	女	合计	男	女	(女=100)
45-49岁	**446326**	**253946**	**192380**	**9.15**	**5.21**	**3.94**	**132.00**
45	87556	50024	37532	1.79	1.03	0.77	133.28
46	95645	54229	41416	1.96	1.11	0.85	130.94
47	91698	52110	39588	1.88	1.07	0.81	131.63
48	87561	49734	37827	1.79	1.02	0.78	131.48
49	83866	47849	36017	1.72	0.98	0.74	132.85
50-54岁	**344072**	**196682**	**147390**	**7.05**	**4.03**	**3.02**	**133.44**
50	82568	46884	35684	1.69	0.96	0.73	131.39
51	72569	41513	31056	1.49	0.85	0.64	133.67
52	75221	42991	32230	1.54	0.88	0.66	133.39
53	55983	31964	24019	1.15	0.66	0.49	133.08
54	57731	33330	24401	1.18	0.68	0.50	136.59
55-59岁	**203329**	**113039**	**90290**	**4.17**	**2.32**	**1.85**	**125.20**
55	52558	29829	22729	1.08	0.61	0.47	131.24
56	47067	26393	20674	0.96	0.54	0.42	127.66
57	49642	27916	21726	1.02	0.57	0.45	128.49
58	36270	19569	16701	0.74	0.40	0.34	117.17
59	17792	9332	8460	0.36	0.19	0.17	110.31
60-64岁	**100314**	**50659**	**49655**	**2.06**	**1.04**	**1.02**	**102.02**
60	18234	9180	9054	0.37	0.19	0.19	101.39
61	18024	9218	8806	0.37	0.19	0.18	104.68
62	22083	11331	10752	0.45	0.23	0.22	105.39
63	23164	11764	11400	0.47	0.24	0.23	103.19
64	18809	9166	9643	0.39	0.19	0.20	95.05
65-69岁	**70033**	**34305**	**35728**	**1.44**	**0.70**	**0.73**	**96.02**
65	17867	8721	9146	0.37	0.18	0.19	95.35
66	16710	8226	8484	0.34	0.17	0.17	96.96
67	13665	6655	7010	0.28	0.14	0.14	94.94
68	12143	6008	6135	0.25	0.12	0.13	97.93
69	9648	4695	4953	0.20	0.10	0.10	94.79
70-74岁	**31947**	**15725**	**16222**	**0.65**	**0.32**	**0.33**	**96.94**
70	8722	4321	4401	0.18	0.09	0.09	98.18
71	7695	3835	3860	0.16	0.08	0.08	99.35
72	5923	2886	3037	0.12	0.06	0.06	95.03
73	5132	2550	2582	0.11	0.05	0.05	98.76
74	4475	2133	2342	0.09	0.04	0.05	91.08
75-79岁	**15055**	**7090**	**7965**	**0.31**	**0.15**	**0.16**	**89.01**
75	3801	1802	1999	0.08	0.04	0.04	90.15
76	3239	1625	1614	0.07	0.03	0.03	100.68
77	2898	1361	1537	0.06	0.03	0.03	88.55
78	2672	1202	1470	0.05	0.02	0.03	81.77
79	2445	1100	1345	0.05	0.02	0.03	81.78
80-84岁	**9401**	**4104**	**5297**	**0.19**	**0.08**	**0.11**	**77.48**
80	2356	1083	1273	0.05	0.02	0.03	85.07
81	1928	847	1081	0.04	0.02	0.02	78.35
82	1915	798	1117	0.04	0.02	0.02	71.44
83	1681	745	936	0.03	0.02	0.02	79.59
84	1521	631	890	0.03	0.01	0.02	70.90
85-89岁	**4561**	**1795**	**2766**	**0.09**	**0.04**	**0.06**	**64.90**
85	1201	489	712	0.02	0.01	0.01	68.68
86	1137	446	691	0.02	0.01	0.01	64.54
87	953	362	591	0.02	0.01	0.01	61.25
88	720	301	419	0.01	0.01	0.01	71.84
89	550	197	353	0.01		0.01	55.81
90岁及以上	**1805**	**622**	**1183**	**0.04**	**0.01**	**0.02**	**52.58**

第四部分 跨县（市、区）流动人口（长表数据资料）

第二卷 民族

2-1　全省各民族分性别、行业的人口

单位：人

民　族	人口数			农、林、牧、渔业			采矿业		
	合计	男	女	小计	男	女	小计	男	女
总　计	**3405585**	**2135570**	**1270015**	**29855**	**18341**	**11514**	**2421**	**2041**	**380**
汉　族	3133008	1967989	1165019	25122	15652	9470	2259	1905	354
蒙古族	1516	977	539	3	2	1	1		1
回　族	4848	3087	1761	4	4		1	1	
藏　族	680	406	274	8	5	3			
维吾尔族	386	236	150	3	2	1			
苗　族	36835	22577	14258	909	523	386	15	11	4
彝　族	12687	7596	5091	116	59	57	2	2	
壮　族	113471	69371	44100	2505	1376	1129	79	63	16
布依族	12380	7429	4951	99	57	42	6	6	
朝鲜族	1086	721	365	3	2	1			
满　族	2501	1609	892	7	4	3	2	1	1
侗　族	14092	9085	5007	124	73	51	3	3	
瑶　族	24228	14918	9310	328	195	133	22	20	2
白　族	2802	1721	1081	25	11	14			
土家族	27163	16972	10191	463	303	160	20	19	1
哈尼族	3359	2132	1227	10	6	4			
哈萨克族	28	20	8						
傣　族	1421	822	599	8	5	3			
黎　族	2199	1305	894	18	10	8			
傈僳族	697	404	293	5	3	2	1	1	
佤　族	1158	611	547	4	1	3			
畲　族	1171	785	386	7	5	2	4	4	
高山族	5	2	3						
拉祜族	498	298	200	3	1	2			
水　族	1171	681	490	15	6	9	1		1
东乡族	383	248	135						
纳西族	58	39	19	1	1				
景颇族	253	138	115				2	2	
柯尔克孜族	49	21	28						
土　族	436	275	161	6	3	3			
达斡尔族	33	22	11						
仫佬族	1618	1000	618	35	22	13			
羌　族	95	60	35				1	1	
布朗族	167	82	85						
撒拉族	165	95	70	1		1			
毛南族	736	429	307	8	2	6			
仡佬族	1269	815	454	13	7	6	1	1	
锡伯族	65	40	25						
阿昌族	99	61	38	1	1				
普米族	43	29	14						
塔吉克族	9	9							
怒　族	38	22	16						
乌孜别克族	3	1	2						
俄罗斯族	5	5							
鄂温克族	9	5	4						
德昂族	36	14	22						
保安族	17	12	5						
裕固族	2	1	1						
京　族	16	9	7						
塔塔尔族	1	1							
独龙族	6	3	3						
鄂伦春族	2	1	1						
赫哲族	9	6	3						
门巴族	1		1						
珞巴族	1	1					1	1	
基诺族	8	2	6						
未定族称人口	537	347	190	1		1			
入　籍	26	23	3						

2-1 续表 1

单位：人

民族	制造业			电力、热力、燃气及水生产和供应业			建筑业		
	小计	男	女	小计	男	女	小计	男	女
总计	**1540844**	**959946**	**580898**	**11087**	**9018**	**2069**	**244622**	**209661**	**34961**
汉族	1361746	850907	510839	10546	8571	1975	228147	196203	31944
蒙古族	517	340	177	11	10	1	100	81	19
回族	2337	1491	846	8	6	2	172	138	34
藏族	384	216	168	2	2		28	20	8
维吾尔族	91	59	32				5	3	2
苗族	23971	14440	9531	52	46	6	3059	2415	644
彝族	9393	5497	3896	28	25	3	961	766	195
壮族	77717	47466	30251	236	190	46	4765	3937	828
布依族	9432	5617	3815	13	10	3	528	419	109
朝鲜族	371	261	110	3	2	1	23	20	3
满族	716	502	214	14	10	4	190	159	31
侗族	9264	5890	3374	40	35	5	1019	858	161
瑶族	15609	9542	6067	45	35	10	1409	1156	253
白族	1936	1171	765	10	10		160	134	26
土家族	15233	9249	5984	49	42	7	3055	2537	518
哈尼族	2644	1677	967	9	7	2	128	106	22
哈萨克族	17	13	4				1	1	
傣族	1035	578	457	1	1		88	73	15
黎族	1340	839	501	6	5	1	59	51	8
傈僳族	548	324	224	1		1	26	20	6
佤族	882	449	433	1	1		80	61	19
畲族	532	357	175	2	2		53	45	8
高山族	3	1	2				2	1	1
拉祜族	370	214	156				30	23	7
水族	819	469	350	2	1	1	76	58	18
东乡族	274	176	98				3	2	1
纳西族	32	23	9				2		2
景颇族	194	105	89				8	7	1
柯尔克孜族	45	21	24						
土族	239	147	92	1	1		54	42	12
达斡尔族	4	2	2				2	1	1
仫佬族	1034	630	404	2	2		84	77	7
羌族	39	28	11				12	8	4
布朗族	127	61	66				10	10	
撒拉族	24	17	7						
毛南族	529	299	230	1		1	50	42	8
仡佬族	762	468	294	4	4		188	146	42
锡伯族	19	16	3				4	3	1
阿昌族	78	47	31				3	3	
普米族	37	24	13						
塔吉克族	9	9							
怒族	30	17	13						
乌孜别克族	1		1						
俄罗斯族									
鄂温克族	4	2	2						
德昂族	33	13	20				2	1	1
保安族	14	10	4				1	1	
裕固族							1	1	
京族	7	5	2						
塔塔尔族									
独龙族	4	2	2				1	1	
鄂伦春族									
赫哲族	5	3	2				3	3	
门巴族									
珞巴族									
基诺族	7	2	5						
未定族称人口	373	239	134				28	26	2
入籍	13	11	2				2	2	

2–1　续表 2　　　　单位：人

民　族	批发和零售业			交通运输、仓储和邮政业			住宿和餐饮业		
	小计	男	女	小计	男	女	小计	男	女
总　计	**559379**	**316699**	**242680**	**161612**	**133374**	**28238**	**193430**	**113892**	**79538**
汉　族	534907	303154	231753	153210	126445	26765	183144	108054	75090
蒙古族	207	126	81	77	60	17	167	113	54
回　族	629	380	249	227	174	53	736	453	283
藏　族	75	42	33	29	25	4	43	33	10
维吾尔族	70	43	27	10	6	4	139	98	41
苗　族	2916	1654	1262	991	790	201	946	529	417
彝　族	762	417	345	239	185	54	283	154	129
壮　族	10405	5639	4766	3523	2954	569	4386	2499	1887
布依族	881	471	410	247	212	35	307	173	134
朝鲜族	354	229	125	36	27	9	50	35	15
满　族	387	218	169	162	113	49	132	83	49
侗　族	1197	700	497	474	409	65	370	202	168
瑶　族	2260	1269	991	835	700	135	951	518	433
白　族	203	100	103	73	61	12	87	50	37
土家族	2573	1402	1171	1031	849	182	910	476	434
哈尼族	234	140	94	50	42	8	67	35	32
哈萨克族	3	3		2	1	1			
傣　族	120	63	57	21	18	3	45	20	25
黎　族	257	134	123	67	47	20	137	68	69
傈僳族	39	15	24	12	11	1	18	9	9
佤　族	63	28	35	35	25	10	27	13	14
畲　族	200	129	71	42	36	6	58	41	17
高山族									
拉祜族	48	28	20	16	13	3	7	5	2
水　族	84	45	39	31	27	4	28	15	13
东乡族	28	22	6	1	1		66	38	28
纳西族	4	3	1	1	1		2	1	1
景颇族	15	9	6	3	1	2	12	6	6
柯尔克孜族	1		1						
土　族	35	13	22	16	12	4	17	11	6
达斡尔族	6	4	2	1	1		3	1	2
仫佬族	164	88	76	63	53	10	72	36	36
羌　族	10	6	4	6	4	2	3	1	2
布朗族	14	4	10				5	4	1
撒拉族	2	1	1	4	4		130	69	61
毛南族	60	32	28	19	17	2	17	8	9
仡佬族	92	50	42	23	21	2	38	21	17
锡伯族	10	5	5	2	1	1	6	5	1
阿昌族	6	4	2	5	4	1	1		1
普米族	1		1	2	2		2	2	
塔吉克族									
怒　族	2		2				1	1	
乌孜别克族									
俄罗斯族	1	1					4	4	
鄂温克族	3	2	1						
德昂族	1		1						
保安族	1	1							
裕固族	1		1						
京　族	4	2	2	1		1			
塔塔尔族							1	1	
独龙族	1		1						
鄂伦春族				1	1		1		1
赫哲族									
门巴族	1		1						
珞巴族									
基诺族	1		1						
未定族称人口	40	22	18	23	20	3	9	5	4
入　籍	1	1		1	1		2	2	

2-1 续表 3

单位：人

民　　族	信息传输、软件和信息技术服务业			金融业			房地产业		
	小计	男	女	小计	男	女	小计	男	女
总　计	**96273**	**67388**	**28885**	**35436**	**18427**	**17009**	**87321**	**59225**	**28096**
汉　族	92324	64624	27700	34453	17918	16535	83823	56838	26985
蒙古族	73	46	27	28	17	11	54	33	21
回　族	134	100	34	61	40	21	88	64	24
藏　族	10	7	3	4	1	3	13	9	4
维吾尔族	5	2	3	4	2	2	7	1	6
苗　族	462	318	144	111	50	61	506	356	150
彝　族	93	63	30	15	6	9	140	112	28
壮　族	1442	1015	427	292	144	148	1119	747	372
布依族	114	79	35	20	14	6	84	61	23
朝鲜族	61	43	18	16	6	10	12	9	3
满　族	144	98	46	73	46	27	103	61	42
侗　族	206	151	55	35	15	20	231	149	82
瑶　族	382	272	110	91	47	44	290	200	90
白　族	45	36	9	13	5	8	58	45	13
土家族	512	350	162	159	80	79	585	401	184
哈尼族	23	14	9	5	2	3	30	20	10
哈萨克族							1		1
傣　族	15	9	6	3	2	1	16	14	2
黎　族	49	26	23	17	9	8	36	21	15
傈僳族	6	4	2				4	2	2
佤　族	5	2	3	1	1		8	5	3
畲　族	52	41	11	10	7	3	23	15	8
高山族									
拉祜族	2	1	1				2	2	
水　族	9	6	3	1	1		14	10	4
东乡族	1	1					1		1
纳西族	5	5		1		1	1	1	
景颇族	1	1		1	1		1		1
柯尔克孜族							1		1
土　族	10	8	2	3	2	1	7	5	2
达斡尔族	3	3					2	2	
仫佬族	25	25		4	1	3	16	13	3
羌　族	4	1	3	1	1		1		1
布朗族				1	1		2		2
撒拉族	3	3							
毛南族	11	8	3	2	2		5	4	1
仡佬族	17	12	5	6	4	2	26	19	7
锡伯族	2	1	1	2		2	4	2	2
阿昌族	2	1	1						
普米族							1	1	
塔吉克族									
怒　族									
乌孜别克族				2	1	1			
俄罗斯族									
鄂温克族	1	1							
德昂族									
保安族									
裕固族									
京　族	1	1					1		1
塔塔尔族									
独龙族									
鄂伦春族									
赫哲族	1		1						
门巴族									
珞巴族									
基诺族									
未定族称人口	16	8	8	1	1		5	3	2
入　籍	2	2							

2-1　续表 4　　　　　　　　　　　　　　　　　　　　　　　　　　单位：人

民　族	租赁和商务服务业			科学研究和技术服务业			水利、环境和公共设施管理业		
	小计	男	女	小计	男	女	小计	男	女
总　计	**95698**	**59923**	**35775**	**47979**	**32146**	**15833**	**18667**	**12550**	**6117**
汉　族	91218	56971	34247	45891	30823	15068	17173	11667	5506
蒙古族	69	39	30	48	32	16	6	5	1
回　族	125	79	46	48	28	20	4	2	2
藏　族	11	10	1	6	2	4	5	4	1
维吾尔族	9	2	7	2	1	1			
苗　族	629	432	197	263	160	103	503	286	217
彝　族	173	125	48	51	36	15	29	20	9
壮　族	1530	973	557	708	426	282	395	233	162
布依族	154	100	54	69	52	17	20	12	8
朝鲜族	53	26	27	30	24	6	2	1	1
满　族	127	84	43	96	60	36	15	10	5
侗　族	309	225	84	123	82	41	50	34	16
瑶　族	385	255	130	189	124	65	181	101	80
白　族	43	33	10	31	17	14	9	5	4
土家族	546	362	184	276	183	93	205	124	81
哈尼族	50	35	15	19	10	9	2	1	1
哈萨克族				1	1				
傣　族	19	13	6	11	7	4	2	1	1
黎　族	58	32	26	25	14	11	3	2	1
傈僳族	7	4	3	10	5	5	1		1
佤　族	15	11	4	5	1	4	5	3	2
畲　族	36	20	16	26	21	5	9	7	2
高山族									
拉祜族	5	2	3	2	2		4	4	
水　族	23	15	8	6	4	2	21	11	10
东乡族	2	2		3	2	1			
纳西族	4	2	2	1		1			
景颇族	4	3	1						
柯尔克孜族									
土　族	16	14	2	6	5	1	4	4	
达斡尔族	1	1		2	2				
仫佬族	14	6	8	8	5	3	12	7	5
羌　族	7	4	3	5	4	1			
布朗族	2	1	1						
撒拉族									
毛南族	7	5	2	1	1				
仡佬族	31	28	3	7	5	2	4	4	
锡伯族	5	1	4	1		1	1	1	
阿昌族				1		1			
普米族									
塔吉克族									
怒　族	3	3		1	1				
乌孜别克族									
俄罗斯族									
鄂温克族	1		1						
德昂族									
保安族									
裕固族									
京　族									
塔塔尔族									
独龙族									
鄂伦春族									
赫哲族									
门巴族									
珞巴族									
基诺族									
未定族称人口	4	2	2	7	6	1			
入　籍	3	3					2	1	1

2-1 续表 5

单位：人

民族	居民服务、修理和其他服务业			教育			卫生和社会工作		
	小计	男	女	小计	男	女	小计	男	女
总　计	**116449**	**51788**	**64661**	**74418**	**25214**	**49204**	**31549**	**10077**	**21472**
汉　族	110036	49340	60696	71935	24401	47534	30652	9819	20833
蒙古族	41	24	17	57	19	38	31	17	14
回　族	83	45	38	91	28	63	31	13	18
藏　族	19	5	14	17	8	9	4	3	1
维吾尔族	11	4	7	10	3	7	9	2	7
苗　族	889	333	556	315	90	225	81	21	60
彝　族	260	77	183	57	19	38	22	10	12
壮　族	2589	986	1603	775	252	523	291	73	218
布依族	246	81	165	52	15	37	15	2	13
朝鲜族	22	10	12	25	9	16	8	4	4
满　族	74	39	35	137	54	83	37	18	19
侗　族	358	139	219	133	41	92	40	13	27
瑶　族	636	240	396	268	79	189	110	30	80
白　族	56	21	35	20	10	10	9	1	8
土家族	749	299	450	362	119	243	160	32	128
哈尼族	55	24	31	11	6	5	4		4
哈萨克族				1		1	1		1
傣　族	20	8	12	9	5	4	1		1
黎　族	65	20	45	29	11	18	9	3	6
傈僳族	12		12						
佤　族	14	7	7	1	1				
畲　族	42	22	20	35	12	23	8	3	5
高山族									
拉祜族	6	2	4	1		1			
水　族	23	6	17	8	4	4	2	1	1
东乡族	4	4							
纳西族	2		2						
景颇族	9	1	8	2	1	1			
柯尔克孜族	2		2						
土　族	8	4	4	9	3	6	2		2
达斡尔族				5	3	2	1		1
仫佬族	54	16	38	10	7	3	7	4	3
羌　族	2		2	2	1	1	1	1	
布朗族	2		2	2		2			
撒拉族				1	1				
毛南族	12	5	7	9	3	6	1		1
仡佬族	29	14	15	13	3	10	8	5	3
锡伯族	2	1	1	4	2	2	2	1	1
阿昌族	1	1							
普米族									
塔吉克族									
怒　族							1		1
乌孜别克族									
俄罗斯族									
鄂温克族									
德昂族									
保安族				1		1			
裕固族									
京　族				1		1			
塔塔尔族									
独龙族									
鄂伦春族									
赫哲族									
门巴族									
珞巴族									
基诺族									
未定族称人口	16	10	6	10	4	6	1	1	
入　籍									

2–1　续表 6　　　　单位：人

民　族	文化、体育和娱乐业			公共管理、社会保障和社会组织			国际组织		
	小计	男	女	小计	男	女	小计	男	女
总　计	**26788**	**14800**	**11988**	**31740**	**21048**	**10692**	**17**	**12**	**5**
汉　族	25386	14127	11259	31020	20558	10462	16	12	4
蒙古族	13	3	10	13	10	3			
回　族	37	21	16	32	20	12			
藏　族	17	10	7	5	4	1			
维吾尔族	7	5	2	4	3	1			
苗　族	153	76	77	64	47	17			
彝　族	53	17	36	10	6	4			
壮　族	470	223	247	243	175	68	1		1
布依族	75	32	43	18	16	2			
朝鲜族	11	7	4	6	6				
满　族	46	29	17	39	20	19			
侗　族	81	42	39	35	24	11			
瑶　族	143	69	74	94	66	28			
白　族	19	7	12	5	4	1			
土家族	173	88	85	102	57	45			
哈尼族	13	5	8	5	2	3			
哈萨克族	1	1							
傣　族	6	4	2	1	1				
黎　族	16	6	10	8	7	1			
傈僳族	6	5	1	1	1				
佤　族	12	2	10						
畲　族	8	3	5	24	15	9			
高山族									
拉祜族	1		1	1	1				
水　族	6	1	5	2	1	1			
东乡族									
纳西族	2	2							
景颇族	1	1							
柯尔克孜族									
土　族	2	1	1	1		1			
达斡尔族	3	2	1						
仫佬族	9	5	4	5	3	2			
羌　族	1		1						
布朗族	2	1	1						
撒拉族									
毛南族	4	1	3						
仡佬族	6	3	3	1		1			
锡伯族	1	1							
阿昌族	1		1						
普米族									
塔吉克族									
怒　族									
乌孜别克族									
俄罗斯族									
鄂温克族									
德昂族									
保安族									
裕固族									
京　族				1	1				
塔塔尔族									
独龙族									
鄂伦春族									
赫哲族									
门巴族									
珞巴族									
基诺族									
未定族称人口	3		3						
入　籍									

2–2 全省各民族分性别、职业的人口

单位：人

民　族	人口数			党的机关、国家机关、群众团体和社会组织、企事业单位负责人		
	合计	男	女	小计	男	女
总　计	**7680471**	**4429906**	**3250565**	**192102**	**142301**	**49801**
汉　族	7317811	4221546	3096265	187882	139347	48535
蒙古族	2717	1514	1203	94	65	29
回　族	7630	4415	3215	223	155	68
藏　族	1069	569	500	16	9	7
维吾尔族	851	420	431	21	17	4
苗　族	46784	26913	19871	435	315	120
彝　族	14842	8534	6308	68	44	24
壮　族	147355	84619	62736	1226	817	409
布依族	15047	8584	6463	94	62	32
朝鲜族	2453	1372	1081	215	152	63
满　族	5394	2978	2416	249	180	69
侗　族	17875	10758	7117	212	153	59
瑶　族	36440	21003	15437	378	282	96
白　族	3494	2013	1481	58	41	17
土家族	36953	21119	15834	704	501	203
哈尼族	3972	2418	1554	7	3	4
哈萨克族	97	47	50	3	1	2
傣　族	1647	897	750	4	2	2
黎　族	3021	1625	1396	46	30	16
傈僳族	817	454	363	1		1
佤　族	1294	666	628			
畲　族	2684	1630	1054	72	56	16
高山族	11	4	7	1		1
拉祜族	604	335	269	1	1	
水　族	1455	798	657	11	8	3
东乡族	431	275	156	3	3	
纳西族	83	46	37			
景颇族	277	147	130			
柯尔克孜族	59	24	35	1		1
土　族	565	326	239	6	4	2
达斡尔族	76	46	30	3	3	
仫佬族	2136	1232	904	15	11	4
羌　族	157	87	70	6	3	3
布朗族	205	92	113			
撒拉族	237	130	107	7	6	1
毛南族	915	518	397	5	3	2
仡佬族	1696	1003	693	18	15	3
锡伯族	151	84	67	8	5	3
阿昌族	109	63	46			
普米族	48	32	16			
塔吉克族	10	10				
怒　族	45	26	19	1	1	
乌孜别克族	5	3	2			
俄罗斯族	13	7	6	3	3	
鄂温克族	14	8	6			
德昂族	41	15	26			
保安族	19	13	6			
裕固族	7	3	4			
京　族	35	16	19	1		1
塔塔尔族	1	1				
独龙族	9	5	4			
鄂伦春族	4	3	1	1		1
赫哲族	14	8	6			
门巴族	3	1	2			
珞巴族	3	2	1			
基诺族	12	6	6			
未定族称人口	717	415	302	3	3	
入　籍	57	28	29			

2-2　续表 1　　　　单位：人

民　族	专业技术人员			办事人员和有关人员			社会生产服务和生活服务人员		
	小计	男	女	小计	男	女	小计	男	女
总　计	**684783**	**325445**	**359338**	**477979**	**264706**	**213273**	**2357846**	**1435578**	**922268**
汉　族	665764	314939	350825	466812	259067	207745	2288232	1394096	894136
蒙古族	438	225	213	197	103	94	816	515	301
回　族	779	388	391	411	227	184	2172	1352	820
藏　族	84	44	40	47	24	23	243	142	101
维吾尔族	53	22	31	27	17	10	248	157	91
苗　族	2088	1186	902	1182	600	582	8097	4772	3325
彝　族	504	306	198	303	149	154	2003	1145	858
壮　族	6489	3742	2747	3873	1842	2031	28000	16673	11327
布依族	496	296	200	280	138	142	2196	1308	888
朝鲜族	324	166	158	214	121	93	650	413	237
满　族	974	479	495	493	268	225	1514	907	607
侗　族	948	556	392	543	277	266	3427	2130	1297
瑶　族	1973	1034	939	1335	714	621	7390	4374	3016
白　族	194	117	77	123	70	53	647	380	267
土家族	2489	1286	1203	1432	733	699	7848	4633	3215
哈尼族	93	67	26	63	31	32	496	307	189
哈萨克族	7	5	2	3	3		7	4	3
傣　族	50	34	16	33	21	12	246	129	117
黎　族	188	88	100	127	60	67	719	377	342
傈僳族	18	13	5	10	3	7	103	55	48
佤　族	32	17	15	13	4	9	160	90	70
畲　族	298	147	151	181	96	85	712	487	225
高山族	1		1	2		2			
拉祜族	13	5	8	15	5	10	94	58	36
水　族	56	32	24	31	13	18	228	134	94
东乡族	12	9	3	2	1	1	88	56	32
纳西族	9	6	3	10	7	3	17	9	8
景颇族	7	5	2	8	4	4	43	17	26
柯尔克孜族							8	3	5
土　族	40	23	17	13	8	5	114	65	49
达斡尔族	19	9	10	7	6	1	22	16	6
仫佬族	81	44	37	54	25	29	472	272	200
羌　族	23	12	11	4	3	1	38	19	19
布朗族	7	4	3	5	1	4	24	10	14
撒拉族	1	1		3	2	1	131	70	61
毛南族	42	21	21	27	14	13	141	87	54
仡佬族	81	52	29	49	26	23	261	167	94
锡伯族	37	17	20	13	6	7	40	27	13
阿昌族	3	2	1	2	1	1	15	9	6
普米族	1	1					6	6	
塔吉克族									
怒　族							8	4	4
乌孜别克族				2	2		2	1	1
俄罗斯族	1	1					3	3	
鄂温克族	2	1	1	1		1	5	4	1
德昂族	1		1				2	2	
保安族				1		1	2	2	
裕固族	2	1	1	1		1	1		1
京　族	3	2	1	3	1	2	6	3	3
塔塔尔族				1	1				
独龙族	2	2					1		1
鄂伦春族							2	2	
赫哲族	6	4	2	2	1	1	2	1	1
门巴族				1		1	1		1
珞巴族	1	1							
基诺族				1	1		1	1	
未定族称人口	47	32	15	18	9	9	124	75	49
入　籍	2	1	1	1	1		18	9	9

2-2 续表 2 单位：人

民族	农、林、牧、渔业生产及辅助人员			生产制造及有关人员			不便分类的其他从业人员		
	小计	男	女	小计	男	女	小计	男	女
总 计	**409947**	**241837**	**168110**	**2076017**	**1367028**	**708989**	**8511**	**4894**	**3617**
汉 族	402240	237835	164405	1894232	1253890	640342	8288	4776	3512
蒙古族	8	6	2	461	318	143	4	2	2
回 族	17	10	7	2238	1476	762	11	5	6
藏 族	28	6	22	372	214	158			
维吾尔族	2	1	1	78	47	31			
苗 族	957	508	449	25160	15639	9521	40	19	21
彝 族	117	59	58	9925	6007	3918	8	2	6
壮 族	3494	1679	1815	76544	47161	29383	76	47	29
布依族	119	62	57	9421	5672	3749	9	5	4
朝鲜族	4	3	1	181	145	36	5	2	3
满 族	8	4	4	635	462	173	6	3	3
侗 族	149	73	76	9394	6144	3250	9	6	3
瑶 族	1979	1132	847	16802	10574	6228	21	11	10
白 族	31	15	16	1880	1160	720			
土家族	434	274	160	16044	10343	5701	19	9	10
哈尼族	18	5	13	2726	1738	988	4	1	3
哈萨克族				14	11	3			
傣 族	17	4	13	1105	638	467	1	1	
黎 族	36	7	29	1269	815	454			
傈僳族	4	2	2	566	332	234	2	1	1
佤 族	5	1	4	954	500	454			
畲 族	163	107	56	621	434	187	2	1	1
高山族				4	2	2			
拉祜族	6	1	5	384	234	150			
水 族	15	4	11	863	501	362	2	1	1
东乡族	1	1		278	178	100			
纳西族				33	22	11			
景颇族	1		1	198	112	86			
柯尔克孜族				40	18	22			
土 族	6	3	3	285	187	98			
达斡尔族				5	2	3			
仫佬族	37	22	15	1036	652	384	1		1
羌 族				42	30	12			
布朗族	1		1	137	68	69			
撒拉族	1		1	23	17	6			
毛南族	11	3	8	529	310	219			
仡佬族	11	8	3	896	574	322	3	2	1
锡伯族	1	1		13	12	1			
阿昌族	1	1		78	48	30			
普米族				37	23	14			
塔吉克族				9	9				
怒 族				30	17	13			
乌孜别克族				1		1			
俄罗斯族									
鄂温克族				2		2			
德昂族				34	12	22			
保安族				14	10	4			
裕固族				1	1				
京 族	1		1	9	6	3			
塔塔尔族									
独龙族				4	2	2			
鄂伦春族									
赫哲族				3	1	2			
门巴族									
珞巴族									
基诺族				8	2	6			
未定族称人口	17		17	375	242	133			
入 籍	7		7	24	16	8			

2–3　全省各民族分性别、主要生活来源的15岁及以上人口

单位：人

民　族	15岁及以上人口			劳动收入		
	合计	男	女	小计	男	女
总　计	**4414093**	**2528225**	**1885868**	**3431203**	**2153537**	**1277666**
汉　族	4097969	2344130	1753839	3156141	1984293	1171848
蒙古族	2014	1156	858	1526	983	543
回　族	6006	3561	2445	4898	3120	1778
藏　族	882	496	386	679	407	272
维吾尔族	750	374	376	389	238	151
苗　族	42273	24559	17714	37199	22817	14382
彝　族	14112	8147	5965	12800	7670	5130
壮　族	130572	76032	54540	114494	70087	44407
布依族	14064	8060	6004	12508	7507	5001
朝鲜族	1668	939	729	1099	730	369
满　族	3595	2046	1549	2532	1624	908
侗　族	16041	9807	6234	14224	9177	5047
瑶　族	28211	16409	11802	24443	15055	9388
白　族	3169	1856	1313	2826	1733	1093
土家族	31941	18660	13281	27345	17092	10253
哈尼族	3809	2343	1466	3408	2165	1243
哈萨克族	90	43	47	29	21	8
傣　族	1576	873	703	1434	833	601
黎　族	2643	1438	1205	2218	1319	899
傈僳族	791	439	352	702	408	294
佤　族	1276	657	619	1172	619	553
畲　族	1527	931	596	1184	793	391
高山族	6	2	4	5	2	3
拉祜族	583	327	256	501	299	202
水　族	1332	741	591	1184	689	495
东乡族	414	264	150	386	249	137
纳西族	69	40	29	59	40	19
景颇族	272	146	126	256	140	116
柯尔克孜族	59	24	35	49	21	28
土　族	497	293	204	438	276	162
达斡尔族	50	31	19	33	22	11
仫佬族	1879	1107	772	1634	1008	626
羌　族	124	68	56	99	61	38
布朗族	194	89	105	168	82	86
撒拉族	191	110	81	168	97	71
毛南族	843	478	365	747	438	309
仡佬族	1498	896	602	1285	824	461
锡伯族	95	53	42	66	41	25
阿昌族	107	63	44	99	61	38
普米族	47	31	16	43	29	14
塔吉克族	10	10		9	9	
怒　族	44	26	18	38	22	16
乌孜别克族	3	1	2	3	1	2
俄罗斯族	11	5	6	5	5	
鄂温克族	13	8	5	9	5	4
德昂族	38	14	24	36	14	22
保安族	19	13	6	18	12	6
裕固族	3	1	2	2	1	1
京　族	23	10	13	17	10	7
塔塔尔族	1	1		1	1	
独龙族	8	4	4	6	3	3
鄂伦春族	3	2	1	2	1	1
赫哲族	9	6	3	9	6	3
门巴族	2	1	1	1		1
珞巴族	3	2	1	1	1	
基诺族	9	3	6	8	2	6
未定族称人口	625	375	250	541	350	191
入　籍	30	24	6	27	24	3

2–3 续表 1

单位：人

民族	离退休金/养老金			最低生活保障金			失业保险金		
	小计	男	女	小计	男	女	小计	男	女
总计	**127196**	**51672**	**75524**	**2870**	**1361**	**1509**	**1834**	**1145**	**689**
汉族	125123	50873	74250	2794	1321	1473	1695	1052	643
蒙古族	100	38	62						
回族	202	74	128				1		1
藏族	6	1	5	2	1	1	1	1	
维吾尔族	14	5	9	1		1			
苗族	130	61	69	8	5	3	15	9	6
彝族	19	11	8	3	2	1	4	3	1
壮族	549	190	359	20	9	11	72	46	26
布依族	19	7	12	4	2	2	5	5	
朝鲜族	133	58	75				1	1	
满族	337	139	198	6		6	4	3	1
侗族	63	24	39	4	3	1	4	3	1
瑶族	158	58	100	10	7	3	10	6	4
白族	12	4	8	1	1				
土家族	223	84	139	12	8	4	15	9	6
哈尼族	5	2	3	1	1		4	4	
哈萨克族									
傣族	4	2	2						
黎族	26	9	17						
傈僳族									
佤族	1	1							
畲族	21	14	7	2		2			
高山族									
拉祜族	3	1	2						
水族				1		1	1	1	
东乡族									
纳西族	2		2						
景颇族	1		1						
柯尔克孜族	1		1						
土族	2	1	1						
达斡尔族	3	2	1						
仫佬族	11	2	9	1	1				
羌族	5	2	3						
布朗族									
撒拉族									
毛南族							1	1	
仡佬族	7	4	3				1	1	
锡伯族	9	4	5						
阿昌族									
普米族									
塔吉克族									
怒族									
乌孜别克族									
俄罗斯族	2		2						
鄂温克族									
德昂族									
保安族									
裕固族									
京族	3		3						
塔塔尔族									
独龙族									
鄂伦春族	1	1							
赫哲族									
门巴族									
珞巴族									
基诺族									
未定族称人口	1		1						
入籍									

2-3　续表 2　　　　单位：人

民　族	财产性收入			家庭其他成员供养			其　他		
	小计	男	女	小计	男	女	小计	男	女
总　计	**19679**	**11423**	**8256**	**667128**	**222395**	**444733**	**164183**	**86692**	**77491**
汉　族	19029	11050	7979	639719	214702	425017	153468	80839	72629
蒙古族	8	4	4	287	90	197	93	41	52
回　族	28	16	12	661	218	443	216	133	83
藏　族	1		1	140	61	79	53	25	28
维吾尔族	3	2	1	309	115	194	34	14	20
苗　族	85	50	35	3455	876	2579	1381	741	640
彝　族	22	13	9	799	216	583	465	232	233
壮　族	246	135	111	10779	3069	7710	4412	2496	1916
布依族	31	19	12	965	252	713	532	268	264
朝鲜族	19	11	8	300	81	219	116	58	58
满　族	20	10	10	545	190	355	151	80	71
侗　族	29	19	10	1233	301	932	484	280	204
瑶　族	43	28	15	2632	758	1874	915	497	418
白　族	4	2	2	234	68	166	92	48	44
土家族	75	41	34	3267	901	2366	1004	525	479
哈尼族	4	3	1	218	66	152	169	102	67
哈萨克族				52	16	36	9	6	3
傣　族	2	1	1	96	17	79	40	20	20
黎　族	6	5	1	291	61	230	102	44	58
傈僳族				59	17	42	30	14	16
佤　族	3		3	56	13	43	44	24	20
畲　族	6	4	2	266	99	167	48	21	27
高山族				1		1			
拉祜族				50	7	43	29	20	9
水　族	1	1		99	26	73	46	24	22
东乡族	2	1	1	21	9	12	5	5	
纳西族				7		7	1		1
景颇族				8	4	4	7	2	5
柯尔克孜族				9	3	6			
土　族	1		1	37	7	30	19	9	10
达斡尔族				7	3	4	7	4	3
仫佬族	5	2	3	159	50	109	69	44	25
羌　族				17	4	13	3	1	2
布朗族				19	3	16	7	4	3
撒拉族				17	9	8	6	4	2
毛南族	2	2		57	12	45	36	25	11
仡佬族				151	42	109	54	25	29
锡伯族				18	7	11	2	1	1
阿昌族	1	1		5		5	2	1	1
普米族				4	2	2			
塔吉克族							1	1	
怒　族				4	3	1	2	1	1
乌孜别克族									
俄罗斯族				3		3	1		1
鄂温克族				4	3	1			
德昂族				2		2			
保安族							1	1	
裕固族				1		1			
京　族				1		1	2		2
塔塔尔族									
独龙族				1	1		1		1
鄂伦春族									
赫哲族									
门巴族				1	1				
珞巴族				2	1	1			
基诺族				1	1				
未定族称人口	3	3		58	10	48	22	12	10
入　籍				1		1	2		2

2-4　全省各民族分性别、婚姻状况的15岁及以上人口

单位：人

民　族	15岁及以上人口			未　婚		
	合计	男	女	小计	男	女
总　计	**4414093**	**2528225**	**1885868**	**1472804**	**953428**	**519376**
汉　族	4097969	2344130	1753839	1358685	872889	485796
蒙古族	2014	1156	858	805	485	320
回　族	6006	3561	2445	2127	1440	687
藏　族	882	496	386	416	266	150
维吾尔族	750	374	376	450	213	237
苗　族	42273	24559	17714	14638	10234	4404
彝　族	14112	8147	5965	6726	4469	2257
壮　族	130572	76032	54540	45655	33469	12186
布依族	14064	8060	6004	5756	4040	1716
朝鲜族	1668	939	729	490	285	205
满　族	3595	2046	1549	1335	803	532
侗　族	16041	9807	6234	5567	4150	1417
瑶　族	28211	16409	11802	10236	7096	3140
白　族	3169	1856	1313	1190	833	357
土家族	31941	18660	13281	9471	6453	3018
哈尼族	3809	2343	1466	1838	1344	494
哈萨克族	90	43	47	74	34	40
傣　族	1576	873	703	643	426	217
黎　族	2643	1438	1205	1438	934	504
傈僳族	791	439	352	443	285	158
佤　族	1276	657	619	657	395	262
畲　族	1527	931	596	509	329	180
高山族	6	2	4	1	1	
拉祜族	583	327	256	292	214	78
水　族	1332	741	591	582	390	192
东乡族	414	264	150	169	129	40
纳西族	69	40	29	43	27	16
景颇族	272	146	126	140	99	41
柯尔克孜族	59	24	35	35	12	23
土　族	497	293	204	174	118	56
达斡尔族	50	31	19	22	13	9
仫佬族	1879	1107	772	649	481	168
羌　族	124	68	56	48	29	19
布朗族	194	89	105	99	55	44
撒拉族	191	110	81	46	35	11
毛南族	843	478	365	282	219	63
仡佬族	1498	896	602	521	361	160
锡伯族	95	53	42	44	22	22
阿昌族	107	63	44	46	33	13
普米族	47	31	16	25	17	8
塔吉克族	10	10		4	4	
怒　族	44	26	18	29	19	10
乌孜别克族	3	1	2	2	1	1
俄罗斯族	11	5	6	7	4	3
鄂温克族	13	8	5	6	4	2
德昂族	38	14	24	10	5	5
保安族	19	13	6	9	7	2
裕固族	3	1	2	1	1	
京　族	23	10	13	7	4	3
塔塔尔族	1	1		1	1	
独龙族	8	4	4	5	2	3
鄂伦春族	3	2	1	1	1	
赫哲族	9	6	3	4	3	1
门巴族	2	1	1	1	1	
珞巴族	3	2	1	2	2	
基诺族	9	3	6	5	2	3
未定族称人口	625	375	250	325	226	99
入　籍	30	24	6	18	14	4

2-4　续表　　　　　　　　　　　　　　　　　　　　　　　　　　　单位：人

民　族	有配偶			离　婚			丧　偶		
	小计	男	女	小计	男	女	小计	男	女
总　计	**2823134**	**1526916**	**1296218**	**73032**	**38308**	**34724**	**45123**	**9573**	**35550**
汉　族	2627536	1426428	1201108	68246	35635	32611	43502	9178	34324
蒙古族	1141	645	496	50	22	28	18	4	14
回　族	3736	2076	1660	97	39	58	46	6	40
藏　族	445	221	224	9	7	2	12	2	10
维吾尔族	290	159	131	7	2	5	3		3
苗　族	26880	13933	12947	603	332	271	152	60	92
彝　族	7196	3583	3613	161	86	75	29	9	20
壮　族	82394	41374	41020	1826	1046	780	697	143	554
布依族	8060	3902	4158	199	102	97	49	16	33
朝鲜族	1082	609	473	57	41	16	39	4	35
满　族	2068	1163	905	120	62	58	72	18	54
侗　族	10109	5468	4641	290	173	117	75	16	59
瑶　族	17386	9035	8351	448	247	201	141	31	110
白　族	1914	989	925	53	31	22	12	3	9
土家族	21736	11840	9896	532	301	231	202	66	136
哈尼族	1910	964	946	56	33	23	5	2	3
哈萨克族	14	7	7	2	2				
傣　族	906	429	477	25	18	7	2		2
黎　族	1153	487	666	35	15	20	17	2	15
傈僳族	336	149	187	10	4	6	2	1	1
佤　族	596	252	344	22	10	12	1		1
畲　族	983	585	398	20	12	8	15	5	10
高山族	5	1	4						
拉祜族	277	105	172	13	8	5	1		1
水　族	730	341	389	18	9	9	2	1	1
东乡族	241	133	108	4	2	2			
纳西族	26	13	13						
景颇族	129	45	84	3	2	1			
柯尔克孜族	23	11	12	1	1				
土　族	312	173	139	8	2	6	3		3
达斡尔族	26	16	10	2	2				
仫佬族	1181	602	579	39	23	16	10	1	9
羌　族	71	36	35	2	2		3	1	2
布朗族	93	34	59	2		2			
撒拉族	145	75	70						
毛南族	543	251	292	16	8	8	2		2
仡佬族	941	521	420	29	11	18	7	3	4
锡伯族	48	30	18	1		1	2	1	1
阿昌族	59	29	30	2	1	1			
普米族	21	13	8	1	1				
塔吉克族	6	6							
怒　族	14	6	8	1	1				
乌孜别克族	1		1						
俄罗斯族	3	1	2				1		1
鄂温克族	6	3	3	1	1				
德昂族	25	8	17	3	1	2			
保安族	9	5	4	1	1				
裕固族	2		2						
京　族	15	6	9				1		1
塔塔尔族									
独龙族	2	1	1	1	1				
鄂伦春族	2	1	1						
赫哲族	5	3	2						
门巴族	1		1						
珞巴族	1		1						
基诺族	4	1	3						
未定族称人口	285	139	146	15	10	5			
入　籍	11	9	2	1	1				

2-5 全省各民族分性别、初婚年龄的人口

单位：人

民族	合计			15岁以下		
	合计	男	女	小计	男	女
总 计	**2941289**	**1574797**	**1366492**	**2893**	**829**	**2064**
汉 族	2739284	1471241	1268043	2569	736	1833
蒙古族	1209	671	538	1	1	
回 族	3879	2121	1758	8	2	6
藏 族	466	230	236	1		1
维吾尔族	300	161	139	1		1
苗 族	27635	14325	13310	94	27	67
彝 族	7386	3678	3708	23	4	19
壮 族	84917	42563	42354	94	33	61
布依族	8308	4020	4288	13	3	10
朝鲜族	1178	654	524			
满 族	2260	1243	1017	2		2
侗 族	10474	5657	4817	9	2	7
瑶 族	17975	9313	8662	26	7	19
白 族	1979	1023	956			
土家族	22470	12207	10263	24	6	18
哈尼族	1971	999	972	9	3	6
哈萨克族	16	9	7			
傣 族	933	447	486	2		2
黎 族	1205	504	701			
傈僳族	348	154	194	1		1
佤 族	619	262	357	5		5
畲 族	1018	602	416			
高山族	5	1	4			
拉祜族	291	113	178			
水 族	750	351	399			
东乡族	245	135	110	4	1	3
纳西族	26	13	13			
景颇族	132	47	85			
柯尔克孜族	24	12	12			
土 族	323	175	148			
达斡尔族	28	18	10			
仫佬族	1230	626	604	3	2	1
羌 族	76	39	37			
布朗族	95	34	61	2	1	1
撒拉族	145	75	70			
毛南族	561	259	302			
仡佬族	977	535	442			
锡伯族	51	31	20			
阿昌族	61	30	31			
普米族	22	14	8	1	1	
塔吉克族	6	6				
怒 族	15	7	8			
乌孜别克族	1		1			
俄罗斯族	4	1	3			
鄂温克族	7	4	3			
德昂族	28	9	19			
保安族	10	6	4			
裕固族	2		2			
京 族	16	6	10			
塔塔尔族						
独龙族	3	2	1			
鄂伦春族	2	1	1			
赫哲族	5	3	2			
门巴族	1		1			
珞巴族	1		1			
基诺族	4	1	3			
未定族称人口	300	149	151	1		1
入 籍	12	10	2			

2-5　续表 1

单位：人

民　族	15岁			16岁		
	小计	男	女	小计	男	女
总　计	**14167**	**4932**	**9235**	**23101**	**6840**	**16261**
汉　族	12581	4400	8181	20500	6059	14441
蒙古族	2		2	9	6	3
回　族	44	18	26	75	26	49
藏　族	2		2	10	3	7
维吾尔族	3	1	2	3		3
苗　族	362	100	262	545	175	370
彝　族	89	33	56	176	52	124
壮　族	499	166	333	857	237	620
布依族	90	41	49	135	42	93
朝鲜族	6	3	3	5	1	4
满　族	5	5		9	2	7
侗　族	58	24	34	103	40	63
瑶　族	132	40	92	220	61	159
白　族	11	5	6	20	4	16
土家族	146	52	94	204	69	135
哈尼族	33	9	24	58	16	42
哈萨克族				1	1	
傣　族	11	4	7	20	3	17
黎　族	9	2	7	19	5	14
傈僳族	9	5	4	12	2	10
佤　族	13	3	10	19	6	13
畲　族	6		6	8	1	7
高山族						
拉祜族	6		6	8	1	7
水　族	8	5	3	12	3	9
东乡族	5	2	3	16	7	9
纳西族						
景颇族	2		2	7	1	6
柯尔克孜族	1	1		1		1
土　族	1	1		2	2	
达斡尔族						
仫佬族	8	4	4	9	5	4
羌　族						
布朗族	3	1	2	1		1
撒拉族	4		4	12		12
毛南族	4	1	3	7	4	3
仡佬族	7	5	2	6	2	4
锡伯族						
阿昌族				3	1	2
普米族				2	1	1
塔吉克族						
怒　族	1		1			
乌孜别克族						
俄罗斯族						
鄂温克族						
德昂族	3		3			
保安族				1		1
裕固族						
京　族						
塔塔尔族						
独龙族						
鄂伦春族						
赫哲族						
门巴族						
珞巴族						
基诺族						
未定族称人口	3	1	2	6	2	4
入　籍						

2-5 续表 2

单位：人

民族	17岁			18岁			19岁		
	小计	男	女	小计	男	女	小计	男	女
总计	**39541**	**11183**	**28358**	**67291**	**19486**	**47805**	**127883**	**38507**	**89376**
汉族	35413	9932	25481	61180	17545	43635	117229	35129	82100
蒙古族	13	3	10	24	5	19	37	11	26
回族	107	32	75	149	54	95	240	91	149
藏族	14	4	10	12	5	7	21	10	11
维吾尔族	9		9	11	3	8	20	7	13
苗族	840	267	573	1097	362	735	1739	591	1148
彝族	259	76	183	356	120	236	565	215	350
壮族	1373	417	956	2196	706	1490	4067	1203	2864
布依族	255	76	179	330	111	219	560	198	362
朝鲜族	4	1	3	11	6	5	26	8	18
满族	21	4	17	28	11	17	54	11	43
侗族	170	54	116	255	60	195	523	159	364
瑶族	337	107	230	542	182	360	875	264	611
白族	37	7	30	60	7	53	91	22	69
土家族	352	104	248	556	159	397	1096	334	762
哈尼族	94	31	63	111	42	69	147	63	84
哈萨克族							1	1	
傣族	33	13	20	42	14	28	73	24	49
黎族	17	5	12	32	11	21	63	20	43
傈僳族	15	4	11	18	4	14	24	9	15
佤族	25	7	18	36	5	31	49	16	33
畲族	12	4	8	29	6	23	43	12	31
高山族									
拉祜族	14	1	13	16	3	13	22	5	17
水族	15	4	11	24	3	21	51	13	38
东乡族	16	4	12	29	8	21	35	16	19
纳西族							1		1
景颇族	6	2	4	10	3	7	10	4	6
柯尔克孜族	1	1					2	1	1
土族	3	1	2	7	2	5	15	5	10
达斡尔族	1	1		1		1			
仫佬族	25	9	16	28	10	18	62	19	43
羌族	1		1	2	1	1	2		2
布朗族	3	1	2	4	2	2	4		4
撒拉族	13	1	12	14	8	6	16	10	6
毛南族	12	2	10	17	6	11	30	10	20
仡佬族	12	3	9	30	9	21	53	13	40
锡伯族							1		1
阿昌族	3		3	7	4	3	8	3	5
普米族				1		1	2	1	1
塔吉克族				1	1				
怒族				1		1	2	2	
乌孜别克族									
俄罗斯族									
鄂温克族									
德昂族	1		1	4	1	3	2	1	1
保安族	1		1	1		1			
裕固族							1		1
京族	1		1	1		1	1		1
塔塔尔族									
独龙族									
鄂伦春族									
赫哲族									
门巴族									
珞巴族									
基诺族	1		1	1	1				
未定族称人口	12	5	7	17	6	11	18	5	13
入籍							2	1	1

2-5　续表 3

单位：人

民　族	20岁			21岁			22岁		
	小计	男	女	小计	男	女	小计	男	女
总　计	**213310**	**63771**	**149539**	**263989**	**105891**	**158098**	**337014**	**172046**	**164968**
汉　族	196967	58767	138200	245006	98347	146659	314033	160525	153508
蒙古族	61	19	42	94	41	53	110	57	53
回　族	321	138	183	356	165	191	388	219	169
藏　族	42	14	28	32	15	17	61	29	32
维吾尔族	20	7	13	30	16	14	25	18	7
苗　族	2452	841	1611	2571	1059	1512	3107	1597	1510
彝　族	761	264	497	804	338	466	818	432	386
壮　族	6396	1864	4532	7775	2905	4870	9581	4523	5058
布依族	762	243	519	780	311	469	996	497	499
朝鲜族	41	12	29	60	23	37	85	30	55
满　族	138	42	96	170	78	92	214	117	97
侗　族	866	250	616	1036	412	624	1241	638	603
瑶　族	1455	425	1030	1717	700	1017	2137	1123	1014
白　族	158	40	118	217	88	129	228	130	98
土家族	1846	530	1316	2224	917	1307	2685	1456	1229
哈尼族	199	68	131	213	97	116	230	120	110
哈萨克族	1		1	1	1		3	1	2
傣　族	109	39	70	100	49	51	104	53	51
黎　族	89	20	69	97	38	59	112	48	64
傈僳族	38	12	26	41	13	28	42	25	17
佤　族	46	11	35	41	12	29	67	26	41
畲　族	57	18	39	78	34	44	121	59	62
高山族							1		1
拉祜族	38	7	31	35	17	18	33	15	18
水　族	71	17	54	81	28	53	78	44	34
东乡族	21	12	9	27	17	10	26	19	7
纳西族	3		3	2		2	2		2
景颇族	7		7	6	3	3	15	3	12
柯尔克孜族	2	1	1	5	1	4	3	1	2
土　族	30	10	20	40	18	22	37	17	20
达斡尔族	1		1	3	1	2	3	2	1
仫佬族	104	35	69	114	46	68	145	72	73
羌　族	6	1	5	6	6		11	4	7
布朗族	9	2	7	9	1	8	13	4	9
撒拉族	15	10	5	14	9	5	8	4	4
毛南族	45	8	37	47	16	31	78	34	44
仡佬族	89	29	60	104	48	56	125	81	44
锡伯族	3	1	2	3	1	2	3	3	
阿昌族	5		5	5	4	1	6	3	3
普米族	2	2		3	1	2	1		1
塔吉克族									
怒　族				1		1	1		1
乌孜别克族	1		1						
俄罗斯族	2		2						
鄂温克族							3	1	2
德昂族	5	1	4	3		3	1	1	
保安族	1	1					1	1	
裕固族									
京　族				1		1	1		1
塔塔尔族									
独龙族									
鄂伦春族									
赫哲族	1		1						
门巴族				1		1			
珞巴族									
基诺族	1		1						
未定族称人口	22	9	13	35	14	21	31	14	17
入　籍	1	1		1	1				

2–5 续表 4

单位：人

民族	23岁			24岁			25岁		
	小计	男	女	小计	男	女	小计	男	女
总　计	**326921**	**174489**	**152432**	**310720**	**178176**	**132544**	**273176**	**166090**	**107086**
汉　族	305684	163272	142412	290825	166964	123861	256272	156024	100248
蒙古族	123	71	52	127	69	58	118	66	52
回　族	373	225	148	366	220	146	328	198	130
藏　族	42	16	26	43	19	24	36	21	15
维吾尔族	24	13	11	30	16	14	19	16	3
苗　族	2788	1557	1231	2729	1603	1126	2116	1319	797
彝　族	727	408	319	622	353	269	515	309	206
壮　族	9101	4539	4562	8492	4602	3890	7407	4249	3158
布依族	898	472	426	771	417	354	645	355	290
朝鲜族	67	33	34	86	43	43	104	48	56
满　族	219	114	105	224	130	94	242	142	100
侗　族	1101	612	489	1096	653	443	855	552	303
瑶　族	1953	1053	900	1762	981	781	1448	866	582
白　族	229	134	95	181	94	87	175	109	66
土家族	2501	1397	1104	2345	1432	913	1994	1280	714
哈尼族	177	108	69	150	96	54	122	86	36
哈萨克族	2	1	1	1	1		1		1
傣　族	89	46	43	72	39	33	60	35	25
黎　族	127	49	78	98	37	61	112	54	58
傈僳族	19	10	9	29	20	9	26	13	13
佤　族	61	35	26	45	25	20	54	34	20
畲　族	98	59	39	99	66	33	117	81	36
高山族	1		1						
拉祜族	16	7	9	25	13	12	16	11	5
水　族	75	34	41	77	42	35	62	29	33
东乡族	19	12	7	6	3	3	9	8	1
纳西族	2	1	1	2	1	1	4	3	1
景颇族	17	9	8	16	4	12	8	5	3
柯尔克孜族				3	3				
土　族	35	22	13	30	14	16	26	19	7
达斡尔族	5	3	2	2	2		3	2	1
仫佬族	147	81	66	118	63	55	109	62	47
羌　族	9	5	4	7	5	2	4	1	3
布朗族	4		4	12	3	9	8	3	5
撒拉族	12	9	3	7	4	3	4	1	3
毛南族	50	22	28	64	38	26	39	19	20
仡佬族	90	43	47	101	71	30	84	46	38
锡伯族	5	1	4	8	4	4	5	4	1
阿昌族	5	4	1	4		4	2	2	
普米族	2	1	1	4	3	1	3	3	
塔吉克族							2	2	
怒　族	2	1	1	3	3				
乌孜别克族									
俄罗斯族									
鄂温克族				1	1		1	1	
德昂族	2	1	1	1	1		1		1
保安族									
裕固族									
京　族				2	1	1	1		1
塔塔尔族									
独龙族							1	1	
鄂伦春族									
赫哲族				1	1				
门巴族									
珞巴族									
基诺族									
未定族称人口	19	8	11	32	15	17	18	11	7
入　籍	1	1		1	1				

2-5　续表 5　　单位：人

民　族	26岁			27岁			28岁		
	小计	男	女	小计	男	女	小计	男	女
总　计	**221417**	**140354**	**81063**	**174906**	**115369**	**59537**	**131589**	**89908**	**41681**
汉　族	208100	132164	75936	164508	108761	55747	123411	84535	38876
蒙古族	100	54	46	86	62	24	85	52	33
回　族	264	165	99	214	129	85	175	112	63
藏　族	38	24	14	27	15	12	23	14	9
维吾尔族	17	11	6	15	8	7	14	9	5
苗　族	1608	1048	560	1235	836	399	946	651	295
彝　族	396	256	140	305	203	102	221	127	94
壮　族	5914	3522	2392	4639	2812	1827	3647	2371	1276
布依族	463	283	180	344	199	145	263	166	97
朝鲜族	87	51	36	111	67	44	69	40	29
满　族	193	109	84	172	109	63	147	83	64
侗　族	711	454	257	517	347	170	435	310	125
瑶　族	1218	745	473	953	626	327	763	482	281
白　族	122	81	41	125	82	43	75	53	22
土家族	1496	963	533	1092	751	341	905	645	260
哈尼族	91	58	33	78	47	31	71	50	21
哈萨克族	1	1		1	1				
傣　族	55	34	21	45	29	16	32	14	18
黎　族	73	36	37	70	33	37	68	35	33
傈僳族	19	8	11	14	9	5	6	2	4
佤　族	29	14	15	30	18	12	20	14	6
畲　族	82	55	27	69	50	19	41	35	6
高山族									
拉祜族	16	7	9	11	6	5	8	5	3
水　族	49	36	13	37	26	11	21	16	5
东乡族	8	7	1	4	4		3	3	
纳西族	4	2	2	1	1				
景颇族	7	4	3	4	4		4	1	3
柯尔克孜族	3	2	1				1	1	
土　族	16	10	6	21	15	6	15	11	4
达斡尔族	3	1	2	1	1		2	2	
仫佬族	73	40	33	51	35	16	58	32	26
羌　族	4		4	7	4	3	1	1	
布朗族	7	7		4	3	1	1	1	
撒拉族	7	6	1	4	4		3	1	2
毛南族	35	19	16	36	20	16	16	10	6
仡佬族	76	53	23	57	42	15	20	12	8
锡伯族	6	4	2	3	3		1		1
阿昌族	2	2		1		1	2	1	1
普米族									
塔吉克族							1	1	
怒　族							1		1
乌孜别克族									
俄罗斯族									
鄂温克族	1	1					1		1
德昂族	1	1					1	1	
保安族	2	1	1						
裕固族				1		1			
京　族	1	1		2	1	1			
塔塔尔族									
独龙族									
鄂伦春族				1		1			
赫哲族							1	1	
门巴族									
珞巴族									
基诺族									
未定族称人口	17	12	5	9	5	4	11	8	3
入　籍	2	2		1	1				

2−5 续表 6

单位：人

民族	29岁			30岁			31岁		
	小计	男	女	小计	男	女	小计	男	女
总 计	**97834**	**68449**	**29385**	**72949**	**51314**	**21635**	**53728**	**37399**	**16329**
汉 族	91517	64171	27346	68157	48035	20122	49970	34919	15051
蒙古族	48	32	16	39	28	11	34	23	11
回 族	112	75	37	74	51	23	59	41	18
藏 族	15	13	2	16	9	7	5	4	1
维吾尔族	14	7	7	4	3	1	10	8	2
苗 族	802	556	246	611	435	176	424	283	141
彝 族	152	98	54	136	83	53	96	70	26
壮 族	2766	1839	927	2134	1435	699	1788	1155	633
布依族	193	109	84	180	113	67	124	72	52
朝鲜族	76	44	32	69	47	22	52	36	16
满 族	97	66	31	70	49	21	57	38	19
侗 族	348	264	84	247	190	57	195	150	45
瑶 族	573	394	179	439	298	141	315	213	102
白 族	61	44	17	56	37	19	35	21	14
土家族	726	530	196	470	343	127	362	252	110
哈尼族	42	19	23	32	21	11	34	23	11
哈萨克族	1		1				1		1
傣 族	19	13	6	11	6	5	17	7	10
黎 族	44	23	21	38	18	20	34	13	21
傈僳族	5	4	1	5	2	3	4	1	3
佤 族	13	5	8	12	7	5	7	1	6
畲 族	43	35	8	36	28	8	20	16	4
高山族							1		1
拉祜族	9	2	7	2	2		2	2	
水 族	23	15	8	15	7	8	9	3	6
东乡族	2	1	1	3	3		1	1	
纳西族	2	2							
景颇族	3	1	2	2		2	2		2
柯尔克孜族	1		1						
土 族	6	4	2	7	4	3	5	4	1
达斡尔族				1	1		1	1	
仫佬族	43	28	15	30	24	6	24	14	10
羌 族	5	4	1	1	1		2	2	
布朗族	3	1	2	3	2	1			
撒拉族	2	2		4	2	2	2	2	
毛南族	21	14	7	12	7	5	11	8	3
仡佬族	23	16	7	16	10	6	13	8	5
锡伯族	4	4		2	1	1			
阿昌族	3	2	1	1	1		2	2	
普米族									
塔吉克族	1	1							
怒 族				1	1				
乌孜别克族									
俄罗斯族	1	1							
鄂温克族									
德昂族				1	1				
保安族				1	1				
裕固族									
京 族				1	1		1		1
塔塔尔族									
独龙族	1	1		1		1			
鄂伦春族									
赫哲族									
门巴族									
珞巴族	1		1						
基诺族									
未定族称人口	12	8	4	8	6	2	9	6	3
入 籍	1	1		1	1				

2-5　续表 7　　　　　　　　　　　　　　　　　　　　　　　　单位：人

民　族	32岁			33岁			34岁		
	小计	男	女	小计	男	女	小计	男	女
总　计	**40764**	**28477**	**12287**	**30910**	**21432**	**9478**	**24050**	**16577**	**7473**
汉　族	37769	26472	11297	28608	19923	8685	22260	15397	6863
蒙古族	18	14	4	13	9	4	10	5	5
回　族	38	25	13	42	23	19	28	19	9
藏　族	5	5		10	7	3	1		1
维吾尔族	7	6	1	6	4	2	4	1	3
苗　族	326	219	107	255	166	89	209	131	78
彝　族	73	51	22	69	43	26	57	35	22
壮　族	1415	923	492	1053	674	379	832	562	270
布依族	94	55	39	87	60	27	70	44	26
朝鲜族	56	43	13	40	31	9	26	19	7
满　族	42	30	12	38	28	10	25	11	14
侗　族	160	113	47	137	94	43	101	64	37
瑶　族	267	191	76	173	113	60	161	113	48
白　族	23	14	9	19	13	6	7	4	3
土家族	309	214	95	240	171	69	173	120	53
哈尼族	20	12	8	17	9	8	3	2	1
哈萨克族									
傣　族	8	7	1	6	3	3	7	6	1
黎　族	23	18	5	21	16	5	9	2	7
傈僳族	3	3		4	1	3	3	3	
佤　族	12	5	7	7	3	4	5	4	1
畲　族	14	13	1	8	4	4	8	6	2
高山族	1	1							
拉祜族	4	3	1				3	3	
水　族	6	2	4	11	5	6	5	5	
东乡族	5	4	1	1	1		2		2
纳西族				2	2				
景颇族	3	2	1	1	1				
柯尔克孜族	1		1						
土　族	6	2	4	3	3		5	4	1
达斡尔族							1	1	
仫佬族	19	8	11	14	10	4	13	6	7
羌　族	2	1	1	1		1			
布朗族							2		2
撒拉族				2		2			
毛南族	7	2	5	4	3	1	9	3	6
仡佬族	15	8	7	11	8	3	6	4	2
锡伯族				1		1	2	1	1
阿昌族	2	1	1						
普米族									
塔吉克族									
怒　族									
乌孜别克族									
俄罗斯族									
鄂温克族									
德昂族									
保安族									
裕固族									
京　族	1	1		1	1				
塔塔尔族									
独龙族									
鄂伦春族				1	1				
赫哲族	1	1							
门巴族									
珞巴族									
基诺族									
未定族称人口	9	8	1	4	2	2	3	2	1
入　籍									

2－5　续表 8　　　　单位：人

民　族	35岁			36岁			37岁		
	小计	男	女	小计	男	女	小计	男	女
总　计	**18741**	**12775**	**5966**	**14205**	**9818**	**4387**	**11409**	**7794**	**3615**
汉　族	17379	11885	5494	13155	9134	4021	10532	7227	3305
蒙古族	10	7	3	5	4	1	17	14	3
回　族	24	19	5	13	12	1	18	16	2
藏　族	1	1		2		2	2		2
维吾尔族	4	2	2	3	1	2	1		1
苗　族	168	107	61	123	89	34	94	56	38
彝　族	33	23	10	26	17	9	24	15	9
壮　族	626	403	223	516	326	190	389	249	140
布依族	51	31	20	34	19	15	29	21	8
朝鲜族	22	17	5	11	8	3	10	7	3
满　族	17	15	2	21	13	8	12	11	1
侗　族	73	53	20	57	40	17	45	33	12
瑶　族	101	69	32	87	56	31	69	45	24
白　族	8	5	3	8	6	2	12	7	5
土家族	152	96	56	95	69	26	104	67	37
哈尼族	7	5	2	5	2	3	7	2	5
哈萨克族				1	1				
傣　族	4	2	2	4	2	2	2	1	1
黎　族	15	6	9	11	4	7	5	3	2
傈僳族	2	1	1	3	1	2	2	1	1
佤　族	6	3	3	1	1		2	1	1
畲　族	6	4	2	4	2	2	6	4	2
高山族	1		1						
拉祜族	2	1	1				1		1
水　族	4	3	1	1		1	4	3	1
东乡族				1	1		1		1
纳西族	1	1							
景颇族							1		1
柯尔克孜族									
土　族	3	1	2				2		2
达斡尔族									
仫佬族	8	5	3	7	5	2	8	5	3
羌　族				1	1		1		1
布朗族							1	1	
撒拉族	2	2							
毛南族	3	3					3	3	
仡佬族	6	4	2	6	3	3	3	1	2
锡伯族							1	1	
阿昌族									
普米族									
塔吉克族				1	1				
怒　族									
乌孜别克族									
俄罗斯族									
鄂温克族									
德昂族				1		1			
保安族	1	1							
裕固族									
京　族									
塔塔尔族									
独龙族									
鄂伦春族									
赫哲族	1		1						
门巴族									
珞巴族									
基诺族				1		1			
未定族称人口							1		1
入　籍				1		1			

2-5　续表 9　　　　　　　　　　　　　　　　　　　　　　　　　　单位：人

民　族	38岁			39岁			40岁及以上		
	小计	男	女	小计	男	女	小计	男	女
总　计	**8917**	**6205**	**2712**	**7262**	**4949**	**2313**	**32602**	**21737**	**10865**
汉　族	8196	5717	2479	6759	4623	2136	30704	20578	10126
蒙古族	1	1		6	5	1	18	12	6
回　族	10	9	1	10	6	4	43	31	12
藏　族							5	2	3
维吾尔族	1	1		3	2	1	2	1	1
苗　族	83	57	26	68	46	22	243	147	96
彝　族	17	12	5	16	11	5	50	30	20
壮　族	348	230	118	229	149	80	783	469	314
布依族	26	13	13	20	12	8	95	57	38
朝鲜族	16	11	5	8	7	1	30	18	12
满　族	7	4	3	6	4	2	30	17	13
侗　族	24	17	7	28	19	9	83	53	30
瑶　族	65	44	21	32	19	13	155	96	59
白　族	8	7	1	1	1		12	8	4
土家族	79	58	21	53	32	21	241	160	81
哈尼族	4	2	2	2	1	1	15	7	8
哈萨克族									
傣　族	3	2	1				5	2	3
黎　族	3	2	1	4	1	3	12	5	7
傈僳族							4	1	3
佤　族	4	2	2	1		1	9	4	5
畲　族	4	3	1	2	2		7	5	2
高山族									
拉祜族				1	1		3	1	2
水　族	4	4		2	1	1	5	3	2
东乡族							1	1	
纳西族									
景颇族							1		1
柯尔克孜族									
土　族	2	1	1	2	1	1	4	4	
达斡尔族									
仫佬族	4	2	2	2	2		4	2	2
羌　族	1		1				2	2	
布朗族	1	1		1		1			
撒拉族									
毛南族	1	1		3	2	1	7	4	3
仡佬族	3	2	1	2	2		19	12	7
锡伯族	1	1					2	2	
阿昌族									
普米族							1	1	
塔吉克族									
怒　族							2		2
乌孜别克族									
俄罗斯族							1		1
鄂温克族									
德昂族							1		1
保安族							1	1	
裕固族									
京　族							1		1
塔塔尔族									
独龙族									
鄂伦春族									
赫哲族									
门巴族									
珞巴族									
基诺族									
未定族称人口	1	1		1		1	1	1	
入　籍									

2-6 全省按民族、生育孩次分的育龄妇女人数
(2019.11.1–2020.10.31)

单位：人

民族	合计	生男孩的妇女人数	生女孩的妇女人数	一孩			二孩		
				小计	男	女	小计	男	女
总计	**55723**	**30143**	**25580**	**27051**	**14700**	**12351**	**22208**	**11691**	**10517**
汉族	52258	28310	23948	25329	13776	11553	20838	10995	9843
蒙古族	16	11	5	12	7	5	3	3	
回族	58	33	25	33	18	15	22	14	8
藏族	9	5	4	4	3	1	5	2	3
维吾尔族	7	2	5	3	2	1	4		4
苗族	538	294	244	268	142	126	209	113	96
彝族	139	68	71	79	38	41	43	20	23
壮族	1350	711	639	622	338	284	572	287	285
布依族	164	86	78	86	41	45	61	33	28
朝鲜族	18	7	11	12	5	7	5	2	3
满族	55	27	28	39	18	21	14	8	6
侗族	150	74	76	81	43	38	50	23	27
瑶族	325	176	149	165	97	68	124	58	66
白族	24	13	11	15	10	5	7	2	5
土家族	386	208	178	186	97	89	165	92	73
哈尼族	36	20	16	15	13	2	18	7	11
哈萨克族	2	1	1	1		1	1	1	
傣族	6	4	2	4	3	1	2	1	1
黎族	44	23	21	25	14	11	17	7	10
傈僳族	7	4	3	5	3	2	2	1	1
佤族	18	12	6	10	7	3	6	4	2
畲族	13	6	7	5	2	3	7	3	4
高山族	1	1		1	1				
拉祜族	8	4	4	5	3	2	2		2
水族	14	7	7	8	5	3	5	2	3
东乡族	7	3	4	4	2	2	3	1	2
纳西族	2	2					1	1	
景颇族	5	3	2				2	1	1
柯尔克孜族									
土族	6	3	3	5	2	3			
达斡尔族	2		2	1		1	1		1
仫佬族	12	3	9	10	2	8	2	1	1
羌族									
布朗族	2		2	1		1	1		1
撒拉族	4	2	2						
毛南族	10	4	6	4	1	3	5	3	2
仡佬族	21	11	10	10	5	5	8	3	5
锡伯族									
阿昌族									
普米族									
塔吉克族									
怒族									
乌孜别克族									
俄罗斯族									
鄂温克族									
德昂族									
保安族									
裕固族									
京族	1	1		1	1				
塔塔尔族									
独龙族									
鄂伦春族									
赫哲族									
门巴族									
珞巴族									
基诺族									
未定族称人口	5	4	1	2	1	1	3	3	
入籍									

2-6 续表 单位：人

民族	三孩			四孩			五孩及以上		
	小计	男	女	小计	男	女	小计	男	女
总计	**5334**	**3084**	**2250**	**946**	**562**	**384**	**184**	**106**	**78**
汉族	5016	2904	2112	903	532	371	172	103	69
蒙古族	1	1							
回族	2		2	1	1				
藏族									
维吾尔族									
苗族	55	34	21	4	4		2	1	1
彝族	14	9	5	2	1	1	1		1
壮族	128	69	59	23	16	7	5	1	4
布依族	15	10	5	2	2				
朝鲜族				1		1			
满族	2	1	1						
侗族	19	8	11						
瑶族	30	19	11	4	2	2	2		2
白族	2	1	1						
土家族	31	17	14	3	2	1	1		1
哈尼族	3		3						
哈萨克族									
傣族									
黎族	2	2							
傈僳族									
佤族	1	1		1		1			
畲族	1	1							
高山族									
拉祜族	1	1							
水族	1		1						
东乡族									
纳西族	1	1							
景颇族	2	1	1	1	1				
柯尔克孜族									
土族	1	1							
达斡尔族									
仫佬族									
羌族									
布朗族									
撒拉族	3	1	2	1	1				
毛南族	1		1						
仡佬族	2	2					1	1	
锡伯族									
阿昌族									
普米族									
塔吉克族									
怒族									
乌孜别克族									
俄罗斯族									
鄂温克族									
德昂族									
保安族									
裕固族									
京族									
塔塔尔族									
独龙族									
鄂伦春族									
赫哲族									
门巴族									
珞巴族									
基诺族									
未定族称人口									
入籍									

2-7 全省各民族15-64岁妇女平均活产子女数和平均存活子女数

单位：人、%

民族	15-64岁妇女人数	活产子女总数			存活子女总数			存活子女数占活产子女数的百分比	妇女平均活产子女数	妇女平均存活子女数
		小计	男	女	小计	男	女			
总　计	**1816707**	**2241931**	**1249468**	**992463**	**2179220**	**1212970**	**966250**	**97.20**	**1.23**	**1.20**
汉　族	1686257	2076476	1156941	919535	2018481	1123177	895304	97.21	1.23	1.20
蒙古族	819	642	346	296	618	332	286	96.26	0.78	0.75
回　族	2369	2577	1438	1139	2486	1382	1104	96.47	1.09	1.05
藏　族	379	390	230	160	383	225	158	98.21	1.03	1.01
维吾尔族	370	205	107	98	198	103	95	96.59	0.55	0.54
苗　族	17592	23243	13008	10235	22588	12618	9970	97.18	1.32	1.28
彝　族	5948	6112	3399	2713	5918	3293	2625	96.83	1.03	0.99
壮　族	53896	72515	40668	31847	70551	39534	31017	97.29	1.35	1.31
布依族	5977	7188	4039	3149	6990	3927	3063	97.25	1.20	1.17
朝鲜族	650	521	266	255	514	263	251	98.66	0.80	0.79
满　族	1433	1099	597	502	1066	582	484	97.00	0.77	0.74
侗　族	6171	7974	4454	3520	7722	4320	3402	96.84	1.29	1.25
瑶　族	11675	14911	8330	6581	14539	8107	6432	97.51	1.28	1.25
白　族	1305	1469	831	638	1409	793	616	95.92	1.13	1.08
土家族	13098	17104	9506	7598	16556	9170	7386	96.80	1.31	1.26
哈尼族	1465	1718	964	754	1661	930	731	96.68	1.17	1.13
哈萨克族	47	8	4	4	8	4	4	100.00	0.17	0.17
傣　族	703	718	403	315	697	389	308	97.08	1.02	0.99
黎　族	1190	1100	604	496	1056	579	477	96.00	0.92	0.89
傈僳族	352	261	145	116	245	137	108	93.87	0.74	0.70
佤　族	619	502	276	226	481	266	215	95.82	0.81	0.78
畲　族	578	687	389	298	667	380	287	97.09	1.19	1.15
高山族	4	6	3	3	6	3	3	100.00	1.50	1.50
拉祜族	256	278	151	127	269	147	122	96.76	1.09	1.05
水　族	590	667	365	302	640	350	290	95.95	1.13	1.08
东乡族	150	176	101	75	174	101	73	98.86	1.17	1.16
纳西族	29	22	13	9	21	12	9	95.45	0.76	0.72
景颇族	126	154	86	68	147	82	65	95.45	1.22	1.17
柯尔克孜族	35	11	5	6	11	5	6	100.00	0.31	0.31
土　族	204	260	146	114	252	143	109	96.92	1.27	1.24
达斡尔族	19	15	10	5	15	10	5	100.00	0.79	0.79
仫佬族	764	972	525	447	948	514	434	97.53	1.27	1.24
羌　族	51	42	27	15	42	27	15	100.00	0.82	0.82
布朗族	104	96	57	39	95	57	38	98.96	0.92	0.91
撒拉族	81	156	90	66	150	87	63	96.15	1.93	1.85
毛南族	362	476	266	210	459	255	204	96.43	1.31	1.27
仡佬族	595	731	419	312	721	416	305	98.63	1.23	1.21
锡伯族	38	19	5	14	18	5	13	94.74	0.50	0.47
阿昌族	44	51	34	17	49	32	17	96.08	1.16	1.11
普米族	16	13	7	6	13	7	6	100.00	0.81	0.81
塔吉克族										
怒　族	18	13	10	3	11	8	3	84.62	0.72	0.61
乌孜别克族	2	2	1	1	2	1	1	100.00	1.00	1.00
俄罗斯族	5	2	1	1	2	1	1	100.00	0.40	0.40
鄂温克族	5	5	3	2	5	3	2	100.00	1.00	1.00
德昂族	24	24	15	9	24	15	9	100.00	1.00	1.00
保安族	6	4	2	2	4	2	2	100.00	0.67	0.67
裕固族	2	3	3		2	2		66.67	1.50	1.00
京　族	12	14	6	8	14	6	8	100.00	1.17	1.17
塔塔尔族										
独龙族	4									
鄂伦春族	1									
赫哲族	3	4	2	2	4	2	2	100.00	1.33	1.33
门巴族	1	2	1	1	2	1	1	100.00	2.00	2.00
珞巴族	1	1		1	1		1	100.00	1.00	1.00
基诺族	6	6	4	2	6	4	2	100.00	1.00	1.00
未定族称人口	250	279	162	117	272	158	114	97.49	1.12	1.09
入　籍	6	7	3	4	7	3	4	100.00	1.17	1.17

第四部分 跨县（市、区）流动人口（长表数据资料）

第三卷 教育

3-1　全省分学业完成情况、性别、受教育程度的3岁及以上人口

单位：人

学业完成情况	合计			小学		
	合计	男	女	小计	男	女
总　计	**4660763**	**2675261**	**1985502**	**639296**	**313351**	**325945**
在　校	518543	280158	238385	200548	111026	89522
毕　业	3957332	2291049	1666283	391124	182188	208936
肄　业	34011	19264	14747	8631	3516	5115
辍　学	87630	50266	37364	26328	11093	15235
其　他	63247	34524	28723	12665	5528	7137

3-1　续表 1

单位：人

学业完成情况	初中			高中			大学专科		
	小计	男	女	小计	男	女	小计	男	女
总　计	**1974104**	**1164170**	**809934**	**1114138**	**682587**	**431551**	**539026**	**298277**	**240749**
在　校	81662	46295	35367	103828	58493	45335	57427	28888	28539
毕　业	1798880	1061380	737500	977377	602815	374562	474195	265171	209024
肄　业	17365	10543	6822	6077	4013	2064	1392	855	537
辍　学	46935	29236	17699	13408	9286	4122	790	551	239
其　他	29262	16716	12546	13448	7980	5468	5222	2812	2410

3-1　续表 2

单位：人

学业完成情况	大学本科			硕士研究生			博士研究生		
	小计	男	女	小计	男	女	小计	男	女
总　计	**359069**	**197335**	**161734**	**31434**	**17120**	**14314**	**3696**	**2421**	**1275**
在　校	67656	31830	35826	6343	3014	3329	1079	612	467
毕　业	288322	163732	124590	24856	13982	10874	2578	1781	797
肄　业	496	311	185	43	22	21	7	4	3
辍　学	160	98	62	9	2	7			
其　他	2435	1364	1071	183	100	83	32	24	8

3-2 全省分年龄、性别、学业完成情况的3岁及以上各种受教育程度人口

单位：人

年龄	合计								
	合计			在校			毕业		
	合计	男	女	小计	男	女	小计	男	女
总计	**4660763**	**2675261**	**1985502**	**518543**	**280158**	**238385**	**3957332**	**2291049**	**1666283**
3									
4									
5-9岁	**132075**	**72691**	**59384**	**128309**	**70608**	**57701**	**3116**	**1739**	**1377**
5	2183	1176	1007	2050	1107	943	82	44	38
6	24152	13255	10897	23474	12883	10591	549	297	252
7	33526	18379	15147	32610	17886	14724	778	421	357
8	38242	21088	17154	37183	20484	16699	881	505	376
9	33972	18793	15179	32992	18248	14744	826	472	354
10-14岁	**144052**	**80598**	**63454**	**137796**	**76971**	**60825**	**5358**	**3131**	**2227**
10	32554	18194	14360	31613	17623	13990	782	480	302
11	32146	17904	14242	31076	17317	13759	912	510	402
12	28902	16009	12893	27646	15295	12351	1107	629	478
13	25845	14569	11276	24612	13845	10767	1084	636	448
14	24605	13922	10683	22849	12891	9958	1473	876	597
15-19岁	**261064**	**151533**	**109531**	**155938**	**85433**	**70505**	**98932**	**62051**	**36881**
15	30698	17315	13383	28023	15643	12380	2302	1446	856
16	48347	28094	20253	38631	21765	16866	8906	5816	3090
17	52736	31283	21453	33431	19073	14358	18086	11424	6662
18	53470	31899	21571	23321	12939	10382	28540	17887	10653
19	75813	42942	32871	32532	16013	16519	41098	25478	15620
20-24岁	**534458**	**300561**	**233897**	**88181**	**42751**	**45430**	**431061**	**248199**	**182862**
20	91483	50658	40825	36477	17341	19136	52559	31755	20804
21	96508	54110	42398	26898	12896	14002	66867	39470	27397
22	109923	62742	47181	14768	7484	7284	91924	53260	38664
23	114238	64367	49871	6419	3235	3184	104546	59043	45503
24	122306	68684	53622	3619	1795	1824	115165	64671	50494
25-29岁	**652479**	**374572**	**277907**	**5300**	**2716**	**2584**	**627364**	**359404**	**267960**
25	129668	73351	56317	2163	1089	1074	123658	69817	53841
26	122549	69733	52816	1231	646	585	117676	66836	50840
27	130851	74845	56006	849	450	399	126047	71887	54160
28	132365	76613	55752	563	281	282	127679	73746	53933
29	137046	80030	57016	494	250	244	132304	77118	55186
30-34岁	**745147**	**436808**	**308339**	**1471**	**759**	**712**	**718663**	**420601**	**298062**
30	162732	95229	67503	461	234	227	156995	91675	65320
31	154516	90109	64407	305	157	148	149161	86751	62410
32	142595	83506	59089	256	141	115	137572	80417	57155
33	151629	89339	62290	248	125	123	146148	86033	60115
34	133675	78625	55050	201	102	99	128787	75725	53062
35-39岁	**558308**	**331696**	**226612**	**724**	**410**	**314**	**536437**	**318832**	**217605**
35	117777	69674	48103	166	87	79	113276	66977	46299
36	115633	68669	46964	147	85	62	111274	66151	45123
37	107131	63597	43534	156	88	68	102867	61094	41773
38	115868	69180	46688	149	86	63	111354	66526	44828
39	101899	60576	41323	106	64	42	97666	58084	39582
40-44岁	**431712**	**253373**	**178339**	**295**	**182**	**113**	**411985**	**242286**	**169699**
40	90359	53643	36716	83	54	29	86548	51429	35119
41	94425	55986	38439	80	45	35	90327	53610	36717
42	84316	49456	34860	49	30	19	80539	47342	33197
43	77267	45068	32199	47	30	17	73547	42996	30551
44	85345	49220	36125	36	23	13	81024	46909	34115
45-49岁	**443468**	**253299**	**190169**	**222**	**137**	**85**	**418905**	**240334**	**178571**
45	87127	49914	37213	52	30	22	82575	47486	35089
46	95109	54103	41006	46	30	16	89967	51395	38572
47	91118	51995	39123	44	29	15	86064	49369	36695
48	86957	49585	37372	39	23	16	81948	46909	35039
49	83157	47702	35455	41	25	16	78351	45175	33176
50岁及以上	**758000**	**420130**	**337870**	**307**	**191**	**116**	**705511**	**394472**	**311039**

3-2　续表 1　　　　单位：人

年　龄	合计								
	肄　业			辍　学			其　他		
	小计	男	女	小计	男	女	小计	男	女
总　计	**34011**	**19264**	**14747**	**87630**	**50266**	**37364**	**63247**	**34524**	**28723**
3									
4									
5–9岁	**67**	**36**	**31**	**44**	**22**	**22**	**539**	**286**	**253**
5	2		2	1	1		48	24	24
6	13	9	4	7	2	5	109	64	45
7	9	6	3	11	8	3	118	58	60
8	22	9	13	15	7	8	141	83	58
9	21	12	9	10	4	6	123	57	66
10–14岁	**97**	**50**	**47**	**244**	**144**	**100**	**557**	**302**	**255**
10	19	11	8	11	8	3	129	72	57
11	21	10	11	12	7	5	125	60	65
12	12	6	6	24	14	10	113	65	48
13	11	3	8	49	32	17	89	53	36
14	34	20	14	148	83	65	101	52	49
15–19岁	**1093**	**718**	**375**	**3255**	**2220**	**1035**	**1846**	**1111**	**735**
15	60	38	22	218	135	83	95	53	42
16	115	77	38	484	331	153	211	105	106
17	218	135	83	640	424	216	361	227	134
18	281	192	89	831	568	263	497	313	184
19	419	276	143	1082	762	320	682	413	269
20–24岁	**2683**	**1706**	**977**	**7043**	**4855**	**2188**	**5490**	**3050**	**2440**
20	440	307	133	1144	771	373	863	484	379
21	476	300	176	1328	922	406	939	522	417
22	545	325	220	1508	1020	488	1178	653	525
23	607	389	218	1487	1036	451	1179	664	515
24	615	385	230	1576	1106	470	1331	727	604
25–29岁	**3465**	**2242**	**1223**	**9022**	**6047**	**2975**	**7328**	**4163**	**3165**
25	712	451	261	1749	1193	556	1386	801	585
26	625	382	243	1645	1092	553	1372	777	595
27	666	442	224	1823	1227	596	1466	839	627
28	701	468	233	1872	1249	623	1550	869	681
29	761	499	262	1933	1286	647	1554	877	677
30–34岁	**4564**	**2889**	**1675**	**11348**	**7307**	**4041**	**9101**	**5252**	**3849**
30	927	599	328	2386	1588	798	1963	1133	830
31	959	625	334	2237	1466	771	1854	1110	744
32	889	560	329	2151	1379	772	1727	1009	718
33	967	605	362	2374	1491	883	1892	1085	807
34	822	500	322	2200	1383	817	1665	915	750
35–39岁	**3857**	**2288**	**1569**	**9829**	**5882**	**3947**	**7461**	**4284**	**3177**
35	779	491	288	2010	1232	778	1546	887	659
36	800	464	336	1920	1143	777	1492	826	666
37	764	446	318	1895	1150	745	1449	819	630
38	828	483	345	2026	1188	838	1511	897	614
39	686	404	282	1978	1169	809	1463	855	608
40–44岁	**3714**	**2097**	**1617**	**9367**	**5213**	**4154**	**6351**	**3595**	**2756**
40	724	425	299	1724	1009	715	1280	726	554
41	732	416	316	1928	1129	799	1358	786	572
42	732	435	297	1789	975	814	1207	674	533
43	682	376	306	1801	985	816	1190	681	509
44	844	445	399	2125	1115	1010	1316	728	588
45–49岁	**4632**	**2465**	**2167**	**12555**	**6468**	**6087**	**7154**	**3895**	**3259**
45	865	457	408	2309	1210	1099	1326	731	595
46	1012	534	478	2605	1336	1269	1479	808	671
47	918	493	425	2618	1331	1287	1474	773	701
48	936	498	438	2593	1337	1256	1441	818	623
49	901	483	418	2430	1254	1176	1434	765	669
50岁及以上	**9839**	**4773**	**5066**	**24923**	**12108**	**12815**	**17420**	**8586**	**8834**

3-2 续表 2

单位：人

年龄	小学								
	合计			在校			毕业		
	合计	男	女	小计	男	女	小计	男	女
总计	**639296**	**313351**	**325945**	**200548**	**111026**	**89522**	**391124**	**182188**	**208936**
3									
4									
5—9岁	**130646**	**71880**	**58766**	**127069**	**69912**	**57157**	**2950**	**1640**	**1310**
5	2183	1176	1007	2050	1107	943	82	44	38
6	23918	13126	10792	23263	12767	10496	529	286	243
7	33232	18213	15019	32368	17753	14615	728	390	338
8	37814	20839	16975	36804	20262	16542	839	482	357
9	33499	18526	14973	32584	18023	14561	772	438	334
10—14岁	**76094**	**42628**	**33466**	**73247**	**40986**	**32261**	**2434**	**1422**	**1012**
10	31795	17774	14021	30932	17248	13684	718	444	274
11	30078	16770	13308	29162	16270	12892	771	429	342
12	10680	6064	4616	10145	5764	4381	469	264	205
13	2339	1332	1007	2062	1173	889	246	142	104
14	1202	688	514	946	531	415	230	143	87
15—19岁	**2831**	**1800**	**1031**	**126**	**78**	**48**	**2392**	**1531**	**861**
15	211	120	91	37	25	12	140	80	60
16	404	262	142	34	21	13	318	208	110
17	569	352	217	22	13	9	491	309	182
18	698	451	247	14	8	6	608	394	214
19	949	615	334	19	11	8	835	540	295
20—24岁	**7118**	**4486**	**2632**	**23**	**12**	**11**	**6499**	**4121**	**2378**
20	1068	700	368	11	6	5	975	633	342
21	1181	759	422	5	2	3	1090	705	385
22	1464	918	546	2	2		1342	849	493
23	1656	1051	605	3	2	1	1500	957	543
24	1749	1058	691	2		2	1592	977	615
25—29岁	**11872**	**6988**	**4884**	**5**	**3**	**2**	**10847**	**6382**	**4465**
25	1978	1200	778				1809	1102	707
26	1974	1171	803	2	2		1821	1086	735
27	2384	1418	966				2171	1282	889
28	2627	1496	1131	2	1	1	2405	1362	1043
29	2909	1703	1206	1		1	2641	1550	1091
30—34岁	**23690**	**12641**	**11049**	**6**	**4**	**2**	**21591**	**11516**	**10075**
30	4049	2252	1797				3699	2053	1646
31	4308	2342	1966				3946	2144	1802
32	4600	2449	2151	1	1		4191	2233	1958
33	5395	2824	2571	3	2	1	4892	2553	2339
34	5338	2774	2564	2	1	1	4863	2533	2330
35—39岁	**28510**	**14151**	**14359**	**7**	**2**	**5**	**25858**	**12874**	**12984**
35	5177	2651	2526				4694	2396	2298
36	5342	2683	2659				4838	2429	2409
37	5395	2682	2713	1		1	4889	2439	2450
38	6259	3098	3161	4	2	2	5685	2830	2855
39	6337	3037	3300	2		2	5752	2780	2972
40—44岁	**44374**	**20494**	**23880**	**7**	**3**	**4**	**39999**	**18585**	**21414**
40	6533	3022	3511	1	1		5866	2730	3136
41	8435	4017	4418	1		1	7609	3633	3976
42	8673	3985	4688				7853	3616	4237
43	9186	4327	4859	2	1	1	8273	3924	4349
44	11547	5143	6404	3	1	2	10398	4682	5716
45—49岁	**78541**	**34667**	**43874**	**10**	**6**	**4**	**70315**	**31243**	**39072**
45	13063	5658	7405	5	2	3	11724	5112	6612
46	15627	7003	8624				13983	6302	7681
47	16153	7145	9008	2	2		14490	6468	8022
48	16590	7267	9323	3	2	1	14864	6558	8306
49	17108	7594	9514				15254	6803	8451
50岁及以上	**235620**	**103616**	**132004**	**48**	**20**	**28**	**208239**	**92874**	**115365**

3-2　续表 3　　　　单位：人

年龄	小学								
	肄业			辍学			其他		
	小计	男	女	小计	男	女	小计	男	女
总　计	**8631**	**3516**	**5115**	**26328**	**11093**	**15235**	**12665**	**5528**	**7137**
3									
4									
5—9岁	**66**	**35**	**31**	**40**	**20**	**20**	**521**	**273**	**248**
5	2		2	1	1		48	24	24
6	13	9	4	6	1	5	107	63	44
7	9	6	3	11	8	3	116	56	60
8	22	9	13	13	6	7	136	80	56
9	20	11	9	9	4	5	114	50	64
10—14岁	**49**	**26**	**23**	**54**	**33**	**21**	**310**	**161**	**149**
10	19	11	8	10	7	3	116	64	52
11	21	10	11	10	6	4	114	55	59
12	4	2	2	8	5	3	54	29	25
13	3	1	2	11	6	5	17	10	7
14	2	2		15	9	6	9	3	6
15—19岁	**57**	**33**	**24**	**155**	**89**	**66**	**101**	**69**	**32**
15	7	2	5	16	8	8	11	5	6
16	5	4	1	29	20	9	18	9	9
17	8		8	32	16	16	16	14	2
18	19	13	6	31	18	13	26	18	8
19	18	14	4	47	27	20	30	23	7
20—24岁	**82**	**49**	**33**	**317**	**193**	**124**	**197**	**111**	**86**
20	12	11	1	41	31	10	29	19	10
21	11	5	6	49	34	15	26	13	13
22	17	11	6	62	29	33	41	27	14
23	21	11	10	86	55	31	46	26	20
24	21	11	10	79	44	35	55	26	29
25—29岁	**150**	**89**	**61**	**561**	**332**	**229**	**309**	**182**	**127**
25	20	11	9	100	60	40	49	27	22
26	27	18	9	76	39	37	48	26	22
27	32	24	8	124	75	49	57	37	20
28	28	10	18	110	71	39	82	52	30
29	43	26	17	151	87	64	73	40	33
30—34岁	**345**	**181**	**164**	**1230**	**659**	**571**	**518**	**281**	**237**
30	57	33	24	189	109	80	104	57	47
31	60	33	27	210	121	89	92	44	48
32	73	40	33	234	116	118	101	59	42
33	70	29	41	301	163	138	129	77	52
34	85	46	39	296	150	146	92	44	48
35—39岁	**416**	**185**	**231**	**1611**	**751**	**860**	**618**	**339**	**279**
35	71	39	32	305	148	157	107	68	39
36	82	40	42	295	146	149	127	68	59
37	84	35	49	300	144	156	121	64	57
38	90	40	50	357	160	197	123	66	57
39	89	31	58	354	153	201	140	73	67
40—44岁	**768**	**331**	**437**	**2691**	**1177**	**1514**	**909**	**398**	**511**
40	126	58	68	388	158	230	152	75	77
41	136	63	73	528	248	280	161	73	88
42	141	70	71	503	226	277	176	73	103
43	161	63	98	580	263	317	170	76	94
44	204	77	127	692	282	410	250	101	149
45—49岁	**1487**	**608**	**879**	**5023**	**2017**	**3006**	**1706**	**793**	**913**
45	244	98	146	823	326	497	267	120	147
46	303	117	186	1017	422	595	324	162	162
47	265	114	151	1027	402	625	369	159	210
48	319	118	201	1046	418	628	358	171	187
49	356	161	195	1110	449	661	388	181	207
50岁及以上	**5211**	**1979**	**3232**	**14646**	**5822**	**8824**	**7476**	**2921**	**4555**

3-2 续表 4

单位：人

年龄	初中								
	合计			在校			毕业		
	合计	男	女	小计	男	女	小计	男	女
总计	**1974104**	**1164170**	**809934**	**81662**	**46295**	**35367**	**1798880**	**1061380**	**737500**
3									
4									
5-9岁	**1429**	**811**	**618**	**1240**	**696**	**544**	**166**	**99**	**67**
5									
6	234	129	105	211	116	95	20	11	9
7	294	166	128	242	133	109	50	31	19
8	428	249	179	379	222	157	42	23	19
9	473	267	206	408	225	183	54	34	20
10-14岁	**65223**	**36531**	**28692**	**61980**	**34641**	**27339**	**2779**	**1626**	**1153**
10	756	419	337	680	374	306	62	36	26
11	2066	1133	933	1912	1046	866	141	81	60
12	18220	9944	8276	17500	9530	7970	637	365	272
13	23080	13014	10066	22162	12475	9687	806	471	335
14	21101	12021	9080	19726	11216	8510	1133	673	460
15-19岁	**80099**	**51163**	**28936**	**17933**	**10642**	**7291**	**58762**	**38206**	**20556**
15	11080	6632	4448	8971	5300	3671	1846	1168	678
16	11683	7334	4349	4404	2538	1866	6762	4458	2304
17	15233	9800	5433	2580	1543	1037	12020	7820	4200
18	18878	12358	6520	1257	821	436	16750	10933	5817
19	23225	15039	8186	721	440	281	21384	13827	7557
20-24岁	**167318**	**105000**	**62318**	**147**	**96**	**51**	**159209**	**99587**	**59622**
20	26130	16777	9353	47	30	17	24768	15844	8924
21	29204	18619	10585	34	24	10	27700	17598	10102
22	35157	22273	12884	25	13	12	33471	21186	12285
23	36837	22895	13942	26	21	5	35147	21753	13394
24	39990	24436	15554	15	8	7	38123	23206	14917
25-29岁	**232559**	**140650**	**91909**	**63**	**36**	**27**	**221883**	**133705**	**88178**
25	43225	26527	16698	17	9	8	41178	25171	16007
26	41930	25589	16341	13	9	4	39984	24325	15659
27	46600	28064	18536	14	10	4	44465	26660	17805
28	48580	29285	19295	9	4	5	46370	27849	18521
29	52224	31185	21039	10	4	6	49886	29700	20186
30-34岁	**319622**	**187265**	**132357**	**62**	**40**	**22**	**305425**	**178428**	**126997**
30	64604	38305	26299	5	4	1	61711	36469	25242
31	64360	37629	26731	13	9	4	61483	35785	25698
32	61229	35936	25293	12	8	4	58546	34254	24292
33	67768	39634	28134	15	8	7	64808	37852	26956
34	61661	35761	25900	17	11	6	58877	34068	24809
35-39岁	**275507**	**159943**	**115564**	**55**	**31**	**24**	**262699**	**152383**	**110316**
35	55908	32500	23408	7	6	1	53336	30942	22394
36	55991	32609	23382	10	4	6	53429	31127	22302
37	52574	30485	22089	13	8	5	50072	29021	21051
38	58350	33958	24392	14	7	7	55731	32415	23316
39	52684	30391	22293	11	6	5	50131	28878	21253
40-44岁	**234123**	**133987**	**100136**	**37**	**20**	**17**	**222958**	**127554**	**95404**
40	47188	27286	19902	9	6	3	45041	26010	19031
41	50034	28796	21238	11	6	5	47731	27423	20308
42	45647	26038	19609	4		4	43492	24825	18667
43	42782	24353	18429	10	6	4	40677	23143	17534
44	48472	27514	20958	3	2	1	46017	26153	19864
45-49岁	**252496**	**144307**	**108189**	**58**	**41**	**17**	**239349**	**136917**	**102432**
45	49822	28375	21447	12	8	4	47281	26940	20341
46	54672	30796	23876	14	9	5	51852	29252	22600
47	52113	29724	22389	10	9	1	49370	28201	21169
48	49363	28341	21022	6	4	2	46702	26814	19888
49	46526	27071	19455	16	11	5	44144	25710	18434
50岁及以上	**345728**	**204513**	**141215**	**87**	**52**	**35**	**325650**	**192875**	**132775**

3-2　续表 5　　　　　　　　　　　　　　　　　　　　　　　　　　　　单位：人

年　龄	初　　中								
	肄　业			辍　学			其　他		
	小计	男	女	小计	男	女	小计	男	女
总　计	**17365**	**10543**	**6822**	**46935**	**29236**	**17699**	**29262**	**16716**	**12546**
3									
4									
5—9岁	**1**	**1**		**4**	**2**	**2**	**18**	**13**	**5**
5									
6				1	1		2	1	1
7							2	2	
8				2	1	1	5	3	2
9	1	1		1		1	9	7	2
10—14岁	**47**	**23**	**24**	**182**	**107**	**75**	**235**	**134**	**101**
10				1	1		13	8	5
11				2	1	1	11	5	6
12	8	4	4	16	9	7	59	36	23
13	8	2	6	37	26	11	67	40	27
14	31	17	14	126	70	56	85	45	40
15—19岁	**577**	**398**	**179**	**1986**	**1384**	**602**	**841**	**533**	**308**
15	43	30	13	162	100	62	58	34	24
16	71	47	24	330	226	104	116	65	51
17	113	79	34	368	252	116	152	106	46
18	141	102	39	494	341	153	236	161	75
19	209	140	69	632	465	167	279	167	112
20—24岁	**1362**	**908**	**454**	**4441**	**3106**	**1335**	**2159**	**1303**	**856**
20	242	182	60	735	509	226	338	212	126
21	238	162	76	829	581	248	403	254	149
22	276	164	112	955	660	295	430	250	180
23	292	195	97	911	640	271	461	286	175
24	314	205	109	1011	716	295	527	301	226
25—29岁	**1833**	**1243**	**590**	**5660**	**3813**	**1847**	**3120**	**1853**	**1267**
25	377	264	113	1083	748	335	570	335	235
26	320	197	123	1030	698	332	583	360	223
27	345	235	110	1155	799	356	621	360	261
28	374	267	107	1172	774	398	655	391	264
29	417	280	137	1220	794	426	691	407	284
30—34岁	**2571**	**1613**	**958**	**7207**	**4641**	**2566**	**4357**	**2543**	**1814**
30	496	311	185	1515	1010	505	877	511	366
31	558	365	193	1426	942	484	880	528	352
32	493	307	186	1345	861	484	833	506	327
33	547	344	203	1480	915	565	918	515	403
34	477	286	191	1441	913	528	849	483	366
35—39岁	**2415**	**1427**	**988**	**6429**	**3900**	**2529**	**3909**	**2202**	**1707**
35	488	303	185	1298	818	480	779	431	348
36	501	295	206	1278	767	511	773	416	357
37	486	273	213	1264	763	501	739	420	319
38	514	305	209	1290	764	526	801	467	334
39	426	251	175	1299	788	511	817	468	349
40—44岁	**2186**	**1247**	**939**	**5491**	**3204**	**2287**	**3451**	**1962**	**1489**
40	432	255	177	1051	646	405	655	369	286
41	432	239	193	1126	697	429	734	431	303
42	434	257	177	1067	596	471	650	360	290
43	391	223	168	1017	578	439	687	403	284
44	497	273	224	1230	687	543	725	399	326
45—49岁	**2555**	**1447**	**1108**	**6520**	**3703**	**2817**	**4014**	**2199**	**1815**
45	512	285	227	1243	708	535	774	434	340
46	565	317	248	1393	765	628	848	453	395
47	532	295	237	1390	785	605	811	434	377
48	510	301	209	1338	762	576	807	460	347
49	436	249	187	1156	683	473	774	418	356
50岁及以上	**3818**	**2236**	**1582**	**9015**	**5376**	**3639**	**7158**	**3974**	**3184**

3−2 续表 6　　　　单位：人

年龄	高中								
	合计			在校			毕业		
	合计	男	女	小计	男	女	小计	男	女
总计	**1114138**	**682587**	**431551**	**103828**	**58493**	**45335**	**977377**	**602815**	**374562**
3									
4									
5−9岁									
5									
6									
7									
8									
9									
10−14岁	**2726**	**1432**	**1294**	**2562**	**1338**	**1224**	**143**	**82**	**61**
10	1		1				1		1
11	2	1	1	2	1	1			
12	2	1	1	1	1		1		1
13	425	222	203	387	196	191	32	23	9
14	2296	1208	1088	2172	1140	1032	109	59	50
15−19岁	**130016**	**74772**	**55244**	**95938**	**54048**	**41890**	**31960**	**19387**	**12573**
15	18997	10284	8713	18627	10053	8574	294	184	110
16	34946	19629	15317	32992	18406	14586	1719	1084	635
17	33689	19312	14377	28123	15958	12165	5067	3049	2018
18	21857	13106	8751	11654	6946	4708	9644	5799	3845
19	20527	12441	8086	4542	2685	1857	15236	9271	5965
20−24岁	**140116**	**83646**	**56470**	**5085**	**2956**	**2129**	**130522**	**77819**	**52703**
20	22231	13253	8978	2560	1481	1079	18927	11321	7606
21	24562	14762	9800	1286	756	530	22457	13485	8972
22	29431	17605	11826	682	376	306	27789	16617	11172
23	30926	18318	12608	341	206	135	29616	17487	12129
24	32966	19708	13258	216	137	79	31733	18909	12824
25−29岁	**180894**	**108718**	**72176**	**81**	**50**	**31**	**175115**	**105054**	**70061**
25	35087	20965	14122	23	16	7	33936	20226	13710
26	33232	19758	13474	24	14	10	32129	19074	13055
27	35969	21684	14285	13	9	4	34835	20964	13871
28	37217	22377	14840	10	5	5	36010	21622	14388
29	39389	23934	15455	11	6	5	38205	23168	15037
30−34岁	**209455**	**127680**	**81775**	**48**	**28**	**20**	**202933**	**123475**	**79458**
30	47583	28997	18586	18	9	9	46085	28032	18053
31	44157	26882	17275	9	4	5	42809	25997	16812
32	39996	24299	15697	7	5	2	38743	23487	15256
33	41937	25599	16338	8	4	4	40580	24724	15856
34	35782	21903	13879	6	6		34716	21235	13481
35−39岁	**143806**	**89757**	**54049**	**30**	**21**	**9**	**139437**	**86940**	**52497**
35	30729	18946	11783	6	4	2	29781	18348	11433
36	29940	18542	11398	6	5	1	29063	18002	11061
37	27465	17115	10350	3	1	2	26623	16562	10061
38	29540	18556	10984	8	7	1	28613	17947	10666
39	26132	16598	9534	7	4	3	25357	16081	9276
40−44岁	**98624**	**63576**	**35048**	**23**	**13**	**10**	**95497**	**61513**	**33984**
40	22915	14630	8285	8	4	4	22195	14163	8032
41	22834	14671	8163	3	2	1	22129	14223	7906
42	19267	12480	6787	4	1	3	18663	12075	6588
43	16567	10711	5856	3	2	1	16037	10356	5681
44	17041	11084	5957	5	4	1	16473	10696	5777
45−49岁	**78823**	**51894**	**26929**	**20**	**11**	**9**	**76235**	**50138**	**26097**
45	16530	10713	5817	2	2		15990	10357	5633
46	17360	11290	6070	8	6	2	16815	10916	5899
47	16057	10587	5470	2	1	1	15543	10242	5301
48	14952	9970	4982	2		2	14438	9600	4838
49	13924	9334	4590	6	2	4	13449	9023	4426
50岁及以上	**129678**	**81112**	**48566**	**41**	**28**	**13**	**125535**	**78407**	**47128**

3-2 续表 7 单位：人

年 龄	高中								
	肄业			辍学			其他		
	小计	男	女	小计	男	女	小计	男	女
总 计	**6077**	**4013**	**2064**	**13408**	**9286**	**4122**	**13448**	**7980**	**5468**
3									
4									
5–9岁									
5									
6									
7									
8									
9									
10–14岁	**1**	**1**		**8**	**4**	**4**	**12**	**7**	**5**
10									
11									
12									
13				1		1	5	3	2
14	1	1		7	4	3	7	4	3
15–19岁	**399**	**250**	**149**	**1063**	**711**	**352**	**656**	**376**	**280**
15	10	6	4	40	27	13	26	14	12
16	38	25	13	124	84	40	73	30	43
17	91	54	37	232	151	81	176	100	76
18	105	67	38	295	201	94	159	93	66
19	155	98	57	372	248	124	222	139	83
20–24岁	**817**	**517**	**300**	**2088**	**1432**	**656**	**1604**	**922**	**682**
20	124	74	50	339	216	123	281	161	120
21	145	94	51	404	284	120	270	143	127
22	165	100	65	451	306	145	344	206	138
23	202	131	71	449	313	136	318	181	137
24	181	118	63	445	313	132	391	231	160
25–29岁	**1020**	**632**	**388**	**2578**	**1747**	**831**	**2100**	**1235**	**865**
25	219	127	92	506	343	163	403	253	150
26	193	118	75	495	326	169	391	226	165
27	188	121	67	505	328	177	428	262	166
28	212	132	80	552	375	177	433	243	190
29	208	134	74	520	375	145	445	251	194
30–34岁	**1242**	**837**	**405**	**2673**	**1834**	**839**	**2559**	**1506**	**1053**
30	279	196	83	631	429	202	570	331	239
31	264	180	84	548	370	178	527	331	196
32	236	155	81	525	369	156	485	283	202
33	267	179	88	541	373	168	541	319	222
34	196	127	69	428	293	135	436	242	194
35–39岁	**774**	**516**	**258**	**1679**	**1154**	**525**	**1886**	**1126**	**760**
35	164	113	51	373	244	129	405	237	168
36	161	99	62	330	216	114	380	220	160
37	147	106	41	308	225	83	384	221	163
38	176	107	69	363	254	109	380	241	139
39	126	91	35	305	215	90	337	207	130
40–44岁	**608**	**423**	**185**	**1133**	**795**	**338**	**1363**	**832**	**531**
40	127	88	39	276	196	80	309	179	130
41	131	87	44	255	171	84	316	188	128
42	128	92	36	211	148	63	261	164	97
43	104	72	32	193	137	56	230	144	86
44	118	84	34	198	143	55	247	157	90
45–49岁	**507**	**348**	**159**	**972**	**722**	**250**	**1089**	**675**	**414**
45	92	62	30	232	169	63	214	123	91
46	124	83	41	189	145	44	224	140	84
47	101	70	31	193	140	53	218	134	84
48	90	66	24	203	153	50	219	151	68
49	100	67	33	155	115	40	214	127	87
50岁及以上	**709**	**489**	**220**	**1214**	**887**	**327**	**2179**	**1301**	**878**

3-2 续表 8 单位：人

年 龄	大学专科								
	合 计			在 校			毕 业		
	合计	男	女	小计	男	女	小计	男	女
总 计	**539026**	**298277**	**240749**	**57427**	**28888**	**28539**	**474195**	**265171**	**209024**
3									
4									
5—9岁									
5									
6									
7									
8									
9									
10—14岁	**8**	**6**	**2**	**6**	**5**	**1**	**2**	**1**	**1**
10	2	1	1	1	1		1		1
11									
12									
13	1	1		1	1				
14	5	4	1	4	3	1	1	1	
15—19岁	**30026**	**15537**	**14489**	**24487**	**12753**	**11734**	**5229**	**2612**	**2617**
15	392	269	123	372	257	115	20	12	8
16	1223	819	404	1129	761	368	89	56	33
17	2652	1522	1130	2169	1298	871	456	211	245
18	7735	4049	3686	6247	3309	2938	1393	688	705
19	18024	8878	9146	14570	7128	7442	3271	1645	1626
20—24岁	**125130**	**62428**	**62702**	**30552**	**14906**	**15646**	**92981**	**46714**	**46267**
20	23513	11554	11959	16130	7844	8286	7121	3578	3543
21	22616	11047	11569	9030	4303	4727	13282	6595	6687
22	25608	13046	12562	3596	1850	1746	21649	11011	10638
23	26285	13182	13103	1211	619	592	24740	12385	12355
24	27108	13599	13509	585	290	295	26189	13145	13044
25—29岁	**123113**	**64010**	**59103**	**1133**	**555**	**578**	**120384**	**62598**	**57786**
25	27522	13798	13724	375	194	181	26792	13421	13371
26	24469	12532	11937	230	105	125	23930	12273	11657
27	24466	12542	11924	205	105	100	23962	12279	11683
28	23495	12560	10935	162	75	87	23007	12306	10701
29	23161	12578	10583	161	76	85	22693	12319	10374
30—34岁	**110645**	**62270**	**48375**	**607**	**304**	**303**	**108515**	**61064**	**47451**
30	26183	14403	11780	178	93	85	25655	14091	11564
31	23801	13154	10647	121	61	60	23365	12909	10456
32	21124	11851	9273	105	57	48	20720	11626	9094
33	21443	12338	9105	107	45	62	21036	12113	8923
34	18094	10524	7570	96	48	48	17739	10325	7414
35—39岁	**65424**	**39381**	**26043**	**352**	**186**	**166**	**64120**	**38635**	**25485**
35	15333	9033	6300	79	37	42	15017	8858	6159
36	14310	8522	5788	75	40	35	14042	8371	5671
37	12782	7642	5140	81	41	40	12515	7499	5016
38	12842	7853	4989	71	41	30	12595	7711	4884
39	10157	6331	3826	46	27	19	9951	6196	3755
40—44岁	**34572**	**22224**	**12348**	**141**	**87**	**54**	**33833**	**21759**	**12074**
40	8486	5336	3150	39	24	15	8303	5222	3081
41	8335	5347	2988	39	23	16	8158	5229	2929
42	6903	4453	2450	24	16	8	6758	4363	2395
43	5509	3588	1921	22	14	8	5386	3515	1871
44	5339	3500	1839	17	10	7	5228	3430	1798
45—49岁	**21328**	**14241**	**7087**	**76**	**45**	**31**	**20915**	**13960**	**6955**
45	4972	3327	1645	21	9	12	4879	3267	1612
46	4849	3244	1605	14	8	6	4753	3178	1575
47	4279	2875	1404	14	9	5	4193	2818	1375
48	3810	2513	1297	16	11	5	3737	2463	1274
49	3418	2282	1136	11	8	3	3353	2234	1119
50岁及以上	**28780**	**18180**	**10600**	**73**	**47**	**26**	**28216**	**17828**	**10388**

3-2 续表 9 单位：人

年 龄	大学专科								
	肄 业			辍 学			其 他		
	小计	男	女	小计	男	女	小计	男	女
总 计	**1392**	**855**	**537**	**790**	**551**	**239**	**5222**	**2812**	**2410**
3									
4									
5—9岁									
5									
6									
7									
8									
9									
10—14岁									
10									
11									
12									
13									
14									
15—19岁	**53**	**31**	**22**	**46**	**32**	**14**	**211**	**109**	**102**
15									
16	1	1					4	1	3
17	5	2	3	8	5	3	14	6	8
18	15	9	6	9	6	3	71	37	34
19	32	19	13	29	21	8	122	65	57
20—24岁	**325**	**187**	**138**	**163**	**103**	**60**	**1109**	**518**	**591**
20	59	40	19	22	10	12	181	82	99
21	74	36	38	37	19	18	193	94	99
22	65	42	23	34	22	12	264	121	143
23	63	37	26	36	25	11	235	116	119
24	64	32	32	34	27	7	236	105	131
25—29岁	**310**	**185**	**125**	**174**	**125**	**49**	**1112**	**547**	**565**
25	71	31	40	46	32	14	238	120	118
26	55	30	25	35	24	11	219	100	119
27	63	40	23	33	22	11	203	96	107
28	61	42	19	30	23	7	235	114	121
29	60	42	18	30	24	6	217	117	100
30—34岁	**277**	**178**	**99**	**204**	**154**	**50**	**1042**	**570**	**472**
30	56	36	20	49	39	10	245	144	101
31	54	37	17	42	26	16	219	121	98
32	64	40	24	41	29	12	194	99	95
33	59	37	22	42	35	7	199	108	91
34	44	28	16	30	25	5	185	98	87
35—39岁	**178**	**108**	**70**	**92**	**65**	**27**	**682**	**387**	**295**
35	41	25	16	29	21	8	167	92	75
36	43	24	19	14	11	3	136	76	60
37	32	19	13	18	13	5	136	70	66
38	33	21	12	13	8	5	130	72	58
39	29	19	10	18	12	6	113	77	36
40—44岁	**114**	**73**	**41**	**46**	**32**	**14**	**438**	**273**	**165**
40	29	19	10	6	6		109	65	44
41	25	20	5	18	13	5	95	62	33
42	21	12	9	8	5	3	92	57	35
43	19	14	5	9	5	4	73	40	33
44	20	8	12	5	3	2	69	49	20
45—49岁	**62**	**44**	**18**	**33**	**22**	**11**	**242**	**170**	**72**
45	12	7	5	8	5	3	52	39	13
46	15	12	3	6	4	2	61	42	19
47	15	11	4	7	4	3	50	33	17
48	15	11	4	4	2	2	38	26	12
49	5	3	2	8	7	1	41	30	11
50岁及以上	**73**	**49**	**24**	**32**	**18**	**14**	**386**	**238**	**148**

3-2 续表 10 单位：人

年龄	大学本科								
	合计			在校			毕业		
	合计	男	女	小计	男	女	小计	男	女
总计	**359069**	**197335**	**161734**	**67656**	**31830**	**35826**	**288322**	**163732**	**124590**
3									
4									
5-9岁									
5									
6									
7									
8									
9									
10-14岁	**1**	**1**		**1**	**1**				
10									
11									
12									
13									
14	1	1		1	1				
15-19岁	**18050**	**8238**	**9812**	**17435**	**7902**	**9533**	**567**	**303**	**264**
15	18	10	8	16	8	8	2	2	
16	91	50	41	72	39	33	18	10	8
17	588	295	293	534	260	274	50	34	16
18	4284	1925	2359	4139	1848	2291	137	70	67
19	13069	5958	7111	12674	5747	6927	360	187	173
20-24岁	**89632**	**42716**	**46916**	**48237**	**22899**	**25338**	**40872**	**19566**	**21306**
20	18507	8358	10149	17708	7973	9735	756	370	386
21	18764	8853	9911	16388	7755	8633	2312	1073	1239
22	17352	8490	8862	9636	4870	4766	7594	3561	4033
23	16743	8117	8626	3301	1682	1619	13298	6366	6932
24	18266	8898	9368	1204	619	585	16912	8196	8716
25-29岁	**92799**	**48588**	**44211**	**1288**	**642**	**646**	**90690**	**47508**	**43182**
25	19493	9748	9745	594	299	295	18743	9359	9384
26	18664	9564	9100	310	153	157	18196	9328	8868
27	19145	10015	9130	173	82	91	18787	9833	8954
28	18304	9790	8514	105	59	46	18039	9646	8393
29	17193	9471	7722	106	49	57	16925	9342	7583
30-34岁	**73312**	**42288**	**31024**	**357**	**169**	**188**	**72229**	**41706**	**30523**
30	18058	10075	7983	113	44	69	17752	9929	7823
31	15913	9015	6898	70	32	38	15689	8888	6801
32	14038	8061	5977	57	33	24	13849	7952	5897
33	13641	8117	5524	67	38	29	13443	7996	5447
34	11662	7020	4642	50	22	28	11496	6941	4555
35-39岁	**40778**	**25777**	**15001**	**186**	**118**	**68**	**40172**	**25386**	**14786**
35	9664	5958	3706	50	31	19	9517	5861	3656
36	9135	5742	3393	38	26	12	9014	5667	3347
37	8074	5146	2928	41	28	13	7949	5059	2890
38	7983	5137	2846	33	16	17	7862	5062	2800
39	5922	3794	2128	24	17	7	5830	3737	2093
40-44岁	**17722**	**11558**	**6164**	**59**	**38**	**21**	**17460**	**11382**	**6078**
40	4664	3000	1664	17	13	4	4588	2947	1641
41	4253	2803	1450	15	7	8	4183	2761	1422
42	3360	2167	1193	13	9	4	3321	2140	1181
43	2857	1854	1003	9	6	3	2812	1825	987
44	2588	1734	854	5	3	2	2556	1709	847
45-49岁	**10788**	**7165**	**3623**	**46**	**25**	**21**	**10629**	**7069**	**3560**
45	2424	1622	802	9	6	3	2392	1597	795
46	2274	1545	729	8	6	2	2242	1524	718
47	2203	1449	754	13	5	8	2161	1429	732
48	1970	1311	659	11	5	6	1939	1294	645
49	1917	1238	679	5	3	2	1895	1225	670
50岁及以上	**15987**	**11004**	**4983**	**47**	**36**	**11**	**15703**	**10812**	**4891**

3-2　续表 11　　　　单位：人

年　龄	大学本科								
	肄　业			辍　学			其　他		
	小计	男	女	小计	男	女	小计	男	女
总　计	**496**	**311**	**185**	**160**	**98**	**62**	**2435**	**1364**	**1071**
3									
4									
5–9岁									
5									
6									
7									
8									
9									
10–14岁									
10									
11									
12									
13									
14									
15–19岁	**6**	**5**	**1**	**5**	**4**	**1**	**37**	**24**	**13**
15									
16				1	1				
17	1		1				3	1	2
18	1	1		2	2		5	4	1
19	4	4		2	1	1	29	19	10
20–24岁	**86**	**40**	**46**	**32**	**20**	**12**	**405**	**191**	**214**
20	3		3	7	5	2	33	10	23
21	8	3	5	9	4	5	47	18	29
22	21	7	14	6	3	3	95	49	46
23	26	12	14	4	3	1	114	54	60
24	28	18	10	6	5	1	116	60	56
25–29岁	**144**	**89**	**55**	**47**	**29**	**18**	**630**	**320**	**310**
25	25	18	7	13	9	4	118	63	55
26	26	17	9	9	5	4	123	61	62
27	37	22	15	6	3	3	142	75	67
28	25	16	9	7	6	1	128	63	65
29	31	16	15	12	6	6	119	58	61
30–34岁	**123**	**77**	**46**	**34**	**19**	**15**	**569**	**317**	**252**
30	37	21	16	2	1	1	154	80	74
31	21	10	11	11	7	4	122	78	44
32	23	18	5	6	4	2	103	54	49
33	24	16	8	10	5	5	97	62	35
34	18	12	6	5	2	3	93	43	50
35–39岁	**66**	**48**	**18**	**17**	**12**	**5**	**337**	**213**	**124**
35	12	11	1	4	1	3	81	54	27
36	12	5	7	3	3		68	41	27
37	13	11	2	5	5		66	43	23
38	15	10	5	3	2	1	70	47	23
39	14	11	3	2	1	1	52	28	24
40–44岁	**32**	**21**	**11**	**6**	**5**	**1**	**165**	**112**	**53**
40	9	5	4	3	3		47	32	15
41	8	7	1	1		1	46	28	18
42	4	2	2				22	16	6
43	6	4	2	2	2		28	17	11
44	5	3	2				22	19	3
45–49岁	**16**	**14**	**2**	**6**	**4**	**2**	**91**	**53**	**38**
45	3	3		3	2	1	17	14	3
46	5	5					19	10	9
47	4	2	2	1		1	24	13	11
48	1	1		2	2		17	9	8
49	3	3					14	7	7
50岁及以上	**23**	**17**	**6**	**13**	**5**	**8**	**201**	**134**	**67**

3-2 续表 12 单位：人

年龄	硕士研究生								
	合计			在校			毕业		
	合计	男	女	小计	男	女	小计	男	女
总计	**31434**	**17120**	**14314**	**6343**	**3014**	**3329**	**24856**	**13982**	**10874**
3									
4									
5-9岁									
5									
6									
7									
8									
9									
10-14岁									
10									
11									
12									
13									
14									
15-19岁	**33**	**17**	**16**	**18**	**10**	**8**	**14**	**6**	**8**
15									
16									
17	4	1	3	3	1	2	1		1
18	17	9	8	10	7	3	7	2	5
19	12	7	5	5	2	3	6	4	2
20-24岁	**4973**	**2186**	**2787**	**4013**	**1812**	**2201**	**933**	**365**	**568**
20	27	11	16	19	7	12	7	4	3
21	175	65	110	153	55	98	22	10	12
22	882	391	491	810	362	448	68	29	39
23	1740	773	967	1495	679	816	237	91	146
24	2149	946	1203	1536	709	827	599	231	368
25-29岁	**10229**	**5034**	**5195**	**2046**	**1046**	**1000**	**8119**	**3960**	**4159**
25	2210	1037	1173	1037	512	525	1164	521	643
26	2094	1005	1089	504	273	231	1578	726	852
27	2062	988	1074	272	147	125	1776	834	942
28	1929	984	945	138	64	74	1772	913	859
29	1934	1020	914	95	50	45	1829	966	863
30-34岁	**7453**	**4025**	**3428**	**186**	**94**	**92**	**7214**	**3898**	**3316**
30	2006	1046	960	63	35	28	1931	1001	930
31	1772	953	819	42	18	24	1717	927	790
32	1405	785	620	34	17	17	1361	761	600
33	1281	706	575	29	16	13	1244	686	558
34	989	535	454	18	8	10	961	523	438
35-39岁	**3696**	**2277**	**1419**	**45**	**25**	**20**	**3618**	**2236**	**1382**
35	827	484	343	11	3	8	807	478	329
36	805	497	308	10	7	3	788	486	302
37	736	453	283	10	6	4	721	444	277
38	758	487	271	5	3	2	746	480	266
39	570	356	214	9	6	3	556	348	208
40-44岁	**1947**	**1311**	**636**	**14**	**12**	**2**	**1909**	**1285**	**624**
40	485	320	165	5	3	2	473	313	160
41	460	307	153	5	5		450	299	151
42	394	282	112	2	2		385	276	109
43	304	192	112	1	1		301	191	110
44	304	210	94	1	1		300	206	94
45-49岁	**1281**	**886**	**395**	**11**	**8**	**3**	**1256**	**870**	**386**
45	274	190	84	3	3		268	184	84
46	279	194	85	2	1	1	275	192	83
47	261	183	78	3	3		256	179	77
48	239	159	80	1	1		235	156	79
49	228	160	68	2		2	222	159	63
50岁及以上	**1822**	**1384**	**438**	**10**	**7**	**3**	**1793**	**1362**	**431**

3-2　续表 13　　　　　　　　　　　　　　　　　　　　　　　　　　　　单位：人

年　龄	硕士研究生								
	肄　业			辍　学			其　他		
	小计	男	女	小计	男	女	小计	男	女
总　计	**43**	**22**	**21**	**9**	**2**	**7**	**183**	**100**	**83**
3									
4									
5—9岁									
5									
6									
7									
8									
9									
10—14岁									
10									
11									
12									
13									
14									
15—19岁	**1**	**1**							
15									
16									
17									
18									
19	1	1							
20—24岁	**9**	**3**	**6**	**2**	**1**	**1**	**16**	**5**	**11**
20							1		1
21									
22							4		4
23	2	2		1		1	5	1	4
24	7	1	6	1	1		6	4	2
25—29岁	**8**	**4**	**4**	**2**	**1**	**1**	**54**	**23**	**31**
25				1	1		8	3	5
26	4	2	2				8	4	4
27	1		1				13	7	6
28	1	1		1		1	17	6	11
29	2	1	1				8	3	5
30—34岁	**4**	**2**	**2**				**49**	**31**	**18**
30	2	2					10	8	2
31	1		1				12	8	4
32							10	7	3
33							8	4	4
34	1		1				9	4	5
35—39岁	**8**	**4**	**4**	**1**		**1**	**24**	**12**	**12**
35	3		3	1		1	5	3	2
36	1	1					6	3	3
37	2	2					3	1	2
38							7	4	3
39	2	1	1				3	1	2
40—44岁	**5**	**2**	**3**				**19**	**12**	**7**
40	1		1				6	4	2
41							5	3	2
42	3	2	1				4	2	2
43	1		1				1		1
44							3	3	
45—49岁	**5**	**4**	**1**	**1**		**1**	**8**	**4**	**4**
45	2	2					1	1	
46							2	1	1
47	1	1					1		1
48	1	1					2	1	1
49	1		1	1		1	2	1	1
50岁及以上	**3**	**2**	**1**	**3**		**3**	**13**	**13**	

3-2 续表 14

单位：人

年龄	博士研究生								
	合计			在校			毕业		
	合计	男	女	小计	男	女	小计	男	女
总计	**3696**	**2421**	**1275**	**1079**	**612**	**467**	**2578**	**1781**	**797**
3									
4									
5-9岁									
5									
6									
7									
8									
9									
10-14岁									
10									
11									
12									
13									
14									
15-19岁	**9**	**6**	**3**	**1**		**1**	**8**	**6**	**2**
15									
16									
17	1	1					1	1	
18	1	1					1	1	
19	7	4	3	1		1	6	4	2
20-24岁	**171**	**99**	**72**	**124**	**70**	**54**	**45**	**27**	**18**
20	7	5	2	2		2	5	5	
21	6	5	1	2	1	1	4	4	
22	29	19	10	17	11	6	11	7	4
23	51	31	20	42	26	16	8	4	4
24	78	39	39	61	32	29	17	7	10
25-29岁	**1013**	**584**	**429**	**684**	**384**	**300**	**326**	**197**	**129**
25	153	76	77	117	59	58	36	17	19
26	186	114	72	148	90	58	38	24	14
27	225	134	91	172	97	75	51	35	16
28	213	121	92	137	73	64	76	48	28
29	236	139	97	110	65	45	125	73	52
30-34岁	**970**	**639**	**331**	**205**	**120**	**85**	**756**	**514**	**242**
30	249	151	98	84	49	35	162	100	62
31	205	134	71	50	33	17	152	101	51
32	203	125	78	40	20	20	162	104	58
33	164	121	43	19	12	7	145	109	36
34	149	108	41	12	6	6	135	100	35
35-39岁	**587**	**410**	**177**	**49**	**27**	**22**	**533**	**378**	**155**
35	139	102	37	13	6	7	124	94	30
36	110	74	36	8	3	5	100	69	31
37	105	74	31	7	4	3	98	70	28
38	136	91	45	14	10	4	122	81	41
39	97	69	28	7	4	3	89	64	25
40-44岁	**350**	**223**	**127**	**14**	**9**	**5**	**329**	**208**	**121**
40	88	49	39	4	3	1	82	44	38
41	74	45	29	6	2	4	67	42	25
42	72	51	21	2	2		67	47	20
43	62	43	19				61	42	19
44	54	35	19	2	2		52	33	19
45-49岁	**211**	**139**	**72**	**1**	**1**		**206**	**137**	**69**
45	42	29	13				41	29	12
46	48	31	17				47	31	16
47	52	32	20				51	32	19
48	33	24	9				33	24	9
49	36	23	13	1	1		34	21	13
50岁及以上	**385**	**321**	**64**	**1**	**1**		**375**	**314**	**61**

3-2　续表 15　　　　单位：人

年　龄	博士研究生								
	肄　业			辍　学			其　他		
	小计	男	女	小计	男	女	小计	男	女
总　计	**7**	**4**	**3**				**32**	**24**	**8**
3									
4									
5-9岁									
5									
6									
7									
8									
9									
10-14岁									
10									
11									
12									
13									
14									
15-19岁									
15									
16									
17									
18									
19									
20-24岁	**2**	**2**							
20									
21									
22	1	1							
23	1	1							
24									
25-29岁							**3**	**3**	
25									
26									
27							2	2	
28									
29							1	1	
30-34岁	**2**	**1**	**1**				**7**	**4**	**3**
30							3	2	1
31	1		1				2		2
32							1	1	
33									
34	1	1					1	1	
35-39岁							**5**	**5**	
35							2	2	
36							2	2	
37									
38									
39							1	1	
40-44岁	**1**		**1**				**6**	**6**	
40							2	2	
41							1	1	
42	1		1				2	2	
43							1	1	
44									
45-49岁							**4**	**1**	**3**
45							1		1
46							1		1
47							1		1
48									
49							1	1	
50岁及以上	**2**	**1**	**1**				**7**	**5**	**2**

第四部分 跨县（市、区）流动人口（长表数据资料）

第四卷 就业

4-1　各地区分性别、年龄的就业人口

单位：人

地　区 性　别	合计	16-19岁	20-24岁	25-29岁	30-34岁	35-39岁	40-44岁
广　东	**3403755**	**92200**	**395542**	**566382**	**653615**	**494675**	**386202**
广州市	**653590**	**14214**	**88937**	**123383**	**123837**	**87257**	**67338**
荔湾区	24891	417	3292	4595	4233	3339	2687
越秀区	19740	440	2526	3638	3268	2487	2031
海珠区	66401	1050	6466	11495	13555	9542	7517
天河区	95703	2126	19432	24662	16951	9627	6744
白云区	171773	4589	25575	32020	31291	22283	17334
黄埔区	53181	903	6992	10788	11605	7315	4931
番禺区	106251	2135	13966	19703	20209	14907	11658
花都区	51389	1310	4786	7355	10264	8409	6448
南沙区	31588	648	3134	4701	5991	4373	3895
从化区	4257	109	380	521	656	603	565
增城区	28416	487	2388	3905	5814	4372	3528
韶关市	**19822**	**201**	**1273**	**2344**	**3290**	**2899**	**2704**
武江区	6262	70	396	771	1088	999	860
浈江区	4473	40	275	526	740	713	612
曲江区	2361	25	134	220	381	358	357
始兴县	667	8	43	77	112	92	83
仁化县	1217	14	70	136	179	131	142
翁源县	1038	8	86	129	154	160	121
乳源瑶族自治县	827	3	66	112	142	111	122
新丰县	764	7	60	103	118	79	101
乐昌市	1336	14	79	146	234	151	183
南雄市	877	12	64	124	142	105	123
深圳市	**1009918**	**26830**	**134304**	**200187**	**210558**	**141665**	**99034**
罗湖区	45256	999	6043	8518	7721	6043	4620
福田区	63329	1956	10111	13698	11048	7314	5325
南山区	73598	1602	10535	15701	13266	8848	6735
宝安区	304632	9105	40142	60432	66579	44412	30223
龙岗区	231523	5397	29054	43466	46226	33147	24790
盐田区	9870	235	1166	1372	1578	1353	1200
龙华区	167869	4370	24779	37808	39327	23036	13688
坪山区	34029	887	3645	5482	7186	5200	3887
光明区	79812	2279	8829	13710	17627	12312	8566
珠海市	**81184**	**1899**	**9128**	**13002**	**15486**	**11576**	**8822**
香洲区	48810	1205	5728	8125	9129	6639	5105
斗门区	16572	311	1723	2644	3391	2605	1834
金湾区	15802	383	1677	2233	2966	2332	1883
汕头市	**26914**	**765**	**2340**	**3216**	**4525**	**3993**	**3770**
龙湖区	8406	151	722	1048	1400	1269	1170
金平区	5380	70	372	577	857	948	898
濠江区	741	60	121	96	112	78	74
潮阳区	1445	27	111	168	242	207	211
潮南区	3065	79	233	405	550	391	403
澄海区	7720	376	774	904	1333	1085	996
南澳县	157	2	7	18	31	15	18
佛山市	**372901**	**8400**	**37018**	**54026**	**67361**	**56177**	**46913**
禅城区	48444	773	5216	8174	9382	7289	5626
南海区	158809	3236	15991	23605	28566	23876	19769
顺德区	130529	3762	12965	18027	23570	19745	16617
三水区	25091	485	2188	3091	4136	3665	3378
高明区	10028	144	658	1129	1707	1602	1523

4-1 续表 1

单位：人

地区 性别	合计	16-19岁	20-24岁	25-29岁	30-34岁	35-39岁	40-44岁
江门市	**63520**	**1148**	**4426**	**7278**	**10697**	**10149**	**9167**
蓬江区	16960	425	1351	2136	2910	2799	2441
江海区	11730	261	1009	1643	2207	1907	1559
新会区	10247	120	643	1059	1571	1536	1510
台山市	5142	54	242	491	836	694	729
开平市	6428	72	307	629	1016	1051	991
鹤山市	10663	189	727	1059	1804	1785	1623
恩平市	2350	27	147	261	353	377	314
湛江市	**24363**	**285**	**1917**	**3486**	**4388**	**3802**	**3209**
赤坎区	5603	61	440	849	1057	951	731
霞山区	10162	121	750	1457	1867	1634	1458
坡头区	952	6	58	160	192	154	104
麻章区	2257	25	216	384	364	300	273
遂溪县	802	13	72	97	123	128	110
徐闻县	947	14	72	118	124	123	120
廉江市	1238	17	135	160	230	161	153
雷州市	681	9	65	86	135	88	56
吴川市	1721	19	109	175	296	263	204
茂名市	**9572**	**128**	**760**	**1300**	**1605**	**1484**	**1296**
茂南区	4287	49	366	616	788	674	555
电白区	1835	33	157	244	298	283	257
高州市	1365	26	91	170	196	223	213
化州市	1226	11	83	152	192	184	157
信宜市	859	9	63	118	131	120	114
肇庆市	**29499**	**374**	**1978**	**3633**	**5366**	**4709**	**3998**
端州区	6101	50	365	865	1126	1123	850
鼎湖区	3083	26	163	378	505	487	438
高要区	4035	73	223	345	605	646	555
广宁县	680	7	36	61	113	121	77
怀集县	478	9	36	49	77	78	58
封开县	592	7	35	86	113	94	71
德庆县	458	3	33	49	96	62	73
四会市	14072	199	1087	1800	2731	2098	1876
惠州市	**172141**	**7445**	**18803**	**25262**	**31435**	**24679**	**19810**
惠城区	59110	3460	7048	9046	10652	8404	6376
惠阳区	67982	2339	8094	10943	13270	9592	7626
博罗县	27896	1332	2522	3333	4521	4055	3574
惠东县	15597	285	1059	1803	2748	2405	2045
龙门县	1556	29	80	137	244	223	189
梅州市	**13676**	**147**	**949**	**1759**	**2336**	**2042**	**1893**
梅江区	5354	68	411	673	939	827	722
梅县区	3863	35	238	520	695	576	580
大埔县	618	5	47	110	113	83	73
丰顺县	849	10	64	92	122	109	123
五华县	959	11	84	122	137	155	117
平远县	468	1	20	58	75	65	60
蕉岭县	714	9	28	79	107	103	107
兴宁市	851	8	57	105	148	124	111
汕尾市	**11462**	**224**	**1006**	**1621**	**1905**	**1530**	**1262**
城　区	3257	71	336	499	573	412	331
海丰县	6368	127	513	854	1029	903	727
陆河县	675	13	49	72	117	81	78
陆丰市	1162	13	108	196	186	134	126

4-1 续表 2

单位：人

地区 性别	合计	16-19岁	20-24岁	25-29岁	30-34岁	35-39岁	40-44岁
河源市	**25832**	**471**	**1994**	**3317**	**4511**	**4426**	**3518**
源城区	18241	308	1497	2398	3283	3278	2435
紫金县	1805	43	119	201	276	254	276
龙川县	1717	65	117	250	310	259	237
连平县	716	6	41	68	101	95	95
和平县	576	11	42	65	93	88	73
东源县	2777	38	178	335	448	452	402
阳江市	**14122**	**118**	**887**	**1799**	**2349**	**2197**	**1983**
江城区	6896	46	445	867	1100	1106	1021
阳东区	4758	45	271	602	780	749	651
阳西县	1187	16	99	184	191	169	148
阳春市	1281	11	72	146	278	173	163
清远市	**31198**	**444**	**2135**	**3751**	**5589**	**5225**	**4285**
清城区	19005	251	1433	2426	3622	3167	2492
清新区	4466	99	249	420	776	804	706
佛冈县	1790	28	98	211	262	281	247
阳山县	560	5	37	70	85	88	82
连山壮族瑶族自治县	240		22	32	38	30	35
连南瑶族自治县	171	1	16	29	19	32	24
英德市	4302	53	242	506	681	712	611
连州市	664	7	38	57	106	111	88
东莞市	**644986**	**24118**	**69853**	**90892**	**123091**	**99949**	**80476**
市辖区	644986	24118	69853	90892	123091	99949	80476
中山市	**173276**	**4595**	**16104**	**23157**	**31366**	**27135**	**22972**
市辖区	173276	4595	16104	23157	31366	27135	22972
潮州市	**12952**	**239**	**812**	**1323**	**1865**	**1815**	**1905**
湘桥区	4449	70	276	458	663	682	645
潮安区	7957	164	497	788	1102	1039	1192
饶平县	546	5	39	77	100	94	68
揭阳市	**3727**	**74**	**288**	**438**	**568**	**577**	**534**
榕城区	636	7	29	66	90	96	107
揭东区	1164	15	53	121	202	225	183
揭西县	187	5	14	25	40	30	19
惠来县	278	9	48	48	33	35	27
普宁市	1462	38	144	178	203	191	198
云浮市	**9100**	**81**	**630**	**1208**	**1487**	**1389**	**1313**
云城区	4819	29	323	663	838	757	709
云安区	606	2	37	64	78	87	98
新兴县	2102	32	152	249	337	317	318
郁南县	675	11	61	111	98	85	74
罗定市	898	7	57	121	136	143	114
男	**2134413**	**59052**	**236991**	**346670**	**411251**	**313295**	**238859**
广州市	**396227**	**8694**	**49551**	**71748**	**76177**	**54220**	**40859**
荔湾区	14422	255	1743	2488	2446	1929	1534
越秀区	10958	321	1350	1891	1779	1373	1100
海珠区	37542	660	3439	6176	7598	5440	4176
天河区	56815	1256	10560	14159	10549	6032	4074
白云区	103196	2595	13629	18409	19487	13982	10550
黄埔区	34692	606	4292	6639	7579	4902	3230
番禺区	64396	1306	7671	11534	12438	9309	7141
花都区	31971	855	2929	4519	6335	5220	3936
南沙区	21354	449	2173	3197	3951	2881	2575
从化区	2771	71	237	334	412	382	346
增城区	18110	320	1528	2402	3603	2770	2197

4-1 续表 3 单位：人

地区 性别	合计	16-19岁	20-24岁	25-29岁	30-34岁	35-39岁	40-44岁
韶关市	**12230**	**126**	**749**	**1327**	**1902**	**1625**	**1601**
武江区	3671	39	208	421	631	518	489
浈江区	2659	27	163	279	403	391	349
曲江区	1555	14	88	125	243	211	219
始兴县	403	5	25	47	67	44	52
仁化县	847	11	53	95	103	84	94
翁源县	657	7	50	71	87	107	70
乳源瑶族自治县	530	3	38	66	87	63	76
新丰县	517	5	39	70	73	57	63
乐昌市	848	11	48	86	130	92	120
南雄市	543	4	37	67	78	58	69
深圳市	**634942**	**17270**	**78678**	**121628**	**134228**	**91549**	**62142**
罗湖区	26474	577	3030	4581	4527	3658	2836
福田区	38104	1312	5733	7900	6827	4583	3233
南山区	46110	1027	6063	9317	8396	5829	4387
宝安区	191413	5874	23891	37292	42198	28490	18755
龙岗区	144668	3409	16494	25941	29171	21283	15533
盐田区	6399	160	722	821	996	912	763
龙华区	107873	2817	14750	23433	26112	15427	8785
坪山区	22226	605	2370	3572	4602	3313	2464
光明区	51675	1489	5625	8771	11399	8054	5386
珠海市	**52295**	**1234**	**5640**	**8235**	**9852**	**7406**	**5560**
香洲区	30849	773	3435	4975	5677	4169	3189
斗门区	10789	198	1106	1776	2186	1694	1137
金湾区	10657	263	1099	1484	1989	1543	1234
汕头市	**16569**	**450**	**1382**	**1905**	**2735**	**2414**	**2244**
龙湖区	5292	85	413	614	873	769	720
金平区	3227	32	196	305	484	564	529
濠江区	529	44	83	67	74	64	52
潮阳区	872	20	66	103	147	124	116
潮南区	1915	47	138	254	345	244	234
澄海区	4626	221	480	548	795	641	582
南澳县	108	1	6	14	17	8	11
佛山市	**239350**	**5752**	**23612**	**34292**	**43244**	**35943**	**29354**
禅城区	29772	486	2983	4832	5777	4494	3439
南海区	101619	2142	10033	14802	18306	15354	12421
顺德区	84098	2685	8585	11771	15238	12581	10316
三水区	17142	349	1554	2113	2803	2470	2226
高明区	6719	90	457	774	1120	1044	952
江门市	**39944**	**828**	**2924**	**4516**	**6556**	**6092**	**5595**
蓬江区	10175	308	852	1200	1719	1589	1474
江海区	7350	194	659	1029	1358	1155	944
新会区	6633	94	461	706	962	983	936
台山市	3322	41	164	317	531	425	437
开平市	3951	46	192	388	599	588	591
鹤山市	6899	128	496	692	1161	1103	993
恩平市	1614	17	100	184	226	249	220
湛江市	**14757**	**155**	**1048**	**1975**	**2566**	**2330**	**1901**
赤坎区	3304	33	212	447	631	571	420
霞山区	6032	53	390	786	1081	990	861
坡头区	617	5	39	98	110	100	71
麻章区	1620	17	159	297	250	216	175
遂溪县	445	7	34	46	69	62	61
徐闻县	588	9	49	70	76	69	68
廉江市	601	10	50	70	94	93	81
雷州市	439	5	42	46	80	56	33
吴川市	1111	16	73	115	175	173	131

4-1　续表 4

单位：人

地区 性别	合计	16-19岁	20-24岁	25-29岁	30-34岁	35-39岁	40-44岁
茂名市	**5851**	**76**	**458**	**737**	**928**	**873**	**775**
茂南区	2690	37	218	347	481	422	343
电白区	1191	19	98	150	189	173	156
高州市	835	8	52	107	106	128	131
化州市	675	8	52	78	93	93	81
信宜市	460	4	38	55	59	57	64
肇庆市	**19341**	**256**	**1275**	**2264**	**3395**	**3052**	**2569**
端州区	3752	35	202	478	665	674	535
鼎湖区	2119	23	122	254	333	331	289
高要区	2586	46	147	203	388	415	335
广宁县	450	4	26	39	65	72	50
怀集县	341	4	20	34	56	49	42
封开县	383	7	20	53	69	65	45
德庆县	281	1	25	26	52	41	43
四会市	9429	136	713	1177	1767	1405	1230
惠州市	**113075**	**4880**	**12559**	**16428**	**20358**	**16049**	**12621**
惠城区	38439	2198	4542	5668	6891	5499	4076
惠阳区	45295	1571	5549	7368	8741	6314	4877
博罗县	18265	915	1723	2209	2855	2570	2246
惠东县	10018	176	687	1107	1712	1531	1297
龙门县	1058	20	58	76	159	135	125
梅州市	**8376**	**93**	**560**	**965**	**1347**	**1151**	**1074**
梅江区	3183	41	234	365	539	447	400
梅县区	2321	24	132	296	391	327	319
大埔县	428	5	30	57	76	56	54
丰顺县	532	5	43	49	80	66	62
五华县	637	7	59	72	84	95	74
平远县	290		11	28	34	32	35
蕉岭县	468	6	19	36	62	62	67
兴宁市	517	5	32	62	81	66	63
汕尾市	**7980**	**149**	**669**	**1115**	**1322**	**1046**	**838**
城　区	2326	42	221	352	406	297	225
海丰县	4360	92	344	578	698	615	479
陆河县	522	7	36	54	96	60	53
陆丰市	772	8	68	131	122	74	81
河源市	**15859**	**311**	**1210**	**1964**	**2610**	**2566**	**2083**
源城区	10901	188	886	1398	1871	1858	1403
紫金县	1240	35	86	128	179	151	190
龙川县	1124	51	79	160	191	169	135
连平县	482	3	23	44	59	58	60
和平县	367	5	30	35	53	53	42
东源县	1745	29	106	199	257	277	253
阳江市	**8791**	**68**	**572**	**1105**	**1427**	**1333**	**1174**
江城区	4247	31	284	520	642	652	595
阳东区	2921	21	172	386	490	453	375
阳西县	799	10	72	110	123	117	103
阳春市	824	6	44	89	172	111	101
清远市	**20142**	**303**	**1354**	**2283**	**3480**	**3182**	**2672**
清城区	12357	163	918	1479	2306	1986	1587
清新区	2676	76	152	241	435	443	397
佛冈县	1246	20	61	142	177	179	167
阳山县	356	4	25	41	41	55	46
连山壮族瑶族自治县	149		15	15	22	18	21
连南瑶族自治县	90	1	3	14	14	16	11
英德市	2841	32	156	315	434	418	384
连州市	427	7	24	36	51	67	59

4-1 续表 5 单位：人

地区 性别	合计	16-19岁	20-24岁	25-29岁	30-34岁	35-39岁	40-44岁
东莞市	**404768**	**15248**	**43590**	**57839**	**77209**	**63301**	**49648**
市辖区	404768	15248	43590	57839	77209	63301	49648
中山市	**107683**	**2932**	**10132**	**14523**	**19511**	**16854**	**13884**
市辖区	107683	2932	10132	14523	19511	16854	13884
潮州市	**8051**	**140**	**477**	**829**	**1116**	**1055**	**1137**
湘桥区	2691	37	146	261	377	378	382
潮安区	5017	99	310	516	685	627	709
饶平县	343	4	21	52	54	50	46
揭阳市	**2409**	**33**	**146**	**276**	**359**	**383**	**335**
榕城区	451	4	12	46	60	67	74
揭东区	796	10	36	78	134	151	122
揭西县	114	1	8	16	22	19	11
惠来县	158	2	17	26	19	19	17
普宁市	890	16	73	110	124	127	111
云浮市	**5773**	**54**	**405**	**716**	**929**	**871**	**793**
云城区	3054	17	199	402	520	480	426
云安区	434	2	27	41	54	58	70
新兴县	1350	23	109	155	215	197	189
郁南县	422	10	40	54	64	50	46
罗定市	513	2	30	64	76	86	62
女	**1269342**	**33148**	**158551**	**219712**	**242364**	**181380**	**147343**
广州市	**257363**	**5520**	**39386**	**51635**	**47660**	**33037**	**26479**
荔湾区	10469	162	1549	2107	1787	1410	1153
越秀区	8782	119	1176	1747	1489	1114	931
海珠区	28859	390	3027	5319	5957	4102	3341
天河区	38888	870	8872	10503	6402	3595	2670
白云区	68577	1994	11946	13611	11804	8301	6784
黄埔区	18489	297	2700	4149	4026	2413	1701
番禺区	41855	829	6295	8169	7771	5598	4517
花都区	19418	455	1857	2836	3929	3189	2512
南沙区	10234	199	961	1504	2040	1492	1320
从化区	1486	38	143	187	244	221	219
增城区	10306	167	860	1503	2211	1602	1331
韶关市	**7592**	**75**	**524**	**1017**	**1388**	**1274**	**1103**
武江区	2591	31	188	350	457	481	371
浈江区	1814	13	112	247	337	322	263
曲江区	806	11	46	95	138	147	138
始兴县	264	3	18	30	45	48	31
仁化县	370	3	17	41	76	47	48
翁源县	381	1	36	58	67	53	51
乳源瑶族自治县	297		28	46	55	48	46
新丰县	247	2	21	33	45	22	38
乐昌市	488	3	31	60	104	59	63
南雄市	334	8	27	57	64	47	54
深圳市	**374976**	**9560**	**55626**	**78559**	**76330**	**50116**	**36892**
罗湖区	18782	422	3013	3937	3194	2385	1784
福田区	25225	644	4378	5798	4221	2731	2092
南山区	27488	575	4472	6384	4870	3019	2348
宝安区	113219	3231	16251	23140	24381	15922	11468
龙岗区	86855	1988	12560	17525	17055	11864	9257
盐田区	3471	75	444	551	582	441	437
龙华区	59996	1553	10029	14375	13215	7609	4903
坪山区	11803	282	1275	1910	2584	1887	1423
光明区	28137	790	3204	4939	6228	4258	3180

4-1 续表 6

单位：人

地区 性别	合计	16-19岁	20-24岁	25-29岁	30-34岁	35-39岁	40-44岁
珠海市	**28889**	**665**	**3488**	**4767**	**5634**	**4170**	**3262**
香洲区	17961	432	2293	3150	3452	2470	1916
斗门区	5783	113	617	868	1205	911	697
金湾区	5145	120	578	749	977	789	649
汕头市	**10345**	**315**	**958**	**1311**	**1790**	**1579**	**1526**
龙湖区	3114	66	309	434	527	500	450
金平区	2153	38	176	272	373	384	369
濠江区	212	16	38	29	38	14	22
潮阳区	573	7	45	65	95	83	95
潮南区	1150	32	95	151	205	147	169
澄海区	3094	155	294	356	538	444	414
南澳县	49	1	1	4	14	7	7
佛山市	**133551**	**2648**	**13406**	**19734**	**24117**	**20234**	**17559**
禅城区	18672	287	2233	3342	3605	2795	2187
南海区	57190	1094	5958	8803	10260	8522	7348
顺德区	46431	1077	4380	6256	8332	7164	6301
三水区	7949	136	634	978	1333	1195	1152
高明区	3309	54	201	355	587	558	571
江门市	**23576**	**320**	**1502**	**2762**	**4141**	**4057**	**3572**
蓬江区	6785	117	499	936	1191	1210	967
江海区	4380	67	350	614	849	752	615
新会区	3614	26	182	353	609	553	574
台山市	1820	13	78	174	305	269	292
开平市	2477	26	115	241	417	463	400
鹤山市	3764	61	231	367	643	682	630
恩平市	736	10	47	77	127	128	94
湛江市	**9606**	**130**	**869**	**1511**	**1822**	**1472**	**1308**
赤坎区	2299	28	228	402	426	380	311
霞山区	4130	68	360	671	786	644	597
坡头区	335	1	19	62	82	54	33
麻章区	637	8	57	87	114	84	98
遂溪县	357	6	38	51	54	66	49
徐闻县	359	5	23	48	48	54	52
廉江市	637	7	85	90	136	68	72
雷州市	242	4	23	40	55	32	23
吴川市	610	3	36	60	121	90	73
茂名市	**3721**	**52**	**302**	**563**	**677**	**611**	**521**
茂南区	1597	12	148	269	307	252	212
电白区	644	14	59	94	109	110	101
高州市	530	18	39	63	90	95	82
化州市	551	3	31	74	99	91	76
信宜市	399	5	25	63	72	63	50
肇庆市	**10158**	**118**	**703**	**1369**	**1971**	**1657**	**1429**
端州区	2349	15	163	387	461	449	315
鼎湖区	964	3	41	124	172	156	149
高要区	1449	27	76	142	217	231	220
广宁县	230	3	10	22	48	49	27
怀集县	137	5	16	15	21	29	16
封开县	209		15	33	44	29	26
德庆县	177	2	8	23	44	21	30
四会市	4643	63	374	623	964	693	646
惠州市	**59066**	**2565**	**6244**	**8834**	**11077**	**8630**	**7189**
惠城区	20671	1262	2506	3378	3761	2905	2300
惠阳区	22687	768	2545	3575	4529	3278	2749
博罗县	9631	417	799	1124	1666	1485	1328
惠东县	5579	109	372	696	1036	874	748
龙门县	498	9	22	61	85	88	64

4-1 续表 7 单位：人

地区 性别	合计	16-19岁	20-24岁	25-29岁	30-34岁	35-39岁	40-44岁
梅州市	**5300**	**54**	**389**	**794**	**989**	**891**	**819**
梅江区	2171	27	177	308	400	380	322
梅县区	1542	11	106	224	304	249	261
大埔县	190		17	53	37	27	19
丰顺县	317	5	21	43	42	43	61
五华县	322	4	25	50	53	60	43
平远县	178	1	9	30	41	33	25
蕉岭县	246	3	9	43	45	41	40
兴宁市	334	3	25	43	67	58	48
汕尾市	**3482**	**75**	**337**	**506**	**583**	**484**	**424**
城 区	931	29	115	147	167	115	106
海丰县	2008	35	169	276	331	288	248
陆河县	153	6	13	18	21	21	25
陆丰市	390	5	40	65	64	60	45
河源市	**9973**	**160**	**784**	**1353**	**1901**	**1860**	**1435**
源城区	7340	120	611	1000	1412	1420	1032
紫金县	565	8	33	73	97	103	86
龙川县	593	14	38	90	119	90	102
连平县	234	3	18	24	42	37	35
和平县	209	6	12	30	40	35	31
东源县	1032	9	72	136	191	175	149
阳江市	**5331**	**50**	**315**	**694**	**922**	**864**	**809**
江城区	2649	15	161	347	458	454	426
阳东区	1837	24	99	216	290	296	276
阳西县	388	6	27	74	68	52	45
阳春市	457	5	28	57	106	62	62
清远市	**11056**	**141**	**781**	**1468**	**2109**	**2043**	**1613**
清城区	6648	88	515	947	1316	1181	905
清新区	1790	23	97	179	341	361	309
佛冈县	544	8	37	69	85	102	80
阳山县	204	1	12	29	44	33	36
连山壮族瑶族自治县	91		7	17	16	12	14
连南瑶族自治县	81		13	15	5	16	13
英德市	1461	21	86	191	247	294	227
连州市	237		14	21	55	44	29
东莞市	**240218**	**8870**	**26263**	**33053**	**45882**	**36648**	**30828**
市辖区	240218	8870	26263	33053	45882	36648	30828
中山市	**65593**	**1663**	**5972**	**8634**	**11855**	**10281**	**9088**
市辖区	65593	1663	5972	8634	11855	10281	9088
潮州市	**4901**	**99**	**335**	**494**	**749**	**760**	**768**
湘桥区	1758	33	130	197	286	304	263
潮安区	2940	65	187	272	417	412	483
饶平县	203	1	18	25	46	44	22
揭阳市	**1318**	**41**	**142**	**162**	**209**	**194**	**199**
榕城区	185	3	17	20	30	29	33
揭东区	368	5	17	43	68	74	61
揭西县	73	4	6	9	18	11	8
惠来县	120	7	31	22	14	16	10
普宁市	572	22	71	68	79	64	87
云浮市	**3327**	**27**	**225**	**492**	**558**	**518**	**520**
云城区	1765	12	124	261	318	277	283
云安区	172		10	23	24	29	28
新兴县	752	9	43	94	122	120	129
郁南县	253	1	21	57	34	35	28
罗定市	385	5	27	57	60	57	52

4-1　续表 8　　　　单位：人

地　区 性　别	45-49岁	50-54岁	55-59岁	60-64岁	65-69岁	70-74岁	75岁及以上
广　东	**390804**	**266605**	**119935**	**26638**	**9105**	**1539**	**513**
广州市	**69846**	**49214**	**22958**	**4713**	**1544**	**261**	**88**
荔湾区	2779	2139	1140	194	59	13	4
越秀区	2282	1794	975	221	66	9	3
海珠区	7656	5630	2775	533	150	26	6
天河区	7205	5403	2767	574	179	21	12
白云区	18490	12670	5891	1151	378	71	30
黄埔区	5058	3459	1662	331	113	16	8
番禺区	11593	7732	3378	671	259	33	7
花都区	6155	4272	1735	457	155	34	9
南沙区	4358	2991	1180	221	78	13	5
从化区	649	481	226	49	16	2	
增城区	3621	2643	1229	311	91	23	4
韶关市	**3019**	**2411**	**1305**	**246**	**105**	**19**	**6**
武江区	962	664	377	55	14	2	4
浈江区	636	559	285	55	25	6	1
曲江区	350	307	175	31	21	2	
始兴县	114	70	53	10	5		
仁化县	198	199	107	21	14	5	1
翁源县	145	155	62	16	2		
乳源瑶族自治县	121	78	46	14	11	1	
新丰县	124	114	47	10	1		
乐昌市	228	178	97	17	7	2	
南雄市	141	87	56	17	5	1	
深圳市	**94581**	**63935**	**29741**	**6655**	**2058**	**301**	**69**
罗湖区	5010	3814	1939	407	119	20	3
福田区	5916	4816	2438	527	148	28	4
南山区	7375	5815	2857	638	193	26	7
宝安区	26811	16976	7585	1741	532	73	21
龙岗区	24298	15896	7109	1537	513	77	13
盐田区	1342	968	539	95	18	3	1
龙华区	12058	7842	3760	894	262	35	10
坪山区	3799	2513	1111	255	56	7	1
光明区	7972	5295	2403	561	217	32	9
珠海市	**9676**	**7035**	**3423**	**805**	**269**	**48**	**15**
香洲区	5656	4313	2168	515	187	31	9
斗门区	1972	1312	585	144	38	8	5
金湾区	2048	1410	670	146	44	9	1
汕头市	**4014**	**2687**	**1175**	**281**	**121**	**18**	**9**
龙湖区	1300	826	385	99	30	4	2
金平区	812	521	231	59	27	5	3
濠江区	82	77	29	7	4		1
潮阳区	241	146	74	13	5		
潮南区	465	329	150	40	14	5	1
澄海区	1086	765	293	62	40	4	2
南澳县	28	23	13	1	1		
佛山市	**49889**	**34048**	**14698**	**3089**	**1075**	**150**	**57**
禅城区	5771	3966	1738	356	125	20	8
南海区	20956	14435	6388	1394	487	77	29
顺德区	17724	11788	4934	1001	344	39	13
三水区	3857	2751	1186	259	85	8	2
高明区	1581	1108	452	79	34	6	5

4-1 续表 9　　单位：人

地区 性别	45-49岁	50-54岁	55-59岁	60-64岁	65-69岁	70-74岁	75岁及以上
江门市	**9655**	**6889**	**3092**	**719**	**234**	**51**	**15**
蓬江区	2286	1614	753	167	64	10	4
江海区	1549	1001	448	108	29	8	1
新会区	1754	1290	591	123	35	9	6
台山市	883	753	333	91	26	7	3
开平市	1074	792	357	90	37	11	1
鹤山市	1728	1159	463	92	30	4	
恩平市	381	280	147	48	13	2	
湛江市	**3105**	**2375**	**1270**	**356**	**123**	**34**	**13**
赤坎区	664	497	252	61	33	5	2
霞山区	1267	933	475	139	43	13	5
坡头区	112	87	57	15	5	2	
麻章区	275	239	120	45	11	4	1
遂溪县	112	73	54	15	2	2	1
徐闻县	138	125	82	21	6	2	2
廉江市	151	130	66	22	13		
雷州市	104	75	48	10	3	2	
吴川市	282	216	116	28	7	4	2
茂名市	**1268**	**989**	**476**	**171**	**56**	**32**	**7**
茂南区	563	413	185	54	14	9	1
电白区	233	174	104	32	9	9	2
高州市	184	147	70	25	12	5	3
化州市	170	166	70	22	14	5	
信宜市	118	89	47	38	7	4	1
肇庆市	**4305**	**3214**	**1463**	**307**	**116**	**27**	**9**
端州区	864	557	234	45	17	4	1
鼎湖区	450	391	182	44	15	3	1
高要区	703	576	246	36	20	7	
广宁县	113	86	51	11	2		2
怀集县	73	49	39	7	2	1	
封开县	77	68	30	8	3		
德庆县	58	44	24	9	5	2	
四会市	1967	1443	657	147	52	10	5
惠州市	**20611**	**14726**	**6913**	**1644**	**644**	**120**	**49**
惠城区	6419	4689	2214	519	224	48	11
惠阳区	7602	5182	2467	576	226	42	23
博罗县	3989	2851	1299	308	87	19	6
惠东县	2346	1765	806	219	99	9	8
龙门县	255	239	127	22	8	2	1
梅州市	**2038**	**1494**	**765**	**170**	**60**	**14**	**9**
梅江区	774	570	261	70	30	6	3
梅县区	567	399	207	34	9	2	1
大埔县	83	52	37	12	2	1	
丰顺县	169	90	57	6	4	2	1
五华县	138	119	60	9	3	2	2
平远县	65	71	38	11	4		
蕉岭县	105	97	51	20	6	1	1
兴宁市	137	96	54	8	2		1
汕尾市	**1649**	**1387**	**655**	**153**	**50**	**15**	**5**
城　区	411	398	169	37	13	5	2
海丰县	971	760	365	85	24	8	2
陆河县	110	77	59	14	5		
陆丰市	157	152	62	17	8	2	1

4-1 续表 10 单位：人

地 区 性 别	45-49岁	50-54岁	55-59岁	60-64岁	65-69岁	70-74岁	75岁及以上
河源市	**3524**	**2489**	**1166**	**299**	**94**	**18**	**5**
源城区	2399	1640	728	200	60	12	3
紫金县	258	222	125	22	4	3	2
龙川县	214	147	95	17	6		
连平县	124	112	49	15	9	1	
和平县	91	67	33	9	4		
东源县	438	301	136	36	11	2	
阳江市	**2063**	**1528**	**809**	**222**	**129**	**28**	**10**
江城区	1014	724	369	103	78	15	8
阳东区	698	545	286	83	35	11	2
阳西县	163	109	72	22	12	2	
阳春市	188	150	82	14	4		
清远市	**4435**	**3161**	**1615**	**374**	**145**	**31**	**8**
清城区	2549	1797	962	203	85	14	4
清新区	693	457	186	57	13	5	1
佛冈县	306	220	100	22	9	5	1
阳山县	83	68	27	12	2	1	
连山壮族瑶族自治县	29	29	22	2	1		
连南瑶族自治县	19	22	8	1			
英德市	655	482	265	61	28	6	
连州市	101	86	45	16	7		2
东莞市	**79044**	**50066**	**20568**	**4785**	**1757**	**286**	**101**
市辖区	79044	50066	20568	4785	1757	286	101
中山市	**23836**	**15814**	**6473**	**1339**	**392**	**60**	**33**
市辖区	23836	15814	6473	1339	392	60	33
潮州市	**2349**	**1690**	**712**	**152**	**75**	**12**	**3**
湘桥区	788	532	242	56	30	5	2
潮安区	1488	1102	442	93	44	6	
饶平县	73	56	28	3	1	1	1
揭阳市	**586**	**419**	**175**	**45**	**19**	**4**	
榕城区	116	81	28	12	3	1	
揭东区	174	122	53	10	4	2	
揭西县	23	18	9	2	2		
惠来县	37	28	11	1	1		
普宁市	236	170	74	20	9	1	
云浮市	**1311**	**1034**	**483**	**113**	**39**	**10**	**2**
云城区	659	513	251	52	20	4	1
云安区	84	89	52	12	2	1	
新兴县	340	245	90	14	7	1	
郁南县	92	89	36	14	3	1	
罗定市	136	98	54	21	7	3	1
男	**236628**	**175141**	**87530**	**20350**	**7123**	**1169**	**354**
广州市	**41698**	**31658**	**16677**	**3511**	**1171**	**204**	**59**
荔湾区	1595	1368	863	150	41	9	1
越秀区	1252	1064	626	142	52	6	2
海珠区	4314	3386	1863	363	106	16	5
天河区	4236	3396	1982	417	132	16	6
白云区	10912	8027	4371	867	290	56	21
黄埔区	3275	2483	1311	265	89	16	5
番禺区	6924	4941	2424	489	186	27	6
花都区	3709	2736	1222	352	124	27	7
南沙区	2795	2124	954	179	61	12	3
从化区	416	341	175	43	12	2	
增城区	2270	1792	886	244	78	17	3

4－1 续表 11

单位：人

地区 性别	45－49岁	50－54岁	55－59岁	60－64岁	65－69岁	70－74岁	75岁及以上
韶关市	**1858**	**1709**	**1034**	**196**	**87**	**13**	**3**
武江区	551	459	297	45	11	1	1
浈江区	384	383	218	39	19	3	1
曲江区	231	233	146	26	18	1	
始兴县	66	43	42	8	4		
仁化县	134	150	86	17	14	5	1
翁源县	89	112	49	14	1		
乳源瑶族自治县	78	61	36	12	9	1	
新丰县	86	78	38	7	1		
乐昌市	139	123	76	15	7	1	
南雄市	100	67	46	13	3	1	
深圳市	**57897**	**42638**	**21779**	**5176**	**1667**	**238**	**52**
罗湖区	2994	2486	1360	310	97	15	3
福田区	3436	2956	1612	381	111	17	3
南山区	4605	3818	2018	476	149	19	6
宝安区	16259	11296	5523	1341	424	56	14
龙岗区	14888	10814	5398	1229	429	68	11
盐田区	851	664	418	77	12	2	1
龙华区	7474	5291	2801	718	229	28	8
坪山区	2404	1759	875	209	46	6	1
光明区	4986	3554	1774	435	170	27	5
珠海市	**6016**	**4865**	**2566**	**652**	**219**	**37**	**13**
香洲区	3487	2942	1603	415	151	25	8
斗门区	1196	894	447	115	29	7	4
金湾区	1333	1029	516	122	39	5	1
汕头市	**2436**	**1813**	**867**	**211**	**91**	**13**	**8**
龙湖区	813	602	300	73	24	4	2
金平区	503	365	183	40	20	4	2
濠江区	56	56	22	6	4		1
潮阳区	131	93	57	11	4		
潮南区	279	223	102	32	13	3	1
澄海区	634	457	191	48	25	2	2
南澳县	20	17	12	1	1		
佛山市	**30506**	**22613**	**10701**	**2347**	**840**	**108**	**38**
禅城区	3496	2641	1251	263	89	17	4
南海区	12842	9559	4652	1051	384	53	20
顺德区	10658	7640	3535	777	275	29	8
三水区	2493	1973	898	192	64	5	2
高明区	1017	800	365	64	28	4	4
江门市	**5862**	**4508**	**2276**	**552**	**189**	**38**	**8**
蓬江区	1341	978	531	123	52	7	1
江海区	921	651	334	73	24	7	1
新会区	1065	871	425	93	27	6	4
台山市	555	491	258	72	23	7	1
开平市	654	530	253	72	30	7	1
鹤山市	1074	792	356	79	22	3	
恩平市	252	195	119	40	11	1	
湛江市	**1894**	**1542**	**951**	**264**	**95**	**27**	**9**
赤坎区	388	333	190	48	24	5	2
霞山区	780	593	354	96	35	11	2
坡头区	75	58	45	11	3	2	
麻章区	185	176	95	36	10	3	1
遂溪县	62	47	39	14	2	1	1
徐闻县	71	88	64	17	4	2	1
廉江市	78	63	42	10	10		
雷州市	73	54	39	8	2	1	
吴川市	182	130	83	24	5	2	2

4-1　续表 12

单位：人

地　区 性　别	45−49岁	50−54岁	55−59岁	60−64岁	65−69岁	70−74岁	75岁及以　上
茂名市	**790**	**680**	**336**	**122**	**43**	**26**	**7**
茂南区	363	287	134	36	13	8	1
电白区	152	131	78	28	7	8	2
高州市	121	104	44	19	9	3	3
化州市	90	103	46	17	11	3	
信宜市	64	55	34	22	3	4	1
肇庆市	**2760**	**2252**	**1164**	**231**	**94**	**23**	**6**
端州区	542	395	179	29	13	4	1
鼎湖区	292	274	151	36	11	3	
高要区	427	387	188	27	17	6	
广宁县	81	59	44	7	2		1
怀集县	55	41	31	7	2		
封开县	46	48	21	6	3		
德庆县	38	26	19	6	4		
四会市	1279	1022	531	113	42	10	4
惠州市	**13007**	**10035**	**5212**	**1299**	**505**	**91**	**31**
惠城区	4051	3207	1683	405	178	34	7
惠阳区	4814	3550	1826	463	178	30	14
博罗县	2506	1923	981	243	70	19	5
惠东县	1457	1181	620	168	72	6	4
龙门县	179	174	102	20	7	2	1
梅州市	**1277**	**1083**	**628**	**129**	**52**	**10**	**7**
梅江区	466	407	204	50	24	5	1
梅县区	344	272	182	24	7	2	1
大埔县	61	45	30	11	2	1	
丰顺县	106	65	44	5	4	2	1
五华县	93	95	45	8	3		2
平远县	50	51	35	10	4		
蕉岭县	71	81	43	14	6		1
兴宁市	86	67	45	7	2		1
汕尾市	**1119**	**1014**	**514**	**134**	**44**	**13**	**3**
城　区	292	299	141	33	12	4	2
海丰县	645	540	269	72	20	7	1
陆河县	80	65	53	13	5		
陆丰市	102	110	51	16	7	2	
河源市	**2174**	**1686**	**920**	**237**	**79**	**14**	**5**
源城区	1432	1082	562	160	49	9	3
紫金县	184	158	104	18	3	2	2
龙川县	139	105	78	11	6		
连平县	88	83	45	12	6	1	
和平县	64	44	29	8	4		
东源县	267	214	102	28	11	2	
阳江市	**1263**	**983**	**574**	**167**	**101**	**18**	**6**
江城区	626	479	263	82	58	9	6
阳东区	402	337	191	58	29	7	
阳西县	109	69	58	14	12	2	
阳春市	126	98	62	13	2		
清远市	**2903**	**2283**	**1240**	**291**	**122**	**24**	**5**
清城区	1664	1287	729	153	71	12	2
清新区	418	319	139	40	12	3	1
佛冈县	222	162	83	20	8	4	1
阳山县	56	52	22	11	2	1	
连山壮族瑶族自治县	19	18	18	2	1		
连南瑶族自治县	11	13	7				
英德市	445	366	210	55	22	4	
连州市	68	66	32	10	6		1

4-1 续表 13 单位：人

地区 性别	45-49岁	50-54岁	55-59岁	60-64岁	65-69岁	70-74岁	75岁及以上
东莞市	**46634**	**31650**	**14490**	**3557**	**1333**	**204**	**65**
市辖区	46634	31650	14490	3557	1333	204	65
中山市	**13876**	**10034**	**4560**	**1024**	**284**	**44**	**25**
市辖区	13876	10034	4560	1024	284	44	25
潮州市	**1449**	**1114**	**536**	**126**	**58**	**11**	**3**
湘桥区	476	372	187	48	20	5	2
潮安区	926	702	326	75	37	5	
饶平县	47	40	23	3	1	1	1
揭阳市	**390**	**293**	**137**	**36**	**17**	**4**	
榕城区	87	64	23	10	3	1	
揭东区	121	84	45	9	4	2	
揭西县	14	14	6	2	1		
惠来县	23	22	11	1	1		
普宁市	145	109	52	14	8	1	
云浮市	**819**	**688**	**368**	**88**	**32**	**9**	**1**
云城区	416	344	192	39	15	4	
云安区	59	66	44	10	2	1	
新兴县	218	158	65	14	6	1	
郁南县	51	63	28	12	3	1	
罗定市	75	57	39	13	6	2	1
女	**154176**	**91464**	**32405**	**6288**	**1982**	**370**	**159**
广州市	**28148**	**17556**	**6281**	**1202**	**373**	**57**	**29**
荔湾区	1184	771	277	44	18	4	3
越秀区	1030	730	349	79	14	3	1
海珠区	3342	2244	912	170	44	10	1
天河区	2969	2007	785	157	47	5	6
白云区	7578	4643	1520	284	88	15	9
黄埔区	1783	976	351	66	24		3
番禺区	4669	2791	954	182	73	6	1
花都区	2446	1536	513	105	31	7	2
南沙区	1563	867	226	42	17	1	2
从化区	233	140	51	6	4		
增城区	1351	851	343	67	13	6	1
韶关市	**1161**	**702**	**271**	**50**	**18**	**6**	**3**
武江区	411	205	80	10	3	1	3
浈江区	252	176	67	16	6	3	
曲江区	119	74	29	5	3	1	
始兴县	48	27	11	2	1		
仁化县	64	49	21	4			
翁源县	56	43	13	2	1		
乳源瑶族自治县	43	17	10	2	2		
新丰县	38	36	9	3			
乐昌市	89	55	21	2		1	
南雄市	41	20	10	4	2		
深圳市	**36684**	**21297**	**7962**	**1479**	**391**	**63**	**17**
罗湖区	2016	1328	579	97	22	5	
福田区	2480	1860	826	146	37	11	1
南山区	2770	1997	839	162	44	7	1
宝安区	10552	5680	2062	400	108	17	7
龙岗区	9410	5082	1711	308	84	9	2
盐田区	491	304	121	18	6	1	
龙华区	4584	2551	959	176	33	7	2
坪山区	1395	754	236	46	10	1	
光明区	2986	1741	629	126	47	5	4

4-1　续表 14

单位：人

地　区 性　别	45–49岁	50–54岁	55–59岁	60–64岁	65–69岁	70–74岁	75岁及以上
珠海市	**3660**	**2170**	**857**	**153**	**50**	**11**	**2**
香洲区	2169	1371	565	100	36	6	1
斗门区	776	418	138	29	9	1	1
金湾区	715	381	154	24	5	4	
汕头市	**1578**	**874**	**308**	**70**	**30**	**5**	**1**
龙湖区	487	224	85	26	6		
金平区	309	156	48	19	7	1	1
濠江区	26	21	7	1			
潮阳区	110	53	17	2	1		
潮南区	186	106	48	8	1	2	
澄海区	452	308	102	14	15	2	
南澳县	8	6	1				
佛山市	**19383**	**11435**	**3997**	**742**	**235**	**42**	**19**
禅城区	2275	1325	487	93	36	3	4
南海区	8114	4876	1736	343	103	24	9
顺德区	7066	4148	1399	224	69	10	5
三水区	1364	778	288	67	21	3	
高明区	564	308	87	15	6	2	1
江门市	**3793**	**2381**	**816**	**167**	**45**	**13**	**7**
蓬江区	945	636	222	44	12	3	3
江海区	628	350	114	35	5	1	
新会区	689	419	166	30	8	3	2
台山市	328	262	75	19	3		2
开平市	420	262	104	18	7	4	
鹤山市	654	367	107	13	8	1	
恩平市	129	85	28	8	2	1	
湛江市	**1211**	**833**	**319**	**92**	**28**	**7**	**4**
赤坎区	276	164	62	13	9		
霞山区	487	340	121	43	8	2	3
坡头区	37	29	12	4	2		
麻章区	90	63	25	9	1	1	
遂溪县	50	26	15	1		1	
徐闻县	67	37	18	4	2		1
廉江市	73	67	24	12	3		
雷州市	31	21	9	2	1	1	
吴川市	100	86	33	4	2	2	
茂名市	**478**	**309**	**140**	**49**	**13**	**6**	
茂南区	200	126	51	18	1	1	
电白区	81	43	26	4	2	1	
高州市	63	43	26	6	3	2	
化州市	80	63	24	5	3	2	
信宜市	54	34	13	16	4		
肇庆市	**1545**	**962**	**299**	**76**	**22**	**4**	**3**
端州区	322	162	55	16	4		
鼎湖区	158	117	31	8	4		1
高要区	276	189	58	9	3	1	
广宁县	32	27	7	4			1
怀集县	18	8	8			1	
封开县	31	20	9	2			
德庆县	20	18	5	3	1	2	
四会市	688	421	126	34	10		1
惠州市	**7604**	**4691**	**1701**	**345**	**139**	**29**	**18**
惠城区	2368	1482	531	114	46	14	4
惠阳区	2788	1632	641	113	48	12	9
博罗县	1483	928	318	65	17		1
惠东县	889	584	186	51	27	3	4
龙门县	76	65	25	2	1		

4-1 续表 15 单位：人

地 区 性 别	45-49岁	50-54岁	55-59岁	60-64岁	65-69岁	70-74岁	75岁及以上
梅州市	**761**	**411**	**137**	**41**	**8**	**4**	**2**
梅江区	308	163	57	20	6	1	2
梅县区	223	127	25	10	2		
大埔县	22	7	7	1			
丰顺县	63	25	13	1			
五华县	45	24	15	1		2	
平远县	15	20	3	1			
蕉岭县	34	16	8	6		1	
兴宁市	51	29	9	1			
汕尾市	**530**	**373**	**141**	**19**	**6**	**2**	**2**
城 区	119	99	28	4	1	1	
海丰县	326	220	96	13	4	1	1
陆河县	30	12	6	1			
陆丰市	55	42	11	1	1		1
河源市	**1350**	**803**	**246**	**62**	**15**	**4**	
源城区	967	558	166	40	11	3	
紫金县	74	64	21	4	1	1	
龙川县	75	42	17	6			
连平县	36	29	4	3	3		
和平县	27	23	4	1			
东源县	171	87	34	8			
阳江市	**800**	**545**	**235**	**55**	**28**	**10**	**4**
江城区	388	245	106	21	20	6	2
阳东区	296	208	95	25	6	4	2
阳西县	54	40	14	8			
阳春市	62	52	20	1	2		
清远市	**1532**	**878**	**375**	**83**	**23**	**7**	**3**
清城区	885	510	233	50	14	2	2
清新区	275	138	47	17	1	2	
佛冈县	84	58	17	2	1	1	
阳山县	27	16	5	1			
连山壮族瑶族自治县	10	11	4				
连南瑶族自治县	8	9	1	1			
英德市	210	116	55	6	6	2	
连州市	33	20	13	6	1		1
东莞市	**32410**	**18416**	**6078**	**1228**	**424**	**82**	**36**
市辖区	32410	18416	6078	1228	424	82	36
中山市	**9960**	**5780**	**1913**	**315**	**108**	**16**	**8**
市辖区	9960	5780	1913	315	108	16	8
潮州市	**900**	**576**	**176**	**26**	**17**	**1**	
湘桥区	312	160	55	8	10		
潮安区	562	400	116	18	7	1	
饶平县	26	16	5				
揭阳市	**196**	**126**	**38**	**9**	**2**		
榕城区	29	17	5	2			
揭东区	53	38	8	1			
揭西县	9	4	3		1		
惠来县	14	6					
普宁市	91	61	22	6	1		
云浮市	**492**	**346**	**115**	**25**	**7**	**1**	**1**
云城区	243	169	59	13	5		1
云安区	25	23	8	2			
新兴县	122	87	25		1		
郁南县	41	26	8	2			
罗定市	61	41	15	8	1	1	

4-2　各地区分性别、受教育程度的就业人口

单位：人

地　区 性　别	合　计	未上过学	学前教育	小　学	初　中	高　中	大学专科	大学本科	硕　士 研究生	博　士 研究生
广　东	**3403755**	**9068**	**1057**	**286367**	**1574981**	**829654**	**416373**	**260356**	**23385**	**2514**
广州市	**653590**	**1319**	**128**	**44786**	**258932**	**165737**	**105309**	**69185**	**7141**	**1053**
荔湾区	24891	31	3	1491	7732	6950	4710	3564	365	45
越秀区	19740	54	1	1055	6008	5451	3128	3382	582	79
海珠区	66401	57	10	4675	33641	13521	6978	6536	818	165
天河区	95703	124	16	3461	19830	28151	25656	16536	1685	244
白云区	171773	333	38	12968	73133	44933	25873	13377	984	134
黄埔区	53181	80	6	2601	17254	15763	9335	7172	867	103
番禺区	106251	243	22	8043	43003	26764	16496	10286	1167	227
花都区	51389	163	7	4291	29141	9384	5024	3089	270	20
南沙区	31588	120	14	2902	14992	7914	3522	1973	140	11
从化区	4257	14		443	1949	949	494	375	30	3
增城区	28416	100	11	2856	12249	5957	4093	2895	233	22
韶关市	**19822**	**94**	**10**	**2123**	**8464**	**4093**	**2590**	**2269**	**166**	**13**
武江区	6262	32	4	616	2615	1275	852	790	74	4
浈江区	4473	18	2	444	1780	1109	618	453	41	8
曲江区	2361	10	1	293	1106	483	273	185	10	
始兴县	667	4		71	280	135	95	75	7	
仁化县	1217	12		139	509	213	152	184	8	
翁源县	1038	4	1	120	519	172	110	110	1	1
乳源瑶族自治县	827	1		73	318	178	138	112	7	
新丰县	764	3	1	79	380	124	89	85	3	
乐昌市	1336	7		180	581	242	155	162	9	
南雄市	877	3	1	108	376	162	108	113	6	
深圳市	**1009918**	**2128**	**115**	**53392**	**411386**	**257622**	**164558**	**109339**	**10559**	**819**
罗湖区	45256	86	7	2439	14861	13474	8346	5303	684	56
福田区	63329	103	6	3167	19695	17584	11292	9745	1608	129
南山区	73598	195	14	3601	21422	18528	13340	14110	2176	212
宝安区	304632	582	44	14927	136934	73444	46432	29954	2194	121
龙岗区	231523	522	24	13828	95627	58431	38114	22904	1937	136
盐田区	9870	21		525	3794	2949	1513	917	130	21
龙华区	167869	187	12	6143	63165	45064	32295	19574	1326	103
坪山区	34029	118	3	2834	15938	8308	4069	2520	224	15
光明区	79812	314	5	5928	39950	19840	9157	4312	280	26
珠海市	**81184**	**276**	**30**	**7016**	**34735**	**21794**	**10057**	**6526**	**638**	**112**
香洲区	48810	176	22	4047	18963	13654	6694	4669	491	94
斗门区	16572	59	2	1493	8273	4270	1522	889	59	5
金湾区	15802	41	6	1476	7499	3870	1841	968	88	13
汕头市	**26914**	**187**	**15**	**4974**	**14193**	**4874**	**1615**	**973**	**69**	**14**
龙湖区	8406	39	3	1203	4044	1938	708	441	29	1
金平区	5380	54	1	800	2270	1382	533	299	30	11
濠江区	741	5		101	375	123	72	63	2	
潮阳区	1445	5		155	916	228	73	64	3	1
潮南区	3065	20		659	1893	415	50	27	1	
澄海区	7720	61	11	2016	4626	769	167	65	4	1
南澳县	157	3		40	69	19	12	14		
佛山市	**372901**	**938**	**201**	**40937**	**196788**	**85922**	**30456**	**16428**	**1117**	**114**
禅城区	48444	78	17	3625	24260	11603	5442	3202	190	27
南海区	158809	321	104	17984	83513	35818	13678	6887	462	42
顺德区	130529	388	66	14897	68807	31899	8950	5095	388	39
三水区	25091	130	11	3347	14524	4500	1634	878	61	6
高明区	10028	21	3	1084	5684	2102	752	366	16	

4-2 续表 1

单位：人

地区 性别	合计	未上过学	学前教育	小学	初中	高中	大学专科	大学本科	硕士研究生	博士研究生
江门市	**63520**	**274**	**21**	**9196**	**32331**	**13265**	**5088**	**3150**	**185**	**10**
蓬江区	16960	64	5	2117	7686	4076	1819	1123	64	6
江海区	11730	44	6	1448	5508	2777	1237	661	48	1
新会区	10247	58	3	2115	5364	1656	587	429	34	1
台山市	5142	14	1	690	2584	1194	354	289	16	
开平市	6428	34	3	1168	3714	1093	282	129	5	
鹤山市	10663	48	2	1361	6036	2087	683	427	17	2
恩平市	2350	12	1	297	1439	382	126	92	1	
湛江市	**24363**	**99**	**4**	**2074**	**9540**	**5971**	**3729**	**2735**	**181**	**30**
赤坎区	5603	5		266	1917	1621	1042	693	46	13
霞山区	10162	38		855	3889	2742	1531	1016	81	10
坡头区	952	7		82	260	159	204	221	19	
麻章区	2257	4	3	151	813	590	419	248	24	5
遂溪县	802	5		70	407	156	80	81	2	1
徐闻县	947	12	1	179	462	141	72	75	4	1
廉江市	1238	6		115	587	209	154	163	4	
雷州市	681	2		65	284	123	84	123		
吴川市	1721	20		291	921	230	143	115	1	
茂名市	**9572**	**40**	**2**	**1032**	**4217**	**2081**	**1122**	**1007**	**62**	**9**
茂南区	4287	14		339	1634	1091	578	577	47	7
电白区	1835	13		247	773	401	238	153	9	1
高州市	1365	9	2	195	678	247	121	109	3	1
化州市	1226	4		156	680	192	97	96	1	
信宜市	859			95	452	150	88	72	2	
肇庆市	**29499**	**77**	**11**	**2966**	**15683**	**6569**	**2431**	**1654**	**100**	**8**
端州区	6101	11	2	399	2336	1756	904	655	36	2
鼎湖区	3083	12	4	414	1706	588	211	128	16	4
高要区	4035	16		661	2708	466	121	59	4	
广宁县	680	4		37	453	104	34	46	2	
怀集县	478	3		68	251	74	54	27	1	
封开县	592			26	287	145	55	74	5	
德庆县	458			45	206	96	52	53	6	
四会市	14072	31	5	1316	7736	3340	1000	612	30	2
惠州市	**172141**	**645**	**83**	**19268**	**95189**	**32970**	**15128**	**8316**	**499**	**43**
惠城区	59110	223	38	5451	28592	13169	7338	4032	241	26
惠阳区	67982	208	22	6917	39529	13056	5266	2799	176	9
博罗县	27896	116	10	3661	16757	4614	1719	964	48	7
惠东县	15597	88	12	2936	9607	1863	661	409	21	
龙门县	1556	10	1	303	704	268	144	112	13	1
梅州市	**13676**	**34**	**7**	**1226**	**6312**	**3104**	**1612**	**1306**	**71**	**4**
梅江区	5354	12		373	2450	1300	671	513	32	3
梅县区	3863	10	5	296	1615	1023	523	374	17	
大埔县	618	1		36	289	114	84	92	2	
丰顺县	849	5		163	423	120	66	68	3	1
五华县	959	4		114	510	164	85	77	5	
平远县	468	1		64	214	76	53	58	2	
蕉岭县	714	1		100	350	128	67	60	8	
兴宁市	851		2	80	461	179	63	64	2	
汕尾市	**11462**	**87**	**5**	**2371**	**6011**	**1479**	**758**	**696**	**52**	**3**
城　区	3257	29	3	595	1606	462	275	271	15	1
海丰县	6368	37	2	1438	3401	820	331	304	33	2
陆河县	675	5		107	407	63	52	39	2	
陆丰市	1162	16		231	597	134	100	82	2	

4-2　续表 2　　　　单位：人

地区 性别	合计	未上过学	学前教育	小学	初中	高中	大学专科	大学本科	硕士 研究生	博士 研究生
河源市	**25832**	**92**	**11**	**2374**	**13137**	**5410**	**3051**	**1677**	**76**	**4**
源城区	18241	64	7	1555	9072	4057	2257	1164	63	2
紫金县	1805	6	2	255	1037	260	136	104	5	
龙川县	1717	3		150	783	350	271	159	1	
连平县	716	7	1	78	374	137	82	36	1	
和平县	576			52	300	130	50	42	2	
东源县	2777	12	1	284	1571	476	255	172	4	2
阳江市	**14122**	**82**	**9**	**2034**	**6241**	**2747**	**1828**	**1118**	**60**	**3**
江城区	6896	51	6	983	3015	1496	847	464	31	3
阳东区	4758	18	1	725	2181	821	636	362	14	
阳西县	1187	6	2	183	508	185	140	154	9	
阳春市	1281	7		143	537	245	205	138	6	
清远市	**31198**	**123**	**9**	**3935**	**15870**	**5494**	**3250**	**2390**	**120**	**7**
清城区	19005	60	7	2269	9655	3252	2161	1502	92	7
清新区	4466	29	1	656	2381	791	341	263	4	
佛冈县	1790	9		241	921	332	171	110	6	
阳山县	560	4		47	257	105	82	64	1	
连山壮族瑶族自治县	240			33	83	45	30	46	3	
连南瑶族自治县	171			18	75	23	22	32	1	
英德市	4302	17	1	593	2180	838	363	300	10	
连州市	664	4		78	318	108	80	73	3	
东莞市	**644986**	**1777**	**304**	**58577**	**339875**	**169680**	**49228**	**23512**	**1818**	**215**
市辖区	644986	1777	304	58577	339875	169680	49228	23512	1818	215
中山市	**173276**	**601**	**73**	**22824**	**92925**	**37094**	**12764**	**6575**	**381**	**39**
市辖区	173276	601	73	22824	92925	37094	12764	6575	381	39
潮州市	**12952**	**142**	**14**	**3552**	**6390**	**1542**	**679**	**597**	**30**	**6**
湘桥区	4449	31	6	898	2104	684	380	322	19	5
潮安区	7957	109	8	2576	4033	737	242	242	9	1
饶平县	546	2		78	253	121	57	33	2	
揭阳市	**3727**	**18**	**2**	**701**	**2188**	**581**	**157**	**77**	**2**	**1**
榕城区	636	1		120	375	115	15	9		1
揭东区	1164	13	2	290	573	191	67	27	1	
揭西县	187			16	137	21	11	2		
惠来县	278	1		51	149	51	18	7	1	
普宁市	1462	3		224	954	203	46	32		
云浮市	**9100**	**35**	**3**	**1009**	**4574**	**1625**	**963**	**826**	**58**	**7**
云城区	4819	13	3	515	2309	920	576	455	28	
云安区	606	6		78	278	103	73	64	3	1
新兴县	2102	7		266	1195	304	155	151	19	5
郁南县	675	4		49	333	120	97	72		
罗定市	898	5		101	459	178	62	84	8	1
男	**2134413**	**3045**	**519**	**157164**	**1004295**	**554690**	**246490**	**153074**	**13393**	**1743**
广州市	**396227**	**426**	**52**	**24180**	**162897**	**107472**	**58976**	**37764**	**3790**	**670**
荔湾区	14422	12	1	812	4906	4251	2487	1743	178	32
越秀区	10958	15		469	3651	3382	1525	1569	300	47
海珠区	37542	21	6	2394	19669	8168	3548	3215	421	100
天河区	56815	36	8	1835	12525	17734	14433	9231	858	155
白云区	103196	98	16	6781	46094	28764	13825	7001	538	79
黄埔区	34692	36	4	1573	11553	11074	5711	4215	459	67
番禺区	64396	62	4	4382	26777	17392	9226	5746	658	149
花都区	31971	56	2	2301	18271	6301	3085	1797	142	16
南沙区	21354	53	6	1738	10149	5734	2339	1234	92	9
从化区	2771	5		272	1290	656	302	226	17	3
增城区	18110	32	5	1623	8012	4016	2495	1787	127	13

4-2 续表 3

单位：人

地区 性别	合计	未上过学	学前教育	小学	初中	高中	大学专科	大学本科	硕士研究生	博士研究生
韶关市	**12230**	**32**	**4**	**1213**	**5444**	**2590**	**1529**	**1308**	**102**	**8**
武江区	3671	10	1	334	1615	767	472	422	47	3
浈江区	2659	4	2	254	1113	645	347	265	24	5
曲江区	1555	4		185	746	323	177	113	7	
始兴县	403			31	171	91	61	46	3	
仁化县	847	6		85	366	155	112	115	8	
翁源县	657	2		63	345	122	67	57	1	
乳源瑶族自治县	530			52	209	108	88	68	5	
新丰县	517	2		47	259	92	60	56	1	
乐昌市	848	2		100	378	170	94	99	5	
南雄市	543	2	1	62	242	117	51	67	1	
深圳市	**634942**	**595**	**54**	**27682**	**262200**	**175015**	**97332**	**65346**	**6104**	**614**
罗湖区	26474	18	3	1244	9237	8472	4268	2804	383	45
福田区	38104	30	2	1572	12592	11671	6015	5302	831	89
南山区	46110	49	12	1970	14136	12609	7600	8333	1248	153
宝安区	191413	141	16	7298	85272	50078	28341	18784	1381	102
龙岗区	144668	165	13	7499	61110	39098	22097	13437	1141	108
盐田区	6399	7		285	2558	2061	889	510	72	17
龙华区	107873	51	4	3144	41477	31273	19404	11712	740	68
坪山区	22226	35	2	1554	10297	5869	2660	1659	137	13
光明区	51675	99	2	3116	25521	13884	6058	2805	171	19
珠海市	**52295**	**108**	**18**	**4137**	**22798**	**14769**	**6059**	**3954**	**371**	**81**
香洲区	30849	71	15	2356	12413	9057	3838	2761	270	68
斗门区	10789	21	1	827	5382	2933	1002	581	38	4
金湾区	10657	16	2	954	5003	2779	1219	612	63	9
汕头市	**16569**	**72**	**9**	**2816**	**8875**	**3199**	**952**	**599**	**37**	**10**
龙湖区	5292	15	3	697	2590	1288	412	271	15	1
金平区	3227	17		441	1417	867	289	173	15	8
濠江区	529	2		71	264	90	53	47	2	
潮阳区	872	2		94	538	148	50	37	3	
潮南区	1915	8		388	1189	284	29	17		
澄海区	4626	27	6	1095	2828	513	109	45	2	1
南澳县	108	1		30	49	9	10	9		
佛山市	**239350**	**392**	**98**	**23957**	**128560**	**57267**	**18578**	**9781**	**645**	**72**
禅城区	29772	39	8	2151	15242	7342	3107	1761	108	14
南海区	101619	152	50	10658	54602	23627	8294	3964	241	31
顺德区	84098	152	29	8528	44787	21530	5570	3225	253	24
三水区	17142	42	8	1945	10128	3307	1096	578	35	3
高明区	6719	7	3	675	3801	1461	511	253	8	
江门市	**39944**	**82**	**12**	**4997**	**20698**	**8956**	**3157**	**1909**	**126**	**7**
蓬江区	10175	19	3	1090	4756	2578	1040	638	47	4
江海区	7350	11	3	753	3479	1904	788	382	29	1
新会区	6633	18	2	1205	3554	1178	377	275	23	1
台山市	3322	5		379	1665	815	254	195	9	
开平市	3951	10	1	647	2320	718	173	80	2	
鹤山市	6899	14	2	744	3913	1490	441	279	15	1
恩平市	1614	5	1	179	1011	273	84	60	1	
湛江市	**14757**	**34**		**1117**	**5886**	**3777**	**2273**	**1545**	**102**	**23**
赤坎区	3304	2		138	1148	982	610	389	24	11
霞山区	6032	14		456	2373	1687	901	549	46	6
坡头区	617	2		53	176	113	132	128	13	
麻章区	1620	2		101	575	439	311	175	13	4
遂溪县	445	1		43	226	89	44	41		1
徐闻县	588	2		92	295	92	51	53	2	1
廉江市	601	2		41	302	117	64	72	3	
雷州市	439			37	173	90	66	73		
吴川市	1111	9		156	618	168	94	65	1	

4-2　续表 4　　单位：人

地　区 性　别	合　计	未上过学	学前教育	小　学	初　中	高　中	大学专科	大学本科	硕　士 研究生	博　士 研究生
茂名市	**5851**	**16**	**2**	**561**	**2643**	**1345**	**660**	**576**	**40**	**8**
茂南区	2690	6		198	1086	686	344	334	30	6
电白区	1191	7		142	516	284	146	90	5	1
高州市	835	1	2	98	434	165	65	67	2	1
化州市	675	2		87	367	121	47	50	1	
信宜市	460			36	240	89	58	35	2	
肇庆市	**19341**	**26**	**9**	**1723**	**10438**	**4491**	**1567**	**1026**	**54**	**7**
端州区	3752	4	2	214	1436	1146	554	378	16	2
鼎湖区	2119	6	4	270	1173	437	138	80	8	3
高要区	2586	6		363	1790	313	78	33	3	
广宁县	450	1		22	300	74	23	29	1	
怀集县	341			46	183	55	39	18		
封开县	383			14	185	99	37	46	2	
德庆县	281			24	119	68	31	33	6	
四会市	9429	9	3	770	5252	2299	667	409	18	2
惠州市	**113075**	**259**	**37**	**11458**	**63211**	**22981**	**9484**	**5281**	**332**	**32**
惠城区	38439	86	12	3256	18807	9125	4456	2507	171	19
惠阳区	45295	84	12	4125	26642	9105	3416	1796	108	7
博罗县	18265	42	5	2097	11055	3255	1124	652	30	5
惠东县	10018	40	8	1782	6216	1303	396	259	14	
龙门县	1058	7		198	491	193	92	67	9	1
梅州市	**8376**	**14**	**3**	**693**	**4020**	**1972**	**891**	**737**	**44**	**2**
梅江区	3183	5		195	1495	829	347	291	19	2
梅县区	2321	4	1	154	1034	622	292	204	10	
大埔县	428			17	222	87	52	49	1	
丰顺县	532	2		92	268	81	46	41	2	
五华县	637	2		79	331	113	55	52	5	
平远县	290	1		47	127	52	26	35	2	
蕉岭县	468			59	256	84	35	30	4	
兴宁市	517		2	50	287	104	38	35	1	
汕尾市	**7980**	**35**	**2**	**1510**	**4246**	**1134**	**549**	**469**	**32**	**3**
城　区	2326	12	1	393	1181	345	199	183	11	1
海丰县	4360	14	1	890	2361	631	232	210	19	2
陆河县	522	3		77	329	53	39	20	1	
陆丰市	772	6		150	375	105	79	56	1	
河源市	**15859**	**22**	**6**	**1387**	**8075**	**3497**	**1829**	**992**	**48**	**3**
源城区	10901	14	2	879	5439	2545	1304	678	39	1
紫金县	1240	3	2	161	729	185	85	71	4	
龙川县	1124	1		89	466	254	208	105	1	
连平县	482	2	1	51	258	99	49	21	1	
和平县	367			38	183	91	32	21	2	
东源县	1745	2	1	169	1000	323	151	96	1	2
阳江市	**8791**	**29**	**6**	**1119**	**3887**	**1849**	**1137**	**732**	**29**	**3**
江城区	4247	19	6	557	1879	1014	484	270	15	3
阳东区	2921	9		370	1306	547	412	270	7	
阳西县	799	1		109	357	123	101	103	5	
阳春市	824			83	345	165	140	89	2	
清远市	**20142**	**38**	**6**	**2305**	**10574**	**3757**	**1980**	**1402**	**75**	**5**
清城区	12357	15	4	1322	6578	2219	1292	867	55	5
清新区	2676	7	1	361	1402	538	217	148	2	
佛冈县	1246	4		161	641	239	118	78	5	
阳山县	356	2		29	168	70	51	35	1	
连山壮族瑶族自治县	149			21	60	27	16	23	2	
连南瑶族自治县	90			7	39	14	11	19		
英德市	2841	8	1	354	1460	581	239	191	7	
连州市	427	2		50	226	69	36	41	3	

4-2 续表 5 单位：人

地区 性别	合 计	未上过学	学前教育	小 学	初 中	高 中	大学专科	大学本科	硕士 研究生	博士 研究生
东莞市	**404768**	**598**	**156**	**31071**	**212904**	**113226**	**30653**	**14819**	**1182**	**159**
市辖区	404768	598	156	31071	212904	113226	30653	14819	1182	159
中山市	**107683**	**204**	**37**	**12187**	**58373**	**24851**	**7811**	**3972**	**221**	**27**
市辖区	107683	204	37	12187	58373	24851	7811	3972	221	27
潮州市	**8051**	**41**	**5**	**2065**	**4153**	**1034**	**406**	**326**	**19**	**2**
湘桥区	2691	14	2	525	1327	431	214	166	11	1
潮安区	5017	25	3	1494	2682	526	145	134	7	1
饶平县	343	2		46	144	77	47	26	1	
揭阳市	**2409**	**4**	**1**	**426**	**1431**	**396**	**101**	**48**	**1**	**1**
榕城区	451	1		85	270	80	9	5		1
揭东区	796	1	1	177	418	140	43	16		
揭西县	114			12	83	12	7			
惠来县	158	1		30	74	38	10	4	1	
普宁市	890	1		122	586	126	32	23		
云浮市	**5773**	**18**	**2**	**560**	**2982**	**1112**	**566**	**488**	**39**	**6**
云城区	3054	9	2	292	1521	612	334	264	20	
云安区	434	6		60	193	84	46	42	2	1
新兴县	1350	1		135	783	214	100	100	13	4
郁南县	422	1		23	225	75	55	43		
罗定市	513	1		50	260	127	31	39	4	1
女	**1269342**	**6023**	**538**	**129203**	**570686**	**274964**	**169883**	**107282**	**9992**	**771**
广州市	**257363**	**893**	**76**	**20606**	**96035**	**58265**	**46333**	**31421**	**3351**	**383**
荔湾区	10469	19	2	679	2826	2699	2223	1821	187	13
越秀区	8782	39	1	586	2357	2069	1603	1813	282	32
海珠区	28859	36	4	2281	13972	5353	3430	3321	397	65
天河区	38888	88	8	1626	7305	10417	11223	7305	827	89
白云区	68577	235	22	6187	27039	16169	12048	6376	446	55
黄埔区	18489	44	2	1028	5701	4689	3624	2957	408	36
番禺区	41855	181	18	3661	16226	9372	7270	4540	509	78
花都区	19418	107	5	1990	10870	3083	1939	1292	128	4
南沙区	10234	67	8	1164	4843	2180	1183	739	48	2
从化区	1486	9		171	659	293	192	149	13	
增城区	10306	68	6	1233	4237	1941	1598	1108	106	9
韶关市	**7592**	**62**	**6**	**910**	**3020**	**1503**	**1061**	**961**	**64**	**5**
武江区	2591	22	3	282	1000	508	380	368	27	1
浈江区	1814	14		190	667	464	271	188	17	3
曲江区	806	6	1	108	360	160	96	72	3	
始兴县	264	4		40	109	44	34	29	4	
仁化县	370	6		54	143	58	40	69		
翁源县	381	2	1	57	174	50	43	53		1
乳源瑶族自治县	297	1		21	109	70	50	44	2	
新丰县	247	1	1	32	121	32	29	29	2	
乐昌市	488	5		80	203	72	61	63	4	
南雄市	334	1		46	134	45	57	46	5	
深圳市	**374976**	**1533**	**61**	**25710**	**149186**	**82607**	**67226**	**43993**	**4455**	**205**
罗湖区	18782	68	4	1195	5624	5002	4078	2499	301	11
福田区	25225	73	4	1595	7103	5913	5277	4443	777	40
南山区	27488	146	2	1631	7286	5919	5740	5777	928	59
宝安区	113219	441	28	7629	51662	23366	18091	11170	813	19
龙岗区	86855	357	11	6329	34517	19333	16017	9467	796	28
盐田区	3471	14		240	1236	888	624	407	58	4
龙华区	59996	136	8	2999	21688	13791	12891	7862	586	35
坪山区	11803	83	1	1280	5641	2439	1409	861	87	2
光明区	28137	215	3	2812	14429	5956	3099	1507	109	7

4-2　续表 6　　　　　　　　　　　　　　　　　　　　　　　　　　　单位：人

地　区 性　别	合　计	未上过学	学前教育	小　学	初　中	高　中	大学专科	大学本科	硕　士 研究生	博　士 研究生
珠海市	**28889**	**168**	**12**	**2879**	**11937**	**7025**	**3998**	**2572**	**267**	**31**
香洲区	17961	105	7	1691	6550	4597	2856	1908	221	26
斗门区	5783	38	1	666	2891	1337	520	308	21	1
金湾区	5145	25	4	522	2496	1091	622	356	25	4
汕头市	**10345**	**115**	**6**	**2158**	**5318**	**1675**	**663**	**374**	**32**	**4**
龙湖区	3114	24		506	1454	650	296	170	14	
金平区	2153	37	1	359	853	515	244	126	15	3
濠江区	212	3		30	111	33	19	16		
潮阳区	573	3		61	378	80	23	27		1
潮南区	1150	12		271	704	131	21	10	1	
澄海区	3094	34	5	921	1798	256	58	20	2	
南澳县	49	2		10	20	10	2	5		
佛山市	**133551**	**546**	**103**	**16980**	**68228**	**28655**	**11878**	**6647**	**472**	**42**
禅城区	18672	39	9	1474	9018	4261	2335	1441	82	13
南海区	57190	169	54	7326	28911	12191	5384	2923	221	11
顺德区	46431	236	37	6369	24020	10369	3380	1870	135	15
三水区	7949	88	3	1402	4396	1193	538	300	26	3
高明区	3309	14		409	1883	641	241	113	8	
江门市	**23576**	**192**	**9**	**4199**	**11633**	**4309**	**1931**	**1241**	**59**	**3**
蓬江区	6785	45	2	1027	2930	1498	779	485	17	2
江海区	4380	33	3	695	2029	873	449	279	19	
新会区	3614	40	1	910	1810	478	210	154	11	
台山市	1820	9	1	311	919	379	100	94	7	
开平市	2477	24	2	521	1394	375	109	49	3	
鹤山市	3764	34		617	2123	597	242	148	2	1
恩平市	736	7		118	428	109	42	32		
湛江市	**9606**	**65**	**4**	**957**	**3654**	**2194**	**1456**	**1190**	**79**	**7**
赤坎区	2299	3		128	769	639	432	304	22	2
霞山区	4130	24		399	1516	1055	630	467	35	4
坡头区	335	5		29	84	46	72	93	6	
麻章区	637	2	3	50	238	151	108	73	11	1
遂溪县	357	4		27	181	67	36	40	2	
徐闻县	359	10	1	87	167	49	21	22	2	
廉江市	637	4		74	285	92	90	91	1	
雷州市	242	2		28	111	33	18	50		
吴川市	610	11		135	303	62	49	50		
茂名市	**3721**	**24**		**471**	**1574**	**736**	**462**	**431**	**22**	**1**
茂南区	1597	8		141	548	405	234	243	17	1
电白区	644	6		105	257	117	92	63	4	
高州市	530	8		97	244	82	56	42	1	
化州市	551	2		69	313	71	50	46		
信宜市	399			59	212	61	30	37		
肇庆市	**10158**	**51**	**2**	**1243**	**5245**	**2078**	**864**	**628**	**46**	**1**
端州区	2349	7		185	900	610	350	277	20	
鼎湖区	964	6		144	533	151	73	48	8	1
高要区	1449	10		298	918	153	43	26	1	
广宁县	230	3		15	153	30	11	17	1	
怀集县	137	3		22	68	19	15	9	1	
封开县	209			12	102	46	18	28	3	
德庆县	177			21	87	28	21	20		
四会市	4643	22	2	546	2484	1041	333	203	12	
惠州市	**59066**	**386**	**46**	**7810**	**31978**	**9989**	**5644**	**3035**	**167**	**11**
惠城区	20671	137	26	2195	9785	4044	2882	1525	70	7
惠阳区	22687	124	10	2792	12887	3951	1850	1003	68	2
博罗县	9631	74	5	1564	5702	1359	595	312	18	2
惠东县	5579	48	4	1154	3391	560	265	150	7	
龙门县	498	3	1	105	213	75	52	45	4	

4-2 续表 7

单位：人

地 区 性 别	合 计	未上过学	学前教育	小 学	初 中	高 中	大学专科	大学本科	硕 士 研究生	博 士 研究生
梅州市	**5300**	**20**	**4**	**533**	**2292**	**1132**	**721**	**569**	**27**	**2**
梅江区	2171	7		178	955	471	324	222	13	1
梅县区	1542	6	4	142	581	401	231	170	7	
大埔县	190	1		19	67	27	32	43	1	
丰顺县	317	3		71	155	39	20	27	1	1
五华县	322	2		35	179	51	30	25		
平远县	178			17	87	24	27	23		
蕉岭县	246	1		41	94	44	32	30	4	
兴宁市	334			30	174	75	25	29	1	
汕尾市	**3482**	**52**	**3**	**861**	**1765**	**345**	**209**	**227**	**20**	
城 区	931	17	2	202	425	117	76	88	4	
海丰县	2008	23	1	548	1040	189	99	94	14	
陆河县	153	2		30	78	10	13	19	1	
陆丰市	390	10		81	222	29	21	26	1	
河源市	**9973**	**70**	**5**	**987**	**5062**	**1913**	**1222**	**685**	**28**	**1**
源城区	7340	50	5	676	3633	1512	953	486	24	1
紫金县	565	3		94	308	75	51	33	1	
龙川县	593	2		61	317	96	63	54		
连平县	234	5		27	116	38	33	15		
和平县	209			14	117	39	18	21		
东源县	1032	10		115	571	153	104	76	3	
阳江市	**5331**	**53**	**3**	**915**	**2354**	**898**	**691**	**386**	**31**	
江城区	2649	32		426	1136	482	363	194	16	
阳东区	1837	9	1	355	875	274	224	92	7	
阳西县	388	5	2	74	151	62	39	51	4	
阳春市	457	7		60	192	80	65	49	4	
清远市	**11056**	**85**	**3**	**1630**	**5296**	**1737**	**1270**	**988**	**45**	**2**
清城区	6648	45	3	947	3077	1033	869	635	37	2
清新区	1790	22		295	979	253	124	115	2	
佛冈县	544	5		80	280	93	53	32	1	
阳山县	204	2		18	89	35	31	29		
连山壮族瑶族自治县	91			12	23	18	14	23	1	
连南瑶族自治县	81			11	36	9	11	13	1	
英德市	1461	9		239	720	257	124	109	3	
连州市	237	2		28	92	39	44	32		
东莞市	**240218**	**1179**	**148**	**27506**	**126971**	**56454**	**18575**	**8693**	**636**	**56**
市辖区	240218	1179	148	27506	126971	56454	18575	8693	636	56
中山市	**65593**	**397**	**36**	**10637**	**34552**	**12243**	**4953**	**2603**	**160**	**12**
市辖区	65593	397	36	10637	34552	12243	4953	2603	160	12
潮州市	**4901**	**101**	**9**	**1487**	**2237**	**508**	**273**	**271**	**11**	**4**
湘桥区	1758	17	4	373	777	253	166	156	8	4
潮安区	2940	84	5	1082	1351	211	97	108	2	
饶平县	203			32	109	44	10	7	1	
揭阳市	**1318**	**14**	**1**	**275**	**757**	**185**	**56**	**29**	**1**	
榕城区	185			35	105	35	6	4		
揭东区	368	12	1	113	155	51	24	11	1	
揭西县	73			4	54	9	4	2		
惠来县	120			21	75	13	8	3		
普宁市	572	2		102	368	77	14	9		
云浮市	**3327**	**17**	**1**	**449**	**1592**	**513**	**397**	**338**	**19**	**1**
云城区	1765	4	1	223	788	308	242	191	8	
云安区	172			18	85	19	27	22	1	
新兴县	752	6		131	412	90	55	51	6	1
郁南县	253	3		26	108	45	42	29		
罗定市	385	4		51	199	51	31	45	4	

4–3　全省分年龄、性别、受教育程度的就业人口

单位：人

年龄组 性　别	合　计	未上过学	学前教育	小　学	初　中	高　中	大学专科	大学本科	硕　士 研究生	博　士 研究生
总　计	**3403755**	**9068**	**1057**	**286367**	**1574981**	**829654**	**416373**	**260356**	**23385**	**2514**
16–19岁	92200	43	29	1988	52858	30681	5892	685	16	8
20–24岁	395542	109	51	5878	145380	118227	86177	38602	1069	49
25–29岁	566382	194	56	9827	200394	155595	108080	84082	7808	346
30–34岁	653615	391	95	20206	280163	182245	96704	66174	6895	742
35–39岁	494675	539	63	24683	244598	126511	57565	36782	3393	541
40–44岁	386202	1067	104	39168	209932	87240	30608	15966	1791	326
45–49岁	390804	1987	188	67135	223624	68417	18444	9647	1166	196
50–54岁	266605	2258	245	69899	143326	36213	8371	5454	693	146
55–59岁	119935	1321	118	32868	59574	19287	3693	2477	471	126
60–64岁	26638	693	73	9839	11008	4048	572	328	51	26
65–69岁	9105	355	31	3916	3463	995	203	108	28	6
70–74岁	1539	82	4	750	486	136	43	33	4	1
75岁及以上	513	29		210	175	59	21	18		1
男	**2134413**	**3045**	**519**	**157164**	**1004295**	**554690**	**246490**	**153074**	**13393**	**1743**
16–19岁	59052	29	18	1322	35483	19034	2817	334	9	6
20–24岁	236991	68	26	3952	96446	73676	43834	18534	424	31
25–29岁	346670	119	32	6316	130918	100563	59381	45240	3892	209
30–34岁	411251	205	58	11731	176013	119945	58763	40201	3824	511
35–39岁	313295	194	33	13169	150945	84654	37269	24477	2169	385
40–44岁	238859	290	40	19168	126227	59824	20965	10894	1240	211
45–49岁	236628	480	76	32109	135120	48054	13148	6683	826	132
50–54岁	175141	676	115	38487	96385	28209	6457	4172	523	117
55–59岁	87530	458	57	20462	44477	16213	3178	2153	421	111
60–64岁	20350	293	37	6865	8877	3481	466	263	43	25
65–69岁	7123	170	25	2910	2878	873	159	87	18	3
70–74岁	1169	48	2	532	401	118	38	25	4	1
75岁及以上	354	15		141	125	46	15	11		1
女	**1269342**	**6023**	**538**	**129203**	**570686**	**274964**	**169883**	**107282**	**9992**	**771**
16–19岁	33148	14	11	666	17375	11647	3075	351	7	2
20–24岁	158551	41	25	1926	48934	44551	42343	20068	645	18
25–29岁	219712	75	24	3511	69476	55032	48699	38842	3916	137
30–34岁	242364	186	37	8475	104150	62300	37941	25973	3071	231
35–39岁	181380	345	30	11514	93653	41857	20296	12305	1224	156
40–44岁	147343	777	64	20000	83705	27416	9643	5072	551	115
45–49岁	154176	1507	112	35026	88504	20363	5296	2964	340	64
50–54岁	91464	1582	130	31412	46941	8004	1914	1282	170	29
55–59岁	32405	863	61	12406	15097	3074	515	324	50	15
60–64岁	6288	400	36	2974	2131	567	106	65	8	1
65–69岁	1982	185	6	1006	585	122	44	21	10	3
70–74岁	370	34	2	218	85	18	5	8		
75岁及以上	159	14		69	50	13	6	7		

4-4 各地区分性别、行业大类的就业人口

单位：人

地区 性别	合计	农、林、牧、渔业						采矿业	
		小计	农业	林业	畜牧业	渔业	农、林、牧、渔专业及辅助性活动	小计	煤炭开采和洗选业
广　东	**3403755**	**29843**	**18043**	**2073**	**4272**	**3964**	**1491**	**2421**	**36**
广州市	**653590**	**4400**	**3387**	**285**	**255**	**211**	**262**	**177**	**7**
荔湾区	24891	243	160	28	6	32	17	5	2
越秀区	19740	22	16	2	2		2	3	
海珠区	66401	33	18	2	4	3	6	12	
天河区	95703	230	131	32	17	6	44	31	
白云区	171773	1187	1039	35	44	29	40	36	1
黄埔区	53181	361	260	26	14	15	46	19	1
番禺区	106251	488	337	62	22	47	20	25	2
花都区	51389	848	699	47	22	31	49	14	
南沙区	31588	298	212	19	18	28	21	4	
从化区	4257	124	65	7	49	1	2	1	
增城区	28416	566	450	25	57	19	15	27	1
韶关市	**19822**	**987**	**447**	**75**	**411**	**33**	**21**	**354**	**1**
武江区	6262	125	54	11	53	4	3	14	
浈江区	4473	150	63	6	66	4	11	6	1
曲江区	2361	175	87	9	73	6		51	
始兴县	667	42	18	10	14			14	
仁化县	1217	95	51	8	18	12	6	230	
翁源县	1038	126	66	10	48	1	1	20	
乳源瑶族自治县	827	73	29	9	35			1	
新丰县	764	74	33	6	34	1		1	
乐昌市	1336	48	19	3	24	2		15	
南雄市	877	79	27	3	46	3		2	
深圳市	**1009918**	**1415**	**919**	**86**	**95**	**196**	**119**	**231**	**8**
罗湖区	45256	35	29	1	1	1	3	8	
福田区	63329	13	9	3	1			7	2
南山区	73598	108	48	7	4	49		88	1
宝安区	304632	376	223	38	30	45	40	53	
龙岗区	231523	353	189	14	22	87	41	37	1
盐田区	9870	3			1	2		2	
龙华区	167869	147	93	7	12	6	29	22	4
坪山区	34029	143	129	13	1			7	
光明区	79812	237	199	3	23	6	6	7	
珠海市	**81184**	**1203**	**339**	**38**	**45**	**718**	**63**	**40**	**1**
香洲区	48810	408	105	25	29	228	21	13	1
斗门区	16572	364	112	6	9	204	33	9	
金湾区	15802	431	122	7	7	286	9	18	
汕头市	**26914**	**176**	**81**	**12**	**15**	**41**	**27**	**8**	
龙湖区	8406	41	21	5	2	11	2	2	
金平区	5380	39	14	5	2	11	7	1	
濠江区	741	4		1		1	2	5	
潮阳区	1445	30	17	1	5	5	2		
潮南区	3065	22	16		2	1	3		
澄海区	7720	27	10		4	2	11		
南澳县	157	13	3			10			
佛山市	**372901**	**3579**	**2197**	**353**	**320**	**542**	**167**	**76**	**6**
禅城区	48444	108	59	13	14	13	9	8	
南海区	158809	1546	1020	186	67	176	97	47	6
顺德区	130529	717	452	33	31	191	10	4	
三水区	25091	910	541	61	167	106	35	15	
高明区	10028	298	125	60	41	56	16	2	

4-4　续表 1　　　　　　　　　　　　　　　　　　　　　　　　　　　单位：人

地　区 性　别	合计	农、林、牧、渔业						采矿业	
		小计	农业	林业	畜牧业	渔业	农、林、牧、渔专业及辅助性活动	小计	煤炭开采和洗选业
江门市	**63520**	**2589**	**1326**	**118**	**648**	**418**	**79**	**156**	
蓬江区	16960	99	43	4	17	27	8	12	
江海区	11730	66	36	5	8	14	3	1	
新会区	10247	418	224	24	61	84	25	92	
台山市	5142	764	340	15	185	218	6	6	
开平市	6428	696	439	35	168	25	29	23	
鹤山市	10663	195	87	16	62	26	4	20	
恩平市	2350	351	157	19	147	24	4	2	
湛江市	**24363**	**1266**	**786**	**72**	**101**	**232**	**75**	**160**	**2**
赤坎区	5603	85	37	8	14	20	6	27	1
霞山区	10162	243	103	5	12	119	4	41	1
坡头区	952	61	11	24	7	12	7	66	
麻章区	2257	123	92	5	2	18	6	1	
遂溪县	802	149	104	8	12	12	13	6	
徐闻县	947	253	185	17	7	23	21	4	
廉江市	1238	125	111		11	3		1	
雷州市	681	157	109	4	14	12	18	6	
吴川市	1721	70	34	1	22	13		8	
茂名市	**9572**	**557**	**359**	**45**	**87**	**33**	**33**	**86**	
茂南区	4287	103	71	3	19	6	4	10	
电白区	1835	115	75		22	17	1	39	
高州市	1365	97	54	21	17	4	1	5	
化州市	1226	122	70	9	22	4	17	29	
信宜市	859	120	89	12	7	2	10	3	
肇庆市	**29499**	**849**	**395**	**74**	**248**	**114**	**18**	**125**	
端州区	6101	56	36	3	7	7	3	6	
鼎湖区	3083	82	16	3	54	8	1		
高要区	4035	153	110	13	13	16	1	1	
广宁县	680	30	11	8	9	1	1	3	
怀集县	478	49	14	9	23	1	2	18	
封开县	592	53	19	2	28	4		24	
德庆县	458	54	45	5	1	3		21	
四会市	14072	372	144	31	113	74	10	52	
惠州市	**172141**	**3774**	**2562**	**188**	**390**	**495**	**139**	**300**	**2**
惠城区	59110	945	614	56	106	132	37	30	1
惠阳区	67982	938	652	29	43	161	53	178	1
博罗县	27896	1122	807	55	158	56	46	20	
惠东县	15597	659	445	26	56	129	3	46	
龙门县	1556	110	44	22	27	17		26	
梅州市	**13676**	**507**	**353**	**29**	**97**	**14**	**14**	**87**	
梅江区	5354	127	105	5	10	3	4	10	
梅县区	3863	129	99	16	6	3	5	10	
大埔县	618	40	17	7	14	1	1	8	
丰顺县	849	60	29		28	2	1	13	
五华县	959	35	21		11		3	6	
平远县	468	34	19	1	14			16	
蕉岭县	714	33	26		5	2		9	
兴宁市	851	49	37		9	3		15	
汕尾市	**11462**	**609**	**246**	**56**	**77**	**193**	**37**	**8**	**1**
城　区	3257	168	28	6	6	126	2	3	1
海丰县	6368	321	179	28	40	42	32	5	
陆河县	675	38	6	20	11		1		
陆丰市	1162	82	33	2	20	25	2		

4—4 续表 2

单位：人

地区 性别	合计	农、林、牧、渔业						采矿业	
		小计	农业	林业	畜牧业	渔业	农、林、牧、渔专业及辅助性活动	小计	煤炭开采和洗选业
河源市	**25832**	**757**	**332**	**69**	**300**	**41**	**15**	**209**	
源城区	18241	228	107	26	67	18	10	31	
紫金县	1805	191	100	11	74	6		69	
龙川县	1717	54	20	7	26		1	16	
连平县	716	98	28	1	64	3	2	37	
和平县	576	27	13	4	10			1	
东源县	2777	159	64	20	59	14	2	55	
阳江市	**14122**	**838**	**286**	**76**	**226**	**190**	**60**	**50**	
江城区	6896	353	125	20	55	115	38	12	
阳东区	4758	226	80	30	67	45	4	32	
阳西县	1187	149	47	10	55	30	7	4	
阳春市	1281	110	34	16	49		11	2	
清远市	**31198**	**1135**	**441**	**69**	**528**	**57**	**40**	**138**	**1**
清城区	19005	400	169	29	152	38	12	37	1
清新区	4466	170	82	8	72	8		5	
佛冈县	1790	63	27	4	30	2		26	
阳山县	560	58	19	1	36		2	12	
连山壮族瑶族自治县	240	36	11	1	1		23	11	
连南瑶族自治县	171	6	5	1					
英德市	4302	352	112	22	208	7	3	11	
连州市	664	50	16	3	29	2		36	
东莞市	**644986**	**3163**	**2316**	**225**	**183**	**225**	**214**	**91**	**6**
市辖区	644986	3163	2316	225	183	225	214	91	6
中山市	**173276**	**1436**	**925**	**151**	**96**	**186**	**78**	**39**	**1**
市辖区	173276	1436	925	151	96	186	78	39	1
潮州市	**12952**	**124**	**90**	**9**	**7**	**12**	**6**	**5**	
湘桥区	4449	27	20		2	3	2	1	
潮安区	7957	69	48	9	4	6	2	3	
饶平县	546	28	22		1	3	2	1	
揭阳市	**3727**	**132**	**90**	**13**	**5**	**5**	**19**	**3**	
榕城区	636	21	18		1		2		
揭东区	1164	35	32		1	2		3	
揭西县	187	7	6		1				
惠来县	278	5	5						
普宁市	1462	64	29	13	2	3	17		
云浮市	**9100**	**347**	**166**	**30**	**138**	**8**	**5**	**78**	
云城区	4819	46	18	4	19	3	2	11	
云安区	606	21	12	2	7			55	
新兴县	2102	119	60	22	33	1	3		
郁南县	675	62	32	2	26	2		9	
罗定市	898	99	44		53	2		3	
男	**2134413**	**18336**	**10194**	**1403**	**2807**	**2925**	**1007**	**2041**	**30**
广州市	**396227**	**2657**	**1926**	**194**	**193**	**157**	**187**	**129**	**5**
荔湾区	14422	144	94	16	3	21	10	3	1
越秀区	10958	16	10	2	2		2	2	
海珠区	37542	22	12	1	1	2	6	7	
天河区	56815	143	73	23	15	5	27	19	
白云区	103196	687	577	28	34	20	28	26	1
黄埔区	34692	236	158	21	9	11	37	16	
番禺区	64396	301	199	37	15	35	15	17	2
花都区	31971	489	390	28	13	25	33	13	
南沙区	21354	200	133	12	15	23	17	2	
从化区	2771	87	37	6	42	1	1	1	
增城区	18110	332	243	20	44	14	11	23	1

4-4 续表 3　　　　单位：人

地区 性别	合计	农、林、牧、渔业						采矿业	
		小计	农业	林业	畜牧业	渔业	农、林、牧、渔专业及辅助性活动	小计	煤炭开采和洗选业
韶关市	**12230**	**636**	**253**	**59**	**287**	**22**	**15**	**290**	**1**
武江区	3671	81	34	8	34	3	2	9	
浈江区	2659	107	40	4	51	2	10	6	1
曲江区	1555	105	46	8	46	5		43	
始兴县	403	34	13	10	11			10	
仁化县	847	54	29	5	11	6	3	187	
翁源县	657	79	37	8	33	1		18	
乳源瑶族自治县	530	47	14	5	28			1	
新丰县	517	43	16	5	21	1		1	
乐昌市	848	35	10	3	20	2		14	
南雄市	543	51	14	3	32	2		1	
深圳市	**634942**	**902**	**540**	**60**	**67**	**163**	**72**	**178**	**7**
罗湖区	26474	24	18	1	1	1	3	5	
福田区	38104	10	7	2	1			4	2
南山区	46110	77	33	2	4	38		69	1
宝安区	191413	244	135	25	22	36	26	41	
龙岗区	144668	236	110	12	15	77	22	29	1
盐田区	6399	2			1	1		2	
龙华区	107873	89	53	6	8	4	18	16	3
坪山区	22226	80	69	10	1			6	
光明区	51675	140	115	2	14	6	3	6	
珠海市	**52295**	**838**	**195**	**26**	**31**	**532**	**54**	**34**	**1**
香洲区	30849	282	55	17	20	173	17	9	1
斗门区	10789	259	67	5	7	149	31	9	
金湾区	10657	297	73	4	4	210	6	16	
汕头市	**16569**	**124**	**55**	**9**	**12**	**30**	**18**	**8**	
龙湖区	5292	28	15	4	2	6	1	2	
金平区	3227	25	7	3	2	9	4	1	
濠江区	529	3		1		1	1	5	
潮阳区	872	22	13	1	3	3	2		
潮南区	1915	14	10		1	1	2		
澄海区	4626	21	8		4	1	8		
南澳县	108	11	2			9			
佛山市	**239350**	**2222**	**1299**	**227**	**193**	**394**	**109**	**60**	**5**
禅城区	29772	66	34	9	9	8	6	7	
南海区	101619	981	617	119	44	135	66	36	5
顺德区	84098	463	278	21	18	139	7	2	
三水区	17142	535	302	37	96	77	23	13	
高明区	6719	177	68	41	26	35	7	2	
江门市	**39944**	**1608**	**764**	**84**	**407**	**299**	**54**	**145**	
蓬江区	10175	60	22	3	10	19	6	10	
江海区	7350	41	22	3	5	9	2	1	
新会区	6633	259	129	18	34	67	11	87	
台山市	3322	461	196	10	97	152	6	5	
开平市	3951	427	250	26	111	17	23	21	
鹤山市	6899	129	53	10	44	19	3	19	
恩平市	1614	231	92	14	106	16	3	2	
湛江市	**14757**	**726**	**389**	**45**	**60**	**186**	**46**	**140**	**2**
赤坎区	3304	58	25	5	9	15	4	22	1
霞山区	6032	189	70	4	10	102	3	36	1
坡头区	617	40	5	17	5	8	5	57	
麻章区	1620	70	49	3	2	12	4	1	
遂溪县	445	73	47	2	8	9	7	6	
徐闻县	588	139	95	10	4	18	12	4	
廉江市	601	30	23		5	2			
雷州市	439	90	61	3	6	9	11	6	
吴川市	1111	37	14	1	11	11		8	

4-4 续表 4

单位：人

地区 性别	合计	农、林、牧、渔业						采矿业	
		小计	农业	林业	畜牧业	渔业	农、林、牧、渔专业及辅助性活动	小计	煤炭开采和洗选业
茂名市	**5851**	**211**	**103**	**21**	**46**	**25**	**16**	**75**	
茂南区	2690	56	34	2	12	6	2	8	
电白区	1191	41	15		14	12		35	
高州市	835	38	14	10	11	3		3	
化州市	675	33	12	3	7	2	9	26	
信宜市	460	43	28	6	2	2	5	3	
肇庆市	**19341**	**523**	**229**	**51**	**154**	**76**	**13**	**105**	
端州区	3752	40	23	3	6	6	2	3	
鼎湖区	2119	59	10	2	40	7			
高要区	2586	86	62	8	6	9	1	1	
广宁县	450	17	5	4	6	1	1	3	
怀集县	341	28	6	7	13		2	15	
封开县	383	26	8		16	2		20	
德庆县	281	28	21	4		3		20	
四会市	9429	239	94	23	67	48	7	43	
惠州市	**113075**	**2288**	**1452**	**122**	**265**	**353**	**96**	**270**	**2**
惠城区	38439	584	364	33	80	84	23	26	1
惠阳区	45295	560	358	17	28	119	38	163	1
博罗县	18265	680	460	41	106	40	33	16	
惠东县	10018	391	247	17	32	93	2	42	
龙门县	1058	73	23	14	19	17		23	
梅州市	**8376**	**263**	**166**	**20**	**62**	**7**	**8**	**75**	
梅江区	3183	66	51	3	8	1	3	9	
梅县区	2321	64	48	9	4	1	2	10	
大埔县	428	24	7	7	9		1	8	
丰顺县	532	33	13		18	2		13	
五华县	637	14	9		3		2	3	
平远县	290	23	10	1	12			16	
蕉岭县	468	16	12		3	1		7	
兴宁市	517	23	16		5	2		9	
汕尾市	**7980**	**455**	**158**	**45**	**55**	**170**	**27**	**8**	**1**
城　区	2326	137	17	4	5	109	2	3	1
海丰县	4360	226	114	23	30	37	22	5	
陆河县	522	28	5	16	6		1		
陆丰市	772	64	22	2	14	24	2		
河源市	**15859**	**493**	**190**	**56**	**203**	**34**	**10**	**181**	
源城区	10901	165	69	21	53	15	7	26	
紫金县	1240	113	50	11	47	5		63	
龙川县	1124	37	11	5	20		1	14	
连平县	482	59	14	1	42	2		36	
和平县	367	15	6	3	6			1	
东源县	1745	104	40	15	35	12	2	41	
阳江市	**8791**	**552**	**161**	**50**	**162**	**138**	**41**	**38**	
江城区	4247	235	73	15	43	79	25	8	
阳东区	2921	150	51	19	46	32	2	25	
阳西县	799	110	27	7	43	27	6	4	
阳春市	824	57	10	9	30		8	1	
清远市	**20142**	**678**	**232**	**45**	**334**	**40**	**27**	**126**	**1**
清城区	12357	260	100	24	102	29	5	34	1
清新区	2676	101	46	5	45	5		5	
佛冈县	1246	36	11	3	21	1		25	
阳山县	356	45	12	1	30		2	12	
连山壮族瑶族自治县	149	27	7		1		19	8	
连南瑶族自治县	90	3	2	1					
英德市	2841	177	47	10	116	3	1	9	
连州市	427	29	7	1	19	2		33	

4-4　续表 5

单位：人

地　区 性　别	合计	农、林、牧、渔业						采矿业	
		小计	农业	林业	畜牧业	渔业	农、林、牧、渔专业及辅助性活动	小计	煤炭开采和洗选业
东莞市	**404768**	**1944**	**1371**	**160**	**118**	**152**	**143**	**74**	**4**
市辖区	404768	1944	1371	160	118	152	143	74	4
中山市	**107683**	**885**	**539**	**97**	**69**	**127**	**53**	**30**	**1**
市辖区	107683	885	539	97	69	127	53	30	1
潮州市	**8051**	**78**	**49**	**8**	**6**	**9**	**6**	**5**	
湘桥区	2691	21	14		2	3	2	1	
潮安区	5017	45	28	8	3	4	2	3	
饶平县	343	12	7		1	2	2	1	
揭阳市	**2409**	**74**	**50**	**7**	**3**	**5**	**9**	**3**	
榕城区	451	14	11		1		2		
揭东区	796	22	20			2		3	
揭西县	114	3	2		1				
惠来县	158								
普宁市	890	35	17	7	1	3	7		
云浮市	**5773**	**179**	**73**	**17**	**80**	**6**	**3**	**67**	
云城区	3054	25	9	3	9	2	2	8	
云安区	434	10	4	1	5			48	
新兴县	1350	68	35	12	19	1	1		
郁南县	422	27	10	1	15	1		8	
罗定市	513	49	15		32	2		3	
女	**1269342**	**11507**	**7849**	**670**	**1465**	**1039**	**484**	**380**	**6**
广州市	**257363**	**1743**	**1461**	**91**	**62**	**54**	**75**	**48**	**2**
荔湾区	10469	99	66	12	3	11	7	2	1
越秀区	8782	6	6					1	
海珠区	28859	11	6	1	3	1		5	
天河区	38888	87	58	9	2	1	17	12	
白云区	68577	500	462	7	10	9	12	10	
黄埔区	18489	125	102	5	5	4	9	3	1
番禺区	41855	187	138	25	7	12	5	8	
花都区	19418	359	309	19	9	6	16	1	
南沙区	10234	98	79	7	3	5	4	2	
从化区	1486	37	28	1	7		1		
增城区	10306	234	207	5	13	5	4	4	
韶关市	**7592**	**351**	**194**	**16**	**124**	**11**	**6**	**64**	
武江区	2591	44	20	3	19	1	1	5	
浈江区	1814	43	23	2	15	2	1		
曲江区	806	70	41	1	27	1		8	
始兴县	264	8	5		3			4	
仁化县	370	41	22	3	7	6	3	43	
翁源县	381	47	29	2	15		1	2	
乳源瑶族自治县	297	26	15	4	7				
新丰县	247	31	17	1	13				
乐昌市	488	13	9		4			1	
南雄市	334	28	13		14	1		1	
深圳市	**374976**	**513**	**379**	**26**	**28**	**33**	**47**	**53**	**1**
罗湖区	18782	11	11					3	
福田区	25225	3	2	1				3	
南山区	27488	31	15	5		11		19	
宝安区	113219	132	88	13	8	9	14	12	
龙岗区	86855	117	79	2	7	10	19	8	
盐田区	3471	1				1			
龙华区	59996	58	40	1	4	2	11	6	1
坪山区	11803	63	60	3				1	
光明区	28137	97	84	1	9		3	1	

4-4 续表 6

单位：人

地区 性别	合计	农、林、牧、渔业						采矿业	
		小计	农业	林业	畜牧业	渔业	农、林、牧、渔专业及辅助性活动	小计	煤炭开采和洗选业
珠海市	**28889**	**365**	**144**	**12**	**14**	**186**	**9**	**6**	
香洲区	17961	126	50	8	9	55	4	4	
斗门区	5783	105	45	1	2	55	2		
金湾区	5145	134	49	3	3	76	3	2	
汕头市	**10345**	**52**	**26**	**3**	**3**	**11**	**9**		
龙湖区	3114	13	6	1		5	1		
金平区	2153	14	7	2		2	3		
濠江区	212	1					1		
潮阳区	573	8	4		2	2			
潮南区	1150	8	6		1		1		
澄海区	3094	6	2			1	3		
南澳县	49	2	1			1			
佛山市	**133551**	**1357**	**898**	**126**	**127**	**148**	**58**	**16**	**1**
禅城区	18672	42	25	4	5	5	3	1	
南海区	57190	565	403	67	23	41	31	11	1
顺德区	46431	254	174	12	13	52	3	2	
三水区	7949	375	239	24	71	29	12	2	
高明区	3309	121	57	19	15	21	9		
江门市	**23576**	**981**	**562**	**34**	**241**	**119**	**25**	**11**	
蓬江区	6785	39	21	1	7	8	2	2	
江海区	4380	25	14	2	3	5	1		
新会区	3614	159	95	6	27	17	14	5	
台山市	1820	303	144	5	88	66		1	
开平市	2477	269	189	9	57	8	6	2	
鹤山市	3764	66	34	6	18	7	1	1	
恩平市	736	120	65	5	41	8	1		
湛江市	**9606**	**540**	**397**	**27**	**41**	**46**	**29**	**20**	
赤坎区	2299	27	12	3	5	5	2	5	
霞山区	4130	54	33	1	2	17	1	5	
坡头区	335	21	6	7	2	4	2	9	
麻章区	637	53	43	2		6	2		
遂溪县	357	76	57	6	4	3	6		
徐闻县	359	114	90	7	3	5	9		
廉江市	637	95	88		6	1		1	
雷州市	242	67	48	1	8	3	7		
吴川市	610	33	20		11	2			
茂名市	**3721**	**346**	**256**	**24**	**41**	**8**	**17**	**11**	
茂南区	1597	47	37	1	7		2	2	
电白区	644	74	60		8	5	1	4	
高州市	530	59	40	11	6	1	1	2	
化州市	551	89	58	6	15	2	8	3	
信宜市	399	77	61	6	5		5		
肇庆市	**10158**	**326**	**166**	**23**	**94**	**38**	**5**	**20**	
端州区	2349	16	13		1	1	1	3	
鼎湖区	964	23	6	1	14	1	1		
高要区	1449	67	48	5	7	7			
广宁县	230	13	6	4	3				
怀集县	137	21	8	2	10	1		3	
封开县	209	27	11	2	12	2		4	
德庆县	177	26	24	1	1			1	
四会市	4643	133	50	8	46	26	3	9	
惠州市	**59066**	**1486**	**1110**	**66**	**125**	**142**	**43**	**30**	
惠城区	20671	361	250	23	26	48	14	4	
惠阳区	22687	378	294	12	15	42	15	15	
博罗县	9631	442	347	14	52	16	13	4	
惠东县	5579	268	198	9	24	36	1	4	
龙门县	498	37	21	8	8			3	

4-4　续表 7　　　　单位：人

地　区 性　别	合计	农、林、牧、渔业						采矿业	
		小计	农业	林业	畜牧业	渔业	农、林、牧、渔专业及辅助性活动	小计	煤炭开采和洗选业
梅州市	**5300**	**244**	**187**	**9**	**35**	**7**	**6**	**12**	
梅江区	2171	61	54	2	2	2	1	1	
梅县区	1542	65	51	7	2	2	3		
大埔县	190	16	10		5	1			
丰顺县	317	27	16		10		1		
五华县	322	21	12		8		1	3	
平远县	178	11	9		2				
蕉岭县	246	17	14		2	1		2	
兴宁市	334	26	21		4	1		6	
汕尾市	**3482**	**154**	**88**	**11**	**22**	**23**	**10**		
城　区	931	31	11	2	1	17			
海丰县	2008	95	65	5	10	5	10		
陆河县	153	10	1	4	5				
陆丰市	390	18	11		6	1			
河源市	**9973**	**264**	**142**	**13**	**97**	**7**	**5**	**28**	
源城区	7340	63	38	5	14	3	3	5	
紫金县	565	78	50		27	1		6	
龙川县	593	17	9	2	6			2	
连平县	234	39	14		22	1	2	1	
和平县	209	12	7	1	4				
东源县	1032	55	24	5	24	2		14	
阳江市	**5331**	**286**	**125**	**26**	**64**	**52**	**19**	**12**	
江城区	2649	118	52	5	12	36	13	4	
阳东区	1837	76	29	11	21	13	2	7	
阳西县	388	39	20	3	12	3	1		
阳春市	457	53	24	7	19		3	1	
清远市	**11056**	**457**	**209**	**24**	**194**	**17**	**13**	**12**	
清城区	6648	140	69	5	50	9	7	3	
清新区	1790	69	36	3	27	3			
佛冈县	544	27	16	1	9	1		1	
阳山县	204	13	7		6				
连山壮族瑶族自治县	91	9	4	1			4	3	
连南瑶族自治县	81	3	3						
英德市	1461	175	65	12	92	4	2	2	
连州市	237	21	9	2	10			3	
东莞市	**240218**	**1219**	**945**	**65**	**65**	**73**	**71**	**17**	**2**
市辖区	240218	1219	945	65	65	73	71	17	2
中山市	**65593**	**551**	**386**	**54**	**27**	**59**	**25**	**9**	
市辖区	65593	551	386	54	27	59	25	9	
潮州市	**4901**	**46**	**41**	**1**	**1**	**3**			
湘桥区	1758	6	6						
潮安区	2940	24	20	1	1	2			
饶平县	203	16	15			1			
揭阳市	**1318**	**58**	**40**	**6**	**2**		**10**		
榕城区	185	7	7						
揭东区	368	13	12		1				
揭西县	73	4	4						
惠来县	120	5	5						
普宁市	572	29	12	6	1		10		
云浮市	**3327**	**168**	**93**	**13**	**58**	**2**	**2**	**11**	
云城区	1765	21	9	1	10	1		3	
云安区	172	11	8	1	2			7	
新兴县	752	51	25	10	14		2		
郁南县	253	35	22	1	11	1		1	
罗定市	385	50	29		21				

4-4 续表 8

单位：人

地 区 性 别	采矿业 石油和天然气开采业	采矿业 黑色金属矿采选业	采矿业 有色金属矿采选业	采矿业 非金属矿采选业	采矿业 开采专业及辅助性活动	采矿业 其他采矿业	制造业 小计	制造业 农副食品加工业	制造业 食品制造业
广 东	**185**	**130**	**413**	**1314**	**299**	**44**	**1540079**	**10528**	**15304**
广州市	**26**	**3**	**11**	**95**	**20**	**15**	**196577**	**1517**	**3472**
荔湾区	1			1		1	2088	47	91
越秀区				2		1	810	11	62
海珠区	1			5	5	1	27297	52	150
天河区	15	1	3	4	4	4	6062	89	311
白云区	4	1	4	18	4	4	49465	374	664
黄埔区	3	1	2	7	3	2	18231	180	800
番禺区				21	1	1	37346	234	676
花都区	2		1	9	2		26924	223	220
南沙区				3	1		15591	184	278
从化区						1	2013	33	87
增城区			1	25			10750	90	133
韶关市	**1**	**32**	**272**	**46**	**2**		**4052**	**130**	**120**
武江区	1	4	4	5			1211	37	26
浈江区		2	2	1			641	37	38
曲江区		22	22	7			579	22	16
始兴县			10	3	1		185	6	2
仁化县		2	216	11	1		239	9	6
翁源县		1	3	16			331	5	12
乳源瑶族自治县			1				206	3	6
新丰县				1			232	1	
乐昌市		1	12	2			249	5	9
南雄市			2				179	5	5
深圳市	**61**	**5**	**14**	**80**	**60**	**3**	**397034**	**1800**	**2566**
罗湖区		1	4	2		1	2656	114	37
福田区	2			1	1	1	2338	12	51
南山区	43		1	2	41		11600	103	132
宝安区	4	1	5	30	12	1	154108	591	930
龙岗区	4		2	26	4		85330	432	725
盐田区				2			1860	9	8
龙华区	4		2	11	1		71595	166	357
坪山区				6	1		19061	170	80
光明区	4	3					48486	203	246
珠海市	**8**	**1**	**2**	**17**	**11**		**29430**	**295**	**400**
香洲区	3		1	6	2		12237	75	165
斗门区		1		7	1		9156	161	48
金湾区	5		1	4	8		8037	59	187
汕头市				**8**			**13400**	**242**	**311**
龙湖区				2			2424	95	107
金平区				1			1584	47	161
濠江区				5			533	27	15
潮阳区							677	44	7
潮南区							1926	18	5
澄海区							6243	10	14
南澳县							13	1	2
佛山市	**7**	**2**	**3**	**35**	**23**		**190565**	**1342**	**1815**
禅城区				1	7		16440	42	102
南海区	4	2	3	21	11		78963	615	867
顺德区	1			3			74088	421	446
三水区	1			9	5		14939	162	149
高明区	1			1			6135	102	251

4-4 续表 9

单位：人

地区 性别	采矿业						制造业		
	石油和天然气开采业	黑色金属矿采选业	有色金属矿采选业	非金属矿采选业	开采专业及辅助性活动	其他采矿业	小计	农副食品加工业	食品制造业
江门市				**148**	**4**	**4**	**34417**	**441**	**708**
蓬江区				8	2	2	7983	58	194
江海区				1			7046	66	89
新会区				90		2	5746	77	156
台山市				5	1		1974	146	23
开平市				22	1		3229	35	106
鹤山市				20			7260	55	136
恩平市				2			1179	4	4
湛江市	**45**	**2**	**4**	**21**	**85**	**1**	**3707**	**620**	**148**
赤坎区	11	2		2	11		475	67	31
霞山区	20			5	14	1	1018	253	41
坡头区	9				57		173	17	5
麻章区					1		768	51	12
遂溪县			4	2			157	40	15
徐闻县				2	2		142	23	7
廉江市				1			324	24	8
雷州市				6			144	10	11
吴川市	5			3			506	135	18
茂名市	**3**	**1**	**2**	**77**	**3**		**1612**	**183**	**50**
茂南区	2			8			605	22	20
电白区			2	36	1		253	73	14
高州市	1			2	2		326	29	5
化州市				29			293	53	7
信宜市		1		2			135	6	4
肇庆市	**1**	**7**	**7**	**107**	**2**	**1**	**13466**	**158**	**310**
端州区	1			3	2		1159	19	57
鼎湖区							1278	10	10
高要区			1				3070	43	17
广宁县				3			376	2	2
怀集县				18			45	1	1
封开县			6	17		1	192	9	2
德庆县				21			86	2	2
四会市		7		45			7260	72	219
惠州市	**23**	**4**	**8**	**220**	**42**	**1**	**93820**	**605**	**461**
惠城区			1	27	1		26730	261	199
惠阳区	14	1	1	122	38	1	42166	137	104
博罗县	9	3	2	4	2		16843	133	125
惠东县				45	1		7663	63	27
龙门县			4	22			418	11	6
梅州市		**3**	**8**	**59**	**6**	**11**	**2570**	**92**	**68**
梅江区			5	4		1	1004	29	14
梅县区			1	5		4	557	18	22
大埔县				7	1		54	3	1
丰顺县				6	1	6	305	10	9
五华县				3	3		209	6	7
平远县		3		13			134	7	1
蕉岭县			2	7			168	12	4
兴宁市				14	1		139	7	10
汕尾市				**6**	**1**		**3511**	**44**	**55**
城　区				1	1		903	16	24
海丰县				5			2363	16	19
陆河县							121	1	
陆丰市							124	11	12

4-4 续表 10

单位：人

地区 性别	采矿业						制造业		
	石油和天然气开采业	黑色金属矿采选业	有色金属矿采选业	非金属矿采选业	开采专业及辅助性活动	其他采矿业	小计	农副食品加工业	食品制造业
河源市		**64**	**10**	**133**		**2**	**8184**	**122**	**85**
源城区		1	2	26		2	5523	73	68
紫金县		29		40			432	2	6
龙川县		4		12			581	21	9
连平县		29	8				260	3	
和平县		1					145	2	
东源县				55			1243	21	2
阳江市				**50**			**5841**	**161**	**109**
江城区				12			2567	102	18
阳东区				32			2573	20	45
阳西县				4			259	11	42
阳春市				2			442	28	4
清远市		**1**	**24**	**106**	**3**	**3**	**11783**	**226**	**151**
清城区				36			7056	98	91
清新区				3	1	1	2108	78	14
佛冈县			7	19			915	10	9
阳山县			8	4			95	1	
连山壮族瑶族自治县			9		1	1	25		1
连南瑶族自治县							35	3	3
英德市				10		1	1349	32	29
连州市		1		34	1		200	4	4
东莞市	**5**	**3**	**1**	**52**	**21**	**3**	**406887**	**1956**	**3277**
市辖区	5	3	1	52	21	3	406887	1956	3277
中山市	**5**	**1**	**2**	**16**	**14**		**110316**	**413**	**730**
市辖区	5	1	2	16	14		110316	413	730
潮州市			**1**	**4**			**7863**	**76**	**413**
湘桥区				1			1868	32	18
潮安区			1	2			5852	38	389
饶平县				1			143	6	6
揭阳市				**3**			**1734**	**48**	**18**
榕城区							349		2
揭东区				3			633	40	2
揭西县							73	3	5
惠来县							42	3	
普宁市							637	2	9
云浮市		**1**	**44**	**31**	**2**		**3310**	**57**	**37**
云城区				11			1580	31	16
云安区			44	9	2		188	1	2
新兴县							1064	15	3
郁南县				9			180	5	8
罗定市		1		2			298	5	8
男	**150**	**108**	**334**	**1137**	**248**	**34**	**959463**	**6752**	**8560**
广州市	**19**	**2**	**6**	**71**	**15**	**11**	**118453**	**1017**	**1933**
荔湾区	1			1			1281	28	53
越秀区				1		1	500	6	35
海珠区	1			4	1	1	14957	36	87
天河区	9		1	2	4	3	3694	57	157
白云区	3	1	2	11	4	4	28596	252	368
黄埔区	3	1	2	7	2	1	12142	123	465
番禺区				14	1		22201	149	361
花都区	2			9	2		16600	156	122
南沙区				1	1		10278	131	143
从化区						1	1277	15	59
增城区			1	21			6927	64	83

4-4 续表 11

单位：人

地区 性别	采矿业						制造业		
	石油和天然气开采业	黑色金属矿采选业	有色金属矿采选业	非金属矿采选业	开采专业及辅助性活动	其他采矿业	小计	农副食品加工业	食品制造业
韶关市		**24**	**219**	**44**	**2**		**2482**	**85**	**66**
武江区		2	2	5			592	27	14
浈江区		2	2	1			390	20	20
曲江区		16	20	7			428	17	6
始兴县			7	2	1		91	4	2
仁化县		2	173	11	1		179	6	4
翁源县		1	2	15			220	4	8
乳源瑶族自治县			1				130	1	6
新丰县				1			171		
乐昌市		1	11	2			165	3	3
南雄市			1				116	3	3
深圳市	**47**	**2**	**8**	**67**	**45**	**2**	**246429**	**1173**	**1446**
罗湖区			3	1		1	1596	66	17
福田区					1	1	1388	2	24
南山区	35			2	31		7174	76	64
宝安区	1		3	26	11		94441	377	505
龙岗区	4		1	22	1		51860	287	445
盐田区				2			1128	5	4
龙华区	3		1	9			46864	97	194
坪山区				5	1		11956	118	45
光明区	4	2					30022	145	148
珠海市	**6**	**1**	**2**	**16**	**8**		**18593**	**205**	**231**
香洲区	1		1	5	1		7445	45	92
斗门区		1		7	1		5869	119	29
金湾区	5		1	4	6		5279	41	110
汕头市				**8**			**7747**	**143**	**161**
龙湖区				2			1280	53	51
金平区				1			902	28	85
濠江区				5			385	14	8
潮阳区							403	26	4
潮南区							1171	14	1
澄海区							3597	7	11
南澳县							9	1	1
佛山市	**6**	**2**	**3**	**23**	**21**		**122744**	**861**	**1048**
禅城区				1	6		9848	30	48
南海区	3	2	3	13	10		50949	405	484
顺德区	1			1			47437	243	226
三水区	1			7	5		10391	104	97
高明区	1			1			4119	79	193
江门市				**138**	**4**	**3**	**21682**	**285**	**392**
蓬江区				7	2	1	4892	35	98
江海区				1			4349	37	46
新会区				85		2	3709	46	95
台山市				4	1		1298	103	10
开平市				20	1		1969	21	48
鹤山市				19			4639	41	92
恩平市				2			826	2	3
湛江市	**38**	**1**	**4**	**20**	**74**	**1**	**2485**	**273**	**73**
赤坎区	8	1		2	10		317	44	15
霞山区	17			5	12	1	660	99	19
坡头区	8				49		134	13	2
麻章区					1		636	30	8
遂溪县			4	2			92	18	2
徐闻县				2	2		94	14	5
廉江市							185	16	4
雷州市				6			94	4	8
吴川市	5			3			273	35	10

4-4 续表 12　　单位：人

地区 性别	采矿业						制造业		
	石油和天然气开采业	黑色金属矿采选业	有色金属矿采选业	非金属矿采选业	开采专业及辅助性活动	其他采矿业	小计	农副食品加工业	食品制造业
茂名市	**3**	**1**	**1**	**68**	**2**		**1018**	**125**	**29**
茂南区	2			6			429	19	11
电白区			1	33	1		162	52	10
高州市	1			1	1		176	19	2
化州市				26			191	32	4
信宜市		1		2			60	3	2
肇庆市	**1**	**6**	**5**	**91**	**2**		**9067**	**104**	**172**
端州区	1				2		686	14	25
鼎湖区							840	6	7
高要区			1				2003	28	8
广宁县				3			258	1	1
怀集县				15			31		1
封开县			4	16			128	4	1
德庆县				20			49		1
四会市		6		37			5072	51	128
惠州市	**22**	**3**	**6**	**196**	**40**	**1**	**61138**	**397**	**268**
惠城区			1	23	1		17270	175	123
惠阳区	14	1	1	109	36	1	27939	85	52
博罗县	8	2	1	3	2		10890	91	73
惠东县				41	1		4747	39	17
龙门县			3	20			292	7	3
梅州市		**3**	**7**	**51**	**3**	**11**	**1602**	**53**	**28**
梅江区			5	3		1	623	14	6
梅县区			1	5		4	342	11	8
大埔县				7	1		41	2	
丰顺县				6	1	6	186	7	4
五华县				2	1		133	2	4
平远县		3		13			88	4	
蕉岭县			1	6			115	10	1
兴宁市				9			74	3	5
汕尾市				**6**	**1**		**2266**	**31**	**29**
城　区				1	1		596	11	11
海丰县				5			1482	12	11
陆河县							101		
陆丰市							87	8	7
河源市		**58**	**9**	**113**		**1**	**4737**	**80**	**41**
源城区			1	24		1	3029	44	30
紫金县		26		37			295	2	3
龙川县		3		11			366	16	6
连平县		28	8				188	3	
和平县		1					95		
东源县				41			764	15	2
阳江市				**38**			**3530**	**103**	**67**
江城区				8			1547	71	6
阳东区				25			1503	10	30
阳西县				4			173	7	28
阳春市				1			307	15	3
清远市			**21**	**99**	**3**	**2**	**7756**	**131**	**91**
清城区				33			4751	51	51
清新区				3	1	1	1206	50	9
佛冈县			6	19			646	8	7
阳山县			8	4			62		
连山壮族瑶族自治县			7		1		17		
连南瑶族自治县							16	1	3
英德市				8		1	911	19	18
连州市				32	1		147	2	3

4-4 续表 13

单位：人

地区 性别	采矿业						制造业		
	石油和天然气开采业	黑色金属矿采选业	有色金属矿采选业	非金属矿采选业	开采专业及辅助性活动	其他采矿业	小计	农副食品加工业	食品制造业
东莞市	**4**	**3**	**1**	**42**	**18**	**2**	**252252**	**1297**	**1832**
市辖区	4	3	1	42	18	2	252252	1297	1832
中山市	**4**	**1**	**1**	**15**	**8**		**67370**	**267**	**392**
市辖区	4	1	1	15	8		67370	267	392
潮州市			**1**	**4**			**4795**	**50**	**231**
湘桥区				1			1071	22	12
潮安区			1	2			3636	23	215
饶平县				1			88	5	4
揭阳市				**3**			**1088**	**39**	**10**
榕城区							260		1
揭东区				3			430	33	1
揭西县							50	3	2
惠来县							24	2	
普宁市							324	1	6
云浮市		**1**	**40**	**24**	**2**		**2229**	**33**	**20**
云城区				8			1110	16	9
云安区			40	6	2		128	1	1
新兴县							699	11	1
郁南县				8			115	3	5
罗定市		1		2			177	2	4
女	**35**	**22**	**79**	**177**	**51**	**10**	**580616**	**3776**	**6744**
广州市	**7**	**1**	**5**	**24**	**5**	**4**	**78124**	**500**	**1539**
荔湾区						1	807	19	38
越秀区				1			310	5	27
海珠区				1	4		12340	16	63
天河区	6	1	2	2		1	2368	32	154
白云区	1		2	7			20869	122	296
黄埔区					1	1	6089	57	335
番禺区				7		1	15145	85	315
花都区			1				10324	67	98
南沙区				2			5313	53	135
从化区							736	18	28
增城区				4			3823	26	50
韶关市	**1**	**8**	**53**	**2**			**1570**	**45**	**54**
武江区	1	2	2				619	10	12
浈江区							251	17	18
曲江区		6	2				151	5	10
始兴县			3	1			94	2	
仁化县			43				60	3	2
翁源县			1	1			111	1	4
乳源瑶族自治县							76	2	
新丰县							61	1	
乐昌市			1				84	2	6
南雄市			1				63	2	2
深圳市	**14**	**3**	**6**	**13**	**15**	**1**	**150605**	**627**	**1120**
罗湖区		1	1	1			1060	48	20
福田区	2			1			950	10	27
南山区	8		1		10		4426	27	68
宝安区	3	1	2	4	1	1	59667	214	425
龙岗区			1	4	3		33470	145	280
盐田区							732	4	4
龙华区	1		1	2	1		24731	69	163
坪山区				1			7105	52	35
光明区		1					18464	58	98

4−4 续表 14

单位：人

地 区 性 别	采矿业						制造业		
	石油和天然气开采业	黑色金属矿采选业	有色金属矿采选业	非金属矿采选业	开采专业及辅助性活动	其他采矿业	小计	农副食品加工业	食品制造业
珠海市	**2**			**1**	**3**		**10837**	**90**	**169**
香洲区	2			1	1		4792	30	73
斗门区							3287	42	19
金湾区					2		2758	18	77
汕头市							**5653**	**99**	**150**
龙湖区							1144	42	56
金平区							682	19	76
濠江区							148	13	7
潮阳区							274	18	3
潮南区							755	4	4
澄海区							2646	3	3
南澳县							4		1
佛山市	**1**			**12**	**2**		**67821**	**481**	**767**
禅城区					1		6592	12	54
南海区	1			8	1		28014	210	383
顺德区				2			26651	178	220
三水区				2			4548	58	52
高明区							2016	23	58
江门市				**10**		**1**	**12735**	**156**	**316**
蓬江区				1		1	3091	23	96
江海区							2697	29	43
新会区				5			2037	31	61
台山市				1			676	43	13
开平市				2			1260	14	58
鹤山市				1			2621	14	44
恩平市							353	2	1
湛江市	**7**	**1**		**1**	**11**		**1222**	**347**	**75**
赤坎区	3	1			1		158	23	16
霞山区	3				2		358	154	22
坡头区	1				8		39	4	3
麻章区							132	21	4
遂溪县							65	22	13
徐闻县							48	9	2
廉江市				1			139	8	4
雷州市							50	6	3
吴川市							233	100	8
茂名市			**1**	**9**	**1**		**594**	**58**	**21**
茂南区				2			176	3	9
电白区			1	3			91	21	4
高州市				1	1		150	10	3
化州市				3			102	21	3
信宜市							75	3	2
肇庆市		**1**	**2**	**16**		**1**	**4399**	**54**	**138**
端州区				3			473	5	32
鼎湖区							438	4	3
高要区							1067	15	9
广宁县							118	1	1
怀集县				3			14	1	
封开县			2	1		1	64	5	1
德庆县				1			37	2	1
四会市		1		8			2188	21	91
惠州市	**1**	**1**	**2**	**24**	**2**		**32682**	**208**	**193**
惠城区				4			9460	86	76
惠阳区				13	2		14227	52	52
博罗县	1	1	1	1			5953	42	52
惠东县				4			2916	24	10
龙门县			1	2			126	4	3

4-4 续表 15

单位：人

地 区 性 别	采矿业						制造业		
	石油和天然气开采业	黑色金属矿采选业	有色金属矿采选业	非金属矿采选业	开采专业及辅助性活动	其他采矿业	小计	农副食品加工业	食品制造业
梅州市			**1**	**8**	**3**		**968**	**39**	**40**
梅江区				1			381	15	8
梅县区							215	7	14
大埔县							13	1	1
丰顺县							119	3	5
五华县				1	2		76	4	3
平远县							46	3	1
蕉岭县			1	1			53	2	3
兴宁市				5	1		65	4	5
汕尾市							**1245**	**13**	**26**
城 区							307	5	13
海丰县							881	4	8
陆河县							20	1	
陆丰市							37	3	5
河源市		**6**	**1**	**20**		**1**	**3447**	**42**	**44**
源城区		1	1	2		1	2494	29	38
紫金县		3		3			137		3
龙川县		1		1			215	5	3
连平县		1					72		
和平县							50	2	
东源县				14			479	6	
阳江市				**12**			**2311**	**58**	**42**
江城区				4			1020	31	12
阳东区				7			1070	10	15
阳西县							86	4	14
阳春市				1			135	13	1
清远市		**1**	**3**	**7**		**1**	**4027**	**95**	**60**
清城区				3			2305	47	40
清新区							902	28	5
佛冈县			1				269	2	2
阳山县							33	1	
连山壮族瑶族自治县			2			1	8		1
连南瑶族自治县							19	2	
英德市				2			438	13	11
连州市		1		2			53	2	1
东莞市	**1**			**10**	**3**	**1**	**154635**	**659**	**1445**
市辖区	1			10	3	1	154635	659	1445
中山市	**1**		**1**	**1**	**6**		**42946**	**146**	**338**
市辖区	1		1	1	6		42946	146	338
潮州市							**3068**	**26**	**182**
湘桥区							797	10	6
潮安区							2216	15	174
饶平县							55	1	2
揭阳市							**646**	**9**	**8**
榕城区							89		1
揭东区							203	7	1
揭西县							23		3
惠来县							18	1	
普宁市							313	1	3
云浮市			**4**	**7**			**1081**	**24**	**17**
云城区				3			470	15	7
云安区			4	3			60		1
新兴县							365	4	2
郁南县				1			65	2	3
罗定市							121	3	4

4-4 续表 16 单位：人

地区 性别	制造业								
	酒、饮料和精制茶制造业	烟草制品业	纺织业	纺织服装、服饰业	皮革、毛皮、羽毛及其制品和制鞋业	木材加工和木、竹、藤、棕、草制品业	家具制造业	造纸和纸制品业	印刷和记录媒介复制业
广东	**4292**	**472**	**34493**	**138949**	**70574**	**10704**	**58571**	**31920**	**27811**
广州市	**941**	**82**	**3687**	**53168**	**26098**	**1166**	**4395**	**3444**	**3545**
荔湾区	28	26	57	170	88	24	41	91	139
越秀区	10	7	12	52	20	8	15	14	39
海珠区	39	9	402	24252	770	18	31	114	111
天河区	103	7	77	490	58	51	164	132	276
白云区	154	10	555	10930	12202	310	1474	1581	1028
黄埔区	265	7	98	231	53	30	210	209	317
番禺区	108	12	616	11631	814	255	774	573	805
花都区	63	3	515	1049	11506	125	506	338	245
南沙区	67		951	539	456	236	483	179	368
从化区	16		56	34	37	9	154	26	26
增城区	88	1	348	3790	94	100	543	187	191
韶关市	**37**	**34**	**98**	**135**	**39**	**176**	**70**	**78**	**55**
武江区	8	19	5	73	5	17	31	6	38
浈江区	11	15	11	11	5	20	14	5	6
曲江区	6		46	22	1	21	4	1	3
始兴县			2	2		11	4	2	
仁化县	4		3		2	32	4	1	1
翁源县			8	7	11	32	3	5	
乳源瑶族自治县	4		5	1		6	1		5
新丰县	1		1	4	1	18		34	
乐昌市	3		11	11	9	17	6	13	2
南雄市			6	4	5	2	3	11	
深圳市	**772**	**210**	**2829**	**12696**	**5048**	**729**	**5414**	**7369**	**8841**
罗湖区	23	1	20	437	10	10	32	25	139
福田区	22	1	36	90	7	9	25	9	121
南山区	72	1	177	1587	128	60	278	41	159
宝安区	276	170	756	2620	786	253	690	2484	3369
龙岗区	193	9	701	4183	2613	190	2574	1956	2597
盐田区	5			272	1	3	1	6	7
龙华区	88	20	251	1708	1056	100	789	1483	1263
坪山区	24	3	164	156	175	52	797	185	236
光明区	69	5	724	1643	272	52	228	1180	950
珠海市	**118**	**4**	**234**	**898**	**78**	**153**	**305**	**333**	**304**
香洲区	77	2	47	423	43	36	188	125	175
斗门区	26		117	347	20	74	78	136	63
金湾区	15	2	70	128	15	43	39	72	66
汕头市	**44**	**5**	**621**	**2483**	**64**	**25**	**53**	**293**	**408**
龙湖区	19	1	168	646	48	8	20	81	109
金平区	19	1	71	233	14	9	23	34	117
濠江区	1		21	16	1		2	14	21
潮阳区	2	2	43	360		3	4	5	13
潮南区	3		204	1136	1	5	2	2	4
澄海区		1	113	91			2	157	144
南澳县			1	1					
佛山市	**644**	**29**	**9678**	**14128**	**5114**	**2352**	**21117**	**3495**	**2432**
禅城区	62	5	2282	3941	58	63	495	155	179
南海区	302	21	4068	5467	4655	1352	6163	1941	1259
顺德区	103	1	1622	3980	317	539	13281	979	922
三水区	173	1	1391	113	48	203	604	341	54
高明区	4	1	315	627	36	195	574	79	18

4-4　续表 17　　　　单位：人

地　区 性　别	制造业								
	酒、饮料和精制茶制造业	烟　草制品业	纺织业	纺织服装、服饰业	皮革、毛皮、羽毛及其制品和制鞋业	木材加工和木、竹、藤、棕、草制品业	家　具制造业	造纸和纸制品业	印刷和记录媒介复制业
江门市	**116**	**14**	**1093**	**1074**	**1437**	**801**	**2634**	**743**	**792**
蓬江区	51	6	120	433	112	108	176	210	150
江海区	13		98	92	43	25	222	93	39
新会区	14	3	242	218	33	112	1490	206	21
台山市	7	1	70	54	108	119	81	17	4
开平市	21	1	154	121	27	209	40	82	9
鹤山市	8	3	273	134	1074	213	618	128	559
恩平市	2		136	22	40	15	7	7	10
湛江市	**60**	**8**	**58**	**106**	**227**	**99**	**115**	**171**	**62**
赤坎区	21	4	11	10	1	9	8	19	18
霞山区	15	4	19	60	8	15	58	33	24
坡头区	3		1	1		2	2	1	1
麻章区	14		9	5		11	13	101	10
遂溪县	2		5		1	9	9	4	2
徐闻县	3		3	2	1	20	2		2
廉江市			1	10	4	16	18	8	3
雷州市	2		7	5	1	13	2	2	2
吴川市			2	13	211	4	3	3	
茂名市	**12**		**27**	**98**	**101**	**54**	**46**	**12**	**12**
茂南区	4		1	15	8	7	24	4	8
电白区	5		4	6	7		6		1
高州市	1		9	57	70	3	3	4	
化州市	2		10	9	9	33	11	2	
信宜市			3	11	7	11	2	2	3
肇庆市	**82**	**2**	**685**	**183**	**336**	**137**	**508**	**168**	**64**
端州区	14	1	36	25	29	6	8	9	10
鼎湖区	14	1	282	12	46	15	8	21	4
高要区	2		2	28	35	14	29	16	9
广宁县			1	7	17	29		34	
怀集县			1	3		13	1	3	
封开县	1		2	4		7	1	1	
德庆县	2		3	3		6	7	1	1
四会市	49		358	101	209	47	454	83	40
惠州市	**208**	**11**	**1069**	**2885**	**6245**	**939**	**5447**	**1016**	**829**
惠城区	96	3	162	941	257	144	479	314	238
惠阳区	23	7	232	518	372	304	3817	436	364
博罗县	83	1	587	1297	654	329	925	142	207
惠东县	4		86	125	4957	95	219	115	20
龙门县	2		2	4	5	67	7	9	
梅州市	**40**	**23**	**48**	**52**	**18**	**61**	**104**	**8**	**16**
梅江区	1	12	3	10	2	11	18	1	9
梅县区	4	10	21	15	4	22	8	3	5
大埔县	5	1	1	2					
丰顺县	19		1	2		13	7		
五华县	8		6	2	2		32	1	
平远县	1		4	7	2	2	7		1
蕉岭县	1		3	11		3	29	1	
兴宁市	1		9	3	8	10	3	2	1
汕尾市	**5**	**1**	**101**	**829**	**112**	**59**	**14**	**9**	**1**
城　区	1		28	32	2	2	3	3	
海丰县	2	1	62	785	107	24	10	5	1
陆河县	1		3	2	3	8	1		
陆丰市	1		8	10		25		1	

4-4 续表 18

单位：人

地区 性别	制造业								
	酒、饮料和精制茶制造业	烟草制品业	纺织业	纺织服装、服饰业	皮革、毛皮、羽毛及其制品和制鞋业	木材加工和木、竹、藤、棕、草制品业	家具制造业	造纸和纸制品业	印刷和记录媒介复制业
河源市	**93**		**174**	**686**	**194**	**184**	**235**	**79**	**158**
源城区	78		128	637	96	28	153	62	153
紫金县	1		2	9	24	48	19		
龙川县	2		7	8	54	41	28		
连平县	4		4	4	4	12	15	2	1
和平县	1		4	4	7	1			2
东源县	7		29	24	9	54	20	15	2
阳江市	**18**	**1**	**68**	**292**	**57**	**187**	**59**	**78**	**48**
江城区	6	1	54	230	35	33	21	41	25
阳东区	11		5	46	16	150	28	33	19
阳西县	1			8	1	4	2		
阳春市			9	8	5		8	4	4
清远市	**77**		**419**	**370**	**1341**	**236**	**744**	**158**	**36**
清城区	37		164	260	429	124	637	93	26
清新区	5		78	81	768	15	32	16	9
佛冈县	11		80	4	39	34	48	4	
阳山县	1			2	5	1			
连山壮族瑶族自治县			1	2	1	4			
连南瑶族自治县				1	6			1	1
英德市	21		95	20	86	45	23	43	
连州市	2		1		7	13	4	1	
东莞市	**705**	**29**	**11368**	**32903**	**21429**	**2341**	**11439**	**12409**	**8475**
市辖区	705	29	11368	32903	21429	2341	11439	12409	8475
中山市	**274**	**16**	**2060**	**15158**	**2255**	**888**	**5790**	**1801**	**1419**
市辖区	274	16	2060	15158	2255	888	5790	1801	1419
潮州市	**37**	**1**	**48**	**168**	**212**	**74**	**36**	**201**	**280**
湘桥区	17		26	110	124	24	7	47	38
潮安区	19	1	21	55	88	13	22	153	241
饶平县	1		1	3		37	7	1	1
揭阳市	**5**	**1**	**107**	**391**	**41**	**28**	**14**	**6**	**28**
榕城区	1	1		19	36	4	1		2
揭东区	3		7	13	4	16	1	3	8
揭西县			4						12
惠来县				19				1	3
普宁市	1		96	340	1	8	12	2	3
云浮市	**4**	**1**	**21**	**246**	**128**	**15**	**32**	**49**	**6**
云城区			7	191	1	12	7		1
云安区			7	11	1		3		
新兴县	1			22	121	1	5	26	3
郁南县	1	1	3	4	1	1	2	1	2
罗定市	2		4	18	4	1	15	22	
男	**2825**	**260**	**19814**	**67690**	**39084**	**7586**	**40880**	**21289**	**17752**
广州市	**617**	**48**	**2161**	**27717**	**14924**	**880**	**3165**	**2184**	**2237**
荔湾区	22	12	36	76	56	15	27	52	94
越秀区	5	5	4	23	14	6	6	11	27
海珠区	16	8	220	13179	429	14	19	71	69
天河区	58	4	43	187	31	37	106	86	168
白云区	98	6	284	5464	7162	225	1076	967	693
黄埔区	196	4	54	92	25	19	143	141	191
番禺区	54	6	360	5851	409	201	561	366	488
花都区	39	2	309	477	6558	103	383	229	171
南沙区	53		603	222	173	179	332	115	176
从化区	8		41	16	18	7	113	21	15
增城区	68	1	207	2130	49	74	399	125	145

4-4　续表 19　　　　单位：人

地　区 性　别	制造业								
	酒、饮料和精制茶制造业	烟　草制品业	纺织业	纺织服装、服饰业	皮革、毛皮、羽毛及其制品和制鞋业	木材加工和木、竹、藤、棕、草制品业	家　具制造业	造纸和纸制品业	印刷和记录媒介复制业
韶关市	**20**	**21**	**53**	**47**	**19**	**126**	**48**	**56**	**21**
武江区	5	11	3	20	1	12	21	2	13
浈江区	4	10	8	5	3	15	9	4	3
曲江区	3		24	14		15	3	1	1
始兴县			2			10	3	2	
仁化县	3		1		2	25	4		
翁源县			4	2	7	21	1	3	
乳源瑶族自治县	2		2	1		4	1		3
新丰县	1			1		11		26	
乐昌市	2		6	2	4	12	4	9	1
南雄市			3	2	2	1	2	9	
深圳市	**517**	**96**	**1554**	**5856**	**2462**	**567**	**3958**	**4755**	**5656**
罗湖区	14		13	202	5	9	25	18	80
福田区	5		22	38	4	8	9	6	86
南山区	46	1	129	762	67	49	201	22	83
宝安区	185	68	384	1200	379	202	511	1667	2148
龙岗区	135	6	376	2037	1211	140	1850	1210	1650
盐田区	2			99	1	3	1	4	5
龙华区	57	18	122	732	573	76	584	907	845
坪山区	16	1	87	67	76	38	586	119	143
光明区	57	2	421	719	146	42	191	802	616
珠海市	**75**	**3**	**160**	**348**	**33**	**129**	**230**	**223**	**185**
香洲区	52	1	25	160	13	28	156	85	99
斗门区	17		90	117	12	63	56	87	41
金湾区	6	2	45	71	8	38	18	51	45
汕头市	**27**	**4**	**357**	**1198**	**31**	**19**	**43**	**209**	**299**
龙湖区	10	1	85	224	24	6	15	43	85
金平区	13		40	86	5	6	20	21	81
濠江区			16	7	1		1	9	17
潮阳区	2	2	22	190		3	3	5	12
潮南区	2		145	638	1	4	2	1	4
澄海区		1	49	53			2	130	100
南澳县									
佛山市	**442**	**20**	**5615**	**6275**	**2850**	**1581**	**14178**	**2307**	**1543**
禅城区	44	5	1292	1777	35	43	343	99	112
南海区	210	14	2281	2252	2608	905	4171	1283	830
顺德区	59	1	926	1908	149	351	8833	628	551
三水区	126		904	58	31	156	432	242	34
高明区	3		212	280	27	126	399	55	16
江门市	**70**	**9**	**712**	**366**	**829**	**511**	**1799**	**515**	**475**
蓬江区	34	5	78	124	54	74	116	144	101
江海区	7		61	36	16	17	135	57	24
新会区	3	1	153	82	24	70	1041	144	12
台山市	6	1	54	29	56	75	54	14	1
开平市	16	1	106	36	18	136	27	67	7
鹤山市	3	1	162	50	637	128	423	84	325
恩平市	1		98	9	24	11	3	5	5
湛江市	**35**	**7**	**32**	**29**	**134**	**70**	**78**	**139**	**39**
赤坎区	11	3	5	1	1	7	6	15	11
霞山区	10	4	12	11	6	14	41	25	18
坡头区	2		1	1		1	1		
麻章区	8		4	2		6	9	86	5
遂溪县	1		3		1	8	4	2	1
徐闻县	2		2	2	1	16	1		1
廉江市			1	3	1	9	12	8	2
雷州市	1		3	2		7	2	1	1
吴川市			1	7	124	2	2	2	

4-4 续表 20

单位：人

地区 性别	制造业								
	酒、饮料和精制茶制造业	烟草制品业	纺织业	纺织服装、服饰业	皮革、毛皮、羽毛及其制品和制鞋业	木材加工和木、竹、藤、棕、草制品业	家具制造业	造纸和纸制品业	印刷和记录媒介复制业
茂名市	**8**		**15**	**29**	**52**	**36**	**35**	**8**	**8**
茂南区	3		1	5	5	5	17	3	5
电白区	3		1	1	4		5		1
高州市	1		6	20	35	1	3	1	
化州市	1		7		5	27	8	2	
信宜市				3	3	3	2	2	2
肇庆市	**45**	**1**	**465**	**71**	**178**	**95**	**345**	**120**	**45**
端州区	9	1	22	10	13	5	8	5	7
鼎湖区	11		192	3	21	9	6	12	3
高要区	2		1	5	9	11	19	12	7
广宁县			1	1	13	18		29	
怀集县				1		12	1	1	
封开县			1			4			
德庆县	1		1	1		6	3	1	1
四会市	22		247	50	122	30	308	60	27
惠州市	**134**	**10**	**648**	**1369**	**3714**	**682**	**3716**	**676**	**538**
惠城区	65	2	84	411	109	110	352	208	153
惠阳区	10	7	150	252	208	209	2553	292	242
博罗县	57	1	369	660	363	248	657	87	133
惠东县	1		43	44	3030	76	149	85	10
龙门县	1		2	2	4	39	5	4	
梅州市	**23**	**14**	**20**	**22**	**8**	**42**	**74**	**6**	**9**
梅江区	1	7	1	3	2	8	14	1	3
梅县区	3	7	10	6	2	16	7	2	4
大埔县	4		1						
丰顺县	11					10	4		
五华县	2		3	1	1		24		
平远县			1	3	1	1	4		1
蕉岭县	1		1	8		1	20	1	
兴宁市	1		3	1	2	6	1	2	1
汕尾市	**3**	**1**	**49**	**435**	**69**	**43**	**12**	**7**	**1**
城　区	1		18	11	1	2	3	2	
海丰县	1	1	26	420	67	17	8	4	1
陆河县	1		2	2	1	7	1		
陆丰市			3	2		17		1	
河源市	**65**		**76**	**241**	**86**	**126**	**179**	**50**	**95**
源城区	57		54	226	50	23	119	40	91
紫金县			1	3	17	32	15		
龙川县	1		4	1	9	29	23		
连平县	2		2	1	2	10	9	1	1
和平县	1		1		2	1			2
东源县	4		14	10	6	31	13	9	1
阳江市	**11**		**30**	**82**	**28**	**124**	**38**	**40**	**31**
江城区	4		23	62	16	25	15	20	18
阳东区	6		1	17	11	97	18	20	9
阳西县	1			1	1	2			
阳春市			6	2			5		4
清远市	**51**		**261**	**105**	**549**	**164**	**551**	**100**	**28**
清城区	27		104	70	178	85	475	61	22
清新区	3		38	25	306	11	27	13	5
佛冈县	9		52		20	24	35	2	
阳山县	1				2	1			
连山壮族瑶族自治县				1	1	2			
连南瑶族自治县								1	1
英德市	10		67	9	39	31	12	22	
连州市	1				3	10	2	1	

4-4　续表 21　　　　　　　　　　　　　　　　　　　　　　　　单位：人

地　区 性　别	制造业								
	酒、饮料和精制茶制造业	烟　草制品业	纺织业	纺织服装、服饰业	皮革、毛皮、羽毛及其制品和制鞋业	木材加工和木、竹、藤、棕、草制品业	家　具制造业	造纸和纸制品业	印刷和记录媒介复制业
东莞市	**477**	**15**	**6238**	**16169**	**11854**	**1677**	**8129**	**8463**	**5384**
市辖区	477	15	6238	16169	11854	1677	8129	8463	5384
中山市	**176**	**10**	**1255**	**7018**	**1051**	**641**	**4238**	**1227**	**921**
市辖区	176	10	1255	7018	1051	641	4238	1227	921
潮州市	**22**		**31**	**72**	**124**	**43**	**29**	**158**	**216**
湘桥区	9		17	36	68	15	7	37	25
潮安区	13		14	36	56	10	18	120	190
饶平县						18	4	1	1
揭阳市	**4**		**70**	**167**	**27**	**20**	**12**	**3**	**17**
榕城区	1			15	24	3	1		1
揭东区	2		6	6	3	11	1	1	6
揭西县			2						7
惠来县				6					2
普宁市	1		62	140		6	10	2	1
云浮市	**3**	**1**	**12**	**74**	**62**	**10**	**23**	**43**	**4**
云城区			3	55		9	4		1
云安区			6	6			3		
新兴县				9	61	1	4	24	2
郁南县	1	1	1				2		1
罗定市	2		2	4	1		10	19	
女	**1467**	**212**	**14679**	**71259**	**31490**	**3118**	**17691**	**10631**	**10059**
广州市	**324**	**34**	**1526**	**25451**	**11174**	**286**	**1230**	**1260**	**1308**
荔湾区	6	14	21	94	32	9	14	39	45
越秀区	5	2	8	29	6	2	9	3	12
海珠区	23	1	182	11073	341	4	12	43	42
天河区	45	3	34	303	27	14	58	46	108
白云区	56	4	271	5466	5040	85	398	614	335
黄埔区	69	3	44	139	28	11	67	68	126
番禺区	54	6	256	5780	405	54	213	207	317
花都区	24	1	206	572	4948	22	123	109	74
南沙区	14		348	317	283	57	151	64	192
从化区	8		15	18	19	2	41	5	11
增城区	20		141	1660	45	26	144	62	46
韶关市	**17**	**13**	**45**	**88**	**20**	**50**	**22**	**22**	**34**
武江区	3	8	2	53	4	5	10	4	25
浈江区	7	5	3	6	2	5	5	1	3
曲江区	3		22	8	1	6	1		2
始兴县				2		1	1		
仁化县	1		2			7		1	1
翁源县			4	5	4	11	2	2	
乳源瑶族自治县	2		3			2			2
新丰县			1	3	1	7		8	
乐昌市	1		5	9	5	5	2	4	1
南雄市			3	2	3	1	1	2	
深圳市	**255**	**114**	**1275**	**6840**	**2586**	**162**	**1456**	**2614**	**3185**
罗湖区	9	1	7	235	5	1	7	7	59
福田区	17	1	14	52	3	1	16	3	35
南山区	26		48	825	61	11	77	19	76
宝安区	91	102	372	1420	407	51	179	817	1221
龙岗区	58	3	325	2146	1402	50	724	746	947
盐田区	3			173				2	2
龙华区	31	2	129	976	483	24	205	576	418
坪山区	8	2	77	89	99	14	211	66	93
光明区	12	3	303	924	126	10	37	378	334

4-4 续表 22

单位：人

地区 性别	制造业 酒、饮料和精制茶制造业	烟草制品业	纺织业	纺织服装、服饰业	皮革、毛皮、羽毛及其制品和制鞋业	木材加工和木、竹、藤、棕、草制品业	家具制造业	造纸和纸制品业	印刷和记录媒介复制业
珠海市	**43**	**1**	**74**	**550**	**45**	**24**	**75**	**110**	**119**
香洲区	25	1	22	263	30	8	32	40	76
斗门区	9		27	230	8	11	22	49	22
金湾区	9		25	57	7	5	21	21	21
汕头市	**17**	**1**	**264**	**1285**	**33**	**6**	**10**	**84**	**109**
龙湖区	9		83	422	24	2	5	38	24
金平区	6	1	31	147	9	3	3	13	36
濠江区	1		5	9			1	5	4
潮阳区			21	170			1		1
潮南区	1		59	498		1		1	
澄海区			64	38				27	44
南澳县			1	1					
佛山市	**202**	**9**	**4063**	**7853**	**2264**	**771**	**6939**	**1188**	**889**
禅城区	18		990	2164	23	20	152	56	67
南海区	92	7	1787	3215	2047	447	1992	658	429
顺德区	44		696	2072	168	188	4448	351	371
三水区	47	1	487	55	17	47	172	99	20
高明区	1	1	103	347	9	69	175	24	2
江门市	**46**	**5**	**381**	**708**	**608**	**290**	**835**	**228**	**317**
蓬江区	17	1	42	309	58	34	60	66	49
江海区	6		37	56	27	8	87	36	15
新会区	11	2	89	136	9	42	449	62	9
台山市	1		16	25	52	44	27	3	3
开平市	5		48	85	9	73	13	15	2
鹤山市	5	2	111	84	437	85	195	44	234
恩平市	1		38	13	16	4	4	2	5
湛江市	**25**	**1**	**26**	**77**	**93**	**29**	**37**	**32**	**23**
赤坎区	10	1	6	9		2	2	4	7
霞山区	5		7	49	2	1	17	8	6
坡头区	1					1	1	1	1
麻章区	6		5	3		5	4	15	5
遂溪县	1		2			1	5	2	1
徐闻县	1		1			4	1		1
廉江市				7	3	7	6		1
雷州市	1		4	3	1	6		1	1
吴川市			1	6	87	2	1	1	
茂名市	**4**		**12**	**69**	**49**	**18**	**11**	**4**	**4**
茂南区	1			10	3	2	7	1	3
电白区	2		3	5	3		1		
高州市			3	37	35	2		3	
化州市	1		3	9	4	6	3		
信宜市			3	8	4	8			1
肇庆市	**37**	**1**	**220**	**112**	**158**	**42**	**163**	**48**	**19**
端州区	5		14	15	16	1		4	3
鼎湖区	3	1	90	9	25	6	2	9	1
高要区			1	23	26	3	10	4	2
广宁县				6	4	11		5	
怀集县			1	2		1		2	
封开县	1		1	4		3	1	1	
德庆县	1		2	2			4		
四会市	27		111	51	87	17	146	23	13
惠州市	**74**	**1**	**421**	**1516**	**2531**	**257**	**1731**	**340**	**291**
惠城区	31	1	78	530	148	34	127	106	85
惠阳区	13		82	266	164	95	1264	144	122
博罗县	26		218	637	291	81	268	55	74
惠东县	3		43	81	1927	19	70	30	10
龙门县	1			2	1	28	2	5	

4-4　续表 23　　　　　　　　　　　　　　　　　　　　　　　　单位：人

地　区 性　别	制造业								
	酒、饮料和精制茶制造业	烟　草制品业	纺织业	纺织服装、服饰业	皮革、毛皮、羽毛及其制品和制鞋业	木材加工和木、竹、藤、棕、草制品业	家　具制造业	造纸和纸制品业	印刷和记录媒介复制业
梅州市	**17**	**9**	**28**	**30**	**10**	**19**	**30**	**2**	**7**
梅江区		5	2	7		3	4		6
梅县区	1	3	11	9	2	6	1	1	1
大埔县	1	1		2					
丰顺县	8		1	2		3	3		
五华县	6		3	1	1		8	1	
平远县	1		3	4	1	1	3		
蕉岭县			2	3		2	9		
兴宁市			6	2	6	4	2		
汕尾市	**2**		**52**	**394**	**43**	**16**	**2**	**2**	
城　区			10	21	1			1	
海丰县	1		36	365	40	7	2	1	
陆河县			1		2	1			
陆丰市	1		5	8		8			
河源市	**28**		**98**	**445**	**108**	**58**	**56**	**29**	**63**
源城区	21		74	411	46	5	34	22	62
紫金县	1		1	6	7	16	4		
龙川县	1		3	7	45	12	5		
连平县	2		2	3	2	2	6	1	
和平县			3	4	5				
东源县	3		15	14	3	23	7	6	1
阳江市	**7**	**1**	**38**	**210**	**29**	**63**	**21**	**38**	**17**
江城区	2	1	31	168	19	8	6	21	7
阳东区	5		4	29	5	53	10	13	10
阳西县				7		2	2		
阳春市			3	6	5		3	4	
清远市	**26**		**158**	**265**	**792**	**72**	**193**	**58**	**8**
清城区	10		60	190	251	39	162	32	4
清新区	2		40	56	462	4	5	3	4
佛冈县	2		28	4	19	10	13	2	
阳山县				2	3				
连山壮族瑶族自治县			1	1		2			
连南瑶族自治县				1	6				
英德市	11		28	11	47	14	11	21	
连州市	1		1		4	3	2		
东莞市	**228**	**14**	**5130**	**16734**	**9575**	**664**	**3310**	**3946**	**3091**
市辖区	228	14	5130	16734	9575	664	3310	3946	3091
中山市	**98**	**6**	**805**	**8140**	**1204**	**247**	**1552**	**574**	**498**
市辖区	98	6	805	8140	1204	247	1552	574	498
潮州市	**15**	**1**	**17**	**96**	**88**	**31**	**7**	**43**	**64**
湘桥区	8		9	74	56	9		10	13
潮安区	6	1	7	19	32	3	4	33	51
饶平县	1		1	3		19	3		
揭阳市	**1**	**1**	**37**	**224**	**14**	**8**	**2**	**3**	**11**
榕城区		1		4	12	1			1
揭东区	1		1	7	1	5		2	2
揭西县			2						5
惠来县				13				1	1
普宁市			34	200	1	2	2		2
云浮市	**1**		**9**	**172**	**66**	**5**	**9**	**6**	**2**
云城区			4	136	1	3	3		
云安区			1	5	1				
新兴县	1			13	60		1	2	1
郁南县			2	4	1	1		1	1
罗定市			2	14	3	1	5	3	

4-4 续表 24

单位：人

地区 性别	制造业								
	文教、工美、体育和娱乐用品制造业	石油、煤炭及其他燃料加工业	化学原料和化学制品制造业	医药制造业	化学纤维制造业	橡胶和塑料制品业	非金属矿物制品业	黑色金属冶炼和压延加工业	有色金属冶炼和压延加工业
广 东	**70395**	**1363**	**29347**	**7910**	**691**	**101672**	**50754**	**4960**	**10218**
广州市	**6417**	**170**	**11984**	**2011**	**57**	**8025**	**3426**	**387**	**305**
荔湾区	174	4	97	88	2	100	62		7
越秀区	35	3	69	76		9	13	1	1
海珠区	132	14	114	81		77	64	4	8
天河区	155	10	318	147	4	170	170	13	11
白云区	1028	26	7111	411	5	2254	815	41	37
黄埔区	155	50	1082	548	27	617	255	138	35
番禺区	3486	12	707	321	8	2000	722	60	49
花都区	387	7	1427	130	3	1432	448	55	66
南沙区	558	28	302	75	4	633	437	55	45
从化区	66		396	52		166	73	2	10
增城区	241	16	361	82	4	567	367	18	36
韶关市	**683**	**8**	**208**	**68**		**87**	**361**	**195**	**161**
武江区	487	2	26	27		14	57	33	19
浈江区	44		13	4		15	36	29	28
曲江区	24		30			5	46	117	15
始兴县	91		1	3		3	6		
仁化县	5	2	2			4	40		59
翁源县	8		32	1		17	24	1	1
乳源瑶族自治县	4		21	32		1	26	3	22
新丰县	2		23			11	64	3	15
乐昌市	2	1	10			9	23	9	1
南雄市	16	3	50	1		8	39		1
深圳市	**15895**	**91**	**3513**	**2204**	**51**	**26168**	**7140**	**495**	**999**
罗湖区	924	4	19	40		52	31	1	7
福田区	71	2	31	51		38	46	2	6
南山区	130	1	123	151	2	200	213	5	9
宝安区	2946	32	1489	748	16	10808	2083	211	392
龙岗区	8437	24	852	412	14	6321	2460	82	183
盐田区	766		2	23		24	29		
龙华区	917	7	468	442	4	3355	1043	39	127
坪山区	764	1	235	174	6	1673	505	13	82
光明区	940	20	294	163	9	3697	730	142	193
珠海市	**696**	**98**	**1165**	**590**	**58**	**1344**	**817**	**249**	**190**
香洲区	285	16	357	196	1	426	234	7	16
斗门区	227	5	109	35	6	207	300	7	28
金湾区	184	77	699	359	51	711	283	235	146
汕头市	**5363**		**328**	**79**	**8**	**1071**	**366**	**6**	**6**
龙湖区	278		76	17	2	179	63	2	
金平区	96		88	35		260	31	4	3
濠江区	1		18	19	5	37	199		
潮阳区	39		32			67	5		
潮南区	92		102			127	37		1
澄海区	4857		12	8	1	401	27		2
南澳县							4		
佛山市	**3791**	**114**	**2777**	**625**	**116**	**10858**	**12437**	**1405**	**4832**
禅城区	150	13	142	63	1	672	2713	108	47
南海区	2246	50	898	376	65	4240	4671	628	2822
顺德区	1118	19	1035	154	18	4804	1391	363	265
三水区	258	14	509	20	16	805	2588	124	1461
高明区	19	18	193	12	16	337	1074	182	237

4-4 续表 25

单位：人

地区 性别	制造业								
	文教、工美、体育和娱乐用品制造业	石油、煤炭及其他燃料加工业	化学原料和化学制品制造业	医药制造业	化学纤维制造业	橡胶和塑料制品业	非金属矿物制品业	黑色金属冶炼和压延加工业	有色金属冶炼和压延加工业
江门市	**570**	**17**	**805**	**82**	**21**	**2017**	**1755**	**122**	**297**
蓬江区	249	3	223	18	3	597	243	28	49
江海区	56	4	163	31	1	336	147	9	46
新会区	74	7	132	7	6	289	222	37	25
台山市	65	1	34	18		63	112	37	51
开平市	21	1	42	5	10	161	119	5	9
鹤山市	93		185	1	1	550	328	6	116
恩平市	12	1	26	2		21	584		1
湛江市	**41**	**98**	**63**	**47**	**3**	**98**	**301**	**486**	**8**
赤坎区	3	5	11	7		14	45	17	1
霞山区	12	52	20	33		12	43	74	4
坡头区	1	4	15			4	4	76	1
麻章区	4	31	13	3	3	17	36	305	
遂溪县	2			1		20	12	4	2
徐闻县	4		1	1		3	26	1	
廉江市	7		1	1		1	36	6	
雷州市	2		2	1			52	1	
吴川市	6	6				27	47	2	
茂名市	**40**	**184**	**80**	**18**	**1**	**88**	**184**	**8**	**10**
茂南区	17	178	50	14		32	70	1	6
电白区		5	24	4		6	26		3
高州市	5		5			29	26	7	1
化州市	9		1		1	17	53		
信宜市	9	1				4	9		
肇庆市	**1068**	**7**	**520**	**72**	**4**	**395**	**2242**	**71**	**929**
端州区	109	3	18	14		23	56	4	5
鼎湖区	15		34	3		45	470	2	42
高要区	14	1	34	9	3	93	932	10	44
广宁县	3	1	14			33	165	3	1
怀集县	5						11		2
封开县	15		1				108	1	
德庆县	3		7				22		
四会市	904	2	412	46	1	201	478	51	835
惠州市	**4196**	**308**	**1575**	**213**	**72**	**5712**	**2474**	**105**	**161**
惠城区	440	14	381	62	1	1779	645	18	56
惠阳区	2523	276	729	92	29	2263	971	40	62
博罗县	913	15	446	44	42	1440	521	21	38
惠东县	294	3	8	12		184	206	25	5
龙门县	26		11	3		46	131	1	
梅州市	**50**		**29**	**43**	**2**	**123**	**279**	**17**	**13**
梅江区	9		8	8	1	19	41	3	4
梅县区	23		12	22	1	56	52		7
大埔县						1	37		
丰顺县	4						31	13	
五华县	4		2	13		22	38		
平远县	2		1			20	32		2
蕉岭县			5			3	33	1	
兴宁市	8		1			2	15		
汕尾市	**1014**	**1**	**7**	**7**		**41**	**202**	**2**	**20**
城　区	14		1			4	112		
海丰县	990	1	5	6		34	65	1	13
陆河县	4		1			1	13	1	7
陆丰市	6			1		2	12		

4-4 续表 26 单位：人

地区 性别	制造业								
	文教、工美、体育和娱乐用品制造业	石油、煤炭及其他燃料加工业	化学原料和化学制品制造业	医药制造业	化学纤维制造业	橡胶和塑料制品业	非金属矿物制品业	黑色金属冶炼和压延加工业	有色金属冶炼和压延加工业
河源市	**875**	**1**	**44**	**78**	**2**	**579**	**579**	**136**	**26**
源城区	670		30	39	2	355	183	49	12
紫金县	8		1	26		36	19	9	6
龙川县	8		2			1	63	3	
连平县	22	1	1	8		4	56	31	
和平县	10							39	
东源县	157		10	5		183	258	5	8
阳江市	**31**	**2**	**16**	**10**		**248**	**347**	**180**	**370**
江城区	15	1	4	3		92	61	56	366
阳东区	9		4	2		144	47	4	
阳西县	6	1	5	2		10	135		
阳春市	1		3	3		2	104	120	4
清远市	**520**	**4**	**459**	**292**	**2**	**797**	**1923**	**321**	**702**
清城区	168	2	273	278	1	614	1012	105	605
清新区	82		16	10		53	479	1	52
佛冈县	117	2	14			27	86	87	21
阳山县	9		18	2		4	16		1
连山壮族瑶族自治县						1			
连南瑶族自治县	5		2			2	2	1	
英德市	138		132	1	1	93	214	127	21
连州市	1		4	1		3	114		2
东莞市	**25079**	**228**	**3888**	**989**	**245**	**37066**	**7278**	**475**	**842**
市辖区	25079	228	3888	989	245	37066	7278	475	842
中山市	**3755**	**27**	**1765**	**431**	**14**	**6522**	**2662**	**189**	**223**
市辖区	3755	27	1765	431	14	6522	2662	189	223
潮州市	**95**		**47**	**5**		**329**	**4246**	**6**	**6**
湘桥区	18		7	5		61	901	1	1
潮安区	63		38			266	3320	5	
饶平县	14		2			2	25		5
揭阳市	**89**	**1**	**12**	**17**	**33**	**72**	**117**	**89**	**8**
榕城区	6			4		17	52	71	
揭东区	69		11	6		30	33	18	7
揭西县	1					13			
惠来县	1	1					12		1
普宁市	12		1	7	33	12	20		
云浮市	**127**	**4**	**62**	**29**	**2**	**32**	**1618**	**16**	**110**
云城区	70	4	13			4	1035	16	1
云安区			21	12		3	44		8
新兴县	3		12	13		22	376		99
郁南县	18		11	1	2	1	84		2
罗定市	36		5	3		2	79		
男	**38880**	**1056**	**17868**	**4543**	**475**	**63027**	**36246**	**4108**	**7693**
广州市	**3506**	**123**	**6221**	**1054**	**37**	**4971**	**2510**	**330**	**215**
荔湾区	106	3	54	43	2	42	48		6
越秀区	20	2	30	42		7	9	1	1
海珠区	55	8	47	35		48	47	3	6
天河区	81	9	143	68	1	112	125	8	8
白云区	506	19	3510	231	2	1352	552	38	23
黄埔区	77	36	656	282	23	420	183	119	23
番禺区	1984	10	402	167	3	1198	528	56	38
花都区	211	4	731	69	2	944	332	44	41
南沙区	284	22	223	39	2	370	341	48	33
从化区	40		220	35		119	59	2	6
增城区	142	10	205	43	2	359	286	11	30

4-4 续表 27

单位：人

地区 性别	制造业 文教、工美、体育和娱乐用品制造业	石油、煤炭及其他燃料加工业	化学原料和化学制品制造业	医药制造业	化学纤维制造业	橡胶和塑料制品业	非金属矿物制品业	黑色金属冶炼和压延加工业	有色金属冶炼和压延加工业
韶关市	**231**	**8**	**149**	**37**		**60**	**271**	**156**	**129**
武江区	159	2	15	18		7	40	23	14
浈江区	10		8	3		10	28	21	25
曲江区	8		18			3	36	99	14
始兴县	34		1	2		3	3		
仁化县	2	2	1			4	31		49
翁源县	5		24			12	22	1	1
乳源瑶族自治县	1		18	14			16	3	15
新丰县	1		20			10	54	2	10
乐昌市	1	1	6			6	16	7	1
南雄市	10	3	38			5	25		
深圳市	**8873**	**67**	**2186**	**1294**	**34**	**15736**	**5073**	**411**	**754**
罗湖区	573	3	9	21		31	16		5
福田区	29	2	14	29		26	32	1	6
南山区	73	1	78	70	2	129	164	4	9
宝安区	1521	21	995	470	12	6574	1550	171	288
龙岗区	4940	16	494	239	7	3688	1684	73	133
盐田区	472		1	11		12	22		
龙华区	465	5	279	249	3	2041	749	35	93
坪山区	377	1	121	113	3	996	320	9	65
光明区	423	18	195	92	7	2239	536	118	155
珠海市	**360**	**81**	**758**	**355**	**39**	**792**	**618**	**224**	**127**
香洲区	139	14	194	111	1	251	186	7	12
斗门区	115	3	79	22	3	120	203	5	16
金湾区	106	64	485	222	35	421	229	212	99
汕头市	**2942**		**200**	**44**	**5**	**635**	**293**	**5**	**5**
龙湖区	138		37	7	2	108	52	2	
金平区	26		52	19		153	23	3	3
濠江区	1		11	14	3	24	158		
潮阳区	22		26			44	5		
潮南区	65		65			73	31		
澄海区	2690		9	4		233	20		2
南澳县							4		
佛山市	**2106**	**93**	**1928**	**365**	**85**	**6897**	**8670**	**1126**	**3665**
禅城区	84	12	95	30	1	394	1818	78	42
南海区	1273	39	573	239	48	2683	3307	490	2122
顺德区	606	15	740	79	11	3046	1012	300	198
三水区	131	13	384	11	12	531	1809	108	1118
高明区	12	14	136	6	13	243	724	150	185
江门市	**289**	**15**	**560**	**45**	**11**	**1207**	**1291**	**97**	**223**
蓬江区	123	2	153	12	2	353	176	20	30
江海区	29	4	115	19		210	110	8	38
新会区	28	6	102	3	4	162	163	34	22
台山市	38	1	20	8		34	74	26	35
开平市	11	1	22	2	4	86	86	4	5
鹤山市	54		132	1	1	349	243	5	92
恩平市	6	1	16			13	439		1
湛江市	**18**	**82**	**45**	**31**	**3**	**73**	**233**	**442**	**6**
赤坎区	1	4	7	6		11	30	14	1
霞山区	5	43	16	21		7	36	71	2
坡头区		4	11			3	3	68	1
麻章区	3	25	9	2	3	14	33	279	
遂溪县						15	10	3	2
徐闻县	2		1	1		2	15	1	
廉江市	4						29	3	
雷州市	1		1	1			41	1	
吴川市	2	6				21	36	2	

4–4 续表 28　　　　单位：人

地　区 性　别	制造业 文教、工美、体育和娱乐用品制造业	石油、煤炭及其他燃料加工业	化学原料和化学制品制造业	医　药制造业	化学纤维制造业	橡胶和塑　料制品业	非金属矿　物制品业	黑色金属冶炼和压延加工业	有色金属冶炼和压延加工业
茂名市	**16**	**133**	**60**	**9**	**1**	**56**	**137**	**3**	**9**
茂南区	7	128	38	8		22	51	1	6
电白区		4	17	1		6	16		2
高州市	3		5			16	21	2	1
化州市	2				1	12	42		
信宜市	4	1					7		
肇庆市	**663**	**6**	**393**	**39**	**4**	**270**	**1583**	**65**	**687**
端州区	50	2	11	8		16	47	3	4
鼎湖区	6		28	1		23	294	2	37
高要区	8	1	29	4	3	56	656	10	34
广宁县		1	9			26	109	3	1
怀集县	2						9		1
封开县	7						87	1	
德庆县			2				16		
四会市	590	2	314	26	1	149	365	46	610
惠州市	**2376**	**239**	**1135**	**133**	**55**	**3614**	**1920**	**88**	**124**
惠城区	243	11	252	30	1	1145	479	12	38
惠阳区	1488	216	544	66	22	1365	756	33	47
博罗县	486	9	325	27	32	949	416	21	34
惠东县	142	3	6	7		120	157	22	5
龙门县	17		8	3		35	112		
梅州市	**24**		**19**	**27**	**1**	**76**	**216**	**15**	**8**
梅江区	6		7	3		10	29	2	4
梅县区	9		8	17	1	35	38		2
大埔县							32		
丰顺县	2						18	13	
五华县	1		1	7		15	29		
平远县	1					13	31		2
蕉岭县			2			1	28		
兴宁市	5		1			2	11		
汕尾市	**673**		**6**	**4**		**30**	**179**	**1**	**17**
城　区	8		1			3	96		
海丰县	658		4	3		25	60	1	11
陆河县	3		1			1	11		6
陆丰市	4			1		1	12		
河源市	**343**	**1**	**20**	**38**	**2**	**346**	**440**	**126**	**20**
源城区	243		17	13	2	203	139	46	11
紫金县	4			19		29	17	8	6
龙川县	5		1				44	2	
连平县	12	1		4		3	45	29	
和平县	7							37	
东源县	72		2	2		111	195	4	3
阳江市	**13**	**1**	**12**	**5**		**150**	**262**	**135**	**296**
江城区	7		2	2		52	48	43	292
阳东区	4		3	1		89	36	3	
阳西县	2	1	5	1		8	99		
阳春市			2	1		1	79	89	4
清远市	**273**	**3**	**325**	**226**	**1**	**528**	**1471**	**275**	**545**
清城区	92	1	187	219		406	773	90	461
清新区	35		12	4		39	363	1	48
佛冈县	70	2	8			16	67	77	17
阳山县	3		15	2		2	13		
连山壮族瑶族自治县						1			
连南瑶族自治县	1		1			1	1	1	
英德市	71		99		1	61	161	106	17
连州市	1		3	1		2	93		2

4-4　续表 29　　　　　　　　　　　　　　　　　　　　　　　　　　单位：人

地区 性别	制造业								
	文教、工美、体育和娱乐用品制造业	石油、煤炭及其他燃料加工业	化学原料和化学制品制造业	医药制造业	化学纤维制造业	橡胶和塑料制品业	非金属矿物制品业	黑色金属冶炼和压延加工业	有色金属冶炼和压延加工业
东莞市	**14041**	**178**	**2594**	**564**	**165**	**23267**	**5279**	**365**	**595**
市辖区	14041	178	2594	564	165	23267	5279	365	595
中山市	**1957**	**22**	**1167**	**242**	**10**	**4065**	**1929**	**152**	**173**
市辖区	1957	22	1167	242	10	4065	1929	152	173
潮州市	**43**		**35**	**4**		**187**	**2577**	**4**	**5**
湘桥区	7		5	4		32	558	1	
潮安区	34		29			155	1999	3	
饶平县	2		1				20		5
揭阳市	**50**		**10**	**10**	**21**	**48**	**98**	**76**	**8**
榕城区	1			2		12	48	59	
揭东区	46		9	4		17	24	17	7
揭西县	1					10			
惠来县							12		1
普宁市	2		1	4	21	9	14		
云浮市	**83**	**4**	**45**	**17**	**1**	**19**	**1196**	**12**	**82**
云城区	54	4	9			2	789	12	1
云安区			13	7		1	31		6
新兴县	2		11	9		14	249		74
郁南县	6		8		1	1	67		1
罗定市	21		4	1		1	60		
女	**31515**	**307**	**11479**	**3367**	**216**	**38645**	**14508**	**852**	**2525**
广州市	**2911**	**47**	**5763**	**957**	**20**	**3054**	**916**	**57**	**90**
荔湾区	68	1	43	45		58	14		1
越秀区	15	1	39	34		2	4		
海珠区	77	6	67	46		29	17	1	2
天河区	74	1	175	79	3	58	45	5	3
白云区	522	7	3601	180	3	902	263	3	14
黄埔区	78	14	426	266	4	197	72	19	12
番禺区	1502	2	305	154	5	802	194	4	11
花都区	176	3	696	61	1	488	116	11	25
南沙区	274	6	79	36	2	263	96	7	12
从化区	26		176	17		47	14		4
增城区	99	6	156	39	2	208	81	7	6
韶关市	**452**		**59**	**31**		**27**	**90**	**39**	**32**
武江区	328		11	9		7	17	10	5
浈江区	34		5	1		5	8	8	3
曲江区	16		12			2	10	18	1
始兴县	57			1			3		
仁化县	3		1				9		10
翁源县	3		8	1		5	2		
乳源瑶族自治县	3		3	18		1	10		7
新丰县	1		3			1	10	1	5
乐昌市	1		4			3	7	2	
南雄市	6		12	1		3	14		1
深圳市	**7022**	**24**	**1327**	**910**	**17**	**10432**	**2067**	**84**	**245**
罗湖区	351	1	10	19		21	15	1	2
福田区	42		17	22		12	14	1	
南山区	57		45	81		71	49	1	
宝安区	1425	11	494	278	4	4234	533	40	104
龙岗区	3497	8	358	173	7	2633	776	9	50
盐田区	294		1	12		12	7		
龙华区	452	2	189	193	1	1314	294	4	34
坪山区	387		114	61	3	677	185	4	17
光明区	517	2	99	71	2	1458	194	24	38

4-4 续表 30

单位：人

地区 性别	制造业								
	文教、工美、体育和娱乐用品制造业	石油、煤炭及其他燃料加工业	化学原料和化学制品制造业	医药制造业	化学纤维制造业	橡胶和塑料制品业	非金属矿物制品业	黑色金属冶炼和压延加工业	有色金属冶炼和压延加工业
珠海市	**336**	**17**	**407**	**235**	**19**	**552**	**199**	**25**	**63**
香洲区	146	2	163	85		175	48		4
斗门区	112	2	30	13	3	87	97	2	12
金湾区	78	13	214	137	16	290	54	23	47
汕头市	**2421**		**128**	**35**	**3**	**436**	**73**	**1**	**1**
龙湖区	140		39	10		71	11		
金平区	70		36	16		107	8	1	
濠江区			7	5	2	13	41		
潮阳区	17		6			23			
潮南区	27		37			54	6		1
澄海区	2167		3	4	1	168	7		
南澳县									
佛山市	**1685**	**21**	**849**	**260**	**31**	**3961**	**3767**	**279**	**1167**
禅城区	66	1	47	33		278	895	30	5
南海区	973	11	325	137	17	1557	1364	138	700
顺德区	512	4	295	75	7	1758	379	63	67
三水区	127	1	125	9	4	274	779	16	343
高明区	7	4	57	6	3	94	350	32	52
江门市	**281**	**2**	**245**	**37**	**10**	**810**	**464**	**25**	**74**
蓬江区	126	1	70	6	1	244	67	8	19
江海区	27		48	12	1	126	37	1	8
新会区	46	1	30	4	2	127	59	3	3
台山市	27		14	10		29	38	11	16
开平市	10		20	3	6	75	33	1	4
鹤山市	39		53			201	85	1	24
恩平市	6		10	2		8	145		
湛江市	**23**	**16**	**18**	**16**		**25**	**68**	**44**	**2**
赤坎区	2	1	4	1		3	15	3	
霞山区	7	9	4	12		5	7	3	2
坡头区	1		4			1	1	8	
麻章区	1	6	4	1		3	3	26	
遂溪县	2			1		5	2	1	
徐闻县	2					1	11		
廉江市	3		1	1		1	7	3	
雷州市	1		1				11		
吴川市	4					6	11		
茂名市	**24**	**51**	**20**	**9**		**32**	**47**	**5**	**1**
茂南区	10	50	12	6		10	19		
电白区		1	7	3			10		1
高州市	2					13	5	5	
化州市	7		1			5	11		
信宜市	5					4	2		
肇庆市	**405**	**1**	**127**	**33**		**125**	**659**	**6**	**242**
端州区	59	1	7	6		7	9	1	1
鼎湖区	9		6	2		22	176		5
高要区	6		5	5		37	276		10
广宁县	3		5			7	56		
怀集县	3						2		1
封开县	8		1				21		
德庆县	3		5				6		
四会市	314		98	20		52	113	5	225
惠州市	**1820**	**69**	**440**	**80**	**17**	**2098**	**554**	**17**	**37**
惠城区	197	3	129	32		634	166	6	18
惠阳区	1035	60	185	26	7	898	215	7	15
博罗县	427	6	121	17	10	491	105		4
惠东县	152		2	5		64	49	3	
龙门县	9		3			11	19	1	

4-4　续表 31　　　　单位：人

地　区 性　别	制造业								
	文教、工美、体育和娱乐用品制造业	石油、煤炭及其他燃料加工业	化学原料和化学制品制造业	医　药制造业	化学纤维制造业	橡胶和塑　料制品业	非金属矿　物制品业	黑色金属冶炼和压延加工业	有色金属冶炼和压延加工业
梅州市	**26**		**10**	**16**	**1**	**47**	**63**	**2**	**5**
梅江区	3		1	5	1	9	12	1	
梅县区	14		4	5		21	14		5
大埔县						1	5		
丰顺县	2						13		
五华县	3		1	6		7	9		
平远县	1		1			7	1		
蕉岭县			3			2	5	1	
兴宁市	3						4		
汕尾市	**341**	**1**	**1**	**3**		**11**	**23**	**1**	**3**
城　区	6					1	16		
海丰县	332	1	1	3		9	5		2
陆河县	1						2	1	1
陆丰市	2					1			
河源市	**532**		**24**	**40**		**233**	**139**	**10**	**6**
源城区	427		13	26		152	44	3	1
紫金县	4		1	7		7	2	1	
龙川县	3		1			1	19	1	
连平县	10		1	4		1	11	2	
和平县	3							2	
东源县	85		8	3		72	63	1	5
阳江市	**18**	**1**	**4**	**5**		**98**	**85**	**45**	**74**
江城区	8	1	2	1		40	13	13	74
阳东区	5		1	1		55	11	1	
阳西县	4			1		2	36		
阳春市	1		1	2		1	25	31	
清远市	**247**	**1**	**134**	**66**	**1**	**269**	**452**	**46**	**157**
清城区	76	1	86	59	1	208	239	15	144
清新区	47		4	6		14	116		4
佛冈县	47		6			11	19	10	4
阳山县	6		3			2	3		1
连山壮族瑶族自治县									
连南瑶族自治县	4		1			1	1		
英德市	67		33	1		32	53	21	4
连州市			1			1	21		
东莞市	**11038**	**50**	**1294**	**425**	**80**	**13799**	**1999**	**110**	**247**
市辖区	11038	50	1294	425	80	13799	1999	110	247
中山市	**1798**	**5**	**598**	**189**	**4**	**2457**	**733**	**37**	**50**
市辖区	1798	5	598	189	4	2457	733	37	50
潮州市	**52**		**12**	**1**		**142**	**1669**	**2**	**1**
湘桥区	11		2	1		29	343		1
潮安区	29		9			111	1321	2	
饶平县	12		1			2	5		
揭阳市	**39**	**1**	**2**	**7**	**12**	**24**	**19**	**13**	
榕城区	5			2		5	4	12	
揭东区	23		2	2		13	9	1	
揭西县						3			
惠来县	1	1							
普宁市	10			3	12	3	6		
云浮市	**44**		**17**	**12**	**1**	**13**	**422**	**4**	**28**
云城区	16		4			2	246	4	
云安区			8	5		2	13		2
新兴县	1		1	4		8	127		25
郁南县	12		3	1	1		17		1
罗定市	15		1	2		1	19		

4-4 续表 32

单位：人

地区 性别	制造业								
	金属制品业	通用设备制造业	专用设备制造业	汽车制造业	铁路、船舶、航空航天和其他运输设备制造业	电气机械和器材制造业	计算机、通信和其他电子设备制造业	仪器仪表制造业	其他制造业
广 东	**141387**	**63921**	**72187**	**30437**	**11256**	**166338**	**333946**	**17995**	**8633**
广州市	**8167**	**5999**	**4388**	**9304**	**3962**	**7925**	**17417**	**1316**	**924**
荔湾区	95	117	91	27	37	106	137	18	34
越秀区	24	35	23	14	10	37	45	89	11
海珠区	99	98	100	42	56	54	95	26	25
天河区	261	384	281	241	37	195	1449	101	50
白云区	1542	856	810	764	148	1725	1714	232	215
黄埔区	428	1161	772	2000	796	782	5919	443	139
番禺区	2589	1802	951	1456	195	2120	3301	255	283
花都区	1289	632	597	2238	280	838	1862	47	97
南沙区	1044	435	387	1719	2201	1622	1993	33	28
从化区	108	80	55	58	33	183	225	10	3
增城区	688	399	321	745	169	263	677	62	39
韶关市	**262**	**189**	**122**	**40**	**52**	**281**	**212**	**12**	**12**
武江区	52	74	31	7	4	50	42	2	1
浈江区	50	67	34	16	1	21	66		5
曲江区	31	27	13	3	46	16	33	1	
始兴县	6	3		1		31	11		
仁化县	3	2	1	2		38	6	1	2
翁源县	33	1	2	1		102	2	5	
乳源瑶族自治县	11	2	3	6		7	32	2	
新丰县	13		29		1	2	2		2
乐昌市	58	13	8	4		9	10	1	2
南雄市	5		1			5	8		
深圳市	**22851**	**18416**	**29260**	**6112**	**2472**	**49549**	**148697**	**8863**	**2916**
罗湖区	69	49	108	12	4	102	243	52	15
福田区	55	58	135	15	13	95	1185	23	20
南山区	366	285	905	85	115	874	4374	387	14
宝安区	9804	7939	11912	1813	726	22879	61832	3493	1104
龙岗区	4951	2989	5924	935	195	8382	23809	1493	915
盐田区	27	9	56	4	6	23	505	28	1
龙华区	3341	3899	4076	656	276	6154	37388	1391	436
坪山区	1411	714	1623	2207	153	2597	4121	485	180
光明区	2827	2474	4521	385	984	8443	15240	1511	231
珠海市	**1891**	**1505**	**1505**	**701**	**497**	**6007**	**8347**	**375**	**47**
香洲区	450	542	997	219	51	3289	3354	294	23
斗门区	815	496	236	117	104	1665	3657	30	9
金湾区	626	467	272	365	342	1053	1336	51	15
汕头市	**320**	**274**	**270**	**67**	**8**	**112**	**374**	**51**	**87**
龙湖区	70	86	77	10	1	37	153	35	18
金平区	92	75	47	12	6	25	44	8	5
濠江区	27	5	28	40		1	32		1
潮阳区	2	3	5			14	21		2
潮南区	22	40	3	1		16	46		56
澄海区	105	65	109	4	1	19	78	8	4
南澳县	2		1						1
佛山市	**32015**	**10346**	**5493**	**4265**	**730**	**28212**	**7327**	**1074**	**516**
禅城区	1909	543	298	309	33	626	1043	105	41
南海区	17692	4591	2151	2173	346	5064	2496	723	365
顺德区	9011	4206	2533	1286	292	21182	3214	161	79
三水区	2835	841	444	390	59	611	400	81	25
高明区	568	165	67	107		729	174	4	6

4-4　续表 33　　　　　　　　　　　　　　　　　　　　　　　　　　　　单位：人

地　区 性　别	制造业 金　属 制品业	通用设备 制造业	专用设备 制造业	汽　车 制造业	铁路、船舶、 航空航天和 其他运输 设备制造业	电气机械 和器材 制造业	计算机、 通信和其 他电子设 备制造业	仪器仪表 制造业	其　他 制造业
江门市	**6824**	**1087**	**541**	**632**	**1114**	**4894**	**3010**	**87**	**432**
蓬江区	1589	416	140	93	580	1366	656	20	33
江海区	903	128	135	208	287	2579	1163	13	16
新会区	1391	85	68	24	156	222	115	19	205
台山市	304	111	23	198	3	174	113	3	16
开平市	1573	100	75	52	1	39	145	7	29
鹤山市	1008	206	89	54	84	479	684	25	133
恩平市	56	41	11	3	3	35	134		
湛江市	**187**	**70**	**55**	**52**	**30**	**187**	**93**	**6**	**17**
赤坎区	35	15	10	26	6	29	8	3	4
霞山区	48	24	18	9	14	19	16	2	4
坡头区	10	2	2	1	3	4	2	1	1
麻章区	44	13	7	9	2	3	9		2
遂溪县	12	4		2	2	2	3		
徐闻县	5	6	4	1	1	1	17		1
廉江市	18	2	6	3	2	125	21		1
雷州市	3	1	1	1		2	16		3
吴川市	12	3	7			2	1		1
茂名市	**103**	**57**	**47**	**4**	**7**	**33**	**100**	**5**	**9**
茂南区	32	30	20	1	4	8	12	2	5
电白区	13	16	8	1	3	4	17	1	1
高州市	33	2	3	1		11	19		1
化州市	19	1	16			8	12	2	
信宜市	6	8		1		2	40		2
肇庆市	**3163**	**310**	**236**	**333**	**85**	**497**	**526**	**55**	**72**
端州区	111	72	57	42	1	88	289	11	9
鼎湖区	127	8	9	36	1	15	25	2	3
高要区	1523	72	25	32	4	33	38		
广宁县	41	4				2	6		4
怀集县							3		
封开县	3			1		24	11		1
德庆县	6	6	2			4	4	1	
四会市	1352	148	143	222	79	331	150	41	55
惠州市	**7290**	**2273**	**1903**	**4039**	**373**	**7537**	**33905**	**673**	**645**
惠城区	1846	862	898	787	109	3850	11370	211	89
惠阳区	2564	1050	580	2932	170	2121	18566	217	423
博罗县	2489	322	354	236	33	1478	3544	233	74
惠东县	373	38	70	75	46	84	400	8	57
龙门县	18	1	1	9	15	4	25	4	2
梅州市	**142**	**50**	**61**	**33**		**59**	**1026**	**17**	**18**
梅江区	39	18	34	6		18	620	7	8
梅县区	48	8	12	24		19	120	3	4
大埔县		1				1	1		
丰顺县	7	8	1			3	173		2
五华县	17	5	2			16	15	7	1
平远县	11	4	3	1		1	21		2
蕉岭县	2	6	7	1		1	43		1
兴宁市	18		2	1			33		
汕尾市	**59**	**33**	**26**	**52**	**7**	**65**	**671**	**9**	**14**
城　区	6	4	6	21	6	18	592	1	2
海丰县	37	9	14	1		34	66	7	10
陆河县	8	14	3	30	1	10	6	1	
陆丰市	8	6	3			3	7		2

4-4 续表 34

单位：人

地 区 性 别	制造业								
	金 属 制品业	通用设备 制造业	专用设备 制造业	汽 车 制造业	铁路、船舶、 航空航天和 其他运输 设备制造业	电气机械 和器材 制造业	计算机、 通信和其 他电子设 备制造业	仪器仪表 制造业	其 他 制造业
河源市	**402**	**203**	**435**	**28**	**52**	**549**	**1964**	**73**	**64**
源城区	259	168	357	25	6	231	1540	32	53
紫金县	23	10	54		38	17	66	3	
龙川县	18	2	6		6	10	269		6
连平县	31	4	4	2		15	29		
和平县	5	1	5		1	12	11	38	
东源县	66	18	9	1	1	264	49		5
阳江市	**3096**	**79**	**42**	**5**		**187**	**39**	**8**	**21**
江城区	1200	32	14	3		92	22	6	5
阳东区	1789	17	23	2		89	6	2	14
阳西县	19	3	1			1	5		
阳春市	88	27	4			5	6		2
清远市	**796**	**241**	**165**	**216**	**89**	**385**	**631**	**29**	**17**
清城区	505	103	113	139	28	280	443	5	13
清新区	118	36	22	45	8	33	42	5	2
佛冈县	32	67	13	22	51	7	124	2	
阳山县	4	8	3	1		3	1	14	1
连山壮族瑶族自治县	13					2			
连南瑶族自治县	4					1	2	1	
英德市	101	27	14	9	2	54	12	2	1
连州市	19					5	7		
东莞市	**40057**	**17887**	**24823**	**3385**	**1542**	**27513**	**100281**	**4539**	**2148**
市辖区	40057	17887	24823	3385	1542	27513	100281	4539	2148
中山市	**12036**	**4710**	**2698**	**1079**	**233**	**32032**	**9044**	**795**	**651**
市辖区	12036	4710	2698	1079	233	32032	9044	795	651
潮州市	**940**	**99**	**66**	**2**	**2**	**235**	**133**	**4**	**17**
湘桥区	45	35	27	1		206	80	3	10
潮安区	892	64	38		2	23	50	1	7
饶平县	3		1	1		6	3		
揭阳市	**452**	**38**	**18**	**4**		**62**	**18**	**4**	**3**
榕城区	119	5	3	2				2	
揭东区	308	11	8			30	3		1
揭西县	8	2				19	6		
惠来县			1						
普宁市	17	20	6	2		13	9	2	2
云浮市	**334**	**55**	**33**	**84**	**1**	**17**	**131**		**3**
云城区	47	12	16	35	1	2	19		1
云安区	3	19	2	47			4		
新兴县	271	16	12				31		
郁南县	6	5	2			12	5		
罗定市	7	3	1	2		3	72		2
男	**97291**	**45793**	**50160**	**21039**	**8460**	**99931**	**204259**	**10880**	**4842**
广州市	**5848**	**4513**	**3074**	**6985**	**3179**	**5027**	**10424**	**731**	**513**
荔湾区	73	82	58	18	30	67	71	13	17
越秀区	20	26	14	10	9	27	33	59	5
海珠区	74	65	66	26	41	33	56	10	14
天河区	198	268	186	181	30	134	870	63	32
白云区	1124	658	577	507	108	1140	1034	125	106
黄埔区	322	866	489	1488	652	531	3815	213	86
番禺区	1856	1373	683	1152	147	1297	1747	153	159
花都区	920	481	438	1601	224	556	1128	36	59
南沙区	715	347	273	1417	1792	935	1083	18	12
从化区	62	58	43	36	16	108	144	4	1
增城区	484	289	247	549	130	199	443	37	22

4-4 续表 35

单位：人

地区 性别	制造业								
	金属制品业	通用设备制造业	专用设备制造业	汽车制造业	铁路、船舶、航空航天和其他运输设备制造业	电气机械和器材制造业	计算机、通信和其他电子设备制造业	仪器仪表制造业	其他制造业
韶关市	**202**	**143**	**83**	**30**	**48**	**172**	**99**	**6**	**7**
武江区	44	57	25	5	2	24	15		
浈江区	36	47	21	10	1	15	23		4
曲江区	29	21	10	3	44	15	23	1	
始兴县	4	3		1		12	5		
仁化县	2	2	1	2		25	2	1	2
翁源县	18	1	2	1		69		2	
乳源瑶族自治县	7	2	2	5		4	20	1	
新丰县	11		17		1	1			
乐昌市	49	10	4	3		5	6	1	1
南雄市	2		1			2	5		
深圳市	**16115**	**12941**	**20233**	**3998**	**1730**	**28409**	**91067**	**5243**	**1590**
罗湖区	56	34	71	10	3	71	156	23	2
福田区	35	40	83	9	8	62	693	10	14
南山区	267	179	490	61	98	552	2703	224	9
宝安区	6817	5553	8355	1024	491	12879	36610	2116	573
龙岗区	3491	2060	3971	609	135	4663	14269	851	520
盐田区	23	7	35	1	6	11	350	15	1
龙华区	2414	2787	2869	438	189	3635	25077	858	220
坪山区	943	477	1094	1572	107	1692	2327	269	108
光明区	2069	1804	3265	274	693	4844	8882	877	143
珠海市	**1369**	**1048**	**949**	**456**	**411**	**3804**	**4925**	**238**	**28**
香洲区	332	343	611	153	38	2153	1844	187	9
斗门区	601	376	154	83	84	1044	2275	19	7
金湾区	436	329	184	220	289	607	806	32	12
汕头市	**245**	**195**	**212**	**35**	**5**	**71**	**225**	**38**	**49**
龙湖区	60	53	52	7	1	25	89	26	10
金平区	66	60	35	6	4	15	26	5	2
濠江区	24	3	24	19		1	27		1
潮阳区	2	3	5			5	16		2
潮南区	17	32	2			12	28		31
澄海区	74	44	94	3		13	39	7	2
南澳县	2								1
佛山市	**22057**	**7691**	**4046**	**3177**	**496**	**17341**	**4207**	**659**	**310**
禅城区	1447	383	212	216	29	365	549	54	25
南海区	12189	3381	1514	1652	246	3062	1529	458	225
顺德区	6075	3135	1926	934	183	13118	1772	101	40
三水区	1920	658	351	297	38	365	246	44	15
高明区	426	134	43	78		431	111	2	5
江门市	**4346**	**767**	**407**	**431**	**838**	**2813**	**1880**	**59**	**243**
蓬江区	1038	287	106	51	429	767	400	16	16
江海区	588	104	84	126	210	1472	745	7	12
新会区	876	53	52	8	128	130	74	12	112
台山市	204	69	18	170	2	112	60	3	10
开平市	944	64	57	34		25	93	5	21
鹤山市	653	153	80	41	68	280	440	16	72
恩平市	43	37	10	1	1	27	68		
湛江市	**150**	**57**	**41**	**38**	**22**	**100**	**54**	**4**	**9**
赤坎区	25	11	6	18	3	19	6	2	3
霞山区	45	21	13	6	11	13	10	1	3
坡头区	8	2	2		3	1		1	
麻章区	33	11	7	7	2	2	8		1
遂溪县	10	4		2		2	1		
徐闻县	4	2	3	1	1	1	11		1
廉江市	14	2	4	3	2	58	8		
雷州市	2	1	1	1		2	9		1
吴川市	9	3	5			2	1		

4-4 续表 36

单位：人

地区 性别	制造业								
	金属制品业	通用设备制造业	专用设备制造业	汽车制造业	铁路、船舶、航空航天和其他运输设备制造业	电气机械和器材制造业	计算机、通信和其他电子设备制造业	仪器仪表制造业	其他制造业
茂名市	**64**	**47**	**31**	**2**	**5**	**23**	**38**	**3**	**4**
茂南区	24	27	14	1	3	6	7	1	2
电白区	9	12	4		2	3	4	1	
高州市	17	2	2	1		9	7		1
化州市	11	1	11			3	7	1	
信宜市	3	5				2	13		1
肇庆市	**2142**	**212**	**171**	**252**	**59**	**310**	**293**	**32**	**50**
端州区	77	52	36	30	1	48	146	7	7
鼎湖区	98	8	7	22	1	10	16	2	2
高要区	973	46	15	22	2	22	12		
广宁县	28	3				2	4		3
怀集县							2		
封开县	2			1		15	4		1
德庆县	3	6	1			1	2	1	
四会市	961	97	112	177	55	212	107	22	37
惠州市	**5189**	**1621**	**1289**	**2491**	**268**	**4799**	**22318**	**438**	**374**
惠城区	1321	630	636	468	69	2371	7406	140	56
惠阳区	1842	725	389	1824	120	1387	12478	136	244
博罗县	1781	229	204	153	21	991	2178	152	49
惠东县	236	36	59	41	44	47	249	7	24
龙门县	9	1	1	5	14	3	7	3	1
梅州市	**114**	**32**	**42**	**22**		**34**	**598**	**12**	**9**
梅江区	28	11	24	5		10	383	4	3
梅县区	40	5	7	16		11	61	3	3
大埔县		1					1		
丰顺县	4	6	1			2	101		2
五华县	14	3	2			11	6	5	
平远县	9	1	2	1			10		1
蕉岭县	2	5	5				28		
兴宁市	17		1				8		
汕尾市	**51**	**22**	**22**	**43**	**6**	**57**	**421**	**6**	**8**
城　区	6	1	5	16	5	18	370	1	1
海丰县	29	5	13	1		27	41	4	5
陆河县	8	12	2	26	1	9	4	1	
陆丰市	8	4	2			3	6		2
河源市	**313**	**152**	**330**	**14**	**30**	**308**	**1074**	**44**	**31**
源城区	209	120	279	11	4	120	805	21	25
紫金县	16	9	37		22	9	39	2	
龙川县	14	1	4		4	8	177		4
连平县	21	3	2	2		12	20		
和平县	3	1	3			9	5	21	
东源县	50	18	5	1		150	28		2
阳江市	**1772**	**54**	**29**	**4**		**133**	**25**	**8**	**9**
江城区	680	23	9	3		79	19	6	2
阳东区	1014	10	18	1		52	2	2	6
阳西县	11	1				1	2		
阳春市	67	20	2			1	2		1
清远市	**603**	**183**	**117**	**157**	**72**	**243**	**373**	**19**	**10**
清城区	376	88	71	103	21	180	266	4	6
清新区	91	20	19	31	7	19	20	2	2
佛冈县	23	51	11	14	43	4	81	2	
阳山县	3	6	3	1		1		8	1
连山壮族瑶族自治县	11					1			
连南瑶族自治县	3					1		1	
英德市	83	18	13	8	1	34	4	2	1
连州市	13					3	2		

4-4　续表 37　　　　　　　　　　　　　　　　　　　　　　　　　　单位：人

地　区 性　别	制造业								
	金　属 制品业	通用设备 制造业	专用设备 制造业	汽　车 制造业	铁路、船舶、 航空航天和 其他运输 设备制造业	电气机械 和器材 制造业	计算机、 通信和其 他电子设 备制造业	仪器仪表 制造业	其　他 制造业
东莞市	**27576**	**12846**	**16994**	**2130**	**1113**	**16264**	**60866**	**2854**	**1261**
市辖区	27576	12846	16994	2130	1113	16264	60866	2854	1261
中山市	**8030**	**3156**	**2003**	**701**	**175**	**19852**	**5224**	**480**	**321**
市辖区	8030	3156	2003	701	175	19852	5224	480	321
潮州市	**591**	**54**	**48**		**2**	**112**	**70**	**3**	**12**
湘桥区	30	13	17			95	33	2	7
潮安区	559	41	30		2	13	34	1	5
饶平县	2		1			4	3		
揭阳市	**291**	**18**	**14**	**3**		**47**	**10**	**3**	**2**
榕城区	81	2	3	2				2	
揭东区	193	8	8			22	3		1
揭西县	6	1				15	3		
惠来县			1						
普宁市	11	7	2	1		10	4	1	1
云浮市	**223**	**41**	**25**	**70**	**1**	**12**	**68**		**2**
云城区	35	11	12	35	1	2	16		1
云安区	2	14	2	34			1		
新兴县	179	11	10				19		
郁南县	3	2	1			9			
罗定市	4	3		1		1	32		1
女	**44096**	**18128**	**22027**	**9398**	**2796**	**66407**	**129687**	**7115**	**3791**
广州市	**2319**	**1486**	**1314**	**2319**	**783**	**2898**	**6993**	**585**	**411**
荔湾区	22	35	33	9	7	39	66	5	17
越秀区	4	9	9	4	1	10	12	30	6
海珠区	25	33	34	16	15	21	39	16	11
天河区	63	116	95	60	7	61	579	38	18
白云区	418	198	233	257	40	585	680	107	109
黄埔区	106	295	283	512	144	251	2104	230	53
番禺区	733	429	268	304	48	823	1554	102	124
花都区	369	151	159	637	56	282	734	11	38
南沙区	329	88	114	302	409	687	910	15	16
从化区	46	22	12	22	17	75	81	6	2
增城区	204	110	74	196	39	64	234	25	17
韶关市	**60**	**46**	**39**	**10**	**4**	**109**	**113**	**6**	**5**
武江区	8	17	6	2	2	26	27	2	1
浈江区	14	20	13	6		6	43		1
曲江区	2	6	3		2	1	10		
始兴县	2					19	6		
仁化县	1					13	4		
翁源县	15					33	2	3	
乳源瑶族自治县	4		1	1		3	12	1	
新丰县	2		12			1	2		2
乐昌市	9	3	4	1		4	4		1
南雄市	3					3	3		
深圳市	**6736**	**5475**	**9027**	**2114**	**742**	**21140**	**57630**	**3620**	**1326**
罗湖区	13	15	37	2	1	31	87	29	13
福田区	20	18	52	6	5	33	492	13	6
南山区	99	106	415	24	17	322	1671	163	5
宝安区	2987	2386	3557	789	235	10000	25222	1377	531
龙岗区	1460	929	1953	326	60	3719	9540	642	395
盐田区	4	2	21	3		12	155	13	
龙华区	927	1112	1207	218	87	2519	12311	533	216
坪山区	468	237	529	635	46	905	1794	216	72
光明区	758	670	1256	111	291	3599	6358	634	88

4–4 续表 38

单位：人

地区 性别	制造业								
	金属制品业	通用设备制造业	专用设备制造业	汽车制造业	铁路、船舶、航空航天和其他运输设备制造业	电气机械和器材制造业	计算机、通信和其他电子设备制造业	仪器仪表制造业	其他制造业
珠海市	**522**	**457**	**556**	**245**	**86**	**2203**	**3422**	**137**	**19**
香洲区	118	199	386	66	13	1136	1510	107	14
斗门区	214	120	82	34	20	621	1382	11	2
金湾区	190	138	88	145	53	446	530	19	3
汕头市	**75**	**79**	**58**	**32**	**3**	**41**	**149**	**13**	**38**
龙湖区	10	33	25	3		12	64	9	8
金平区	26	15	12	6	2	10	18	3	3
濠江区	3	2	4	21			5		
潮阳区						9	5		
潮南区	5	8	1	1		4	18		25
澄海区	31	21	15	1	1	6	39	1	2
南澳县			1						
佛山市	**9958**	**2655**	**1447**	**1088**	**234**	**10871**	**3120**	**415**	**206**
禅城区	462	160	86	93	4	261	494	51	16
南海区	5503	1210	637	521	100	2002	967	265	140
顺德区	2936	1071	607	352	109	8064	1442	60	39
三水区	915	183	93	93	21	246	154	37	10
高明区	142	31	24	29		298	63	2	1
江门市	**2478**	**320**	**134**	**201**	**276**	**2081**	**1130**	**28**	**189**
蓬江区	551	129	34	42	151	599	256	4	17
江海区	315	24	51	82	77	1107	418	6	4
新会区	515	32	16	16	28	92	41	7	93
台山市	100	42	5	28	1	62	53		6
开平市	629	36	18	18	1	14	52	2	8
鹤山市	355	53	9	13	16	199	244	9	61
恩平市	13	4	1	2	2	8	66		
湛江市	**37**	**13**	**14**	**14**	**8**	**87**	**39**	**2**	**8**
赤坎区	10	4	4	8	3	10	2	1	1
霞山区	3	3	5	3	3	6	6	1	1
坡头区	2			1		3	2		1
麻章区	11	2		2		1	1		1
遂溪县	2				2		2		
徐闻县	1	4	1				6		
廉江市	4		2			67	13		1
雷州市	1						7		2
吴川市	3		2						1
茂名市	**39**	**10**	**16**	**2**	**2**	**10**	**62**	**2**	**5**
茂南区	8	3	6		1	2	5	1	3
电白区	4	4	4	1	1	1	13		1
高州市	16		1			2	12		
化州市	8		5			5	5	1	
信宜市	3	3		1			27		1
肇庆市	**1021**	**98**	**65**	**81**	**26**	**187**	**233**	**23**	**22**
端州区	34	20	21	12		40	143	4	2
鼎湖区	29		2	14		5	9		1
高要区	550	26	10	10	2	11	26		
广宁县	13	1					2		1
怀集县							1		
封开县	1					9	7		
德庆县	3		1			3	2		
四会市	391	51	31	45	24	119	43	19	18
惠州市	**2101**	**652**	**614**	**1548**	**105**	**2738**	**11587**	**235**	**271**
惠城区	525	232	262	319	40	1479	3964	71	33
惠阳区	722	325	191	1108	50	734	6088	81	179
博罗县	708	93	150	83	12	487	1366	81	25
惠东县	137	2	11	34	2	37	151	1	33
龙门县	9			4	1	1	18	1	1

4-4　续表 39　　　　单位：人

地　区 性　别	制造业								
	金　属 制品业	通用设备 制造业	专用设备 制造业	汽　车 制造业	铁路、船舶、航空航天和其他运输设备制造业	电气机械和器材制造业	计算机、通信和其他电子设备制造业	仪器仪表 制造业	其　他 制造业
梅州市	**28**	**18**	**19**	**11**		**25**	**428**	**5**	**9**
梅江区	11	7	10	1		8	237	3	5
梅县区	8	3	5	8		8	59		1
大埔县						1			
丰顺县	3	2				1	72		
五华县	3	2				5	9	2	1
平远县	2	3	1			1	11		1
蕉岭县		1	2	1		1	15		1
兴宁市	1		1	1			25		
汕尾市	**8**	**11**	**4**	**9**	**1**	**8**	**250**	**3**	**6**
城　区		3	1	5	1		222		1
海丰县	8	4	1			7	25	3	5
陆河县		2	1	4		1	2		
陆丰市		2	1				1		
河源市	**89**	**51**	**105**	**14**	**22**	**241**	**890**	**29**	**33**
源城区	50	48	78	14	2	111	735	11	28
紫金县	7	1	17		16	8	27	1	
龙川县	4	1	2		2	2	92		2
连平县	10	1	2			3	9		
和平县	2		2		1	3	6	17	
东源县	16		4		1	114	21		3
阳江市	**1324**	**25**	**13**	**1**		**54**	**14**		**12**
江城区	520	9	5			13	3		3
阳东区	775	7	5	1		37	4		8
阳西县	8	2	1				3		
阳春市	21	7	2			4	4		1
清远市	**193**	**58**	**48**	**59**	**17**	**142**	**258**	**10**	**7**
清城区	129	15	42	36	7	100	177	1	7
清新区	27	16	3	14	1	14	22	3	
佛冈县	9	16	2	8	8	3	43		
阳山县	1	2				2	1	6	
连山壮族瑶族自治县	2					1			
连南瑶族自治县	1						2		
英德市	18	9	1	1	1	20	8		
连州市	6					2	5		
东莞市	**12481**	**5041**	**7829**	**1255**	**429**	**11249**	**39415**	**1685**	**887**
市辖区	12481	5041	7829	1255	429	11249	39415	1685	887
中山市	**4006**	**1554**	**695**	**378**	**58**	**12180**	**3820**	**315**	**330**
市辖区	4006	1554	695	378	58	12180	3820	315	330
潮州市	**349**	**45**	**18**	**2**		**123**	**63**	**1**	**5**
湘桥区	15	22	10	1		111	47	1	3
潮安区	333	23	8			10	16		2
饶平县	1			1		2			
揭阳市	**161**	**20**	**4**	**1**		**15**	**8**	**1**	**1**
榕城区	38	3							
揭东区	115	3				8			
揭西县	2	1				4	3		
惠来县									
普宁市	6	13	4	1		3	5	1	1
云浮市	**111**	**14**	**8**	**14**		**5**	**63**		**1**
云城区	12	1	4				3		
云安区	1	5		13			3		
新兴县	92	5	2				12		
郁南县	3	3	1			3	5		
罗定市	3		1	1		2	40		1

4-4 续表 40

单位：人

地区 性别	制造业		电力、热力、燃气及水生产和供应业				建筑业		
	废弃资源综合利用业	金属制品、机械和设备修理业	小计	电力、热力生产和供应业	燃气生产和供应业	水的生产和供应业	小计	房屋建筑业	土木工程建筑业
广 东	**6506**	**6545**	**11086**	**5491**	**2845**	**2750**	**244571**	**101441**	**30941**
广州市	**1249**	**1629**	**2205**	**962**	**572**	**671**	**43992**	**15896**	**6340**
荔湾区	52	38	94	41	23	30	1569	545	257
越秀区	52	13	110	58	16	36	751	146	266
海珠区	203	57	159	59	44	56	2692	763	400
天河区	106	201	202	92	57	53	5438	1115	652
白云区	178	271	430	147	117	166	8744	2522	1130
黄埔区	79	405	433	227	94	112	4940	2361	760
番禺区	218	313	304	110	107	87	8647	3241	1097
花都区	126	170	123	38	45	40	2883	1109	181
南沙区	144	107	165	91	37	37	4742	2466	1012
从化区	9	6	39	32	3	4	617	270	134
增城区	82	48	146	67	29	50	2969	1358	451
韶关市	**79**	**48**	**334**	**265**	**34**	**35**	**3554**	**1670**	**453**
武江区	12	6	66	51	8	7	1301	690	70
浈江区	26	13	62	47	12	3	661	296	53
曲江区	8	22	36	32	3	1	387	152	98
始兴县			17	15	1	1	120	52	12
仁化县	8	2	26	20	3	3	171	77	3
翁源县	18		11	9	1	1	158	57	49
乳源瑶族自治县	1	2	27	21	4	2	153	76	42
新丰县	4	1	22	20	1	1	186	69	61
乐昌市	2	1	31	29		2	278	141	41
南雄市		1	36	21	1	14	139	60	24
深圳市	**880**	**2188**	**2809**	**986**	**929**	**894**	**69370**	**24508**	**11090**
罗湖区	26	50	147	60	43	44	3907	1316	351
福田区	38	71	149	39	56	54	4833	1496	569
南山区	60	563	251	92	93	66	7061	2899	1169
宝安区	382	574	748	274	222	252	15340	4126	2933
龙岗区	231	548	823	320	284	219	16566	5435	2578
盐田区		45	40	19	8	13	1001	457	300
龙华区	71	224	357	101	137	119	10215	3367	1370
坪山区	48	27	101	26	23	52	3329	1590	743
光明区	24	86	193	55	63	75	7118	3822	1077
珠海市	**88**	**138**	**343**	**172**	**77**	**94**	**12760**	**7323**	**1504**
香洲区	50	74	214	99	45	70	8493	4956	889
斗门区	3	30	47	29	7	11	2070	1234	163
金湾区	35	34	82	44	25	13	2197	1133	452
汕头市	**35**	**26**	**133**	**73**	**19**	**41**	**2821**	**1456**	**247**
龙湖区	10	8	24	11	8	5	1588	899	124
金平区	11	13	29	18	5	6	373	138	33
濠江区		2	5	1	4		45	12	6
潮阳区	3	1	1		1		191	106	18
潮南区	3		67	37		30	237	112	2
澄海区	8	2	3	2	1		363	178	61
南澳县			4	4			24	11	3
佛山市	**912**	**574**	**903**	**435**	**312**	**156**	**26026**	**11734**	**2269**
禅城区	135	105	156	64	59	33	4423	1373	322
南海区	387	269	340	149	125	66	8316	3051	609
顺德区	201	145	256	137	81	38	10228	5656	1128
三水区	175	44	107	65	24	18	2008	1101	149
高明区	14	11	44	20	23	1	1051	553	61

4-4　续表 41　　　　单位：人

地　区 性　别	制造业		电力、热力、燃气及水生产和供应业				建筑业		
	废弃资源综　合利用业	金属制品、机械和设备修理业	小计	电力、热力生产和供应业	燃气生产和供应业	水的生产和供应业	小计	房　屋建筑业	土木工程建筑业
江门市	**153**	**104**	**293**	**195**	**66**	**32**	**6515**	**3396**	**460**
蓬江区	43	16	56	26	26	4	1774	776	133
江海区	17	24	41	22	8	11	1209	718	71
新会区	54	36	33	21	7	5	1093	550	109
台山市	12	6	113	105	7	1	748	469	17
开平市	18	12	24	11	7	6	515	153	35
鹤山市	8	9	17	5	9	3	885	548	61
恩平市	1	1	9	5	2	2	291	182	34
湛江市	**50**	**141**	**233**	**169**	**34**	**30**	**2980**	**1257**	**215**
赤坎区	22	15	52	29	8	15	651	174	62
霞山区	11	73	85	59	14	12	1140	455	63
坡头区		9	20	12	7	1	133	64	24
麻章区	5	36	9	6	2	1	284	177	16
遂溪县	1	3	2	1	1		72	29	4
徐闻县	6	1	12	12			135	89	2
廉江市	2		3	1	2		121	73	6
雷州市	2	2	45	45			37	22	2
吴川市	1	2	5	4		1	407	174	36
茂名市	**18**	**21**	**130**	**81**	**38**	**11**	**2111**	**1502**	**186**
茂南区	3	7	52	31	18	3	739	406	66
电白区	1	4	41	20	19	2	611	510	63
高州市	2		10	6		4	370	319	18
化州市	10	8	7	6		1	214	143	27
信宜市	2	2	20	18	1	1	177	124	12
肇庆市	**193**	**55**	**155**	**77**	**41**	**37**	**3239**	**1925**	**280**
端州区	11	22	39	18	14	7	769	295	63
鼎湖区	16	2	35	5	10	20	765	636	25
高要区	1	7	8	7		1	124	56	12
广宁县	6	1	2	2			102	59	20
怀集县		1					100	57	10
封开县			5	3		2	103	11	55
德庆县	3	1	2	1	1		27	9	2
四会市	156	21	64	41	16	7	1249	802	93
惠州市	**356**	**295**	**685**	**360**	**121**	**204**	**17684**	**8298**	**2050**
惠城区	126	92	246	109	47	90	7141	3265	809
惠阳区	93	151	227	84	59	84	5597	2577	503
博罗县	75	42	65	37	12	16	2365	1200	141
惠东县	56	8	116	104	1	11	2225	1119	517
龙门县	6	2	31	26	2	3	356	137	80
梅州市	**62**	**16**	**151**	**118**	**20**	**13**	**2885**	**1059**	**322**
梅江区	42	9	57	45	6	6	917	399	45
梅县区	11	3	33	24	8	1	949	186	81
大埔县			32	32			155	45	36
丰顺县	2		2	2			158	83	16
五华县	2	1	7	4	1	2	272	84	112
平远县	1	1	7	5	1	1	74	51	7
蕉岭县	1		7	3	2	2	136	58	22
兴宁市	3	2	6	3	2	1	224	153	3
汕尾市	**31**	**20**	**215**	**186**	**17**	**12**	**2543**	**1413**	**341**
城　区		5	78	72	4	2	813	609	23
海丰县	29	9	49	30	11	8	1217	513	280
陆河县	1	1	4	4			269	120	11
陆丰市	1	5	84	80	2	2	244	171	27

4-4 续表 42　　　　单位：人

地区 性别	制造业		电力、热力、燃气及水生产和供应业				建筑业		
	废弃资源综合利用业	金属制品、机械和设备修理业	小计	电力、热力生产和供应业	燃气生产和供应业	水的生产和供应业	小计	房屋建筑业	土木工程建筑业
河源市	**48**	**36**	**242**	**167**	**42**	**33**	**4078**	**1724**	**639**
源城区	19	17	130	93	21	16	2780	1221	331
紫金县	1	4	75	49	12	14	427	177	108
龙川县	12	5	12	6	6		289	85	101
连平县	3		1		1		75	30	4
和平县	1	1	7	7			161	57	68
东源县	12	9	17	12	2	3	346	154	27
阳江市	**35**	**47**	**364**	**336**	**22**	**6**	**1552**	**701**	**225**
江城区	22	7	86	67	14	5	763	330	57
阳东区	11	37	213	212	1		351	165	26
阳西县	2		46	45		1	212	137	49
阳春市		3	19	12	7		226	69	93
清远市	**382**	**54**	**257**	**178**	**64**	**15**	**4686**	**2246**	**793**
清城区	366	44	98	63	30	5	2708	1412	298
清新区	3	5	28	22	2	4	402	169	12
佛冈县	3	1	20	1	19		260	114	40
阳山县			14	6	8		125	35	74
连山壮族瑶族自治县			9	8		1	35	6	14
连南瑶族自治县			5	4	1		15	3	1
英德市	5	1	74	66	4	4	1055	462	334
连州市	5	3	9	8		1	86	45	20
东莞市	**1401**	**890**	**1071**	**372**	**327**	**372**	**23621**	**9210**	**2103**
市辖区	1401	890	1071	372	327	372	23621	9210	2103
中山市	**444**	**202**	**360**	**213**	**77**	**70**	**11448**	**4687**	**1227**
市辖区	444	202	360	213	77	70	11448	4687	1227
潮州市	**58**	**27**	**120**	**91**	**22**	**7**	**1113**	**663**	**47**
湘桥区	19	5	41	20	18	3	547	311	15
潮安区	38	5	33	26	4	3	450	300	31
饶平县	1	17	46	45		1	116	52	1
揭阳市	**5**	**5**	**5**	**1**	**1**	**3**	**484**	**213**	**23**
榕城区		2					33	10	1
揭东区	1		1	1			109	61	
揭西县			2			2	30	7	1
惠来县			1		1		72	59	
普宁市	4	3	1			1	240	76	21
云浮市	**27**	**29**	**78**	**54**	**10**	**14**	**1109**	**560**	**127**
云城区	15	23	39	28	6	5	580	272	52
云安区			2			2	95	59	22
新兴县	8	4	8	6	2		254	159	2
郁南县	1	1	11	3	2	6	80	26	26
罗定市	3	1	18	17		1	100	44	25
男	**4833**	**5587**	**9017**	**4415**	**2382**	**2220**	**209618**	**86256**	**26909**
广州市	**896**	**1413**	**1730**	**736**	**467**	**527**	**37287**	**13437**	**5354**
荔湾区	44	33	69	26	19	24	1334	468	220
越秀区	34	9	82	38	14	30	635	117	224
海珠区	134	41	111	42	33	36	2317	659	338
天河区	75	168	151	67	46	38	4431	907	509
白云区	139	250	350	115	102	133	7626	2186	967
黄埔区	58	350	350	182	76	92	4201	2019	647
番禺区	158	284	246	84	87	75	7348	2754	914
花都区	85	145	99	34	37	28	2389	912	145
南沙区	110	87	125	73	26	26	4041	2081	877
从化区	6	5	30	25	3	2	511	222	115
增城区	53	41	117	50	24	43	2454	1112	398

4-4　续表 43　　　　　　单位：人

地　区 性　别	制造业		电力、热力、燃气及水生产和供应业				建筑业		
	废弃资源综合利用业	金属制品、机械和设备修理业	小计	电力、热力生产和供应业	燃气生产和供应业	水的生产和供应业	小计	房屋建筑业	土木工程建筑业
韶关市	**52**	**37**	**264**	**212**	**26**	**26**	**2918**	**1350**	**394**
武江区	7	6	50	40	6	4	1068	556	57
浈江区	18	9	50	37	11	2	537	235	45
曲江区	3	17	27	24	2	1	329	130	92
始兴县			11	10	1		95	38	10
仁化县	7	1	22	18	1	3	141	64	2
翁源县	12		8	6	1	1	128	42	40
乳源瑶族自治县		2	17	14	3		129	65	37
新丰县	4	1	22	20	1	1	150	54	54
乐昌市	1	1	27	26		1	226	118	36
南雄市			30	17		13	115	48	21
深圳市	**733**	**1902**	**2340**	**822**	**777**	**741**	**61528**	**21606**	**9786**
罗湖区	21	42	123	47	36	40	3415	1122	285
福田区	29	62	115	30	43	42	4090	1291	463
南山区	48	513	207	72	81	54	6212	2564	1016
宝安区	328	467	628	235	188	205	13803	3672	2636
龙岗区	186	484	695	266	241	188	14661	4769	2286
盐田区		37	31	13	8	10	897	406	268
龙华区	56	197	289	85	108	96	9078	3008	1201
坪山区	43	23	85	25	19	41	2952	1403	657
光明区	22	77	167	49	53	65	6420	3371	974
珠海市	**69**	**120**	**282**	**134**	**64**	**84**	**10959**	**6255**	**1307**
香洲区	39	65	174	76	34	64	7383	4301	767
斗门区	3	26	39	24	7	8	1688	981	140
金湾区	27	29	69	34	23	12	1888	973	400
汕头市	**31**	**21**	**106**	**58**	**17**	**31**	**2420**	**1219**	**210**
龙湖区	8	6	19	8	7	4	1369	751	113
金平区	9	10	23	14	4	5	330	124	26
濠江区		2	5	1	4		42	11	6
潮阳区	3	1	1		1		146	80	5
潮南区	3		51	29		22	194	89	2
澄海区	8	2	3	2	1		317	154	56
南澳县			4	4			22	10	2
佛山市	**628**	**477**	**734**	**340**	**266**	**128**	**21726**	**9777**	**1949**
禅城区	96	90	123	50	48	25	3712	1163	272
南海区	265	211	271	110	106	55	6853	2538	512
顺德区	141	130	216	112	72	32	8662	4724	983
三水区	118	38	90	55	20	15	1642	903	126
高明区	8	8	34	13	20	1	857	449	56
江门市	**114**	**83**	**246**	**162**	**61**	**23**	**5230**	**2706**	**397**
蓬江区	34	14	43	19	22	2	1387	603	112
江海区	12	20	32	17	8	7	980	573	58
新会区	40	29	32	20	7	5	901	452	99
台山市	8	3	97	89	7	1	554	343	16
开平市	13	9	21	9	7	5	425	129	26
鹤山市	6	7	14	4	8	2	732	450	53
恩平市	1	1	7	4	2	1	251	156	33
湛江市	**41**	**127**	**193**	**143**	**29**	**21**	**2520**	**1047**	**190**
赤坎区	19	12	40	22	6	12	541	147	51
霞山区	10	67	67	47	13	7	986	392	58
坡头区		6	18	12	6		117	56	22
麻章区	4	35	9	6	2	1	256	160	15
遂溪县	1	2	1	1			60	21	4
徐闻县	3	1	11	11			103	68	2
廉江市	2		3	1	2		91	51	6
雷州市	1	2	40	40			34	20	2
吴川市	1	2	4	3		1	332	132	30

4-4 续表 44

单位：人

地区 性别	制造业		电力、热力、燃气及水生产和供应业				建筑业		
	废弃资源综合利用业	金属制品、机械和设备修理业	小计	电力、热力生产和供应业	燃气生产和供应业	水的生产和供应业	小计	房屋建筑业	土木工程建筑业
茂名市	**11**	**21**	**110**	**70**	**32**	**8**	**1684**	**1176**	**167**
茂南区	2	7	44	25	16	3	595	316	64
电白区		4	33	16	16	1	499	410	58
高州市	1		9	6		3	302	258	17
化州市	6	8	7	6		1	156	101	20
信宜市	2	2	17	17			132	91	8
肇庆市	**150**	**45**	**113**	**56**	**35**	**22**	**2665**	**1579**	**250**
端州区	6	16	29	15	11	3	626	235	56
鼎湖区	11	2	27	4	8	15	646	538	24
高要区	1	7	6	5		1	93	39	10
广宁县	4	1	1	1			85	49	20
怀集县		1					86	46	10
封开县			2	1		1	89	10	52
德庆县	1	1	2	1	1		18	4	2
四会市	127	17	46	29	15	2	1022	658	76
惠州市	**266**	**249**	**571**	**298**	**103**	**170**	**15080**	**7040**	**1790**
惠城区	96	74	203	87	43	73	6130	2785	712
惠阳区	68	129	176	61	45	70	4741	2159	438
博罗县	58	36	58	32	12	14	2015	1030	135
惠东县	40	8	107	96	1	10	1903	953	443
龙门县	4	2	27	22	2	3	291	113	62
梅州市	**40**	**14**	**118**	**92**	**15**	**11**	**2295**	**850**	**286**
梅江区	26	8	40	30	5	5	736	334	38
梅县区	7	3	26	19	6	1	703	136	71
大埔县			30	30			138	36	34
丰顺县	1		1	1			133	67	14
五华县	2		5	3		2	231	64	102
平远县	1	1	6	4	1	1	56	38	6
蕉岭县	1		6	2	2	2	114	50	18
兴宁市	2	2	4	3	1		184	125	3
汕尾市	**20**	**20**	**167**	**143**	**13**	**11**	**2191**	**1210**	**296**
城　区		5	61	55	4	2	715	529	19
海丰县	18	9	38	23	8	7	1052	440	242
陆河县	1	1	2	2			231	106	10
陆丰市	1	5	66	63	1	2	193	135	25
河源市	**36**	**30**	**186**	**125**	**37**	**24**	**3412**	**1426**	**576**
源城区	13	14	104	76	20	8	2351	1016	297
紫金县	1	4	53	28	12	13	354	143	101
龙川县	9	4	9	6	3		231	70	92
连平县	3						61	22	4
和平县	1	1	7	7			139	51	59
东源县	9	7	13	8	2	3	276	124	23
阳江市	**26**	**42**	**314**	**291**	**18**	**5**	**1301**	**574**	**196**
江城区	17	3	66	51	11	4	653	277	52
阳东区	7	36	192	191	1		286	130	21
阳西县	2		40	39		1	184	116	43
阳春市		3	16	10	6		178	51	80
清远市	**255**	**46**	**210**	**151**	**51**	**8**	**3948**	**1874**	**702**
清城区	246	37	83	56	24	3	2271	1176	256
清新区	1	5	23	20	1	2	344	143	9
佛冈县	2	1	17		17		216	96	35
阳山县			9	3	6		107	26	68
连山壮族瑶族自治县			8	7		1	28	6	13
连南瑶族自治县			4	4			11	3	1
英德市	3	1	59	55	3	1	900	387	304
连州市	3	2	7	6		1	71	37	16

4-4　续表 45　　　　单位：人

地　区 性　别	制造业		电力、热力、燃气及水生产和供应业				建筑业		
	废弃资源综合利用业	金属制品、机械和设备修理业	小计	电力、热力生产和供应业	燃气生产和供应业	水的生产和供应业	小计	房屋建筑业	土木工程建筑业
东莞市	**1051**	**714**	**868**	**282**	**283**	**303**	**20340**	**7946**	**1819**
市辖区	1051	714	868	282	283	303	20340	7946	1819
中山市	**341**	**174**	**297**	**177**	**61**	**59**	**9872**	**3999**	**1068**
市辖区	341	174	297	177	61	59	9872	3999	1068
潮州市	**47**	**25**	**99**	**77**	**18**	**4**	**937**	**556**	**45**
湘桥区	15	4	33	17	14	2	465	264	14
潮安区	31	5	25	20	4	1	395	265	30
饶平县	1	16	41	40		1	77	27	1
揭阳市	**5**	**5**	**4**	**1**		**3**	**389**	**164**	**18**
榕城区		2					25	6	1
揭东区	1		1	1			89	46	
揭西县			2			2	23	5	1
惠来县							56	46	
普宁市	4	3	1			1	196	61	16
云浮市	**21**	**22**	**65**	**45**	**9**	**11**	**916**	**465**	**109**
云城区	11	18	29	21	5	3	485	227	44
云安区			2			2	89	59	20
新兴县	6	2	7	5	2		201	126	1
郁南县	1	1	10	3	2	5	63	21	23
罗定市	3	1	17	16		1	78	32	21
女	**1673**	**958**	**2069**	**1076**	**463**	**530**	**34953**	**15185**	**4032**
广州市	**353**	**216**	**475**	**226**	**105**	**144**	**6705**	**2459**	**986**
荔湾区	8	5	25	15	4	6	235	77	37
越秀区	18	4	28	20	2	6	116	29	42
海珠区	69	16	48	17	11	20	375	104	62
天河区	31	33	51	25	11	15	1007	208	143
白云区	39	21	80	32	15	33	1118	336	163
黄埔区	21	55	83	45	18	20	739	342	113
番禺区	60	29	58	26	20	12	1299	487	183
花都区	41	25	24	4	8	12	494	197	36
南沙区	34	20	40	18	11	11	701	385	135
从化区	3	1	9	7		2	106	48	19
增城区	29	7	29	17	5	7	515	246	53
韶关市	**27**	**11**	**70**	**53**	**8**	**9**	**636**	**320**	**59**
武江区	5		16	11	2	3	233	134	13
浈江区	8	4	12	10	1	1	124	61	8
曲江区	5	5	9	8	1		58	22	6
始兴县			6	5		1	25	14	2
仁化县	1	1	4	2	2		30	13	1
翁源县	6		3	3			30	15	9
乳源瑶族自治县	1		10	7	1	2	24	11	5
新丰县							36	15	7
乐昌市	1		4	3		1	52	23	5
南雄市		1	6	4	1	1	24	12	3
深圳市	**147**	**286**	**469**	**164**	**152**	**153**	**7842**	**2902**	**1304**
罗湖区	5	8	24	13	7	4	492	194	66
福田区	9	9	34	9	13	12	743	205	106
南山区	12	50	44	20	12	12	849	335	153
宝安区	54	107	120	39	34	47	1537	454	297
龙岗区	45	64	128	54	43	31	1905	666	292
盐田区		8	9	6		3	104	51	32
龙华区	15	27	68	16	29	23	1137	359	169
坪山区	5	4	16	1	4	11	377	187	86
光明区	2	9	26	6	10	10	698	451	103

4-4 续表 46

单位：人

地区 性别	制造业		电力、热力、燃气及水生产和供应业				建筑业		
	废弃资源综合利用业	金属制品、机械和设备修理业	小计	电力、热力生产和供应业	燃气生产和供应业	水的生产和供应业	小计	房屋建筑业	土木工程建筑业
珠海市	**19**	**18**	**61**	**38**	**13**	**10**	**1801**	**1068**	**197**
香洲区	11	9	40	23	11	6	1110	655	122
斗门区		4	8	5		3	382	253	23
金湾区	8	5	13	10	2	1	309	160	52
汕头市	**4**	**5**	**27**	**15**	**2**	**10**	**401**	**237**	**37**
龙湖区	2	2	5	3	1	1	219	148	11
金平区	2	3	6	4	1	1	43	14	7
濠江区							3	1	
潮阳区							45	26	13
潮南区			16	8		8	43	23	
澄海区							46	24	5
南澳县							2	1	1
佛山市	**284**	**97**	**169**	**95**	**46**	**28**	**4300**	**1957**	**320**
禅城区	39	15	33	14	11	8	711	210	50
南海区	122	58	69	39	19	11	1463	513	97
顺德区	60	15	40	25	9	6	1566	932	145
三水区	57	6	17	10	4	3	366	198	23
高明区	6	3	10	7	3		194	104	5
江门市	**39**	**21**	**47**	**33**	**5**	**9**	**1285**	**690**	**63**
蓬江区	9	2	13	7	4	2	387	173	21
江海区	5	4	9	5		4	229	145	13
新会区	14	7	1	1			192	98	10
台山市	4	3	16	16			194	126	1
开平市	5	3	3	2		1	90	24	9
鹤山市	2	2	3	1	1	1	153	98	8
恩平市			2	1		1	40	26	1
湛江市	**9**	**14**	**40**	**26**	**5**	**9**	**460**	**210**	**25**
赤坎区	3	3	12	7	2	3	110	27	11
霞山区	1	6	18	12	1	5	154	63	5
坡头区		3	2		1	1	16	8	2
麻章区	1	1					28	17	1
遂溪县		1	1		1		12	8	
徐闻县	3		1	1			32	21	
廉江市							30	22	
雷州市	1		5	5			3	2	
吴川市			1	1			75	42	6
茂名市	**7**		**20**	**11**	**6**	**3**	**427**	**326**	**19**
茂南区	1		8	6	2		144	90	2
电白区	1		8	4	3	1	112	100	5
高州市	1		1			1	68	61	1
化州市	4						58	42	7
信宜市			3	1	1	1	45	33	4
肇庆市	**43**	**10**	**42**	**21**	**6**	**15**	**574**	**346**	**30**
端州区	5	6	10	3	3	4	143	60	7
鼎湖区	5		8	1	2	5	119	98	1
高要区			2	2			31	17	2
广宁县	2		1	1			17	10	
怀集县							14	11	
封开县			3	2		1	14	1	3
德庆县	2						9	5	
四会市	29	4	18	12	1	5	227	144	17
惠州市	**90**	**46**	**114**	**62**	**18**	**34**	**2604**	**1258**	**260**
惠城区	30	18	43	22	4	17	1011	480	97
惠阳区	25	22	51	23	14	14	856	418	65
博罗县	17	6	7	5		2	350	170	6
惠东县	16		9	8		1	322	166	74
龙门县	2		4	4			65	24	18

4-4　续表 47　　　　单位：人

地区 性别	制造业		电力、热力、燃气及水生产和供应业				建筑业		
	废弃资源综合利用业	金属制品、机械和设备修理业	小计	电力、热力生产和供应业	燃气生产和供应业	水的生产和供应业	小计	房屋建筑业	土木工程建筑业
梅州市	**22**	**2**	**33**	**26**	**5**	**2**	**590**	**209**	**36**
梅江区	16	1	17	15	1	1	181	65	7
梅县区	4		7	5	2		246	50	10
大埔县			2	2			17	9	2
丰顺县	1		1	1			25	16	2
五华县		1	2	1	1		41	20	10
平远县			1	1			18	13	1
蕉岭县			1	1			22	8	4
兴宁市	1		2		1	1	40	28	
汕尾市	**11**		**48**	**43**	**4**	**1**	**352**	**203**	**45**
城　区			17	17			98	80	4
海丰县	11		11	7	3	1	165	73	38
陆河县			2	2			38	14	1
陆丰市			18	17	1		51	36	2
河源市	**12**	**6**	**56**	**42**	**5**	**9**	**666**	**298**	**63**
源城区	6	3	26	17	1	8	429	205	34
紫金县			22	21		1	73	34	7
龙川县	3	1	3		3		58	15	9
连平县			1		1		14	8	
和平县							22	6	9
东源县	3	2	4	4			70	30	4
阳江市	**9**	**5**	**50**	**45**	**4**	**1**	**251**	**127**	**29**
江城区	5	4	20	16	3	1	110	53	5
阳东区	4	1	21	21			65	35	5
阳西县			6	6			28	21	6
阳春市			3	2	1		48	18	13
清远市	**127**	**8**	**47**	**27**	**13**	**7**	**738**	**372**	**91**
清城区	120	7	15	7	6	2	437	236	42
清新区	2		5	2	1	2	58	26	3
佛冈县	1		3	1	2		44	18	5
阳山县			5	3	2		18	9	6
连山壮族瑶族自治县			1	1			7		1
连南瑶族自治县			1		1		4		
英德市	2		15	11	1	3	155	75	30
连州市	2	1	2	2			15	8	4
东莞市	**350**	**176**	**203**	**90**	**44**	**69**	**3281**	**1264**	**284**
市辖区	350	176	203	90	44	69	3281	1264	284
中山市	**103**	**28**	**63**	**36**	**16**	**11**	**1576**	**688**	**159**
市辖区	103	28	63	36	16	11	1576	688	159
潮州市	**11**	**2**	**21**	**14**	**4**	**3**	**176**	**107**	**2**
湘桥区	4	1	8	3	4	1	82	47	1
潮安区	7		8	6		2	55	35	1
饶平县		1	5	5			39	25	
揭阳市			**1**		**1**		**95**	**49**	**5**
榕城区							8	4	
揭东区							20	15	
揭西县							7	2	
惠来县			1		1		16	13	
普宁市							44	15	5
云浮市	**6**	**7**	**13**	**9**	**1**	**3**	**193**	**95**	**18**
云城区	4	5	10	7	1	2	95	45	8
云安区							6		2
新兴县	2	2	1	1			53	33	1
郁南县			1			1	17	5	3
罗定市			1	1			22	12	4

4-4 续表 48

单位：人

地区 性别	建筑业		批发和零售业			交通运输、仓储和邮政业			
	建筑安装业	建筑装饰、装修和其他建筑业	小计	批发业	零售业	小计	铁路运输业	道路运输业	水上运输业
广　东	**13972**	**98217**	**559072**	**200460**	**358612**	**161575**	**2069**	**93058**	**2011**
广州市	**2780**	**18976**	**145462**	**55778**	**89684**	**43938**	**881**	**25094**	**608**
荔湾区	123	644	9285	4114	5171	1742	95	1012	15
越秀区	22	317	6336	2594	3742	944	145	358	20
海珠区	197	1332	14741	7349	7392	2345	16	1170	62
天河区	454	3217	24631	9385	15246	5093	45	2828	51
白云区	503	4589	47975	16924	31051	16238	186	9914	65
黄埔区	395	1424	7208	2983	4225	4957	20	3243	188
番禺区	564	3745	19719	7075	12644	5459	319	2914	47
花都区	165	1428	7031	2293	4738	3552	42	1469	9
南沙区	200	1064	2847	901	1946	2030	5	1221	132
从化区	19	194	422	136	286	153	2	103	1
增城区	138	1022	5267	2024	3243	1425	6	862	18
韶关市	**144**	**1287**	**3165**	**794**	**2371**	**1056**	**123**	**650**	**8**
武江区	60	481	1001	264	737	294	53	144	5
浈江区	32	280	986	254	732	315	31	185	
曲江区	10	127	369	90	279	194	6	153	1
始兴县	6	50	58	12	46	16	2	12	
仁化县	7	84	119	35	84	42	14	23	1
翁源县	13	39	111	34	77	42		36	
乳源瑶族自治县	4	31	97	16	81	37		31	
新丰县	2	54	67	15	52	21		20	
乐昌市	6	90	226	48	178	57	13	27	1
南雄市	4	51	131	26	105	38	4	19	
深圳市	**4593**	**29179**	**168649**	**63771**	**104878**	**52648**	**393**	**29385**	**572**
罗湖区	137	2103	13135	5017	8118	2694	59	1487	32
福田区	294	2474	17784	7971	9813	3146	15	1920	20
南山区	327	2666	11529	4194	7335	4901	31	2701	168
宝安区	1092	7189	39533	15360	24173	16118	46	7386	96
龙岗区	1117	7436	47337	18250	29087	12810	91	8016	135
盐田区	25	219	1266	334	932	1846	2	1224	84
龙华区	877	4601	27234	8889	18345	7438	119	4202	31
坪山区	209	787	3679	1204	2475	1178	28	802	1
光明区	515	1704	7152	2552	4600	2517	2	1647	5
珠海市	**615**	**3318**	**9521**	**2777**	**6744**	**2874**	**13**	**1694**	**52**
香洲区	369	2279	6365	1639	4726	1778	7	1125	37
斗门区	124	549	1594	472	1122	450		303	10
金湾区	122	490	1562	666	896	646	6	266	5
汕头市	**111**	**1007**	**4084**	**1134**	**2950**	**1014**	**7**	**524**	**8**
龙湖区	48	517	1700	523	1177	363	4	172	3
金平区	21	181	1323	272	1051	403	2	228	4
濠江区	14	13	46	18	28	11		8	1
潮阳区	15	52	178	29	149	29		19	
潮南区	7	116	377	134	243	70		31	
澄海区	6	118	418	140	278	135	1	65	
南澳县		10	42	18	24	3		1	
佛山市	**1384**	**10639**	**63778**	**22867**	**40911**	**16606**	**86**	**9950**	**134**
禅城区	216	2512	11008	4085	6923	2596	13	1520	15
南海区	583	4073	31884	12415	19469	6490	44	3868	36
顺德区	413	3031	17804	5543	12261	6154	14	3793	54
三水区	108	650	2324	677	1647	1102	15	594	25
高明区	64	373	758	147	611	264		175	4

4-4　续表 49　　　　　　　　　　　　　　　　　　　　　　　　　　单位：人

地　区 性　别	建筑业		批发和零售业			交通运输、仓储和邮政业			
	建　筑 安装业	建筑装 饰、装修 和其他 建筑业	小计	批发业	零售业	小计	铁　路 运输业	道　路 运输业	水　上 运输业
江门市	**267**	**2392**	**7521**	**2256**	**5265**	**1810**	**11**	**1098**	**30**
蓬江区	73	792	2662	800	1862	559	3	320	10
江海区	59	361	1108	343	765	403	1	242	3
新会区	49	385	1251	454	797	289	5	182	8
台山市	12	250	576	204	372	98		61	1
开平市	28	299	939	256	683	161	1	93	6
鹤山市	39	237	801	167	634	255	1	167	2
恩平市	7	68	184	32	152	45		33	
湛江市	**223**	**1285**	**4966**	**1299**	**3667**	**1647**	**57**	**901**	**148**
赤坎区	40	375	1308	304	1004	304	3	165	20
霞山区	96	526	2537	693	1844	911	42	515	113
坡头区	10	35	86	27	59	36		11	3
麻章区	38	53	328	92	236	155	2	61	1
遂溪县	7	32	128	39	89	60	2	47	
徐闻县	6	38	155	48	107	47	3	22	8
廉江市	2	40	176	33	143	37	4	25	
雷州市	1	12	81	14	67	28	1	14	
吴川市	23	174	167	49	118	69		41	3
茂名市	**89**	**334**	**1554**	**375**	**1179**	**473**	**28**	**293**	**10**
茂南区	70	197	915	215	700	262	23	153	5
电白区	9	29	170	55	115	88	3	58	5
高州市	5	28	162	21	141	51		30	
化州市	2	42	177	61	116	42	2	29	
信宜市	3	38	130	23	107	30		23	
肇庆市	**95**	**939**	**4890**	**883**	**4007**	**1011**	**38**	**537**	**27**
端州区	44	367	1222	264	958	331	35	155	7
鼎湖区	8	96	266	56	210	50		26	8
高要区	4	52	274	76	198	93		64	
广宁县		23	43	9	34	9	1	3	
怀集县		33	40	11	29	31		24	
封开县	3	34	70	8	62	24		22	
德庆县	1	15	80	28	52	29		20	1
四会市	35	319	2895	431	2464	444	2	223	11
惠州市	**853**	**6483**	**20196**	**5503**	**14693**	**4877**	**99**	**2961**	**115**
惠城区	345	2722	8184	2239	5945	1873	43	1113	13
惠阳区	358	2159	6537	1516	5021	1984	34	1232	67
博罗县	109	915	3205	1173	2032	626	4	396	2
惠东县	34	555	2089	534	1555	337	18	171	32
龙门县	7	132	181	41	140	57		49	1
梅州市	**103**	**1401**	**2293**	**464**	**1829**	**617**	**25**	**405**	**7**
梅江区	29	444	984	184	800	244	14	141	3
梅县区	27	655	648	130	518	179	5	134	
大埔县	4	70	83	10	73	13		11	
丰顺县		59	112	34	78	39	2	10	
五华县	32	44	122	34	88	49		39	2
平远县	4	12	61	11	50	12		8	1
蕉岭县	3	53	109	26	83	60		51	
兴宁市	4	64	174	35	139	21	4	11	1
汕尾市	**87**	**702**	**1351**	**335**	**1016**	**368**	**1**	**228**	**4**
城　区	27	154	363	97	266	99		55	1
海丰县	54	370	702	171	531	212		136	3
陆河县	6	132	88	23	65	16	1	7	
陆丰市		46	198	44	154	41		30	

4-4 续表 50 单位：人

地区 性别	建筑业		批发和零售业			交通运输、仓储和邮政业			
	建筑安装业	建筑装饰、装修和其他建筑业	小计	批发业	零售业	小计	铁路运输业	道路运输业	水上运输业
河源市	**243**	**1472**	**3794**	**823**	**2971**	**1047**	**140**	**644**	**10**
源城区	180	1048	2901	621	2280	707	20	467	7
紫金县	16	126	205	38	167	54	1	38	2
龙川县	14	89	242	53	189	178	119	54	
连平县	2	39	80	12	68	17		12	
和平县	5	31	90	21	69	8		6	1
东源县	26	139	276	78	198	83		67	
阳江市	**133**	**493**	**1795**	**553**	**1242**	**612**	**11**	**400**	**9**
江城区	43	333	1091	292	799	333		202	9
阳东区	79	81	451	201	250	122		81	
阳西县	6	20	121	33	88	77	1	63	
阳春市	5	59	132	27	105	80	10	54	
清远市	**176**	**1471**	**3924**	**861**	**3063**	**1242**	**17**	**878**	**35**
清城区	121	877	2571	550	2021	766	6	506	33
清新区	22	199	512	110	402	199	1	149	1
佛冈县	5	101	153	15	138	27	1	16	
阳山县	2	14	85	13	72	19		19	
连山壮族瑶族自治县		15	35	8	27	13		11	
连南瑶族自治县	4	7	30	7	23	5		4	1
英德市	17	242	457	136	321	202	9	168	
连州市	5	16	81	22	59	11		5	
东莞市	**1369**	**10939**	**91221**	**34736**	**56485**	**23282**	**118**	**13388**	**186**
市辖区	1369	10939	91221	34736	56485	23282	118	13388	186
中山市	**625**	**4909**	**17828**	**4601**	**13227**	**5410**	**18**	**3381**	**39**
市辖区	625	4909	17828	4601	13227	5410	18	3381	39
潮州市	**44**	**359**	**1190**	**228**	**962**	**424**	**2**	**251**	**3**
湘桥区	30	191	610	98	512	203	1	116	2
潮安区	12	107	515	121	394	195	1	129	1
饶平县	2	61	65	9	56	26		6	
揭阳市	**12**	**236**	**617**	**119**	**498**	**178**	**1**	**76**	
榕城区	1	21	101	28	73	27		18	
揭东区	5	43	194	21	173	68	1	11	
揭西县	1	21	31	2	29	10		10	
惠来县		13	50	6	44	8		5	
普宁市	5	138	241	62	179	65		32	
云浮市	**26**	**396**	**1273**	**303**	**970**	**441**		**320**	**6**
云城区	21	235	826	167	659	251		179	3
云安区	1	13	63	26	37	14		5	2
新兴县	1	92	206	71	135	77		58	
郁南县		28	63	12	51	57		49	1
罗定市	3	28	115	27	88	42		29	
男	**12504**	**83949**	**316511**	**123396**	**193115**	**133346**	**1557**	**79930**	**1631**
广州市	**2447**	**16049**	**80191**	**32299**	**47892**	**35673**	**606**	**21318**	**489**
荔湾区	111	535	5029	2288	2741	1416	74	829	13
越秀区	20	274	3538	1449	2089	752	109	301	8
海珠区	176	1144	7892	4196	3696	2027	14	1063	43
天河区	381	2634	13310	5256	8054	4244	34	2433	39
白云区	448	4025	26540	9836	16704	13118	142	8474	47
黄埔区	346	1189	4002	1789	2213	3976	15	2651	159
番禺区	499	3181	10876	4206	6670	4461	178	2507	36
花都区	150	1182	4068	1389	2679	2698	28	1216	6
南沙区	183	900	1629	578	1051	1745	5	1078	121
从化区	15	159	249	93	156	117	2	77	1
增城区	118	826	3058	1219	1839	1119	5	689	16

4-4　续表 51　　　　　　　　　　　　　　　　　　　　　　　　单位：人

地　区 性　别	建筑业		批发和零售业			交通运输、仓储和邮政业			
	建　筑 安装业	建筑装饰、装修和其他建筑业	小计	批发业	零售业	小计	铁　路 运输业	道　路 运输业	水　上 运输业
韶关市	**133**	**1041**	**1625**	**498**	**1127**	**869**	**106**	**552**	**6**
武江区	55	400	537	171	366	239	46	125	5
浈江区	29	228	498	154	344	263	25	157	
曲江区	10	97	176	54	122	161	6	131	1
始兴县	6	41	28	7	21	13	1	10	
仁化县	6	69	74	29	45	38	14	21	
翁源县	13	33	54	21	33	38		34	
乳源瑶族自治县	3	24	47	9	38	28		24	
新丰县	2	40	30	6	24	16		15	
乐昌市	5	67	112	30	82	49	11	23	
南雄市	4	42	69	17	52	24	3	12	
深圳市	**4183**	**25953**	**93529**	**38500**	**55029**	**42261**	**294**	**24728**	**448**
罗湖区	131	1877	6735	2818	3917	2122	48	1253	8
福田区	261	2075	10283	4805	5478	2571	11	1616	11
南山区	295	2337	5972	2364	3608	4036	22	2280	148
宝安区	1008	6487	22376	9525	12851	12673	32	6243	77
龙岗区	1006	6600	26412	11038	15374	10287	67	6700	106
盐田区	22	201	664	204	460	1423	1	959	77
龙华区	795	4074	14780	5234	9546	5970	92	3552	15
坪山区	185	707	2142	769	1373	992	19	672	1
光明区	480	1595	4165	1743	2422	2187	2	1453	5
珠海市	**549**	**2848**	**5168**	**1777**	**3391**	**2460**	**8**	**1541**	**35**
香洲区	324	1991	3294	978	2316	1526	3	1018	22
斗门区	111	456	903	323	580	402		281	10
金湾区	114	401	971	476	495	532	5	242	3
汕头市	**101**	**890**	**2355**	**748**	**1607**	**858**	**2**	**452**	**7**
龙湖区	44	461	995	337	658	304	2	143	3
金平区	17	163	723	176	547	336		201	3
濠江区	14	11	28	13	15	11		8	1
潮阳区	13	48	95	19	76	26		17	
潮南区	7	96	235	89	146	56		20	
澄海区	6	101	249	97	152	122		62	
南澳县		10	30	17	13	3		1	
佛山市	**1203**	**8797**	**37911**	**15009**	**22902**	**14186**	**71**	**8706**	**117**
禅城区	190	2087	6334	2505	3829	2241	11	1353	13
南海区	496	3307	19433	8156	11277	5492	38	3371	30
顺德区	364	2591	10319	3772	6547	5343	10	3342	50
三水区	94	519	1403	472	931	875	12	486	20
高明区	59	293	422	104	318	235		154	4
江门市	**238**	**1889**	**4101**	**1389**	**2712**	**1544**	**7**	**955**	**25**
蓬江区	63	609	1403	473	930	462	1	270	8
江海区	53	296	608	216	392	364	1	224	3
新会区	44	306	704	286	418	238	3	155	7
台山市	12	183	314	130	184	83		53	1
开平市	24	246	500	143	357	137	1	79	5
鹤山市	35	194	467	120	347	220	1	145	1
恩平市	7	55	105	21	84	40		29	
湛江市	**206**	**1077**	**2599**	**840**	**1759**	**1406**	**49**	**789**	**132**
赤坎区	35	308	729	211	518	272	3	151	19
霞山区	91	445	1275	435	840	783	37	454	100
坡头区	10	29	42	17	25	25		8	3
麻章区	35	46	192	59	133	126	1	54	1
遂溪县	7	28	67	26	41	39	1	28	
徐闻县	4	29	80	32	48	41	3	20	6
廉江市	2	32	81	17	64	33	3	22	
雷州市	1	11	46	9	37	23	1	13	
吴川市	21	149	87	34	53	64		39	3

4-4 续表 52

单位：人

地区 性别	建筑业		批发和零售业			交通运输、仓储和邮政业			
	建筑安装业	建筑装饰、装修和其他建筑业	小计	批发业	零售业	小计	铁路运输业	道路运输业	水上运输业
茂名市	**76**	**265**	**856**	**237**	**619**	**389**	**27**	**250**	**8**
茂南区	58	157	524	144	380	211	22	126	5
电白区	9	22	89	34	55	70	3	46	3
高州市	5	22	94	15	79	45		30	
化州市	2	33	86	33	53	36	2	27	
信宜市	2	31	63	11	52	27		21	
肇庆市	**73**	**763**	**2789**	**564**	**2225**	**790**	**24**	**445**	**25**
端州区	36	299	696	168	528	272	22	139	6
鼎湖区	8	76	148	37	111	43		23	8
高要区	2	42	154	50	104	73		50	
广宁县		16	18	6	12	8		3	
怀集县		30	25	8	17	15		11	
封开县	1	26	38	6	32	19		18	
德庆县	1	11	47	18	29	23		16	1
四会市	25	263	1663	271	1392	337	2	185	10
惠州市	**778**	**5472**	**11961**	**3703**	**8258**	**4227**	**80**	**2640**	**98**
惠城区	309	2324	4778	1493	3285	1628	31	994	10
惠阳区	330	1814	3944	1025	2919	1701	30	1082	59
博罗县	102	748	1975	802	1173	545	4	355	1
惠东县	32	475	1167	353	814	300	15	164	27
龙门县	5	111	97	30	67	53		45	1
梅州市	**94**	**1065**	**1183**	**283**	**900**	**494**	**20**	**337**	**6**
梅江区	25	339	487	106	381	204	11	127	2
梅县区	25	471	339	81	258	148	4	115	
大埔县	4	64	46	5	41	13		11	
丰顺县		52	56	20	36	27	1	9	
五华县	30	35	66	21	45	24		15	2
平远县	3	9	31	9	22	10		7	1
蕉岭县	3	43	59	17	42	51		45	
兴宁市	4	52	99	24	75	17	4	8	1
汕尾市	**74**	**611**	**878**	**241**	**637**	**328**	**1**	**210**	**4**
城　区	23	144	231	64	167	81		49	1
海丰县	45	325	456	122	334	193		126	3
陆河县	6	109	58	18	40	14	1	5	
陆丰市		33	133	37	96	40		30	
河源市	**221**	**1189**	**2004**	**541**	**1463**	**925**	**126**	**577**	**8**
源城区	167	871	1488	399	1089	628	16	422	6
紫金县	13	97	121	24	97	47	1	34	1
龙川县	12	57	134	41	93	158	109	44	
连平县	2	33	51	9	42	17		12	
和平县	4	25	44	15	29	5		4	1
东源县	23	106	166	53	113	70		61	
阳江市	**121**	**410**	**944**	**303**	**641**	**506**	**10**	**335**	**6**
江城区	40	284	581	159	422	285		179	6
阳东区	70	65	233	110	123	98		69	
阳西县	6	19	63	19	44	56		44	
阳春市	5	42	67	15	52	67	10	43	
清远市	**162**	**1210**	**2078**	**545**	**1533**	**1080**	**15**	**788**	**24**
清城区	110	729	1390	359	1031	652	4	447	23
清新区	20	172	270	67	203	185	1	140	1
佛冈县	5	80	79	9	70	25	1	15	
阳山县	2	11	39	6	33	15		15	
连山壮族瑶族自治县		9	19	6	13	9		8	
连南瑶族自治县	3	4	16	3	13	4		4	
英德市	17	192	228	83	145	181	9	155	
连州市	5	13	37	12	25	9		4	

4-4　续表 53　　　　　　　　　　　　　　　　　　　　单位：人

地　区 性　别	建筑业		批发和零售业			交通运输、仓储和邮政业			
	建　筑 安装业	建筑装饰、装修和其他建筑业	小计	批发业	零售业	小计	铁　路 运输业	道　路 运输业	水　上 运输业
东莞市	**1216**	**9359**	**54609**	**22540**	**32069**	**19731**	**94**	**11713**	**159**
市辖区	1216	9359	54609	22540	32069	19731	94	11713	159
中山市	**558**	**4247**	**9994**	**2960**	**7034**	**4729**	**14**	**3042**	**26**
市辖区	558	4247	9994	2960	7034	4729	14	3042	26
潮州市	**38**	**298**	**671**	**137**	**534**	**383**	**2**	**225**	**3**
湘桥区	26	161	322	58	264	187	1	106	2
潮安区	10	90	315	73	242	173	1	114	1
饶平县	2	47	34	6	28	23		5	
揭阳市	**10**	**197**	**362**	**81**	**281**	**149**	**1**	**69**	
榕城区		18	61	16	45	25		18	
揭东区	5	38	120	15	105	54	1	11	
揭西县	1	16	12	1	11	7		7	
惠来县		10	27	5	22	6		4	
普宁市	4	115	142	44	98	57		29	
云浮市	**23**	**319**	**703**	**201**	**502**	**358**		**258**	**5**
云城区	19	195	457	112	345	222		161	2
云安区		10	38	19	19	13		5	2
新兴县	1	73	115	47	68	52		37	
郁南县		19	33	9	24	42		35	1
罗定市	3	22	60	14	46	29		20	
女	**1468**	**14268**	**242561**	**77064**	**165497**	**28229**	**512**	**13128**	**380**
广州市	**333**	**2927**	**65271**	**23479**	**41792**	**8265**	**275**	**3776**	**119**
荔湾区	12	109	4256	1826	2430	326	21	183	2
越秀区	2	43	2798	1145	1653	192	36	57	12
海珠区	21	188	6849	3153	3696	318	2	107	19
天河区	73	583	11321	4129	7192	849	11	395	12
白云区	55	564	21435	7088	14347	3120	44	1440	18
黄埔区	49	235	3206	1194	2012	981	5	592	29
番禺区	65	564	8843	2869	5974	998	141	407	11
花都区	15	246	2963	904	2059	854	14	253	3
南沙区	17	164	1218	323	895	285		143	11
从化区	4	35	173	43	130	36		26	
增城区	20	196	2209	805	1404	306	1	173	2
韶关市	**11**	**246**	**1540**	**296**	**1244**	**187**	**17**	**98**	**2**
武江区	5	81	464	93	371	55	7	19	
浈江区	3	52	488	100	388	52	6	28	
曲江区		30	193	36	157	33		22	
始兴县		9	30	5	25	3	1	2	
仁化县	1	15	45	6	39	4		2	1
翁源县		6	57	13	44	4		2	
乳源瑶族自治县	1	7	50	7	43	9		7	
新丰县		14	37	9	28	5		5	
乐昌市	1	23	114	18	96	8	2	4	1
南雄市		9	62	9	53	14	1	7	
深圳市	**410**	**3226**	**75120**	**25271**	**49849**	**10387**	**99**	**4657**	**124**
罗湖区	6	226	6400	2199	4201	572	11	234	24
福田区	33	399	7501	3166	4335	575	4	304	9
南山区	32	329	5557	1830	3727	865	9	421	20
宝安区	84	702	17157	5835	11322	3445	14	1143	19
龙岗区	111	836	20925	7212	13713	2523	24	1316	29
盐田区	3	18	602	130	472	423	1	265	7
龙华区	82	527	12454	3655	8799	1468	27	650	16
坪山区	24	80	1537	435	1102	186	9	130	
光明区	35	109	2987	809	2178	330		194	

4-4 续表 54

单位：人

地区 性别	建筑业		批发和零售业			交通运输、仓储和邮政业			
	建筑安装业	建筑装饰、装修和其他建筑业	小计	批发业	零售业	小计	铁路运输业	道路运输业	水上运输业
珠海市	**66**	**470**	**4353**	**1000**	**3353**	**414**	**5**	**153**	**17**
香洲区	45	288	3071	661	2410	252	4	107	15
斗门区	13	93	691	149	542	48		22	
金湾区	8	89	591	190	401	114	1	24	2
汕头市	**10**	**117**	**1729**	**386**	**1343**	**156**	**5**	**72**	**1**
龙湖区	4	56	705	186	519	59	2	29	
金平区	4	18	600	96	504	67	2	27	1
濠江区		2	18	5	13				
潮阳区	2	4	83	10	73	3		2	
潮南区		20	142	45	97	14		11	
澄海区		17	169	43	126	13	1	3	
南澳县			12	1	11				
佛山市	**181**	**1842**	**25867**	**7858**	**18009**	**2420**	**15**	**1244**	**17**
禅城区	26	425	4674	1580	3094	355	2	167	2
南海区	87	766	12451	4259	8192	998	6	497	6
顺德区	49	440	7485	1771	5714	811	4	451	4
三水区	14	131	921	205	716	227	3	108	5
高明区	5	80	336	43	293	29		21	
江门市	**29**	**503**	**3420**	**867**	**2553**	**266**	**4**	**143**	**5**
蓬江区	10	183	1259	327	932	97	2	50	2
江海区	6	65	500	127	373	39		18	
新会区	5	79	547	168	379	51	2	27	1
台山市		67	262	74	188	15		8	
开平市	4	53	439	113	326	24		14	1
鹤山市	4	43	334	47	287	35		22	1
恩平市		13	79	11	68	5		4	
湛江市	**17**	**208**	**2367**	**459**	**1908**	**241**	**8**	**112**	**16**
赤坎区	5	67	579	93	486	32		14	1
霞山区	5	81	1262	258	1004	128	5	61	13
坡头区		6	44	10	34	11		3	
麻章区	3	7	136	33	103	29	1	7	
遂溪县		4	61	13	48	21	1	19	
徐闻县	2	9	75	16	59	6		2	2
廉江市		8	95	16	79	4	1	3	
雷州市		1	35	5	30	5		1	
吴川市	2	25	80	15	65	5		2	
茂名市	**13**	**69**	**698**	**138**	**560**	**84**	**1**	**43**	**2**
茂南区	12	40	391	71	320	51	1	27	
电白区		7	81	21	60	18		12	2
高州市		6	68	6	62	6			
化州市		9	91	28	63	6		2	
信宜市	1	7	67	12	55	3		2	
肇庆市	**22**	**176**	**2101**	**319**	**1782**	**221**	**14**	**92**	**2**
端州区	8	68	526	96	430	59	13	16	1
鼎湖区		20	118	19	99	7		3	
高要区	2	10	120	26	94	20		14	
广宁县		7	25	3	22	1	1		
怀集县		3	15	3	12	16		13	
封开县	2	8	32	2	30	5		4	
德庆县		4	33	10	23	6		4	
四会市	10	56	1232	160	1072	107		38	1
惠州市	**75**	**1011**	**8235**	**1800**	**6435**	**650**	**19**	**321**	**17**
惠城区	36	398	3406	746	2660	245	12	119	3
惠阳区	28	345	2593	491	2102	283	4	150	8
博罗县	7	167	1230	371	859	81		41	1
惠东县	2	80	922	181	741	37	3	7	5
龙门县	2	21	84	11	73	4		4	

4-4　续表 55　　　　单位：人

地区 性别	建筑业		批发和零售业			交通运输、仓储和邮政业			
	建筑安装业	建筑装饰、装修和其他建筑业	小计	批发业	零售业	小计	铁路运输业	道路运输业	水上运输业
梅州市	**9**	**336**	**1110**	**181**	**929**	**123**	**5**	**68**	**1**
梅江区	4	105	497	78	419	40	3	14	1
梅县区	2	184	309	49	260	31	1	19	
大埔县		6	37	5	32				
丰顺县		7	56	14	42	12	1	1	
五华县	2	9	56	13	43	25		24	
平远县	1	3	30	2	28	2		1	
蕉岭县		10	50	9	41	9		6	
兴宁市		12	75	11	64	4		3	
汕尾市	**13**	**91**	**473**	**94**	**379**	**40**		**18**	
城　区	4	10	132	33	99	18		6	
海丰县	9	45	246	49	197	19		10	
陆河县		23	30	5	25	2		2	
陆丰市		13	65	7	58	1			
河源市	**22**	**283**	**1790**	**282**	**1508**	**122**	**14**	**67**	**2**
源城区	13	177	1413	222	1191	79	4	45	1
紫金县	3	29	84	14	70	7		4	1
龙川县	2	32	108	12	96	20	10	10	
连平县		6	29	3	26				
和平县	1	6	46	6	40	3		2	
东源县	3	33	110	25	85	13		6	
阳江市	**12**	**83**	**851**	**250**	**601**	**106**	**1**	**65**	**3**
江城区	3	49	510	133	377	48		23	3
阳东区	9	16	218	91	127	24		12	
阳西县		1	58	14	44	21	1	19	
阳春市		17	65	12	53	13		11	
清远市	**14**	**261**	**1846**	**316**	**1530**	**162**	**2**	**90**	**11**
清城区	11	148	1181	191	990	114	2	59	10
清新区	2	27	242	43	199	14		9	
佛冈县		21	74	6	68	2		1	
阳山县		3	46	7	39	4		4	
连山壮族瑶族自治县		6	16	2	14	4		3	
连南瑶族自治县	1	3	14	4	10	1			1
英德市		50	229	53	176	21		13	
连州市		3	44	10	34	2		1	
东莞市	**153**	**1580**	**36612**	**12196**	**24416**	**3551**	**24**	**1675**	**27**
市辖区	153	1580	36612	12196	24416	3551	24	1675	27
中山市	**67**	**662**	**7834**	**1641**	**6193**	**681**	**4**	**339**	**13**
市辖区	67	662	7834	1641	6193	681	4	339	13
潮州市	**6**	**61**	**519**	**91**	**428**	**41**		**26**	
湘桥区	4	30	288	40	248	16		10	
潮安区	2	17	200	48	152	22		15	
饶平县		14	31	3	28	3		1	
揭阳市	**2**	**39**	**255**	**38**	**217**	**29**		**7**	
榕城区	1	3	40	12	28	2			
揭东区		5	74	6	68	14			
揭西县		5	19	1	18	3		3	
惠来县		3	23	1	22	2		1	
普宁市	1	23	99	18	81	8		3	
云浮市	**3**	**77**	**570**	**102**	**468**	**83**		**62**	**1**
云城区	2	40	369	55	314	29		18	1
云安区	1	3	25	7	18	1			
新兴县		19	91	24	67	25		21	
郁南县		9	30	3	27	15		14	
罗定市		6	55	13	42	13		9	

4-4 续表 56 单位：人

地 区 性 别	交通运输、仓储和邮政业					住宿和餐饮业		
	航 空 运输业	管 道 运输业	多式联运 和运输 代理业	装卸搬运 和仓储业	邮政业	小计	住宿业	餐饮业
广 东	**4554**	**35**	**11676**	**13245**	**34927**	**193186**	**23914**	**169272**
广州市	**1734**	**11**	**2434**	**3712**	**9464**	**46194**	**5361**	**40833**
荔湾区	26		70	159	365	2077	178	1899
越秀区	34		49	97	241	2650	548	2102
海珠区	26	1	138	269	663	4233	419	3814
天河区	41		231	413	1484	10474	1191	9283
白云区	961	6	950	988	3168	11497	1301	10196
黄埔区	13	3	304	525	661	2638	248	2390
番禺区	29	1	193	548	1408	7473	786	6687
花都区	593		276	217	946	2232	230	2002
南沙区	4		143	319	206	1404	162	1242
从化区	2		4	21	20	246	94	152
增城区	5		76	156	302	1270	204	1066
韶关市	**1**		**15**	**125**	**134**	**1158**	**187**	**971**
武江区			5	43	44	399	59	340
浈江区	1		6	33	59	324	45	279
曲江区			2	15	17	119	20	99
始兴县				2		28	2	26
仁化县			1	1	2	51	8	43
翁源县				4	2	45	4	41
乳源瑶族自治县			1	3	2	45	11	34
新丰县					1	44	25	19
乐昌市				11	5	62	6	56
南雄市				13	2	41	7	34
深圳市	**2457**	**6**	**6116**	**2845**	**10874**	**62492**	**7733**	**54759**
罗湖区	37	1	364	165	549	4877	842	4035
福田区	22		264	166	739	8085	823	7262
南山区	195		395	523	888	7496	1024	6472
宝安区	2073	2	2659	649	3207	15198	1758	13440
龙岗区	78	2	1379	598	2511	12512	1684	10828
盐田区	1		207	250	78	817	239	578
龙华区	34	1	704	278	2069	8818	961	7857
坪山区	2		56	79	210	1342	155	1187
光明区	15		88	137	623	3347	247	3100
珠海市	**192**	**2**	**133**	**259**	**529**	**6852**	**1872**	**4980**
香洲区	47	1	74	105	382	5334	1595	3739
斗门区	4	1	9	53	70	801	107	694
金湾区	141		50	101	77	717	170	547
汕头市	**18**		**88**	**127**	**242**	**1370**	**191**	**1179**
龙湖区	10		40	39	95	490	61	429
金平区	7		21	47	94	375	32	343
濠江区			1	1		16	2	14
潮阳区				5	5	83	16	67
潮南区			16	9	14	189	40	149
澄海区	1		10	24	34	196	35	161
南澳县				2		21	5	16
佛山市	**31**	**2**	**873**	**2187**	**3343**	**20365**	**1994**	**18371**
禅城区	6	1	105	408	528	3564	399	3165
南海区	23	1	328	701	1489	8751	810	7941
顺德区	2		361	720	1210	6760	596	6164
三水区			70	310	88	874	122	752
高明区			9	48	28	416	67	349

4-4　续表 57　　　　单位：人

地　区 性　别	交通运输、仓储和邮政业					住宿和餐饮业		
	航　空 运输业	管　道 运输业	多式联运 和运输 代理业	装卸搬运 和仓储业	邮政业	小计	住宿业	餐饮业
江门市	**2**	**2**	**92**	**283**	**292**	**2727**	**258**	**2469**
蓬江区		2	32	70	122	947	108	839
江海区			10	59	88	475	41	434
新会区	1		15	61	17	387	22	365
台山市			4	21	11	199	24	175
开平市			17	20	24	283	20	263
鹤山市			14	49	22	351	30	321
恩平市	1			3	8	85	13	72
湛江市	**14**		**49**	**240**	**238**	**2053**	**271**	**1782**
赤坎区	2		13	47	54	578	74	504
霞山区	12		16	93	120	991	159	832
坡头区			4	8	10	45	5	40
麻章区			13	48	30	138	6	132
遂溪县			1	5	5	47		47
徐闻县				9	5	57	10	47
廉江市				3	5	64	12	52
雷州市			2	10	1	38		38
吴川市				17	8	95	5	90
茂名市	**1**		**4**	**76**	**61**	**527**	**52**	**475**
茂南区	1		4	40	36	290	34	256
电白区				14	8	83	13	70
高州市				13	8	51		51
化州市				7	4	72	4	68
信宜市				2	5	31	1	30
肇庆市			**38**	**200**	**171**	**1347**	**108**	**1239**
端州区			16	46	72	518	59	459
鼎湖区				10	6	128	9	119
高要区			1	9	19	125	8	117
广宁县			1	4		19		19
怀集县				2	5	25	2	23
封开县				2		29	3	26
德庆县				5	3	36	3	33
四会市			20	122	66	467	24	443
惠州市	**38**		**221**	**405**	**1038**	**7602**	**1109**	**6493**
惠城区	15		116	148	425	3051	423	2628
惠阳区	22		68	148	413	2619	310	2309
博罗县	1		25	67	131	977	112	865
惠东县			10	40	66	842	201	641
龙门县			2	2	3	113	63	50
梅州市	**4**	**1**	**18**	**73**	**84**	**710**	**66**	**644**
梅江区	3		8	30	45	292	28	264
梅县区	1		3	9	27	230	13	217
大埔县			1	1		29	2	27
丰顺县				27		27	8	19
五华县			2	2	4	49	8	41
平远县			1	1	1	20	1	19
蕉岭县		1	3	1	4	18	1	17
兴宁市				2	3	45	5	40
汕尾市			**2**	**61**	**72**	**658**	**99**	**559**
城　区			1	26	16	189	40	149
海丰县				26	47	361	28	333
陆河县				6	2	17	2	15
陆丰市			1	3	7	91	29	62

4-4 续表 58

单位：人

地区 性别	交通运输、仓储和邮政业					住宿和餐饮业		
	航空运输业	管道运输业	多式联运和运输代理业	装卸搬运和仓储业	邮政业	小计	住宿业	餐饮业
河源市	**3**		**26**	**73**	**151**	**1620**	**298**	**1322**
源城区	3		19	65	126	1304	228	1076
紫金县			3	2	8	53	10	43
龙川县				3	2	96	12	84
连平县				2	3	31	3	28
和平县					1	35	21	14
东源县			4	1	11	101	24	77
阳江市			**11**	**77**	**104**	**681**	**83**	**598**
江城区			11	40	71	401	58	343
阳东区				22	19	166	7	159
阳西县				10	3	56	4	52
阳春市				5	11	58	14	44
清远市	**6**		**27**	**131**	**148**	**1705**	**313**	**1392**
清城区	5		19	92	105	1123	196	927
清新区	1		3	20	24	213	34	179
佛冈县			5	4	1	88	38	50
阳山县						26	1	25
连山壮族瑶族自治县				1	1	8	2	6
连南瑶族自治县						15	1	14
英德市				11	14	189	34	155
连州市				3	3	43	7	36
东莞市	**26**	**10**	**1310**	**1811**	**6433**	**26728**	**2959**	**23769**
市辖区	26	10	1310	1811	6433	26728	2959	23769
中山市	**24**		**188**	**386**	**1374**	**7318**	**797**	**6521**
市辖区	24		188	386	1374	7318	797	6521
潮州市	**3**	**1**	**18**	**76**	**70**	**493**	**69**	**424**
湘桥区	2		3	41	38	257	50	207
潮安区	1	1	10	23	29	206	15	191
饶平县			5	12	3	30	4	26
揭阳市			**4**	**33**	**64**	**185**	**46**	**139**
榕城区				5	4	20	1	19
揭东区				7	49	47	4	43
揭西县						7	4	3
惠来县			1		2	41	23	18
普宁市			3	21	9	70	14	56
云浮市			**9**	**65**	**41**	**401**	**48**	**353**
云城区			8	35	26	236	23	213
云安区				7		30	3	27
新兴县			1	13	5	84	17	67
郁南县				2	5	27	1	26
罗定市				8	5	24	4	20
男	**2718**	**27**	**8082**	**11185**	**28216**	**113735**	**11372**	**102363**
广州市	**918**	**10**	**1679**	**3086**	**7567**	**27663**	**2447**	**25216**
荔湾区	14		41	132	313	1231	88	1143
越秀区	24		28	84	198	1558	241	1317
海珠区	14	1	100	243	549	2645	198	2447
天河区	18		151	353	1216	6521	563	5958
白云区	493	5	630	834	2493	6875	540	6335
黄埔区	10	3	208	415	515	1559	100	1459
番禺区	12	1	143	440	1144	4351	358	3993
花都区	326		210	172	740	1311	120	1191
南沙区	3		109	269	160	776	73	703
从化区	1		4	16	16	158	60	98
增城区	3		55	128	223	678	106	572

4-4 续表 59

单位：人

地 区 性 别	交通运输、仓储和邮政业					住宿和餐饮业		
	航 空 运输业	管 道 运输业	多式联运 和运输 代理业	装卸搬运 和仓储业	邮政业	小计	住宿业	餐饮业
韶关市	**1**		**10**	**100**	**94**	**563**	**75**	**488**
武江区			4	30	29	200	21	179
浈江区	1		4	31	45	156	18	138
曲江区			1	13	9	56	8	48
始兴县				2		13	2	11
仁化县			1	1	1	21	3	18
翁源县				3	1	25	1	24
乳源瑶族自治县				3	1	22	5	17
新丰县					1	26	15	11
乐昌市				10	5	25	1	24
南雄市				7	2	19	1	18
深圳市	**1567**	**4**	**3931**	**2411**	**8878**	**37895**	**3785**	**34110**
罗湖区	22		182	137	472	2841	426	2415
福田区	12		162	134	625	5198	411	4787
南山区	94		259	477	756	4603	508	4095
宝安区	1353	1	1793	552	2622	9213	822	8391
龙岗区	54	2	835	504	2019	7418	837	6581
盐田区	1		129	188	68	460	121	339
龙华区	18	1	455	221	1616	5343	470	4873
坪山区	1		48	70	181	799	80	719
光明区	12		68	128	519	2020	110	1910
珠海市	**113**	**2**	**104**	**223**	**434**	**3859**	**929**	**2930**
香洲区	27	1	55	87	313	2996	791	2205
斗门区	1	1	5	43	61	462	52	410
金湾区	85		44	93	60	401	86	315
汕头市	**13**		**73**	**113**	**198**	**769**	**98**	**671**
龙湖区	9		33	35	79	283	33	250
金平区	3		16	39	74	219	16	203
濠江区			1	1		5	1	4
潮阳区				5	4	39	7	32
潮南区			13	9	14	91	20	71
澄海区	1		10	22	27	124	21	103
南澳县				2		8		8
佛山市	**20**	**1**	**674**	**1871**	**2726**	**11748**	**946**	**10802**
禅城区	4		68	353	439	2045	199	1846
南海区	15	1	265	572	1200	5089	397	4692
顺德区	1		280	664	996	3898	278	3620
三水区			53	239	65	490	49	441
高明区			8	43	26	226	23	203
江门市	**1**	**1**	**70**	**240**	**245**	**1482**	**109**	**1373**
蓬江区		1	24	58	100	511	37	474
江海区			6	51	79	269	23	246
新会区			10	50	13	204	8	196
台山市			3	17	9	116	14	102
开平市			14	19	19	145	6	139
鹤山市			13	42	18	197	15	182
恩平市	1			3	7	40	6	34
湛江市	**9**		**39**	**201**	**187**	**1084**	**107**	**977**
赤坎区	2		12	41	44	290	25	265
霞山区	7		11	75	99	524	64	460
坡头区			4	6	4	25	3	22
麻章区			9	41	20	74	3	71
遂溪县			1	5	4	22		22
徐闻县				8	4	34	6	28
廉江市				3	5	25	3	22
雷州市			2	6	1	29		29
吴川市				16	6	61	3	58

4-4 续表 60

单位：人

地区 性别	交通运输、仓储和邮政业					住宿和餐饮业		
	航空运输业	管道运输业	多式联运和运输代理业	装卸搬运和仓储业	邮政业	小计	住宿业	餐饮业
茂名市	**1**		**4**	**57**	**42**	**283**	**19**	**264**
茂南区	1		4	29	24	158	10	148
电白区				12	6	43	5	38
高州市				9	6	37		37
化州市				5	2	32	3	29
信宜市				2	4	13	1	12
肇庆市			**25**	**133**	**138**	**738**	**45**	**693**
端州区			14	33	58	272	26	246
鼎湖区				8	4	62	4	58
高要区			1	8	14	65	4	61
广宁县			1	4		5		5
怀集县				1	3	15	1	14
封开县				1		18	2	16
德庆县				3	3	23	2	21
四会市			9	75	56	278	6	272
惠州市	**31**		**187**	**350**	**841**	**4460**	**560**	**3900**
惠城区	10		101	125	357	1836	211	1625
惠阳区	21		51	128	330	1523	142	1381
博罗县			24	59	102	547	51	496
惠东县			9	36	49	493	120	373
龙门县			2	2	3	61	36	25
梅州市	**2**	**1**	**14**	**56**	**58**	**364**	**24**	**340**
梅江区	2		7	25	30	152	8	144
梅县区			1	7	21	119	6	113
大埔县			1	1		12		12
丰顺县				17		14	3	11
五华县			2	2	3	26	3	23
平远县			1	1		10	1	9
蕉岭县		1	2	1	2	8		8
兴宁市				2	2	23	3	20
汕尾市			**2**	**50**	**61**	**367**	**42**	**325**
城　区			1	18	12	102	18	84
海丰县				23	41	209	12	197
陆河县				6	2	9	2	7
陆丰市			1	3	6	47	10	37
河源市	**2**		**18**	**71**	**123**	**851**	**135**	**716**
源城区	2		14	63	105	698	109	589
紫金县			2	2	7	25	4	21
龙川县				3	2	55	6	49
连平县				2	3	16	2	14
和平县						9	1	8
东源县			2	1	6	48	13	35
阳江市			**11**	**64**	**80**	**357**	**49**	**308**
江城区			11	36	53	212	34	178
阳东区				15	14	88	4	84
阳西县				10	2	28	2	26
阳春市				3	11	29	9	20
清远市	**4**		**21**	**110**	**118**	**919**	**164**	**755**
清城区	3		14	78	83	612	101	511
清新区	1		3	18	21	123	18	105
佛冈县			4	4	1	55	25	30
阳山县						11		11
连山壮族瑶族自治县				1		5	1	4
连南瑶族自治县						8		8
英德市				6	11	87	18	69
连州市				3	2	18	1	17

4-4 续表 61

单位：人

地区 性别	交通运输、仓储和邮政业					住宿和餐饮业		
	航空运输业	管道运输业	多式联运和运输代理业	装卸搬运和仓储业	邮政业	小计	住宿业	餐饮业
东莞市	**17**	**8**	**1041**	**1540**	**5159**	**15566**	**1408**	**14158**
市辖区	17	8	1041	1540	5159	15566	1408	14158
中山市	**16**		**155**	**350**	**1126**	**4215**	**375**	**3840**
市辖区	16		155	350	1126	4215	375	3840
潮州市	**3**		**16**	**72**	**62**	**252**	**24**	**228**
湘桥区	2		3	39	34	132	16	116
潮安区	1		9	21	26	108	7	101
饶平县			4	12	2	12	1	11
揭阳市			**2**	**29**	**48**	**102**	**10**	**92**
榕城区				5	2	12	1	11
揭东区				6	36	31	3	28
揭西县						1		1
惠来县					2	13		13
普宁市			2	18	8	45	6	39
云浮市			**6**	**58**	**31**	**198**	**21**	**177**
云城区			6	32	21	99	7	92
云安区				6		18	1	17
新兴县				11	4	51	12	39
郁南县				2	4	17		17
罗定市				7	2	13	1	12
女	**1836**	**8**	**3594**	**2060**	**6711**	**79451**	**12542**	**66909**
广州市	**816**	**1**	**755**	**626**	**1897**	**18531**	**2914**	**15617**
荔湾区	12		29	27	52	846	90	756
越秀区	10		21	13	43	1092	307	785
海珠区	12		38	26	114	1588	221	1367
天河区	23		80	60	268	3953	628	3325
白云区	468	1	320	154	675	4622	761	3861
黄埔区	3		96	110	146	1079	148	931
番禺区	17		50	108	264	3122	428	2694
花都区	267		66	45	206	921	110	811
南沙区	1		34	50	46	628	89	539
从化区	1			5	4	88	34	54
增城区	2		21	28	79	592	98	494
韶关市			**5**	**25**	**40**	**595**	**112**	**483**
武江区			1	13	15	199	38	161
浈江区			2	2	14	168	27	141
曲江区			1	2	8	63	12	51
始兴县						15		15
仁化县					1	30	5	25
翁源县				1	1	20	3	17
乳源瑶族自治县			1		1	23	6	17
新丰县						18	10	8
乐昌市				1		37	5	32
南雄市				6		22	6	16
深圳市	**890**	**2**	**2185**	**434**	**1996**	**24597**	**3948**	**20649**
罗湖区	15	1	182	28	77	2036	416	1620
福田区	10		102	32	114	2887	412	2475
南山区	101		136	46	132	2893	516	2377
宝安区	720	1	866	97	585	5985	936	5049
龙岗区	24		544	94	492	5094	847	4247
盐田区			78	62	10	357	118	239
龙华区	16		249	57	453	3475	491	2984
坪山区	1		8	9	29	543	75	468
光明区	3		20	9	104	1327	137	1190

4-4 续表 62

单位：人

地区 性别	交通运输、仓储和邮政业					住宿和餐饮业		
	航空运输业	管道运输业	多式联运和运输代理业	装卸搬运和仓储业	邮政业	小计	住宿业	餐饮业
珠海市	**79**		**29**	**36**	**95**	**2993**	**943**	**2050**
香洲区	20		19	18	69	2338	804	1534
斗门区	3		4	10	9	339	55	284
金湾区	56		6	8	17	316	84	232
汕头市	**5**		**15**	**14**	**44**	**601**	**93**	**508**
龙湖区	1		7	4	16	207	28	179
金平区	4		5	8	20	156	16	140
濠江区						11	1	10
潮阳区					1	44	9	35
潮南区			3			98	20	78
澄海区				2	7	72	14	58
南澳县						13	5	8
佛山市	**11**	**1**	**199**	**316**	**617**	**8617**	**1048**	**7569**
禅城区	2	1	37	55	89	1519	200	1319
南海区	8		63	129	289	3662	413	3249
顺德区	1		81	56	214	2862	318	2544
三水区			17	71	23	384	73	311
高明区			1	5	2	190	44	146
江门市	**1**	**1**	**22**	**43**	**47**	**1245**	**149**	**1096**
蓬江区		1	8	12	22	436	71	365
江海区			4	8	9	206	18	188
新会区	1		5	11	4	183	14	169
台山市			1	4	2	83	10	73
开平市			3	1	5	138	14	124
鹤山市			1	7	4	154	15	139
恩平市					1	45	7	38
湛江市	**5**		**10**	**39**	**51**	**969**	**164**	**805**
赤坎区			1	6	10	288	49	239
霞山区	5		5	18	21	467	95	372
坡头区				2	6	20	2	18
麻章区			4	7	10	64	3	61
遂溪县					1	25		25
徐闻县				1	1	23	4	19
廉江市						39	9	30
雷州市				4		9		9
吴川市				1	2	34	2	32
茂名市				**19**	**19**	**244**	**33**	**211**
茂南区				11	12	132	24	108
电白区				2	2	40	8	32
高州市				4	2	14		14
化州市				2	2	40	1	39
信宜市					1	18		18
肇庆市			**13**	**67**	**33**	**609**	**63**	**546**
端州区			2	13	14	246	33	213
鼎湖区				2	2	66	5	61
高要区				1	5	60	4	56
广宁县						14		14
怀集县				1	2	10	1	9
封开县				1		11	1	10
德庆县				2		13	1	12
四会市			11	47	10	189	18	171
惠州市	**7**		**34**	**55**	**197**	**3142**	**549**	**2593**
惠城区	5		15	23	68	1215	212	1003
惠阳区	1		17	20	83	1096	168	928
博罗县	1		1	8	29	430	61	369
惠东县			1	4	17	349	81	268
龙门县						52	27	25

4-4 续表 63

单位：人

地区 性别	交通运输、仓储和邮政业					住宿和餐饮业		
	航空运输业	管道运输业	多式联运和运输代理业	装卸搬运和仓储业	邮政业	小计	住宿业	餐饮业
梅州市	**2**		**4**	**17**	**26**	**346**	**42**	**304**
梅江区	1		1	5	15	140	20	120
梅县区	1		2	2	6	111	7	104
大埔县						17	2	15
丰顺县				10		13	5	8
五华县					1	23	5	18
平远县					1	10		10
蕉岭县			1		2	10	1	9
兴宁市					1	22	2	20
汕尾市				**11**	**11**	**291**	**57**	**234**
城　区				8	4	87	22	65
海丰县				3	6	152	16	136
陆河县						8		8
陆丰市					1	44	19	25
河源市	**1**		**8**	**2**	**28**	**769**	**163**	**606**
源城区	1		5	2	21	606	119	487
紫金县			1		1	28	6	22
龙川县						41	6	35
连平县						15	1	14
和平县					1	26	20	6
东源县			2		5	53	11	42
阳江市				**13**	**24**	**324**	**34**	**290**
江城区				4	18	189	24	165
阳东区				7	5	78	3	75
阳西县					1	28	2	26
阳春市				2		29	5	24
清远市	**2**		**6**	**21**	**30**	**786**	**149**	**637**
清城区	2		5	14	22	511	95	416
清新区				2	3	90	16	74
佛冈县			1			33	13	20
阳山县						15	1	14
连山壮族瑶族自治县					1	3	1	2
连南瑶族自治县						7	1	6
英德市				5	3	102	16	86
连州市					1	25	6	19
东莞市	**9**	**2**	**269**	**271**	**1274**	**11162**	**1551**	**9611**
市辖区	9	2	269	271	1274	11162	1551	9611
中山市	**8**		**33**	**36**	**248**	**3103**	**422**	**2681**
市辖区	8		33	36	248	3103	422	2681
潮州市		**1**	**2**	**4**	**8**	**241**	**45**	**196**
湘桥区				2	4	125	34	91
潮安区		1	1	2	3	98	8	90
饶平县			1		1	18	3	15
揭阳市			**2**	**4**	**16**	**83**	**36**	**47**
榕城区					2	8		8
揭东区				1	13	16	1	15
揭西县						6	4	2
惠来县			1			28	23	5
普宁市			1	3	1	25	8	17
云浮市			**3**	**7**	**10**	**203**	**27**	**176**
云城区			2	3	5	137	16	121
云安区				1		12	2	10
新兴县			1	2	1	33	5	28
郁南县					1	10	1	9
罗定市				1	3	11	3	8

4-4 续表 64

单位：人

地区 性别	信息传输、软件和信息技术服务业				金融业				
	小计	电信、广播电视和卫星传输服务	互联网和相关服务	软件和信息技术服务业	小计	货币金融服务	资本市场服务	保险业	其他金融业
广　东	**96258**	**8701**	**37556**	**50001**	**35435**	**11323**	**5314**	**13230**	**5568**
广州市	**29943**	**2423**	**11541**	**15979**	**9197**	**2991**	**1259**	**3504**	**1443**
荔湾区	1065	124	463	478	610	300	52	201	57
越秀区	782	109	221	452	512	229	94	141	48
海珠区	2201	239	926	1036	918	393	143	284	98
天河区	11609	749	3448	7412	2503	735	374	917	477
白云区	5234	537	2614	2083	2013	675	240	767	331
黄埔区	2443	218	732	1493	567	146	102	230	89
番禺区	4777	281	2296	2200	1321	359	178	552	232
花都区	724	79	415	230	335	49	22	227	37
南沙区	341	31	116	194	114	26	14	51	23
从化区	26	8	4	14	29	12	1	13	3
增城区	741	48	306	387	275	67	39	121	48
韶关市	**334**	**133**	**115**	**86**	**252**	**120**	**15**	**97**	**20**
武江区	139	61	43	35	95	46	11	35	3
浈江区	113	40	47	26	78	30	3	36	9
曲江区	24	8	6	10	28	13		12	3
始兴县	10	5	4	1	13	10		2	1
仁化县	7	4	1	2	7	4		2	1
翁源县	6	2	2	2	4	2		2	
乳源瑶族自治县	5	3	1	1	6	5	1		
新丰县	7	2	5		6	4			2
乐昌市	9	4	2	3	11	5		6	
南雄市	14	4	4	6	4	1		2	1
深圳市	**45798**	**2711**	**16631**	**26456**	**14748**	**4700**	**2889**	**4344**	**2815**
罗湖区	1941	202	976	763	1433	418	325	411	279
福田区	3232	285	939	2008	2590	776	635	631	548
南山区	6923	282	2383	4258	1646	552	392	361	341
宝安区	14999	603	5361	9035	2698	856	492	824	526
龙岗区	9247	586	3294	5367	3203	1137	472	1104	490
盐田区	183	23	87	73	107	34	18	42	13
龙华区	7691	549	2828	4314	2690	810	517	784	579
坪山区	508	65	288	155	131	35	10	63	23
光明区	1074	116	475	483	250	82	28	124	16
珠海市	**1846**	**180**	**480**	**1186**	**656**	**243**	**92**	**232**	**89**
香洲区	1556	133	379	1044	542	192	85	188	77
斗门区	118	20	33	65	55	21	4	26	4
金湾区	172	27	68	77	59	30	3	18	8
汕头市	**314**	**56**	**142**	**116**	**193**	**56**	**36**	**79**	**22**
龙湖区	135	36	40	59	114	35	25	40	14
金平区	144	15	96	33	61	13	8	35	5
濠江区	6	1		5	1	1			
潮阳区	14	2	1	11	9	4	1	2	2
潮南区	2	1		1					
澄海区	12	1	5	6	7	3	1	2	1
南澳县	1			1	1		1		
佛山市	**4523**	**858**	**1987**	**1678**	**3105**	**1145**	**302**	**1361**	**297**
禅城区	1224	223	563	438	834	259	59	378	138
南海区	1999	419	810	770	1642	689	177	659	117
顺德区	1126	181	529	416	531	160	61	271	39
三水区	124	20	61	43	66	26	4	35	1
高明区	50	15	24	11	32	11	1	18	2

4-4　续表 65　　　　单位：人

地区 性别	信息传输、软件和信息技术服务业				金融业				
	小计	电信、广播电视和卫星传输服务	互联网和相关服务	软件和信息技术服务业	小计	货币金融服务	资本市场服务	保险业	其他金融业
江门市	**473**	**136**	**167**	**170**	**426**	**151**	**38**	**205**	**32**
蓬江区	242	74	85	83	202	70	21	101	10
江海区	76	19	26	31	81	31	7	34	9
新会区	35	8	10	17	43	13	3	24	3
台山市	29	13	7	9	21	4		15	2
开平市	51	6	31	14	23	9	2	10	2
鹤山市	26	6	5	15	49	18	5	20	6
恩平市	14	10	3	1	7	6		1	
湛江市	**473**	**141**	**215**	**117**	**360**	**155**	**18**	**154**	**33**
赤坎区	104	45	26	33	116	56	2	42	16
霞山区	292	74	169	49	180	70	14	86	10
坡头区	13	3	2	8	16	9		7	
麻章区	14	5	3	6	9	6		2	1
遂溪县	10	1	4	5	11	3		5	3
徐闻县	7	4		3	7	3		4	
廉江市	14	2	5	7	8	2	1	5	
雷州市	8	2	4	2	5	2	1		2
吴川市	11	5	2	4	8	4		3	1
茂名市	**126**	**35**	**62**	**29**	**126**	**47**	**8**	**65**	**6**
茂南区	93	27	46	20	94	34	6	49	5
电白区	13	2	8	3	13	5	2	6	
高州市	7	1	4	2	2	1		1	
化州市	10	5	2	3	8	2		6	
信宜市	3		2	1	9	5		3	1
肇庆市	**392**	**78**	**201**	**113**	**196**	**66**	**11**	**101**	**18**
端州区	232	52	135	45	126	43	6	67	10
鼎湖区	61	9	26	26	8	4		4	
高要区	7		3	4	3	1		2	
广宁县	7	3	4		4	1		1	2
怀集县	1	1			4	2	1	1	
封开县	4	1	1	2	5	4		1	
德庆县	22	1	1	20	4	2		1	1
四会市	58	11	31	16	42	9	4	24	5
惠州市	**1838**	**292**	**848**	**698**	**961**	**310**	**102**	**397**	**152**
惠城区	909	156	416	337	546	167	50	240	89
惠阳区	759	100	364	295	254	76	38	91	49
博罗县	104	13	58	33	93	27	8	46	12
惠东县	57	19	8	30	58	32	6	18	2
龙门县	9	4	2	3	10	8		2	
梅州市	**226**	**101**	**75**	**50**	**187**	**76**	**18**	**63**	**30**
梅江区	117	50	44	23	100	35	9	36	20
梅县区	78	40	20	18	59	28	5	19	7
大埔县	4	3	1		7	6	1		
丰顺县	5	2		3	2	1			1
五华县	6		2	4	3	1		1	1
平远县	4	1	1	2	5	3	1	1	
蕉岭县	6	2	4		5	2		2	1
兴宁市	6	3	3		6		2	4	
汕尾市	**147**	**68**	**47**	**32**	**77**	**33**	**4**	**31**	**9**
城　区	50	18	20	12	44	25	3	10	6
海丰县	88	46	25	17	29	7	1	19	2
陆河县	2		1	1					
陆丰市	7	4	1	2	4	1		2	1

4-4 续表 66

单位：人

地区 性别	信息传输、软件和信息技术服务业				金融业				
	小计	电信、广播电视和卫星传输服务	互联网和相关服务	软件和信息技术服务业	小计	货币金融服务	资本市场服务	保险业	其他金融业
河源市	**330**	**99**	**139**	**92**	**305**	**118**	**19**	**128**	**40**
源城区	309	91	129	89	255	91	17	113	34
紫金县	3	1	2		12	3	2	5	2
龙川县	2	2			11	10		1	
连平县	4	1	3		3	3			
和平县	1			1	5	2		2	1
东源县	11	4	5	2	19	9		7	3
阳江市	**115**	**37**	**44**	**34**	**118**	**37**	**7**	**60**	**14**
江城区	90	29	36	25	74	18	6	42	8
阳东区	18	6	6	6	24	9		9	6
阳西县	4	1	1	2	5	4		1	
阳春市	3	1	1	1	15	6	1	8	
清远市	**426**	**103**	**215**	**108**	**274**	**73**	**27**	**133**	**41**
清城区	326	78	173	75	206	53	24	96	33
清新区	46	10	23	13	28	5	1	18	4
佛冈县	16	4	2	10	9	3		6	
阳山县	3		2	1	2	2			
连山壮族瑶族自治县	5	1	1	3	2		1	1	
连南瑶族自治县	3	2	1		2	1		1	
英德市	14	4	4	6	20	7		9	4
连州市	13	4	9		5	2	1	2	
东莞市	**7353**	**887**	**3991**	**2475**	**3239**	**686**	**374**	**1804**	**375**
市辖区	7353	887	3991	2475	3239	686	374	1804	375
中山市	**1434**	**268**	**616**	**550**	**819**	**221**	**75**	**399**	**124**
市辖区	1434	268	616	550	819	221	75	399	124
潮州市	**78**	**39**	**28**	**11**	**90**	**52**	**11**	**22**	**5**
湘桥区	45	20	18	7	41	22	3	11	5
潮安区	29	18	9	2	39	21	8	10	
饶平县	4	1	1	2	10	9		1	
揭阳市	**9**	**2**	**2**	**5**	**10**	**4**		**6**	
榕城区	1	1			4			4	
揭东区	3	1	1	1	1			1	
揭西县									
惠来县	1			1	3	2		1	
普宁市	4		1	3	2	2			
云浮市	**80**	**54**	**10**	**16**	**96**	**39**	**9**	**45**	**3**
云城区	66	47	8	11	85	33	8	42	2
云安区	1	1							
新兴县	5	3		2	9	6	1	1	1
郁南县	5	1	1	3					
罗定市	3	2	1		2			2	
男	**67381**	**5551**	**26795**	**35035**	**18426**	**5784**	**3347**	**6053**	**3242**
广州市	**20076**	**1466**	**7633**	**10977**	**4642**	**1417**	**756**	**1638**	**831**
荔湾区	661	70	326	265	283	129	32	91	31
越秀区	471	53	133	285	224	90	49	55	30
海珠区	1368	142	558	668	417	165	78	121	53
天河区	7905	455	2261	5189	1320	359	231	459	271
白云区	3481	327	1713	1441	1052	347	147	365	193
黄埔区	1653	140	507	1006	289	72	63	100	54
番禺区	3262	181	1541	1540	669	170	105	259	135
花都区	504	55	287	162	164	29	16	101	18
南沙区	230	17	78	135	57	12	8	28	9
从化区	17	4	4	9	13	5	1	4	3
增城区	524	22	225	277	154	39	26	55	34

4-4　续表 67　　　　单位：人

地　区 性　别	信息传输、软件和信息技术服务业				金融业				
	小计	电信、广播电视和卫星传输服务	互联网和相关服务	软件和信息技术服务业	小计	货币金融服　务	资本市场服　务	保险业	其　他金融业
韶关市	**211**	**77**	**73**	**61**	**112**	**58**	**6**	**33**	**15**
武江区	89	31	31	27	38	19	4	14	1
浈江区	66	22	27	17	38	15	1	15	7
曲江区	16	6	5	5	10	7			3
始兴县	7	3	3	1	7	5		1	1
仁化县	5	3	1	1	4	4			
翁源县	5	1	2	2	1			1	
乳源瑶族自治县	5	3	1	1	4	3	1		
新丰县	3	2	1		4	2			2
乐昌市	5	2		3	4	3		1	
南雄市	10	4	2	4	2			1	1
深圳市	**32870**	**1815**	**12379**	**18676**	**7898**	**2482**	**1818**	**1976**	**1622**
罗湖区	1444	120	800	524	697	191	187	164	155
福田区	2130	182	636	1312	1364	402	385	292	285
南山区	4723	182	1658	2883	913	292	253	178	190
宝安区	10748	405	3821	6522	1454	469	315	355	315
龙岗区	6756	386	2535	3835	1699	592	309	510	288
盐田区	148	19	78	51	67	20	14	22	11
龙华区	5700	384	2206	3110	1516	454	326	381	355
坪山区	387	47	230	110	66	16	8	28	14
光明区	834	90	415	329	122	46	21	46	9
珠海市	**1246**	**112**	**340**	**794**	**320**	**107**	**52**	**97**	**64**
香洲区	1055	84	271	700	265	83	49	79	54
斗门区	86	12	24	50	31	14	2	11	4
金湾区	105	16	45	44	24	10	1	7	6
汕头市	**225**	**38**	**101**	**86**	**104**	**26**	**27**	**39**	**12**
龙湖区	92	26	26	40	59	14	18	21	6
金平区	104	7	71	26	34	8	6	16	4
濠江区	5	1		4					
潮阳区	11	2		9	6	2	1	1	2
潮南区	2	1		1					
澄海区	10	1	4	5	4	2	1	1	
南澳县	1			1	1		1		
佛山市	**3120**	**527**	**1419**	**1174**	**1565**	**543**	**203**	**649**	**170**
禅城区	865	133	431	301	442	122	40	197	83
南海区	1335	252	563	520	823	324	118	319	62
顺德区	777	116	352	309	262	84	41	112	25
三水区	105	15	53	37	22	7	3	12	
高明区	38	11	20	7	16	6	1	9	
江门市	**345**	**85**	**137**	**123**	**211**	**76**	**27**	**86**	**22**
蓬江区	162	43	67	52	99	34	14	44	7
江海区	60	11	23	26	39	14	6	14	5
新会区	25	6	7	12	22	7	2	10	3
台山市	23	9	5	9	9	2		6	1
开平市	45	4	29	12	11	6	1	3	1
鹤山市	20	4	4	12	27	9	4	9	5
恩平市	10	8	2		4	4			
湛江市	**326**	**77**	**167**	**82**	**153**	**72**	**12**	**46**	**23**
赤坎区	64	26	15	23	58	28	2	17	11
霞山区	210	37	141	32	66	29	9	21	7
坡头区	7	2	1	4	6	3		3	
麻章区	11	4	3	4	6	5		1	
遂溪县	8	1	2	5	6	2		2	2
徐闻县	5	2		3	1			1	
廉江市	10	1	3	6	2	1	1		
雷州市	3	1	1	1	3	1			2
吴川市	8	3	1	4	5	3		1	1

4-4 续表 68

单位：人

地区 性别	信息传输、软件和信息技术服务业				金融业				
	小计	电信、广播电视和卫星传输服务	互联网和相关服务	软件和信息技术服务业	小计	货币金融服务	资本市场服务	保险业	其他金融业
茂名市	**97**	**24**	**47**	**26**	**57**	**20**	**5**	**28**	**4**
茂南区	70	19	33	18	42	16	4	19	3
电白区	12	2	8	2	6	2	1	3	
高州市	6		4	2	1			1	
化州市	6	3		3	3			3	
信宜市	3		2	1	5	2		2	1
肇庆市	**291**	**53**	**146**	**92**	**102**	**40**	**8**	**43**	**11**
端州区	170	35	102	33	64	23	5	31	5
鼎湖区	48	6	18	24	3	3			
高要区	5		2	3	1	1			
广宁县	5	3	2		1				1
怀集县	1	1			1	1			
封开县	3		1	2	3	3			
德庆县	19	1	1	17	3	2			1
四会市	40	7	20	13	26	7	3	12	4
惠州市	**1292**	**182**	**595**	**515**	**505**	**184**	**68**	**170**	**83**
惠城区	640	91	301	248	291	101	35	104	51
惠阳区	538	71	250	217	129	43	24	36	26
博罗县	74	9	40	25	48	18	5	19	6
惠东县	32	8	2	22	35	22	4	9	
龙门县	8	3	2	3	2			2	
梅州市	**140**	**54**	**49**	**37**	**108**	**48**	**14**	**23**	**23**
梅江区	72	23	31	18	55	19	8	13	15
梅县区	47	23	13	11	35	19	4	6	6
大埔县	2	2			5	4	1		
丰顺县	5	2		3	2	1			1
五华县	4			4	2	1		1	
平远县	1			1	3	2		1	
蕉岭县	5	2	3		4	2		1	1
兴宁市	4	2	2		2		1	1	
汕尾市	**110**	**60**	**30**	**20**	**51**	**21**	**4**	**20**	**6**
城　区	36	13	12	11	30	17	3	7	3
海丰县	68	43	17	8	17	3	1	11	2
陆河县	2		1	1					
陆丰市	4	4			4	1		2	1
河源市	**231**	**65**	**95**	**71**	**152**	**69**	**12**	**55**	**16**
源城区	219	61	89	69	123	51	10	49	13
紫金县	2		2		7	1	2	2	2
龙川县	2	2			6	5		1	
连平县	1		1		3	3			
和平县	1			1	3	2		1	
东源县	6	2	3	1	10	7		2	1
阳江市	**78**	**25**	**29**	**24**	**56**	**22**	**6**	**21**	**7**
江城区	61	20	24	17	36	12	5	14	5
阳东区	12	3	4	5	9	2		5	2
阳西县	4	1	1	2	3	3			
阳春市	1	1			8	5	1	2	
清远市	**310**	**59**	**171**	**80**	**136**	**39**	**16**	**58**	**23**
清城区	242	45	142	55	106	31	14	42	19
清新区	34	7	18	9	10	1	1	6	2
佛冈县	12	2	2	8	6	2		4	
阳山县	1		1						
连山壮族瑶族自治县	5	1	1	3	1		1		
连南瑶族自治县	2	2			2	1		1	
英德市	7		2	5	7	2		3	2
连州市	7	2	5		4	2		2	

4-4 续表 69

单位：人

地 区 性 别	信息传输、软件和信息技术服务业				金融业				
	小计	电信、广播电视和卫星传输服务	互联网和相关服务	软件和信息技术服务业	小计	货币金融服务	资本市场服务	保险业	其他金融业
东莞市	**5325**	**593**	**2967**	**1765**	**1746**	**389**	**251**	**883**	**223**
市辖区	5325	593	2967	1765	1746	389	251	883	223
中山市	**971**	**177**	**388**	**406**	**408**	**118**	**52**	**156**	**82**
市辖区	971	177	388	406	408	118	52	156	82
潮州市	**59**	**27**	**21**	**11**	**43**	**25**	**6**	**9**	**3**
湘桥区	36	15	14	7	18	8	2	5	3
潮安区	20	12	6	2	16	9	4	3	
饶平县	3		1	2	9	8		1	
揭阳市	**6**	**1**	**2**	**3**	**3**	**1**		**2**	
榕城区					2			2	
揭东区	3	1	1	1					
揭西县									
惠来县	1			1					
普宁市	2		1	1	1	1			
云浮市	**52**	**34**	**6**	**12**	**54**	**27**	**4**	**21**	**2**
云城区	45	31	6	8	46	22	3	20	1
云安区									
新兴县	4	2		2	7	5	1		1
郁南县	2			2					
罗定市	1	1			1			1	
女	**28877**	**3150**	**10761**	**14966**	**17009**	**5539**	**1967**	**7177**	**2326**
广州市	**9867**	**957**	**3908**	**5002**	**4555**	**1574**	**503**	**1866**	**612**
荔湾区	404	54	137	213	327	171	20	110	26
越秀区	311	56	88	167	288	139	45	86	18
海珠区	833	97	368	368	501	228	65	163	45
天河区	3704	294	1187	2223	1183	376	143	458	206
白云区	1753	210	901	642	961	328	93	402	138
黄埔区	790	78	225	487	278	74	39	130	35
番禺区	1515	100	755	660	652	189	73	293	97
花都区	220	24	128	68	171	20	6	126	19
南沙区	111	14	38	59	57	14	6	23	14
从化区	9	4		5	16	7		9	
增城区	217	26	81	110	121	28	13	66	14
韶关市	**123**	**56**	**42**	**25**	**140**	**62**	**9**	**64**	**5**
武江区	50	30	12	8	57	27	7	21	2
浈江区	47	18	20	9	40	15	2	21	2
曲江区	8	2	1	5	18	6		12	
始兴县	3	2	1		6	5		1	
仁化县	2	1		1	3			2	1
翁源县	1	1			3	2		1	
乳源瑶族自治县					2	2			
新丰县	4		4		2	2			
乐昌市	4	2	2		7	2		5	
南雄市	4		2	2	2	1		1	
深圳市	**12928**	**896**	**4252**	**7780**	**6850**	**2218**	**1071**	**2368**	**1193**
罗湖区	497	82	176	239	736	227	138	247	124
福田区	1102	103	303	696	1226	374	250	339	263
南山区	2200	100	725	1375	733	260	139	183	151
宝安区	4251	198	1540	2513	1244	387	177	469	211
龙岗区	2491	200	759	1532	1504	545	163	594	202
盐田区	35	4	9	22	40	14	4	20	2
龙华区	1991	165	622	1204	1174	356	191	403	224
坪山区	121	18	58	45	65	19	2	35	9
光明区	240	26	60	154	128	36	7	78	7

4-4 续表 70 单位：人

地区 性别	信息传输、软件和信息技术服务业				金融业				
	小计	电信、广播电视和卫星传输服务	互联网和相关服务	软件和信息技术服务业	小计	货币金融服务	资本市场服务	保险业	其他金融业
珠海市	**600**	**68**	**140**	**392**	**336**	**136**	**40**	**135**	**25**
香洲区	501	49	108	344	277	109	36	109	23
斗门区	32	8	9	15	24	7	2	15	
金湾区	67	11	23	33	35	20	2	11	2
汕头市	**89**	**18**	**41**	**30**	**89**	**30**	**9**	**40**	**10**
龙湖区	43	10	14	19	55	21	7	19	8
金平区	40	8	25	7	27	5	2	19	1
濠江区	1			1	1	1			
潮阳区	3		1	2	3	2		1	
潮南区									
澄海区	2		1	1	3	1		1	1
南澳县									
佛山市	**1403**	**331**	**568**	**504**	**1540**	**602**	**99**	**712**	**127**
禅城区	359	90	132	137	392	137	19	181	55
南海区	664	167	247	250	819	365	59	340	55
顺德区	349	65	177	107	269	76	20	159	14
三水区	19	5	8	6	44	19	1	23	1
高明区	12	4	4	4	16	5		9	2
江门市	**128**	**51**	**30**	**47**	**215**	**75**	**11**	**119**	**10**
蓬江区	80	31	18	31	103	36	7	57	3
江海区	16	8	3	5	42	17	1	20	4
新会区	10	2	3	5	21	6	1	14	
台山市	6	4	2		12	2		9	1
开平市	6	2	2	2	12	3	1	7	1
鹤山市	6	2	1	3	22	9	1	11	1
恩平市	4	2	1	1	3	2		1	
湛江市	**147**	**64**	**48**	**35**	**207**	**83**	**6**	**108**	**10**
赤坎区	40	19	11	10	58	28		25	5
霞山区	82	37	28	17	114	41	5	65	3
坡头区	6	1	1	4	10	6		4	
麻章区	3	1		2	3	1		1	1
遂溪县	2		2		5	1		3	1
徐闻县	2	2			6	3		3	
廉江市	4	1	2	1	6	1		5	
雷州市	5	1	3	1	2	1	1		
吴川市	3	2	1		3	1		2	
茂名市	**29**	**11**	**15**	**3**	**69**	**27**	**3**	**37**	**2**
茂南区	23	8	13	2	52	18	2	30	2
电白区	1			1	7	3	1	3	
高州市	1	1			1	1			
化州市	4	2	2		5	2		3	
信宜市					4	3		1	
肇庆市	**101**	**25**	**55**	**21**	**94**	**26**	**3**	**58**	**7**
端州区	62	17	33	12	62	20	1	36	5
鼎湖区	13	3	8	2	5	1		4	
高要区	2		1	1	2			2	
广宁县	2		2		3	1		1	1
怀集县					3	1	1	1	
封开县	1	1			2	1		1	
德庆县	3			3	1			1	
四会市	18	4	11	3	16	2	1	12	1
惠州市	**546**	**110**	**253**	**183**	**456**	**126**	**34**	**227**	**69**
惠城区	269	65	115	89	255	66	15	136	38
惠阳区	221	29	114	78	125	33	14	55	23
博罗县	30	4	18	8	45	9	3	27	6
惠东县	25	11	6	8	23	10	2	9	2
龙门县	1	1			8	8			

4-4 续表 71

单位：人

地区 性别	信息传输、软件和信息技术服务业				金融业				
	小计	电信、广播电视和卫星传输服务	互联网和相关服务	软件和信息技术服务业	小计	货币金融服务	资本市场服务	保险业	其他金融业
梅州市	**86**	**47**	**26**	**13**	**79**	**28**	**4**	**40**	**7**
梅江区	45	27	13	5	45	16	1	23	5
梅县区	31	17	7	7	24	9	1	13	1
大埔县	2	1	1		2	2			
丰顺县									
五华县	2		2		1				1
平远县	3	1	1	1	2	1	1		
蕉岭县	1		1		1			1	
兴宁市	2	1	1		4		1	3	
汕尾市	**37**	**8**	**17**	**12**	**26**	**12**		**11**	**3**
城　区	14	5	8	1	14	8		3	3
海丰县	20	3	8	9	12	4		8	
陆河县									
陆丰市	3		1	2					
河源市	**99**	**34**	**44**	**21**	**153**	**49**	**7**	**73**	**24**
源城区	90	30	40	20	132	40	7	64	21
紫金县	1	1			5	2		3	
龙川县					5	5			
连平县	3	1	2						
和平县					2			1	1
东源县	5	2	2	1	9	2		5	2
阳江市	**37**	**12**	**15**	**10**	**62**	**15**	**1**	**39**	**7**
江城区	29	9	12	8	38	6	1	28	3
阳东区	6	3	2	1	15	7		4	4
阳西县					2	1		1	
阳春市	2		1	1	7	1		6	
清远市	**116**	**44**	**44**	**28**	**138**	**34**	**11**	**75**	**18**
清城区	84	33	31	20	100	22	10	54	14
清新区	12	3	5	4	18	4		12	2
佛冈县	4	2		2	3	1		2	
阳山县	2		1	1	2	2			
连山壮族瑶族自治县					1			1	
连南瑶族自治县	1		1						
英德市	7	4	2	1	13	5		6	2
连州市	6	2	4		1		1		
东莞市	**2028**	**294**	**1024**	**710**	**1493**	**297**	**123**	**921**	**152**
市辖区	2028	294	1024	710	1493	297	123	921	152
中山市	**463**	**91**	**228**	**144**	**411**	**103**	**23**	**243**	**42**
市辖区	463	91	228	144	411	103	23	243	42
潮州市	**19**	**12**	**7**		**47**	**27**	**5**	**13**	**2**
湘桥区	9	5	4		23	14	1	6	2
潮安区	9	6	3		23	12	4	7	
饶平县	1	1			1	1			
揭阳市	**3**	**1**		**2**	**7**	**3**		**4**	
榕城区	1	1			2			2	
揭东区					1			1	
揭西县									
惠来县					3	2		1	
普宁市	2			2	1	1			
云浮市	**28**	**20**	**4**	**4**	**42**	**12**	**5**	**24**	**1**
云城区	21	16	2	3	39	11	5	22	1
云安区	1	1							
新兴县	1	1			2	1		1	
郁南县	3	1	1	1					
罗定市	2	1	1		1			1	

4—4 续表 72　　　　单位：人

地　区 性　别	房地产业 小计	房地产业 房地产业	租赁和商务服务业 小计	租赁和商务服务业 租赁业	租赁和商务服务业 商务服务业	科学研究和技术服务业 小计	科学研究和技术服务业 研究和试验发展	科学研究和技术服务业 专业技术服务业	科学研究和技术服务业 科技推广和应用服务业
广　东	**87315**	**87315**	**95677**	**5770**	**89907**	**47971**	**7863**	**31375**	**8733**
广州市	**18682**	**18682**	**26450**	**1366**	**25084**	**14711**	**2904**	**8950**	**2857**
荔湾区	955	955	1157	33	1124	584	93	423	68
越秀区	1080	1080	960	15	945	547	106	377	64
海珠区	1568	1568	2554	59	2495	1261	217	849	195
天河区	4125	4125	6993	439	6554	3877	731	2203	943
白云区	3642	3642	5725	252	5473	2156	290	1477	389
黄埔区	1539	1539	2374	127	2247	2182	636	1060	486
番禺区	3027	3027	3813	208	3605	2511	531	1571	409
花都区	891	891	1367	88	1279	479	79	324	76
南沙区	892	892	694	74	620	540	107	329	104
从化区	86	86	71	6	65	38	12	22	4
增城区	877	877	742	65	677	536	102	315	119
韶关市	**449**	**449**	**405**	**28**	**377**	**287**	**22**	**238**	**27**
武江区	182	182	162	15	147	116	6	103	7
浈江区	88	88	112	4	108	41	6	25	10
曲江区	36	36	37	1	36	38		31	7
始兴县	15	15	20	1	19	11		10	1
仁化县	16	16	20		20	27	2	25	
翁源县	4	4	8		8	10	1	8	1
乳源瑶族自治县	11	11	17	4	13	11	5	6	
新丰县	3	3	1		1	10		9	1
乐昌市	48	48	17	2	15	17		17	
南雄市	46	46	11	1	10	6	2	4	
深圳市	**34719**	**34719**	**38705**	**2330**	**36375**	**18017**	**2188**	**12826**	**3003**
罗湖区	2948	2948	2193	70	2123	844	80	634	130
福田区	4213	4213	4497	104	4393	1502	155	1085	262
南山区	4664	4664	4090	223	3867	2323	319	1622	382
宝安区	7710	7710	8806	608	8198	4642	460	3251	931
龙岗区	6988	6988	8790	534	8256	4368	521	3211	636
盐田区	585	585	460	32	428	244	99	133	12
龙华区	5220	5220	7710	528	7182	3144	408	2182	554
坪山区	832	832	786	88	698	355	84	216	55
光明区	1559	1559	1373	143	1230	595	62	492	41
珠海市	**3034**	**3034**	**2557**	**239**	**2318**	**1423**	**541**	**757**	**125**
香洲区	2295	2295	1917	131	1786	1158	461	597	100
斗门区	463	463	274	39	235	123	31	75	17
金湾区	276	276	366	69	297	142	49	85	8
汕头市	**397**	**397**	**405**	**22**	**383**	**230**	**22**	**168**	**40**
龙湖区	240	240	250	13	237	120	4	93	23
金平区	103	103	83	6	77	35	8	24	3
濠江区	12	12	8		8	11	7	4	
潮阳区	9	9	12		12	9		6	3
潮南区	8	8	34	3	31	14		9	5
澄海区	24	24	12		12	40	3	31	6
南澳县	1	1	6		6	1		1	
佛山市	**7506**	**7506**	**6396**	**459**	**5937**	**3373**	**661**	**2077**	**635**
禅城区	1276	1276	1286	36	1250	609	72	424	113
南海区	2869	2869	2883	274	2609	1448	289	876	283
顺德区	2448	2448	1541	104	1437	1096	259	644	193
三水区	615	615	582	38	544	180	35	109	36
高明区	298	298	104	7	97	40	6	24	10

4-4　续表 73　　　　单位：人

地　区 性　别	房地产业		租赁和商务服务业			科学研究和技术服务业			
	小计	房地产业	小计	租赁业	商　务 服务业	小计	研究和 试验发展	专业技术 服务业	科技推广 和应用 服务业
江门市	**1083**	**1083**	**766**	**56**	**710**	**462**	**58**	**312**	**92**
蓬江区	315	315	325	23	302	211	38	125	48
江海区	228	228	128	4	124	72	1	59	12
新会区	105	105	121	8	113	53	7	38	8
台山市	150	150	39	1	38	41	2	26	13
开平市	47	47	72	7	65	49	6	34	9
鹤山市	225	225	62	12	50	26	2	22	2
恩平市	13	13	19	1	18	10	2	8	
湛江市	**713**	**713**	**691**	**64**	**627**	**431**	**46**	**353**	**32**
赤坎区	284	284	213	5	208	104	10	75	19
霞山区	282	282	310	28	282	129	14	110	5
坡头区	45	45	36	3	33	36	4	32	
麻章区	19	19	40	4	36	68	18	49	1
遂溪县	6	6	10	2	8	7		4	3
徐闻县	11	11	13	1	12	11		9	2
廉江市	14	14	19	1	18	3		3	
雷州市	4	4	10		10	3		3	
吴川市	48	48	40	20	20	70		68	2
茂名市	**229**	**229**	**205**	**11**	**194**	**169**	**8**	**154**	**7**
茂南区	140	140	98	5	93	76	6	64	6
电白区	39	39	21	2	19	65		65	
高州市	12	12	32		32	12	1	11	
化州市	5	5	43	3	40	8		8	
信宜市	33	33	11	1	10	8	1	6	1
肇庆市	**674**	**674**	**472**	**33**	**439**	**199**	**42**	**124**	**33**
端州区	248	248	172	12	160	93	11	70	12
鼎湖区	54	54	137	1	136	10	2	6	2
高要区	37	37	15		15	5		3	2
广宁县	12	12	11		11	5		3	2
怀集县	89	89	10		10	1		1	
封开县	4	4	11	5	6	2		2	
德庆县	4	4	21	1	20	10	2	3	5
四会市	226	226	95	14	81	73	27	36	10
惠州市	**4576**	**4576**	**2643**	**265**	**2378**	**1308**	**136**	**909**	**263**
惠城区	1832	1832	1330	103	1227	603	64	409	130
惠阳区	1954	1954	893	124	769	484	52	352	80
博罗县	451	451	309	33	276	165	18	99	48
惠东县	286	286	104	4	100	52	2	45	5
龙门县	53	53	7	1	6	4		4	
梅州市	**324**	**324**	**350**	**19**	**331**	**157**	**10**	**125**	**22**
梅江区	181	181	140	3	137	56	2	52	2
梅县区	83	83	108	6	102	33	4	27	2
大埔县	9	9	24	1	23	16	1	11	4
丰顺县	3	3	6	1	5	19		5	14
五华县	11	11	32	3	29	22	1	21	
平远县	5	5	5		5	3	1	2	
蕉岭县	21	21	18	3	15	4	1	3	
兴宁市	11	11	17	2	15	4		4	
汕尾市	**132**	**132**	**322**	**16**	**306**	**110**	**9**	**94**	**7**
城　区	44	44	60	4	56	21	3	17	1
海丰县	78	78	200	9	191	61	5	51	5
陆河县	1	1	31	1	30	17	1	15	1
陆丰市	9	9	31	2	29	11		11	

4-4 续表 74

单位：人

地区 性别	房地产业		租赁和商务服务业			科学研究和技术服务业			
	小计	房地产业	小计	租赁业	商务服务业	小计	研究和试验发展	专业技术服务业	科技推广和应用服务业
河源市	**755**	**755**	**515**	**36**	**479**	**260**	**19**	**203**	**38**
源城区	637	637	424	26	398	205	12	161	32
紫金县	30	30	22	3	19	9	2	6	1
龙川县	10	10	6		6	23	3	18	2
连平县	7	7	6	3	3	1		1	
和平县	7	7	8	1	7	3		3	
东源县	64	64	49	3	46	19	2	14	3
阳江市	**248**	**248**	**315**	**11**	**304**	**110**	**8**	**74**	**28**
江城区	111	111	188	5	183	41	6	28	7
阳东区	83	83	87	2	85	21	2	18	1
阳西县	39	39	18	2	16	43		24	19
阳春市	15	15	22	2	20	5		4	1
清远市	**1032**	**1032**	**614**	**38**	**576**	**232**	**14**	**186**	**32**
清城区	759	759	480	34	446	176	12	137	27
清新区	125	125	44		44	13	1	12	
佛冈县	57	57	12	1	11	14		14	
阳山县	6	6	10	1	9	4		3	1
连山壮族瑶族自治县	1	1	2		2	1		1	
连南瑶族自治县	2	2	2		2	2			2
英德市	67	67	61	1	60	18	1	15	2
连州市	15	15	3	1	2	4		4	
东莞市	**9280**	**9280**	**10933**	**623**	**10310**	**5157**	**1011**	**2880**	**1266**
市辖区	9280	9280	10933	623	10310	5157	1011	2880	1266
中山市	**3104**	**3104**	**2648**	**143**	**2505**	**1154**	**149**	**799**	**206**
市辖区	3104	3104	2648	143	2505	1154	149	799	206
潮州市	**75**	**75**	**117**	**4**	**113**	**59**	**6**	**49**	**4**
湘桥区	59	59	59	1	58	27	3	22	2
潮安区	10	10	48	1	47	29	2	25	2
饶平县	6	6	10	2	8	3	1	2	
揭阳市	**25**	**25**	**60**	**4**	**56**	**17**		**17**	
榕城区	10	10	14	1	13	4		4	
揭东区	1	1	13		13	4		4	
揭西县			3		3	6		6	
惠来县	11	11	1		1				
普宁市	3	3	29	3	26	3		3	
云浮市	**278**	**278**	**108**	**3**	**105**	**105**	**9**	**80**	**16**
云城区	153	153	64	2	62	64	3	58	3
云安区	18	18	12		12	11		1	10
新兴县	25	25	16	1	15	20	4	14	2
郁南县	35	35	7		7	3		3	
罗定市	47	47	9		9	7	2	4	1
男	**59221**	**59221**	**59905**	**4798**	**55107**	**32140**	**5083**	**21644**	**5413**
广州市	**12223**	**12223**	**15230**	**1112**	**14118**	**9335**	**1746**	**5872**	**1717**
荔湾区	591	591	655	30	625	348	43	262	43
越秀区	706	706	489	7	482	338	52	244	42
海珠区	995	995	1427	47	1380	728	123	501	104
天河区	2659	2659	3815	363	3452	2458	451	1422	585
白云区	2454	2454	3350	205	3145	1358	160	997	201
黄埔区	1022	1022	1437	99	1338	1411	398	726	287
番禺区	1969	1969	2248	162	2086	1589	327	1009	253
花都区	577	577	829	74	755	345	58	238	49
南沙区	585	585	465	67	398	368	63	232	73
从化区	61	61	40	3	37	23	4	17	2
增城区	604	604	475	55	420	369	67	224	78

4-4　续表 75　　　　　　　　　　　　　　　　　　　　　　　　　　　　　单位：人

地　区 性　别	房地产业		租赁和商务服务业			科学研究和技术服务业			
	小计	房地产业	小计	租赁业	商　务 服务业	小计	研究和 试验发展	专业技术 服务业	科技推广 和应用 服务业
韶关市	**303**	**303**	**247**	**22**	**225**	**213**	**16**	**178**	**19**
武江区	117	117	96	11	85	86	5	76	5
浈江区	51	51	67	3	64	24	2	16	6
曲江区	25	25	23	1	22	30		24	6
始兴县	14	14	18	1	17	8		8	
仁化县	14	14	9		9	22	2	20	
翁源县	3	3	5		5	8	1	6	1
乳源瑶族自治县	7	7	13	3	10	7	4	3	
新丰县	1	1	1		1	7		6	1
乐昌市	35	35	9	2	7	16		16	
南雄市	36	36	6	1	5	5	2	3	
深圳市	**24550**	**24550**	**25106**	**1938**	**23168**	**12028**	**1413**	**8818**	**1797**
罗湖区	2166	2166	1277	48	1229	528	45	409	74
福田区	3036	3036	2624	70	2554	926	93	695	138
南山区	3313	3313	2772	171	2601	1472	199	1045	228
宝安区	5406	5406	5829	511	5318	3172	321	2269	582
龙岗区	4884	4884	5518	444	5074	3008	357	2273	378
盐田区	402	402	348	27	321	149	43	98	8
龙华区	3637	3637	5139	463	4676	2064	259	1476	329
坪山区	623	623	574	77	497	256	54	165	37
光明区	1083	1083	1025	127	898	453	42	388	23
珠海市	**1986**	**1986**	**1625**	**204**	**1421**	**943**	**314**	**547**	**82**
香洲区	1513	1513	1181	110	1071	756	267	424	65
斗门区	300	300	175	32	143	91	21	57	13
金湾区	173	173	269	62	207	96	26	66	4
汕头市	**282**	**282**	**251**	**15**	**236**	**165**	**16**	**127**	**22**
龙湖区	172	172	156	8	148	86	2	70	14
金平区	73	73	54	5	49	21	6	15	
濠江区	8	8	5		5	8	5	3	
潮阳区	8	8	7		7	5		5	
潮南区	4	4	23	2	21	10		6	4
澄海区	17	17	6		6	34	3	27	4
南澳县						1		1	
佛山市	**4957**	**4957**	**4064**	**393**	**3671**	**2402**	**500**	**1484**	**418**
禅城区	812	812	745	32	713	403	46	288	69
南海区	1901	1901	1771	229	1542	1042	223	639	180
顺德区	1576	1576	1075	94	981	793	203	457	133
三水区	441	441	409	32	377	140	25	85	30
高明区	227	227	64	6	58	24	3	15	6
江门市	**712**	**712**	**455**	**49**	**406**	**319**	**38**	**225**	**56**
蓬江区	190	190	184	19	165	143	23	91	29
江海区	148	148	76	4	72	52	1	45	6
新会区	69	69	71	8	63	39	4	28	7
台山市	101	101	27	1	26	31	2	23	6
开平市	34	34	40	7	33	27	4	16	7
鹤山市	160	160	41	9	32	20	2	17	1
恩平市	10	10	16	1	15	7	2	5	
湛江市	**437**	**437**	**437**	**58**	**379**	**336**	**37**	**276**	**23**
赤坎区	168	168	126	4	122	75	6	53	16
霞山区	167	167	183	25	158	94	11	80	3
坡头区	29	29	22	3	19	27	3	24	
麻章区	12	12	37	4	33	56	17	39	
遂溪县	4	4	7	1	6	4		3	1
徐闻县	8	8	10	1	9	8		6	2
廉江市	8	8	12	1	11	3		3	
雷州市	3	3	9		9	3		3	
吴川市	38	38	31	19	12	66		65	1

4-4 续表 76 单位：人

地区 性别	房地产业		租赁和商务服务业			科学研究和技术服务业			
	小计	房地产业	小计	租赁业	商务服务业	小计	研究和试验发展	专业技术服务业	科技推广和应用服务业
茂名市	**170**	**170**	**119**	**8**	**111**	**131**	**6**	**121**	**4**
茂南区	106	106	56	4	52	61	4	53	4
电白区	29	29	13	2	11	50		50	
高州市	8	8	20		20	9	1	8	
化州市	3	3	26	1	25	5		5	
信宜市	24	24	4	1	3	6	1	5	
肇庆市	**466**	**466**	**339**	**22**	**317**	**142**	**29**	**90**	**23**
端州区	176	176	119	9	110	61	7	47	7
鼎湖区	36	36	110		110	8	2	4	2
高要区	21	21	10		10	4		2	2
广宁县	7	7	8		8	5		3	2
怀集县	78	78	6		6	1		1	
封开县	2	2	5	3	2	1		1	
德庆县	2	2	13	1	12	6	1	2	3
四会市	144	144	68	9	59	56	19	30	7
惠州市	**3124**	**3124**	**1729**	**229**	**1500**	**956**	**99**	**680**	**177**
惠城区	1245	1245	853	89	764	446	51	311	84
惠阳区	1325	1325	605	104	501	347	32	259	56
博罗县	303	303	202	31	171	122	14	73	35
惠东县	205	205	66	4	62	38	2	34	2
龙门县	46	46	3	1	2	3		3	
梅州市	**202**	**202**	**206**	**13**	**193**	**124**	**8**	**99**	**17**
梅江区	118	118	79	2	77	41	1	39	1
梅县区	44	44	65	6	59	24	3	19	2
大埔县	4	4	16	1	15	15	1	10	4
丰顺县	2	2	3	1	2	15		5	10
五华县	9	9	16	1	15	20	1	19	
平远县	3	3	3		3	2	1	1	
蕉岭县	16	16	13	2	11	3	1	2	
兴宁市	6	6	11		11	4		4	
汕尾市	**91**	**91**	**252**	**14**	**238**	**95**	**7**	**82**	**6**
城　区	30	30	50	4	46	18	1	16	1
海丰县	53	53	159	8	151	54	5	45	4
陆河县	1	1	25	1	24	14	1	12	1
陆丰市	7	7	18	1	17	9		9	
河源市	**472**	**472**	**321**	**31**	**290**	**187**	**12**	**149**	**26**
源城区	400	400	264	24	240	140	7	112	21
紫金县	23	23	15	2	13	5		5	
龙川县	3	3	3		3	21	3	16	2
连平县	3	3	3	2	1	1		1	
和平县	5	5	2	1	1	2		2	
东源县	38	38	34	2	32	18	2	13	3
阳江市	**148**	**148**	**210**	**11**	**199**	**81**	**6**	**57**	**18**
江城区	65	65	121	5	116	30	5	19	6
阳东区	53	53	63	2	61	15	1	13	1
阳西县	21	21	12	2	10	31		21	10
阳春市	9	9	14	2	12	5		4	1
清远市	**646**	**646**	**425**	**31**	**394**	**166**	**9**	**134**	**23**
清城区	477	477	338	27	311	129	9	100	20
清新区	70	70	28		28	8		8	
佛冈县	47	47	11	1	10	13		13	
阳山县	3	3	7	1	6	3		2	1
连山壮族瑶族自治县			1		1	1		1	
连南瑶族自治县	2	2	2		2	1			1
英德市	38	38	35	1	34	8		7	1
连州市	9	9	3	1	2	3		3	

4-4　续表 77

单位：人

地区 性别	房地产业		租赁和商务服务业			科学研究和技术服务业			
	小计	房地产业	小计	租赁业	商务服务业	小计	研究和试验发展	专业技术服务业	科技推广和应用服务业
东莞市	**6151**	**6151**	**7012**	**512**	**6500**	**3579**	**708**	**2025**	**846**
市辖区	6151	6151	7012	512	6500	3579	708	2025	846
中山市	**2037**	**2037**	**1696**	**125**	**1571**	**799**	**107**	**569**	**123**
市辖区	2037	2037	1696	125	1571	799	107	569	123
潮州市	**57**	**57**	**69**	**4**	**65**	**41**	**4**	**35**	**2**
湘桥区	49	49	42	1	41	18	2	15	1
潮安区	4	4	20	1	19	20	1	18	1
饶平县	4	4	7	2	5	3	1	2	
揭阳市	**17**	**17**	**47**	**4**	**43**	**14**		**14**	
榕城区	5	5	11	1	10	3		3	
揭东区			8		8	2		2	
揭西县			2		2	6		6	
惠来县	10	10	1		1				
普宁市	2	2	25	3	22	3		3	
云浮市	**190**	**190**	**65**	**3**	**62**	**84**	**8**	**62**	**14**
云城区	103	103	37	2	35	48	2	45	1
云安区	13	13	10		10	11		1	10
新兴县	18	18	9	1	8	18	4	12	2
郁南县	29	29	4		4	1		1	
罗定市	27	27	5		5	6	2	3	1
女	**28094**	**28094**	**35772**	**972**	**34800**	**15831**	**2780**	**9731**	**3320**
广州市	**6459**	**6459**	**11220**	**254**	**10966**	**5376**	**1158**	**3078**	**1140**
荔湾区	364	364	502	3	499	236	50	161	25
越秀区	374	374	471	8	463	209	54	133	22
海珠区	573	573	1127	12	1115	533	94	348	91
天河区	1466	1466	3178	76	3102	1419	280	781	358
白云区	1188	1188	2375	47	2328	798	130	480	188
黄埔区	517	517	937	28	909	771	238	334	199
番禺区	1058	1058	1565	46	1519	922	204	562	156
花都区	314	314	538	14	524	134	21	86	27
南沙区	307	307	229	7	222	172	44	97	31
从化区	25	25	31	3	28	15	8	5	2
增城区	273	273	267	10	257	167	35	91	41
韶关市	**146**	**146**	**158**	**6**	**152**	**74**	**6**	**60**	**8**
武江区	65	65	66	4	62	30	1	27	2
浈江区	37	37	45	1	44	17	4	9	4
曲江区	11	11	14		14	8		7	1
始兴县	1	1	2		2	3		2	1
仁化县	2	2	11		11	5		5	
翁源县	1	1	3		3	2		2	
乳源瑶族自治县	4	4	4	1	3	4	1	3	
新丰县	2	2				3		3	
乐昌市	13	13	8		8	1		1	
南雄市	10	10	5		5	1		1	
深圳市	**10169**	**10169**	**13599**	**392**	**13207**	**5989**	**775**	**4008**	**1206**
罗湖区	782	782	916	22	894	316	35	225	56
福田区	1177	1177	1873	34	1839	576	62	390	124
南山区	1351	1351	1318	52	1266	851	120	577	154
宝安区	2304	2304	2977	97	2880	1470	139	982	349
龙岗区	2104	2104	3272	90	3182	1360	164	938	258
盐田区	183	183	112	5	107	95	56	35	4
龙华区	1583	1583	2571	65	2506	1080	149	706	225
坪山区	209	209	212	11	201	99	30	51	18
光明区	476	476	348	16	332	142	20	104	18

4-4 续表 78

单位：人

地区 性别	房地产业		租赁和商务服务业			科学研究和技术服务业			
	小计	房地产业	小计	租赁业	商务服务业	小计	研究和试验发展	专业技术服务业	科技推广和应用服务业
珠海市	**1048**	**1048**	**932**	**35**	**897**	**480**	**227**	**210**	**43**
香洲区	782	782	736	21	715	402	194	173	35
斗门区	163	163	99	7	92	32	10	18	4
金湾区	103	103	97	7	90	46	23	19	4
汕头市	**115**	**115**	**154**	**7**	**147**	**65**	**6**	**41**	**18**
龙湖区	68	68	94	5	89	34	2	23	9
金平区	30	30	29	1	28	14	2	9	3
濠江区	4	4	3		3	3	2	1	
潮阳区	1	1	5		5	4		1	3
潮南区	4	4	11	1	10	4		3	1
澄海区	7	7	6		6	6		4	2
南澳县	1	1	6		6				
佛山市	**2549**	**2549**	**2332**	**66**	**2266**	**971**	**161**	**593**	**217**
禅城区	464	464	541	4	537	206	26	136	44
南海区	968	968	1112	45	1067	406	66	237	103
顺德区	872	872	466	10	456	303	56	187	60
三水区	174	174	173	6	167	40	10	24	6
高明区	71	71	40	1	39	16	3	9	4
江门市	**371**	**371**	**311**	**7**	**304**	**143**	**20**	**87**	**36**
蓬江区	125	125	141	4	137	68	15	34	19
江海区	80	80	52		52	20		14	6
新会区	36	36	50		50	14	3	10	1
台山市	49	49	12		12	10		3	7
开平市	13	13	32		32	22	2	18	2
鹤山市	65	65	21	3	18	6		5	1
恩平市	3	3	3		3	3		3	
湛江市	**276**	**276**	**254**	**6**	**248**	**95**	**9**	**77**	**9**
赤坎区	116	116	87	1	86	29	4	22	3
霞山区	115	115	127	3	124	35	3	30	2
坡头区	16	16	14		14	9	1	8	
麻章区	7	7	3		3	12	1	10	1
遂溪县	2	2	3	1	2	3		1	2
徐闻县	3	3	3		3	3		3	
廉江市	6	6	7		7				
雷州市	1	1	1		1				
吴川市	10	10	9	1	8	4		3	1
茂名市	**59**	**59**	**86**	**3**	**83**	**38**	**2**	**33**	**3**
茂南区	34	34	42	1	41	15	2	11	2
电白区	10	10	8		8	15		15	
高州市	4	4	12		12	3		3	
化州市	2	2	17	2	15	3		3	
信宜市	9	9	7		7	2		1	1
肇庆市	**208**	**208**	**133**	**11**	**122**	**57**	**13**	**34**	**10**
端州区	72	72	53	3	50	32	4	23	5
鼎湖区	18	18	27	1	26	2		2	
高要区	16	16	5		5	1		1	
广宁县	5	5	3		3				
怀集县	11	11	4		4				
封开县	2	2	6	2	4	1		1	
德庆县	2	2	8		8	4	1	1	2
四会市	82	82	27	5	22	17	8	6	3
惠州市	**1452**	**1452**	**914**	**36**	**878**	**352**	**37**	**229**	**86**
惠城区	587	587	477	14	463	157	13	98	46
惠阳区	629	629	288	20	268	137	20	93	24
博罗县	148	148	107	2	105	43	4	26	13
惠东县	81	81	38		38	14		11	3
龙门县	7	7	4		4	1		1	

4-4　续表 79　　　　单位：人

地区 性别	房地产业		租赁和商务服务业			科学研究和技术服务业			
	小计	房地产业	小计	租赁业	商务服务业	小计	研究和试验发展	专业技术服务业	科技推广和应用服务业
梅州市	**122**	**122**	**144**	**6**	**138**	**33**	**2**	**26**	**5**
梅江区	63	63	61	1	60	15	1	13	1
梅县区	39	39	43		43	9	1	8	
大埔县	5	5	8		8	1		1	
丰顺县	1	1	3		3	4			4
五华县	2	2	16	2	14	2		2	
平远县	2	2	2		2	1		1	
蕉岭县	5	5	5	1	4	1		1	
兴宁市	5	5	6	2	4				
汕尾市	**41**	**41**	**70**	**2**	**68**	**15**	**2**	**12**	**1**
城　区	14	14	10		10	3	2	1	
海丰县	25	25	41	1	40	7		6	1
陆河县			6		6	3		3	
陆丰市	2	2	13	1	12	2		2	
河源市	**283**	**283**	**194**	**5**	**189**	**73**	**7**	**54**	**12**
源城区	237	237	160	2	158	65	5	49	11
紫金县	7	7	7	1	6	4	2	1	1
龙川县	7	7	3		3	2		2	
连平县	4	4	3	1	2				
和平县	2	2	6		6	1		1	
东源县	26	26	15	1	14	1		1	
阳江市	**100**	**100**	**105**		**105**	**29**	**2**	**17**	**10**
江城区	46	46	67		67	11	1	9	1
阳东区	30	30	24		24	6	1	5	
阳西县	18	18	6		6	12		3	9
阳春市	6	6	8		8				
清远市	**386**	**386**	**189**	**7**	**182**	**66**	**5**	**52**	**9**
清城区	282	282	142	7	135	47	3	37	7
清新区	55	55	16		16	5	1	4	
佛冈县	10	10	1		1	1		1	
阳山县	3	3	3		3	1		1	
连山壮族瑶族自治县	1	1	1		1				
连南瑶族自治县						1			1
英德市	29	29	26		26	10	1	8	1
连州市	6	6				1		1	
东莞市	**3129**	**3129**	**3921**	**111**	**3810**	**1578**	**303**	**855**	**420**
市辖区	3129	3129	3921	111	3810	1578	303	855	420
中山市	**1067**	**1067**	**952**	**18**	**934**	**355**	**42**	**230**	**83**
市辖区	1067	1067	952	18	934	355	42	230	83
潮州市	**18**	**18**	**48**		**48**	**18**	**2**	**14**	**2**
湘桥区	10	10	17		17	9	1	7	1
潮安区	6	6	28		28	9	1	7	1
饶平县	2	2	3		3				
揭阳市	**8**	**8**	**13**		**13**	**3**		**3**	
榕城区	5	5	3		3	1		1	
揭东区	1	1	5		5	2		2	
揭西县			1		1				
惠来县	1	1							
普宁市	1	1	4		4				
云浮市	**88**	**88**	**43**		**43**	**21**	**1**	**18**	**2**
云城区	50	50	27		27	16	1	13	2
云安区	5	5	2		2				
新兴县	7	7	7		7	2		2	
郁南县	6	6	3		3	2		2	
罗定市	20	20	4		4	1		1	

4−4 续表 80

单位：人

地区 性别	水利、环境和公共设施管理业					居民服务、修理和其他服务业			
	小计	水利管理业	生态保护和环境治理业	公共设施管理业	土地管理业	小计	居民服务业	机动车、电子产品和日用产品修理业	其他服务业
广东	**18664**	**656**	**2106**	**15774**	**128**	**116246**	**73968**	**25539**	**16739**
广州市	**3975**	**110**	**427**	**3399**	**39**	**25737**	**16628**	**5172**	**3937**
荔湾区	260	5	13	240	2	971	648	196	127
越秀区	265	3	11	249	2	1178	975	103	100
海珠区	352	5	23	315	9	2227	1521	335	371
天河区	668	25	45	585	13	5334	3402	928	1004
白云区	676	12	68	594	2	6753	4538	1450	765
黄埔区	555	12	70	470	3	1613	876	330	407
番禺区	647	8	126	510	3	4347	2736	902	709
花都区	213	6	25	179	3	1425	784	407	234
南沙区	148	16	23	108	1	779	485	205	89
从化区	8	1	1	6		94	62	22	10
增城区	183	17	22	143	1	1016	601	294	121
韶关市	**151**	**7**	**24**	**118**	**2**	**873**	**495**	**262**	**116**
武江区	40	2	2	34	2	282	185	72	25
浈江区	42	1	2	39		289	132	81	76
曲江区	19	1	9	9		87	47	31	9
始兴县	9			9		20	13	6	1
仁化县	8		2	6		34	14	18	2
翁源县	5		3	2		25	17	8	
乳源瑶族自治县	13	1	2	10		27	19	8	
新丰县	3		3			22	13	9	
乐昌市	4	2		2		55	32	20	3
南雄市	8		1	7		32	23	9	
深圳市	**7712**	**308**	**704**	**6655**	**45**	**40858**	**26832**	**7276**	**6750**
罗湖区	482	45	27	405	5	3864	2737	483	644
福田区	550	12	43	494	1	5370	3756	511	1103
南山区	814	20	63	730	1	4734	3262	544	928
宝安区	1858	79	236	1539	4	9567	6188	1938	1441
龙岗区	1586	78	173	1324	11	8719	5460	1928	1331
盐田区	145	4	8	133		448	274	98	76
龙华区	992	34	44	902	12	5498	3510	1138	850
坪山区	291	21	32	234	4	713	434	153	126
光明区	994	15	78	894	7	1945	1211	483	251
珠海市	**709**	**12**	**33**	**660**	**4**	**3251**	**1997**	**710**	**544**
香洲区	558	4	17	535	2	2378	1556	472	350
斗门区	65	5	7	53		417	251	140	26
金湾区	86	3	9	72	2	456	190	98	168
汕头市	**134**	**1**	**12**	**121**		**1042**	**618**	**278**	**146**
龙湖区	29	1	4	24		402	229	122	51
金平区	58		2	56		340	183	97	60
濠江区	3		1	2		14	7	2	5
潮阳区	7		1	6		74	49	19	6
潮南区	13		3	10		65	35	14	16
澄海区	23		1	22		142	111	23	8
南澳县	1			1		5	4	1	
佛山市	**1569**	**50**	**148**	**1363**	**8**	**12029**	**6967**	**3401**	**1661**
禅城区	277	6	17	253	1	2096	1185	620	291
南海区	723	16	95	608	4	5289	2821	1542	926
顺德区	432	17	19	393	3	3950	2537	1019	394
三水区	110	9	16	85		446	274	143	29
高明区	27	2	1	24		248	150	77	21

4-4　续表 81　　　　　　　　　　　　　　　　　　　　　　　　　　　单位：人

地　区 性　别	水利、环境和公共设施管理业					居民服务、修理和其他服务业			
	小计	水　利 管理业	生态保护 和环境 治理业	公共设施 管理业	土　地 管理业	小计	居　民 服务业	机动车、 电子产品 和日用产 品修理业	其　他 服务业
江门市	**196**	**9**	**28**	**157**	**2**	**1587**	**1071**	**369**	**147**
蓬江区	66	6	7	52	1	579	405	140	34
江海区	32		5	27		281	184	63	34
新会区	40	2	8	29	1	211	124	61	26
台山市	19			19		126	96	19	11
开平市	14		5	9		146	85	37	24
鹤山市	13	1	1	11		199	139	44	16
恩平市	12		2	10		45	38	5	2
湛江市	**183**	**5**	**6**	**169**	**3**	**1413**	**864**	**359**	**190**
赤坎区	22	3	2	17		406	239	116	51
霞山区	126		1	122	3	668	443	126	99
坡头区	7			7		38	26	7	5
麻章区	8		3	5		91	33	37	21
遂溪县	3	2		1		49	21	24	4
徐闻县	2			2		30	22	7	1
廉江市	1			1		57	32	21	4
雷州市						15	6	6	3
吴川市	14			14		59	42	15	2
茂名市	**36**	**2**	**2**	**32**		**504**	**338**	**120**	**46**
茂南区	19	2	2	15		247	156	67	24
电白区	8			8		88	65	19	4
高州市	7			7		42	30	9	3
化州市						75	50	17	8
信宜市	2			2		52	37	8	7
肇庆市	**130**	**6**	**8**	**116**		**739**	**426**	**244**	**69**
端州区	78	5	5	68		336	195	110	31
鼎湖区	8			8		55	29	22	4
高要区						56	22	25	9
广宁县						5	4		1
怀集县	11			11		13	6	5	2
封开县	4	1		3		12	6	5	1
德庆县						17	11	5	1
四会市	29		3	26		245	153	72	20
惠州市	**747**	**43**	**122**	**576**	**6**	**4494**	**2766**	**1223**	**505**
惠城区	312	18	58	232	4	1959	1215	506	238
惠阳区	232	5	31	195	1	1431	866	417	148
博罗县	139	2	28	108	1	579	320	173	86
惠东县	45	2	4	39		478	333	118	27
龙门县	19	16	1	2		47	32	9	6
梅州市	**120**	**6**	**17**	**94**	**3**	**761**	**493**	**188**	**80**
梅江区	59	3	10	44	2	391	287	73	31
梅县区	32	1	4	27		201	103	57	41
大埔县						13	8	4	1
丰顺县	5	1	3	1		18	7	7	4
五华县	8			8		35	15	19	1
平远县	4			3	1	21	16	5	
蕉岭县	1	1				41	26	15	
兴宁市	11			11		41	31	8	2
汕尾市	**82**		**13**	**69**		**508**	**344**	**93**	**71**
城　区	23		4	19		122	63	32	27
海丰县	35		9	26		265	191	39	35
陆河县	1			1		24	13	9	2
陆丰市	23			23		97	77	13	7

4-4 续表 82 单位：人

地区 性别	水利、环境和公共设施管理业					居民服务、修理和其他服务业			
	小计	水利管理业	生态保护和环境治理业	公共设施管理业	土地管理业	小计	居民服务业	机动车、电子产品和日用产品修理业	其他服务业
河源市	**192**	**5**	**48**	**135**	**4**	**1039**	**682**	**251**	**106**
源城区	134	4	23	103	4	827	552	188	87
紫金县	19		1	18		58	32	21	5
龙川县						59	39	13	7
连平县	1			1		15	8	7	
和平县	3			3		14	12	1	1
东源县	35	1	24	10		66	39	21	6
阳江市	**84**	**3**	**14**	**67**		**397**	**235**	**101**	**61**
江城区	41	2	4	35		218	129	54	35
阳东区	27	1	9	17		83	49	27	7
阳西县	5		1	4		41	17	7	17
阳春市	11			11		55	40	13	2
清远市	**161**	**9**	**7**	**145**		**1076**	**709**	**304**	**63**
清城区	123	5	2	116		685	459	174	52
清新区	19		2	17		142	98	40	4
佛冈县	3			3		43	35	8	
阳山县	1			1		30	21	7	2
连山壮族瑶族自治县						10	6	4	
连南瑶族自治县	2		2			7	5	1	1
英德市	12	4		8		141	79	61	1
连州市	1		1			18	6	9	3
东莞市	**1874**	**64**	**426**	**1379**	**5**	**14416**	**8988**	**3793**	**1635**
市辖区	1874	64	426	1379	5	14416	8988	3793	1635
中山市	**518**	**12**	**61**	**439**	**6**	**4631**	**2930**	**1184**	**517**
市辖区	518	12	61	439	6	4631	2930	1184	517
潮州市	**53**	**4**	**3**	**45**	**1**	**414**	**283**	**86**	**45**
湘桥区	26	4	1	21		226	159	40	27
潮安区	23		1	21	1	165	112	39	14
饶平县	4		1	3		23	12	7	4
揭阳市	**5**		**1**	**4**		**156**	**102**	**38**	**16**
榕城区	1			1		25	15	6	4
揭东区	3		1	2		39	24	13	2
揭西县						12	5	4	3
惠来县						17	10	7	
普宁市	1			1		63	48	8	7
云浮市	**33**		**2**	**31**		**321**	**200**	**87**	**34**
云城区	16		1	15		201	116	57	28
云安区						5	2	3	
新兴县	2			2		67	53	12	2
郁南县	12		1	11		11	6	4	1
罗定市	3			3		37	23	11	3
男	**12548**	**534**	**1640**	**10295**	**79**	**51662**	**22356**	**21756**	**7550**
广州市	**2509**	**81**	**303**	**2107**	**18**	**11023**	**4926**	**4405**	**1692**
荔湾区	150	4	8	138		400	178	169	53
越秀区	160	1	6	153		357	218	80	59
海珠区	213	4	18	189	2	859	430	275	154
天河区	381	15	29	329	8	2184	1000	775	409
白云区	445	10	59	375	1	3035	1443	1273	319
黄埔区	378	10	52	313	3	763	276	281	206
番禺区	413	6	78	328	1	1807	761	779	267
花都区	134	5	15	112	2	743	271	352	120
南沙区	103	11	17	75		343	144	165	34
从化区	5	1	1	3		35	13	18	4
增城区	127	14	20	92	1	497	192	238	67

4-4　续表 83　　　　单位：人

地　区 性　别	水利、环境和公共设施管理业					居民服务、修理和其他服务业			
	小计	水　利 管理业	生态保护 和环境 治理业	公共设施 管理业	土　地 管理业	小计	居　民 服务业	机动车、 电子产品 和日用产 品修理业	其　他 服务业
韶关市	**95**	**7**	**16**	**71**	**1**	**388**	**112**	**214**	**62**
武江区	21	2	1	17	1	107	37	57	13
浈江区	26	1	2	23		143	35	68	40
曲江区	15	1	7	7		38	9	25	4
始兴县	7			7		6	1	4	1
仁化县	2			2		23	7	14	2
翁源县	3		2	1		11	5	6	
乳源瑶族自治县	12	1	2	9		12	4	8	
新丰县	2		2			9	1	8	
乐昌市	2	2				27	9	16	2
南雄市	5			5		12	4	8	
深圳市	**5342**	**257**	**585**	**4469**	**31**	**17214**	**7836**	**6262**	**3116**
罗湖区	325	42	22	257	4	1436	756	426	254
福田区	340	6	29	304	1	1852	942	457	453
南山区	514	13	42	458	1	1616	720	479	417
宝安区	1338	65	213	1058	2	4178	1801	1673	704
龙岗区	1158	68	144	940	6	4227	1914	1643	670
盐田区	94	3	8	83		159	41	86	32
龙华区	688	28	37	614	9	2508	1152	960	396
坪山区	225	20	28	175	2	319	134	127	58
光明区	660	12	62	580	6	919	376	411	132
珠海市	**488**	**8**	**24**	**455**	**1**	**1412**	**558**	**601**	**253**
香洲区	388	2	13	372	1	957	416	406	135
斗门区	45	3	6	36		196	77	112	7
金湾区	55	3	5	47		259	65	83	111
汕头市	**82**		**12**	**70**		**532**	**223**	**250**	**59**
龙湖区	19		4	15		199	74	110	15
金平区	31		2	29		175	62	87	26
濠江区	1		1			8	3	2	3
潮阳区	4		1	3		44	22	19	3
潮南区	11		3	8		35	17	10	8
澄海区	16		1	15		70	45	21	4
南澳县						1		1	
佛山市	**1006**	**40**	**117**	**843**	**6**	**5737**	**2115**	**2863**	**759**
禅城区	167	5	14	147	1	985	341	531	113
南海区	477	15	75	384	3	2698	933	1276	489
顺德区	280	13	15	250	2	1709	698	872	139
三水区	64	5	12	47		219	91	120	8
高明区	18	2	1	15		126	52	64	10
江门市	**120**	**6**	**24**	**89**	**1**	**720**	**328**	**327**	**65**
蓬江区	35	4	6	25		250	113	122	15
江海区	22		4	18		130	62	58	10
新会区	25	2	8	14	1	102	36	56	10
台山市	12			12		64	40	17	7
开平市	9		4	5		73	28	32	13
鹤山市	10		1	9		83	37	38	8
恩平市	7		1	6		18	12	4	2
湛江市	**107**	**5**	**5**	**95**	**2**	**597**	**240**	**312**	**45**
赤坎区	13	3	1	9		184	76	98	10
霞山区	67		1	64	2	254	112	116	26
坡头区	5			5		14	7	6	1
麻章区	6		3	3		40	7	28	5
遂溪县	2	2				28	7	20	1
徐闻县	1			1		16	9	7	
廉江市	1			1		25	6	18	1
雷州市						10	3	6	1
吴川市	12			12		26	13	13	

4-4 续表 84

单位：人

地区 性别	水利、环境和公共设施管理业					居民服务、修理和其他服务业			
	小计	水利管理业	生态保护和环境治理业	公共设施管理业	土地管理业	小计	居民服务业	机动车、电子产品和日用产品修理业	其他服务业
茂名市	**20**	**2**	**1**	**17**		**198**	**78**	**106**	**14**
茂南区	9	2	1	6		109	43	59	7
电白区	3			3		33	12	18	3
高州市	6			6		16	9	7	
化州市						21	4	15	2
信宜市	2			2		19	10	7	2
肇庆市	**86**	**5**	**6**	**75**		**367**	**137**	**197**	**33**
端州区	52	4	3	45		164	60	89	15
鼎湖区	4			4		28	7	19	2
高要区						31	7	19	5
广宁县									
怀集县	9			9		6	2	3	1
封开县	3	1		2		5	2	3	
德庆县						6	2	4	
四会市	18		3	15		127	57	60	10
惠州市	**545**	**38**	**93**	**409**	**5**	**2192**	**923**	**1030**	**239**
惠城区	215	16	41	154	4	951	417	426	108
惠阳区	166	5	26	135		707	282	351	74
博罗县	112	2	22	87	1	308	124	145	39
惠东县	36	2	3	31		206	93	100	13
龙门县	16	13	1	2		20	7	8	5
梅州市	**73**	**4**	**13**	**54**	**2**	**347**	**162**	**153**	**32**
梅江区	37	2	8	25	2	176	104	60	12
梅县区	16		3	13		93	31	45	17
大埔县						5	3	1	1
丰顺县	3	1	2			9	1	6	2
五华县	4			4		22	5	17	
平远县	2			2		6	2	4	
蕉岭县	1	1				22	8	14	
兴宁市	10			10		14	8	6	
汕尾市	**54**		**8**	**46**		**230**	**104**	**89**	**37**
城　区	17		2	15		62	22	31	9
海丰县	22		6	16		125	66	37	22
陆河县						13	4	9	
陆丰市	15			15		30	12	12	6
河源市	**128**	**5**	**33**	**88**	**2**	**439**	**183**	**218**	**38**
源城区	84	4	15	63	2	354	154	166	34
紫金县	15			15		31	11	19	1
龙川县						15	6	8	1
连平县						6		6	
和平县	3			3		6	4	1	1
东源县	26	1	18	7		27	8	18	1
阳江市	**59**	**3**	**14**	**42**		**187**	**76**	**90**	**21**
江城区	29	2	4	23		104	44	50	10
阳东区	19	1	9	9		45	19	24	2
阳西县	4		1	3		17	4	6	7
阳春市	7			7		21	9	10	2
清远市	**111**	**8**	**5**	**98**		**469**	**188**	**258**	**23**
清城区	86	4	1	81		302	131	150	21
清新区	13		2	11		57	21	34	2
佛冈县	1			1		12	5	7	
阳山县						12	6	6	
连山壮族瑶族自治县						3		3	
连南瑶族自治县	1		1			1		1	
英德市	9	4		5		72	23	49	
连州市	1		1			10	2	8	

4-4 续表 85

单位：人

地区 性别	水利、环境和公共设施管理业					居民服务、修理和其他服务业			
	小计	水利管理业	生态保护和环境治理业	公共设施管理业	土地管理业	小计	居民服务业	机动车、电子产品和日用产品修理业	其他服务业
东莞市	**1307**	**52**	**331**	**919**	**5**	**7065**	**3048**	**3191**	**826**
市辖区	1307	52	331	919	5	7065	3048	3191	826
中山市	**357**	**10**	**44**	**299**	**4**	**2152**	**938**	**1006**	**208**
市辖区	357	10	44	299	4	2152	938	1006	208
潮州市	**35**	**3**	**3**	**28**	**1**	**189**	**103**	**76**	**10**
湘桥区	19	3	1	15		102	60	36	6
潮安区	14		1	12	1	78	40	34	4
饶平县	2		1	1		9	3	6	
揭阳市	**3**		**1**	**2**		**84**	**44**	**35**	**5**
榕城区						15	8	6	1
揭东区	3		1	2		23	10	13	
揭西县						5	1	3	1
惠来县						7	1	6	
普宁市						34	24	7	3
云浮市	**21**		**2**	**19**		**120**	**34**	**73**	**13**
云城区	8		1	7		80	24	48	8
云安区						3		3	
新兴县	2			2		17	5	10	2
郁南县	9		1	8		6	1	4	1
罗定市	2			2		14	4	8	2
女	**6116**	**122**	**466**	**5479**	**49**	**64584**	**51612**	**3783**	**9189**
广州市	**1466**	**29**	**124**	**1292**	**21**	**14714**	**11702**	**767**	**2245**
荔湾区	110	1	5	102	2	571	470	27	74
越秀区	105	2	5	96	2	821	757	23	41
海珠区	139	1	5	126	7	1368	1091	60	217
天河区	287	10	16	256	5	3150	2402	153	595
白云区	231	2	9	219	1	3718	3095	177	446
黄埔区	177	2	18	157		850	600	49	201
番禺区	234	2	48	182	2	2540	1975	123	442
花都区	79	1	10	67	1	682	513	55	114
南沙区	45	5	6	33	1	436	341	40	55
从化区	3			3		59	49	4	6
增城区	56	3	2	51		519	409	56	54
韶关市	**56**		**8**	**47**	**1**	**485**	**383**	**48**	**54**
武江区	19		1	17	1	175	148	15	12
浈江区	16			16		146	97	13	36
曲江区	4		2	2		49	38	6	5
始兴县	2			2		14	12	2	
仁化县	6		2	4		11	7	4	
翁源县	2		1	1		14	12	2	
乳源瑶族自治县	1			1		15	15		
新丰县	1		1			13	12	1	
乐昌市	2			2		28	23	4	1
南雄市	3		1	2		20	19	1	
深圳市	**2370**	**51**	**119**	**2186**	**14**	**23644**	**18996**	**1014**	**3634**
罗湖区	157	3	5	148	1	2428	1981	57	390
福田区	210	6	14	190		3518	2814	54	650
南山区	300	7	21	272		3118	2542	65	511
宝安区	520	14	23	481	2	5389	4387	265	737
龙岗区	428	10	29	384	5	4492	3546	285	661
盐田区	51	1		50		289	233	12	44
龙华区	304	6	7	288	3	2990	2358	178	454
坪山区	66	1	4	59	2	394	300	26	68
光明区	334	3	16	314	1	1026	835	72	119

4-4 续表 86

单位：人

地 区 性 别	水利、环境和公共设施管理业					居民服务、修理和其他服务业			
	小计	水 利 管理业	生态保护 和环境 治理业	公共设施 管理业	土 地 管理业	小计	居 民 服务业	机动车、 电子产品 和日用产 品修理业	其 他 服务业
珠海市	**221**	**4**	**9**	**205**	**3**	**1839**	**1439**	**109**	**291**
香洲区	170	2	4	163	1	1421	1140	66	215
斗门区	20	2	1	17		221	174	28	19
金湾区	31		4	25	2	197	125	15	57
汕头市	**52**	**1**		**51**		**510**	**395**	**28**	**87**
龙湖区	10	1		9		203	155	12	36
金平区	27			27		165	121	10	34
濠江区	2			2		6	4		2
潮阳区	3			3		30	27		3
潮南区	2			2		30	18	4	8
澄海区	7			7		72	66	2	4
南澳县	1			1		4	4		
佛山市	**563**	**10**	**31**	**520**	**2**	**6292**	**4852**	**538**	**902**
禅城区	110	1	3	106		1111	844	89	178
南海区	246	1	20	224	1	2591	1888	266	437
顺德区	152	4	4	143	1	2241	1839	147	255
三水区	46	4	4	38		227	183	23	21
高明区	9			9		122	98	13	11
江门市	**76**	**3**	**4**	**68**	**1**	**867**	**743**	**42**	**82**
蓬江区	31	2	1	27	1	329	292	18	19
江海区	10		1	9		151	122	5	24
新会区	15			15		109	88	5	16
台山市	7			7		62	56	2	4
开平市	5		1	4		73	57	5	11
鹤山市	3	1		2		116	102	6	8
恩平市	5		1	4		27	26	1	
湛江市	**76**		**1**	**74**	**1**	**816**	**624**	**47**	**145**
赤坎区	9		1	8		222	163	18	41
霞山区	59			58	1	414	331	10	73
坡头区	2			2		24	19	1	4
麻章区	2			2		51	26	9	16
遂溪县	1			1		21	14	4	3
徐闻县	1			1		14	13		1
廉江市						32	26	3	3
雷州市						5	3		2
吴川市	2			2		33	29	2	2
茂名市	**16**		**1**	**15**		**306**	**260**	**14**	**32**
茂南区	10		1	9		138	113	8	17
电白区	5			5		55	53	1	1
高州市	1			1		26	21	2	3
化州市						54	46	2	6
信宜市						33	27	1	5
肇庆市	**44**	**1**	**2**	**41**		**372**	**289**	**47**	**36**
端州区	26	1	2	23		172	135	21	16
鼎湖区	4			4		27	22	3	2
高要区						25	15	6	4
广宁县						5	4		1
怀集县	2			2		7	4	2	1
封开县	1			1		7	4	2	1
德庆县						11	9	1	1
四会市	11			11		118	96	12	10
惠州市	**202**	**5**	**29**	**167**	**1**	**2302**	**1843**	**193**	**266**
惠城区	97	2	17	78		1008	798	80	130
惠阳区	66		5	60	1	724	584	66	74
博罗县	27		6	21		271	196	28	47
惠东县	9		1	8		272	240	18	14
龙门县	3	3				27	25	1	1

4-4 续表 87

单位：人

地 区 性 别	水利、环境和公共设施管理业					居民服务、修理和其他服务业			
	小计	水 利 管理业	生态保护 和环境 治理业	公共设施 管理业	土 地 管理业	小计	居 民 服务业	机动车、 电子产品 和日用产 品修理业	其 他 服务业
梅州市	**47**	**2**	**4**	**40**	**1**	**414**	**331**	**35**	**48**
梅江区	22	1	2	19		215	183	13	19
梅县区	16	1	1	14		108	72	12	24
大埔县						8	5	3	
丰顺县	2		1	1		9	6	1	2
五华县	4			4		13	10	2	1
平远县	2			1	1	15	14	1	
蕉岭县						19	18	1	
兴宁市	1			1		27	23	2	2
汕尾市	**28**		**5**	**23**		**278**	**240**	**4**	**34**
城 区	6		2	4		60	41	1	18
海丰县	13		3	10		140	125	2	13
陆河县	1			1		11	9		2
陆丰市	8			8		67	65	1	1
河源市	**64**		**15**	**47**	**2**	**600**	**499**	**33**	**68**
源城区	50		8	40	2	473	398	22	53
紫金县	4		1	3		27	21	2	4
龙川县						44	33	5	6
连平县	1			1		9	8	1	
和平县						8	8		
东源县	9		6	3		39	31	3	5
阳江市	**25**			**25**		**210**	**159**	**11**	**40**
江城区	12			12		114	85	4	25
阳东区	8			8		38	30	3	5
阳西县	1			1		24	13	1	10
阳春市	4			4		34	31	3	
清远市	**50**	**1**	**2**	**47**		**607**	**521**	**46**	**40**
清城区	37	1	1	35		383	328	24	31
清新区	6			6		85	77	6	2
佛冈县	2			2		31	30	1	
阳山县	1			1		18	15	1	2
连山壮族瑶族自治县						7	6	1	
连南瑶族自治县	1		1			6	5		1
英德市	3			3		69	56	12	1
连州市						8	4	1	3
东莞市	**567**	**12**	**95**	**460**		**7351**	**5940**	**602**	**809**
市辖区	567	12	95	460		7351	5940	602	809
中山市	**161**	**2**	**17**	**140**	**2**	**2479**	**1992**	**178**	**309**
市辖区	161	2	17	140	2	2479	1992	178	309
潮州市	**18**	**1**		**17**		**225**	**180**	**10**	**35**
湘桥区	7	1		6		124	99	4	21
潮安区	9			9		87	72	5	10
饶平县	2			2		14	9	1	4
揭阳市	**2**			**2**		**72**	**58**	**3**	**11**
榕城区	1			1		10	7		3
揭东区						16	14		2
揭西县						7	4	1	2
惠来县						10	9	1	
普宁市	1			1		29	24	1	4
云浮市	**12**			**12**		**201**	**166**	**14**	**21**
云城区	8			8		121	92	9	20
云安区						2	2		
新兴县						50	48	2	
郁南县	3			3		5	5		
罗定市	1			1		23	19	3	1

4-4 续表 88

单位：人

地区 性别	教育		卫生和社会工作			文化、体育和娱乐业				
	小计	教育	小计	卫生	社会工作	小计	新闻和出版业	广播、电视、电影和录音制作业	文化艺术业	体育
广东	**74300**	**74300**	**31543**	**29991**	**1552**	**26759**	**1052**	**2922**	**3106**	**5529**
广州市	**18181**	**18181**	**9605**	**8928**	**677**	**6768**	**475**	**1036**	**1085**	**1292**
荔湾区	720	720	708	641	67	258	28	48	57	41
越秀区	652	652	1143	1085	58	379	46	72	53	80
海珠区	1311	1311	998	895	103	646	67	130	136	112
天河区	4120	4120	1567	1497	70	1521	123	260	278	304
白云区	4018	4018	2558	2355	203	1637	102	229	210	331
黄埔区	1373	1373	743	662	81	413	23	59	70	74
番禺区	3213	3213	1044	1003	41	1293	61	191	186	199
花都区	1231	1231	341	323	18	276	7	18	43	86
南沙区	528	528	152	131	21	111	4	6	21	24
从化区	131	131	49	47	2	47	1	6	4	5
增城区	884	884	302	289	13	187	13	17	27	36
韶关市	**854**	**854**	**540**	**530**	**10**	**137**	**4**	**14**	**19**	**19**
武江区	287	287	225	223	2	46	3	4	4	4
浈江区	233	233	100	95	5	43		5	5	12
曲江区	62	62	44	42	2	11		1	2	3
始兴县	24	24	16	15	1	4				
仁化县	43	43	20	20		5		1	1	
翁源县	54	54	27	27		3			2	
乳源瑶族自治县	31	31	12	12		8		1	1	
新丰县	20	20	6	6		5	1	2	1	
乐昌市	57	57	65	65		8			2	
南雄市	43	43	25	25		4			1	
深圳市	**24455**	**24455**	**8639**	**8228**	**411**	**10346**	**333**	**1180**	**1160**	**2515**
罗湖区	1515	1515	968	927	41	862	25	77	85	162
福田区	1999	1999	995	965	30	901	58	93	136	229
南山区	2479	2479	853	799	54	1235	35	149	132	421
宝安区	5865	5865	1817	1712	105	2424	82	279	214	460
龙岗区	6219	6219	2024	1940	84	2156	62	315	337	414
盐田区	262	262	122	87	35	167	5	12	12	64
龙华区	4125	4125	1226	1180	46	2017	53	215	196	653
坪山区	715	715	248	242	6	175	2	13	15	24
光明区	1276	1276	386	376	10	409	11	27	33	88
珠海市	**1917**	**1917**	**882**	**840**	**42**	**1198**	**20**	**38**	**87**	**178**
香洲区	1356	1356	665	636	29	1041	18	34	73	143
斗门区	277	277	118	109	9	85	2	1	10	19
金湾区	284	284	99	95	4	72		3	4	16
汕头市	**446**	**446**	**251**	**248**	**3**	**172**	**5**	**8**	**11**	**21**
龙湖区	181	181	65	64	1	110	4	4	4	12
金平区	138	138	157	155	2	34	1	2	7	7
濠江区	6	6				2				
潮阳区	53	53	12	12		8				
潮南区	31	31	3	3		4				
澄海区	36	36	14	14		14		2		2
南澳县	1	1								
佛山市	**5514**	**5514**	**2630**	**2481**	**149**	**1964**	**62**	**199**	**174**	**432**
禅城区	967	967	757	730	27	362	16	41	40	68
南海区	2445	2445	905	848	57	855	26	98	84	197
顺德区	1675	1675	731	678	53	630	18	57	47	131
三水区	327	327	182	170	12	68	2	2	3	22
高明区	100	100	55	55		49		1		14

4-4　续表 89　　　　　　　　　　　　　　　　　　　　　　　　　　　　单位：人

地　区 性　别	教育		卫生和社会工作			文化、体育和娱乐业				
	小计	教育	小计	卫生	社会工作	小计	新闻和出版业	广播、电视、电影和录音制作业	文化艺术业	体育
江门市	**995**	**995**	**583**	**561**	**22**	**277**	**11**	**29**	**23**	**42**
蓬江区	341	341	281	269	12	109	8	12	16	21
江海区	239	239	82	77	5	63	1	7	4	4
新会区	128	128	85	82	3	44		1	2	8
台山市	74	74	39	39		7		1		1
开平市	79	79	28	27	1	13		5	1	1
鹤山市	106	106	55	54	1	38	2	1		7
恩平市	28	28	13	13		3		2		
湛江市	**1450**	**1450**	**734**	**726**	**8**	**216**	**15**	**19**	**43**	**31**
赤坎区	390	390	198	195	3	82	10	8	10	15
霞山区	507	507	331	330	1	88	5	10	13	13
坡头区	64	64	34	34		4			1	1
麻章区	144	144	30	30		7			5	1
遂溪县	34	34	27	27		1		1		
徐闻县	22	22	12	12		1				
廉江市	180	180	48	47	1	11				
雷州市	54	54	24	23	1	3			2	
吴川市	55	55	30	28	2	19			12	1
茂名市	**585**	**585**	**271**	**261**	**10**	**63**	**3**	**7**	**11**	**8**
茂南区	245	245	137	134	3	46	3	3	6	3
电白区	125	125	29	29		4		2	1	1
高州市	89	89	76	72	4	3			2	1
化州市	71	71	13	11	2	5		1	2	
信宜市	55	55	16	15	1	5		1		3
肇庆市	**706**	**706**	**298**	**281**	**17**	**129**	**3**	**6**	**17**	**13**
端州区	309	309	158	144	14	87	2	6	11	7
鼎湖区	65	65	30	27	3	3	1		1	
高要区	32	32	12	12		1				
广宁县	19	19	5	5		4			1	
怀集县	19	19	7	7		3				3
封开县	14	14	8	8		2				
德庆县	19	19	9	9		5			1	
四会市	229	229	69	69		24			3	3
惠州市	**3290**	**3290**	**1352**	**1297**	**55**	**975**	**18**	**79**	**70**	**134**
惠城区	1677	1677	852	823	29	454	10	34	32	71
惠阳区	931	931	267	263	4	292	4	29	30	42
博罗县	419	419	114	96	18	155	3	12	5	15
惠东县	215	215	109	105	4	58	1	4	2	4
龙门县	48	48	10	10		16			1	2
梅州市	**557**	**557**	**439**	**433**	**6**	**115**	**10**	**14**	**25**	**18**
梅江区	210	210	201	197	4	52	8	6	8	12
梅县区	189	189	129	128	1	24	1	8	4	3
大埔县	36	36	29	29		2				
丰顺县	25	25	16	16		10	1		1	
五华县	20	20	20	20		14			6	1
平远县	18	18	12	12		6			5	
蕉岭县	24	24	14	14		1			1	
兴宁市	35	35	18	17	1	6				2
汕尾市	**268**	**268**	**162**	**162**		**101**		**2**	**14**	**4**
城　区	79	79	92	92		20		1	2	
海丰县	131	131	49	49		51			12	3
陆河县	19	19	11	11						
陆丰市	39	39	10	10		30		1		1

4-4 续表 90 单位：人

地区 性别	教育		卫生和社会工作			文化、体育和娱乐业				
	小计	教育	小计	卫生	社会工作	小计	新闻和出版业	广播、电视、电影和录音制作业	文化艺术业	体育
河源市	**1042**	**1042**	**479**	**472**	**7**	**243**	**11**	**20**	**33**	**29**
源城区	773	773	359	352	7	211	11	17	25	26
紫金县	67	67	22	22		5			3	
龙川县	58	58	26	26		15		1	5	1
连平县	13	13	24	24		3				
和平县	24	24	3	3		2				1
东源县	107	107	45	45		7		2		1
阳江市	**423**	**423**	**178**	**174**	**4**	**49**	**4**	**3**	**8**	**10**
江城区	233	233	101	99	2	31	4	3	7	6
阳东区	118	118	33	32	1	10			1	4
阳西县	45	45	19	19		3				
阳春市	27	27	25	24	1	5				
清远市	**1126**	**1126**	**514**	**502**	**12**	**221**	**6**	**14**	**18**	**30**
清城区	672	672	319	309	10	144	4	12	9	25
清新区	240	240	56	55	1	17	1	1		1
佛冈县	23	23	19	19		2				
阳山县	22	22	10	10		3				
连山壮族瑶族自治县	16	16	10	10		1			1	
连南瑶族自治县	12	12	13	13		1		1		
英德市	111	111	63	62	1	46	1		6	4
连州市	30	30	24	24		7			2	
东莞市	**9347**	**9347**	**2713**	**2624**	**89**	**2771**	**46**	**203**	**230**	**600**
市辖区	9347	9347	2713	2624	89	2771	46	203	230	600
中山市	**2389**	**2389**	**954**	**932**	**22**	**821**	**19**	**42**	**70**	**141**
市辖区	2389	2389	954	932	22	821	19	42	70	141
潮州市	**273**	**273**	**117**	**115**	**2**	**120**	**3**	**6**	**5**	**6**
湘桥区	176	176	84	82	2	44	1	4	4	3
潮安区	95	95	31	31		57	2	2	1	2
饶平县	2	2	2	2		19				1
揭阳市	**47**	**47**	**11**	**10**	**1**	**16**				**1**
榕城区	6	6	2	2		1				1
揭东区	2	2	3	2	1	1				
揭西县	3	3	1	1		2				
惠来县	8	8	1	1		11				
普宁市	28	28	4	4		1				
云浮市	**435**	**435**	**191**	**186**	**5**	**57**	**4**	**3**	**3**	**5**
云城区	239	239	104	100	4	35	3	1	2	3
云安区	45	45	9	8	1	1				
新兴县	45	45	32	32		15		2		2
郁南县	54	54	19	19		1				
罗定市	52	52	27	27		5	1		1	
男	**25140**	**25140**	**10077**	**9610**	**467**	**14787**	**573**	**1771**	**1717**	**3070**
广州市	**6443**	**6443**	**2869**	**2677**	**192**	**3542**	**228**	**608**	**553**	**711**
荔湾区	204	204	198	185	13	124	17	24	19	25
越秀区	196	196	340	318	22	188	24	37	26	43
海珠区	437	437	281	266	15	342	33	77	64	57
天河区	1589	1589	439	412	27	820	53	158	148	187
白云区	1444	1444	792	725	67	835	47	135	107	170
黄埔区	485	485	234	210	24	204	11	32	26	43
番禺区	1129	1129	300	293	7	709	29	118	103	116
花都区	435	435	115	109	6	145	3	10	26	40
南沙区	170	170	47	38	9	48	3	3	12	7
从化区	50	50	26	25	1	31		5	2	3
增城区	304	304	97	96	1	96	8	9	20	20

4-4　续表 91　　　　单位：人

地区 性别	教育		卫生和社会工作			文化、体育和娱乐业				
	小计	教育	小计	卫生	社会工作	小计	新闻和出版业	广播、电视、电影和录音制作业	文化艺术业	体育
韶关市	**240**	**240**	**167**	**166**	**1**	**60**	**2**	**7**	**7**	**8**
武江区	80	80	62	61	1	23	1	2	2	2
浈江区	91	91	27	27		18		2	2	5
曲江区	13	13	11	11		3		1		1
始兴县	4	4	5	5		1				
仁化县	8	8	6	6		3		1		
翁源县	15	15	10	10		1			1	
乳源瑶族自治县	5	5	5	5		3			1	
新丰县	4	4	3	3		2	1	1		
乐昌市	12	12	26	26		4			1	
南雄市	8	8	12	12		2				
深圳市	**8240**	**8240**	**2708**	**2588**	**120**	**5953**	**200**	**753**	**700**	**1409**
罗湖区	481	481	331	314	17	456	15	53	43	91
福田区	641	641	271	257	14	472	30	62	67	112
南山区	932	932	274	254	20	658	18	87	76	223
宝安区	1917	1917	577	553	24	1362	54	174	128	257
龙岗区	2125	2125	642	621	21	1316	34	205	225	255
盐田区	83	83	29	26	3	100	4	11	8	34
龙华区	1391	1391	353	339	14	1235	35	138	126	375
坪山区	254	254	95	92	3	100	2	7	8	11
光明区	416	416	136	132	4	254	8	16	19	51
珠海市	**632**	**632**	**275**	**263**	**12**	**738**	**11**	**22**	**50**	**113**
香洲区	451	451	204	195	9	662	10	20	43	93
斗门区	88	88	38	35	3	46	1	1	4	11
金湾区	93	93	33	33		30		1	3	9
汕头市	**120**	**120**	**101**	**101**		**98**	**3**	**7**	**6**	**13**
龙湖区	42	42	29	29		63	3	3	3	6
金平区	37	37	52	52		19		2	3	5
濠江区	1	1				1				
潮阳区	19	19	6	6		6				
潮南区	11	11	3	3		1				
澄海区	10	10	11	11		8		2		2
南澳县										
佛山市	**1772**	**1772**	**835**	**792**	**43**	**1067**	**36**	**113**	**84**	**238**
禅城区	304	304	208	203	5	187	8	21	17	32
南海区	823	823	310	295	15	468	13	55	45	122
顺德区	480	480	229	208	21	351	14	36	20	70
三水区	129	129	67	65	2	29	1	1	2	9
高明区	36	36	21	21		32				5
江门市	**307**	**307**	**179**	**175**	**4**	**131**	**5**	**15**	**12**	**27**
蓬江区	95	95	76	73	3	58	3	7	10	14
江海区	70	70	21	21		24	1	3	2	2
新会区	45	45	33	32	1	24				6
台山市	26	26	17	17		4				1
开平市	29	29	10	10		4		3		
鹤山市	33	33	19	19		14	1			4
恩平市	9	9	3	3		3		2		
湛江市	**423**	**423**	**230**	**226**	**4**	**113**	**8**	**12**	**23**	**19**
赤坎区	117	117	70	68	2	44	5	4	4	11
霞山区	149	149	85	84	1	42	3	8	6	6
坡头区	13	13	11	11		3			1	
麻章区	54	54	12	12		4			2	1
遂溪县	7	7	6	6						
徐闻县	7	7	6	6		1				
廉江市	46	46	20	20		5				
雷州市	18	18	12	12		1			1	
吴川市	12	12	8	7	1	13			9	1

4-4 续表 92 单位：人

地区 性别	教育		卫生和社会工作			文化、体育和娱乐业				
	小计	教育	小计	卫生	社会工作	小计	新闻和出版业	广播、电视、电影和录音制作业	文化艺术业	体育
茂名市	**190**	**190**	**91**	**89**	**2**	**30**	**1**	**5**	**7**	**7**
茂南区	79	79	48	48		17	1	3	3	2
电白区	41	41	12	12		2			1	1
高州市	31	31	25	23	2	3			2	1
化州市	19	19	4	4		3		1	1	
信宜市	20	20	2	2		5		1		3
肇庆市	**253**	**253**	**111**	**109**	**2**	**70**	**3**	**5**	**10**	**7**
端州区	114	114	55	53	2	50	2	5	8	4
鼎湖区	25	25	7	7		1	1			
高要区	13	13	4	4						
广宁县	7	7	3	3						
怀集县	11	11	3	3						
封开县	5	5	1	1						
德庆县	6	6	6	6		4			1	
四会市	72	72	32	32		15			1	3
惠州市	**1143**	**1143**	**424**	**393**	**31**	**514**	**9**	**46**	**39**	**62**
惠城区	599	599	229	211	18	240	6	21	13	33
惠阳区	306	306	99	98	1	170	2	15	22	19
博罗县	142	142	47	37	10	80	1	8	3	8
惠东县	83	83	44	42	2	22		2	1	2
龙门县	13	13	5	5		2				
梅州市	**177**	**177**	**164**	**162**	**2**	**60**	**7**	**8**	**15**	**9**
梅江区	66	66	62	61	1	30	5	3	6	5
梅县区	71	71	50	49	1	14	1	5	2	3
大埔县	7	7	11	11		1				
丰顺县	7	7	6	6		3	1			
五华县	8	8	14	14		7			4	1
平远县	5	5	6	6		3			3	
蕉岭县	4	4	5	5						
兴宁市	9	9	10	10		2				
汕尾市	**107**	**107**	**102**	**102**		**39**		**2**	**12**	**3**
城　区	32	32	65	65		5		1	2	
海丰县	52	52	24	24		23			10	2
陆河县	6	6	6	6						
陆丰市	17	17	7	7		11		1		1
河源市	**321**	**321**	**192**	**188**	**4**	**133**	**5**	**12**	**14**	**15**
源城区	248	248	133	129	4	115	5	10	9	14
紫金县	21	21	8	8		4			2	
龙川县	18	18	16	16		7			3	
连平县	2	2	11	11		1				
和平县	7	7	1	1		1				1
东源县	25	25	23	23		5		2		
阳江市	**115**	**115**	**62**	**60**	**2**	**21**	**1**		**5**	**6**
江城区	55	55	34	33	1	15	1		5	4
阳东区	34	34	11	11		3				2
阳西县	15	15	6	6		3				
阳春市	11	11	11	10	1					
清远市	**394**	**394**	**178**	**174**	**4**	**116**	**4**	**9**	**7**	**15**
清城区	221	221	111	108	3	83	2	8	4	11
清新区	116	116	14	13	1	8	1			1
佛冈县	9	9	8	8		1				
阳山县	5	5	3	3						
连山壮族瑶族自治县	1	1	5	5						
连南瑶族自治县	5	5	2	2		1		1		
英德市	30	30	25	25		21	1		2	3
连州市	7	7	10	10		2			1	

4-4　续表 93　　　　单位：人

地　区 性　别	教育		卫生和社会工作			文化、体育和娱乐业				
	小计	教育	小计	卫生	社会工作	小计	新闻和出版业	广播、电视、电影和录音制作业	文　化艺术业	体育
东莞市	**3291**	**3291**	**949**	**916**	**33**	**1571**	**33**	**124**	**130**	**320**
市辖区	3291	3291	949	916	33	1571	33	124	130	320
中山市	**710**	**710**	**321**	**313**	**8**	**440**	**11**	**20**	**40**	**81**
市辖区	710	710	321	313	8	440	11	20	40	81
潮州市	**92**	**92**	**46**	**46**		**55**	**2**	**2**	**1**	**3**
湘桥区	64	64	28	28		13		1	1	1
潮安区	27	27	17	17		32	2	1		1
饶平县	1	1	1	1		10				1
揭阳市	**24**	**24**	**10**	**9**	**1**	**6**				**1**
榕城区	3	3	2	2		1				1
揭东区			3	2	1	1				
揭西县	2	2	1	1						
惠来县	5	5				3				
普宁市	14	14	4	4		1				
云浮市	**146**	**146**	**63**	**61**	**2**	**30**	**4**	**1**	**2**	**3**
云城区	71	71	22	21	1	19	3	1	2	2
云安区	19	19	4	3	1					
新兴县	19	19	15	15		8				1
郁南县	22	22	13	13						
罗定市	15	15	9	9		3	1			
女	**49160**	**49160**	**21466**	**20381**	**1085**	**11972**	**479**	**1151**	**1389**	**2459**
广州市	**11738**	**11738**	**6736**	**6251**	**485**	**3226**	**247**	**428**	**532**	**581**
荔湾区	516	516	510	456	54	134	11	24	38	16
越秀区	456	456	803	767	36	191	22	35	27	37
海珠区	874	874	717	629	88	304	34	53	72	55
天河区	2531	2531	1128	1085	43	701	70	102	130	117
白云区	2574	2574	1766	1630	136	802	55	94	103	161
黄埔区	888	888	509	452	57	209	12	27	44	31
番禺区	2084	2084	744	710	34	584	32	73	83	83
花都区	796	796	226	214	12	131	4	8	17	46
南沙区	358	358	105	93	12	63	1	3	9	17
从化区	81	81	23	22	1	16	1	1	2	2
增城区	580	580	205	193	12	91	5	8	7	16
韶关市	**614**	**614**	**373**	**364**	**9**	**77**	**2**	**7**	**12**	**11**
武江区	207	207	163	162	1	23	2	2	2	2
浈江区	142	142	73	68	5	25		3	3	7
曲江区	49	49	33	31	2	8			2	2
始兴县	20	20	11	10	1	3				
仁化县	35	35	14	14		2			1	
翁源县	39	39	17	17		2			1	
乳源瑶族自治县	26	26	7	7		5		1		
新丰县	16	16	3	3		3		1	1	
乐昌市	45	45	39	39		4			1	
南雄市	35	35	13	13		2			1	
深圳市	**16215**	**16215**	**5931**	**5640**	**291**	**4393**	**133**	**427**	**460**	**1106**
罗湖区	1034	1034	637	613	24	406	10	24	42	71
福田区	1358	1358	724	708	16	429	28	31	69	117
南山区	1547	1547	579	545	34	577	17	62	56	198
宝安区	3948	3948	1240	1159	81	1062	28	105	86	203
龙岗区	4094	4094	1382	1319	63	840	28	110	112	159
盐田区	179	179	93	61	32	67	1	1	4	30
龙华区	2734	2734	873	841	32	782	18	77	70	278
坪山区	461	461	153	150	3	75		6	7	13
光明区	860	860	250	244	6	155	3	11	14	37

4－4 续表 94 单位：人

地区 性别	教育		卫生和社会工作			文化、体育和娱乐业				
	小计	教育	小计	卫生	社会工作	小计	新闻和出版业	广播、电视、电影和录音制作业	文化艺术业	体育
珠海市	**1285**	**1285**	**607**	**577**	**30**	**460**	**9**	**16**	**37**	**65**
香洲区	905	905	461	441	20	379	8	14	30	50
斗门区	189	189	80	74	6	39	1		6	8
金湾区	191	191	66	62	4	42		2	1	7
汕头市	**326**	**326**	**150**	**147**	**3**	**74**	**2**	**1**	**5**	**8**
龙湖区	139	139	36	35	1	47	1	1	1	6
金平区	101	101	105	103	2	15	1		4	2
濠江区	5	5				1				
潮阳区	34	34	6	6		2				
潮南区	20	20				3				
澄海区	26	26	3	3		6				
南澳县	1	1								
佛山市	**3742**	**3742**	**1795**	**1689**	**106**	**897**	**26**	**86**	**90**	**194**
禅城区	663	663	549	527	22	175	8	20	23	36
南海区	1622	1622	595	553	42	387	13	43	39	75
顺德区	1195	1195	502	470	32	279	4	21	27	61
三水区	198	198	115	105	10	39	1	1	1	13
高明区	64	64	34	34		17		1		9
江门市	**688**	**688**	**404**	**386**	**18**	**146**	**6**	**14**	**11**	**15**
蓬江区	246	246	205	196	9	51	5	5	6	7
江海区	169	169	61	56	5	39		4	2	2
新会区	83	83	52	50	2	20		1	2	2
台山市	48	48	22	22		3		1		
开平市	50	50	18	17	1	9		2	1	1
鹤山市	73	73	36	35	1	24	1	1		3
恩平市	19	19	10	10						
湛江市	**1027**	**1027**	**504**	**500**	**4**	**103**	**7**	**7**	**20**	**12**
赤坎区	273	273	128	127	1	38	5	4	6	4
霞山区	358	358	246	246		46	2	2	7	7
坡头区	51	51	23	23		1				1
麻章区	90	90	18	18		3			3	
遂溪县	27	27	21	21		1		1		
徐闻县	15	15	6	6						
廉江市	134	134	28	27	1	6				
雷州市	36	36	12	11	1	2			1	
吴川市	43	43	22	21	1	6			3	
茂名市	**395**	**395**	**180**	**172**	**8**	**33**	**2**	**2**	**4**	**1**
茂南区	166	166	89	86	3	29	2		3	1
电白区	84	84	17	17		2		2		
高州市	58	58	51	49	2					
化州市	52	52	9	7	2	2			1	
信宜市	35	35	14	13	1					
肇庆市	**453**	**453**	**187**	**172**	**15**	**59**		**1**	**7**	**6**
端州区	195	195	103	91	12	37		1	3	3
鼎湖区	40	40	23	20	3	2			1	
高要区	19	19	8	8		1				
广宁县	12	12	2	2		4			1	
怀集县	8	8	4	4		3				3
封开县	9	9	7	7		2				
德庆县	13	13	3	3		1				
四会市	157	157	37	37		9			2	
惠州市	**2147**	**2147**	**928**	**904**	**24**	**461**	**9**	**33**	**31**	**72**
惠城区	1078	1078	623	612	11	214	4	13	19	38
惠阳区	625	625	168	165	3	122	2	14	8	23
博罗县	277	277	67	59	8	75	2	4	2	7
惠东县	132	132	65	63	2	36	1	2	1	2
龙门县	35	35	5	5		14			1	2

4-4　续表 95　　　　单位：人

地区 性别	教育		卫生和社会工作			文化、体育和娱乐业				
	小计	教育	小计	卫生	社会工作	小计	新闻和出版业	广播、电视、电影和录音制作业	文化艺术业	体育
梅州市	**380**	**380**	**275**	**271**	**4**	**55**	**3**	**6**	**10**	**9**
梅江区	144	144	139	136	3	22	3	3	2	7
梅县区	118	118	79	79		10		3	2	
大埔县	29	29	18	18		1				
丰顺县	18	18	10	10		7			1	
五华县	12	12	6	6		7			2	
平远县	13	13	6	6		3			2	
蕉岭县	20	20	9	9		1			1	
兴宁市	26	26	8	7	1	4				2
汕尾市	**161**	**161**	**60**	**60**		**62**			**2**	**1**
城　区	47	47	27	27		15				
海丰县	79	79	25	25		28			2	1
陆河县	13	13	5	5						
陆丰市	22	22	3	3		19				
河源市	**721**	**721**	**287**	**284**	**3**	**110**	**6**	**8**	**19**	**14**
源城区	525	525	226	223	3	96	6	7	16	12
紫金县	46	46	14	14		1			1	
龙川县	40	40	10	10		8		1	2	1
连平县	11	11	13	13		2				
和平县	17	17	2	2		1				
东源县	82	82	22	22		2				1
阳江市	**308**	**308**	**116**	**114**	**2**	**28**	**3**	**3**	**3**	**4**
江城区	178	178	67	66	1	16	3	3	2	2
阳东区	84	84	22	21	1	7			1	2
阳西县	30	30	13	13						
阳春市	16	16	14	14		5				
清远市	**732**	**732**	**336**	**328**	**8**	**105**	**2**	**5**	**11**	**15**
清城区	451	451	208	201	7	61	2	4	5	14
清新区	124	124	42	42		9		1		
佛冈县	14	14	11	11		1				
阳山县	17	17	7	7		3				
连山壮族瑶族自治县	15	15	5	5		1			1	
连南瑶族自治县	7	7	11	11						
英德市	81	81	38	37	1	25			4	1
连州市	23	23	14	14		5			1	
东莞市	**6056**	**6056**	**1764**	**1708**	**56**	**1200**	**13**	**79**	**100**	**280**
市辖区	6056	6056	1764	1708	56	1200	13	79	100	280
中山市	**1679**	**1679**	**633**	**619**	**14**	**381**	**8**	**22**	**30**	**60**
市辖区	1679	1679	633	619	14	381	8	22	30	60
潮州市	**181**	**181**	**71**	**69**	**2**	**65**	**1**	**4**	**4**	**3**
湘桥区	112	112	56	54	2	31	1	3	3	2
潮安区	68	68	14	14		25		1	1	1
饶平县	1	1	1	1		9				
揭阳市	**23**	**23**	**1**	**1**		**10**				
榕城区	3	3								
揭东区	2	2								
揭西县	1	1				2				
惠来县	3	3	1	1		8				
普宁市	14	14								
云浮市	**289**	**289**	**128**	**125**	**3**	**27**		**2**	**1**	**2**
云城区	168	168	82	79	3	16				1
云安区	26	26	5	5		1				
新兴县	26	26	17	17		7		2		1
郁南县	32	32	6	6		1				
罗定市	37	37	18	18		2			1	

4-4 续表 96

单位：人

地区 性别	娱乐业	公共管理、社会保障和社会组织						国际组织	
		小计	中国共产党机关	国家机构	人民政协、民主党派	社会保障	群众团体、社会团体和其他成员组织	基层群众自治组织	小计	国际组织
广　东	**14150**	**31737**	**377**	**26033**	**47**	**175**	**3071**	**2034**	**17**	**17**
广州市	**2880**	**7384**	**112**	**5984**	**19**	**68**	**719**	**482**	**12**	**12**
荔湾区	84	496	2	434	1	1	41	17	4	4
越秀区	128	611	27	515	3	8	44	14	5	5
海珠区	201	852	15	710	5	4	75	43	1	1
天河区	556	1225	20	1031	2	13	96	63		
白云区	765	1789	12	1461	5	26	150	135		
黄埔区	187	592	11	467	2	3	55	54		
番禺区	656	796	10	600	1	6	88	91	1	1
花都区	122	499	10	324		5	136	24	1	1
南沙区	56	208	2	177			19	10		
从化区	31	63		52		1	5	5		
增城区	94	253	3	213		1	10	26		
韶关市	**81**	**880**	**25**	**735**	**1**	**2**	**79**	**38**		
武江区	31	277	11	251	1		8	6		
浈江区	21	189	5	163		1	10	10		
曲江区	5	65	1	38			19	7		
始兴县	4	45		45						
仁化县	3	57	1	48			7	1		
翁源县	1	48		31			14	3		
乳源瑶族自治县	6	47	3	27			14	3		
新丰县	1	34	1	31			1	1		
乐昌市	6	79	1	72			2	4		
南雄市	3	39	2	29		1	4	3		
深圳市	**5158**	**11272**	**52**	**10074**	**3**	**48**	**538**	**557**	**1**	**1**
罗湖区	513	747	2	669		2	57	17		
福田区	385	1125	8	1009	1	6	66	35		
南山区	498	803	3	701		4	57	38		
宝安区	1389	2772	10	2488	1	12	113	148		
龙岗区	1028	2455	12	2203	1	20	129	90		
盐田区	74	312	3	296			11	2		
龙华区	900	1730	9	1530		3	67	121		
坪山区	121	434	4	373		1	20	36	1	1
光明区	250	894	1	805			18	70		
珠海市	**875**	**688**	**3**	**582**	**1**	**3**	**49**	**50**		
香洲区	773	502	2	436		2	33	29		
斗门区	53	86		70			10	6		
金湾区	49	100	1	76	1	1	6	15		
汕头市	**127**	**324**	**17**	**219**	**3**	**2**	**59**	**24**		
龙湖区	86	128	9	103		2	8	6		
金平区	17	100	7	52			32	9		
濠江区	2	13		12			1			
潮阳区	8	49		37			6	6		
潮南区	4	3		1			1	1		
澄海区	10	11		5	1		3	2		
南澳县		20	1	9	2		8			
佛山市	**1097**	**2392**	**23**	**1228**	**2**	**6**	**889**	**244**	**2**	**2**
禅城区	197	453	10	322	1	1	41	78		
南海区	450	1414	9	485	1	3	824	92		
顺德区	377	356	3	263		2	22	66	2	2
三水区	39	112	1	102			2	7		
高明区	34	57		56				1		

4-4 续表 97

单位：人

地区 性别	娱乐业	公共管理、社会保障和社会组织							国际组织	
		小计	中国共产党机关	国家机构	人民政协、民主党派	社会保障	群众团体、社会团体和其他成员组织	基层群众自治组织	小计	国际组织
江门市	**172**	**644**	**7**	**535**		**5**	**56**	**41**		
蓬江区	52	197	2	160		2	17	16		
江海区	47	99	2	82			1	14		
新会区	33	73		58			9	6		
台山市	5	119	2	95		2	17	3		
开平市	6	36		26			9	1		
鹤山市	28	80	1	75		1	2	1		
恩平市	1	40		39			1			
湛江市	**108**	**687**	**22**	**604**			**23**	**38**		
赤坎区	39	204	9	173			12	10		
霞山区	47	283	6	251			6	20		
坡头区	2	39	3	35				1		
麻章区	1	21	1	18			1	1		
遂溪县		23		20			2	1		
徐闻县	1	26	1	25						
廉江市	11	32	1	30				1		
雷州市	1	19	1	16			1	1		
吴川市	6	40		36			1	3		
茂名市	**34**	**208**	**6**	**181**	**2**	**4**	**6**	**9**		
茂南区	31	116	3	105	1	3		4		
电白区		30	1	27				2		
高州市		11	1	9		1				
化州市	2	32		25			6	1		
信宜市	1	19	1	15	1			2		
肇庆市	**90**	**482**	**5**	**432**	**1**	**3**	**27**	**14**		
端州区	61	162	1	150	1	2	3	5		
鼎湖区	1	48	2	36			9	1		
高要区	1	19	1	16			1	1		
广宁县	3	24	1	21				2		
怀集县		12		11			1			
封开县	2	26		23		1	1	1		
德庆县	4	12		10			1	1		
四会市	18	179		165			11	3		
惠州市	**674**	**1019**	**15**	**824**	**2**	**8**	**125**	**45**		
惠城区	307	436	6	369		3	43	15		
惠阳区	187	239	1	204		2	17	15		
博罗县	120	145	4	81	1	3	46	10		
惠东县	47	158	1	135			18	4		
龙门县	13	41	3	35	1		1	1		
梅州市	**48**	**620**	**7**	**552**	**1**	**1**	**35**	**24**		
梅江区	18	212		179	1		22	10		
梅县区	8	192	3	178		1	4	6		
大埔县	2	64	3	61						
丰顺县	8	24	1	22			1			
五华县	7	39		30			6	3		
平远县	1	27		25				2		
蕉岭县		39		38				1		
兴宁市	4	23		19			2	2		
汕尾市	**81**	**290**	**4**	**223**		**1**	**45**	**17**		
城　区	17	86	2	77			3	4		
海丰县	36	151	1	116		1	24	9		
陆河县		16		11			3	2		
陆丰市	28	37	1	19			15	2		

4－4 续表 98　　　　单位：人

地区 性别	娱乐业	公共管理、社会保障和社会组织							国际组织	
		小计	中国共产党机关	国家机构	人民政协、民主党派	社会保障	群众团体、社会团体和其他成员组织	基层群众自治组织	小计	国际组织
河源市	**150**	**741**	**27**	**631**	**6**	**3**	**18**	**56**		
源城区	132	503	16	424	4	2	13	44		
紫金县	2	52		45	1		2	4		
龙川县	8	39	2	32			2	3		
连平县	3	40	2	37		1				
和平县	1	32	2	27	1			2		
东源县	4	75	5	66			1	3		
阳江市	**24**	**352**	**6**	**321**	**1**		**10**	**14**		
江城区	11	162	2	146			4	10		
阳东区	5	120	4	110	1		1	4		
阳西县	3	41		37			4			
阳春市	5	29		28			1			
清远市	**153**	**652**	**6**	**591**	**1**	**1**	**20**	**33**		
清城区	94	356	2	314		1	13	26		
清新区	14	99		96			1	2		
佛冈县	2	40		39				1		
阳山县	3	35		35						
连山壮族瑶族自治县		20		20						
连南瑶族自治县		14	1	13						
英德市	35	60	3	48			5	4		
连州市	5	28		26	1		1			
东莞市	**1692**	**1837**	**10**	**1329**		**15**	**264**	**219**	**2**	**2**
市辖区	1692	1837	10	1329		15	264	219	2	2
中山市	**549**	**649**	**8**	**459**		**2**	**76**	**104**		
市辖区	549	649	8	459		2	76	104		
潮州市	**100**	**224**	**11**	**187**	**1**		**12**	**13**		
湘桥区	32	108	4	88	1		6	9		
潮安区	50	108	7	93			5	3		
饶平县	18	8		6			1	1		
揭阳市	**15**	**33**	**2**	**24**			**6**	**1**		
榕城区		17	2	12			3			
揭东区	1	4		4						
揭西县	2									
惠来县	11	6		6						
普宁市	1	6		2			3	1		
云浮市	**42**	**359**	**9**	**318**	**3**	**3**	**15**	**11**		
云城区	26	223	1	206	2		7	7		
云安区	1	36	2	33		1				
新兴县	11	54		42	1	2	7	2		
郁南县	1	39	6	31			1	1		
罗定市	3	7		6				1		
男	**7656**	**21047**	**244**	**17789**	**33**	**97**	**1664**	**1220**	**12**	**12**
广州市	**1442**	**4544**	**71**	**3830**	**12**	**44**	**341**	**246**	**8**	**8**
荔湾区	39	299	1	267	1	1	20	9	2	2
越秀区	58	402	17	354	2	6	21	2	4	4
海珠区	111	496	8	427	2	4	31	24	1	1
天河区	274	732	16	635	1	10	43	27		
白云区	376	1132	7	987	3	12	58	65		
黄埔区	92	334	6	277	2	2	18	29		
番禺区	343	500	6	383	1	5	49	56		
花都区	66	312	7	203		4	82	16	1	1
南沙区	23	142	1	124			12	5		
从化区	21	40		36			3	1		
增城区	39	155	2	137			4	12		

4-4 续表 99 单位：人

地区 性别	娱乐业	公共管理、社会保障和社会组织							国际组织	
		小计	中国共产党机关	国家机构	人民政协、民主党派	社会保障	群众团体、社会团体和其他成员组织	基层群众自治组织	小计	国际组织
韶关市	**36**	**547**	**15**	**460**	**1**	**2**	**55**	**14**		
武江区	16	176	7	163	1		4	1		
浈江区	9	101	3	89		1	4	4		
曲江区	1	46	1	25			15	5		
始兴县	1	31		31						
仁化县	2	35		30			5			
翁源县		25		18			7			
乳源瑶族自治县	2	36	2	19			14	1		
新丰县		22		21			1			
乐昌市	3	55	1	50			2	2		
南雄市	2	20	1	14		1	3	1		
深圳市	**2891**	**7970**	**35**	**7295**	**3**	**22**	**259**	**356**	**1**	**1**
罗湖区	254	472	1	427		1	35	8		
福田区	201	789	4	724	1	3	35	22		
南山区	254	573	2	526		2	22	21		
宝安区	749	2013	6	1855	1	6	49	96		
龙岗区	597	1737	11	1601	1	7	60	57		
盐田区	43	213	3	204			5	1		
龙华区	561	1213	4	1092		3	31	83		
坪山区	72	314	4	274			13	23	1	1
光明区	160	646		592			9	45		
珠海市	**542**	**437**	**1**	**377**		**2**	**25**	**32**		
香洲区	496	308		275		1	15	17		
斗门区	29	62		49			8	5		
金湾区	17	67	1	53		1	2	10		
汕头市	**69**	**222**	**11**	**144**	**1**	**2**	**44**	**20**		
龙湖区	48	95	7	74		2	6	6		
金平区	9	68	4	31			24	9		
濠江区	1	8		7			1			
潮阳区	6	24		19			2	3		
潮南区	1	3		1			1	1		
澄海区	4	7		4			2	1		
南澳县		17		8	1		8			
佛山市	**596**	**1493**	**16**	**809**	**2**	**3**	**498**	**165**	**1**	**1**
禅城区	109	278	8	184	1	1	22	62		
南海区	233	867	6	329	1	2	467	62		
顺德区	211	225	1	181			7	36	1	1
三水区	16	78	1	71			2	4		
高明区	27	45		44				1		
江门市	**72**	**407**	**5**	**358**		**3**	**26**	**15**		
蓬江区	24	115	2	102		2	6	3		
江海区	16	64	2	54			1	7		
新会区	18	44		39			3	2		
台山市	3	80	1	69			8	2		
开平市	1	24		18			6			
鹤山市	9	55		51		1	2	1		
恩平市	1	25		25						
湛江市	**51**	**445**	**11**	**396**			**15**	**23**		
赤坎区	20	116	8	95			7	6		
霞山区	19	195	1	176			5	13		
坡头区	2	22	1	20				1		
麻章区	1	18		17			1			
遂溪县		13		12			1			
徐闻县	1	19		19						
廉江市	5	21	1	20						
雷州市		15		13			1	1		
吴川市	3	26		24				2		

4-4 续表 100

单位：人

地区 性别	娱乐业	公共管理、社会保障和社会组织							国际组织	
		小计	中国共产党机关	国家机构	人民政协、民主党派	社会保障	群众团体、社会团体和其他成员组织	基层群众自治组织	小计	国际组织
茂名市	**10**	**122**	**4**	**105**	**2**	**3**	**3**	**5**		
茂南区	8	68	1	60	1	3		3		
电白区		18	1	16				1		
高州市		6	1	5						
化州市	1	18		15			3			
信宜市	1	12	1	9	1			1		
肇庆市	**45**	**324**	**2**	**298**		**1**	**16**	**7**		
端州区	31	103		99		1		3		
鼎湖区		24		16			8			
高要区		16	1	14				1		
广宁县		19	1	17				1		
怀集县		10		9			1			
封开县		15		13			1	1		
德庆县	3	6		6						
四会市	11	131		124			6	1		
惠州市	**358**	**656**	**7**	**539**	**1**	**4**	**83**	**22**		
惠城区	167	275	4	239		1	25	6		
惠阳区	112	156		138		1	8	9		
博罗县	60	101	1	53	1	2	39	5		
惠东县	17	101		89			10	2		
龙门县	2	23	2	20			1			
梅州市	**21**	**381**	**5**	**343**	**1**		**19**	**13**		
梅江区	11	130		114	1		10	5		
梅县区	3	111	1	103			2	5		
大埔县	1	50	3	47						
丰顺县	2	14	1	12			1			
五华县	2	29		24			4	1		
平远县		16		15				1		
蕉岭县		19		19						
兴宁市	2	12		9			2	1		
汕尾市	**22**	**189**	**4**	**150**			**28**	**7**		
城　区	2	55	2	48			3	2		
海丰县	11	102	1	77			20	4		
陆河县		12		8			3	1		
陆丰市	9	20	1	17			2			
河源市	**87**	**494**	**21**	**418**	**5**	**1**	**9**	**40**		
源城区	77	332	12	277	4	1	6	32		
紫金县	2	38		33	1		1	3		
龙川县	4	29	2	22			2	3		
连平县	1	23	2	21						
和平县		21	2	18				1		
东源县	3	51	3	47				1		
阳江市	**9**	**232**	**4**	**213**	**1**		**5**	**9**		
江城区	5	110	2	100			2	6		
阳东区	1	82	2	75	1		1	3		
阳西县	3	25		24			1			
阳春市		15		14			1			
清远市	**81**	**396**	**5**	**364**	**1**	**1**	**8**	**17**		
清城区	58	209	2	187		1	6	13		
清新区	6	61		58			1	2		
佛冈县	1	27		27						
阳山县		22		22						
连山壮族瑶族自治县		11		11						
连南瑶族自治县		9	1	8						
英德市	15	37	2	32			1	2		
连州市	1	20		19	1					

4-4 续表 101

单位：人

地区 性别	娱乐业	公共管理、社会保障和社会组织							国际组织	
		小计	中国共产党机关	国家机构	人民政协、民主党派	社会保障	群众团体、社会团体和其他成员组织	基层群众自治组织	小计	国际组织
东莞市	**964**	**1386**	**5**	**1055**		**7**	**166**	**153**	**2**	**2**
市辖区	964	1386	5	1055		7	166	153	2	2
中山市	**288**	**400**	**7**	**295**			**39**	**59**		
市辖区	288	400	7	295			39	59		
潮州市	**47**	**145**	**9**	**117**	**1**		**9**	**9**		
湘桥区	10	70	4	52	1		6	7		
潮安区	28	69	5	59			3	2		
饶平县	9	6		6						
揭阳市	**5**	**24**		**18**			**5**	**1**		
榕城区		12		9			3			
揭东区	1	3		3						
揭西县										
惠来县	3	5		5						
普宁市	1	4		1			2	1		
云浮市	**20**	**233**	**6**	**205**	**2**	**2**	**11**	**7**		
云城区	11	140	1	129	1		5	4		
云安区		28	2	26						
新兴县	7	40		30	1	2	6	1		
郁南县		21	3	17				1		
罗定市	2	4		3				1		
女	**6494**	**10690**	**133**	**8244**	**14**	**78**	**1407**	**814**	**5**	**5**
广州市	**1438**	**2840**	**41**	**2154**	**7**	**24**	**378**	**236**	**4**	**4**
荔湾区	45	197	1	167			21	8	2	2
越秀区	70	209	10	161	1	2	23	12	1	1
海珠区	90	356	7	283	3		44	19		
天河区	282	493	4	396	1	3	53	36		
白云区	389	657	5	474	2	14	92	70		
黄埔区	95	258	5	190		1	37	25		
番禺区	313	296	4	217		1	39	35	1	1
花都区	56	187	3	121		1	54	8		
南沙区	33	66	1	53			7	5		
从化区	10	23		16		1	2	4		
增城区	55	98	1	76		1	6	14		
韶关市	**45**	**333**	**10**	**275**			**24**	**24**		
武江区	15	101	4	88			4	5		
浈江区	12	88	2	74			6	6		
曲江区	4	19		13			4	2		
始兴县	3	14		14						
仁化县	1	22	1	18			2	1		
翁源县	1	23		13			7	3		
乳源瑶族自治县	4	11	1	8				2		
新丰县	1	12	1	10				1		
乐昌市	3	24		22				2		
南雄市	1	19	1	15			1	2		
深圳市	**2267**	**3302**	**17**	**2779**		**26**	**279**	**201**		
罗湖区	259	275	1	242		1	22	9		
福田区	184	336	4	285		3	31	13		
南山区	244	230	1	175		2	35	17		
宝安区	640	759	4	633		6	64	52		
龙岗区	431	718	1	602		13	69	33		
盐田区	31	99		92			6	1		
龙华区	339	517	5	438			36	38		
坪山区	49	120		99		1	7	13		
光明区	90	248	1	213			9	25		

4-4 续表 102

单位：人

地区 性别	娱乐业	公共管理、社会保障和社会组织							国际组织	
		小计	中国共产党机关	国家机构	人民政协、民主党派	社会保障	群众团体、社会团体和其他成员组织	基层群众自治组织	小计	国际组织
珠海市	**333**	**251**	**2**	**205**	**1**	**1**	**24**	**18**		
香洲区	277	194	2	161		1	18	12		
斗门区	24	24		21			2	1		
金湾区	32	33		23	1		4	5		
汕头市	**58**	**102**	**6**	**75**	**2**		**15**	**4**		
龙湖区	38	33	2	29			2			
金平区	8	32	3	21			8			
濠江区	1	5		5						
潮阳区	2	25		18			4	3		
潮南区	3									
澄海区	6	4		1	1		1	1		
南澳县		3	1	1	1					
佛山市	**501**	**899**	**7**	**419**		**3**	**391**	**79**	**1**	**1**
禅城区	88	175	2	138			19	16		
南海区	217	547	3	156		1	357	30		
顺德区	166	131	2	82		2	15	30	1	1
三水区	23	34		31				3		
高明区	7	12		12						
江门市	**100**	**237**	**2**	**177**		**2**	**30**	**26**		
蓬江区	28	82		58			11	13		
江海区	31	35		28				7		
新会区	15	29		19			6	4		
台山市	2	39	1	26		2	9	1		
开平市	5	12		8			3	1		
鹤山市	19	25	1	24						
恩平市		15		14			1			
湛江市	**57**	**242**	**11**	**208**			**8**	**15**		
赤坎区	19	88	1	78			5	4		
霞山区	28	88	5	75			1	7		
坡头区		17	2	15						
麻章区		3	1	1				1		
遂溪县		10		8			1	1		
徐闻县		7	1	6						
廉江市	6	11		10				1		
雷州市	1	4	1	3						
吴川市	3	14		12			1	1		
茂名市	**24**	**86**	**2**	**76**		**1**	**3**	**4**		
茂南区	23	48	2	45				1		
电白区		12		11				1		
高州市		5		4		1				
化州市	1	14		10			3	1		
信宜市		7		6				1		
肇庆市	**45**	**158**	**3**	**134**	**1**	**2**	**11**	**7**		
端州区	30	59	1	51	1	1	3	2		
鼎湖区	1	24	2	20			1	1		
高要区	1	3		2			1			
广宁县	3	5		4				1		
怀集县		2		2						
封开县	2	11		10		1				
德庆县	1	6		4			1	1		
四会市	7	48		41			5	2		
惠州市	**316**	**363**	**8**	**285**	**1**	**4**	**42**	**23**		
惠城区	140	161	2	130		2	18	9		
惠阳区	75	83	1	66		1	9	6		
博罗县	60	44	3	28		1	7	5		
惠东县	30	57	1	46			8	2		
龙门县	11	18	1	15	1			1		

4-4　续表 103　　　　　　　　　　　　　　　　　　　　　　　　　　　　单位：人

地　区 性　别	娱乐业	公共管理、社会保障和社会组织							国际组织	
		小计	中国共产党机关	国家机构	人民政协、民主党派	社会保障	群众团体、社会团体和其他成员组织	基层群众自治组织	小计	国际组织
梅州市	**27**	**239**	**2**	**209**		**1**	**16**	**11**		
梅江区	7	82		65			12	5		
梅县区	5	81	2	75		1	2	1		
大埔县	1	14		14						
丰顺县	6	10		10						
五华县	5	10		6			2	2		
平远县	1	11		10				1		
蕉岭县		20		19				1		
兴宁市	2	11		10				1		
汕尾市	**59**	**101**		**73**		**1**	**17**	**10**		
城　区	15	31		29				2		
海丰县	25	49		39		1	4	5		
陆河县		4		3				1		
陆丰市	19	17		2			13	2		
河源市	**63**	**247**	**6**	**213**	**1**	**2**	**9**	**16**		
源城区	55	171	4	147		1	7	12		
紫金县		14		12			1	1		
龙川县	4	10		10						
连平县	2	17		16		1				
和平县	1	11		9	1			1		
东源县	1	24	2	19			1	2		
阳江市	**15**	**120**	**2**	**108**			**5**	**5**		
江城区	6	52		46			2	4		
阳东区	4	38	2	35				1		
阳西县		16		13			3			
阳春市	5	14		14						
清远市	**72**	**256**	**1**	**227**			**12**	**16**		
清城区	36	147		127			7	13		
清新区	8	38		38						
佛冈县	1	13		12				1		
阳山县	3	13		13						
连山壮族瑶族自治县		9		9						
连南瑶族自治县		5		5						
英德市	20	23	1	16			4	2		
连州市	4	8		7			1			
东莞市	**728**	**451**	**5**	**274**		**8**	**98**	**66**		
市辖区	728	451	5	274		8	98	66		
中山市	**261**	**249**	**1**	**164**		**2**	**37**	**45**		
市辖区	261	249	1	164		2	37	45		
潮州市	**53**	**79**	**2**	**70**			**3**	**4**		
湘桥区	22	38		36				2		
潮安区	22	39	2	34			2	1		
饶平县	9	2					1	1		
揭阳市	**10**	**9**	**2**	**6**			**1**			
榕城区		5	2	3						
揭东区		1		1						
揭西县	2									
惠来县	8	1		1						
普宁市		2		1			1			
云浮市	**22**	**126**	**3**	**113**	**1**	**1**	**4**	**4**		
云城区	15	83		77	1		2	3		
云安区	1	8		7		1				
新兴县	4	14		12			1	1		
郁南县	1	18	3	14			1			
罗定市	1	3		3						

4–5 全省分年龄、性别、行业大类的就业人口

单位：人

年龄组 性别	合计	农、林、牧、渔业						采矿业	
		小计	农业	林业	畜牧业	渔业	农、林、牧、渔专业及辅助性活动	小计	煤炭开采和洗选业
总　计	**3403755**	**29843**	**18043**	**2073**	**4272**	**3964**	**1491**	**2421**	**36**
16–19岁	92200	277	164	25	43	27	18	12	1
20–24岁	395542	1289	741	86	227	131	104	130	
25–29岁	566382	2229	1206	160	390	295	178	273	1
30–34岁	653615	3466	2001	216	536	464	249	368	5
35–39岁	494675	3547	2084	224	550	485	204	332	6
40–44岁	386202	3900	2326	255	571	552	196	332	2
45–49岁	390804	5064	3129	361	697	667	210	356	4
50–54岁	266605	5236	3261	395	703	694	183	363	7
55–59岁	119935	3152	1997	238	385	421	111	203	8
60–64岁	26638	1079	714	75	120	141	29	38	1
65–69岁	9105	425	290	30	32	65	8	11	1
70–74岁	1539	126	91	8	10	16	1	2	
75岁及以上	513	53	39		8	6		1	
男	**2134413**	**18336**	**10194**	**1403**	**2807**	**2925**	**1007**	**2041**	**30**
16–19岁	59052	193	99	19	38	21	16	10	1
20–24岁	236991	821	441	57	151	105	67	111	
25–29岁	346670	1378	656	110	263	225	124	227	1
30–34岁	411251	2172	1151	142	370	342	167	323	5
35–39岁	313295	2136	1155	145	340	359	137	267	4
40–44岁	238859	2245	1219	160	354	388	124	268	2
45–49岁	236628	2885	1629	235	405	480	136	281	3
50–54岁	175141	3181	1818	272	474	503	114	323	5
55–59岁	87530	2100	1245	178	279	306	92	185	8
60–64岁	20350	762	472	53	94	121	22	34	
65–69岁	7123	333	218	24	26	58	7	9	1
70–74岁	1169	97	70	8	7	11	1	2	
75岁及以上	354	33	21		6	6		1	
女	**1269342**	**11507**	**7849**	**670**	**1465**	**1039**	**484**	**380**	**6**
16–19岁	33148	84	65	6	5	6	2	2	
20–24岁	158551	468	300	29	76	26	37	19	
25–29岁	219712	851	550	50	127	70	54	46	
30–34岁	242364	1294	850	74	166	122	82	45	
35–39岁	181380	1411	929	79	210	126	67	65	2
40–44岁	147343	1655	1107	95	217	164	72	64	
45–49岁	154176	2179	1500	126	292	187	74	75	1
50–54岁	91464	2055	1443	123	229	191	69	40	2
55–59岁	32405	1052	752	60	106	115	19	18	
60–64岁	6288	317	242	22	26	20	7	4	1
65–69岁	1982	92	72	6	6	7	1	2	
70–74岁	370	29	21		3	5			
75岁及以上	159	20	18		2				

4-5　续表 1　　　　单位：人

年龄组 性　别	采矿业						制造业		
	石油和天然气开采业	黑色金属矿采选业	有色金属矿采选业	非金属矿采选业	开采专业及辅助性活　动	其　他采矿业	小计	农副食品加工业	食　品制造业
总　计	**185**	**130**	**413**	**1314**	**299**	**44**	**1540079**	**10528**	**15304**
16–19岁	1			9	1		50068	125	484
20–24岁	6	5	15	76	27	1	160438	678	1683
25–29岁	30	7	38	134	55	8	227041	1163	2189
30–34岁	40	12	53	196	54	8	308680	1557	2531
35–39岁	31	16	38	178	59	4	242382	1480	2269
40–44岁	21	22	52	191	41	3	192899	1408	2017
45–49岁	19	19	75	207	23	9	189400	1792	2026
50–54岁	19	34	92	185	20	6	114157	1486	1381
55–59岁	15	12	41	107	15	5	43350	641	558
60–64岁	2	2	7	25	1		8213	145	120
65–69岁		1	1	6	2		2807	50	39
70–74岁	1		1				467	3	4
75岁及以上					1		177		3
男	**150**	**108**	**334**	**1137**	**248**	**34**	**959463**	**6752**	**8560**
16–19岁	1			8			33665	83	280
20–24岁	6	4	12	69	19	1	105538	475	904
25–29岁	25	7	31	113	46	4	145922	780	1242
30–34岁	31	9	44	178	49	7	193373	1021	1432
35–39岁	23	12	29	148	47	4	149978	926	1314
40–44岁	17	16	39	159	32	3	113291	841	1058
45–49岁	16	15	47	175	19	6	106520	1048	1012
50–54岁	13	31	87	164	18	5	71201	965	803
55–59岁	15	11	38	95	14	4	31025	463	392
60–64岁	2	2	5	24	1		6330	108	92
65–69岁		1	1	4	2		2166	40	27
70–74岁	1		1				336	2	2
75岁及以上					1		118		2
女	**35**	**22**	**79**	**177**	**51**	**10**	**580616**	**3776**	**6744**
16–19岁				1	1		16403	42	204
20–24岁		1	3	7	8		54900	203	779
25–29岁	5		7	21	9	4	81119	383	947
30–34岁	9	3	9	18	5	1	115307	536	1099
35–39岁	8	4	9	30	12		92404	554	955
40–44岁	4	6	13	32	9		79608	567	959
45–49岁	3	4	28	32	4	3	82880	744	1014
50–54岁	6	3	5	21	2	1	42956	521	578
55–59岁		1	3	12	1	1	12325	178	166
60–64岁			2	1			1883	37	28
65–69岁				2			641	10	12
70–74岁							131	1	2
75岁及以上							59		1

4-5 续表 2 单位：人

年龄组 性 别	制造业								
	酒、饮料和精制茶制造业	烟 草制品业	纺织业	纺织服装、服饰业	皮革、毛皮、羽毛及其制品和制鞋业	木材加工和木、竹、藤、棕、草制品业	家 具制造业	造纸和纸制品业	印刷和记录媒介复制业
总 计	**4292**	**472**	**34493**	**138949**	**70574**	**10704**	**58571**	**31920**	**27811**
16-19岁	75	18	493	1916	1212	120	726	660	682
20-24岁	369	56	2172	7710	4002	577	3965	2378	2456
25-29岁	624	72	3520	15224	7017	975	6758	3508	3547
30-34岁	897	107	5688	27462	13308	1474	9896	5292	5289
35-39岁	773	66	5447	23579	12923	1466	8976	5019	4799
40-44岁	575	57	5456	20761	11256	1529	8354	4574	4091
45-49岁	492	39	6052	22500	11707	1939	9609	5107	3875
50-54岁	299	33	3830	13770	6458	1626	6871	3548	2119
55-59岁	142	19	1452	4825	2085	782	2822	1444	749
60-64岁	26	2	270	854	414	151	446	289	144
65-69岁	17	3	92	271	160	54	121	90	51
70-74岁	2		16	58	24	9	17	8	7
75岁及以上	1		5	19	8	2	10	3	2
男	**2825**	**260**	**19814**	**67690**	**39084**	**7586**	**40880**	**21289**	**17752**
16-19岁	34	11	309	977	735	97	541	479	475
20-24岁	225	32	1350	3709	2329	433	2817	1616	1561
25-29岁	423	39	2049	7499	4059	700	4628	2376	2335
30-34岁	584	65	3212	13730	7800	995	6792	3529	3403
35-39岁	528	29	3097	11704	7386	1021	6193	3337	3117
40-44岁	388	26	2990	9764	5951	1029	5677	3007	2587
45-49岁	299	22	3193	10153	5692	1332	6408	3189	2247
50-54岁	201	19	2302	6664	3390	1183	5009	2333	1344
55-59岁	106	14	1031	2728	1306	620	2306	1104	521
60-64岁	21	1	202	545	301	126	388	237	116
65-69岁	13	2	68	175	112	44	103	74	38
70-74岁	2		8	30	18	5	12	6	6
75岁及以上	1		3	12	5	1	6	2	2
女	**1467**	**212**	**14679**	**71259**	**31490**	**3118**	**17691**	**10631**	**10059**
16-19岁	41	7	184	939	477	23	185	181	207
20-24岁	144	24	822	4001	1673	144	1148	762	895
25-29岁	201	33	1471	7725	2958	275	2130	1132	1212
30-34岁	313	42	2476	13732	5508	479	3104	1763	1886
35-39岁	245	37	2350	11875	5537	445	2783	1682	1682
40-44岁	187	31	2466	10997	5305	500	2677	1567	1504
45-49岁	193	17	2859	12347	6015	607	3201	1918	1628
50-54岁	98	14	1528	7106	3068	443	1862	1215	775
55-59岁	36	5	421	2097	779	162	516	340	228
60-64岁	5	1	68	309	113	25	58	52	28
65-69岁	4	1	24	96	48	10	18	16	13
70-74岁			8	28	6	4	5	2	1
75岁及以上			2	7	3	1	4	1	

4–5　续表 3　　　　单位：人

年龄组 性　别	制造业								
	文教、工美、体育和娱乐用品制造业	石油、煤炭及其他燃料加工业	化学原料和化学制品制造业	医　药制造业	化学纤维制造业	橡胶和塑　料制品业	非金属矿　物制品业	黑色金属冶炼和压延加工业	有色金属冶炼和压延加工业
总　计	**70395**	**1363**	**29347**	**7910**	**691**	**101672**	**50754**	**4960**	**10218**
16–19岁	1934	9	848	209	11	3462	773	66	133
20–24岁	6428	129	3592	1285	64	8987	3586	328	775
25–29岁	8913	196	4731	1686	79	12175	5899	651	1153
30–34岁	12831	229	5410	1587	143	18199	8419	949	1823
35–39岁	11360	171	4406	1148	95	16200	7617	744	1522
40–44岁	9925	178	3532	794	101	14350	7062	708	1483
45–49岁	10487	224	3408	626	96	14622	8201	725	1672
50–54岁	5879	146	2189	367	66	9214	6083	480	1112
55–59岁	2073	65	943	168	28	3532	2520	257	448
60–64岁	380	12	216	23	5	647	438	40	72
65–69岁	151	4	62	15	3	235	132	10	22
70–74岁	20		7	2		39	19		2
75岁及以上	14		3			10	5	2	1
男	**38880**	**1056**	**17868**	**4543**	**475**	**63027**	**36246**	**4108**	**7693**
16–19岁	1164	7	466	134	8	2376	550	56	110
20–24岁	3782	100	1875	696	42	6002	2592	275	608
25–29岁	5193	152	2654	918	59	7899	4264	541	857
30–34岁	7241	180	3235	917	92	11375	5894	773	1364
35–39岁	6481	118	2842	681	68	10151	5421	606	1119
40–44岁	5165	130	2217	453	64	8425	4805	577	1074
45–49岁	4993	175	2145	331	60	8076	5633	583	1207
50–54岁	3145	118	1473	255	52	5539	4496	417	898
55–59岁	1316	62	731	127	23	2463	2083	235	374
60–64岁	272	11	173	16	4	496	376	34	60
65–69岁	109	3	48	13	3	186	111	10	20
70–74岁	12		7	2		31	16		1
75岁及以上	7		2			8	5	1	1
女	**31515**	**307**	**11479**	**3367**	**216**	**38645**	**14508**	**852**	**2525**
16–19岁	770	2	382	75	3	1086	223	10	23
20–24岁	2646	29	1717	589	22	2985	994	53	167
25–29岁	3720	44	2077	768	20	4276	1635	110	296
30–34岁	5590	49	2175	670	51	6824	2525	176	459
35–39岁	4879	53	1564	467	27	6049	2196	138	403
40–44岁	4760	48	1315	341	37	5925	2257	131	409
45–49岁	5494	49	1263	295	36	6546	2568	142	465
50–54岁	2734	28	716	112	14	3675	1587	63	214
55–59岁	757	3	212	41	5	1069	437	22	74
60–64岁	108	1	43	7	1	151	62	6	12
65–69岁	42	1	14	2		49	21		2
70–74岁	8					8	3		1
75岁及以上	7		1			2		1	

4－5 续表 4

单位：人

年龄组 性　别	制造业								
	金　属 制品业	通用设备 制造业	专用设备 制造业	汽　车 制造业	铁路、船舶、航空航天和其他运输设备制造业	电气机械和器材制造业	计算机、通信和其他电子设备制造业	仪器仪表 制造业	其　他 制造业
总　计	**141387**	**63921**	**72187**	**30437**	**11256**	**166338**	**333946**	**17995**	**8633**
16－19岁	3200	1900	2286	1371	199	7393	18830	534	202
20－24岁	11314	6895	8228	4261	930	21074	52734	1994	833
25－29岁	16804	9833	11846	5992	1447	27403	67885	3090	1099
30－34岁	25002	13804	16447	7177	2158	34539	79005	3935	1584
35－39岁	22580	10232	12408	4713	1813	25747	48636	3064	1350
40－44岁	19900	7904	8494	2942	1610	19209	29706	2177	1207
45－49岁	21537	7023	6899	2339	1700	17605	22048	1935	1163
50－54岁	14120	4150	3764	1128	1018	9297	10318	856	810
55－59岁	5470	1710	1403	426	320	3203	3715	313	294
60－64岁	1020	326	296	61	45	627	761	61	59
65－69岁	351	116	91	21	12	203	245	28	28
70－74岁	64	20	18	5	2	26	45	7	3
75岁及以上	25	8	7	1	2	12	18	1	1
男	**97291**	**45793**	**50160**	**21039**	**8460**	**99931**	**204259**	**10880**	**4842**
16－19岁	2380	1472	1671	1099	174	4908	12417	354	117
20－24岁	8361	5126	5875	3281	745	13730	34420	1268	481
25－29岁	11881	7087	8340	4276	1112	17337	43373	1904	625
30－34岁	17467	9958	11460	4895	1639	20932	48567	2360	904
35－39岁	15495	7246	8615	3074	1313	15141	28969	1824	764
40－44岁	13202	5456	5747	1813	1142	10530	16086	1259	635
45－49岁	13737	4756	4431	1416	1193	8945	11129	1044	576
50－54岁	9514	2964	2619	788	817	5533	5988	554	473
55－59岁	4068	1332	1065	327	273	2222	2545	238	198
60－64岁	829	283	240	52	38	461	548	46	43
65－69岁	287	92	77	14	10	161	180	23	24
70－74岁	53	14	15	4	2	22	29	5	2
75岁及以上	17	7	5		2	9	8	1	
女	**44096**	**18128**	**22027**	**9398**	**2796**	**66407**	**129687**	**7115**	**3791**
16－19岁	820	428	615	272	25	2485	6413	180	85
20－24岁	2953	1769	2353	980	185	7344	18314	726	352
25－29岁	4923	2746	3506	1716	335	10066	24512	1186	474
30－34岁	7535	3846	4987	2282	519	13607	30438	1575	680
35－39岁	7085	2986	3793	1639	500	10606	19667	1240	586
40－44岁	6698	2448	2747	1129	468	8679	13620	918	572
45－49岁	7800	2267	2468	923	507	8660	10919	891	587
50－54岁	4606	1186	1145	340	201	3764	4330	302	337
55－59岁	1402	378	338	99	47	981	1170	75	96
60－64岁	191	43	56	9	7	166	213	15	16
65－69岁	64	24	14	7	2	42	65	5	4
70－74岁	11	6	3	1		4	16	2	1
75岁及以上	8	1	2	1		3	10		1

4-5 续表 5

单位：人

年龄组 性别	制造业		电力、热力、燃气及水生产和供应业				建筑业		
	废弃资源综合利用业	金属制品、机械和设备修理业	小计	电力、热力生产和供应业	燃气生产和供应业	水的生产和供应业	小计	房屋建筑业	土木工程建筑业
总计	**6506**	**6545**	**11086**	**5491**	**2845**	**2750**	**244571**	**101441**	**30941**
16–19岁	57	140	76	29	23	24	2125	836	258
20–24岁	250	705	870	484	160	226	15950	5796	2852
25–29岁	490	1072	1689	1043	296	350	28470	10589	4329
30–34岁	727	1211	1940	1032	475	433	36645	13932	4851
35–39岁	764	1015	1556	747	480	329	30436	11740	3604
40–44岁	805	734	1266	532	398	336	29927	12317	3248
45–49岁	1145	807	1606	716	467	423	41008	18246	4479
50–54岁	1152	587	1251	543	350	358	36767	17142	4129
55–59岁	715	228	649	298	156	195	18338	8492	2449
60–64岁	227	36	137	46	28	63	3709	1766	563
65–69岁	124	6	37	17	9	11	1054	516	163
70–74岁	37	3	8	4	2	2	124	59	16
75岁及以上	13	1	1		1		18	10	
男	**4833**	**5587**	**9017**	**4415**	**2382**	**2220**	**209618**	**86256**	**26909**
16–19岁	50	131	66	24	20	22	1871	747	228
20–24岁	209	619	702	399	122	181	13268	4952	2406
25–29岁	384	936	1303	806	243	254	24093	9155	3638
30–34岁	545	1012	1534	826	373	335	31619	12046	4192
35–39岁	556	842	1238	584	397	257	26208	10049	3190
40–44岁	577	616	1034	427	330	277	25327	10180	2829
45–49岁	818	677	1284	560	392	332	34210	14853	3848
50–54岁	834	511	1085	458	318	309	31720	14432	3674
55–59岁	546	206	607	274	149	184	16699	7642	2216
60–64岁	181	30	121	38	26	57	3482	1652	524
65–69岁	94	5	35	15	9	11	992	486	150
70–74岁	28	2	7	4	2	1	114	54	14
75岁及以上	11		1		1		15	8	
女	**1673**	**958**	**2069**	**1076**	**463**	**530**	**34953**	**15185**	**4032**
16–19岁	7	9	10	5	3	2	254	89	30
20–24岁	41	86	168	85	38	45	2682	844	446
25–29岁	106	136	386	237	53	96	4377	1434	691
30–34岁	182	199	406	206	102	98	5026	1886	659
35–39岁	208	173	318	163	83	72	4228	1691	414
40–44岁	228	118	232	105	68	59	4600	2137	419
45–49岁	327	130	322	156	75	91	6798	3393	631
50–54岁	318	76	166	85	32	49	5047	2710	455
55–59岁	169	22	42	24	7	11	1639	850	233
60–64岁	46	6	16	8	2	6	227	114	39
65–69岁	30	1	2	2			62	30	13
70–74岁	9	1	1			1	10	5	2
75岁及以上	2	1					3	2	

4–5 续表 6 单位：人

年龄组 性别	建筑业		批发和零售业			交通运输、仓储和邮政业			
	建筑安装业	建筑装饰、装修和其他建筑业	小计	批发业	零售业	小计	铁路运输业	道路运输业	水上运输业
总　计	**13972**	**98217**	**559072**	**200460**	**358612**	**161575**	**2069**	**93058**	**2011**
16—19岁	133	898	12288	3773	8515	2555	45	1140	12
20—24岁	1163	6139	70634	23150	47484	16431	272	7315	177
25—29岁	2023	11529	102956	35755	67201	25910	492	12454	285
30—34岁	2581	15281	113572	40950	72622	31356	333	16901	355
35—39岁	2136	12956	87104	31819	55285	24617	158	14952	294
40—44岁	1749	12613	62338	22972	39366	20133	181	13287	237
45—49岁	1925	16358	55364	20720	34644	20297	234	13895	236
50—54岁	1406	14090	34617	13469	21148	13395	194	8902	237
55—59岁	692	6705	14971	5878	9093	5687	147	3563	157
60—64岁	134	1246	3484	1315	2169	879	12	473	16
65—69岁	28	347	1358	514	844	261	1	147	4
70—74岁	2	47	273	103	170	36		18	1
75岁及以上		8	113	42	71	18		11	
男	**12504**	**83949**	**316511**	**123396**	**193115**	**133346**	**1557**	**79930**	**1631**
16—19岁	115	781	6868	2418	4450	1857	16	804	10
20—24岁	1002	4908	36142	12811	23331	11775	192	5476	116
25—29岁	1780	9520	54790	20372	34418	19886	353	9977	216
30—34岁	2322	13059	63696	24731	38965	25542	255	14224	260
35—39岁	1877	11092	50334	20008	30326	20825	113	13036	225
40—44岁	1563	10755	36286	14677	21609	17290	145	11703	206
45—49岁	1726	13783	32100	13172	18928	17757	167	12532	209
50—54岁	1304	12310	21837	9280	12557	12066	167	8240	217
55—59岁	660	6181	10518	4389	6129	5265	137	3356	152
60—64岁	125	1181	2603	1017	1586	809	11	433	15
65—69岁	28	328	1052	417	635	229	1	126	4
70—74岁	2	44	204	77	127	31		16	1
75岁及以上		7	81	27	54	14		7	
女	**1468**	**14268**	**242561**	**77064**	**165497**	**28229**	**512**	**13128**	**380**
16—19岁	18	117	5420	1355	4065	698	29	336	2
20—24岁	161	1231	34492	10339	24153	4656	80	1839	61
25—29岁	243	2009	48166	15383	32783	6024	139	2477	69
30—34岁	259	2222	49876	16219	33657	5814	78	2677	95
35—39岁	259	1864	36770	11811	24959	3792	45	1916	69
40—44岁	186	1858	26052	8295	17757	2843	36	1584	31
45—49岁	199	2575	23264	7548	15716	2540	67	1363	27
50—54岁	102	1780	12780	4189	8591	1329	27	662	20
55—59岁	32	524	4453	1489	2964	422	10	207	5
60—64岁	9	65	881	298	583	70	1	40	1
65—69岁		19	306	97	209	32		21	
70—74岁		3	69	26	43	5		2	
75岁及以上		1	32	15	17	4		4	

4-5　续表 7　　　　单位：人

年龄组 性　别	交通运输、仓储和邮政业					住宿和餐饮业		
	航　空 运输业	管　道 运输业	多式联运 和运输 代理业	装卸搬运 和仓储业	邮政业	小计	住宿业	餐饮业
总　计	**4554**	**35**	**11676**	**13245**	**34927**	**193186**	**23914**	**169272**
16–19岁	66	1	169	181	941	9652	924	8728
20–24岁	1113	1	1608	897	5048	28563	3340	25223
25–29岁	1231	3	2487	1399	7559	31611	3601	28010
30–34岁	819	6	2615	1826	8501	32797	3810	28987
35–39岁	507	10	1799	1640	5257	24612	2874	21738
40–44岁	325	1	1156	1667	3279	19511	2454	17057
45–49岁	261	6	1005	2192	2468	20864	3075	17789
50–54岁	140	3	560	2072	1287	15567	2298	13269
55–59岁	78	1	237	1039	465	7582	1177	6405
60–64岁	12	3	30	246	87	1745	278	1467
65–69岁	1		6	76	26	576	72	504
70–74岁	1		2	7	7	85	8	77
75岁及以上			2	3	2	21	3	18
男	**2718**	**27**	**8082**	**11185**	**28216**	**113735**	**11372**	**102363**
16–19岁	40	1	108	140	738	6460	505	5955
20–24岁	508	1	869	697	3916	18454	1508	16946
25–29岁	702	2	1448	1114	6074	20373	1768	18605
30–34岁	547	4	1819	1488	6945	20328	1844	18484
35–39岁	350	8	1361	1373	4359	14421	1440	12981
40–44岁	212	1	921	1411	2691	10588	1068	9520
45–49岁	175	5	824	1868	1977	10176	1231	8945
50–54岁	106	2	486	1832	1016	7400	1063	6337
55–59岁	66	1	211	946	396	4047	689	3358
60–64岁	10	2	27	235	76	1039	194	845
65–69岁	1		5	71	21	380	55	325
70–74岁	1		1	7	5	56	5	51
75岁及以上			2	3	2	13	2	11
女	**1836**	**8**	**3594**	**2060**	**6711**	**79451**	**12542**	**66909**
16–19岁	26		61	41	203	3192	419	2773
20–24岁	605		739	200	1132	10109	1832	8277
25–29岁	529	1	1039	285	1485	11238	1833	9405
30–34岁	272	2	796	338	1556	12469	1966	10503
35–39岁	157	2	438	267	898	10191	1434	8757
40–44岁	113		235	256	588	8923	1386	7537
45–49岁	86	1	181	324	491	10688	1844	8844
50–54岁	34	1	74	240	271	8167	1235	6932
55–59岁	12		26	93	69	3535	488	3047
60–64岁	2	1	3	11	11	706	84	622
65–69岁			1	5	5	196	17	179
70–74岁			1		2	29	3	26
75岁及以上						8	1	7

4-5 续表 8

单位：人

年龄组 性 别	信息传输、软件和信息技术服务业				金融业				
	小计	电信、广播电视和卫星传输服务	互联网和相关服务	软件和信息技术服务业	小计	货币金融服务	资本市场服务	保险业	其他金融业
总 计	**96258**	**8701**	**37556**	**50001**	**35435**	**11323**	**5314**	**13230**	**5568**
16-19岁	1489	167	843	479	312	70	40	114	88
20-24岁	19516	1411	8015	10090	4790	1733	592	1518	947
25-29岁	31341	2080	11080	18181	9813	3444	1438	3199	1732
30-34岁	22075	2060	8318	11697	8686	2764	1314	3219	1389
35-39岁	10748	1226	4209	5313	5104	1357	795	2278	674
40-44岁	5183	721	2269	2193	2638	571	416	1343	308
45-49岁	3384	511	1670	1203	2240	696	362	941	241
50-54岁	1658	330	800	528	1230	448	225	433	124
55-59岁	702	153	296	253	534	213	112	158	51
60-64岁	115	31	36	48	65	17	13	24	11
65-69岁	39	9	17	13	16	7	5	2	2
70-74岁	4	2	1	1	6	2	2	1	1
75岁及以上	4		2	2	1	1			
男	**67381**	**5551**	**26795**	**35035**	**18426**	**5784**	**3347**	**6053**	**3242**
16-19岁	951	102	532	317	160	34	20	51	55
20-24岁	12184	805	4847	6532	2380	804	298	800	478
25-29岁	21161	1227	7410	12524	4992	1614	824	1602	952
30-34岁	16147	1301	6339	8507	4533	1432	826	1445	830
35-39岁	8185	802	3373	4010	2626	715	542	939	430
40-44岁	4034	516	1894	1624	1318	292	295	529	202
45-49岁	2650	363	1412	875	1165	393	254	364	154
50-54岁	1327	263	676	388	774	307	171	207	89
55-59岁	601	133	265	203	416	179	99	98	40
60-64岁	102	29	31	42	47	10	11	16	10
65-69岁	31	8	13	10	10	3	5	1	1
70-74岁	4	2	1	1	5	1	2	1	1
75岁及以上	4		2	2					
女	**28877**	**3150**	**10761**	**14966**	**17009**	**5539**	**1967**	**7177**	**2326**
16-19岁	538	65	311	162	152	36	20	63	33
20-24岁	7332	606	3168	3558	2410	929	294	718	469
25-29岁	10180	853	3670	5657	4821	1830	614	1597	780
30-34岁	5928	759	1979	3190	4153	1332	488	1774	559
35-39岁	2563	424	836	1303	2478	642	253	1339	244
40-44岁	1149	205	375	569	1320	279	121	814	106
45-49岁	734	148	258	328	1075	303	108	577	87
50-54岁	331	67	124	140	456	141	54	226	35
55-59岁	101	20	31	50	118	34	13	60	11
60-64岁	13	2	5	6	18	7	2	8	1
65-69岁	8	1	4	3	6	4		1	1
70-74岁					1	1			
75岁及以上					1	1			

4-5 续表 9

单位：人

年龄组 性别	房地产业		租赁和商务服务业			科学研究和技术服务业			
	小计	房地产业	小计	租赁业	商务服务业	小计	研究和试验发展	专业技术服务业	科技推广和应用服务业
总计	**87315**	**87315**	**95677**	**5770**	**89907**	**47971**	**7863**	**31375**	**8733**
16-19岁	1098	1098	2061	76	1985	683	135	391	157
20-24岁	9430	9430	15119	565	14554	8049	1161	5441	1447
25-29岁	14998	14998	21422	1006	20416	12670	2033	8233	2404
30-34岁	15256	15256	18693	1154	17539	10461	1866	6643	1952
35-39岁	10721	10721	12255	926	11329	6131	1076	3953	1102
40-44岁	8579	8579	8456	698	7758	3747	622	2419	706
45-49岁	9861	9861	8177	698	7479	2933	470	1980	483
50-54岁	8929	8929	5790	431	5359	1988	274	1422	292
55-59岁	5719	5719	2882	185	2697	1031	176	710	145
60-64岁	1867	1867	582	24	558	196	38	130	28
65-69岁	718	718	188	6	182	69	9	48	12
70-74岁	120	120	40		40	9	2	4	3
75岁及以上	19	19	12	1	11	4	1	1	2
男	**59221**	**59221**	**59905**	**4798**	**55107**	**32140**	**5083**	**21644**	**5413**
16-19岁	743	743	1256	65	1191	444	77	265	102
20-24岁	5672	5672	7781	430	7351	4772	681	3312	779
25-29岁	9527	9527	11910	808	11102	7886	1211	5305	1370
30-34岁	10332	10332	11570	957	10613	7145	1271	4657	1217
35-39岁	7535	7535	8081	783	7298	4361	731	2874	756
40-44岁	5962	5962	5741	575	5166	2756	434	1828	494
45-49岁	6673	6673	5850	589	5261	2116	309	1474	333
50-54岁	6335	6335	4599	394	4205	1557	190	1156	211
55-59岁	4257	4257	2421	172	2249	871	139	617	115
60-64岁	1463	1463	490	21	469	164	31	113	20
65-69岁	603	603	164	4	160	57	7	39	11
70-74岁	103	103	34		34	8	1	4	3
75岁及以上	16	16	8		8	3	1		2
女	**28094**	**28094**	**35772**	**972**	**34800**	**15831**	**2780**	**9731**	**3320**
16-19岁	355	355	805	11	794	239	58	126	55
20-24岁	3758	3758	7338	135	7203	3277	480	2129	668
25-29岁	5471	5471	9512	198	9314	4784	822	2928	1034
30-34岁	4924	4924	7123	197	6926	3316	595	1986	735
35-39岁	3186	3186	4174	143	4031	1770	345	1079	346
40-44岁	2617	2617	2715	123	2592	991	188	591	212
45-49岁	3188	3188	2327	109	2218	817	161	506	150
50-54岁	2594	2594	1191	37	1154	431	84	266	81
55-59岁	1462	1462	461	13	448	160	37	93	30
60-64岁	404	404	92	3	89	32	7	17	8
65-69岁	115	115	24	2	22	12	2	9	1
70-74岁	17	17	6		6	1	1		
75岁及以上	3	3	4	1	3	1		1	

4-5 续表 10

单位：人

年龄组 性别	水利、环境和公共设施管理业					居民服务、修理和其他服务业			
	小计	水利管理业	生态保护和环境治理业	公共设施管理业	土地管理业	小计	居民服务业	机动车、电子产品和日用产品修理业	其他服务业
总计	**18664**	**656**	**2106**	**15774**	**128**	**116246**	**73968**	**25539**	**16739**
16-19岁	107	9	22	76		4648	3016	1502	130
20-24岁	937	60	187	669	21	14144	9567	3869	708
25-29岁	1455	99	284	1034	38	16816	11449	4333	1034
30-34岁	1855	94	331	1403	27	18938	12906	4788	1244
35-39岁	1591	69	257	1256	9	14424	9297	3872	1255
40-44岁	1884	58	239	1576	11	11774	7365	2787	1622
45-49岁	3008	94	276	2628	10	13999	8764	2285	2950
50-54岁	3562	102	255	3197	8	11922	7043	1355	3524
55-59岁	2751	58	180	2510	3	6518	3307	554	2657
60-64岁	1122	11	50	1060	1	2179	902	129	1148
65-69岁	338	2	19	317		758	290	52	416
70-74岁	45		6	39		99	47	10	42
75岁及以上	9			9		27	15	3	9
男	**12548**	**534**	**1640**	**10295**	**79**	**51662**	**22356**	**21756**	**7550**
16-19岁	82	8	17	57		2880	1364	1438	78
20-24岁	650	51	130	458	11	7258	3351	3506	401
25-29岁	1018	70	209	717	22	8264	3967	3704	593
30-34岁	1347	74	257	1000	16	8983	4286	3986	711
35-39岁	1111	52	199	853	7	6833	2961	3252	620
40-44岁	1224	50	198	967	9	4897	2001	2251	645
45-49岁	1782	81	212	1483	6	4601	1804	1835	962
50-54岁	2189	87	206	1890	6	3784	1398	1137	1249
55-59岁	1954	50	151	1752	1	2465	770	477	1218
60-64岁	878	9	40	828	1	1159	302	110	747
65-69岁	271	2	15	254		464	126	48	290
70-74岁	38		6	32		58	18	9	31
75岁及以上	4			4		16	8	3	5
女	**6116**	**122**	**466**	**5479**	**49**	**64584**	**51612**	**3783**	**9189**
16-19岁	25	1	5	19		1768	1652	64	52
20-24岁	287	9	57	211	10	6886	6216	363	307
25-29岁	437	29	75	317	16	8552	7482	629	441
30-34岁	508	20	74	403	11	9955	8620	802	533
35-39岁	480	17	58	403	2	7591	6336	620	635
40-44岁	660	8	41	609	2	6877	5364	536	977
45-49岁	1226	13	64	1145	4	9398	6960	450	1988
50-54岁	1373	15	49	1307	2	8138	5645	218	2275
55-59岁	797	8	29	758	2	4053	2537	77	1439
60-64岁	244	2	10	232		1020	600	19	401
65-69岁	67		4	63		294	164	4	126
70-74岁	7			7		41	29	1	11
75岁及以上	5			5		11	7		4

4–5　续表 11　　　　单位：人

年龄组 性　别	教育		卫生和社会工作			文化、体育和娱乐业				
	小计	教育	小计	卫生	社会工作	小计	新闻和出版业	广播、电视、电影和录音制作业	文　化艺术业	体育
总　计	**74300**	**74300**	**31543**	**29991**	**1552**	**26759**	**1052**	**2922**	**3106**	**5529**
16–19岁	2545	2545	669	649	20	1318	3	73	90	253
20–24岁	14262	14262	6081	5920	161	5735	101	709	615	1239
25–29岁	17144	17144	7848	7659	189	6364	242	861	733	1438
30–34岁	12487	12487	5314	5150	164	4942	174	581	576	1063
35–39岁	8699	8699	3157	3019	138	2921	154	303	341	550
40–44岁	6331	6331	2207	2051	156	1804	111	138	244	317
45–49岁	5650	5650	2324	2067	257	1643	142	106	227	279
50–54岁	4204	4204	2041	1771	270	1180	81	88	163	237
55–59岁	2346	2346	1274	1129	145	629	40	46	84	122
60–64岁	469	469	398	361	37	154	3	14	18	17
65–69岁	136	136	170	158	12	56	1	2	9	13
70–74岁	20	20	48	45	3	8		1	4	1
75岁及以上	7	7	12	12		5			2	
男	**25140**	**25140**	**10077**	**9610**	**467**	**14787**	**573**	**1771**	**1717**	**3070**
16–19岁	583	583	81	79	2	731	2	42	40	133
20–24岁	3260	3260	1118	1091	27	3127	36	393	306	730
25–29岁	4884	4884	1855	1806	49	3418	88	514	361	810
30–34岁	4223	4223	1878	1815	63	2634	98	369	326	531
35–39岁	3222	3222	1333	1282	51	1621	84	192	204	275
40–44岁	2420	2420	903	861	42	1041	67	92	153	163
45–49岁	2330	2330	886	827	59	954	96	73	135	180
50–54岁	2126	2126	929	844	85	699	64	53	111	140
55–59岁	1615	1615	680	621	59	406	35	33	57	84
60–64岁	361	361	251	232	19	102	2	7	11	13
65–69岁	99	99	115	106	9	43	1	2	8	11
70–74岁	15	15	38	36	2	6		1	3	
75岁及以上	2	2	10	10		5			2	
女	**49160**	**49160**	**21466**	**20381**	**1085**	**11972**	**479**	**1151**	**1389**	**2459**
16–19岁	1962	1962	588	570	18	587	1	31	50	120
20–24岁	11002	11002	4963	4829	134	2608	65	316	309	509
25–29岁	12260	12260	5993	5853	140	2946	154	347	372	628
30–34岁	8264	8264	3436	3335	101	2308	76	212	250	532
35–39岁	5477	5477	1824	1737	87	1300	70	111	137	275
40–44岁	3911	3911	1304	1190	114	763	44	46	91	154
45–49岁	3320	3320	1438	1240	198	689	46	33	92	99
50–54岁	2078	2078	1112	927	185	481	17	35	52	97
55–59岁	731	731	594	508	86	223	5	13	27	38
60–64岁	108	108	147	129	18	52	1	7	7	4
65–69岁	37	37	55	52	3	13			1	2
70–74岁	5	5	10	9	1	2			1	1
75岁及以上	5	5	2	2						

4－5 续表 12 单位：人

年龄组 性　别	娱乐业	公共管理、社会保障和社会组织							国际组织	
		小计	中国共产党机关	国家机构	人民政协、民主党派	社会保障	群众团体、社会团体和其他成员组织	基层群众自治组织	小计	国际组织
总　计	**14150**	**31737**	**377**	**26033**	**47**	**175**	**3071**	**2034**	**17**	**17**
16－19岁	899	217	2	167		2	28	18		
20－24岁	3071	3174	29	2692	3	26	280	144		
25－29岁	3090	6330	64	5509	4	27	461	265	2	2
30－34岁	2548	6080	88	5016	4	29	615	328	4	4
35－39岁	1573	4334	47	3512	5	27	459	284	4	4
40－44岁	994	3290	33	2644	3	15	360	235	3	3
45－49岁	889	3624	34	2920	4	20	339	307	2	2
50－54岁	611	2746	51	2149	12	18	283	233	2	2
55－59岁	337	1617	26	1255	10	8	163	155		
60－64岁	102	207	2	115	2		49	39		
65－69岁	31	88	1	36		3	25	23		
70－74岁	2	19		9			7	3		
75岁及以上	3	11		9			2			
男	**7656**	**21047**	**244**	**17789**	**33**	**97**	**1664**	**1220**	**12**	**12**
16－19岁	514	151		123		1	17	10		
20－24岁	1662	1978	15	1775	2	11	112	63		
25－29岁	1645	3781	31	3395	2	19	200	134	2	2
30－34岁	1310	3871	58	3315	2	12	303	181	1	1
35－39岁	866	2978	31	2498	4	16	261	168	2	2
40－44岁	566	2231	24	1833	2	8	222	142	3	3
45－49岁	470	2406	23	1993	3	10	187	190	2	2
50－54岁	331	2007	36	1610	7	11	177	166	2	2
55－59岁	197	1398	23	1111	9	7	124	124		
60－64岁	69	153	2	92	2		35	22		
65－69岁	21	70	1	30		2	19	18		
70－74岁	2	13		6			5	2		
75岁及以上	3	10		8			2			
女	**6494**	**10690**	**133**	**8244**	**14**	**78**	**1407**	**814**	**5**	**5**
16－19岁	385	66	2	44		1	11	8		
20－24岁	1409	1196	14	917	1	15	168	81		
25－29岁	1445	2549	33	2114	2	8	261	131		
30－34岁	1238	2209	30	1701	2	17	312	147	3	3
35－39岁	707	1356	16	1014	1	11	198	116	2	2
40－44岁	428	1059	9	811	1	7	138	93		
45－49岁	419	1218	11	927	1	10	152	117		
50－54岁	280	739	15	539	5	7	106	67		
55－59岁	140	219	3	144	1	1	39	31		
60－64岁	33	54		23			14	17		
65－69岁	10	18		6		1	6	5		
70－74岁		6		3			2	1		
75岁及以上		1		1						

4-6　各地区分性别、职业中类的就业人口

单位：人

地　　区 性　　别	合计	党的机关、国家机关、群众团体和社会组织、企事业单位负责人						
		小计	中国共产党机关负责人	国家机关负责人	民主党派和工商联负责人	人民团体和群众团体、社会组织及其他成员组织负责人	基层群众自治组织负责人	企事业单位负责人
广　东	**3403755**	**100202**	**38**	**412**	**5**	**2437**	**60**	**97250**
广州市	**653590**	**19853**	**7**	**117**	**2**	**538**	**11**	**19178**
荔湾区	24891	858	2	9		18		829
越秀区	19740	296		9	1	2	1	283
海珠区	66401	1037		18		27	2	990
天河区	95703	2953	2	22		53		2876
白云区	171773	4928	1	20	1	132	3	4771
黄埔区	53181	1554		9		28	2	1515
番禺区	106251	4474		14		80	2	4378
花都区	51389	1980	2	8		92		1878
南沙区	31588	324		3		5		316
从化区	4257	126				12		114
增城区	28416	1323		5		89	1	1228
韶关市	**19822**	**647**	**1**	**29**		**78**	**6**	**533**
武江区	6262	138		7		53		78
浈江区	4473	203		6		16	3	178
曲江区	2361	96		2			1	93
始兴县	667	25		1		2		22
仁化县	1217	23		3		2		18
翁源县	1038	30		4				26
乳源瑶族自治县	827	32	1	1		1		29
新丰县	764	16		3			1	12
乐昌市	1336	27		2		4		21
南雄市	877	57					1	56
深圳市	**1009918**	**30407**	**6**	**53**	**1**	**311**	**9**	**30027**
罗湖区	45256	1221	1	9		8		1203
福田区	63329	2055	1	6		36		2012
南山区	73598	1306		6		32	1	1267
宝安区	304632	9452	2	11	1	47	2	9389
龙岗区	231523	8082	2	11		116	2	7951
盐田区	9870	245		2				243
龙华区	167869	5983		5		35	3	5940
坪山区	34029	701		2		28		671
光明区	79812	1362		1		9	1	1351
珠海市	**81184**	**2134**	**2**	**6**		**147**	**1**	**1978**
香洲区	48810	1648	1	5		125		1517
斗门区	16572	156	1			1	1	153
金湾区	15802	330		1		21		308
汕头市	**26914**	**570**	**1**	**7**		**16**		**546**
龙湖区	8406	228		5		3		220
金平区	5380	163	1			9		153
濠江区	741	10						10
潮阳区	1445	20				1		19
潮南区	3065	27						27
澄海区	7720	118		1		3		114
南澳县	157	4		1				3
佛山市	**372901**	**11755**	**2**	**12**		**273**	**8**	**11460**
禅城区	48444	1525				8		1517
南海区	158809	5796	1	10		186	2	5597
顺德区	130529	3866	1			62	4	3799
三水区	25091	447				15	2	430
高明区	10028	121		2		2		117

4－6 续表 1

单位：人

地区 性别	合计	党的机关、国家机关、群众团体和社会组织、企事业单位负责人						
		小计	中国共产党机关负责人	国家机关负责人	民主党派和工商联负责人	人民团体和群众团体、社会组织及其他成员组织负责人	基层群众自治组织负责人	企事业单位负责人
江门市	**63520**	**1749**	**1**	**8**		**40**	**2**	**1698**
蓬江区	16960	523		1		12	1	509
江海区	11730	456		1		1	1	453
新会区	10247	276		2		3		271
台山市	5142	161	1	3		17		140
开平市	6428	164				5		159
鹤山市	10663	139		1		2		136
恩平市	2350	30						30
湛江市	**24363**	**560**		**16**		**22**	**2**	**520**
赤坎区	5603	204		4		13	1	186
霞山区	10162	214		4		2	1	207
坡头区	952	26		1				25
麻章区	2257	46				1		45
遂溪县	802	10		1		1		8
徐闻县	947	10						10
廉江市	1238	23		3				20
雷州市	681	14		3		1		10
吴川市	1721	13				4		9
茂名市	**9572**	**127**	**2**	**6**		**10**		**109**
茂南区	4287	42	1	2		1		38
电白区	1835	20						20
高州市	1365	30		2		2		26
化州市	1226	18		1		7		10
信宜市	859	17	1	1				15
肇庆市	**29499**	**588**		**8**		**30**	**1**	**549**
端州区	6101	203		5		9	1	188
鼎湖区	3083	65		1				64
高要区	4035	51						51
广宁县	680	19						19
怀集县	478	20				3		17
封开县	592	13		1		2		10
德庆县	458	22		1				21
四会市	14072	195				16		179
惠州市	**172141**	**3405**	**5**	**23**		**158**	**1**	**3218**
惠城区	59110	2143	2	10		131	1	1999
惠阳区	67982	710	2	7		12		689
博罗县	27896	161		2		5		154
惠东县	15597	379		2		9		368
龙门县	1556	12	1	2		1		8
梅州市	**13676**	**468**		**13**		**66**	**2**	**387**
梅江区	5354	222		1		40		181
梅县区	3863	128		6		8		114
大埔县	618	18						18
丰顺县	849	16		3		1		12
五华县	959	25		1		11	1	12
平远县	468	12				3	1	8
蕉岭县	714	18		2				16
兴宁市	851	29				3		26
汕尾市	**11462**	**224**		**9**		**5**		**210**
城　区	3257	80		5				75
海丰县	6368	108		4		5		99
陆河县	675	15						15
陆丰市	1162	21						21

4-6　续表 2

单位：人

地　　区 性　　别	合计	党的机关、国家机关、群众团体和社会组织、企事业单位负责人						
		小计	中国共产党机关负责人	国家机关负责人	民主党派和工商联负责人	人民团体和群众团体、社会组织及其他成员组织负责人	基层群众自治组织负责人	企事业单位负责人
河源市	**25832**	**356**		**18**		**15**	**4**	**319**
源城区	18241	265		11		9	3	242
紫金县	1805	16		1		1		14
龙川县	1717	11		1			1	9
连平县	716	6		1				5
和平县	576	5						5
东源县	2777	53		4		5		44
阳江市	**14122**	**414**		**13**		**51**		**350**
江城区	6896	199		4		2		193
阳东区	4758	173		8		48		117
阳西县	1187	22				1		21
阳春市	1281	20		1				19
清远市	**31198**	**601**	**1**	**11**		**12**	**3**	**574**
清城区	19005	373				5	2	366
清新区	4466	89		2		1	1	85
佛冈县	1790	16		1				15
阳山县	560	15		1		2		12
连山壮族瑶族自治县	240	5		2				3
连南瑶族自治县	171	8		3				5
英德市	4302	74	1	2		4		67
连州市	664	21						21
东莞市	**644986**	**19755**	**3**	**10**	**2**	**524**	**9**	**19207**
市辖区	644986	19755	3	10	2	524	9	19207
中山市	**173276**	**5823**	**2**	**11**		**123**		**5687**
市辖区	173276	5823	2	11		123		5687
潮州市	**12952**	**427**	**4**	**28**		**10**	**1**	**384**
湘桥区	4449	227	1	5		9	1	211
潮安区	7957	193	3	22		1		167
饶平县	546	7		1				6
揭阳市	**3727**	**42**		**1**		**1**		**40**
榕城区	636	15		1		1		13
揭东区	1164	13						13
揭西县	187	1						1
惠来县	278	2						2
普宁市	1462	11						11
云浮市	**9100**	**297**	**1**	**13**		**7**		**276**
云城区	4819	231		10		5		216
云安区	606	12						12
新兴县	2102	29	1	2				26
郁南县	675	16		1		2		13
罗定市	898	9						9
男	**2134413**	**75362**	**29**	**316**	**2**	**1656**	**41**	**73318**
广州市	**396227**	**14365**	**5**	**86**	**2**	**360**	**3**	**13909**
荔湾区	14422	584	2	7		9		566
越秀区	10958	219		8	1	2		208
海珠区	37542	743		15		21	1	706
天河区	56815	2082	1	15		32		2034
白云区	103196	3626	1	11	1	90	1	3522
黄埔区	34692	1144		7		15		1122
番禺区	64396	3233		11		57	1	3164
花都区	31971	1431	1	6		65		1359
南沙区	21354	259		3		3		253
从化区	2771	94				7		87
增城区	18110	950		3		59		888

4-6 续表 3

单位：人

地区 性别	合计	党的机关、国家机关、群众团体和社会组织、企事业单位负责人						
		小计	中国共产党机关负责人	国家机关负责人	民主党派和工商联负责人	人民团体和群众团体、社会组织及其他成员组织负责人	基层群众自治组织负责人	企事业单位负责人
韶关市	**12230**	**462**	**1**	**25**		**44**	**3**	**389**
武江区	3671	91		6		29		56
浈江区	2659	132		5		8	1	118
曲江区	1555	72		2			1	69
始兴县	403	18		1		1		16
仁化县	847	22		3		2		17
翁源县	657	27		4				23
乳源瑶族自治县	530	25	1	1				23
新丰县	517	12		2				10
乐昌市	848	23		1		4		18
南雄市	543	40					1	39
深圳市	**634942**	**23564**	**4**	**37**		**220**	**8**	**23295**
罗湖区	26474	909		7		6		896
福田区	38104	1517	1	4		24		1488
南山区	46110	1020		5		26	1	988
宝安区	191413	7394	1	7		33	2	7351
龙岗区	144668	6167	2	7		83	2	6073
盐田区	6399	188		1				187
龙华区	107873	4634		4		26	3	4601
坪山区	22226	579		1		18		560
光明区	51675	1156		1		4		1151
珠海市	**52295**	**1561**	**1**	**4**		**93**	**1**	**1462**
香洲区	30849	1161	1	4		78		1078
斗门区	10789	128				1	1	126
金湾区	10657	272				14		258
汕头市	**16569**	**450**	**1**	**6**		**13**		**430**
龙湖区	5292	177		4		3		170
金平区	3227	131	1			8		122
濠江区	529	7						7
潮阳区	872	17						17
潮南区	1915	23						23
澄海区	4626	91		1		2		88
南澳县	108	4		1				3
佛山市	**239350**	**8655**	**1**	**8**		**186**	**6**	**8454**
禅城区	29772	1117				4		1113
南海区	101619	4154		7		133	1	4013
顺德区	84098	2933	1			36	3	2893
三水区	17142	359				12	2	345
高明区	6719	92		1		1		90
江门市	**39944**	**1349**	**1**	**8**		**28**	**2**	**1310**
蓬江区	10175	394		1		8	1	384
江海区	7350	362		1		1	1	359
新会区	6633	211		2		2		207
台山市	3322	120	1	3		13		103
开平市	3951	124				4		120
鹤山市	6899	117		1				116
恩平市	1614	21						21
湛江市	**14757**	**424**		**13**		**17**	**2**	**392**
赤坎区	3304	156		3		11	1	141
霞山区	6032	158		4		1	1	152
坡头区	617	20		1				19
麻章区	1620	37				1		36
遂溪县	445	8		1				7
徐闻县	588	7						7
廉江市	601	15		2				13
雷州市	439	12		2		1		9
吴川市	1111	11				3		8

4-6　续表 4　　单位：人

地区 性别	合计	党的机关、国家机关、群众团体和社会组织、企事业单位负责人						
		小计	中国共产党机关负责人	国家机关负责人	民主党派和工商联负责人	人民团体和群众团体、社会组织及其他成员组织负责人	基层群众自治组织负责人	企事业单位负责人
茂名市	**5851**	**106**	**2**	**5**		**7**		**92**
茂南区	2690	38	1	1		1		35
电白区	1191	18						18
高州市	835	24		2		1		21
化州市	675	14		1		5		8
信宜市	460	12	1	1				10
肇庆市	**19341**	**432**		**6**		**20**		**406**
端州区	3752	154		4		6		144
鼎湖区	2119	47						47
高要区	2586	34						34
广宁县	450	13						13
怀集县	341	10				2		8
封开县	383	11		1		1		9
德庆县	281	17		1				16
四会市	9429	146				11		135
惠州市	**113075**	**2618**	**5**	**19**		**103**	**1**	**2490**
惠城区	38439	1637	2	9		84	1	1541
惠阳区	45295	560	2	6		8		544
博罗县	18265	129		1		3		125
惠东县	10018	280		1		7		272
龙门县	1058	12	1	2		1		8
梅州市	**8376**	**342**		**9**		**46**	**1**	**286**
梅江区	3183	163				30		133
梅县区	2321	91		4		6		81
大埔县	428	15						15
丰顺县	532	13		3		1		9
五华县	637	14		1		5		8
平远县	290	11				2	1	8
蕉岭县	468	14		1				13
兴宁市	517	21				2		19
汕尾市	**7980**	**173**		**7**		**5**		**161**
城　区	2326	64		4				60
海丰县	4360	82		3		5		74
陆河县	522	12						12
陆丰市	772	15						15
河源市	**15859**	**299**		**17**		**10**	**4**	**268**
源城区	10901	217		10		6	3	198
紫金县	1240	13		1		1		11
龙川县	1124	8		1			1	6
连平县	482	5		1				4
和平县	367	5						5
东源县	1745	51		4		3		44
阳江市	**8791**	**295**		**12**		**38**		**245**
江城区	4247	138		4		2		132
阳东区	2921	123		7		35		81
阳西县	799	18				1		17
阳春市	824	16		1				15
清远市	**20142**	**478**	**1**	**9**		**5**	**1**	**462**
清城区	12357	302				4		298
清新区	2676	65		2			1	62
佛冈县	1246	14		1				13
阳山县	356	11				1		10
连山壮族瑶族自治县	149	5		2				3
连南瑶族自治县	90	8		3				5
英德市	2841	55	1	1				53
连州市	427	18						18

4-6 续表 5

单位：人

地区 性别	合计	党的机关、国家机关、群众团体和社会组织、企事业单位负责人						
		小计	中国共产党机关负责人	国家机关负责人	民主党派和工商联负责人	人民团体和群众团体、社会组织及其他成员组织负责人	基层群众自治组织负责人	企事业单位负责人
东莞市	**404768**	**14827**	**3**	**8**		**369**	**8**	**14439**
市辖区	404768	14827	3	8		369	8	14439
中山市	**107683**	**4372**	**1**	**4**		**78**		**4289**
市辖区	107683	4372	1	4		78		4289
潮州市	**8051**	**325**	**2**	**22**		**8**	**1**	**292**
湘桥区	2691	167	1	5		7	1	153
潮安区	5017	152	1	16		1		134
饶平县	343	6		1				5
揭阳市	**2409**	**28**		**1**		**1**		**26**
榕城区	451	11		1		1		9
揭东区	796	8						8
揭西县	114	1						1
惠来县	158	2						2
普宁市	890	6						6
云浮市	**5773**	**237**	**1**	**10**		**5**		**221**
云城区	3054	186		8		4		174
云安区	434	12						12
新兴县	1350	23	1	2				20
郁南县	422	10				1		9
罗定市	513	6						6
女	**1269342**	**24840**	**9**	**96**	**3**	**781**	**19**	**23932**
广州市	**257363**	**5488**	**2**	**31**		**178**	**8**	**5269**
荔湾区	10469	274		2		9		263
越秀区	8782	77		1			1	75
海珠区	28859	294		3		6	1	284
天河区	38888	871	1	7		21		842
白云区	68577	1302		9		42	2	1249
黄埔区	18489	410		2		13	2	393
番禺区	41855	1241		3		23	1	1214
花都区	19418	549	1	2		27		519
南沙区	10234	65				2		63
从化区	1486	32				5		27
增城区	10306	373		2		30	1	340
韶关市	**7592**	**185**		**4**		**34**	**3**	**144**
武江区	2591	47		1		24		22
浈江区	1814	71		1		8	2	60
曲江区	806	24						24
始兴县	264	7				1		6
仁化县	370	1						1
翁源县	381	3						3
乳源瑶族自治县	297	7				1		6
新丰县	247	4		1			1	2
乐昌市	488	4		1				3
南雄市	334	17						17
深圳市	**374976**	**6843**	**2**	**16**	**1**	**91**	**1**	**6732**
罗湖区	18782	312	1	2		2		307
福田区	25225	538		2		12		524
南山区	27488	286		1		6		279
宝安区	113219	2058	1	4	1	14		2038
龙岗区	86855	1915		4		33		1878
盐田区	3471	57		1				56
龙华区	59996	1349		1		9		1339
坪山区	11803	122		1		10		111
光明区	28137	206				5	1	200

4-6　续表 6　　　　单位：人

地　区 性　别	合计	党的机关、国家机关、群众团体和社会组织、企事业单位负责人						
		小计	中国共产党机关负责人	国家机关负责人	民主党派和工商联负责人	人民团体和群众团体、社会组织及其他成员组织负责人	基层群众自治组织负责人	企事业单位负责人
珠海市	**28889**	**573**	**1**	**2**		**54**		**516**
香洲区	17961	487		1		47		439
斗门区	5783	28	1					27
金湾区	5145	58		1		7		50
汕头市	**10345**	**120**		**1**		**3**		**116**
龙湖区	3114	51		1				50
金平区	2153	32				1		31
濠江区	212	3						3
潮阳区	573	3				1		2
潮南区	1150	4						4
澄海区	3094	27				1		26
南澳县	49							
佛山市	**133551**	**3100**	**1**	**4**		**87**	**2**	**3006**
禅城区	18672	408				4		404
南海区	57190	1642	1	3		53	1	1584
顺德区	46431	933				26	1	906
三水区	7949	88				3		85
高明区	3309	29		1		1		27
江门市	**23576**	**400**				**12**		**388**
蓬江区	6785	129				4		125
江海区	4380	94						94
新会区	3614	65				1		64
台山市	1820	41				4		37
开平市	2477	40				1		39
鹤山市	3764	22				2		20
恩平市	736	9						9
湛江市	**9606**	**136**		**3**		**5**		**128**
赤坎区	2299	48		1		2		45
霞山区	4130	56				1		55
坡头区	335	6						6
麻章区	637	9						9
遂溪县	357	2				1		1
徐闻县	359	3						3
廉江市	637	8		1				7
雷州市	242	2		1				1
吴川市	610	2				1		1
茂名市	**3721**	**21**		**1**		**3**		**17**
茂南区	1597	4		1				3
电白区	644	2						2
高州市	530	6				1		5
化州市	551	4				2		2
信宜市	399	5						5
肇庆市	**10158**	**156**		**2**		**10**	**1**	**143**
端州区	2349	49		1		3	1	44
鼎湖区	964	18		1				17
高要区	1449	17						17
广宁县	230	6						6
怀集县	137	10				1		9
封开县	209	2				1		1
德庆县	177	5						5
四会市	4643	49				5		44
惠州市	**59066**	**787**		**4**		**55**		**728**
惠城区	20671	506		1		47		458
惠阳区	22687	150		1		4		145
博罗县	9631	32		1		2		29
惠东县	5579	99		1		2		96
龙门县	498							

4−6 续表 7

单位：人

地区 性别	合计	党的机关、国家机关、群众团体和社会组织、企事业单位负责人						
		小计	中国共产党机关负责人	国家机关负责人	民主党派和工商联负责人	人民团体和群众团体、社会组织及其他成员组织负责人	基层群众自治组织负责人	企事业单位负责人
梅州市	**5300**	**126**		**4**		**20**	**1**	**101**
梅江区	2171	59		1		10		48
梅县区	1542	37		2		2		33
大埔县	190	3						3
丰顺县	317	3						3
五华县	322	11				6	1	4
平远县	178	1				1		
蕉岭县	246	4		1				3
兴宁市	334	8				1		7
汕尾市	**3482**	**51**		**2**				**49**
城　区	931	16		1				15
海丰县	2008	26		1				25
陆河县	153	3						3
陆丰市	390	6						6
河源市	**9973**	**57**		**1**		**5**		**51**
源城区	7340	48		1		3		44
紫金县	565	3						3
龙川县	593	3						3
连平县	234	1						1
和平县	209							
东源县	1032	2				2		
阳江市	**5331**	**119**		**1**		**13**		**105**
江城区	2649	61						61
阳东区	1837	50		1		13		36
阳西县	388	4						4
阳春市	457	4						4
清远市	**11056**	**123**		**2**		**7**	**2**	**112**
清城区	6648	71				1	2	68
清新区	1790	24				1		23
佛冈县	544	2						2
阳山县	204	4		1		1		2
连山壮族瑶族自治县	91							
连南瑶族自治县	81							
英德市	1461	19		1		4		14
连州市	237	3						3
东莞市	**240218**	**4928**		**2**	**2**	**155**	**1**	**4768**
市辖区	240218	4928		2	2	155	1	4768
中山市	**65593**	**1451**	**1**	**7**		**45**		**1398**
市辖区	65593	1451	1	7		45		1398
潮州市	**4901**	**102**	**2**	**6**		**2**		**92**
湘桥区	1758	60				2		58
潮安区	2940	41	2	6				33
饶平县	203	1						1
揭阳市	**1318**	**14**						**14**
榕城区	185	4						4
揭东区	368	5						5
揭西县	73							
惠来县	120							
普宁市	572	5						5
云浮市	**3327**	**60**		**3**		**2**		**55**
云城区	1765	45		2		1		42
云安区	172							
新兴县	752	6						6
郁南县	253	6		1		1		4
罗定市	385	3						3

4-6　续表 8

单位：人

地　区 性　别	专业技术人员 小计	科学研究人员	工程技术人员	农业技术人员	飞机和船舶技术人员	卫生专业技术人员	经济和金融专业人员	法律、社会和宗教专业人员	教学人员	文学艺术、体育专业人员
广　东	**316961**	**1674**	**130771**	**742**	**350**	**24883**	**84429**	**4351**	**53805**	**9918**
广州市	**69350**	**712**	**22112**	**169**	**144**	**7269**	**19540**	**1282**	**12785**	**3427**
荔湾区	3106	35	800	10	4	493	936	82	557	120
越秀区	3240	47	684	5		790	943	100	454	117
海珠区	5370	71	1236	16	4	744	1573	158	906	460
天河区	14929	182	5004	31	6	1282	4248	281	2703	735
白云区	13991	75	3083	29	49	1866	4782	274	2711	743
黄埔区	7268	161	3407	13	4	552	1779	105	982	105
番禺区	11679	109	3839	26	9	853	3038	186	2344	923
花都区	3599	11	1256	12	59	288	855	24	928	97
南沙区	2650	10	1417	13	5	113	573	28	400	35
从化区	390	1	153	5	1	40	72	3	101	10
增城区	3128	10	1233	9	3	248	741	41	699	82
韶关市	**2637**	**5**	**782**	**25**		**486**	**465**	**92**	**706**	**28**
武江区	895		264	3		202	150	26	235	5
浈江区	591	4	133	16		85	128	19	182	10
曲江区	284		110	2		44	54	15	53	
始兴县	87		34			16	12		23	1
仁化县	191		100			20	24	6	38	2
翁源县	117		17	1		24	23	4	41	4
乳源瑶族自治县	118		43			11	20	14	25	3
新丰县	80		33			4	19	1	18	
乐昌市	163		24	3		57	20	5	52	2
南雄市	111	1	24			23	15	2	39	1
深圳市	**122233**	**628**	**54127**	**181**	**135**	**6795**	**35946**	**1845**	**16875**	**3870**
罗湖区	5297	20	1070	11		703	1957	141	1122	173
福田区	8111	55	2326	22	2	796	2795	244	1487	191
南山区	11552	168	4731	27	28	616	3613	207	1445	543
宝安区	39106	118	20965	43	83	1526	10089	421	4229	1122
龙岗区	24763	112	9474	34	16	1622	7480	352	4208	1036
盐田区	1152	53	323	4	2	69	458	15	176	37
龙华区	20467	69	8501	26	3	974	6691	371	2910	632
坪山区	4125	10	2645	4	1	197	672	36	466	49
光明区	7660	23	4092	10		292	2191	58	832	87
珠海市	**8460**	**42**	**4076**	**54**	**21**	**723**	**1769**	**67**	**1306**	**208**
香洲区	5570	31	2483	22	9	535	1227	51	897	164
斗门区	1443	1	774	21	5	99	305	6	195	24
金湾区	1447	10	819	11	7	89	237	10	214	20
汕头市	**1648**	**4**	**641**	**4**	**2**	**212**	**338**	**32**	**355**	**33**
龙湖区	536	2	152	2	1	54	157	7	137	15
金平区	475	2	108	1	1	139	84	12	106	9
濠江区	190		163	1			15		9	1
潮阳区	98		25			7	12	3	48	2
潮南区	109		67			1	14	1	25	1
澄海区	230		125			11	56	1	29	5
南澳县	10		1					8	1	
佛山市	**22655**	**60**	**8347**	**54**	**3**	**2033**	**6869**	**236**	**4132**	**547**
禅城区	3957	9	1276	6	1	570	1144	73	704	108
南海区	9583	33	3223	22	2	695	3195	81	1874	270
顺德区	7174	14	2886	18		577	2098	72	1270	154
三水区	1435	3	724	5		144	301	8	210	11
高明区	506	1	238	3		47	131	2	74	4

4-6 续表 9

单位：人

地区 性别	专业技术人员 小计	科学研究人员	工程技术人员	农业技术人员	飞机和船舶技术人员	卫生专业技术人员	经济和金融专业人员	法律、社会和宗教专业人员	教学人员	文学艺术、体育专业人员
江门市	**4170**	**11**	**1671**	**21**	**3**	**495**	**1004**	**53**	**779**	**56**
蓬江区	1476	4	519	5	3	230	389	27	250	29
江海区	896	1	352			66	241	11	197	10
新会区	545	2	252	6		75	99	4	90	7
台山市	323	1	144	1		33	69	4	63	
开平市	284	3	114	4		26	64	1	64	2
鹤山市	523		232	4		52	122	6	89	6
恩平市	123		58	1		13	20		26	2
湛江市	**3279**	**25**	**674**	**12**	**13**	**619**	**536**	**47**	**1234**	**55**
赤坎区	877	6	179	3	6	170	168	11	295	14
霞山区	1265	16	235	5	7	267	236	27	423	22
坡头区	189	1	56	1		27	39	1	62	1
麻章区	277	2	83	2		33	25	2	122	3
遂溪县	87		15			21	15	3	32	1
徐闻县	63		21			11	7	1	21	
廉江市	252		17			43	14	1	175	
雷州市	104		13			22	13		54	1
吴川市	165		55	1		25	19	1	50	13
茂名市	**1188**		**214**	**8**	**1**	**249**	**151**	**16**	**515**	**19**
茂南区	585		117	5		124	97	13	210	13
电白区	204		37	1	1	28	32	2	100	1
高州市	186		24			70	8		79	2
化州市	122		21	2		12	11	1	71	3
信宜市	91		15			15	3		55	
肇庆市	**2297**	**10**	**770**	**17**	**1**	**251**	**473**	**18**	**591**	**33**
端州区	780	4	204	2		124	139	14	260	15
鼎湖区	242		107	7	1	28	29	3	49	3
高要区	196		44	1		12	48		30	2
广宁县	39		3			4	4		19	4
怀集县	39		12			5	4		17	
封开县	59		23			8	15		13	
德庆县	70		36			9	6		18	1
四会市	872	6	341	7		61	228	1	185	8
惠州市	**13380**	**32**	**6638**	**29**	**7**	**1003**	**2637**	**141**	**2429**	**246**
惠城区	6169	15	2992	16	2	573	1215	66	1126	97
惠阳区	4765	12	2597	5	5	228	971	23	720	99
博罗县	1590	5	717	5		101	314	33	351	35
惠东县	717		278			91	117	18	184	13
龙门县	139		54	3		10	20	1	48	2
梅州市	**1571**	**13**	**357**	**7**		**362**	**237**	**27**	**502**	**25**
梅江区	654		170	2		174	94	11	175	11
梅县区	456	1	76	2		101	70	6	185	2
大埔县	89		21	1		23	8	1	35	
丰顺县	78	10	30			13	2		23	
五华县	107	1	35	1		14	26	4	17	7
平远县	58	1	14			9	10	2	16	3
蕉岭县	60		6	1		12	12	3	22	
兴宁市	69		5			16	15		29	2
汕尾市	**894**	**3**	**387**	**6**		**105**	**99**	**24**	**237**	**20**
城 区	291	2	144	1		37	30	1	69	3
海丰县	390	1	147	4		49	52	11	106	15
陆河县	54		16			9	7	4	17	
陆丰市	159		80	1		10	10	8	45	2

4-6　续表 10

单位：人

地　区 性　别	专业技术人员 小计	科学研究人员	工程技术人员	农业技术人员	飞机和船舶技术人员	卫生专业技术人员	经济和金融专业人员	法律、社会和宗教专业人员	教学人员	文学艺术、体育专业人员
河源市	**2987**	**3**	**992**	**17**	**2**	**376**	**601**	**44**	**861**	**46**
源城区	2170	2	696	6	2	270	482	25	613	38
紫金县	165		56	3		9	28	3	60	5
龙川县	194		81			24	23	2	57	2
连平县	89		24	1		32	10	11	10	
和平县	79		42	2		2	12		21	
东源县	290	1	93	5		39	46	3	100	1
阳江市	**1292**		**436**	**26**		**147**	**254**	**7**	**373**	**20**
江城区	633		172	10		83	130	5	204	18
阳东区	315		95	1		28	75	2	102	
阳西县	155		85	1		15	13		39	1
阳春市	189		84	14		21	36		28	1
清远市	**3012**	**6**	**944**	**29**	**6**	**404**	**586**	**35**	**902**	**47**
清城区	1885	3	581	17	5	247	390	23	549	35
清新区	425	1	144		1	43	65	3	159	4
佛冈县	132		63			18	27	4	16	1
阳山县	64	2	12	6		8	10		21	
连山壮族瑶族自治县	43		5	2		9	11		15	1
连南瑶族自治县	31		2	1		12	4		11	1
英德市	354		121	1		53	63	3	103	5
连州市	78		16	2		14	16	2	28	
东莞市	**43815**	**87**	**22741**	**55**	**9**	**2206**	**9988**	**267**	**6742**	**986**
市辖区	43815	87	22741	55	9	2206	9988	267	6742	986
中山市	**10315**	**24**	**4421**	**20**	**3**	**858**	**2684**	**80**	**1804**	**231**
市辖区	10315	24	4421	20	3	858	2684	80	1804	231
潮州市	**656**	**2**	**151**	**3**		**100**	**97**	**18**	**246**	**8**
湘桥区	376	1	73	2		72	50	6	154	6
潮安区	247		71	1		25	39	12	90	2
饶平县	33	1	7			3	8		2	
揭阳市	**127**		**57**	**1**		**9**	**14**	**2**	**38**	**5**
榕城区	24		14			2	3	1	4	
揭东区	30		15	1		2	6		2	4
揭西县	7		2			1	1		2	
惠来县	10		3						7	
普宁市	56		23			4	4	1	23	1
云浮市	**995**	**7**	**233**	**4**		**181**	**141**	**18**	**393**	**8**
云城区	561	2	135	1		91	92	10	219	5
云安区	57		3			10	10		34	
新兴县	171	4	61	3		29	22	8	42	1
郁南县	91		13			21	7		49	
罗定市	115	1	21			30	10		49	2
男	**170821**	**945**	**111571**	**515**	**322**	**7243**	**23789**	**2145**	**15238**	**5887**
广州市	**33708**	**386**	**18545**	**107**	**130**	**1907**	**5373**	**569**	**3868**	**1922**
荔湾区	1315	15	649	8	4	126	251	29	147	60
越秀区	1306	20	558	4		187	293	35	110	62
海珠区	2363	46	982	9	1	203	466	68	257	253
天河区	7377	104	4080	18	5	312	1184	130	880	437
白云区	6003	42	2617	14	47	502	1285	124	797	405
黄埔区	4090	81	2907	6	4	141	479	46	295	55
番禺区	5874	63	3263	18	7	227	793	88	728	505
花都区	1848	5	1092	9	54	87	213	11	281	57
南沙区	1609	4	1203	10	4	30	178	10	119	24
从化区	218		133	4	1	17	18	3	33	8
增城区	1705	6	1061	7	3	75	213	25	221	56

4-6 续表 11

单位：人

地区 性别	专业技术人员 小计	科学研究人员	工程技术人员	农业技术人员	飞机和船舶技术人员	卫生专业技术人员	经济和金融专业人员	法律、社会和宗教专业人员	教学人员	文学艺术、体育专业人员
韶关市	**1246**	**3**	**659**	**20**		**142**	**127**	**61**	**184**	**16**
武江区	377		198	3		51	37	14	65	3
浈江区	269	2	112	12		21	34	6	66	7
曲江区	153		96	1		12	14	13	12	
始兴县	47		33			5	4		3	1
仁化县	113		87			6	8	5	6	
翁源县	48		17	1		8	9	3	6	3
乳源瑶族自治县	74		41			5	6	14	5	2
新丰县	48		32			2	7	1	2	
乐昌市	68		23	3		22	6	3	11	
南雄市	49	1	20			10	2	2	8	
深圳市	**67899**	**338**	**46258**	**122**	**124**	**1900**	**10515**	**904**	**4548**	**2281**
罗湖区	2237	12	904	6		212	591	76	303	91
福田区	3724	29	1872	11		188	951	97	378	111
南山区	6286	70	3923	18	26	168	1200	82	417	312
宝安区	23314	72	17732	28	77	445	2653	227	1139	641
龙岗区	13126	67	8191	26	15	459	2159	182	1139	666
盐田区	569	25	277	3	2	19	160	8	47	23
龙华区	11170	43	7458	19	3	255	1930	187	798	347
坪山区	2686	7	2226	2	1	70	185	17	122	35
光明区	4787	13	3675	9		84	686	28	205	55
珠海市	**4935**	**26**	**3500**	**40**	**20**	**207**	**526**	**26**	**382**	**134**
香洲区	3141	19	2134	13	9	144	358	22	275	108
斗门区	873	1	652	18	5	29	103	1	45	14
金湾区	921	6	714	9	6	34	65	3	62	12
汕头市	**902**	**2**	**550**	**1**	**2**	**84**	**117**	**25**	**85**	**18**
龙湖区	266	1	129	1	1	29	58	5	26	9
金平区	202	1	94		1	42	23	8	22	4
濠江区	138		128				6		3	1
潮阳区	55		24			3	7	2	17	1
潮南区	79		60			1	7	1	10	
澄海区	153		114			9	16	1	7	3
南澳县	9		1					8		
佛山市	**11441**	**39**	**7176**	**39**	**3**	**577**	**1809**	**134**	**1112**	**332**
禅城区	1821	4	1056	5	1	132	291	40	190	64
南海区	4744	22	2773	16	2	212	858	44	548	161
顺德区	3694	10	2500	11		166	535	43	283	96
三水区	890	3	642	4		47	91	5	70	8
高明区	292		205	3		20	34	2	21	3
江门市	**2223**	**7**	**1472**	**18**	**3**	**150**	**261**	**20**	**211**	**36**
蓬江区	704		449	4	3	60	90	10	61	18
江海区	440	1	300			18	48	4	51	7
新会区	325	2	227	5		28	30		23	3
台山市	201	1	134	1		12	22	2	22	
开平市	160	3	106	4		8	16		18	1
鹤山市	318		204	3		21	47	4	29	5
恩平市	75		52	1		3	8		7	2
湛江市	**1366**	**14**	**600**	**8**	**13**	**174**	**140**	**25**	**314**	**42**
赤坎区	380	2	161	3	6	54	45	7	77	10
霞山区	492	9	210	5	7	57	56	14	103	17
坡头区	85	1	53			6	12	1	11	1
麻章区	135	2	69			12	4	1	42	3
遂溪县	29		12			6	4	1	5	1
徐闻县	33		17			5	2	1	6	
廉江市	84		16			17	6		43	
雷州市	49		11			11	7		18	1
吴川市	79		51			6	4		9	9

4-6　续表 12

单位：人

地区 性别	专业技术人员									
	小计	科学研究人员	工程技术人员	农业技术人员	飞机和船舶技术人员	卫生专业技术人员	经济和金融专业人员	法律、社会和宗教专业人员	教学人员	文学艺术、体育专业人员
茂名市	**535**		**192**	**6**	**1**	**81**	**55**	**10**	**172**	**14**
茂南区	270		108	4		41	30	8	68	10
电白区	105		36		1	11	18	1	36	1
高州市	78		24			22	3		26	1
化州市	49		14	2		5	4	1	21	2
信宜市	33		10			2			21	
肇庆市	**1263**	**4**	**659**	**13**	**1**	**92**	**170**	**10**	**196**	**21**
端州区	381	2	167	1		41	50	9	91	10
鼎湖区	158		98	6	1	6	12		19	2
高要区	109		38	1		5	14		11	2
广宁县	18		3			2	2		7	
怀集县	26		11			2	2		10	
封开县	33		21			1	7		4	
德庆县	43		28			7	2		5	1
四会市	495	2	293	5		28	81	1	49	6
惠州市	**8037**	**22**	**5699**	**22**	**7**	**325**	**879**	**85**	**701**	**160**
惠城区	3640	10	2578	12	2	169	416	36	322	55
惠阳区	2935	9	2180	3	5	77	325	11	187	66
博罗县	956	3	641	4		39	84	26	115	29
惠东县	428		251			35	47	11	65	9
龙门县	78		49	3		5	7	1	12	1
梅州市	**716**	**10**	**308**	**4**		**125**	**64**	**15**	**151**	**15**
梅江区	281		144	1		50	20	6	47	5
梅县区	202	1	67	1		34	18	4	69	1
大埔县	38		20			9	2		7	
丰顺县	45	7	25			6			7	
五华县	67	1	30	1		10	11	3	5	5
平远县	29	1	12			4	2	1	4	2
蕉岭县	22		5	1		3	4	1	5	
兴宁市	32		5			9	7		7	2
汕尾市	**583**	**3**	**348**	**4**		**51**	**45**	**17**	**92**	**13**
城　区	194	2	127			17	14	1	28	1
海丰县	253	1	134	3		22	27	10	42	11
陆河县	31		14			5	3	4	4	
陆丰市	105		73	1		7	1	2	18	1
河源市	**1490**	**3**	**873**	**11**	**2**	**133**	**162**	**22**	**227**	**33**
源城区	1040	2	602	4	2	81	125	13	162	29
紫金县	91		52	2		3	10		20	3
龙川县	123		78			14	9	2	18	1
连平县	47		22	1		15	2	5	1	
和平县	42		33	1		1	2		5	
东源县	147	1	86	3		19	14	2	21	
阳江市	**650**		**372**	**20**		**52**	**75**	**3**	**103**	**13**
江城区	282		144	8		29	35	2	47	11
阳东区	156		89	1		9	19	1	33	
阳西县	100		71	1		6	8		12	1
阳春市	112		68	10		8	13		11	1
清远市	**1498**	**6**	**823**	**25**	**6**	**120**	**175**	**22**	**254**	**33**
清城区	921	3	507	14	5	75	115	12	147	22
清新区	211	1	118		1	7	16	1	60	3
佛冈县	81		53			7	10	4	4	1
阳山县	33	2	12	6		2	2		5	
连山壮族瑶族自治县	16		4	2		4	4		1	1
连南瑶族自治县	11		2	1		2	1		4	1
英德市	197		113	1		21	23	3	28	5
连州市	28		14	1		2	4	2	5	

4－6　续表 13　　　　单位：人

地　区 性　别	专业技术人员									
	小计	科学研究人员	工程技术人员	农业技术人员	飞机和船舶技术人员	卫生专业技术人员	经济和金融专业人员	法律、社会和宗教专业人员	教学人员	文学艺术、体育专业人员
东莞市	**25955**	**59**	**19306**	**37**	**8**	**739**	**2614**	**130**	**1979**	**650**
市辖区	25955	59	19306	37	8	739	2614	130	1979	650
中山市	**5510**	**16**	**3840**	**11**	**2**	**282**	**607**	**44**	**439**	**142**
市辖区	5510	16	3840	11	2	282	607	44	439	142
潮州市	**307**	**1**	**130**	**3**		**35**	**27**	**10**	**76**	**4**
湘桥区	160		61	2		21	11	5	51	3
潮安区	122		62	1		13	13	5	24	1
饶平县	25	1	7			1	3		1	
揭阳市	**87**		**50**			**9**	**3**	**2**	**19**	**3**
榕城区	19		13			2	1	1	2	
揭东区	20		13			2	2			3
揭西县	5		2			1			1	
惠来县	7		3						4	
普宁市	36		19			4		1	12	
云浮市	**470**	**6**	**211**	**4**		**58**	**45**	**11**	**125**	**5**
云城区	248	1	126	1		19	26	5	62	4
云安区	26		3			4	5		14	
新兴县	111	4	55	3		13	12	6	17	1
郁南县	41		10			12	1		18	
罗定市	44	1	17			10	1		14	
女	**146140**	**729**	**19200**	**227**	**28**	**17640**	**60640**	**2206**	**38567**	**4031**
广州市	**35642**	**326**	**3567**	**62**	**14**	**5362**	**14167**	**713**	**8917**	**1505**
荔湾区	1791	20	151	2		367	685	53	410	60
越秀区	1934	27	126	1		603	650	65	344	55
海珠区	3007	25	254	7	3	541	1107	90	649	207
天河区	7552	78	924	13	1	970	3064	151	1823	298
白云区	7988	33	466	15	2	1364	3497	150	1914	338
黄埔区	3178	80	500	7		411	1300	59	687	50
番禺区	5805	46	576	8	2	626	2245	98	1616	418
花都区	1751	6	164	3	5	201	642	13	647	40
南沙区	1041	6	214	3	1	83	395	18	281	11
从化区	172	1	20	1		23	54		68	2
增城区	1423	4	172	2		173	528	16	478	26
韶关市	**1391**	**2**	**123**	**5**		**344**	**338**	**31**	**522**	**12**
武江区	518		66			151	113	12	170	2
浈江区	322	2	21	4		64	94	13	116	3
曲江区	131		14	1		32	40	2	41	
始兴县	40		1			11	8		20	
仁化县	78		13			14	16	1	32	2
翁源县	69					16	14	1	35	1
乳源瑶族自治县	44		2			6	14		20	1
新丰县	32		1			2	12		16	
乐昌市	95		1			35	14	2	41	2
南雄市	62		4			13	13		31	1
深圳市	**54334**	**290**	**7869**	**59**	**11**	**4895**	**25431**	**941**	**12327**	**1589**
罗湖区	3060	8	166	5		491	1366	65	819	82
福田区	4387	26	454	11	2	608	1844	147	1109	80
南山区	5266	98	808	9	2	448	2413	125	1028	231
宝安区	15792	46	3233	15	6	1081	7436	194	3090	481
龙岗区	11637	45	1283	8	1	1163	5321	170	3069	370
盐田区	583	28	46	1		50	298	7	129	14
龙华区	9297	26	1043	7		719	4761	184	2112	285
坪山区	1439	3	419	2		127	487	19	344	14
光明区	2873	10	417	1		208	1505	30	627	32

4-6　续表 14　　　　单位：人

地区 性别	专业技术人员 小计	科学研究人员	工程技术人员	农业技术人员	飞机和船舶技术人员	卫生专业技术人员	经济和金融专业人员	法律、社会和宗教专业人员	教学人员	文学艺术、体育专业人员
珠海市	**3525**	**16**	**576**	**14**	**1**	**516**	**1243**	**41**	**924**	**74**
香洲区	2429	12	349	9		391	869	29	622	56
斗门区	570		122	3		70	202	5	150	10
金湾区	526	4	105	2	1	55	172	7	152	8
汕头市	**746**	**2**	**91**	**3**		**128**	**221**	**7**	**270**	**15**
龙湖区	270	1	23	1		25	99	2	111	6
金平区	273	1	14	1		97	61	4	84	5
濠江区	52		35	1			9		6	
潮阳区	43		1			4	5	1	31	1
潮南区	30		7				7		15	1
澄海区	77		11			2	40		22	2
南澳县	1								1	
佛山市	**11214**	**21**	**1171**	**15**		**1456**	**5060**	**102**	**3020**	**215**
禅城区	2136	5	220	1		438	853	33	514	44
南海区	4839	11	450	6		483	2337	37	1326	109
顺德区	3480	4	386	7		411	1563	29	987	58
三水区	545		82	1		97	210	3	140	3
高明区	214	1	33			27	97		53	1
江门市	**1947**	**4**	**199**	**3**		**345**	**743**	**33**	**568**	**20**
蓬江区	772	4	70	1		170	299	17	189	11
江海区	456		52			48	193	7	146	3
新会区	220		25	1		47	69	4	67	4
台山市	122		10			21	47	2	41	
开平市	124		8			18	48	1	46	1
鹤山市	205		28	1		31	75	2	60	1
恩平市	48		6			10	12		19	
湛江市	**1913**	**11**	**74**	**4**		**445**	**396**	**22**	**920**	**13**
赤坎区	497	4	18			116	123	4	218	4
霞山区	773	7	25			210	180	13	320	5
坡头区	104		3	1		21	27		51	
麻章区	142		14	2		21	21	1	80	
遂溪县	58		3			15	11	2	27	
徐闻县	30		4			6	5		15	
廉江市	168		1			26	8	1	132	
雷州市	55		2			11	6		36	
吴川市	86		4	1		19	15	1	41	4
茂名市	**653**		**22**	**2**		**168**	**96**	**6**	**343**	**5**
茂南区	315		9	1		83	67	5	142	3
电白区	99		1	1		17	14	1	64	
高州市	108					48	5		53	1
化州市	73		7			7	7		50	1
信宜市	58		5			13	3		34	
肇庆市	**1034**	**6**	**111**	**4**		**159**	**303**	**8**	**395**	**12**
端州区	399	2	37	1		83	89	5	169	5
鼎湖区	84		9	1		22	17	3	30	1
高要区	87		6			7	34		19	
广宁县	21					2	2		12	4
怀集县	13		1			3	2		7	
封开县	26		2			7	8		9	
德庆县	27		8			2	4		13	
四会市	377	4	48	2		33	147		136	2
惠州市	**5343**	**10**	**939**	**7**		**678**	**1758**	**56**	**1728**	**86**
惠城区	2529	5	414	4		404	799	30	804	42
惠阳区	1830	3	417	2		151	646	12	533	33
博罗县	634	2	76	1		62	230	7	236	6
惠东县	289		27			56	70	7	119	4
龙门县	61		5			5	13		36	1

4-6 续表 15

单位：人

地区 性别	专业技术人员 小计	科学研究人员	工程技术人员	农业技术人员	飞机和船舶技术人员	卫生专业技术人员	经济和金融专业人员	法律、社会和宗教专业人员	教学人员	文学艺术、体育专业人员
梅州市	**855**	**3**	**49**	**3**		**237**	**173**	**12**	**351**	**10**
梅江区	373		26	1		124	74	5	128	6
梅县区	254		9	1		67	52	2	116	1
大埔县	51		1	1		14	6	1	28	
丰顺县	33	3	5			7	2		16	
五华县	40		5			4	15	1	12	2
平远县	29		2			5	8	1	12	1
蕉岭县	38		1			9	8	2	17	
兴宁市	37					7	8		22	
汕尾市	**311**		**39**	**2**		**54**	**54**	**7**	**145**	**7**
城　区	97		17	1		20	16		41	2
海丰县	137		13	1		27	25	1	64	4
陆河县	23		2			4	4		13	
陆丰市	54		7			3	9	6	27	1
河源市	**1497**		**119**	**6**		**243**	**439**	**22**	**634**	**13**
源城区	1130		94	2		189	357	12	451	9
紫金县	74		4	1		6	18	3	40	2
龙川县	71		3			10	14		39	1
连平县	42		2			17	8	6	9	
和平县	37		9	1		1	10		16	
东源县	143		7	2		20	32	1	79	1
阳江市	**642**		**64**	**6**		**95**	**179**	**4**	**270**	**7**
江城区	351		28	2		54	95	3	157	7
阳东区	159		6			19	56	1	69	
阳西县	55		14			9	5		27	
阳春市	77		16	4		13	23		17	
清远市	**1514**		**121**	**4**		**284**	**411**	**13**	**648**	**14**
清城区	964		74	3		172	275	11	402	13
清新区	214		26			36	49	2	99	1
佛冈县	51		10			11	17		12	
阳山县	31					6	8		16	
连山壮族瑶族自治县	27		1			5	7		14	
连南瑶族自治县	20					10	3		7	
英德市	157		8			32	40		75	
连州市	50		2	1		12	12		23	
东莞市	**17860**	**28**	**3435**	**18**	**1**	**1467**	**7374**	**137**	**4763**	**336**
市辖区	17860	28	3435	18	1	1467	7374	137	4763	336
中山市	**4805**	**8**	**581**	**9**	**1**	**576**	**2077**	**36**	**1365**	**89**
市辖区	4805	8	581	9	1	576	2077	36	1365	89
潮州市	**349**	**1**	**21**			**65**	**70**	**8**	**170**	**4**
湘桥区	216	1	12			51	39	1	103	3
潮安区	125		9			12	26	7	66	1
饶平县	8					2	5		1	
揭阳市	**40**		**7**	**1**			**11**		**19**	**2**
榕城区	5		1				2		2	
揭东区	10		2	1			4		2	1
揭西县	2						1		1	
惠来县	3								3	
普宁市	20		4				4		11	1
云浮市	**525**	**1**	**22**			**123**	**96**	**7**	**268**	**3**
云城区	313	1	9			72	66	5	157	1
云安区	31					6	5		20	
新兴县	60		6			16	10	2	25	
郁南县	50		3			9	6		31	
罗定市	71		4			20	9		35	2

4-6 续表 16

单位：人

地区 性别	专业技术人员		办事人员和有关人员				社会生产服务和生活服务人员		
	新闻出版、文化专业人员	其他专业技术人员	小计	办事人员	安全和消防人员	其他办事人员和有关人员	小计	批发与零售服务人员	交通运输、仓储和邮政业服务人员
广　东	**4074**	**1964**	**197787**	**163729**	**32525**	**1533**	**1312113**	**543804**	**248366**
广州市	**1479**	**431**	**46232**	**40542**	**5455**	**235**	**314227**	**140839**	**55899**
荔湾区	55	14	2265	1966	275	24	15704	8308	2119
越秀区	94	6	1787	1451	333	3	13341	5911	1304
海珠区	172	30	3662	3176	468	18	28051	14296	3806
天河区	359	98	10265	9489	734	42	59336	25199	7040
白云区	343	36	9480	8231	1224	25	93824	46819	19298
黄埔区	113	47	4728	4093	583	52	20186	6838	5168
番禺区	227	125	7113	6282	795	36	46003	18487	8436
花都区	46	23	2917	2418	483	16	16840	7066	3933
南沙区	38	18	1728	1403	315	10	9502	2949	2728
从化区	4		292	263	25	4	1137	382	235
增城区	28	34	1995	1770	220	5	10303	4584	1832
韶关市	**19**	**29**	**1648**	**1263**	**306**	**79**	**7412**	**3238**	**1346**
武江区	7	3	588	428	91	69	2414	1022	399
浈江区	2	12	375	274	100	1	2152	984	390
曲江区	4	2	132	112	18	2	850	342	219
始兴县	1		41	32	9		209	72	55
仁化县		1	97	83	13	1	340	135	55
翁源县	2	1	80	60	18	2	267	118	56
乳源瑶族自治县		2	98	87	11		231	108	32
新丰县	3	2	79	61	15	3	189	74	30
乐昌市			109	85	23	1	489	250	61
南雄市		6	49	41	8		271	133	49
深圳市	**1351**	**480**	**56735**	**44769**	**11591**	**375**	**447702**	**173320**	**76218**
罗湖区	84	16	2922	2380	525	17	30656	12738	3619
福田区	139	54	3226	2073	1015	138	44281	17462	4046
南山区	158	16	6022	5209	812	1	41352	12562	6054
宝安区	299	211	12590	9380	3092	118	116695	43981	22237
龙岗区	306	123	16758	13901	2775	82	103166	43592	18636
盐田区	10	5	536	437	98	1	5527	1162	1704
龙华区	248	42	8865	7155	1697	13	70710	29287	11964
坪山区	34	11	2406	1901	500	5	10060	3522	2226
光明区	73	2	3410	2333	1077		25255	9014	5732
珠海市	**165**	**29**	**5156**	**4021**	**1078**	**57**	**29729**	**8939**	**5049**
香洲区	136	15	3800	2900	850	50	20789	6157	3036
斗门区	13		411	309	101	1	4812	1599	976
金湾区	16	14	945	812	127	6	4128	1183	1037
汕头市	**17**	**10**	**1431**	**1168**	**254**	**9**	**9138**	**3952**	**1687**
龙湖区	4	5	590	476	107	7	3456	1583	470
金平区	10	3	339	297	41	1	2806	1349	504
濠江区	1		54	47	6	1	172	38	68
潮阳区		1	65	58	7		489	199	78
潮南区			104	69	35		797	277	174
澄海区	2	1	267	212	55		1331	479	373
南澳县			12	9	3		87	27	20
佛山市	**248**	**126**	**17801**	**14753**	**2984**	**64**	**139695**	**60633**	**31905**
禅城区	45	21	2727	2457	256	14	24234	11222	4539
南海区	132	56	8477	6907	1543	27	61776	28430	13048
顺德区	59	26	5001	4144	845	12	43981	17852	10997
三水区	11	18	1081	829	242	10	7155	2242	2615
高明区	1	5	515	416	98	1	2549	887	706

4-6 续表 17 单位：人

地区 性别	专业技术人员		办事人员和有关人员				社会生产服务和生活服务人员		
	新闻出版、文化专业人员	其他专业技术人员	小计	办事人员	安全和消防人员	其他办事人员和有关人员	小计	批发与零售服务人员	交通运输、仓储和邮政业服务人员
江门市	**41**	**36**	**3158**	**2662**	**475**	**21**	**17030**	**7147**	**3537**
蓬江区	12	8	1122	973	135	14	5601	2428	1000
江海区	8	10	607	497	106	4	3494	1425	800
新会区	3	7	423	370	52	1	2389	1002	544
台山市	3	5	240	205	33	2	1083	446	199
开平市	4	2	210	167	43		1539	726	296
鹤山市	10	2	446	354	92		2420	926	588
恩平市	1	2	110	96	14		504	194	110
湛江市	**38**	**26**	**1625**	**1413**	**182**	**30**	**11691**	**5046**	**2031**
赤坎区	15	10	567	503	57	7	2967	1347	377
霞山区	16	11	631	544	65	22	5923	2566	1114
坡头区	1		89	80	9		296	92	55
麻章区	3	2	93	75	18		787	295	189
遂溪县			35	32	3		307	130	66
徐闻县		2	34	28	5	1	337	161	52
廉江市	2		64	56	8		387	186	50
雷州市		1	29	18	11		181	94	29
吴川市	1		83	77	6		506	175	99
茂名市	**11**	**4**	**502**	**441**	**57**	**4**	**3675**	**1581**	**673**
茂南区	6		306	274	32		2057	912	378
电白区	2		55	48	6	1	565	194	134
高州市	1	2	51	44	5	2	335	155	57
化州市		1	53	43	9	1	421	176	69
信宜市	2	1	37	32	5		297	144	35
肇庆市	**18**	**115**	**1459**	**1063**	**338**	**58**	**10079**	**4827**	**1984**
端州区	10	8	491	395	91	5	2960	1249	483
鼎湖区	1	14	132	61	24	47	778	268	190
高要区		59	132	87	45		847	250	348
广宁县		5	31	24	7		134	64	40
怀集县	1		24	16	8		152	59	43
封开县			57	53	4		154	86	12
德庆县			39	37	2		180	89	35
四会市	6	29	553	390	157	6	4874	2762	833
惠州市	**116**	**102**	**9727**	**7721**	**1673**	**333**	**48471**	**20060**	**8788**
惠城区	39	28	3104	2408	675	21	19619	8025	3602
惠阳区	57	48	3881	3022	653	206	17290	6891	3228
博罗县	13	16	1873	1540	230	103	6822	2981	1271
惠东县	6	10	759	654	102	3	4241	1971	581
龙门县	1		110	97	13		499	192	106
梅州市	**28**	**13**	**1121**	**930**	**169**	**22**	**5172**	**2416**	**781**
梅江区	13	4	496	402	90	4	2211	1028	312
梅县区	10	3	304	258	35	11	1522	726	227
大埔县			57	46	11		204	90	25
丰顺县			61	57	4		229	101	49
五华县	1	1	82	64	13	5	307	145	46
平远县	1	2	39	34	4	1	121	53	13
蕉岭县	1	3	40	33	6	1	277	104	86
兴宁市	2		42	36	6		301	169	23
汕尾市	**7**	**6**	**708**	**554**	**134**	**20**	**3395**	**1338**	**448**
城　区	2	2	241	200	40	1	882	330	118
海丰县	1	4	364	266	80	18	1849	734	260
陆河县	1		35	27	8		153	72	21
陆丰市	3		68	61	6	1	511	202	49

4-6 续表 18

单位：人

地区 性别	专业技术人员		办事人员和有关人员				社会生产服务和生活服务人员		
	新闻出版、文化专业人员	其他专业技术人员	小计	办事人员	安全和消防人员	其他办事人员和有关人员	小计	批发与零售服务人员	交通运输、仓储和邮政业服务人员
河源市	**31**	**14**	**1658**	**1507**	**138**	**13**	**9659**	**3794**	**1528**
源城区	25	11	1180	1061	110	9	7377	2856	1097
紫金县	1		92	79	13		540	207	88
龙川县	3	2	70	66	4		633	258	155
连平县	1		40	39	1		205	95	37
和平县			39	35	1	3	175	92	8
东源县	1	1	237	227	9	1	729	286	143
阳江市	**21**	**8**	**799**	**661**	**133**	**5**	**4041**	**1731**	**794**
江城区	10	1	369	294	72	3	2309	1022	422
阳东区	7	5	238	201	37		1046	469	189
阳西县		1	103	89	13	1	292	109	79
阳春市	4	1	89	77	11	1	394	131	104
清远市	**30**	**23**	**2481**	**2103**	**360**	**18**	**10514**	**4267**	**2131**
清城区	20	15	1648	1408	236	4	6833	2877	1325
清新区	2	3	309	246	60	3	1420	507	325
佛冈县	2	1	129	108	21		428	129	97
阳山县	3	2	64	56	5	3	179	76	26
连山壮族瑶族自治县			32	31	1		78	40	13
连南瑶族自治县			12	10	2		70	32	5
英德市	3	2	252	215	30	7	1261	488	300
连州市			35	29	5	1	245	118	40
东莞市	**346**	**388**	**36612**	**30839**	**5620**	**153**	**183610**	**77292**	**41111**
市辖区	346	388	36612	30839	5620	153	183610	77292	41111
中山市	**92**	**98**	**7654**	**6259**	**1380**	**15**	**49591**	**20274**	**11006**
市辖区	92	98	7654	6259	1380	15	49591	20274	11006
潮州市	**10**	**21**	**464**	**372**	**80**	**12**	**3037**	**1214**	**599**
湘桥区	4	8	263	220	38	5	1495	605	271
潮安区	5	2	157	130	26	1	1355	535	304
饶平县	1	11	44	22	16	6	187	74	24
揭阳市	**1**		**105**	**82**	**21**	**2**	**1289**	**592**	**273**
榕城区			26	25	1		158	53	51
揭东区			18	10	7	1	385	190	93
揭西县	1		13	12		1	74	39	12
惠来县			12	10	2		147	69	7
普宁市			36	25	11		525	241	110
云浮市	**5**	**5**	**711**	**606**	**97**	**8**	**2956**	**1304**	**578**
云城区	3	3	400	349	45	6	1820	876	298
云安区			73	56	17		142	46	17
新兴县	1		116	90	26		501	190	127
郁南县	1		63	56	7		214	70	63
罗定市		2	59	55	2	2	279	122	73
男	**1655**	**1511**	**105257**	**74231**	**30146**	**880**	**812238**	**297720**	**215121**
广州市	**582**	**319**	**23087**	**18002**	**4950**	**135**	**191853**	**76498**	**48799**
荔湾区	17	9	1098	839	247	12	9267	4464	1866
越秀区	34	3	944	642	301	1	7624	3309	1123
海珠区	59	19	1810	1377	424	9	16285	7561	3437
天河区	153	74	4916	4223	668	25	36158	13757	6275
白云区	139	31	4639	3499	1125	15	57915	25322	16969
黄埔区	37	39	2422	1873	512	37	13046	3761	4496
番禺区	97	85	3453	2696	740	17	27771	9983	7199
花都区	19	20	1589	1153	427	9	10585	3990	3250
南沙区	11	16	965	666	291	8	6113	1572	2416
从化区	1		161	138	21	2	692	203	193
增城区	15	23	1090	896	194		6397	2576	1575

4-6 续表 19

单位：人

地区 性别	专业技术人员		办事人员和有关人员				社会生产服务和生活服务人员		
	新闻出版、文化专业人员	其他专业技术人员	小计	办事人员	安全和消防人员	其他办事人员和有关人员	小计	批发与零售服务人员	交通运输、仓储和邮政业服务人员
韶关市	**10**	**24**	**970**	**653**	**276**	**41**	**4096**	**1600**	**1140**
武江区	4	2	320	205	81	34	1351	525	344
浈江区		9	215	125	89	1	1190	479	330
曲江区	3	2	90	72	16	2	469	150	189
始兴县	1		23	15	8		123	35	44
仁化县		1	59	46	13		208	83	47
翁源县		1	45	27	16	2	148	55	50
乳源瑶族自治县		1	60	49	11		118	50	26
新丰县	2	2	59	45	13	1	99	36	25
乐昌市			70	47	22	1	255	122	52
南雄市		6	29	22	7		135	65	33
深圳市	**544**	**365**	**30403**	**19305**	**10878**	**220**	**278079**	**93117**	**65930**
罗湖区	31	11	1579	1082	487	10	17502	6356	3198
福田区	51	36	2030	992	960	78	26232	9896	3600
南山区	60	10	3268	2494	773	1	25276	6393	5401
宝安区	132	168	6845	3860	2912	73	73683	23680	18686
龙岗区	124	98	8495	5824	2622	49	64721	23612	16310
盐田区	4	1	296	210	85	1	3513	587	1394
龙华区	98	32	4602	3024	1571	7	44500	15778	10431
坪山区	14	7	1366	892	473	1	6424	1900	1904
光明区	30	2	1922	927	995		16228	4915	5006
珠海市	**57**	**17**	**2778**	**1772**	**979**	**27**	**17790**	**4496**	**4444**
香洲区	51	8	2086	1284	777	25	12126	3020	2684
斗门区	5		187	101	86		3022	855	847
金湾区	1	9	505	387	116	2	2642	621	913
汕头市	**9**	**9**	**896**	**651**	**238**	**7**	**5627**	**2217**	**1489**
龙湖区	2	5	363	259	97	7	2082	904	414
金平区	5	2	190	151	39		1715	738	439
濠江区			42	36	6		125	21	65
潮阳区		1	48	41	7		269	96	66
潮南区			78	44	34		491	163	146
澄海区	2	1	166	114	52		895	278	339
南澳县			9	6	3		50	17	20
佛山市	**117**	**103**	**9190**	**6370**	**2784**	**36**	**88091**	**35061**	**27057**
禅城区	20	18	1234	988	240	6	15175	6532	3912
南海区	63	45	4392	2929	1445	18	38996	16684	11032
顺德区	29	21	2643	1841	797	5	27699	10087	9424
三水区	5	15	601	377	217	7	4626	1282	2099
高明区		4	320	235	85		1595	476	590
江门市	**17**	**28**	**1730**	**1275**	**439**	**16**	**10176**	**3800**	**2956**
蓬江区	5	4	551	415	127	9	3212	1261	827
江海区	3	8	337	233	100	4	2172	772	679
新会区	1	6	246	195	50	1	1447	543	461
台山市	2	5	153	119	32	2	642	228	159
开平市	2	2	113	77	36		887	357	254
鹤山市	4	1	255	173	82		1514	532	489
恩平市		2	75	63	12		302	107	87
湛江市	**13**	**23**	**985**	**793**	**173**	**19**	**6682**	**2548**	**1776**
赤坎区	6	9	330	271	53	6	1675	712	338
霞山区	5	9	378	303	63	12	3342	1239	993
坡头区			54	45	9		155	42	42
麻章区		2	62	45	17		503	177	161
遂溪县			18	15	3		174	66	45
徐闻县		2	24	18	5	1	205	82	45
廉江市	2		44	36	8		192	84	45
雷州市		1	20	11	9		114	55	21
吴川市			55	49	6		322	91	86

4-6 续表 20

单位：人

地区 性别	专业技术人员		办事人员和有关人员				社会生产服务和生活服务人员		
	新闻出版、文化专业人员	其他专业技术人员	小计	办事人员	安全和消防人员	其他办事人员和有关人员	小计	批发与零售服务人员	交通运输、仓储和邮政业服务人员
茂名市	**3**	**1**	**276**	**224**	**50**	**2**	**2127**	**837**	**561**
茂南区	1		161	134	27		1228	508	310
电白区	1		35	28	6	1	333	106	110
高州市	1	1	32	26	5	1	207	81	53
化州市			27	19	8		200	74	56
信宜市			21	17	4		159	68	32
肇庆市	**9**	**88**	**865**	**522**	**305**	**38**	**6139**	**2634**	**1637**
端州区	4	6	284	200	81	3	1772	668	410
鼎湖区		14	75	23	20	32	454	145	155
高要区		38	77	37	40		573	138	292
广宁县		4	25	19	6		73	29	32
怀集县	1		16	9	7		99	46	24
封开县			39	35	4		82	44	11
德庆县			23	22	1		104	43	31
四会市	4	26	326	177	146	3	2982	1521	682
惠州市	**53**	**84**	**5854**	**4143**	**1535**	**176**	**30266**	**11358**	**7640**
惠城区	17	23	1813	1174	625	14	12179	4480	3108
惠阳区	32	40	2301	1627	590	84	10900	3930	2792
博罗县	3	12	1178	891	209	78	4390	1804	1131
惠东县	1	9	496	397	99		2512	1055	518
龙门县			66	54	12		285	89	91
梅州市	**13**	**11**	**681**	**505**	**159**	**17**	**2864**	**1183**	**655**
梅江区	5	3	312	222	87	3	1177	479	271
梅县区	4	3	158	116	33	9	861	360	190
大埔县			42	31	11		130	51	25
丰顺县			43	41	2		123	48	35
五华县		1	52	36	12	4	174	76	29
平远县	1	2	27	24	3		61	26	12
蕉岭县	1	2	24	17	6	1	174	51	74
兴宁市	2		23	18	5		164	92	19
汕尾市	**5**	**5**	**489**	**354**	**121**	**14**	**2120**	**837**	**403**
城　区	2	2	158	121	36	1	558	208	99
海丰县		3	253	169	71	13	1168	454	239
陆河县	1		26	18	8		97	39	18
陆丰市	2		52	46	6		297	136	47
河源市	**14**	**10**	**952**	**821**	**125**	**6**	**5641**	**1896**	**1365**
源城区	12	8	639	539	97	3	4257	1381	987
紫金县	1		68	55	13		340	121	73
龙川县		1	51	47	4		375	131	138
连平县	1		22	21	1		128	60	33
和平县			26	22	1	3	80	41	8
东源县		1	146	137	9		461	162	126
阳江市	**6**	**6**	**488**	**367**	**118**	**3**	**2388**	**918**	**677**
江城区	5	1	230	161	67	2	1370	555	365
阳东区	1	3	137	104	33		610	243	157
阳西县		1	60	50	10		173	50	64
阳春市		1	61	52	8	1	235	70	91
清远市	**11**	**23**	**1502**	**1160**	**332**	**10**	**6264**	**2192**	**1862**
清城区	6	15	979	762	215	2	4108	1514	1153
清新区	1	3	182	125	56	1	854	249	282
佛冈县	1	1	88	67	21		260	62	81
阳山县	2	2	39	31	5	3	85	32	23
连山壮族瑶族自治县			20	19	1		44	20	12
连南瑶族自治县			8	6	2		36	18	3
英德市	1	2	163	131	29	3	741	243	271
连州市			23	19	3	1	136	54	37

4-6 续表 21

单位：人

地区 性别	专业技术人员		办事人员和有关人员				社会生产服务和生活服务人员		
	新闻出版、文化专业人员	其他专业技术人员	小计	办事人员	安全和消防人员	其他办事人员和有关人员	小计	批发与零售服务人员	交通运输、仓储和邮政业服务人员
东莞市	**139**	**294**	**19271**	**13958**	**5228**	**85**	**116744**	**43744**	**35911**
市辖区	139	294	19271	13958	5228	85	116744	43744	35911
中山市	**47**	**80**	**4061**	**2778**	**1272**	**11**	**30919**	**11043**	**9561**
市辖区	47	80	4061	2778	1272	11	30919	11043	9561
潮州市	**2**	**19**	**291**	**207**	**75**	**9**	**1847**	**683**	**549**
湘桥区		6	160	121	36	3	895	334	247
潮安区	1	2	94	70	24		852	314	281
饶平县	1	11	37	16	15	6	100	35	21
揭阳市	**1**		**72**	**52**	**19**	**1**	**823**	**364**	**230**
榕城区			19	18	1		108	30	47
揭东区			13	8	5		262	121	76
揭西县	1		6	5		1	38	18	12
惠来县			7	5	2		71	44	5
普宁市			27	16	11		344	151	90
云浮市	**3**	**2**	**416**	**319**	**90**	**7**	**1702**	**694**	**479**
云城区	3	1	212	165	42	5	1031	464	266
云安区			51	36	15		91	31	15
新兴县			81	55	26		282	100	95
郁南县			39	33	6		136	36	48
罗定市		1	33	30	1	2	162	63	55
女	**2419**	**453**	**92530**	**89498**	**2379**	**653**	**499875**	**246084**	**33245**
广州市	**897**	**112**	**23145**	**22540**	**505**	**100**	**122374**	**64341**	**7100**
荔湾区	38	5	1167	1127	28	12	6437	3844	253
越秀区	60	3	843	809	32	2	5717	2602	181
海珠区	113	11	1852	1799	44	9	11766	6735	369
天河区	206	24	5349	5266	66	17	23178	11442	765
白云区	204	5	4841	4732	99	10	35909	21497	2329
黄埔区	76	8	2306	2220	71	15	7140	3077	672
番禺区	130	40	3660	3586	55	19	18232	8504	1237
花都区	27	3	1328	1265	56	7	6255	3076	683
南沙区	27	2	763	737	24	2	3389	1377	312
从化区	3		131	125	4	2	445	179	42
增城区	13	11	905	874	26	5	3906	2008	257
韶关市	**9**	**5**	**678**	**610**	**30**	**38**	**3316**	**1638**	**206**
武江区	3	1	268	223	10	35	1063	497	55
浈江区	2	3	160	149	11		962	505	60
曲江区	1		42	40	2		381	192	30
始兴县			18	17	1		86	37	11
仁化县			38	37		1	132	52	8
翁源县	2		35	33	2		119	63	6
乳源瑶族自治县		1	38	38			113	58	6
新丰县	1		20	16	2	2	90	38	5
乐昌市			39	38	1		234	128	9
南雄市			20	19	1		136	68	16
深圳市	**807**	**115**	**26332**	**25464**	**713**	**155**	**169623**	**80203**	**10288**
罗湖区	53	5	1343	1298	38	7	13154	6382	421
福田区	88	18	1196	1081	55	60	18049	7566	446
南山区	98	6	2754	2715	39		16076	6169	653
宝安区	167	43	5745	5520	180	45	43012	20301	3551
龙岗区	182	25	8263	8077	153	33	38445	19980	2326
盐田区	6	4	240	227	13		2014	575	310
龙华区	150	10	4263	4131	126	6	26210	13509	1533
坪山区	20	4	1040	1009	27	4	3636	1622	322
光明区	43		1488	1406	82		9027	4099	726

4-6 续表 22

单位：人

地区 性别	专业技术人员		办事人员和有关人员				社会生产服务和生活服务人员		
	新闻出版、文化专业人员	其他专业技术人员	小计	办事人员	安全和消防人员	其他办事人员和有关人员	小计	批发与零售服务人员	交通运输、仓储和邮政业服务人员
珠海市	**108**	**12**	**2378**	**2249**	**99**	**30**	**11939**	**4443**	**605**
香洲区	85	7	1714	1616	73	25	8663	3137	352
斗门区	8		224	208	15	1	1790	744	129
金湾区	15	5	440	425	11	4	1486	562	124
汕头市	**8**	**1**	**535**	**517**	**16**	**2**	**3511**	**1735**	**198**
龙湖区	2		227	217	10		1374	679	56
金平区	5	1	149	146	2	1	1091	611	65
濠江区	1		12	11		1	47	17	3
潮阳区			17	17			220	103	12
潮南区			26	25	1		306	114	28
澄海区			101	98	3		436	201	34
南澳县			3	3			37	10	
佛山市	**131**	**23**	**8611**	**8383**	**200**	**28**	**51604**	**25572**	**4848**
禅城区	25	3	1493	1469	16	8	9059	4690	627
南海区	69	11	4085	3978	98	9	22780	11746	2016
顺德区	30	5	2358	2303	48	7	16282	7765	1573
三水区	6	3	480	452	25	3	2529	960	516
高明区	1	1	195	181	13	1	954	411	116
江门市	**24**	**8**	**1428**	**1387**	**36**	**5**	**6854**	**3347**	**581**
蓬江区	7	4	571	558	8	5	2389	1167	173
江海区	5	2	270	264	6		1322	653	121
新会区	2	1	177	175	2		942	459	83
台山市	1		87	86	1		441	218	40
开平市	2		97	90	7		652	369	42
鹤山市	6	1	191	181	10		906	394	99
恩平市	1		35	33	2		202	87	23
湛江市	**25**	**3**	**640**	**620**	**9**	**11**	**5009**	**2498**	**255**
赤坎区	9	1	237	232	4	1	1292	635	39
霞山区	11	2	253	241	2	10	2581	1327	121
坡头区	1		35	35			141	50	13
麻章区	3		31	30	1		284	118	28
遂溪县			17	17			133	64	21
徐闻县			10	10			132	79	7
廉江市			20	20			195	102	5
雷州市			9	7	2		67	39	8
吴川市	1		28	28			184	84	13
茂名市	**8**	**3**	**226**	**217**	**7**	**2**	**1548**	**744**	**112**
茂南区	5		145	140	5		829	404	68
电白区	1		20	20			232	88	24
高州市		1	19	18		1	128	74	4
化州市		1	26	24	1	1	221	102	13
信宜市	2	1	16	15	1		138	76	3
肇庆市	**9**	**27**	**594**	**541**	**33**	**20**	**3940**	**2193**	**347**
端州区	6	2	207	195	10	2	1188	581	73
鼎湖区	1		57	38	4	15	324	123	35
高要区		21	55	50	5		274	112	56
广宁县		1	6	5	1		61	35	8
怀集县			8	7	1		53	13	19
封开县			18	18			72	42	1
德庆县			16	15	1		76	46	4
四会市	2	3	227	213	11	3	1892	1241	151
惠州市	**63**	**18**	**3873**	**3578**	**138**	**157**	**18205**	**8702**	**1148**
惠城区	22	5	1291	1234	50	7	7440	3545	494
惠阳区	25	8	1580	1395	63	122	6390	2961	436
博罗县	10	4	695	649	21	25	2432	1177	140
惠东县	5	1	263	257	3	3	1729	916	63
龙门县	1		44	43	1		214	103	15

4-6 续表 23

单位：人

地区 性别	专业技术人员 新闻出版、文化专业人员	其他专业技术人员	办事人员和有关人员 小计	办事人员	安全和消防人员	其他办事人员和有关人员	社会生产服务和生活服务人员 小计	批发与零售服务人员	交通运输、仓储和邮政业服务人员
梅州市	**15**	**2**	**440**	**425**	**10**	**5**	**2308**	**1233**	**126**
梅江区	8	1	184	180	3	1	1034	549	41
梅县区	6		146	142	2	2	661	366	37
大埔县			15	15			74	39	
丰顺县			18	16	2		106	53	14
五华县	1		30	28	1	1	133	69	17
平远县			12	10	1	1	60	27	1
蕉岭县		1	16	16			103	53	12
兴宁市			19	18	1		137	77	4
汕尾市	**2**	**1**	**219**	**200**	**13**	**6**	**1275**	**501**	**45**
城　区			83	79	4		324	122	19
海丰县	1	1	111	97	9	5	681	280	21
陆河县			9	9			56	33	3
陆丰市	1		16	15		1	214	66	2
河源市	**17**	**4**	**706**	**686**	**13**	**7**	**4018**	**1898**	**163**
源城区	13	3	541	522	13	6	3120	1475	110
紫金县			24	24			200	86	15
龙川县	3	1	19	19			258	127	17
连平县			18	18			77	35	4
和平县			13	13			95	51	
东源县	1		91	90		1	268	124	17
阳江市	**15**	**2**	**311**	**294**	**15**	**2**	**1653**	**813**	**117**
江城区	5		139	133	5	1	939	467	57
阳东区	6	2	101	97	4		436	226	32
阳西县			43	39	3	1	119	59	15
阳春市	4		28	25	3		159	61	13
清远市	**19**		**979**	**943**	**28**	**8**	**4250**	**2075**	**269**
清城区	14		669	646	21	2	2725	1363	172
清新区	1		127	121	4	2	566	258	43
佛冈县	1		41	41			168	67	16
阳山县	1		25	25			94	44	3
连山壮族瑶族自治县			12	12			34	20	1
连南瑶族自治县			4	4			34	14	2
英德市	2		89	84	1	4	520	245	29
连州市			12	10	2		109	64	3
东莞市	**207**	**94**	**17341**	**16881**	**392**	**68**	**66866**	**33548**	**5200**
市辖区	207	94	17341	16881	392	68	66866	33548	5200
中山市	**45**	**18**	**3593**	**3481**	**108**	**4**	**18672**	**9231**	**1445**
市辖区	45	18	3593	3481	108	4	18672	9231	1445
潮州市	**8**	**2**	**173**	**165**	**5**	**3**	**1190**	**531**	**50**
湘桥区	4	2	103	99	2	2	600	271	24
潮安区	4		63	60	2	1	503	221	23
饶平县			7	6	1		87	39	3
揭阳市			**33**	**30**	**2**	**1**	**466**	**228**	**43**
榕城区			7	7			50	23	4
揭东区			5	2	2	1	123	69	17
揭西县			7	7			36	21	
惠来县			5	5			76	25	2
普宁市			9	9			181	90	20
云浮市	**2**	**3**	**295**	**287**	**7**	**1**	**1254**	**610**	**99**
云城区		2	188	184	3	1	789	412	32
云安区			22	20	2		51	15	2
新兴县	1		35	35			219	90	32
郁南县	1		24	23	1		78	34	15
罗定市		1	26	25	1		117	59	18

4-6　续表 24　　　　　　　　　　　　　　　　　　　　　　　　单位：人

地　区 性　别	社会生产服务和生活服务人员								
	住宿和餐饮服务人　员	信息传输、软件和信息技术服务人　员	金融服务人　员	房地产服务人员	租赁和商务服务人　员	技术辅助服务人员	水利、环境和公共设施管理服务人员	居民服务人　员	电力、燃气及水供应服务人　员
广　东	**170064**	**43873**	**15865**	**30922**	**45835**	**42897**	**53328**	**65742**	**4535**
广州市	**38211**	**11839**	**3861**	**6346**	**10264**	**10983**	**10981**	**14842**	**919**
荔湾区	1814	370	308	347	475	423	527	596	54
越秀区	2334	287	274	500	593	226	607	917	29
海珠区	3133	833	390	536	800	896	902	1770	66
天河区	8247	5246	968	1378	2277	2362	2268	2755	94
白云区	9485	1706	884	1567	2431	2827	2337	3738	201
黄埔区	2347	1114	182	362	833	845	1045	739	103
番禺区	6054	1604	547	870	1728	2176	1808	2521	195
花都区	2095	254	104	229	462	470	605	783	50
南沙区	1382	157	54	255	261	352	456	440	62
从化区	225	13	22	22	50	27	35	61	22
增城区	1095	255	128	280	354	379	391	522	43
韶关市	**974**	**116**	**130**	**76**	**158**	**209**	**286**	**438**	**63**
武江区	318	57	47	32	85	72	108	139	21
浈江区	272	37	37	20	27	54	69	132	9
曲江区	105	4	16	12	12	12	33	46	7
始兴县	27	1	7	1	4	8	3	13	6
仁化县	56	5	3	4	13	13	19	10	5
翁源县	43	4	2	1	1	5	11	11	4
乳源瑶族自治县	37	2	2	1	2	11	6	14	2
新丰县	33	1	5	1	2	7	8	18	1
乐昌市	60	3	9	3	9	21	15	31	4
南雄市	23	2	2	1	3	6	14	24	4
深圳市	**56591**	**23967**	**6187**	**13494**	**21322**	**16082**	**19834**	**22950**	**1340**
罗湖区	4189	662	619	1191	1881	817	1503	2280	63
福田区	7353	1691	1286	1517	2761	1159	2233	3268	71
南山区	6688	3542	481	1431	2543	1373	2423	2865	108
宝安区	14098	7878	1065	3713	4461	4156	4567	5330	418
龙岗区	11136	5054	1560	2477	4312	4174	3911	4514	291
盐田区	762	81	54	187	560	148	372	300	15
龙华区	7469	4290	886	1992	3464	3417	2245	2925	191
坪山区	1502	249	63	210	429	323	657	381	79
光明区	3394	520	173	776	911	515	1923	1087	104
珠海市	**6069**	**709**	**313**	**953**	**1369**	**945**	**2089**	**1719**	**167**
香洲区	4625	581	251	657	959	647	1605	1309	104
斗门区	773	82	35	220	206	151	243	243	21
金湾区	671	46	27	76	204	147	241	167	42
汕头市	**1207**	**92**	**87**	**106**	**202**	**234**	**444**	**662**	**48**
龙湖区	418	63	42	64	105	107	149	247	14
金平区	321	20	35	31	52	53	115	193	3
濠江区	17	3		3	3	8	10	18	1
潮阳区	80	4	7	4	5	5	38	49	3
潮南区	172	1		1	8	6	63	55	21
澄海区	178		3	3	28	53	67	96	3
南澳县	21	1			1	2	2	4	3
佛山市	**17174**	**1876**	**1542**	**2246**	**3125**	**3944**	**5240**	**6376**	**431**
禅城区	2945	376	364	406	674	813	908	1108	65
南海区	7346	852	823	917	1283	1636	2350	2644	183
顺德区	5553	574	286	771	1017	1235	1555	2252	113
三水区	951	59	47	94	108	202	305	249	54
高明区	379	15	22	58	43	58	122	123	16

4-6 续表 25　　单位：人

地区 性别	社会生产服务和生活服务人员								
	住宿和餐饮服务人员	信息传输、软件和信息技术服务人员	金融服务人员	房地产服务人员	租赁和商务服务人员	技术辅助服务人员	水利、环境和公共设施管理服务人员	居民服务人员	电力、燃气及水供应服务人员
江门市	**2555**	**179**	**223**	**297**	**286**	**517**	**569**	**923**	**78**
蓬江区	825	77	99	95	119	173	178	347	29
江海区	502	42	47	99	65	120	113	141	11
新会区	362	12	20	17	36	37	94	132	17
台山市	168	7	13	17	12	21	25	67	4
开平市	260	13	10	16	12	39	42	66	6
鹤山市	344	21	29	50	36	111	94	137	9
恩平市	94	7	5	3	6	16	23	33	2
湛江市	**1725**	**149**	**211**	**199**	**264**	**263**	**435**	**829**	**64**
赤坎区	464	44	58	65	66	80	86	229	13
霞山区	796	69	122	97	146	106	266	421	33
坡头区	43	4	8	14	14	14	13	24	5
麻章区	142	14	4	7	14	16	33	29	3
遂溪县	38	5	11	1		6	3	23	1
徐闻县	58	3	2	4	5	9	5	20	7
廉江市	57	6	2	3	5	9	9	28	
雷州市	32	1		2	3	2	2	7	
吴川市	95	3	4	6	11	21	18	48	2
茂名市	**501**	**47**	**63**	**47**	**49**	**76**	**83**	**329**	**36**
茂南区	264	27	44	27	33	47	38	150	15
电白区	83	6	6	9	8	11	23	66	6
高州市	56	5	2	3	5	5	9	25	1
化州市	69	8	4	3	1	8	6	50	3
信宜市	29	1	7	5	2	5	7	38	11
肇庆市	**1234**	**83**	**126**	**116**	**321**	**275**	**334**	**363**	**43**
端州区	437	53	76	52	90	73	113	152	16
鼎湖区	122	3	4	10	18	64	40	28	7
高要区	110	3	2	5	13	11	45	20	2
广宁县	9	1	4		2	1	3	5	1
怀集县	18	1	3	3	5	2	1	5	6
封开县	25	1	4	1	3	2	7	5	1
德庆县	28	1	2		1	2	1	11	2
四会市	485	20	31	45	189	120	124	137	8
惠州市	**7097**	**729**	**476**	**1515**	**1193**	**1618**	**2083**	**2565**	**269**
惠城区	2820	389	279	549	497	589	805	1106	88
惠阳区	2483	254	112	711	465	706	830	800	116
博罗县	1040	50	52	129	129	236	276	319	29
惠东县	675	30	30	118	94	73	152	305	30
龙门县	79	6	3	8	8	14	20	35	6
梅州市	**620**	**77**	**89**	**79**	**93**	**110**	**193**	**361**	**60**
梅江区	253	30	49	44	21	46	95	181	23
梅县区	193	27	30	22	34	41	55	84	10
大埔县	23	7	3	7	15	1	3	4	19
丰顺县	27	4	1		11	2	8	10	
五华县	44	2	1	1	1	7	18	14	3
平远县	22	1	1			3	1	14	2
蕉岭县	20	3	2	3	10	5	3	24	3
兴宁市	38	3	2	2	1	5	10	30	
汕尾市	**652**	**61**	**28**	**29**	**58**	**79**	**172**	**314**	**41**
城区	167	20	17	11	9	23	64	54	5
海丰县	364	38	9	15	44	40	70	178	25
陆河县	20	2			1	8	5	9	5
陆丰市	101	1	2	3	4	8	33	73	6

4-6　续表 26　　　　单位：人

地　区 性　别	社会生产服务和生活服务人员								
	住宿和餐饮服务人员	信息传输、软件和信息技术服务人员	金融服务人员	房地产服务人员	租赁和商务服务人员	技术辅助服务人员	水利、环境和公共设施管理服务人员	居民服务人员	电力、燃气及水供应服务人员
河源市	**1514**	**148**	**150**	**230**	**434**	**277**	**376**	**669**	**129**
源城区	1192	134	127	203	359	228	291	531	50
紫金县	61	1	4	6	21	14	33	22	59
龙川县	106	1	7	2	12	7	10	45	8
连平县	36	1		2	10		6	7	
和平县	16	1	1	3	4	11	2	30	2
东源县	103	10	11	14	28	17	34	34	10
阳江市	**611**	**46**	**55**	**41**	**76**	**109**	**175**	**240**	**50**
江城区	338	25	37	20	50	68	108	149	16
阳东区	152	14	9	19	17	31	44	43	25
阳西县	53	1	2	1	6	4	10	15	
阳春市	68	6	7	1	3	6	13	33	9
清远市	**1528**	**144**	**176**	**322**	**211**	**291**	**375**	**585**	**49**
清城区	965	101	131	208	156	182	255	371	25
清新区	214	25	18	68	28	36	52	88	2
佛冈县	74	5	8	10	9	23	12	34	2
阳山县	29		2	1		7	9	16	1
连山壮族瑶族自治县	6	1	1			1	1	8	2
连南瑶族自治县	14	2	2	1	1	1	3	2	4
英德市	180	7	12	30	15	38	39	60	10
连州市	46	3	2	4	2	3	4	6	3
东莞市	**24375**	**2879**	**1668**	**3859**	**4983**	**4994**	**7272**	**8448**	**526**
市辖区	24375	2879	1668	3859	4983	4994	7272	8448	526
中山市	**6413**	**653**	**392**	**916**	**1332**	**1702**	**2149**	**2562**	**173**
市辖区	6413	653	392	916	1332	1702	2149	2562	173
潮州市	**446**	**40**	**42**	**18**	**43**	**73**	**104**	**273**	**16**
湘桥区	222	24	20	11	16	49	50	158	7
潮安区	185	14	20	7	25	20	47	107	9
饶平县	39	2	2		2	4	7	8	
揭阳市	**206**	**4**	**5**	**2**	**11**	**20**	**26**	**100**	**3**
榕城区	22				1	3	4	15	
揭东区	50	2			6	5	2	25	1
揭西县	11					1	1	4	
惠来县	49	1	3			1	1	8	
普宁市	74	1	2	2	4	10	18	48	2
云浮市	**361**	**35**	**41**	**31**	**41**	**96**	**108**	**194**	**30**
云城区	198	31	35	21	25	57	63	117	17
云安区	41	1		2	4	16	6	4	2
新兴县	76	1	5	3	1	10	16	46	4
郁南县	25	1	1	2	5	10	17	11	1
罗定市	21	1		3	6	3	6	16	6
男	**95711**	**34230**	**7935**	**20945**	**32422**	**27868**	**21205**	**18116**	**4093**
广州市	**21564**	**9190**	**1919**	**4224**	**6425**	**6972**	**4255**	**4026**	**815**
荔湾区	1082	262	146	216	287	266	211	137	47
越秀区	1287	199	117	339	455	126	255	195	24
海珠区	1783	591	170	337	491	512	362	539	51
天河区	4934	4151	520	927	1323	1486	797	724	84
白云区	5248	1348	465	1110	1541	1815	890	1051	180
黄埔区	1308	886	85	229	550	554	410	174	94
番禺区	3300	1206	256	575	1031	1396	698	678	181
花都区	1182	202	50	138	308	311	244	241	44
南沙区	745	126	26	149	175	224	178	113	58
从化区	132	9	10	12	42	16	14	11	21
增城区	563	210	74	192	222	266	196	163	31

4-6 续表 27　　　　单位：人

地区 性别	社会生产服务和生活服务人员 住宿和餐饮服务人员	信息传输、软件和信息技术服务人员	金融服务人员	房地产服务人员	租赁和商务服务人员	技术辅助服务人员	水利、环境和公共设施管理服务人员	居民服务人员	电力、燃气及水供应服务人员
韶关市	**415**	**69**	**54**	**39**	**108**	**134**	**92**	**101**	**50**
武江区	145	34	19	18	60	46	32	25	17
浈江区	113	24	18	7	17	36	22	41	8
曲江区	41	2	4	8	9	7	11	9	7
始兴县	12	1	4	1	3	5		2	5
仁化县	23	3		4	8	7	6	5	4
翁源县	21	2			1	3	2	3	3
乳源瑶族自治县	16	2	2		1	6	4		1
新丰县	16		3		1	3	1	6	1
乐昌市	21	1	3	1	7	17	2	8	2
南雄市	7		1		1	4	12	2	2
深圳市	**33520**	**18885**	**3132**	**9582**	**15298**	**10256**	**8453**	**5946**	**1237**
罗湖区	2394	509	269	857	1405	508	564	576	57
福田区	4584	1217	671	1058	1901	689	841	722	62
南山区	4077	2759	236	1048	1953	818	955	589	102
宝安区	8490	6263	540	2661	3284	2535	1973	1467	391
龙岗区	6382	3938	785	1722	2936	2820	1742	1339	265
盐田区	428	70	30	122	480	83	140	34	13
龙华区	4411	3492	492	1404	2234	2228	1014	817	174
坪山区	846	205	30	151	376	181	307	112	74
光明区	1908	432	79	559	729	394	917	290	99
珠海市	**3381**	**542**	**156**	**608**	**1033**	**650**	**810**	**422**	**155**
香洲区	2559	440	125	422	723	462	611	305	97
斗门区	460	65	19	134	160	89	103	68	18
金湾区	362	37	12	52	150	99	96	49	40
汕头市	**652**	**64**	**43**	**74**	**162**	**161**	**159**	**229**	**41**
龙湖区	233	42	20	44	82	70	41	67	12
金平区	179	14	17	23	43	36	50	61	2
濠江区	9	3		2	2	4	5	11	1
潮阳区	36	3	4	3	5		13	23	3
潮南区	80	1		1	6	4	29	31	17
澄海区	108		2	1	24	46	21	36	3
南澳县	7	1				1			3
佛山市	**9130**	**1416**	**745**	**1486**	**2240**	**2790**	**1797**	**1778**	**401**
禅城区	1602	262	194	273	503	561	301	301	58
南海区	3925	646	397	618	876	1158	827	806	170
顺德区	2934	450	127	497	747	886	513	558	106
三水区	476	46	16	59	76	146	108	73	51
高明区	193	12	11	39	38	39	48	40	16
江门市	**1360**	**125**	**105**	**179**	**212**	**344**	**216**	**244**	**74**
蓬江区	438	40	48	49	88	109	57	86	27
江海区	278	35	21	63	48	89	47	33	11
新会区	187	11	7	13	23	24	36	31	16
台山市	96	7	7	11	8	14	8	25	3
开平市	134	11	7	11	9	21	13	19	6
鹤山市	181	16	12	30	30	75	41	42	9
恩平市	46	5	3	2	6	12	14	8	2
湛江市	**889**	**109**	**80**	**110**	**192**	**192**	**131**	**211**	**59**
赤坎区	224	32	27	34	39	62	19	59	11
霞山区	414	49	38	55	117	76	86	96	31
坡头区	20	1	3	7	7	8	6	6	5
麻章区	75	12	3	3	11	11	9	7	2
遂溪县	16	5	7	1		5	2	7	1
徐闻县	34	2		3	4	8	1	8	7
廉江市	23	5		1	2	4	1	5	
雷州市	23			1	2		1	3	
吴川市	60	3	2	5	10	18	6	20	2

4-6　续表 28　　　　单位：人

地　区 性　别	社会生产服务和生活服务人员								
	住宿和餐饮服务人　员	信息传输、软件和信息技术服务人　员	金融服务人　员	房地产服务人员	租赁和商务服务人　员	技术辅助服务人员	水利、环境和公共设施管理服务人员	居民服务人　员	电力、燃气及水供应服务人　员
茂名市	**257**	**41**	**28**	**30**	**38**	**49**	**28**	**69**	**32**
茂南区	138	24	20	17	25	29	9	36	14
电白区	40	6	2	8	6	7	13	13	3
高州市	40	4		1	5	5	2	5	1
化州市	29	6	1	2	1	3	3	4	3
信宜市	10	1	5	2	1	5	1	11	11
肇庆市	**658**	**67**	**64**	**75**	**252**	**176**	**137**	**109**	**36**
端州区	221	43	43	39	70	54	36	43	14
鼎湖区	56	3	1	6	12	25	17	6	7
高要区	57	3		3	13	7	26	7	2
广宁县	2	1	1		2	1			1
怀集县	11	1		3	4	1		1	5
封开县	14	1	2		2	1		2	
德庆县	14	1	1		1	2		3	1
四会市	283	14	16	24	148	85	58	47	6
惠州市	**3891**	**564**	**237**	**999**	**893**	**1114**	**867**	**838**	**236**
惠城区	1593	299	150	366	353	405	328	339	82
惠阳区	1329	196	45	462	361	488	340	286	96
博罗县	553	42	24	82	103	157	121	122	25
惠东县	378	21	17	82	69	53	67	83	27
龙门县	38	6	1	7	7	11	11	8	6
梅州市	**302**	**60**	**51**	**45**	**72**	**76**	**60**	**93**	**52**
梅江区	121	22	26	29	15	31	22	45	20
梅县区	99	21	19	9	26	29	18	27	8
大埔县	7	7	2	4	12		2	1	17
丰顺县	11	3	1		9	1	3	1	
五华县	26	2	1	1		5	6	4	2
平远县	11					2	1	1	2
蕉岭县	9	2	1	1	10	3	1	6	3
兴宁市	18	3	1	1		5	7	8	
汕尾市	**344**	**56**	**17**	**20**	**44**	**56**	**85**	**94**	**35**
城　区	87	17	11	9	7	20	28	19	5
海丰县	193	36	4	9	33	26	34	64	21
陆河县	14	2			1	6	1	2	5
陆丰市	50	1	2	2	3	4	22	9	4
河源市	**775**	**117**	**75**	**143**	**363**	**183**	**140**	**161**	**101**
源城区	618	108	63	125	297	149	102	138	45
紫金县	25	1	2	3	20	9	24	3	39
龙川县	55	1	3	1	8	5		9	6
连平县	18			1	9				
和平县	8			3	3	6	1	5	2
东源县	51	7	7	10	26	14	13	6	9
阳江市	**300**	**34**	**24**	**26**	**58**	**69**	**70**	**66**	**48**
江城区	165	21	17	11	39	45	44	44	16
阳东区	74	8	3	15	12	18	14	13	24
阳西县	28	1	1		6	3	7	3	
阳春市	33	4	3		1	3	5	6	8
清远市	**773**	**114**	**78**	**195**	**158**	**212**	**139**	**145**	**41**
清城区	489	87	62	134	111	130	97	104	24
清新区	127	16	3	37	23	29	19	19	2
佛冈县	44	4	4	6	8	21	3	7	2
阳山县	11					4	4	2	1
连山壮族瑶族自治县	4	1				1			2
连南瑶族自治县	7	1	2	1	1				2
英德市	71	3	5	14	13	26	15	13	5
连州市	20	2	2	3	2	1	1		3

4-6 续表 29 单位：人

地　区 性　别	社会生产服务和生活服务人员								
	住宿和餐饮服务人　员	信息传输、软件和信息技术服务人　员	金融服务人　　员	房地产服务人员	租赁和商务服务人　员	技术辅助服务人员	水利、环境和公共设施管理服务人员	居民服务人　　员	电力、燃气及水供应服务人　员
东莞市	**13480**	**2200**	**894**	**2449**	**3773**	**3170**	**2936**	**2700**	**488**
市辖区	13480	2200	894	2449	3773	3170	2936	2700	488
中山市	**3515**	**514**	**187**	**627**	**1041**	**1141**	**742**	**734**	**152**
市辖区	3515	514	187	627	1041	1141	742	734	152
潮州市	**233**	**32**	**19**	**12**	**25**	**43**	**37**	**85**	**12**
湘桥区	119	21	11	10	4	30	18	48	7
潮安区	97	10	7	2	19	10	18	34	5
饶平县	17	1	1		2	3	1	3	
揭阳市	**110**	**3**	**1**	**1**	**6**	**12**	**8**	**44**	**2**
榕城区	12					2	1	8	
揭东区	31	2			6	4	1	10	
揭西县	2					1			
惠来县	14					1		1	
普宁市	51	1	1	1		4	6	25	2
云浮市	**162**	**28**	**26**	**21**	**29**	**68**	**43**	**21**	**26**
云城区	76	25	22	13	18	38	14	12	14
云安区	19			2	3	15	1		2
新兴县	41	1	4	2		7	11	2	4
郁南县	16	1		2	3	6	13	3	1
罗定市	10	1		2	5	2	4	4	5
女	**74353**	**9643**	**7930**	**9977**	**13413**	**15029**	**32123**	**47626**	**442**
广州市	**16647**	**2649**	**1942**	**2122**	**3839**	**4011**	**6726**	**10816**	**104**
荔湾区	732	108	162	131	188	157	316	459	7
越秀区	1047	88	157	161	138	100	352	722	5
海珠区	1350	242	220	199	309	384	540	1231	15
天河区	3313	1095	448	451	954	876	1471	2031	10
白云区	4237	358	419	457	890	1012	1447	2687	21
黄埔区	1039	228	97	133	283	291	635	565	9
番禺区	2754	398	291	295	697	780	1110	1843	14
花都区	913	52	54	91	154	159	361	542	6
南沙区	637	31	28	106	86	128	278	327	4
从化区	93	4	12	10	8	11	21	50	1
增城区	532	45	54	88	132	113	195	359	12
韶关市	**559**	**47**	**76**	**37**	**50**	**75**	**194**	**337**	**13**
武江区	173	23	28	14	25	26	76	114	4
浈江区	159	13	19	13	10	18	47	91	1
曲江区	64	2	12	4	3	5	22	37	
始兴县	15		3		1	3	3	11	1
仁化县	33	2	3		5	6	13	5	1
翁源县	22	2	2	1		2	9	8	1
乳源瑶族自治县	21			1	1	5	2	14	1
新丰县	17	1	2	1	1	4	7	12	
乐昌市	39	2	6	2	2	4	13	23	2
南雄市	16	2	1	1	2	2	2	22	2
深圳市	**23071**	**5082**	**3055**	**3912**	**6024**	**5826**	**11381**	**17004**	**103**
罗湖区	1795	153	350	334	476	309	939	1704	6
福田区	2769	474	615	459	860	470	1392	2546	9
南山区	2611	783	245	383	590	555	1468	2276	6
宝安区	5608	1615	525	1052	1177	1621	2594	3863	27
龙岗区	4754	1116	775	755	1376	1354	2169	3175	26
盐田区	334	11	24	65	80	65	232	266	2
龙华区	3058	798	394	588	1230	1189	1231	2108	17
坪山区	656	44	33	59	53	142	350	269	5
光明区	1486	88	94	217	182	121	1006	797	5

4-6　续表 30　　　　单位：人

地区 性别	社会生产服务和生活服务人员								
	住宿和餐饮服务人员	信息传输、软件和信息技术服务人员	金融服务人员	房地产服务人员	租赁和商务服务人员	技术辅助服务人员	水利、环境和公共设施管理服务人员	居民服务人员	电力、燃气及水供应服务人员
珠海市	**2688**	**167**	**157**	**345**	**336**	**295**	**1279**	**1297**	**12**
香洲区	2066	141	126	235	236	185	994	1004	7
斗门区	313	17	16	86	46	62	140	175	3
金湾区	309	9	15	24	54	48	145	118	2
汕头市	**555**	**28**	**44**	**32**	**40**	**73**	**285**	**433**	**7**
龙湖区	185	21	22	20	23	37	108	180	2
金平区	142	6	18	8	9	17	65	132	1
濠江区	8			1	1	4	5	7	
潮阳区	44	1	3	1		5	25	26	
潮南区	92				2	2	34	24	4
澄海区	70		1	2	4	7	46	60	
南澳县	14				1	1	2	4	
佛山市	**8044**	**460**	**797**	**760**	**885**	**1154**	**3443**	**4598**	**30**
禅城区	1343	114	170	133	171	252	607	807	7
南海区	3421	206	426	299	407	478	1523	1838	13
顺德区	2619	124	159	274	270	349	1042	1694	7
三水区	475	13	31	35	32	56	197	176	3
高明区	186	3	11	19	5	19	74	83	
江门市	**1195**	**54**	**118**	**118**	**74**	**173**	**353**	**679**	**4**
蓬江区	387	37	51	46	31	64	121	261	2
江海区	224	7	26	36	17	31	66	108	
新会区	175	1	13	4	13	13	58	101	1
台山市	72		6	6	4	7	17	42	1
开平市	126	2	3	5	3	18	29	47	
鹤山市	163	5	17	20	6	36	53	95	
恩平市	48	2	2	1		4	9	25	
湛江市	**836**	**40**	**131**	**89**	**72**	**71**	**304**	**618**	**5**
赤坎区	240	12	31	31	27	18	67	170	2
霞山区	382	20	84	42	29	30	180	325	2
坡头区	23	3	5	7	7	6	7	18	
麻章区	67	2	1	4	3	5	24	22	1
遂溪县	22		4			1	1	16	
徐闻县	24	1	2	1	1	1	4	12	
廉江市	34	1	2	2	3	5	8	23	
雷州市	9	1		1	1	2	1	4	
吴川市	35		2	1	1	3	12	28	
茂名市	**244**	**6**	**35**	**17**	**11**	**27**	**55**	**260**	**4**
茂南区	126	3	24	10	8	18	29	114	1
电白区	43		4	1	2	4	10	53	3
高州市	16	1	2	2			7	20	
化州市	40	2	3	1		5	3	46	
信宜市	19		2	3	1		6	27	
肇庆市	**576**	**16**	**62**	**41**	**69**	**99**	**197**	**254**	**7**
端州区	216	10	33	13	20	19	77	109	2
鼎湖区	66		3	4	6	39	23	22	
高要区	53		2	2		4	19	13	
广宁县	7		3				3	5	
怀集县	7		3		1	1	1	4	1
封开县	11		2	1	1	1	7	3	1
德庆县	14		1				1	8	1
四会市	202	6	15	21	41	35	66	90	2
惠州市	**3206**	**165**	**239**	**516**	**300**	**504**	**1216**	**1727**	**33**
惠城区	1227	90	129	183	144	184	477	767	6
惠阳区	1154	58	67	249	104	218	490	514	20
博罗县	487	8	28	47	26	79	155	197	4
惠东县	297	9	13	36	25	20	85	222	3
龙门县	41		2	1	1	3	9	27	

4-6 续表 31 单位：人

地　区 性　别	社会生产服务和生活服务人员								
	住宿和餐饮服务人员	信息传输、软件和信息技术服务人员	金融服务人员	房地产服务人员	租赁和商务服务人员	技术辅助服务人员	水利、环境和公共设施管理服务人员	居民服务人员	电力、燃气及水供应服务人员
梅州市	**318**	**17**	**38**	**34**	**21**	**34**	**133**	**268**	**8**
梅江区	132	8	23	15	6	15	73	136	3
梅县区	94	6	11	13	8	12	37	57	2
大埔县	16		1	3	3	1	1	3	2
丰顺县	16	1			2	1	5	9	
五华县	18				1	2	12	10	1
平远县	11	1	1			1		13	
蕉岭县	11	1	1	2		2	2	18	
兴宁市	20		1	1	1		3	22	
汕尾市	**308**	**5**	**11**	**9**	**14**	**23**	**87**	**220**	**6**
城　区	80	3	6	2	2	3	36	35	
海丰县	171	2	5	6	11	14	36	114	4
陆河县	6					2	4	7	
陆丰市	51			1	1	4	11	64	2
河源市	**739**	**31**	**75**	**87**	**71**	**94**	**236**	**508**	**28**
源城区	574	26	64	78	62	79	189	393	5
紫金县	36		2	3	1	5	9	19	20
龙川县	51		4	1	4	2	10	36	2
连平县	18	1		1	1		6	7	
和平县	8	1	1		1	5	1	25	
东源县	52	3	4	4	2	3	21	28	1
阳江市	**311**	**12**	**31**	**15**	**18**	**40**	**105**	**174**	**2**
江城区	173	4	20	9	11	23	64	105	
阳东区	78	6	6	4	5	13	30	30	1
阳西县	25		1	1		1	3	12	
阳春市	35	2	4	1	2	3	8	27	1
清远市	**755**	**30**	**98**	**127**	**53**	**79**	**236**	**440**	**8**
清城区	476	14	69	74	45	52	158	267	1
清新区	87	9	15	31	5	7	33	69	
佛冈县	30	1	4	4	1	2	9	27	
阳山县	18		2	1		3	5	14	
连山壮族瑶族自治县	2		1				1	8	
连南瑶族自治县	7	1				1	3	2	2
英德市	109	4	7	16	2	12	24	47	5
连州市	26	1		1		2	3	6	
东莞市	**10895**	**679**	**774**	**1410**	**1210**	**1824**	**4336**	**5748**	**38**
市辖区	10895	679	774	1410	1210	1824	4336	5748	38
中山市	**2898**	**139**	**205**	**289**	**291**	**561**	**1407**	**1828**	**21**
市辖区	2898	139	205	289	291	561	1407	1828	21
潮州市	**213**	**8**	**23**	**6**	**18**	**30**	**67**	**188**	**4**
湘桥区	103	3	9	1	12	19	32	110	
潮安区	88	4	13	5	6	10	29	73	4
饶平县	22	1	1			1	6	5	
揭阳市	**96**	**1**	**4**	**1**	**5**	**8**	**18**	**56**	**1**
榕城区	10				1	1	3	7	
揭东区	19					1	1	15	1
揭西县	9						1	4	
惠来县	35	1	3				1	7	
普宁市	23		1	1	4	6	12	23	
云浮市	**199**	**7**	**15**	**10**	**12**	**28**	**65**	**173**	**4**
云城区	122	6	13	8	7	19	49	105	3
云安区	22	1			1	1	5	4	
新兴县	35		1	1	1	3	5	44	
郁南县	9		1		2	4	4	8	
罗定市	11			1	1	1	2	12	1

4-6　续表 32

单位：人

地　区 性　别	社会生产服务和生活服务人员				农、林、牧、渔业生产及辅助人员				
	修理及制作服务人员	文化、体育和娱乐服务人员	健康服务人员	其他社会生产和生活服务人员	小计	农业生产人员	林业生产人员	畜牧业生产人员	渔业生产人员
广　东	**33012**	**10093**	**2357**	**1420**	**26446**	**17183**	**1378**	**3673**	**3561**
广州市	**6431**	**2078**	**595**	**139**	**3823**	**3167**	**136**	**190**	**171**
荔湾区	256	54	45	8	185	105	2	3	18
越秀区	127	135	95	2	20	14	2	2	
海珠区	373	182	60	8	46	31	3	4	6
天河区	994	380	89	39	167	127	16	11	4
白云区	1743	643	133	12	1024	940	15	33	16
黄埔区	443	112	36	19	241	206	8	8	7
番禺区	1142	356	58	21	550	406	29	44	41
花都区	649	103	31	6	708	630	20	17	30
南沙区	333	45	13	15	297	238	8	10	32
从化区	25	14	2	2	100	56	8	31	1
增城区	346	54	33	7	485	414	25	27	16
韶关市	**292**	**54**	**16**	**16**	**825**	**382**	**68**	**324**	**32**
武江区	80	25	6	3	103	42	7	45	3
浈江区	89	13	7	12	103	49	13	31	5
曲江区	36	5	1		142	74	8	50	6
始兴县	11	1			39	15	10	14	
仁化县	19	3			85	48	7	17	12
翁源县	10			1	117	60	9	45	1
乳源瑶族自治县	10	4			70	26	8	36	
新丰县	8	1			53	22	4	27	
乐昌市	21		2		46	20	2	22	2
南雄市	8	2			67	26		37	3
深圳市	**10417**	**4388**	**1024**	**568**	**1504**	**1021**	**95**	**98**	**190**
罗湖区	571	424	75	24	41	24	3	1	11
福田区	767	358	77	232	25	12	4	1	3
南山区	691	522	61	8	108	44	5	12	44
宝安区	3111	1162	372	146	385	264	20	20	34
龙岗区	2417	740	220	132	340	202	15	20	76
盐田区	120	56	6		22		15	2	5
龙华区	1684	739	141	16	151	108	13	17	5
坪山区	322	55	35	7	209	175	17	7	5
光明区	734	332	37	3	223	192	3	18	7
珠海市	**898**	**335**	**59**	**116**	**1115**	**317**	**33**	**61**	**695**
香洲区	583	208	47	20	383	83	26	47	221
斗门区	175	76	9	3	331	116	4	10	198
金湾区	140	51	3	93	401	118	3	4	276
汕头市	**305**	**84**	**16**	**12**	**152**	**93**	**3**	**17**	**35**
龙湖区	140	49	4	1	48	35	1	1	8
金平区	97	16	8	9	29	17	1		10
濠江区	2		1						
潮阳区	14	2	1		25	14	1	5	5
潮南区	16	3			17	14		2	1
澄海区	35	9	2	2	21	10		9	2
南澳县	1	5			12	3			9
佛山市	**4109**	**742**	**127**	**225**	**3192**	**2118**	**232**	**328**	**455**
禅城区	655	111	37	11	71	49	3	8	8
南海区	1872	330	48	14	1282	984	81	69	114
顺德区	1300	244	39	193	645	411	20	30	167
三水区	191	30	2	6	914	562	60	174	113
高明区	91	27	1	1	280	112	68	47	53

4-6 续表 33

单位：人

地区 性别	社会生产服务和生活服务人员 修理及制作服务人员	文化、体育和娱乐服务人员	健康服务人员	其他社会生产和生活服务人员	农、林、牧、渔业生产及辅助人员 小计	农业生产人员	林业生产人员	畜牧业生产人员	渔业生产人员
江门市	**579**	**108**	**26**	**6**	**2563**	**1413**	**96**	**614**	**407**
蓬江区	187	33	11		110	56	4	18	29
江海区	97	31		1	50	30	3	4	13
新会区	96	13	6	1	398	243	14	53	82
台山市	89	15			785	354	13	199	209
开平市	42	5	2	4	736	501	35	168	24
鹤山市	58	10	7		163	79	12	44	25
恩平市	10	1			321	150	15	128	25
湛江市	**400**	**54**	**18**	**3**	**1173**	**787**	**50**	**89**	**209**
赤坎区	123	10	4	1	71	40	4	16	10
霞山区	144	31	11	1	212	89	7	8	106
坡头区	10				50	12	18	8	12
麻章区	39	2			125	96	4	2	18
遂溪县	22	1			148	105	7	10	14
徐闻县	9	1	1		231	183	7	6	23
廉江市	28	3	1		127	111		12	3
雷州市	7	1		1	142	119	2	7	10
吴川市	18	5	1		67	32	1	20	13
茂名市	**158**	**17**	**15**		**541**	**363**	**56**	**72**	**32**
茂南区	97	12	13		87	66	2	13	5
电白区	19				119	74	8	17	17
高州市	12				102	65	20	13	4
化州市	19	3	2		117	70	6	22	5
信宜市	11	2			116	88	20	7	1
肇庆市	**292**	**59**	**18**	**4**	**758**	**365**	**49**	**228**	**103**
端州区	120	31	14	1	47	34	1	3	6
鼎湖区	21	2		1	67	12	4	44	7
高要区	34	2	1	1	156	116	9	13	16
广宁县	3		1		30	12	7	9	1
怀集县	5	1			35	10	1	21	
封开县	7				49	17	2	26	4
德庆县	5	2	1		39	36	1		
四会市	97	21	1	1	335	128	24	112	69
惠州市	**1519**	**448**	**76**	**35**	**3543**	**2565**	**125**	**335**	**475**
惠城区	657	167	35	11	786	548	20	71	135
惠阳区	503	140	28	23	919	717	13	35	143
博罗县	224	76	10		1096	822	46	158	55
惠东县	124	56	2		645	434	27	53	128
龙门县	11	9	1	1	97	44	19	18	14
梅州市	**205**	**27**	**20**	**41**	**448**	**338**	**19**	**81**	**6**
梅江区	83	6	9	31	116	104	2	10	
梅县区	59	7	2	5	109	90	8	6	3
大埔县	4			3	31	16	5	9	
丰顺县	12	2	2		39	22		16	1
五华县	18	1	6		39	27	1	11	
平远县	5	5		1	33	18	2	13	
蕉岭县	13		1		33	25	1	4	2
兴宁市	11	6		1	48	36		12	
汕尾市	**119**	**48**	**3**	**5**	**488**	**194**	**37**	**65**	**187**
城区	44	17	1	2	158	21	3	5	128
海丰县	52	15	2	3	220	136	17	29	37
陆河县	9	1			32	7	14	11	
陆丰市	14	15			78	30	3	20	22

4-6　续表 34　　　　单位：人

地　区 性　别	社会生产服务和生活服务人员				农、林、牧、渔业生产及辅助人员				
	修理及制作服务人员	文化、体育和娱乐服务人员	健康服务人员	其他社会生产和生活服务人员	小计	农业生产人员	林业生产人员	畜牧业生产人员	渔业生产人员
河源市	**287**	**76**	**40**	**7**	**646**	**306**	**55**	**253**	**25**
源城区	204	64	35	6	166	89	16	47	11
紫金县	22	1		1	179	97	11	68	3
龙川县	17	3	2		63	20	6	34	
连平县	8	3			82	26	1	52	3
和平县	1	2	2		23	11	5	7	
东源县	35	3	1		133	63	16	45	8
阳江市	**102**	**8**	**3**		**738**	**290**	**76**	**167**	**189**
江城区	51	2	1		275	113	12	38	109
阳东区	29	4	1		215	84	32	46	44
阳西县	10	1	1		168	58	15	57	36
阳春市	12	1			80	35	17	26	
清远市	**358**	**54**	**15**	**8**	**1038**	**435**	**70**	**472**	**53**
清城区	196	27	14		352	157	33	123	35
清新区	51	6			175	88	7	73	7
佛冈县	16	4		5	67	26	5	32	2
阳山县	8	3		1	42	17	1	24	
连山壮族瑶族自治县	5				31	11	1	18	
连南瑶族自治县	1		1	1	6	5	1		
英德市	71	10		1	331	115	19	189	7
连州市	10	4			34	16	3	13	2
东莞市	**4680**	**1147**	**230**	**146**	**2268**	**1905**	**83**	**94**	**122**
市辖区	4680	1147	230	146	2268	1905	83	94	122
中山市	**1612**	**286**	**45**	**76**	**1162**	**832**	**71**	**55**	**159**
市辖区	1612	286	45	76	1162	832	71	55	159
潮州市	**101**	**54**	**4**	**10**	**87**	**69**	**4**	**4**	**7**
湘桥区	48	10	4		27	21		2	3
潮安区	42	30		10	34	26	4	1	2
饶平县	11	14			26	22		1	2
揭阳市	**43**	**2**	**1**	**1**	**80**	**73**		**3**	**2**
榕城区	9				12	12			
揭东区	11				36	33		1	2
揭西县	5			1	8	5		1	
惠来县	7		1		4	4			
普宁市	11	2			20	19		1	
云浮市	**105**	**24**	**6**	**2**	**302**	**150**	**20**	**123**	**7**
云城区	65	14	1	2	35	18	1	12	3
云安区	3				29	12		17	
新兴县	17	2	3		102	49	15	37	1
郁南县	6	1	1		58	32	3	20	2
罗定市	14	7	1		78	39	1	37	1
男	**29870**	**5331**	**942**	**729**	**16123**	**9697**	**939**	**2361**	**2678**
广州市	**5827**	**1084**	**183**	**72**	**2298**	**1823**	**90**	**146**	**131**
荔湾区	237	29	13	4	101	54	2	2	11
越秀区	110	66	17	2	13	9	1	2	
海珠区	333	101	12	5	30	19	3	2	4
天河区	905	224	30	21	106	79	7	9	3
白云区	1609	313	50	4	588	522	8	28	13
黄埔区	408	64	14	13	157	133	5	4	6
番禺区	1047	195	16	10	339	236	17	34	31
花都区	561	45	16	3	419	363	15	10	24
南沙区	295	21	7	8	202	155	6	8	26
从化区	23	5		1	65	29	6	27	1
增城区	299	21	8	1	278	224	20	20	12

4-6 续表 35　　　　单位：人

地区 性别	社会生产服务和生活服务人员				农、林、牧、渔业生产及辅助人员				
	修理及制作服务人员	文化、体育和娱乐服务人员	健康服务人员	其他社会生产和生活服务人员	小计	农业生产人员	林业生产人员	畜牧业生产人员	渔业生产人员
韶关市	259	20	8	7	532	218	56	225	20
武江区	69	11	4	2	67	29	5	27	2
浈江区	83	5	2	5	76	32	12	26	2
曲江区	32				86	39	7	32	5
始兴县	11				32	11	10	11	
仁化县	16	2			48	27	5	10	6
翁源县	8				75	35	7	31	1
乳源瑶族自治县	9	1			45	11	5	29	
新丰县	7				28	9	3	16	
乐昌市	17		2		33	11	2	18	2
南雄市	7	1			42	14		25	2
深圳市	9558	2393	477	295	993	612	73	69	165
罗湖区	531	223	39	16	30	15	3		11
福田区	698	166	18	109	22	11	2	1	3
南山区	649	268	22	6	80	30	5	9	34
宝安区	2819	639	186	69	265	170	18	16	28
龙岗区	2263	423	108	76	229	116	9	14	70
盐田区	111	20	1		21		15	2	4
龙华区	1531	416	65	13	92	62	8	13	3
坪山区	282	33	19	4	122	97	11	5	5
光明区	674	205	19	2	132	111	2	9	7
珠海市	814	181	17	81	778	185	23	41	524
香洲区	538	118	11	11	269	48	18	30	171
斗门区	156	40	6	2	230	69	4	8	146
金湾区	120	23		68	279	68	1	3	207
汕头市	278	39	12	7	104	59	2	12	28
龙湖区	130	18	4	1	30	20			8
金平区	89	12	7	5	19	10	1		7
濠江区	2								
潮阳区	14	2	1		18	11	1	3	3
潮南区	12	1			10	8		1	1
澄海区	30	6		1	17	8		8	1
南澳县	1				10	2			8
佛山市	3702	374	48	66	1973	1237	157	190	342
禅城区	604	49	16	7	42	28	2	4	5
南海区	1657	172	16	12	812	588	58	46	94
顺德区	1182	131	14	43	418	248	12	18	127
三水区	177	11	2	4	537	315	39	96	82
高明区	82	11			164	58	46	26	34
江门市	506	46	6	3	1569	800	72	382	291
蓬江区	166	15	1		68	29	3	12	21
江海区	89	7			32	20	2	2	8
新会区	86	7	2		239	129	12	28	65
台山市	67	9			466	197	9	106	147
开平市	38	3	1	3	449	289	28	111	16
鹤山市	51	4	2		108	47	8	33	18
恩平市	9	1			207	89	10	90	16
湛江市	358	21	4	2	662	386	32	53	172
赤坎区	111	6	1		47	25	2	11	9
霞山区	135	10	2	1	164	60	6	6	92
坡头区	8				33	5	13	5	10
麻章区	31	1			72	53	3	2	12
遂溪县	19				73	48	2	6	10
徐闻县	9	1	1		126	93	4	4	18
廉江市	22				31	23		5	2
雷州市	7			1	81	67	1	5	7
吴川市	16	3			35	12	1	9	12

4-6　续表 36　　单位：人

地区 性别	社会生产服务和生活服务人员 修理及制作服务人员	文化、体育和娱乐服务人员	健康服务人员	其他社会生产和生活服务人员	农、林、牧、渔业生产及辅助人员 小计	农业生产人员	林业生产人员	畜牧业生产人员	渔业生产人员
茂名市	**142**	**6**	**9**		**203**	**108**	**27**	**35**	**23**
茂南区	87	3	8		48	33	1	8	5
电白区	19				42	14	4	11	12
高州市	10				39	20	9	7	3
化州市	16	1	1		34	14	3	7	2
信宜市	10	2			40	27	10	2	1
肇庆市	**251**	**31**	**8**	**4**	**458**	**209**	**32**	**141**	**68**
端州区	107	17	6	1	35	25	1	2	5
鼎湖区	20			1	47	9	2	30	6
高要区	24			1	88	65	6	6	9
广宁县	3		1		16	6	3	6	1
怀集县	3				19	5		12	
封开县	5				22	6		14	2
德庆县	5	2			19	17	1		
四会市	84	12	1	1	212	76	19	71	45
惠州市	**1338**	**240**	**29**	**22**	**2145**	**1468**	**78**	**228**	**337**
惠城区	576	89	7	4	497	334	10	53	89
惠阳区	451	90	16	18	545	404	6	24	102
博罗县	193	29	4		664	472	33	109	39
惠东县	108	32	2		378	235	17	31	93
龙门县	10				61	23	12	11	14
梅州市	**172**	**10**	**11**	**22**	**220**	**155**	**12**	**47**	**3**
梅江区	73	1	5	17	59	52	1	6	
梅县区	47	5		3	52	42	3	4	1
大埔县	1			1	19	6	5	7	
丰顺县	10	1			16	7		8	1
五华县	16		6		15	11	1	3	
平远县	4	2			22	9	2	11	
蕉岭县	13				16	13		2	1
兴宁市	8	1		1	21	15		6	
汕尾市	**113**	**13**	**1**	**2**	**355**	**124**	**24**	**44**	**161**
城　区	43	4		1	124	11	1	4	107
海丰县	49	4	1	1	152	88	10	20	33
陆河县	9				22	5	11	6	
陆丰市	12	5			57	20	2	14	21
河源市	**261**	**38**	**18**	**5**	**407**	**171**	**45**	**162**	**22**
源城区	190	34	15	5	116	53	12	38	10
紫金县	19	1			105	49	11	42	3
龙川县	15	1	2		43	11	5	24	
连平县	7				47	14	1	30	2
和平县	1	1	1		13	5	4	4	
东源县	29	1			83	39	12	24	7
阳江市	**94**	**4**			**475**	**159**	**47**	**118**	**141**
江城区	48				188	69	9	31	77
阳东区	26	3			137	52	20	29	31
阳西县	9	1			119	31	9	45	33
阳春市	11				31	7	9	13	
清远市	**327**	**20**	**5**	**3**	**609**	**226**	**48**	**295**	**36**
清城区	186	12	5		230	93	30	79	26
清新区	45	3			103	49	4	46	4
佛冈县	14	1		3	40	10	4	23	1
阳山县	7	1			30	11	1	18	
连山壮族瑶族自治县	4				21	7		14	
连南瑶族自治县	1				3	2	1		
英德市	60	2			159	46	7	103	3
连州市	10	1			23	8	1	12	2

4-6 续表 37

单位：人

地区 性别	社会生产服务和生活服务人员				农、林、牧、渔业生产及辅助人员				
	修理及制作服务人员	文化、体育和娱乐服务人员	健康服务人员	其他社会生产和生活服务人员	小计	农业生产人员	林业生产人员	畜牧业生产人员	渔业生产人员
东莞市	**4205**	**621**	**88**	**85**	**1382**	**1135**	**58**	**60**	**84**
市辖区	4205	621	88	85	1382	1135	58	60	84
中山市	**1441**	**158**	**15**	**48**	**713**	**481**	**49**	**38**	**117**
市辖区	1441	158	15	48	713	481	49	38	117
潮州市	**92**	**22**	**1**	**2**	**50**	**36**	**3**	**4**	**6**
湘桥区	43	2	1		20	15		2	3
潮安区	39	14		2	18	13	3	1	1
饶平县	10	6			12	8		1	2
揭阳市	**40**	**1**		**1**	**43**	**39**		**1**	**2**
榕城区	8				7	7			
揭东区	11				22	20			2
揭西县	4			1	4	2		1	
惠来县	6								
普宁市	11	1			10	10			
云浮市	**92**	**9**	**2**	**2**	**154**	**66**	**11**	**70**	**5**
云城区	58	8	1	2	20	10	1	6	2
云安区	3				16	4		12	
新兴县	14	1			57	28	8	20	1
郁南县	6		1		24	10	1	11	1
罗定市	11				37	14	1	21	1
女	**3142**	**4762**	**1415**	**691**	**10323**	**7486**	**439**	**1312**	**883**
广州市	**604**	**994**	**412**	**67**	**1525**	**1344**	**46**	**44**	**40**
荔湾区	19	25	32	4	84	51		1	7
越秀区	17	69	78		7	5	1		
海珠区	40	81	48	3	16	12		2	2
天河区	89	156	59	18	61	48	9	2	1
白云区	134	330	83	8	436	418	7	5	3
黄埔区	35	48	22	6	84	73	3	4	1
番禺区	95	161	42	11	211	170	12	10	10
花都区	88	58	15	3	289	267	5	7	6
南沙区	38	24	6	7	95	83	2	2	6
从化区	2	9	2	1	35	27	2	4	
增城区	47	33	25	6	207	190	5	7	4
韶关市	**33**	**34**	**8**	**9**	**293**	**164**	**12**	**99**	**12**
武江区	11	14	2	1	36	13	2	18	1
浈江区	6	8	5	7	27	17	1	5	3
曲江区	4	5	1		56	35	1	18	1
始兴县		1			7	4		3	
仁化县	3	1			37	21	2	7	6
翁源县	2			1	42	25	2	14	
乳源瑶族自治县	1	3			25	15	3	7	
新丰县	1	1			25	13	1	11	
乐昌市	4				13	9		4	
南雄市	1	1			25	12		12	1
深圳市	**859**	**1995**	**547**	**273**	**511**	**409**	**22**	**29**	**25**
罗湖区	40	201	36	8	11	9		1	
福田区	69	192	59	123	3	1	2		
南山区	42	254	39	2	28	14		3	10
宝安区	292	523	186	77	120	94	2	4	6
龙岗区	154	317	112	56	111	86	6	6	6
盐田区	9	36	5		1				1
龙华区	153	323	76	3	59	46	5	4	2
坪山区	40	22	16	3	87	78	6	2	
光明区	60	127	18	1	91	81	1	9	

4-6　续表 38　　　　单位：人

地区 性别	社会生产服务和生活服务人员				农、林、牧、渔业生产及辅助人员				
	修理及制作服务人员	文化、体育和娱乐服务人员	健康服务人员	其他社会生产和生活服务人员	小计	农业生产人员	林业生产人员	畜牧业生产人员	渔业生产人员
珠海市	**84**	**154**	**42**	**35**	**337**	**132**	**10**	**20**	**171**
香洲区	45	90	36	9	114	35	8	17	50
斗门区	19	36	3	1	101	47		2	52
金湾区	20	28	3	25	122	50	2	1	69
汕头市	**27**	**45**	**4**	**5**	**48**	**34**	**1**	**5**	**7**
龙湖区	10	31			18	15	1	1	
金平区	8	4	1	4	10	7			3
濠江区			1						
潮阳区					7	3		2	2
潮南区	4	2			7	6		1	
澄海区	5	3	2	1	4	2		1	1
南澳县		5			2	1			1
佛山市	**407**	**368**	**79**	**159**	**1219**	**881**	**75**	**138**	**113**
禅城区	51	62	21	4	29	21	1	4	3
南海区	215	158	32	2	470	396	23	23	20
顺德区	118	113	25	150	227	163	8	12	40
三水区	14	19		2	377	247	21	78	31
高明区	9	16	1	1	116	54	22	21	19
江门市	**73**	**62**	**20**	**3**	**994**	**613**	**24**	**232**	**116**
蓬江区	21	18	10		42	27	1	6	8
江海区	8	24		1	18	10	1	2	5
新会区	10	6	4	1	159	114	2	25	17
台山市	22	6			319	157	4	93	62
开平市	4	2	1	1	287	212	7	57	8
鹤山市	7	6	5		55	32	4	11	7
恩平市	1				114	61	5	38	9
湛江市	**42**	**33**	**14**	**1**	**511**	**401**	**18**	**36**	**37**
赤坎区	12	4	3	1	24	15	2	5	1
霞山区	9	21	9		48	29	1	2	14
坡头区	2				17	7	5	3	2
麻章区	8	1			53	43	1		6
遂溪县	3	1			75	57	5	4	4
徐闻县					105	90	3	2	5
廉江市	6	3	1		96	88		7	1
雷州市		1			61	52	1	2	3
吴川市	2	2	1		32	20		11	1
茂名市	**16**	**11**	**6**		**338**	**255**	**29**	**37**	**9**
茂南区	10	9	5		39	33	1	5	
电白区					77	60	4	6	5
高州市	2				63	45	11	6	1
化州市	3	2	1		83	56	3	15	3
信宜市	1				76	61	10	5	
肇庆市	**41**	**28**	**10**		**300**	**156**	**17**	**87**	**35**
端州区	13	14	8		12	9		1	1
鼎湖区	1	2			20	3	2	14	1
高要区	10	2	1		68	51	3	7	7
广宁县					14	6	4	3	
怀集县	2	1			16	5	1	9	
封开县	2				27	11	2	12	2
德庆县			1		20	19			
四会市	13	9			123	52	5	41	24
惠州市	**181**	**208**	**47**	**13**	**1398**	**1097**	**47**	**107**	**138**
惠城区	81	78	28	7	289	214	10	18	46
惠阳区	52	50	12	5	374	313	7	11	41
博罗县	31	47	6		432	350	13	49	16
惠东县	16	24			267	199	10	22	35
龙门县	1	9	1	1	36	21	7	7	

4-6 续表 39

单位：人

地区 性别	社会生产服务和生活服务人员				农、林、牧、渔业生产及辅助人员				
	修理及制作服务人员	文化、体育和娱乐服务人员	健康服务人员	其他社会生产和生活服务人员	小计	农业生产人员	林业生产人员	畜牧业生产人员	渔业生产人员
梅州市	**33**	**17**	**9**	**19**	**228**	**183**	**7**	**34**	**3**
梅江区	10	5	4	14	57	52	1	4	
梅县区	12	2	2	2	57	48	5	2	2
大埔县	3			2	12	10		2	
丰顺县	2	1	2		23	15		8	
五华县	2	1			24	16		8	
平远县	1	3		1	11	9		2	
蕉岭县			1		17	12	1	2	1
兴宁市	3	5			27	21		6	
汕尾市	**6**	**35**	**2**	**3**	**133**	**70**	**13**	**21**	**26**
城　区	1	13	1	1	34	10	2	1	21
海丰县	3	11	1	2	68	48	7	9	4
陆河县		1			10	2	3	5	
陆丰市	2	10			21	10	1	6	1
河源市	**26**	**38**	**22**	**2**	**239**	**135**	**10**	**91**	**3**
源城区	14	30	20	1	50	36	4	9	1
紫金县	3			1	74	48		26	
龙川县	2	2			20	9	1	10	
连平县	1	3			35	12		22	1
和平县		1	1		10	6	1	3	
东源县	6	2	1		50	24	4	21	1
阳江市	**8**	**4**	**3**		**263**	**131**	**29**	**49**	**48**
江城区	3	2	1		87	44	3	7	32
阳东区	3	1	1		78	32	12	17	13
阳西县	1		1		49	27	6	12	3
阳春市	1	1			49	28	8	13	
清远市	**31**	**34**	**10**	**5**	**429**	**209**	**22**	**177**	**17**
清城区	10	15	9		122	64	3	44	9
清新区	6	3			72	39	3	27	3
佛冈县	2	3		2	27	16	1	9	1
阳山县	1	2		1	12	6		6	
连山壮族瑶族自治县	1				10	4	1	4	
连南瑶族自治县			1	1	3	3			
英德市	11	8		1	172	69	12	86	4
连州市		3			11	8	2	1	
东莞市	**475**	**526**	**142**	**61**	**886**	**770**	**25**	**34**	**38**
市辖区	475	526	142	61	886	770	25	34	38
中山市	**171**	**128**	**30**	**28**	**449**	**351**	**22**	**17**	**42**
市辖区	171	128	30	28	449	351	22	17	42
潮州市	**9**	**32**	**3**	**8**	**37**	**33**	**1**		**1**
湘桥区	5	8	3		7	6			
潮安区	3	16		8	16	13	1		1
饶平县	1	8			14	14			
揭阳市	**3**	**1**	**1**		**37**	**34**		**2**	
榕城区	1				5	5			
揭东区					14	13		1	
揭西县	1				4	3			
惠来县	1		1		4	4			
普宁市		1			10	9		1	
云浮市	**13**	**15**	**4**		**148**	**84**	**9**	**53**	**2**
云城区	7	6			15	8		6	1
云安区					13	8		5	
新兴县	3	1	3		45	21	7	17	
郁南县		1			34	22	2	9	1
罗定市	3	7	1		41	25		16	

4-6　续表 40　　　　单位：人

地区 性别	农林牧渔生产辅助人员	其他农、林、牧、渔业生产加工人员	生产制造及有关人员 小计	农副产品加工人员	食品、饮料生产加工人员	烟草及其制品加工人员	纺织、针织、印染人员	纺织品、服装和皮革、毛皮制品加工制作人员	木材加工、家具与木制品制作人员
广　东	**577**	**74**	**1446796**	**4828**	**11290**	**292**	**16805**	**177087**	**48553**
广州市	**144**	**15**	**199276**	**622**	**2732**	**28**	**1705**	**68374**	**4082**
荔湾区	56	1	2752	24	87	13	24	208	44
越秀区	2		1043	11	48	1	3	39	11
海珠区	2		28150	11	151	6	156	24259	72
天河区	8	1	8027	17	217	1	22	420	154
白云区	18	2	48407	156	442	3	207	18794	1206
黄埔区	10	2	18767	58	708	1	25	289	290
番禺区	22	8	36400	95	462	2	471	10092	699
花都区	10	1	25266	97	189		251	9808	399
南沙区	9		17085	79	240		392	889	666
从化区	4		2204	15	79		6	114	127
增城区	3		11175	59	109	1	148	3462	414
韶关市	**18**	**1**	**6650**	**71**	**94**	**14**	**45**	**163**	**240**
武江区	6		2122	18	16	6	2	62	78
浈江区	4	1	1049	14	33	8	1	25	17
曲江区	4		857	18	14		26	28	25
始兴县			265	3	3			2	7
仁化县	1		481	3	7			3	36
翁源县	2		427	5	6		6	8	30
乳源瑶族自治县			278	2	6			5	5
新丰县			347	2	1		2	2	16
乐昌市			502	1	3		7	19	23
南雄市	1		322	5	5		1	9	3
深圳市	**95**	**5**	**350586**	**722**	**1989**	**208**	**706**	**14069**	**4676**
罗湖区	2		5108	70	115		7	376	112
福田区	5		5589	8	111		8	96	92
南山区	2	1	13235	59	117		12	1486	532
宝安区	46	1	126289	193	692	188	260	2596	806
龙岗区	24	3	77947	216	521	2	221	5499	1655
盐田区			2385	5	29			227	16
龙华区	8		61661	33	220	7	33	1967	770
坪山区	5		16470	46	56		18	533	487
光明区	3		41902	92	128	11	147	1289	206
珠海市	**8**	**1**	**34441**	**121**	**303**	**1**	**113**	**776**	**741**
香洲区	5	1	16516	24	161	1	26	359	465
斗门区	3		9417	78	43		53	292	142
金湾区			8508	19	99		34	125	134
汕头市	**1**	**3**	**13960**	**103**	**161**	**2**	**458**	**1983**	**117**
龙湖区		3	3546	22	67		129	578	69
金平区	1		1566	15	66		27	225	29
濠江区			314	23	6		13	3	1
潮阳区			748	37	5	2	45	234	5
潮南区			2005	3	7		180	853	5
澄海区			5749	3	6		63	89	8
南澳县			32		4		1	1	
佛山市	**52**	**7**	**177193**	**584**	**1388**	**5**	**4433**	**16471**	**15057**
禅城区	2	1	15860	16	95	1	1104	3875	479
南海区	30	4	71429	250	566	3	1815	8077	4463
顺德区	15	2	69808	188	390	1	586	3731	8988
三水区	5		14057	96	191		737	249	561
高明区			6039	34	146		191	539	566

4-6 续表 41 单位：人

地区 性别	农林牧渔生产辅助人员	其他农、林、牧、渔业生产加工人员	生产制造及有关人员						
			小计	农副产品加工人员	食品、饮料生产加工人员	烟草及其制品加工人员	纺织、针织、印染人员	纺织品、服装和皮革、毛皮制品加工制作人员	木材加工、家具与木制品制作人员
江门市	**25**	**8**	**34834**	**313**	**454**	**1**	**416**	**2379**	**2692**
蓬江区	3		8123	35	137	1	58	477	209
江海区			6227	49	56		32	131	113
新会区	4	2	6216	40	105		118	233	1381
台山市	5	5	2549	97	18		41	165	169
开平市	8		3494	46	51		66	204	218
鹤山市	3		6963	43	83		39	1086	572
恩平市	2	1	1262	3	4		62	83	30
湛江市	**34**	**4**	**6027**	**403**	**135**	**3**	**16**	**129**	**190**
赤坎区	1		916	26	27	1	5	9	14
霞山区	1	1	1914	189	44	2	5	45	61
坡头区			302	3	6			1	6
麻章区	2	3	926	29	7		2	11	22
遂溪县	12		215	26	15			8	9
徐闻县	12		272	25	7			7	24
廉江市	1		385	12	9		2	10	30
雷州市	4		210	7	14		1	5	15
吴川市	1		887	86	6		1	33	9
茂名市	**12**	**6**	**3519**	**103**	**38**		**7**	**209**	**102**
茂南区		1	1208	17	16		1	17	33
电白区	1	2	855	34	11		3	12	8
高州市			661	5	3		1	129	7
化州市	11	3	494	44	6			36	46
信宜市			301	3	2		2	15	8
肇庆市	**13**		**14286**	**79**	**304**		**309**	**466**	**481**
端州区	3		1619	11	46		18	61	14
鼎湖区			1799	1	7		118	67	42
高要区	2		2652	24	15		5	47	21
广宁县	1		427	1	4			18	11
怀集县	3		204		2			5	15
封开县			260	2	4			4	6
德庆县	2		108	1	3			7	4
四会市	2		7217	39	223		168	257	368
惠州市	**42**	**1**	**93016**	**280**	**387**	**7**	**492**	**7949**	**4366**
惠城区	12		26799	83	140		87	872	517
惠阳区	11		40405	83	129	7	89	987	2661
博罗县	15		16279	60	86		252	1795	902
惠东县	3		8834	49	26		63	4289	206
龙门县	1	1	699	5	6		1	6	80
梅州市	**4**		**4877**	**45**	**50**	**10**	**14**	**90**	**166**
梅江区			1654	12	3	5	2	14	28
梅县区	2		1326	3	11	5	2	29	34
大埔县	1		219	2	9		1	1	9
丰顺县			426	9	8			3	19
五华县			399	3	7			10	25
平远县			205	6			7	11	13
蕉岭县	1		286	1	1			6	29
兴宁市			362	9	11		2	16	9
汕尾市	**5**		**5752**	**62**	**42**		**58**	**931**	**105**
城　区	1		1605	21	18		23	39	8
海丰县	1		3436	36	17		35	872	58
陆河县			386		1			5	12
陆丰市	3		325	5	6			15	27

4-6　续表 42　　　　　　　　　　　　　　　　　　　　单位：人

地　区 性　别	农林牧渔生产辅助人员	其他农、林、牧、渔业生产加工人员	生产制造及有关人员 小计	农副产品加工人员	食品、饮料生产加工人员	烟草及其制品加工人员	纺织、针织、印染人员	纺织品、服装和皮革、毛皮制品加工制作人员	木材加工、家具与木制品制作人员
河源市	**6**	**1**	**10510**	**101**	**105**		**66**	**765**	**389**
源城区	3		7069	76	83		56	596	187
紫金县			812		2		6	41	60
龙川县	2	1	746	4	8			55	61
连平县			294	2	3			12	15
和平县			254	2	3		1	12	1
东源县	1		1335	17	6		3	49	65
阳江市	**6**	**10**	**6782**	**49**	**35**		**24**	**277**	**173**
江城区	3		3098	38	11		17	219	68
阳东区	1	8	2750	2	8		3	34	85
阳西县		2	427	7	14		2	9	3
阳春市	2		507	2	2		2	15	17
清远市	**7**	**1**	**13507**	**101**	**143**		**171**	**1347**	**860**
清城区	4		7907	44	85		92	526	646
清新区			2010	31	14		16	631	42
佛冈县	2		1018	2	8		29	54	59
阳山县			196		2			4	4
连山壮族瑶族自治县		1	51		1			1	3
连南瑶族自治县			44	3	1		2	5	1
英德市	1		2030	19	30		31	120	86
连州市			251	2	2		1	6	19
东莞市	**61**	**3**	**358702**	**727**	**2254**	**12**	**6493**	**45675**	**9270**
市辖区	61	3	358702	727	2254	12	6493	45675	9270
中山市	**38**	**7**	**98702**	**263**	**474**	**1**	**1189**	**13984**	**4640**
市辖区	38	7	98702	263	474	1	1189	13984	4640
潮州市	**2**	**1**	**8266**	**25**	**155**		**26**	**336**	**123**
湘桥区	1		2048	8	13		17	213	44
潮安区		1	5970	17	135		8	120	50
饶平县	1		248		7		1	3	29
揭阳市	**2**		**2072**	**11**	**8**		**50**	**413**	**27**
榕城区			401		1		1	42	4
揭东区			671	10			2	11	6
揭西县	2		84	1	2			6	
惠来县			103		2			17	3
普宁市			813		3		47	337	14
云浮市	**2**		**3838**	**43**	**39**		**14**	**301**	**56**
云城区	1		1772	7	19		11	127	28
云安区			293	8			1	11	4
新兴县			1183	10	6		1	135	7
郁南县	1		233	3	5			4	3
罗定市			357	15	9		1	24	14
男	**402**	**46**	**952651**	**3105**	**6765**	**176**	**9467**	**88190**	**36696**
广州市	**99**	**9**	**130408**	**443**	**1641**	**20**	**942**	**36454**	**3309**
荔湾区	31	1	2048	18	54	8	13	104	32
越秀区	1		847	6	33	1	2	17	10
海珠区	2		16263	8	98	5	95	13123	65
天河区	7	1	6161	12	124	1	7	160	134
白云区	17		30354	115	275	2	106	10177	1009
黄埔区	8	1	13552	45	420	1	13	132	237
番禺区	16	5	23708	61	268	1	246	5053	568
花都区	6	1	16045	68	111		140	5305	331
南沙区	7		12204	59	131		242	366	513
从化区	2		1538	9	50		2	73	100
增城区	2		7688	42	77	1	76	1944	310

4-6 续表 43

单位：人

地区 性别	农林牧渔生产辅助人员	其他农、林、牧、渔业生产加工人员	生产制造及有关人员 小计	农副产品加工人员	食品、饮料生产加工人员	烟草及其制品加工人员	纺织、针织、印染人员	纺织品、服装和皮革、毛皮制品加工制作人员	木材加工、家具与木制品制作人员
韶关市	**12**	**1**	**4921**	**51**	**50**	**10**	**19**	**59**	**191**
武江区	4		1463	13	11	4	2	14	67
浈江区	3	1	777	10	17	6		10	14
曲江区	3		685	14	3		9	16	20
始兴县			159	2	3			1	5
仁化县			397	2	3			2	29
翁源县	1		314	3	3		3	2	22
乳源瑶族自治县			208	1	5			3	3
新丰县			271	2			1		12
乐昌市			399	1	2		3	7	16
南雄市	1		248	3	3		1	4	3
深圳市	**71**	**3**	**233539**	**504**	**1262**	**119**	**427**	**6484**	**3983**
罗湖区	1		4210	36	83		6	180	109
福田区	5		4554	5	80		6	37	84
南山区	1	1	10168	52	68		7	755	484
宝安区	32	1	79849	134	426	106	144	1177	704
龙岗区	19	1	51635	152	342	2	151	2553	1376
盐田区			1810	3	17			71	14
龙华区	6		42855	19	132	4	18	914	625
坪山区	4		11008	38	33		8	230	395
光明区	3		27450	65	81	7	87	567	192
珠海市	**4**	**1**	**24362**	**86**	**182**	**1**	**74**	**289**	**648**
香洲区	1	1	12003	15	96	1	10	130	422
斗门区	3		6347	58	30		41	101	120
金湾区			6012	13	56		23	58	106
汕头市	**1**	**2**	**8583**	**58**	**78**	**2**	**263**	**866**	**107**
龙湖区		2	2372	9	28		62	209	64
金平区	1		970	9	32		16	71	25
濠江区			217	15	3		9	1	1
潮阳区			465	20	3	2	21	113	5
潮南区			1230	2	5		123	430	5
澄海区			3303	3	5		32	42	7
南澳县			26		2				
佛山市	**42**	**5**	**119635**	**374**	**849**	**2**	**2430**	**7486**	**10614**
禅城区	2	1	10347	11	52		593	1665	395
南海区	23	3	48241	174	341	2	906	3721	3166
顺德区	12	1	46676	105	205		346	1709	6211
三水区	5		10127	58	141		472	140	433
高明区			4244	26	110		113	251	409
江门市	**18**	**6**	**22884**	**200**	**257**	**1**	**294**	**1074**	**1884**
蓬江区	3		5242	24	74	1	41	144	144
江海区			4007	27	34		21	44	84
新会区	4	1	4165	21	62		83	84	988
台山市	2	5	1740	70	11		32	93	113
开平市	5		2217	25	25		46	81	149
鹤山市	2		4579	31	48		25	579	383
恩平市	2		934	2	3		46	49	23
湛江市	**18**	**1**	**4631**	**134**	**84**	**3**	**7**	**49**	**137**
赤坎区			715	13	15	1	2	2	12
霞山区			1495	52	33	2	2	10	49
坡头区			270	3	4			1	6
麻章区	1	1	809	15	5		1	3	13
遂溪县	7		143	8	5			5	7
徐闻县	7		193	13	5			4	19
廉江市	1		235	9	4		1	1	18
雷州市	1		162	3	9		1	1	9
吴川市	1		609	18	4			22	4

4-6　续表 44　　　　单位：人

地区 性别	农林牧渔生产辅助人员	其他农、林、牧、渔业生产加工人员	生产制造及有关人员 小计	农副产品加工人员	食品、饮料生产加工人员	烟草及其制品加工人员	纺织、针织、印染人员	纺织品、服装和皮革、毛皮制品加工制作人员	木材加工、家具与木制品制作人员
茂名市	**6**	**4**	**2599**	**68**	**23**		**2**	**94**	**74**
茂南区		1	943	14	11			7	24
电白区		1	656	24	6		1	5	5
高州市			455	4	1		1	59	4
化州市	6	2	350	24	3			20	36
信宜市			195	2	2			3	5
肇庆市	**8**		**10166**	**53**	**167**		**201**	**231**	**359**
端州区	2		1125	7	26		10	25	13
鼎湖区			1338		4		77	32	37
高要区	2		1705	15	9		2	11	18
广宁县			305	1				11	7
怀集县	2		169		1			2	13
封开县			196	1	1			1	3
德庆县	1		75		3			4	3
四会市	1		5253	29	123		112	145	265
惠州市	**34**		**63924**	**184**	**231**	**7**	**312**	**4282**	**3226**
惠城区	11		18509	53	89		42	347	421
惠阳区	9		28046	52	80	7	52	477	1940
博罗县	11		10899	43	40		185	914	667
惠东县	2		5914	31	18		32	2540	143
龙门县	1		556	5	4		1	4	55
梅州市	**3**		**3539**	**27**	**25**	**5**	**7**	**34**	**123**
梅江区			1190	6	1	3	1	6	22
梅县区	2		944	1	6	2	1	14	28
大埔县	1		184	1	5		1		9
丰顺县			292	8	3				13
五华县			315	2	4			4	19
平远县			140	3			3	3	8
蕉岭县			218	1				5	19
兴宁市			256	5	6		1	2	5
汕尾市	**2**		**4260**	**39**	**26**		**30**	**508**	**89**
城　区	1		1228	13	8		12	16	6
海丰县	1		2452	21	14		18	484	52
陆河县			334		1			4	11
陆丰市			246	5	3			4	20
河源市	**6**	**1**	**7061**	**66**	**60**		**31**	**258**	**311**
源城区	3		4624	48	47		25	207	166
紫金县			623		2		5	20	40
龙川县	2	1	524	4	4			6	49
连平县			233	2	1			3	13
和平县			200		2			2	1
东源县	1		857	12	4		1	20	42
阳江市	**5**	**5**	**4470**	**23**	**21**		**7**	**66**	**130**
江城区	2		2034	19	6		3	53	57
阳东区	1	4	1746		6		2	9	59
阳西县		1	321	3	7			2	3
阳春市	2		369	1	2		2	2	11
清远市	**4**		**9761**	**58**	**84**		**109**	**470**	**675**
清城区	2		5814	27	50		63	163	508
清新区			1234	18	7		4	223	36
佛冈县	2		763	1	6		22	22	45
阳山县			158		1				4
连山壮族瑶族自治县			43		1			1	2
连南瑶族自治县			24	1	1		1		1
英德市			1526	10	17		19	59	65
连州市			199	1	1			2	14

4-6 续表 45 单位：人

地区 性别	农林牧渔生产辅助人员	其他农、林、牧、渔业生产加工人员	生产制造及有关人员 小计	农副产品加工人员	食品、饮料生产加工人员	烟草及其制品加工人员	纺织、针织、印染人员	纺织品、服装和皮革、毛皮制品加工制作人员	木材加工、家具与木制品制作人员
东莞市	**42**	**3**	**226453**	**504**	**1308**	**5**	**3519**	**22847**	**7078**
市辖区	42	3	226453	504	1308	5	3519	22847	7078
中山市	**23**	**5**	**62093**	**173**	**280**	**1**	**740**	**6196**	**3591**
市辖区	23	5	62093	173	280	1	740	6196	3591
潮州市	**1**		**5222**	**18**	**110**		**20**	**155**	**99**
湘桥区			1281	6	8		13	84	35
潮安区			3779	12	98		7	71	45
饶平县	1		162		4				19
揭阳市	**1**		**1346**	**11**	**6**		**29**	**182**	**21**
榕城区			287		1		1	26	3
揭东区			462	10			2	6	4
揭西县	1		60	1	1			3	
惠来县			71		2			6	2
普宁市			466		2		26	141	12
云浮市	**2**		**2794**	**31**	**21**		**4**	**106**	**47**
云城区	1		1357	6	11		3	24	25
云安区			238	8			1	5	4
新兴县			796	5	1			69	7
郁南县	1		172	2	3				2
罗定市			231	10	6			8	9
女	**175**	**28**	**494145**	**1723**	**4525**	**116**	**7338**	**88897**	**11857**
广州市	**45**	**6**	**68868**	**179**	**1091**	**8**	**763**	**31920**	**773**
荔湾区	25		704	6	33	5	11	104	12
越秀区	1		196	5	15		1	22	1
海珠区			11887	3	53	1	61	11136	7
天河区	1		1866	5	93		15	260	20
白云区	1	2	18053	41	167	1	101	8617	197
黄埔区	2	1	5215	13	288		12	157	53
番禺区	6	3	12692	34	194	1	225	5039	131
花都区	4		9221	29	78		111	4503	68
南沙区	2		4881	20	109		150	523	153
从化区	2		666	6	29		4	41	27
增城区	1		3487	17	32		72	1518	104
韶关市	**6**		**1729**	**20**	**44**	**4**	**26**	**104**	**49**
武江区	2		659	5	5	2		48	11
浈江区	1		272	4	16	2	1	15	3
曲江区	1		172	4	11		17	12	5
始兴县			106	1				1	2
仁化县	1		84	1	4			1	7
翁源县	1		113	2	3		3	6	8
乳源瑶族自治县			70	1	1			2	2
新丰县			76		1		1	2	4
乐昌市			103		1		4	12	7
南雄市			74	2	2			5	
深圳市	**24**	**2**	**117047**	**218**	**727**	**89**	**279**	**7585**	**693**
罗湖区	1		898	34	32		1	196	3
福田区			1035	3	31		2	59	8
南山区	1		3067	7	49		5	731	48
宝安区	14		46440	59	266	82	116	1419	102
龙岗区	5	2	26312	64	179		70	2946	279
盐田区			575	2	12			156	2
龙华区	2		18806	14	88	3	15	1053	145
坪山区	1		5462	8	23		10	303	92
光明区			14452	27	47	4	60	722	14

4-6 续表 46

单位：人

地区 性别	农林牧渔生产辅助人员	其他农、林、牧、渔业生产加工人员	生产制造及有关人员 小计	农副产品加工人员	食品、饮料生产加工人员	烟草及其制品加工人员	纺织、针织、印染人员	纺织品、服装和皮革、毛皮制品加工制作人员	木材加工、家具与木制品制作人员
珠海市	**4**		**10079**	**35**	**121**		**39**	**487**	**93**
香洲区	4		4513	9	65		16	229	43
斗门区			3070	20	13		12	191	22
金湾区			2496	6	43		11	67	28
汕头市		**1**	**5377**	**45**	**83**		**195**	**1117**	**10**
龙湖区		1	1174	13	39		67	369	5
金平区			596	6	34		11	154	4
濠江区			97	8	3		4	2	
潮阳区			283	17	2		24	121	
潮南区			775	1	2		57	423	
澄海区			2446		1		31	47	1
南澳县			6		2		1	1	
佛山市	**10**	**2**	**57558**	**210**	**539**	**3**	**2003**	**8985**	**4443**
禅城区			5513	5	43	1	511	2210	84
南海区	7	1	23188	76	225	1	909	4356	1297
顺德区	3	1	23132	83	185	1	240	2022	2777
三水区			3930	38	50		265	109	128
高明区			1795	8	36		78	288	157
江门市	**7**	**2**	**11950**	**113**	**197**		**122**	**1305**	**808**
蓬江区			2881	11	63		17	333	65
江海区			2220	22	22		11	87	29
新会区		1	2051	19	43		35	149	393
台山市	3		809	27	7		9	72	56
开平市	3		1277	21	26		20	123	69
鹤山市	1		2384	12	35		14	507	189
恩平市		1	328	1	1		16	34	7
湛江市	**16**	**3**	**1396**	**269**	**51**		**9**	**80**	**53**
赤坎区	1		201	13	12		3	7	2
霞山区	1	1	419	137	11		3	35	12
坡头区			32		2				
麻章区	1	2	117	14	2		1	8	9
遂溪县	5		72	18	10			3	2
徐闻县	5		79	12	2			3	5
廉江市			150	3	5		1	9	12
雷州市	3		48	4	5			4	6
吴川市			278	68	2		1	11	5
茂名市	**6**	**2**	**920**	**35**	**15**		**5**	**115**	**28**
茂南区			265	3	5		1	10	9
电白区	1	1	199	10	5		2	7	3
高州市			206	1	2			70	3
化州市	5	1	144	20	3			16	10
信宜市			106	1			2	12	3
肇庆市	**5**		**4120**	**26**	**137**		**108**	**235**	**122**
端州区	1		494	4	20		8	36	1
鼎湖区			461	1	3		41	35	5
高要区			947	9	6		3	36	3
广宁县	1		122		4			7	4
怀集县	1		35		1			3	2
封开县			64	1	3			3	3
德庆县	1		33	1				3	1
四会市	1		1964	10	100		56	112	103
惠州市	**8**	**1**	**29092**	**96**	**156**		**180**	**3667**	**1140**
惠城区	1		8290	30	51		45	525	96
惠阳区	2		12359	31	49		37	510	721
博罗县	4		5380	17	46		67	881	235
惠东县	1		2920	18	8		31	1749	63
龙门县		1	143		2			2	25

4-6 续表 47

单位：人

地区 性别	农林牧渔生产辅助人员	其他农、林、牧、渔业生产加工人员	生产制造及有关人员 小计	农副产品加工人员	食品、饮料生产加工人员	烟草及其制品加工人员	纺织、针织、印染人员	纺织品、服装和皮革、毛皮制品加工制作人员	木材加工、家具与木制品制作人员
梅州市	**1**		**1338**	**18**	**25**	**5**	**7**	**56**	**43**
梅江区			464	6	2	2	1	8	6
梅县区			382	2	5	3	1	15	6
大埔县			35	1	4			1	
丰顺县			134	1	5			3	6
五华县			84	1	3			6	6
平远县			65	3			4	8	5
蕉岭县	1		68		1			1	10
兴宁市			106	4	5		1	14	4
汕尾市	**3**		**1492**	**23**	**16**		**28**	**423**	**16**
城　区			377	8	10		11	23	2
海丰县			984	15	3		17	388	6
陆河县			52					1	1
陆丰市	3		79		3			11	7
河源市			**3449**	**35**	**45**		**35**	**507**	**78**
源城区			2445	28	36		31	389	21
紫金县			189				1	21	20
龙川县			222		4			49	12
连平县			61		2			9	2
和平县			54	2	1		1	10	
东源县			478	5	2		2	29	23
阳江市	**1**	**5**	**2312**	**26**	**14**		**17**	**211**	**43**
江城区	1		1064	19	5		14	166	11
阳东区		4	1004	2	2		1	25	26
阳西县		1	106	4	7		2	7	
阳春市			138	1				13	6
清远市	**3**	**1**	**3746**	**43**	**59**		**62**	**877**	**185**
清城区	2		2093	17	35		29	363	138
清新区			776	13	7		12	408	6
佛冈县			255	1	2		7	32	14
阳山县			38		1			4	
连山壮族瑶族自治县		1	8						1
连南瑶族自治县			20	2			1	5	
英德市	1		504	9	13		12	61	21
连州市			52	1	1		1	4	5
东莞市	**19**		**132249**	**223**	**946**	**7**	**2974**	**22828**	**2192**
市辖区	19		132249	223	946	7	2974	22828	2192
中山市	**15**	**2**	**36609**	**90**	**194**		**449**	**7788**	**1049**
市辖区	15	2	36609	90	194		449	7788	1049
潮州市	**1**	**1**	**3044**	**7**	**45**		**6**	**181**	**24**
湘桥区	1		767	2	5		4	129	9
潮安区		1	2191	5	37		1	49	5
饶平县			86		3		1	3	10
揭阳市	**1**		**726**		**2**		**21**	**231**	**6**
榕城区			114					16	1
揭东区			209					5	2
揭西县	1		24		1			3	
惠来县			32					11	1
普宁市			347		1		21	196	2
云浮市			**1044**	**12**	**18**		**10**	**195**	**9**
云城区			415	1	8		8	103	3
云安区			55					6	
新兴县			387	5	5		1	66	
郁南县			61	1	2			4	1
罗定市			126	5	3		1	16	5

4-6　续表 48　　　　单位：人

地　区 性　别	生产制造及有关人员								
	纸及纸制品生产加工人员	印刷和记录媒介复制人员	文教、工美、体育和娱乐用品制造人员	石油加工和炼焦、煤化工生产人员	化学原料和化学制品制造人员	医药制造人员	化学纤维制造人员	橡胶和塑料制品制造人员	非金属矿物制品制造人员
广　东	**15345**	**15005**	**41514**	**592**	**11366**	**2170**	**387**	**53643**	**24944**
广州市	**1645**	**1880**	**3923**	**43**	**4447**	**595**	**44**	**3968**	**1684**
荔湾区	37	80	102		17	25		39	25
越秀区	8	28	24	1	11	12		2	5
海珠区	53	57	72	2	18	33	1	21	26
天河区	51	124	80	2	48	34	2	19	45
白云区	703	619	590	3	2716	107	5	1074	322
黄埔区	107	131	86	20	436	246	15	291	141
番禺区	308	455	2206	3	239	70	3	1052	383
花都区	179	149	213	5	545	16	1	629	241
南沙区	92	125	358		123	19	14	472	282
从化区	10	20	26	5	184	9		124	41
增城区	97	92	166	2	110	24	3	245	173
韶关市	**42**	**28**	**426**	**1**	**89**	**23**		**59**	**205**
武江区	4	16	309	1	18	6		8	25
浈江区	3	4	28		4	3		10	15
曲江区	1	4	15		5			3	20
始兴县	2	1	44		1			1	2
仁化县	1	1			2			4	31
翁源县	4		9		12	1		14	31
乳源瑶族自治县		1	3		8	12		4	12
新丰县	12		1		15	1		4	25
乐昌市	10	1	3		2			6	12
南雄市	5		14		22			5	32
深圳市	**3418**	**4458**	**8508**	**18**	**1082**	**405**	**66**	**12694**	**2780**
罗湖区	8	58	480		5	19		8	9
福田区	4	70	16		11	25		4	17
南山区	14	65	31	4	25	32		56	85
宝安区	1344	1640	1373	5	467	107	24	5631	703
龙岗区	852	1309	5035	3	237	55	26	2930	1112
盐田区	1		452		2	10		7	3
龙华区	600	623	371	2	144	57	3	1503	456
坪山区	85	103	260	1	74	57	6	703	97
光明区	510	590	490	3	117	43	7	1852	298
珠海市	**163**	**180**	**398**	**111**	**431**	**263**	**13**	**809**	**340**
香洲区	57	84	164	11	99	76	2	257	95
斗门区	69	42	152	8	57	8	1	103	149
金湾区	37	54	82	92	275	179	10	449	96
汕头市	**184**	**233**	**3637**	**3**	**101**	**32**	**5**	**860**	**91**
龙湖区	30	54	111		16	6		83	55
金平区	24	60	57		25	8		158	7
濠江区	7	3	1	3	13	18	5	19	3
潮阳区	3	7	21		27			49	1
潮南区	1	2	28		16			95	9
澄海区	119	107	3419		4			456	16
南澳县									
佛山市	**1509**	**1356**	**2386**	**35**	**1183**	**162**	**39**	**6089**	**5074**
禅城区	57	89	119	5	46	16	2	384	782
南海区	790	605	1396	13	401	82	14	1912	1965
顺德区	490	579	722	7	456	56	10	3085	676
三水区	127	66	126	5	203	3	10	513	1142
高明区	45	17	23	5	77	5	3	195	509

4-6 续表 49 单位：人

地区 性别	生产制造及有关人员								
	纸及纸制品生产加工人员	印刷和记录媒介复制人员	文教、工美、体育和娱乐用品制造人员	石油加工和炼焦、煤化工生产人员	化学原料和化学制品制造人员	医药制造人员	化学纤维制造人员	橡胶和塑料制品制造人员	非金属矿物制品制造人员
江门市	**560**	**354**	**266**	**15**	**355**	**26**	**19**	**1197**	**1072**
蓬江区	86	86	64	1	88	3	3	336	131
江海区	43	27	25	2	56	13		181	76
新会区	99	26	46	1	71	2	4	166	144
台山市	8	16	31	1	9	3		40	42
开平市	41	15	8	1	22	4	2	134	59
鹤山市	281	177	79	1	98	1	10	327	217
恩平市	2	7	13	8	11			13	403
湛江市	**67**	**35**	**22**	**31**	**13**	**13**	**2**	**225**	**158**
赤坎区	4	14	1	3	1			6	10
霞山区	8	13	8	18	3	9	1	8	23
坡头区			1	4				2	
麻章区	46	4	5	5	8	2		11	11
遂溪县	3		3			2		18	2
徐闻县		1	2		1		1	2	20
廉江市	2		2					8	17
雷州市	1	3							46
吴川市	3			1				170	29
茂名市	**8**	**10**	**31**	**84**	**46**	**4**		**66**	**88**
茂南区	4	7	12	80	28	1		17	41
电白区		1	1	3	11	2		5	10
高州市	2	1	6	1	5	1		30	12
化州市	2		3		2			11	18
信宜市		1	9					3	7
肇庆市	**93**	**41**	**1076**	**9**	**205**	**29**	**4**	**204**	**1139**
端州区	5	4	76	1	3	8		15	16
鼎湖区	4	2	8	1	9			9	311
高要区	6	2	13	2	6			49	397
广宁县	15	2	2		10			29	83
怀集县	3		3		1				9
封开县			10					1	75
德庆县			2		4			2	2
四会市	60	31	962	5	172	21	4	99	246
惠州市	**468**	**624**	**2455**	**100**	**803**	**81**	**49**	**3128**	**1920**
惠城区	127	155	217	1	92	25		838	297
惠阳区	209	310	1547	90	444	35	22	1293	1158
博罗县	60	138	505	8	262	13	27	791	307
惠东县	69	20	170	1	2	7		180	103
龙门县	3	1	16		3	1		26	55
梅州市	**2**	**14**	**36**		**17**	**22**	**1**	**85**	**125**
梅江区		5	6		5	2	1	18	13
梅县区		5	21		9	18		42	23
大埔县	1		1			1			7
丰顺县									22
五华县			2			1		8	8
平远县		1	2		1			12	21
蕉岭县	1	1			1			3	22
兴宁市		2	4		1			2	9
汕尾市	**3**		**891**		**6**	**3**	**1**	**24**	**76**
城　区	2		9					6	22
海丰县			874		5	3	1	13	42
陆河县	1		3		1			3	2
陆丰市			5					2	10

4-6　续表 50　　　　　　　　　　　　　　　　　　　　单位：人

地区 性别	生产制造及有关人员								
	纸及纸制品生产加工人员	印刷和记录媒介复制人员	文教、工美、体育和娱乐用品制造人员	石油加工和炼焦、煤化工生产人员	化学原料和化学制品制造人员	医药制造人员	化学纤维制造人员	橡胶和塑料制品制造人员	非金属矿物制品制造人员
河源市	**50**	**115**	**501**	**8**	**29**	**33**	**1**	**357**	**238**
源城区	40	113	430		19	16	1	222	77
紫金县			5		2	13		25	10
龙川县			3					4	36
连平县	2		9	8				1	24
和平县		2	10			1			
东源县	8		44		8	3		105	91
阳江市	**21**	**31**	**28**		**23**	**7**	**2**	**135**	**180**
江城区	14	19	11		5	4		51	41
阳东区	5	11	10		4	2	1	78	26
阳西县			3		3			5	69
阳春市	2	1	4		11	1	1	1	44
清远市	**80**	**28**	**330**	**3**	**201**	**128**	**19**	**521**	**829**
清城区	43	17	98	1	99	126	18	414	438
清新区	4	6	62		9	2	1	34	258
佛冈县	4	2	56	1	7			22	29
阳山县			7		1			3	4
连山壮族瑶族自治县									1
连南瑶族自治县			4		1			2	2
英德市	28	3	102	1	82			46	59
连州市	1		1		2				38
东莞市	**5985**	**4619**	**14542**	**126**	**1476**	**214**	**112**	**19263**	**3292**
市辖区	5985	4619	14542	126	1476	214	112	19263	3292
中山市	**867**	**839**	**1801**	**2**	**783**	**118**	**10**	**3653**	**1356**
市辖区	867	839	1801	2	783	118	10	3653	1356
潮州市	**155**	**151**	**93**	**1**	**48**	**3**		**238**	**3257**
湘桥区	45	15	30	1	4	3		30	576
潮安区	110	136	50		35			205	2673
饶平县			13		9			3	8
揭阳市	**6**	**4**	**75**		**11**	**2**		**49**	**39**
榕城区			1					8	17
揭东区	2	1	61		9	1		24	19
揭西县			1					7	1
惠来县	1								
普宁市	3	3	12		2	1		10	2
云浮市	**19**	**5**	**89**	**2**	**17**	**7**		**19**	**1001**
云城区		2	66		6			4	675
云安区					8	3		2	33
新兴县	17	1	2	2		2		7	223
郁南县		1	10		2			6	53
罗定市	2	1	11		1	2			17
男	**10247**	**10770**	**23092**	**490**	**7396**	**1258**	**252**	**33888**	**17961**
广州市	**1049**	**1308**	**2194**	**32**	**2446**	**317**	**20**	**2551**	**1301**
荔湾区	20	55	56		11	14		22	19
越秀区	6	21	17	1	6	8		1	3
海珠区	36	41	37	1	8	12	1	15	23
天河区	31	76	31	2	28	15	2	14	35
白云区	438	444	275	2	1419	54	2	696	236
黄埔区	77	94	39	16	299	131	7	195	105
番禺区	190	295	1327	3	137	40	1	678	306
花都区	126	112	118	3	268	12	1	407	177
南沙区	51	86	181		91	12	5	280	224
从化区	7	11	15	2	102	6		88	33
增城区	67	73	98	2	77	13	1	155	140

4-6 续表 51　　　　单位：人

地区 性别	生产制造及有关人员								
	纸及纸制品生产加工人员	印刷和记录媒介复制人员	文教、工美、体育和娱乐用品制造人员	石油加工和炼焦、煤化工生产人员	化学原料和化学制品制造人员	医药制造人员	化学纤维制造人员	橡胶和塑料制品制造人员	非金属矿物制品制造人员
韶关市	**28**	**13**	**118**	**1**	**69**	**9**		**43**	**158**
武江区	1	7	77	1	11	3		6	22
浈江区	2	3	8		3	1		7	10
曲江区	1	2	6		4			1	18
始兴县	1		10		1				
仁化县					1			4	25
翁源县	2		5		10	1		12	28
乳源瑶族自治县		1			7	4		3	8
新丰县	11		1		14			3	19
乐昌市	8		2					3	8
南雄市	2		9		18			4	20
深圳市	**2241**	**3335**	**4992**	**15**	**722**	**241**	**43**	**7880**	**2077**
罗湖区	4	36	358		2	9		5	8
福田区	1	52	9		9	8		4	16
南山区	5	43	13	3	20	16		47	77
宝安区	911	1223	690	5	324	66	17	3467	560
龙岗区	553	922	3068	3	148	34	17	1742	799
盐田区	1		319		1	8		7	2
龙华区	365	492	187	1	88	32	1	957	326
坪山区	56	85	135		52	40	5	468	60
光明区	345	482	213	3	78	28	3	1183	229
珠海市	**108**	**121**	**200**	**97**	**313**	**162**	**9**	**459**	**251**
香洲区	36	55	81	10	67	43	2	156	72
斗门区	44	29	72	6	44	5		51	99
金湾区	28	37	47	81	202	114	7	252	80
汕头市	**146**	**178**	**1844**	**3**	**65**	**20**	**3**	**508**	**76**
龙湖区	19	44	52		9	2		43	45
金平区	17	47	9		14	5		103	7
濠江区	3	1	1	3	8	13	3	11	3
潮阳区	3	5	10		24			31	1
潮南区	1	2	18		6			53	7
澄海区	103	79	1754		4			267	13
南澳县									
佛山市	**980**	**954**	**1405**	**29**	**870**	**78**	**28**	**3856**	**3634**
禅城区	37	57	66	5	27	5	2	227	530
南海区	523	452	853	10	287	45	9	1251	1427
顺德区	293	382	403	4	332	23	7	1893	510
三水区	95	48	68	5	165	2	8	341	802
高明区	32	15	15	5	59	3	2	144	365
江门市	**331**	**252**	**134**	**15**	**269**	**11**	**14**	**707**	**786**
蓬江区	60	63	33	1	68	1	3	200	98
江海区	26	22	8	2	44	5		111	56
新会区	64	17	23	1	49	2	2	87	97
台山市	8	13	16	1	7			17	29
开平市	33	13	3	1	17	2		82	44
鹤山市	139	121	42	1	77	1	9	201	154
恩平市	1	3	9	8	7			9	308
湛江市	**54**	**24**	**9**	**30**	**10**	**6**	**2**	**145**	**120**
赤坎区	3	9		3	1			3	7
霞山区	6	11	4	17	1	4	1	5	18
坡头区				4				2	
麻章区	38	1	2	5	7	1		11	10
遂溪县	2		1			1		14	1
徐闻县		1	1		1		1	1	12
廉江市	2		1					4	13
雷州市	1	2							37
吴川市	2			1				105	22

4-6　续表 52　　　　单位：人

地　区 性　别	生产制造及有关人员								
	纸及纸制品生产加工人员	印刷和记录媒介复制人员	文教、工美、体育和娱乐用品制造人　员	石油加工和炼焦、煤化工生产人员	化学原料和化学制品制造人　员	医药制造人　员	化学纤维制造人员	橡胶和塑料制品制造人员	非金属矿物制品制造人员
茂名市	**5**	**7**	**12**	**67**	**33**	**1**		**40**	**65**
茂南区	3	5	5	63	20	1		12	31
电白区		1	1	3	8			5	5
高州市	1		3	1	4			16	9
化州市	1		1		1			7	13
信宜市		1	2						7
肇庆市	**63**	**32**	**729**	**6**	**151**	**19**	**3**	**145**	**806**
端州区	4	2	35		2	4		6	13
鼎湖区	2	2	1		9			4	192
高要区	4	1	11	2	4			36	291
广宁县	12	1			7			22	52
怀集县	1		1		1				9
封开县			6						64
德庆县					4			2	1
四会市	40	26	675	4	124	15	3	75	184
惠州市	**321**	**443**	**1426**	**82**	**602**	**49**	**39**	**2039**	**1444**
惠城区	78	112	118	1	68	10		557	222
惠阳区	153	223	948	72	335	25	15	840	857
博罗县	36	97	267	8	194	8	24	520	241
惠东县	52	11	84	1	2	5		102	77
龙门县	2		9		3	1		20	47
梅州市	**1**	**12**	**18**		**14**	**17**	**1**	**52**	**95**
梅江区		3	4		5		1	7	10
梅县区		5	9		6	16		26	17
大埔县									3
丰顺县									15
五华县			1			1		6	6
平远县		1	1		1			9	20
蕉岭县	1	1			1			2	17
兴宁市		2	3		1			2	7
汕尾市	**3**		**598**		**5**	**2**		**18**	**68**
城　区	2		6					4	19
海丰县			588		4	2		10	38
陆河县	1		2		1			3	1
陆丰市			2					1	10
河源市	**33**	**70**	**182**	**8**	**15**	**15**		**197**	**174**
源城区	27	68	151		9	2		119	60
紫金县			3		2	11		20	8
龙川县			1					3	29
连平县	1		5	8					19
和平县		2	7			1			
东源县	5		15		4	1		55	58
阳江市	**16**	**18**	**11**		**19**	**3**	**1**	**88**	**126**
江城区	11	11	4		5	2		30	33
阳东区	4	6	7		4	1	1	54	19
阳西县					3			4	46
阳春市	1	1			7				28
清远市	**47**	**24**	**168**	**2**	**152**	**111**	**13**	**336**	**618**
清城区	32	15	56		70	109	13	267	328
清新区	2	4	28		9	2		25	188
佛冈县	2	2	27	1	3			11	26
阳山县			2		1			2	2
连山壮族瑶族自治县									1
连南瑶族自治县			1		1			2	1
英德市	10	3	53	1	67			29	42
连州市	1		1		1				30

4-6 续表 53　　　　单位：人

地区 性别	生产制造及有关人员								
	纸及纸制品生产加工人员	印刷和记录媒介复制人员	文教、工美、体育和娱乐用品制造人员	石油加工和炼焦、煤化工生产人员	化学原料和化学制品制造人员	医药制造人员	化学纤维制造人员	橡胶和塑料制品制造人员	非金属矿物制品制造人员
东莞市	**4120**	**3234**	**8033**	**98**	**1055**	**126**	**70**	**12395**	**2437**
市辖区	4120	3234	8033	98	1055	126	70	12395	2437
中山市	**565**	**607**	**868**	**2**	**534**	**65**	**6**	**2238**	**1003**
市辖区	565	607	868	2	534	65	6	2238	1003
潮州市	**115**	**132**	**45**	**1**	**31**	**2**		**144**	**1937**
湘桥区	28	15	14	1	3	2		19	342
潮安区	87	117	27		28			125	1590
饶平县			4						5
揭阳市	**4**	**3**	**42**		**9**	**1**		**36**	**33**
榕城区								6	16
揭东区	1	1	40		7	1		19	14
揭西县			1					5	1
惠来县									
普宁市	3	2	1		2			6	2
云浮市	**17**	**3**	**64**	**2**	**12**	**3**		**11**	**752**
云城区		1	55		3			2	537
云安区					6	1			22
新兴县	17	1	1	2		1		5	141
郁南县			3		2			4	41
罗定市		1	5		1	1			11
女	**5098**	**4235**	**18422**	**102**	**3970**	**912**	**135**	**19755**	**6983**
广州市	**596**	**572**	**1729**	**11**	**2001**	**278**	**24**	**1417**	**383**
荔湾区	17	25	46		6	11		17	6
越秀区	2	7	7		5	4		1	2
海珠区	17	16	35	1	10	21		6	3
天河区	20	48	49		20	19		5	10
白云区	265	175	315	1	1297	53	3	378	86
黄埔区	30	37	47	4	137	115	8	96	36
番禺区	118	160	879		102	30	2	374	77
花都区	53	37	95	2	277	4		222	64
南沙区	41	39	177		32	7	9	192	58
从化区	3	9	11	3	82	3		36	8
增城区	30	19	68		33	11	2	90	33
韶关市	**14**	**15**	**308**		**20**	**14**		**16**	**47**
武江区	3	9	232		7	3		2	3
浈江区	1	1	20		1	2		3	5
曲江区		2	9		1			2	2
始兴县	1	1	34					1	2
仁化县	1	1			1				6
翁源县	2		4		2			2	3
乳源瑶族自治县			3		1	8		1	4
新丰县	1				1	1		1	6
乐昌市	2	1	1		2			3	4
南雄市	3		5		4			1	12
深圳市	**1177**	**1123**	**3516**	**3**	**360**	**164**	**23**	**4814**	**703**
罗湖区	4	22	122		3	10		3	1
福田区	3	18	7		2	17			1
南山区	9	22	18	1	5	16		9	8
宝安区	433	417	683		143	41	7	2164	143
龙岗区	299	387	1967		89	21	9	1188	313
盐田区			133		1	2			1
龙华区	235	131	184	1	56	25	2	546	130
坪山区	29	18	125	1	22	17	1	235	37
光明区	165	108	277		39	15	4	669	69

4-6 续表 54

单位：人

地区 性别	生产制造及有关人员 纸及纸制品生产加工人员	印刷和记录媒介复制人员	文教、工美、体育和娱乐用品制造人员	石油加工和炼焦、煤化工生产人员	化学原料和化学制品制造人员	医药制造人员	化学纤维制造人员	橡胶和塑料制品制造人员	非金属矿物制品制造人员
珠海市	**55**	**59**	**198**	**14**	**118**	**101**	**4**	**350**	**89**
香洲区	21	29	83	1	32	33		101	23
斗门区	25	13	80	2	13	3	1	52	50
金湾区	9	17	35	11	73	65	3	197	16
汕头市	**38**	**55**	**1793**		**36**	**12**	**2**	**352**	**15**
龙湖区	11	10	59		7	4		40	10
金平区	7	13	48		11	3		55	
濠江区	4	2			5	5	2	8	
潮阳区		2	11		3			18	
潮南区			10		10			42	2
澄海区	16	28	1665					189	3
南澳县									
佛山市	**529**	**402**	**981**	**6**	**313**	**84**	**11**	**2233**	**1440**
禅城区	20	32	53		19	11		157	252
南海区	267	153	543	3	114	37	5	661	538
顺德区	197	197	319	3	124	33	3	1192	166
三水区	32	18	58		38	1	2	172	340
高明区	13	2	8		18	2	1	51	144
江门市	**229**	**102**	**132**		**86**	**15**	**5**	**490**	**286**
蓬江区	26	23	31		20	2		136	33
江海区	17	5	17		12	8		70	20
新会区	35	9	23		22		2	79	47
台山市		3	15		2	3		23	13
开平市	8	2	5		5	2	2	52	15
鹤山市	142	56	37		21		1	126	63
恩平市	1	4	4		4			4	95
湛江市	**13**	**11**	**13**	**1**	**3**	**7**		**80**	**38**
赤坎区	1	5	1					3	3
霞山区	2	2	4	1	2	5		3	5
坡头区			1						
麻章区	8	3	3		1	1			1
遂溪县	1		2			1		4	1
徐闻县			1					1	8
廉江市			1					4	4
雷州市		1							9
吴川市	1							65	7
茂名市	**3**	**3**	**19**	**17**	**13**	**3**		**26**	**23**
茂南区	1	2	7	17	8			5	10
电白区					3	2			5
高州市	1	1	3		1	1		14	3
化州市	1		2		1			4	5
信宜市			7					3	
肇庆市	**30**	**9**	**347**	**3**	**54**	**10**	**1**	**59**	**333**
端州区	1	2	41	1	1	4		9	3
鼎湖区	2		7	1				5	119
高要区	2	1	2		2			13	106
广宁县	3	1	2		3			7	31
怀集县	2		2						
封开县			4					1	11
德庆县			2						1
四会市	20	5	287	1	48	6	1	24	62
惠州市	**147**	**181**	**1029**	**18**	**201**	**32**	**10**	**1089**	**476**
惠城区	49	43	99		24	15		281	75
惠阳区	56	87	599	18	109	10	7	453	301
博罗县	24	41	238		68	5	3	271	66
惠东县	17	9	86			2		78	26
龙门县	1	1	7					6	8

4-6 续表 55

单位：人

地区 性别	生产制造及有关人员 纸及纸制品生产加工人员	印刷和记录媒介复制人员	文教、工美、体育和娱乐用品制造人员	石油加工和炼焦、煤化工生产人员	化学原料和化学制品制造人员	医药制造人员	化学纤维制造人员	橡胶和塑料制品制造人员	非金属矿物制品制造人员
梅州市	**1**	**2**	**18**		**3**	**5**		**33**	**30**
梅江区		2	2			2		11	3
梅县区			12		3	2		16	6
大埔县	1		1			1			4
丰顺县									7
五华县			1					2	2
平远县			1					3	1
蕉岭县								1	5
兴宁市			1						2
汕尾市			**293**		**1**	**1**	**1**	**6**	**8**
城　区			3					2	3
海丰县			286		1	1	1	3	4
陆河县			1						1
陆丰市			3					1	
河源市	**17**	**45**	**319**		**14**	**18**	**1**	**160**	**64**
源城区	13	45	279		10	14	1	103	17
紫金县			2			2		5	2
龙川县			2					1	7
连平县	1		4					1	5
和平县			3						
东源县	3		29		4	2		50	33
阳江市	**5**	**13**	**17**		**4**	**4**	**1**	**47**	**54**
江城区	3	8	7			2		21	8
阳东区	1	5	3			1		24	7
阳西县			3					1	23
阳春市	1		4		4	1	1	1	16
清远市	**33**	**4**	**162**	**1**	**49**	**17**	**6**	**185**	**211**
清城区	11	2	42	1	29	17	5	147	110
清新区	2	2	34				1	9	70
佛冈县	2		29		4			11	3
阳山县			5					1	2
连山壮族瑶族自治县									
连南瑶族自治县			3						1
英德市	18		49		15			17	17
连州市					1				8
东莞市	**1865**	**1385**	**6509**	**28**	**421**	**88**	**42**	**6868**	**855**
市辖区	1865	1385	6509	28	421	88	42	6868	855
中山市	**302**	**232**	**933**		**249**	**53**	**4**	**1415**	**353**
市辖区	302	232	933		249	53	4	1415	353
潮州市	**40**	**19**	**48**		**17**	**1**		**94**	**1320**
湘桥区	17		16		1	1		11	234
潮安区	23	19	23		7			80	1083
饶平县			9		9			3	3
揭阳市	**2**	**1**	**33**		**2**	**1**		**13**	**6**
榕城区			1					2	1
揭东区	1		21		2			5	5
揭西县								2	
惠来县	1								
普宁市		1	11			1		4	
云浮市	**2**	**2**	**25**		**5**	**4**		**8**	**249**
云城区		1	11		3			2	138
云安区					2	2		2	11
新兴县			1			1		2	82
郁南县		1	7					2	12
罗定市	2		6			1			6

4-6 续表 56

单位：人

地 区 性 别	生产制造及有关人员 采矿人员	金属冶炼和压延加工人员	机械制造基础加工人员	金属制品制造人员	通用设备制造人员	专用设备制造人员	汽车制造人员	铁路、船舶、航空设备制造人员	电气机械和器材制造人员
广 东	**850**	**7788**	**74425**	**100335**	**13609**	**10457**	**16686**	**4586**	**66523**
广州市	**59**	**444**	**4986**	**6127**	**1332**	**939**	**5326**	**1929**	**2875**
荔湾区	1	1	49	74	33	10	14	7	23
越秀区		1	9	11	1	8		4	10
海珠区	4	7	58	74	20	14	25	10	16
天河区	4	10	101	127	66	39	73	5	25
白云区	8	43	859	1094	218	153	355	61	708
黄埔区	8	69	644	324	161	213	1105	405	310
番禺区	5	89	1069	1814	428	252	899	38	791
花都区	4	86	686	1458	134	120	1302	65	306
南沙区	18	107	1134	555	177	92	1074	1227	471
从化区	1	12	71	128	23	6	24	17	134
增城区	6	19	306	468	71	32	455	90	81
韶关市	**113**	**158**	**271**	**121**	**50**	**25**	**33**	**6**	**154**
武江区	2	29	69	27	28	2	2		29
浈江区	2	33	51	20	12	3	22	1	
曲江区	26	51	65	17	7	1		3	9
始兴县	6		3	3			1		8
仁化县	63	8	24	5		1			14
翁源县	2	11	10	10			1		81
乳源瑶族自治县	2	8	5	12		1	2		5
新丰县	4	9	3	9	1	17		1	
乐昌市	5	9	36	17	2		4	1	6
南雄市	1		5	1			1		2
深圳市	**82**	**838**	**19517**	**13776**	**4159**	**5259**	**3585**	**1090**	**17881**
罗湖区		11	51	38	3	12	5	3	22
福田区	1	6	34	33	9	11	10		15
南山区	29	12	260	123	89	316	18	177	129
宝安区	14	318	6965	6285	2079	2055	937	217	8754
龙岗区	20	167	4343	3079	613	912	426	57	3308
盐田区	1	1	36	14	7	12			6
龙华区	5	78	3046	1777	621	1144	277	71	1927
坪山区	7	58	905	864	102	180	1697	92	420
光明区	5	187	3877	1563	636	617	215	473	3300
珠海市	**15**	**192**	**1439**	**1121**	**533**	**370**	**436**	**164**	**2442**
香洲区	3	20	484	266	177	261	143	32	1356
斗门区	8	38	456	383	283	62	85	60	757
金湾区	4	134	499	472	73	47	208	72	329
汕头市	**6**	**10**	**303**	**225**	**58**	**28**	**67**	**2**	**22**
龙湖区	2	1	42	50	5	16	6		6
金平区		5	53	76	19	4	9	2	9
濠江区	4	1	8	8			40		
潮阳区		1	1	2					2
潮南区		1	44	12	3		9		3
澄海区		1	155	75	31	8	3		2
南澳县				2					
佛山市	**40**	**2140**	**12340**	**22413**	**1894**	**770**	**1954**	**180**	**14042**
禅城区		111	654	1014	108	47	157	10	195
南海区	28	951	5686	12624	532	465	1005	61	1681
顺德区	7	389	4724	6625	1036	213	555	93	11768
三水区	5	440	968	1810	191	40	195	16	188
高明区		249	308	340	27	5	42		210

4-6 续表 57

单位：人

地　区 性　别	生产制造及有关人员								
	采矿人员	金属冶炼和压延加工人员	机械制造基础加工人　员	金属制品制造人员	通用设备制造人员	专用设备制造人员	汽车制造人　员	铁路、船舶、航空设备制造人　员	电气机械和器材制造人员
江门市	**34**	**364**	**2821**	**4008**	**240**	**64**	**365**	**464**	**2307**
蓬江区	6	85	648	1153	58	13	93	229	610
江海区		23	373	510	45	21	164	119	1340
新会区	10	94	554	712	34	8	14	67	55
台山市	3	63	177	188	43	2	34	5	51
开平市	7	17	599	763	12	6	19		7
鹤山市	6	80	442	636	38	12	39	43	241
恩平市	2	2	28	46	10	2	2	1	3
湛江市	**37**	**236**	**195**	**120**	**18**	**7**	**27**	**9**	**66**
赤坎区	5	5	15	13	4		11	1	5
霞山区	8	34	59	21	7	2	3	3	6
坡头区	16	40	9	8	1	2	1	2	3
麻章区		139	57	18	4	1	9	1	2
遂溪县	3	5	4	14			1		
徐闻县	4	1	1	3			1	1	1
廉江市		8	30	33	1			1	47
雷州市		1	2				1		1
吴川市	1	3	18	10	1	2			1
茂名市	**46**	**11**	**74**	**60**	**11**	**5**	**2**	**2**	**12**
茂南区	7	3	56	16	7		1		4
电白区	35		3	12	1	4		2	1
高州市	1	8	13	14					6
化州市	1		1	14	2	1			1
信宜市	2		1	4	1		1		
肇庆市	**36**	**649**	**755**	**1594**	**120**	**44**	**196**	**6**	**128**
端州区	2	10	36	74	23	5	20	1	26
鼎湖区	1	31	40	55	8		19	1	3
高要区	1	46	371	794	7	11	17		7
广宁县	1	13	10	15					
怀集县			1						
封开县	8		1	2					5
德庆县	9		12	4					1
四会市	14	549	284	650	82	28	140	4	86
惠州市	**130**	**169**	**3983**	**4849**	**626**	**245**	**1971**	**96**	**3242**
惠城区	13	51	970	1088	219	109	421	26	1439
惠阳区	76	62	1892	2093	218	77	1357	42	1081
博罗县	13	46	1017	1391	167	38	129	4	677
惠东县	16	9	101	267	21	21	48	24	35
龙门县	12	1	3	10	1		16		10
梅州市	**44**	**27**	**71**	**82**	**18**	**6**	**18**	**17**	**19**
梅江区	5	4	28	18	10	1	2	17	6
梅县区	7	4	19	26	2	3	15		8
大埔县	6				1				
丰顺县	11	11	6	1					1
五华县		1	4	7	2	2			2
平远县	13	2	3	7	1				2
蕉岭县	2	5	4	12	2		1		
兴宁市			7	11					
汕尾市	**2**	**3**	**78**	**50**	**5**	**9**	**25**	**3**	**16**
城　区			9	5	3	3	1	3	
海丰县	2	1	44	30	2	6	3		15
陆河县		2	23	7			21		1
陆丰市			2	8					

4-6　续表 58　　　　单位：人

地　区 性　别	生产制造及有关人员								
	采矿人员	金属冶炼和压延加工人员	机械制造基础加工人　员	金属制品制造人员	通用设备制造人员	专用设备制造人员	汽车制造人　员	铁路、船舶、航空设备制造人　员	电气机械和器材制造人员
河源市	**76**	**121**	**253**	**351**	**46**	**92**	**19**	**17**	**92**
源城区	2	54	209	190	37	54	17	1	64
紫金县	26	5	11	16	7	33		7	8
龙川县	13	3	5	39	1	4	1	8	1
连平县	18	28	9	22			1		9
和平县	1	13	7	4				1	2
东源县	16	18	12	80	1	1			8
阳江市	**6**	**382**	**543**	**1485**	**50**	**2**	**4**	**1**	**63**
江城区	4	301	261	586	30	1	3	1	52
阳东区	1	6	247	874	11				8
阳西县	1		10	16		1	1		2
阳春市		75	25	9	9				1
清远市	**48**	**544**	**358**	**462**	**60**	**76**	**121**	**37**	**127**
清城区	5	360	196	305	24	67	79	10	62
清新区	5	17	40	81	11	5	18	1	17
佛冈县	10	58	60	16	19	2	22	25	22
阳山县	11		1	2	2				2
连山壮族瑶族自治县	4		7	3					
连南瑶族自治县		1	1	1					
英德市	1	108	53	40	4	2	2	1	22
连州市	12			14					2
东莞市	**39**	**998**	**19250**	**33173**	**3320**	**2191**	**1985**	**498**	**10017**
市辖区	39	998	19250	33173	3320	2191	1985	498	10017
中山市	**14**	**330**	**6507**	**9446**	**1016**	**312**	**502**	**65**	**12841**
市辖区	14	330	6507	9446	1016	312	502	65	12841
潮州市	**5**	**15**	**462**	**392**	**34**	**10**	**1**		**158**
湘桥区	1	5	16	29	12	4			150
潮安区	3	9	442	363	22	5			5
饶平县	1	1	4			1	1		3
揭阳市		**59**	**99**	**311**	**12**	**3**	**4**		**12**
榕城区		32	17	125	5				
揭东区		23	55	169	6	1			7
揭西县			4	8	1	1	1		5
惠来县		1							
普宁市		3	23	9		1	3		
云浮市	**18**	**98**	**120**	**169**	**7**		**45**		**7**
云城区	4	2	9	27	3		20		1
云安区	11		15	5			25		
新兴县		95	89	123	3				
郁南县		1	1	10	1				3
罗定市	3		6	4					3
男	**755**	**6404**	**60942**	**70587**	**9945**	**6403**	**11659**	**3621**	**39268**
广州市	**46**	**368**	**4288**	**4480**	**1060**	**590**	**4088**	**1614**	**1805**
荔湾区		1	44	52	32	8	13	7	14
越秀区		1	8	9	1	7		4	8
海珠区	4	4	48	51	17	10	17	9	13
天河区	2	8	92	107	47	30	63	5	19
白云区	5	33	742	796	178	104	241	47	466
黄埔区	7	61	560	233	122	126	817	343	214
番禺区	5	76	949	1336	350	150	740	36	451
花都区	3	72	593	1082	106	68	937	48	202
南沙区	13	87	926	387	134	58	915	1040	275
从化区	1	9	53	87	18	4	16	8	81
增城区	6	16	273	340	55	25	329	67	62

4-6 续表 59　　　　单位：人

地区 性别	生产制造及有关人员 采矿人员	金属冶炼和压延加工人员	机械制造基础加工人员	金属制品制造人员	通用设备制造人员	专用设备制造人员	汽车制造人员	铁路、船舶、航空设备制造人员	电气机械和器材制造人员
韶关市	**94**	**137**	**234**	**82**	**41**	**18**	**21**	**6**	**100**
武江区	2	22	55	22	24	2	2		14
浈江区	2	30	40	10	9	3	11	1	
曲江区	20	48	62	16	7	1		3	8
始兴县	6		3	1			1		5
仁化县	51	6	23	3		1			10
翁源县	2	9	5	3			1		56
乳源瑶族自治县	1	5	4	9		1	2		3
新丰县	4	8	3	7	1	10		1	
乐昌市	5	9	34	11			3	1	4
南雄市	1		5				1		
深圳市	**77**	**667**	**16173**	**10078**	**2933**	**3224**	**2460**	**813**	**10035**
罗湖区		9	49	31	2	7	4	3	13
福田区	1	6	33	28	8	4	6		9
南山区	29	9	235	89	62	142	14	163	84
宝安区	14	246	5820	4572	1481	1236	534	154	4853
龙岗区	18	140	3442	2171	429	581	284	41	1775
盐田区	1	1	32	12	4	8			4
龙华区	4	64	2607	1391	421	727	187	47	1176
坪山区	5	41	746	589	72	105	1292	69	233
光明区	5	151	3209	1195	454	414	139	336	1888
珠海市	**14**	**157**	**1236**	**779**	**348**	**206**	**292**	**143**	**1533**
香洲区	2	13	417	185	93	138	100	29	847
斗门区	8	30	391	273	209	35	61	53	488
金湾区	4	114	428	321	46	33	131	61	198
汕头市	**6**	**8**	**259**	**166**	**46**	**22**	**38**	**2**	**11**
龙湖区	2	1	34	43	5	13	6		3
金平区		4	51	55	16	4	4	2	4
濠江区	4	1	8	6			19		
潮阳区		1		2					
潮南区		1	35	6	2		7		3
澄海区			131	52	23	5	2		1
南澳县				2					
佛山市	**36**	**1804**	**10193**	**15668**	**1428**	**535**	**1425**	**121**	**8558**
禅城区		94	540	786	78	33	116	7	107
南海区	26	818	4742	9035	423	306	755	41	1000
顺德区	5	316	3836	4337	759	159	371	62	7198
三水区	5	372	826	1248	149	33	155	11	121
高明区		204	249	262	19	4	28		132
江门市	**31**	**298**	**2211**	**2562**	**191**	**43**	**234**	**351**	**1250**
蓬江区	5	60	494	751	47	8	55	173	307
江海区		21	306	332	36	9	101	88	745
新会区	10	87	416	461	27	7	6	53	34
台山市	3	47	148	123	33	1	27	3	34
开平市	6	13	457	450	10	5	13		4
鹤山市	6	68	364	408	29	11	31	34	123
恩平市	1	2	26	37	9	2	1		3
湛江市	**33**	**216**	**175**	**94**	**14**	**5**	**19**	**8**	**33**
赤坎区	4	4	15	8	4		7	1	3
霞山区	7	34	55	19	5	1	2	3	5
坡头区	16	37	8	6	1	2		2	1
麻章区		129	56	17	2	1	7		2
遂溪县	2	4	4	13			1		
徐闻县	3	1	1	2			1	1	1
廉江市		3	20	21	1			1	19
雷州市		1	1				1		1
吴川市	1	3	15	8	1	1			1

4-6 续表 60 单位：人

地区 性别	生产制造及有关人员								
	采矿人员	金属冶炼和压延加工人员	机械制造基础加工人员	金属制品制造人员	通用设备制造人员	专用设备制造人员	汽车制造人员	铁路、船舶、航空设备制造人员	电气机械和器材制造人员
茂名市	**42**	**7**	**63**	**41**	**10**	**2**		**1**	**10**
茂南区	6	3	50	12	7				2
电白区	32		2	9	1	2		1	1
高州市	1	4	9	7					6
化州市	1		1	10	1				1
信宜市	2		1	3	1				
肇庆市	**33**	**537**	**602**	**1083**	**87**	**33**	**157**	**6**	**80**
端州区	1	6	32	51	19	4	17	1	13
鼎湖区	1	31	30	34	7		11	1	1
高要区	1	41	291	486	7	6	11		5
广宁县	1	11	9	12					
怀集县			1						
封开县	7		1	1					3
德庆县	9		9	3					
四会市	13	448	229	496	54	23	118	4	58
惠州市	**123**	**121**	**3163**	**3509**	**482**	**166**	**1213**	**70**	**2123**
惠城区	11	28	779	825	163	76	263	16	862
惠阳区	76	47	1531	1484	170	52	807	28	778
博罗县	8	36	764	1034	127	22	97	4	449
惠东县	16	9	86	162	21	16	31	22	25
龙门县	12	1	3	4	1		15		9
梅州市	**43**	**23**	**60**	**66**	**11**	**3**	**10**	**16**	**8**
梅江区	5	3	24	16	4	1	2	16	4
梅县区	7	3	17	19	2	2	8		3
大埔县	6				1				
丰顺县	11	11	4	1					
五华县		1	2	7	1				1
平远县	13	1	2	5	1				
蕉岭县	1	4	4	8	2				
兴宁市			7	10					
汕尾市	**1**	**3**	**70**	**45**	**4**	**7**	**20**	**2**	**9**
城　区			8	5	2	3	1	2	
海丰县	1	1	38	26	2	4	3		8
陆河县		2	22	7			16		1
陆丰市			2	7					
河源市	**63**	**112**	**212**	**280**	**44**	**38**	**8**	**14**	**45**
源城区	2	53	175	157	35	19	6	1	27
紫金县	23	3	11	12	7	16		7	6
龙川县	11	2	4	34	1	3	1	6	1
连平县	17	27	7	17			1		7
和平县	1	12	6	3					
东源县	9	15	9	57	1				4
阳江市	**6**	**301**	**412**	**951**	**42**	**1**	**4**	**1**	**50**
江城区	4	242	208	367	25	1	3	1	43
阳东区	1	3	172	569	9				6
阳西县	1		9	10			1		1
阳春市		56	23	5	8				
清远市	**43**	**456**	**305**	**335**	**50**	**55**	**86**	**30**	**84**
清城区	5	295	169	214	19	50	62	9	45
清新区	3	16	35	63	8	2	13		9
佛冈县	9	49	50	12	18	2	9	21	15
阳山县	11		1	1	1				1
连山壮族瑶族自治县	4		6	3					
连南瑶族自治县		1	1						
英德市	1	95	43	32	4	1	2		13
连州市	10			10					1

4-6 续表 61

单位：人

地区 性别	生产制造及有关人员								
	采矿人员	金属冶炼和压延加工人员	机械制造基础加工人员	金属制品制造人员	通用设备制造人员	专用设备制造人员	汽车制造人员	铁路、船舶、航空设备制造人员	电气机械和器材制造人员
东莞市	**32**	**789**	**15556**	**23518**	**2467**	**1261**	**1235**	**375**	**5934**
市辖区	32	789	15556	23518	2467	1261	1235	375	5934
中山市	**10**	**257**	**5217**	**6256**	**649**	**183**	**306**	**48**	**7509**
市辖区	10	257	5217	6256	649	183	306	48	7509
潮州市	**4**	**12**	**345**	**245**	**24**	**9**			**77**
湘桥区		3	13	17	7	3			71
潮安区	3	8	328	228	17	5			3
饶平县	1	1	4			1			3
揭阳市		**56**	**74**	**224**	**9**	**2**	**1**		**9**
榕城区		30	15	90	4				
揭东区		22	41	121	5	1			5
揭西县			4	6		1			4
惠来县		1							
普宁市		3	14	7			1		
云浮市	**18**	**75**	**94**	**125**	**5**		**42**		**5**
云城区	4	2	8	25	3		20		1
云安区	11		15	2			22		
新兴县		72	67	88	2				
郁南县		1		8					3
罗定市	3		4	2					1
女	**95**	**1384**	**13483**	**29748**	**3664**	**4054**	**5027**	**965**	**27255**
广州市	**13**	**76**	**698**	**1647**	**272**	**349**	**1238**	**315**	**1070**
荔湾区	1		5	22	1	2	1		9
越秀区			1	2		1			2
海珠区		3	10	23	3	4	8	1	3
天河区	2	2	9	20	19	9	10		6
白云区	3	10	117	298	40	49	114	14	242
黄埔区	1	8	84	91	39	87	288	62	96
番禺区		13	120	478	78	102	159	2	340
花都区	1	14	93	376	28	52	365	17	104
南沙区	5	20	208	168	43	34	159	187	196
从化区		3	18	41	5	2	8	9	53
增城区		3	33	128	16	7	126	23	19
韶关市	**19**	**21**	**37**	**39**	**9**	**7**	**12**		**54**
武江区		7	14	5	4				15
浈江区		3	11	10	3		11		
曲江区	6	3	3	1					1
始兴县				2					3
仁化县	12	2	1	2					4
翁源县		2	5	7					25
乳源瑶族自治县	1	3	1	3					2
新丰县		1		2		7			
乐昌市			2	6	2		1		2
南雄市				1					2
深圳市	**5**	**171**	**3344**	**3698**	**1226**	**2035**	**1125**	**277**	**7846**
罗湖区		2	2	7	1	5	1		9
福田区			1	5	1	7	4		6
南山区		3	25	34	27	174	4	14	45
宝安区		72	1145	1713	598	819	403	63	3901
龙岗区	2	27	901	908	184	331	142	16	1533
盐田区			4	2	3	4			2
龙华区	1	14	439	386	200	417	90	24	751
坪山区	2	17	159	275	30	75	405	23	187
光明区		36	668	368	182	203	76	137	1412

4-6　续表 62

单位：人

地　区 性　别	生产制造及有关人员								
	采矿人员	金属冶炼和压延加工人员	机械制造基础加工人员	金属制品制造人员	通用设备制造人员	专用设备制造人员	汽车制造人员	铁路、船舶、航空设备制造人员	电气机械和器材制造人员
珠海市	1	35	203	342	185	164	144	21	909
香洲区	1	7	67	81	84	123	43	3	509
斗门区		8	65	110	74	27	24	7	269
金湾区		20	71	151	27	14	77	11	131
汕头市		2	44	59	12	6	29		11
龙湖区			8	7		3			3
金平区		1	2	21	3		5		5
濠江区				2			21		
潮阳区			1						2
潮南区			9	6	1		2		
澄海区		1	24	23	8	3	1		1
南澳县									
佛山市	4	336	2147	6745	466	235	529	59	5484
禅城区		17	114	228	30	14	41	3	88
南海区	2	133	944	3589	109	159	250	20	681
顺德区	2	73	888	2288	277	54	184	31	4570
三水区		68	142	562	42	7	40	5	67
高明区		45	59	78	8	1	14		78
江门市	3	66	610	1446	49	21	131	113	1057
蓬江区	1	25	154	402	11	5	38	56	303
江海区		2	67	178	9	12	63	31	595
新会区		7	138	251	7	1	8	14	21
台山市		16	29	65	10	1	7	2	17
开平市	1	4	142	313	2	1	6		3
鹤山市		12	78	228	9	1	8	9	118
恩平市	1		2	9	1		1	1	
湛江市	4	20	20	26	4	2	8	1	33
赤坎区	1	1		5			4		2
霞山区	1		4	2	2	1	1		1
坡头区		3	1	2			1		2
麻章区		10	1	1	2		2	1	
遂溪县	1	1		1					
徐闻县	1			1					
廉江市		5	10	12					28
雷州市			1						
吴川市			3	2		1			
茂名市	4	4	11	19	1	3	2	1	2
茂南区	1		6	4			1		2
电白区	3		1	3		2		1	
高州市		4	4	7					
化州市				4	1	1			
信宜市				1			1		
肇庆市	3	112	153	511	33	11	39		48
端州区	1	4	4	23	4	1	3		13
鼎湖区			10	21	1		8		2
高要区		5	80	308		5	6		2
广宁县		2	1	3					
怀集县									
封开县	1			1					2
德庆县			3	1					1
四会市	1	101	55	154	28	5	22		28
惠州市	7	48	820	1340	144	79	758	26	1119
惠城区	2	23	191	263	56	33	158	10	577
惠阳区		15	361	609	48	25	550	14	303
博罗县	5	10	253	357	40	16	32		228
惠东县			15	105		5	17	2	10
龙门县				6			1		1

4-6 续表 63 单位：人

地区 性别	生产制造及有关人员								
	采矿人员	金属冶炼和压延加工人员	机械制造基础加工人员	金属制品制造人员	通用设备制造人员	专用设备制造人员	汽车制造人员	铁路、船舶、航空设备制造人员	电气机械和器材制造人员
梅州市	**1**	**4**	**11**	**16**	**7**	**3**	**8**	**1**	**11**
梅江区		1	4	2	6			1	2
梅县区		1	2	7		1	7		5
大埔县									
丰顺县			2						1
五华县			2		1	2			1
平远县		1	1	2					2
蕉岭县	1	1		4			1		
兴宁市				1					
汕尾市	**1**		**8**	**5**	**1**	**2**	**5**	**1**	**7**
城　区			1		1			1	
海丰县	1		6	4		2			7
陆河县			1				5		
陆丰市				1					
河源市	**13**	**9**	**41**	**71**	**2**	**54**	**11**	**3**	**47**
源城区		1	34	33	2	35	11		37
紫金县	3	2		4		17			2
龙川县	2	1	1	5		1		2	
连平县	1	1	2	5					2
和平县		1	1	1				1	2
东源县	7	3	3	23		1			4
阳江市		**81**	**131**	**534**	**8**	**1**			**13**
江城区		59	53	219	5				9
阳东区		3	75	305	2				2
阳西县			1	6		1			1
阳春市		19	2	4	1				1
清远市	**5**	**88**	**53**	**127**	**10**	**21**	**35**	**7**	**43**
清城区		65	27	91	5	17	17	1	17
清新区	2	1	5	18	3	3	5	1	8
佛冈县	1	9	10	4	1		13	4	7
阳山县				1	1				1
连山壮族瑶族自治县			1						
连南瑶族自治县				1					
英德市		13	10	8		1		1	9
连州市	2			4					1
东莞市	**7**	**209**	**3694**	**9655**	**853**	**930**	**750**	**123**	**4083**
市辖区	7	209	3694	9655	853	930	750	123	4083
中山市	**4**	**73**	**1290**	**3190**	**367**	**129**	**196**	**17**	**5332**
市辖区	4	73	1290	3190	367	129	196	17	5332
潮州市	**1**	**3**	**117**	**147**	**10**	**1**	**1**		**81**
湘桥区	1	2	3	12	5	1			79
潮安区		1	114	135	5				2
饶平县							1		
揭阳市		**3**	**25**	**87**	**3**	**1**	**3**		**3**
榕城区		2	2	35	1				
揭东区		1	14	48	1				2
揭西县				2	1		1		1
惠来县									
普宁市			9	2		1	2		
云浮市		**23**	**26**	**44**	**2**		**3**		**2**
云城区			1	2					
云安区				3			3		
新兴县		23	22	35	1				
郁南县			1	2	1				
罗定市			2	2					2

4-6　续表 64　　　　单位：人

地　区 性　别	生产制造及有关人员								不便分类的其他从业人员
	计算机、通信和其他电子设备制造人　员	仪器仪表制造人员	废弃资源综合利用人　员	电力、热力、气体、水生产和输配人员	建筑施工人　员	运输设备和通用工程机械操作人员及有关人员	生产辅助人　员	其他生产制造及有关人员	
广　东	**260315**	**4312**	**2065**	**1787**	**195461**	**16299**	**240361**	**7116**	**3450**
广州市	**15761**	**317**	**319**	**234**	**32939**	**2720**	**26301**	**896**	**829**
荔湾区	144	1	16	8	1144	51	440	11	21
越秀区	16	81	4	5	497	28	164		13
海珠区	115	3	63	8	2015	81	691	8	85
天河区	1222	5	16	10	3547	223	1281	37	26
白云区	1579	72	61	58	6842	555	8742	52	119
黄埔区	5057	69	17	40	3647	520	3043	291	437
番禺区	2989	49	53	37	6511	390	4196	250	32
花都区	1874	14	39	14	2446	269	3602	125	79
南沙区	2023	7	26	19	3546	452	2365	41	2
从化区	162	1		2	481	18	354	10	8
增城区	580	15	24	33	2263	133	1423	71	7
韶关市	**199**	**7**	**20**	**67**	**2976**	**172**	**761**	**17**	**3**
武江区	43	1	3	6	1075	52	181	4	2
浈江区	49		5	9	549	28	97	3	
曲江区	17		3	14	304	27	147	7	
始兴县	33			3	108	3	31		1
仁化县	15		2	8	156	18	79		
翁源县	4	4	5	2	116	13	42		
乳源瑶族自治县	20	2		11	109	4	38	1	
新丰县	3				150	8	61		
乐昌市	10		2	5	259	14	44	1	
南雄市	5			9	150	5	41	1	
深圳市	**85876**	**2051**	**207**	**425**	**50962**	**4924**	**82124**	**2031**	**751**
罗湖区	126	10	5	13	2774	107	658	3	11
福田区	758		5	18	3223	144	794	66	42
南山区	1894	51	11	27	5050	509	2017	5	23
宝安区	36302	929	83	163	11458	1307	31199	1195	115
龙岗区	14363	363	57	76	12057	1041	16941	451	467
盐田区	327	3	5	8	735	177	294	7	3
龙华区	21461	351	11	44	7480	815	15603	161	32
坪山区	3534	79	10	27	2425	249	3266	29	58
光明区	7111	265	20	49	5760	575	11352	114	
珠海市	**6840**	**101**	**49**	**50**	**9329**	**705**	**5821**	**71**	**149**
香洲区	3035	83	17	16	6029	364	2314	35	104
斗门区	2491	9	24	18	1729	126	1685	6	2
金湾区	1314	9	8	16	1571	215	1822	30	43
汕头市	**623**	**3**	**19**	**9**	**2560**	**55**	**1926**	**74**	**15**
龙湖区	275		4	2	1430	13	437	37	2
金平区	71	3	4	6	307	23	266	8	2
濠江区	42				27	2	63	1	1
潮阳区	26		7		181		92		
潮南区	84			1	255	9	366	19	6
澄海区	125		4		338	8	700	9	4
南澳县					22		2		
佛山市	**11815**	**121**	**521**	**190**	**23144**	**1991**	**27425**	**442**	**610**
禅城区	1085	7	23	12	3526	162	1650	29	70
南海区	5123	94	388	70	7168	826	12169	206	466
顺德区	4585	17	66	34	9373	600	9600	158	54
三水区	744	3	40	55	2018	270	3008	37	2
高明区	278		4	19	1059	133	998	12	18

4-6 续表 65

单位：人

地区 性别	生产制造及有关人员								不便分类的其他从业人员
	计算机、通信和其他电子设备制造人员	仪器仪表制造人员	废弃资源综合利用人员	电力、热力、气体、水生产和输配人员	建筑施工人员	运输设备和通用工程机械操作人员及有关人员	生产辅助人员	其他生产制造及有关人员	
江门市	**2485**	**15**	**41**	**82**	**5813**	**337**	**5002**	**273**	**16**
蓬江区	660	2	9	12	1459	68	1236	67	5
江海区	701	8	3	11	1079	57	955	14	
新会区	181	2	10	16	892	74	907	150	
台山市	202		2	21	720	38	339	21	1
开平市	177		11	5	537	29	426	8	1
鹤山市	474	3	6	12	888	47	972	10	9
恩平市	90			5	238	24	167	3	
湛江市	**123**	**3**	**18**	**83**	**2592**	**229**	**804**	**18**	**8**
赤坎区	35		3	1	547	38	109	3	1
霞山区	15	2	1	12	964	107	228	5	3
坡头区	7			4	120	14	52		
麻章区	7		11	18	221	31	242	2	3
遂溪县	2				64	6	25	5	
徐闻县	17			2	126	4	19	2	
廉江市	25			3	109	3	33		
雷州市	14		2	41	34	13	9		1
吴川市	1	1	1	2	407	13	87	1	
茂名市	**120**	**4**	**15**	**20**	**2018**	**43**	**271**	**9**	**20**
茂南区	17	2	2	6	667	27	116	3	2
电白区	18			5	578	12	83		17
高州市	26		1	2	369	1	15	2	
化州市	18	2	12	1	217	2	51	3	1
信宜市	41			6	187	1	6	1	
肇庆市	**723**	**24**	**56**	**57**	**2984**	**246**	**2131**	**98**	**32**
端州区	292		2	4	648	24	169	5	1
鼎湖区	19		1	9	726	43	263	1	
高要区	56			15	150	18	562	10	1
广宁县	3		1	1	109	7	69	23	
怀集县	6	1			148	2	8		4
封开县	21			1	88	7	25		
德庆县	17		3	1	22	9	5		
四会市	309	23	49	26	1093	136	1030	59	26
惠州市	**24140**	**161**	**116**	**120**	**14735**	**929**	**14134**	**261**	**599**
惠城区	7756	20	51	27	5880	325	4868	85	490
惠阳区	12786	90	31	43	4561	400	6419	113	12
博罗县	3295	44	10	16	2040	122	2012	52	75
惠东县	287	4	20	26	1952	70	740	8	22
龙门县	16	3	4	8	302	12	95	3	
梅州市	**757**	**6**	**17**	**20**	**2617**	**99**	**368**	**14**	**19**
梅江区	434		11	2	825	26	146	5	1
梅县区	92	1	1	12	827	28	74	5	18
大埔县	2			4	132	17	25		
丰顺县	150				156	7	22		
五华县	15	5	2		243	9	42	1	
平远县	19		1	1	65	3	14		
蕉岭县	15		1	1	141	4	30	3	
兴宁市	30		1		228	5	15		
汕尾市	**598**	**2**	**5**	**31**	**2270**	**92**	**354**	**7**	**1**
城　区	516			16	807	18	75	1	
海丰县	49	2	5	13	998	65	239	6	1
陆河县	22			1	256	4	21		
陆丰市	11			1	209	5	19		

4-6　续表 66　　　　单位：人

地区 性别	生产制造及有关人员								不便分类的其他从业人员
	计算机、通信和其他电子设备制造人员	仪器仪表制造人员	废弃资源综合利用人员	电力、热力、气体、水生产和输配人员	建筑施工人员	运输设备和通用工程机械操作人员及有关人员	生产辅助人员	其他生产制造及有关人员	
河源市	**1810**	**16**	**16**	**14**	**3388**	**245**	**1159**	**37**	**16**
源城区	1222	13	5	9	2306	142	807	21	14
紫金县	52		3	1	371	18	90		1
龙川县	175		6	1	216	36	60	6	
连平县	20				77	7	27		
和平县	12	2		3	140	8	29		1
东源县	329	1	2		278	34	146	10	
阳江市	**120**		**9**	**36**	**1291**	**109**	**1672**	**24**	**56**
江城区	68		2	7	652	48	575	9	13
阳东区	28		5	22	283	22	968	6	21
阳西县	12		2	2	199	21	43	2	20
阳春市	12			5	157	18	86	7	2
清远市	**631**	**5**	**128**	**40**	**3969**	**271**	**1788**	**81**	**45**
清城区	434	1	124	13	2288	131	1117	44	7
清新区	53	2	1	5	342	32	257	13	38
佛冈县	85				276	14	131	5	
阳山县	15			1	97	11	26	3	
连山壮族瑶族自治县				3	22	1	5		
连南瑶族自治县	2	1		2	11		4		
英德市	35	1	3	10	868	61	201	11	
连州市	7			6	65	21	47	5	
东莞市	**95832**	**1332**	**369**	**224**	**19407**	**2327**	**51592**	**2088**	**224**
市辖区	95832	1332	369	224	19407	2327	51592	2088	224
中山市	**11449**	**139**	**117**	**61**	**9843**	**658**	**14786**	**636**	**29**
市辖区	11449	139	117	61	9843	658	14786	636	29
潮州市	**202**	**2**	**8**	**14**	**1078**	**55**	**1209**	**10**	**15**
湘桥区	118	2	1	2	504	19	185	1	13
潮安区	81		7	7	463	20	996	8	1
饶平县	3			5	111	16	28	1	1
揭阳市	**72**		**1**	**2**	**481**	**18**	**292**	**11**	**12**
榕城区	25				52	8	58	5	
揭东区	19		1	1	111	4	123	5	11
揭西县	4				29	1	12		
惠来县	1				71	1	6		
普宁市	23			1	218	4	93	1	1
云浮市	**139**	**3**	**14**	**8**	**1065**	**74**	**441**	**18**	**1**
云城区	24		4	7	531	30	164	1	
云安区	4		9		90	14	50		
新兴县	48	3	1	1	236	13	155	3	
郁南县	11				78	13	28		
罗定市	52				130	4	44	14	1
男	**159315**	**2468**	**1478**	**1635**	**172106**	**15134**	**136767**	**4411**	**1961**
广州市	**9498**	**168**	**223**	**218**	**29230**	**2527**	**15623**	**555**	**508**
荔湾区	76		12	7	1022	51	274	9	9
越秀区	11	53	2	5	451	27	128		5
海珠区	71	1	45	7	1868	75	448	7	48
天河区	761	5	13	9	3169	206	920	33	15
白云区	957	35	48	55	6189	534	4651	23	71
黄埔区	3194	26	13	38	3265	473	2072	177	281
番禺区	1652	26	37	34	5775	366	2404	147	18
花都区	1162	10	22	14	2087	252	2129	79	54
南沙区	1131	4	16	17	3077	403	1452	28	2
从化区	107	1		1	399	17	232	6	3
增城区	376	7	15	31	1928	123	913	46	2

4-6 续表 67　　　　单位：人

地区 性别	生产制造及有关人员								不便分类的其他从业人员
	计算机、通信和其他电子设备制造人员	仪器仪表制造人员	废弃资源综合利用人员	电力、热力、气体、水生产和输配人员	建筑施工人员	运输设备和通用工程机械操作人员及有关人员	生产辅助人员	其他生产制造及有关人员	
韶关市	**78**	**3**	**14**	**59**	**2490**	**154**	**558**	**13**	**3**
武江区	17		1	6	897	45	112	3	2
浈江区	10		3	9	459	27	71	1	
曲江区	11		3	10	260	19	117	6	
始兴县	7			2	87	3	21		1
仁化县	11		2	7	130	18	69		
翁源县	2	2	3	2	99	12	27		
乳源瑶族自治县	12	1		9	94	4	27	1	
新丰县					120	8	46		
乐昌市	5		2	5	218	13	38	1	
南雄市	3			9	126	5	30	1	
深圳市	**52588**	**1089**	**169**	**397**	**47400**	**4620**	**45317**	**1174**	**465**
罗湖区	75	2	3	13	2534	99	527	3	7
福田区	412		3	16	2969	134	572	42	25
南山区	1129	29	7	25	4666	471	1420	4	12
宝安区	21459	521	69	155	10767	1229	16096	689	63
龙岗区	8548	186	47	71	11207	976	9604	253	295
盐田区	238	3	4	7	679	173	197	4	2
龙华区	14713	192	8	40	6996	767	9271	83	20
坪山区	1941	31	9	23	2215	238	1777	17	41
光明区	4073	125	19	47	5367	533	5853	79	
珠海市	**4030**	**51**	**38**	**46**	**8205**	**649**	**3601**	**34**	**91**
香洲区	1698	43	13	15	5410	333	1459	12	63
斗门区	1546	5	18	16	1427	113	971	3	2
金湾区	786	3	7	15	1368	203	1171	19	26
汕头市	**395**		**14**	**8**	**2192**	**51**	**1097**	**51**	**7**
龙湖区	176		2	2	1242	12	217	28	2
金平区	40		4	6	273	22	125	5	
濠江区	38				24	2	39	1	
潮阳区	20		4		136		64		
潮南区	58				201	8	246	11	4
澄海区	63		4		296	7	404	6	1
南澳县					20		2		
佛山市	**7319**	**73**	**328**	**175**	**19624**	**1857**	**16599**	**303**	**365**
禅城区	569	4	18	10	3028	155	1112	18	36
南海区	3361	57	241	66	6118	769	7170	146	280
顺德区	2695	10	40	30	7970	551	5810	104	35
三水区	522	2	27	52	1648	261	1893	24	2
高明区	172		2	17	860	121	614	11	12
江门市	**1501**	**10**	**30**	**77**	**4664**	**306**	**2719**	**177**	**13**
蓬江区	402	2	8	11	1167	61	689	47	4
江海区	435	4	1	10	879	54	491	11	
新会区	97	1	8	16	725	65	480	92	
台山市	115		2	20	527	32	199	16	
开平市	98		7	4	432	29	164	4	1
鹤山市	314	3	4	12	732	44	579	6	8
恩平市	40			4	202	21	117	1	
湛江市	**66**	**3**	**14**	**76**	**2203**	**217**	**629**	**12**	**7**
赤坎区	19		2	1	453	36	84	3	1
霞山区	10	2	1	11	840	102	179	4	3
坡头区	3			4	107	14	49		
麻章区	5		10	17	200	30	220	1	2
遂溪县	1				54	5	12	3	
徐闻县	11			1	97	3	12	1	
廉江市	8			3	80	3	23		
雷州市	8		1	37	30	11	8		1
吴川市	1	1		2	342	13	42		

4-6　续表 68　　　　单位：人

地　　区 性　　别	生产制造及有关人员								不便分类的其他从业人员
	计算机、通信和其他电子设备制造人　员	仪器仪表制造人员	废弃资源综合利用人　　员	电力、热力、气体、水生产和输配人员	建筑施工人　　员	运输设备和通用工程机械操作人员及有关人员	生产辅助人　　员	其他生产制造及有关人员	
茂名市	**57**	**3**	**14**	**17**	**1607**	**36**	**191**	**7**	**5**
茂南区	9	2	2	4	541	25	82	2	2
电白区	5			5	468	9	57		2
高州市	15		1	1	297		9	2	
化州市	13	1	11	1	159	1	42	2	1
信宜市	15			6	142	1	1	1	
肇庆市	**415**	**11**	**48**	**47**	**2466**	**224**	**1301**	**71**	**18**
端州区	154			4	542	23	107	4	1
鼎湖区	10		1	7	610	37	196	1	
高要区	28			13	107	17	281	7	
广宁县	3		1	1	90	7	42	15	
怀集县	3				129	2	6		2
封开县	8			1	77	7	15		
德庆县	10		1	1	13	9	3		
四会市	199	11	45	20	898	122	651	44	15
惠州市	**15804**	**98**	**83**	**114**	**12780**	**866**	**8352**	**170**	**231**
惠城区	4920	14	38	26	5158	300	2853	59	164
惠阳区	8648	54	21	39	3918	369	3876	72	8
博罗县	2052	26	8	16	1766	118	1096	32	49
惠东县	179	2	13	25	1676	69	459	5	10
龙门县	5	2	3	8	262	10	68	2	
梅州市	**404**	**5**	**12**	**18**	**2078**	**87**	**257**	**7**	**14**
梅江区	252		6	1	662	23	100	2	1
梅县区	44	1	1	12	621	21	49	3	13
大埔县	1			4	116	17	20		
丰顺县	78				129	6	13		
五华县	6	4	2		203	9	36		
平远县	6		1	1	50	3	8		
蕉岭县	9		1		114	4	22	2	
兴宁市	8		1		183	4	9		
汕尾市	**381**	**1**	**4**	**30**	**1958**	**87**	**247**	**5**	
城　区	329			16	710	16	49	1	
海丰县	26	1	4	13	865	62	163	4	
陆河县	18				221	4	19		
陆丰市	8			1	162	5	16		
河源市	**981**	**11**	**13**	**12**	**2870**	**234**	**689**	**15**	**9**
源城区	650	10	4	7	1979	137	428	5	8
紫金县	26		3	1	311	15	71		
龙川县	117		4	1	165	36	38	4	
连平县	14				62	7	22		
和平县	7			3	122	8	23		1
东源县	167	1	2		231	31	107	6	
阳江市	**79**		**8**	**34**	**1104**	**94**	**838**	**16**	**25**
江城区	51		2	7	566	41	232	7	5
阳东区	14		5	20	236	21	516	2	12
阳西县	6		1	2	175	16	30	1	8
阳春市	8			5	127	16	60	6	
清远市	**355**	**3**	**84**	**35**	**3388**	**252**	**1279**	**54**	**30**
清城区	239	1	80	13	1958	122	804	28	3
清新区	29		1	3	300	28	170	8	27
佛冈县	55				241	12	97	5	
阳山县	8			1	87	11	21	3	
连山壮族瑶族自治县				2	18	1	4		
连南瑶族自治县		1		2	8		2		
英德市	21	1	3	10	718	57	142	8	
连州市	3			4	58	21	39	2	

4-6 续表 69

单位：人

地区 性别	生产制造及有关人员								不便分类的其他从业人员
	计算机、通信和其他电子设备制造人员	仪器仪表制造人员	废弃资源综合利用人员	电力、热力、气体、水生产和输配人员	建筑施工人员	运输设备和通用工程机械操作人员及有关人员	生产辅助人员	其他生产制造及有关人员	
东莞市	**58425**	**861**	**275**	**197**	**17170**	**2120**	**28089**	**1320**	**136**
市辖区	58425	861	275	197	17170	2120	28089	1320	136
中山市	**6710**	**78**	**87**	**54**	**8535**	**610**	**8317**	**398**	**15**
市辖区	6710	78	87	54	8535	610	8317	398	15
潮州市	**101**		**6**	**13**	**894**	**53**	**623**	**7**	**9**
湘桥区	44		1	2	429	18	102	1	8
潮安区	54		5	6	392	19	498	6	
饶平县	3			5	73	16	23		1
揭阳市	**50**		**1**	**2**	**377**	**18**	**136**	**10**	**10**
榕城区	21				41	8	21	4	
揭东区	13		1	1	90	4	48	5	9
揭西县					22	1	10		
惠来县	1				55	1	3		
普宁市	15			1	169	4	54	1	1
云浮市	**78**		**13**	**6**	**871**	**72**	**305**	**12**	
云城区	19		3	5	442	29	128	1	
云安区	1		9		83	13	35		
新兴县	31		1	1	184	13	85	2	
郁南县	3				65	13	22		
罗定市	24				97	4	35	9	
女	**101000**	**1844**	**587**	**152**	**23355**	**1165**	**103594**	**2705**	**1489**
广州市	**6263**	**149**	**96**	**16**	**3709**	**193**	**10678**	**341**	**321**
荔湾区	68	1	4	1	122		166	2	12
越秀区	5	28	2		46	1	36		8
海珠区	44	2	18	1	147	6	243	1	37
天河区	461		3	1	378	17	361	4	11
白云区	622	37	13	3	653	21	4091	29	48
黄埔区	1863	43	4	2	382	47	971	114	156
番禺区	1337	23	16	3	736	24	1792	103	14
花都区	712	4	17		359	17	1473	46	25
南沙区	892	3	10	2	469	49	913	13	
从化区	55			1	82	1	122	4	5
增城区	204	8	9	2	335	10	510	25	5
韶关市	**121**	**4**	**6**	**8**	**486**	**18**	**203**	**4**	
武江区	26	1	2		178	7	69	1	
浈江区	39		2		90	1	26	2	
曲江区	6			4	44	8	30	1	
始兴县	26			1	21		10		
仁化县	4			1	26		10		
翁源县	2	2	2		17	1	15		
乳源瑶族自治县	8	1		2	15		11		
新丰县	3				30		15		
乐昌市	5				41	1	6		
南雄市	2				24		11		
深圳市	**33288**	**962**	**38**	**28**	**3562**	**304**	**36807**	**857**	**286**
罗湖区	51	8	2		240	8	131		4
福田区	346		2	2	254	10	222	24	17
南山区	765	22	4	2	384	38	597	1	11
宝安区	14843	408	14	8	691	78	15103	506	52
龙岗区	5815	177	10	5	850	65	7337	198	172
盐田区	89		1	1	56	4	97	3	1
龙华区	6748	159	3	4	484	48	6332	78	12
坪山区	1593	48	1	4	210	11	1489	12	17
光明区	3038	140	1	2	393	42	5499	35	

4-6　续表 70　　　　　　　　　　　　　　　　　　　　　　　　单位：人

地　区 性　别	生产制造及有关人员								不便分类的其他从业人员
	计算机、通信和其他电子设备制造人员	仪器仪表制造人员	废弃资源综合利用人员	电力、热力、气体、水生产和输配人员	建筑施工人员	运输设备和通用工程机械操作人员及有关人员	生产辅助人员	其他生产制造及有关人员	
珠海市	**2810**	**50**	**11**	**4**	**1124**	**56**	**2220**	**37**	**58**
香洲区	1337	40	4	1	619	31	855	23	41
斗门区	945	4	6	2	302	13	714	3	
金湾区	528	6	1	1	203	12	651	11	17
汕头市	**228**	**3**	**5**	**1**	**368**	**4**	**829**	**23**	**8**
龙湖区	99		2		188	1	220	9	
金平区	31	3			34	1	141	3	2
濠江区	4				3		24		1
潮阳区	6		3		45		28		
潮南区	26			1	54	1	120	8	2
澄海区	62				42	1	296	3	3
南澳县					2				
佛山市	**4496**	**48**	**193**	**15**	**3520**	**134**	**10826**	**139**	**245**
禅城区	516	3	5	2	498	7	538	11	34
南海区	1762	37	147	4	1050	57	4999	60	186
顺德区	1890	7	26	4	1403	49	3790	54	19
三水区	222	1	13	3	370	9	1115	13	
高明区	106		2	2	199	12	384	1	6
江门市	**984**	**5**	**11**	**5**	**1149**	**31**	**2283**	**96**	**3**
蓬江区	258		1	1	292	7	547	20	1
江海区	266	4	2	1	200	3	464	3	
新会区	84	1	2		167	9	427	58	
台山市	87			1	193	6	140	5	1
开平市	79		4	1	105		262	4	
鹤山市	160		2		156	3	393	4	1
恩平市	50			1	36	3	50	2	
湛江市	**57**		**4**	**7**	**389**	**12**	**175**	**6**	**1**
赤坎区	16		1		94	2	25		
霞山区	5			1	124	5	49	1	
坡头区	4				13		3		
麻章区	2		1	1	21	1	22	1	1
遂溪县	1				10	1	13	2	
徐闻县	6			1	29	1	7	1	
廉江市	17				29		10		
雷州市	6		1	4	4	2	1		
吴川市			1		65		45	1	
茂名市	**63**	**1**	**1**	**3**	**411**	**7**	**80**	**2**	**15**
茂南区	8			2	126	2	34	1	
电白区	13				110	3	26		15
高州市	11			1	72	1	6		
化州市	5	1	1		58	1	9	1	
信宜市	26				45		5		
肇庆市	**308**	**13**	**8**	**10**	**518**	**22**	**830**	**27**	**14**
端州区	138		2		106	1	62	1	
鼎湖区	9			2	116	6	67		
高要区	28			2	43	1	281	3	1
广宁县					19		27	8	
怀集县	3	1			19		2		2
封开县	13				11		10		
德庆县	7		2		9		2		
四会市	110	12	4	6	195	14	379	15	11
惠州市	**8336**	**63**	**33**	**6**	**1955**	**63**	**5782**	**91**	**368**
惠城区	2836	6	13	1	722	25	2015	26	326
惠阳区	4138	36	10	4	643	31	2543	41	4
博罗县	1243	18	2		274	4	916	20	26
惠东县	108	2	7	1	276	1	281	3	12
龙门县	11	1	1		40	2	27	1	

4－6 续表 71　　单位：人

地区 性别	生产制造及有关人员：计算机、通信和其他电子设备制造人员	生产制造及有关人员：仪器仪表制造人员	生产制造及有关人员：废弃资源综合利用人员	生产制造及有关人员：电力、热力、气体、水生产和输配人员	生产制造及有关人员：建筑施工人员	生产制造及有关人员：运输设备和通用工程机械操作人员及有关人员	生产制造及有关人员：生产辅助人员	生产制造及有关人员：其他生产制造及有关人员	不便分类的其他从业人员
梅州市	**353**	**1**	**5**	**2**	**539**	**12**	**111**	**7**	**5**
梅江区	182		5	1	163	3	46	3	
梅县区	48				206	7	25	2	5
大埔县	1				16		5		
丰顺县	72				27	1	9		
五华县	9	1			40		6	1	
平远县	13				15		6		
蕉岭县	6			1	27		8	1	
兴宁市	22				45	1	6		
汕尾市	**217**	**1**	**1**	**1**	**312**	**5**	**107**	**2**	**1**
城　区	187				97	2	26		
海丰县	23	1	1		133	3	76	2	1
陆河县	4			1	35		2		
陆丰市	3				47		3		
河源市	**829**	**5**	**3**	**2**	**518**	**11**	**470**	**22**	**7**
源城区	572	3	1	2	327	5	379	16	6
紫金县	26				60	3	19		1
龙川县	58		2		51		22	2	
连平县	6				15		5		
和平县	5	2			18		6		
东源县	162				47	3	39	4	
阳江市	**41**		**1**	**2**	**187**	**15**	**834**	**8**	**31**
江城区	17				86	7	343	2	8
阳东区	14			2	47	1	452	4	9
阳西县	6		1		24	5	13	1	12
阳春市	4				30	2	26	1	2
清远市	**276**	**2**	**44**	**5**	**581**	**19**	**509**	**27**	**15**
清城区	195		44		330	9	313	16	4
清新区	24	2		2	42	4	87	5	11
佛冈县	30				35	2	34		
阳山县	7				10		5		
连山壮族瑶族自治县				1	4		1		
连南瑶族自治县	2				3		2		
英德市	14				150	4	59	3	
连州市	4			2	7		8	3	
东莞市	**37407**	**471**	**94**	**27**	**2237**	**207**	**23503**	**768**	**88**
市辖区	37407	471	94	27	2237	207	23503	768	88
中山市	**4739**	**61**	**30**	**7**	**1308**	**48**	**6469**	**238**	**14**
市辖区	4739	61	30	7	1308	48	6469	238	14
潮州市	**101**	**2**	**2**	**1**	**184**	**2**	**586**	**3**	**6**
湘桥区	74	2			75	1	83		5
潮安区	27		2	1	71	1	498	2	1
饶平县					38		5	1	
揭阳市	**22**				**104**		**156**	**1**	**2**
榕城区	4				11		37	1	
揭东区	6				21		75		2
揭西县	4				7		2		
惠来县					16		3		
普宁市	8				49		39		
云浮市	**61**	**3**	**1**	**2**	**194**	**2**	**136**	**6**	**1**
云城区	5		1	2	89	1	36		
云安区	3				7	1	15		
新兴县	17	3			52		70	1	
郁南县	8				13		6		
罗定市	28				33		9	5	1

4-7　全省分年龄、性别、职业中类的就业人口

单位：人

年龄组 性　别	合计	党的机关、国家机关、群众团体和社会组织、企事业单位负责人						
		小计	中国共产党机关负责人	国家机关负责人	民主党派和工商联负责人	人民团体和群众团体、社会组织及其他成员组织负责人	基层群众自治组织负责人	企事业单位负责人
总　计	**3403755**	**100202**	**38**	**412**	**5**	**2437**	**60**	**97250**
16–19岁	92200	234				8		226
20–24岁	395542	3559	2	5		82	2	3468
25–29岁	566382	11199	1	27		260	6	10905
30–34岁	653615	20813	6	46		494	11	20256
35–39岁	494675	21808	4	49	1	469	10	21275
40–44岁	386202	17149	6	66		409	7	16661
45–49岁	390804	13785	8	70	2	360	14	13331
50–54岁	266605	7702	6	89	1	224	5	7377
55–59岁	119935	3129	4	53		99	4	2969
60–64岁	26638	551	1	4	1	21	1	523
65–69岁	9105	205		1		9		195
70–74岁	1539	52		1		2		49
75岁及以上	513	16		1				15
男	**2134413**	**75362**	**29**	**316**	**2**	**1656**	**41**	**73318**
16–19岁	59052	171				6		165
20–24岁	236991	2394	2	1		52	1	2338
25–29岁	346670	7863	1	18		167	3	7674
30–34岁	411251	15041	4	31		330	6	14670
35–39岁	313295	16328	3	35		304	6	15980
40–44岁	238859	13296	5	50		283	5	12953
45–49岁	236628	10674	7	58	1	251	11	10346
50–54岁	175141	6241	5	70	1	157	5	6003
55–59岁	87530	2664	2	48		81	3	2530
60–64岁	20350	448		3		15	1	429
65–69岁	7123	182		1		8		173
70–74岁	1169	44				2		42
75岁及以上	354	16		1				15
女	**1269342**	**24840**	**9**	**96**	**3**	**781**	**19**	**23932**
16–19岁	33148	63				2		61
20–24岁	158551	1165		4		30	1	1130
25–29岁	219712	3336		9		93	3	3231
30–34岁	242364	5772	2	15		164	5	5586
35–39岁	181380	5480	1	14	1	165	4	5295
40–44岁	147343	3853	1	16		126	2	3708
45–49岁	154176	3111	1	12	1	109	3	2985
50–54岁	91464	1461	1	19		67		1374
55–59岁	32405	465	2	5		18	1	439
60–64岁	6288	103	1	1	1	6		94
65–69岁	1982	23				1		22
70–74岁	370	8		1				7
75岁及以上	159							

4-7 续表 1　　　　单位：人

年龄组 性　别	专业技术人员									
	小计	科学研究人员	工程技术人员	农业技术人员	飞机和船舶技术人员	卫生专业技术人员	经济和金融专业人员	法律、社会和宗教专业人员	教学人员	文学艺术、体育专业人员
总　计	**316961**	**1674**	**130771**	**742**	**350**	**24883**	**84429**	**4351**	**53805**	**9918**
16-19岁	5462	6	1762	13	2	513	746	16	1922	360
20-24岁	52584	301	17147	103	58	5436	13099	634	11870	2652
25-29岁	80137	481	30548	141	102	6843	22391	1332	13914	2768
30-34岁	70247	451	31302	140	64	4372	20189	903	9699	1916
35-39岁	43806	190	20104	85	37	2588	12329	533	6301	953
40-44岁	26396	93	11887	47	26	1646	7260	320	4175	528
45-49岁	19585	67	9029	71	25	1428	5043	281	2885	375
50-54岁	11674	42	5756	65	26	1046	2280	186	1840	227
55-59岁	5499	32	2666	52	8	629	862	115	933	104
60-64岁	1048	7	414	12	1	220	154	13	197	17
65-69岁	384	4	131	9	1	109	48	14	51	12
70-74岁	101		18	3		40	18	4	13	4
75岁及以上	38		7	1		13	10		5	2
男	**170821**	**945**	**111571**	**515**	**322**	**7243**	**23789**	**2145**	**15238**	**5887**
16-19岁	2230	1	1420	12	2	76	200	9	230	216
20-24岁	22622	130	14097	57	52	881	3050	214	2239	1335
25-29岁	39546	247	25560	80	94	1517	5816	521	3440	1527
30-34岁	39557	274	26985	105	59	1411	5499	430	2900	1240
35-39岁	25818	130	17456	63	34	1049	3620	309	2088	680
40-44岁	15467	59	10221	35	23	660	2169	202	1469	367
45-49岁	11761	42	7673	49	24	551	1661	194	1084	240
50-54岁	8138	25	5137	49	25	489	1047	143	904	173
55-59岁	4427	29	2485	42	8	350	572	98	679	80
60-64岁	857	5	397	11		141	108	11	163	13
65-69岁	295	3	120	8	1	73	30	12	33	11
70-74岁	82		17	3		34	14	2	8	3
75岁及以上	21		3	1		11	3		1	2
女	**146140**	**729**	**19200**	**227**	**28**	**17640**	**60640**	**2206**	**38567**	**4031**
16-19岁	3232	5	342	1		437	546	7	1692	144
20-24岁	29962	171	3050	46	6	4555	10049	420	9631	1317
25-29岁	40591	234	4988	61	8	5326	16575	811	10474	1241
30-34岁	30690	177	4317	35	5	2961	14690	473	6799	676
35-39岁	17988	60	2648	22	3	1539	8709	224	4213	273
40-44岁	10929	34	1666	12	3	986	5091	118	2706	161
45-49岁	7824	25	1356	22	1	877	3382	87	1801	135
50-54岁	3536	17	619	16	1	557	1233	43	936	54
55-59岁	1072	3	181	10		279	290	17	254	24
60-64岁	191	2	17	1	1	79	46	2	34	4
65-69岁	89	1	11	1		36	18	2	18	1
70-74岁	19		1			6	4	2	5	1
75岁及以上	17		4			2	7		4	

4-7　续表 2　　　　单位：人

年龄组 性　别	专业技术人员		办事人员和有关人员				社会生产服务和生活服务人员		
	新闻出版、文化专业人员	其他专业技术人员	小计	办事人员	安全和消防人员	其他办事人员和有关人员	小计	批发与零售服务人员	交通运输、仓储和邮政业服务人员
总　计	**4074**	**1964**	**197787**	**163729**	**32525**	**1533**	**1312113**	**543804**	**248366**
16—19岁	79	43	2904	2459	413	32	33528	11583	4388
20—24岁	1043	241	24643	22027	2416	200	169201	73963	23695
25—29岁	1229	388	38183	34483	3429	271	237683	109393	36746
30—34岁	787	424	40957	36713	3913	331	249602	116684	47587
35—39岁	405	281	29166	25665	3245	256	182080	85252	38065
40—44岁	223	191	20549	16981	3407	161	134856	56342	31686
45—49岁	169	212	18420	13506	4769	145	135889	46741	33205
50—54岁	76	130	12913	7533	5294	86	99834	27734	21909
55—59岁	53	45	7303	3522	3739	42	50276	11859	9136
60—64岁	6	7	1820	575	1240	5	13391	2763	1473
65—69岁	4	1	765	211	551	3	4791	1147	395
70—74岁		1	119	36	83		758	247	51
75岁及以上			45	18	26	1	224	96	30
男	**1655**	**1511**	**105257**	**74231**	**30146**	**880**	**812238**	**297720**	**215121**
16—19岁	38	26	1245	854	382	9	20930	5743	3550
20—24岁	387	180	9192	6900	2202	90	99776	36111	19496
25—29岁	446	298	15630	12368	3120	142	145866	56872	31077
30—34岁	319	335	18991	15283	3527	181	157542	63444	40903
35—39岁	172	217	15894	12780	2961	153	116180	48061	33053
40—44岁	106	156	12521	9332	3086	103	84654	32198	27514
45—49岁	92	151	12360	7899	4368	93	81353	26722	29152
50—54岁	45	101	10362	5271	5025	66	60037	17139	19952
55—59岁	44	40	6541	2865	3640	36	32369	8265	8598
60—64岁	3	5	1676	473	1199	4	9289	2039	1388
65—69岁	3	1	707	169	535	3	3514	870	366
70—74岁		1	108	29	79		564	183	46
75岁及以上			30	8	22		164	73	26
女	**2419**	**453**	**92530**	**89498**	**2379**	**653**	**499875**	**246084**	**33245**
16—19岁	41	17	1659	1605	31	23	12598	5840	838
20—24岁	656	61	15451	15127	214	110	69425	37852	4199
25—29岁	783	90	22553	22115	309	129	91817	52521	5669
30—34岁	468	89	21966	21430	386	150	92060	53240	6684
35—39岁	233	64	13272	12885	284	103	65900	37191	5012
40—44岁	117	35	8028	7649	321	58	50202	24144	4172
45—49岁	77	61	6060	5607	401	52	54536	20019	4053
50—54岁	31	29	2551	2262	269	20	39797	10595	1957
55—59岁	9	5	762	657	99	6	17907	3594	538
60—64岁	3	2	144	102	41	1	4102	724	85
65—69岁	1		58	42	16		1277	277	29
70—74岁			11	7	4		194	64	5
75岁及以上			15	10	4	1	60	23	4

4－7 续表 3 单位：人

年龄组 性 别	社会生产服务和生活服务人员								
	住宿和餐饮服务人员	信息传输、软件和信息技术服务人员	金融服务人员	房地产服务人员	租赁和商务服务人员	技术辅助服务人员	水利、环境和公共设施管理服务人员	居民服务人员	电力、燃气及水供应服务人员
总 计	**170064**	**43873**	**15865**	**30922**	**45835**	**42897**	**53328**	**65742**	**4535**
16－19岁	8922	533	145	416	1168	959	138	2575	43
20－24岁	23927	9040	2199	3933	6763	8721	726	7607	323
25－29岁	24920	16417	4419	5795	8053	11840	1190	9295	578
30－34岁	25972	10478	3966	5747	7094	9525	1976	10982	719
35－39岁	20356	4279	2400	4031	4820	5440	2521	8010	659
40－44岁	17437	1679	1215	3038	3973	2979	4713	6877	590
45－49岁	20683	852	927	3074	4809	2054	10462	8655	701
50－54岁	16692	380	410	2568	4738	895	14394	7166	566
55－59岁	8400	173	169	1572	3092	403	10871	3321	284
60－64岁	1985	25	10	491	886	61	4538	874	56
65－69岁	656	12	2	207	362	14	1596	305	14
70－74岁	91	1	2	42	69	3	172	62	1
75岁及以上	23	4	1	8	8	3	31	13	1
男	**95711**	**34230**	**7935**	**20945**	**32422**	**27868**	**21205**	**18116**	**4093**
16－19岁	6069	364	76	279	689	594	100	1136	35
20－24岁	15564	6574	1115	2422	3458	5220	513	2554	292
25－29岁	16013	12618	2206	3849	4508	7356	762	3053	510
30－34岁	15831	8531	1997	3902	4461	6447	1068	3410	644
35－39岁	11583	3542	1161	2718	3458	3765	990	2296	580
40－44岁	8815	1397	540	2005	3145	2051	1459	1642	517
45－49岁	9041	687	445	2063	4088	1352	2726	1589	632
50－54岁	7133	325	252	1857	4388	685	4605	1274	541
55－59岁	4041	154	133	1228	2968	333	4840	735	272
60－64岁	1134	23	7	407	843	52	2874	271	54
65－69岁	416	10	1	174	344	9	1117	122	14
70－74岁	57	1	2	34	65	3	132	27	1
75岁及以上	14	4		7	7	1	19	7	1
女	**74353**	**9643**	**7930**	**9977**	**13413**	**15029**	**32123**	**47626**	**442**
16－19岁	2853	169	69	137	479	365	38	1439	8
20－24岁	8363	2466	1084	1511	3305	3501	213	5053	31
25－29岁	8907	3799	2213	1946	3545	4484	428	6242	68
30－34岁	10141	1947	1969	1845	2633	3078	908	7572	75
35－39岁	8773	737	1239	1313	1362	1675	1531	5714	79
40－44岁	8622	282	675	1033	828	928	3254	5235	73
45－49岁	11642	165	482	1011	721	702	7736	7066	69
50－54岁	9559	55	158	711	350	210	9789	5892	25
55－59岁	4359	19	36	344	124	70	6031	2586	12
60－64岁	851	2	3	84	43	9	1664	603	2
65－69岁	240	2	1	33	18	5	479	183	
70－74岁	34			8	4		40	35	
75岁及以上	9		1	1	1	2	12	6	

4-7　续表 4　　　　单位：人

年龄组 性　别	社会生产服务和生活服务人员				农、林、牧、渔业生产及辅助人员				
	修理及制作服务人　员	文化、体育和娱乐服务人员	健康服务人　　员	其他社会生产和生活服务人　员	小计	农业生产人　　员	林业生产人　　员	畜牧业生产人员	渔业生产人　　员
总　计	**33012**	**10093**	**2357**	**1420**	**26446**	**17183**	**1378**	**3673**	**3561**
16−19岁	1830	746	49	33	237	164	4	39	20
20−24岁	5019	2690	460	135	1035	651	38	192	110
25−29岁	5758	2566	491	222	1685	1000	85	313	232
30−34岁	6367	1837	411	257	2888	1823	148	429	392
35−39岁	4862	912	286	187	2997	1895	132	463	409
40−44岁	3415	526	225	161	3442	2223	147	498	491
45−49岁	2928	413	205	180	4718	3125	249	617	626
50−54岁	1828	277	141	136	4859	3207	296	618	643
55−59岁	757	97	69	73	2969	1968	184	348	418
60−64岁	171	20	15	23	1044	719	64	107	143
65−69岁	62	7	3	9	402	283	24	32	57
70−74岁	12	1	1	3	114	83	7	9	14
75岁及以上	3	1	1	1	56	42		8	6
男	**29870**	**5331**	**942**	**729**	**16123**	**9697**	**939**	**2361**	**2678**
16−19岁	1782	466	29	18	165	106	2	31	19
20−24岁	4722	1522	158	55	688	415	24	127	91
25−29岁	5317	1421	187	117	1054	556	54	207	192
30−34岁	5721	856	174	153	1803	1048	104	288	292
35−39岁	4340	411	120	102	1791	1042	88	281	311
40−44岁	2949	252	83	87	1959	1158	88	301	358
45−49岁	2505	193	75	83	2629	1595	162	354	461
50−54岁	1626	128	69	63	2912	1769	203	412	464
55−59岁	679	61	31	31	1954	1238	138	240	302
60−64岁	160	14	11	12	731	471	50	83	120
65−69岁	57	5	3	6	313	211	19	26	51
70−74岁	10	1	1	1	88	64	7	5	11
75岁及以上	2	1	1	1	36	24		6	6
女	**3142**	**4762**	**1415**	**691**	**10323**	**7486**	**439**	**1312**	**883**
16−19岁	48	280	20	15	72	58	2	8	1
20−24岁	297	1168	302	80	347	236	14	65	19
25−29岁	441	1145	304	105	631	444	31	106	40
30−34岁	646	981	237	104	1085	775	44	141	100
35−39岁	522	501	166	85	1206	853	44	182	98
40−44岁	466	274	142	74	1483	1065	59	197	133
45−49岁	423	220	130	97	2089	1530	87	263	165
50−54岁	202	149	72	73	1947	1438	93	206	179
55−59岁	78	36	38	42	1015	730	46	108	116
60−64岁	11	6	4	11	313	248	14	24	23
65−69岁	5	2		3	89	72	5	6	6
70−74岁	2			2	26	19		4	3
75岁及以上	1				20	18		2	

4－7　续表 5　　　　单位：人

年龄组 性　别			生产制造及有关人员						
	农林牧渔生产辅助人员	其他农、林、牧、渔业生产加工人员	小计	农副产品加工人员	食品、饮料生产加工人员	烟草及其制品加工人员	纺织、针织、印染人员	纺织品、服装和皮革、毛皮制品加工制作人员	木材加工、家具与木制品制作人员
总　计	**577**	**74**	**1446796**	**4828**	**11290**	**292**	**16805**	**177087**	**48553**
16－19岁	8	2	49315	55	443	15	269	2756	612
20－24岁	42	2	144025	282	1437	50	963	9412	2789
25－29岁	48	7	197060	432	1634	53	1706	18540	4712
30－34岁	80	16	268650	639	1788	62	2787	34658	7447
35－39岁	92	6	214458	604	1538	40	2678	30989	7007
40－44岁	69	14	183447	678	1416	31	2714	27318	7000
45－49岁	88	13	198038	922	1526	21	2985	29651	8834
50－54岁	83	12	129363	786	1002	11	1931	16952	6748
55－59岁	50	1	50638	332	385	9	629	5552	2895
60－64岁	10	1	8751	65	87		98	905	408
65－69岁	6		2531	27	27		32	282	82
70－74岁	1		388	4	7		10	54	12
75岁及以上			132	2			3	18	7
男	**402**	**46**	**952651**	**3105**	**6765**	**176**	**9467**	**88190**	**36696**
16－19岁	6	1	34097	46	295	10	176	1566	503
20－24岁	29	2	102073	218	905	32	644	5105	2302
25－29岁	41	4	136460	327	1027	34	1047	9863	3725
30－34岁	61	10	178024	435	1132	40	1592	18179	5644
35－39岁	64	5	137065	372	938	21	1492	15784	5187
40－44岁	46	8	110745	395	773	16	1393	12729	4966
45－49岁	49	8	117641	512	752	9	1479	12965	6288
50－54岁	58	6	87278	495	582	6	1109	8081	5177
55－59岁	35	1	39489	228	269	8	436	3124	2456
60－64岁	6	1	7322	51	67		71	575	368
65－69岁	6		2092	22	21		26	180	68
70－74岁	1		279	3	4		1	29	7
75岁及以上			86	1			1	10	5
女	**175**	**28**	**494145**	**1723**	**4525**	**116**	**7338**	**88897**	**11857**
16－19岁	2	1	15218	9	148	5	93	1190	109
20－24岁	13		41952	64	532	18	319	4307	487
25－29岁	7	3	60600	105	607	19	659	8677	987
30－34岁	19	6	90626	204	656	22	1195	16479	1803
35－39岁	28	1	77393	232	600	19	1186	15205	1820
40－44岁	23	6	72702	283	643	15	1321	14589	2034
45－49岁	39	5	80397	410	774	12	1506	16686	2546
50－54岁	25	6	42085	291	420	5	822	8871	1571
55－59岁	15		11149	104	116	1	193	2428	439
60－64岁	4		1429	14	20		27	330	40
65－69岁			439	5	6		6	102	14
70－74岁			109	1	3		9	25	5
75岁及以上			46	1			2	8	2

4-7　续表 6　　　　单位：人

年龄组 性　别	生产制造及有关人员								
	纸及纸制品生产加工人员	印刷和记录媒介复制人员	文教、工美、体育和娱乐用品制造人员	石油加工和炼焦、煤化工生产人员	化学原料和化学制品制造人员	医药制造人员	化学纤维制造人员	橡胶和塑料制品制造人员	非金属矿物制品制造人员
总　计	**15345**	**15005**	**41514**	**592**	**11366**	**2170**	**387**	**53643**	**24944**
16–19岁	401	461	1370	5	433	51	7	2161	449
20–24岁	1239	1470	3873	57	1341	354	37	5125	1822
25–29岁	1615	2014	5153	95	1629	484	43	6285	2750
30–34岁	2398	2900	7497	106	1915	441	69	9023	3778
35–39岁	2306	2552	6736	76	1611	291	59	8081	3420
40–44岁	2149	2201	5965	72	1454	223	50	7564	3589
45–49岁	2622	1972	6166	88	1536	167	58	8166	4294
50–54岁	1741	1046	3398	65	984	115	41	5123	3237
55–59岁	714	326	1086	19	377	40	21	1742	1302
60–64岁	122	44	180	6	64	2	2	274	228
65–69岁	33	17	69	2	18	2		85	62
70–74岁	3	1	16	1	1			12	12
75岁及以上	2	1	5		3			2	1
男	**10247**	**10770**	**23092**	**490**	**7396**	**1258**	**252**	**33888**	**17961**
16–19岁	303	357	851	5	256	32	5	1565	353
20–24岁	914	1128	2512	47	835	196	30	3809	1476
25–29岁	1166	1533	3288	82	1030	272	29	4506	2079
30–34岁	1651	2171	4506	92	1305	258	42	5997	2725
35–39岁	1548	1866	3810	54	1063	168	40	5106	2397
40–44岁	1358	1489	2957	56	907	131	32	4265	2395
45–49岁	1532	1219	2674	71	953	87	27	4250	2843
50–54岁	1101	712	1674	56	671	81	30	2900	2347
55–59岁	539	245	638	18	301	29	16	1199	1087
60–64岁	104	35	120	6	56	2	1	215	194
65–69岁	28	14	50	2	16	2		68	55
70–74岁	2		10	1	1			8	9
75岁及以上	1	1	2		2				1
女	**5098**	**4235**	**18422**	**102**	**3970**	**912**	**135**	**19755**	**6983**
16–19岁	98	104	519		177	19	2	596	96
20–24岁	325	342	1361	10	506	158	7	1316	346
25–29岁	449	481	1865	13	599	212	14	1779	671
30–34岁	747	729	2991	14	610	183	27	3026	1053
35–39岁	758	686	2926	22	548	123	19	2975	1023
40–44岁	791	712	3008	16	547	92	18	3299	1194
45–49岁	1090	753	3492	17	583	80	31	3916	1451
50–54岁	640	334	1724	9	313	34	11	2223	890
55–59岁	175	81	448	1	76	11	5	543	215
60–64岁	18	9	60		8		1	59	34
65–69岁	5	3	19		2			17	7
70–74岁	1	1	6					4	3
75岁及以上	1		3		1			2	

4-7 续表 7　　单位：人

年龄组 性别	生产制造及有关人员								
	采矿人员	金属冶炼和压延加工人员	机械制造基础加工人员	金属制品制造人员	通用设备制造人员	专用设备制造人员	汽车制造人员	铁路、船舶、航空设备制造人员	电气机械和器材制造人员
总计	**850**	**7788**	**74425**	**100335**	**13609**	**10457**	**16686**	**4586**	**66523**
16-19岁	3	132	2370	2999	661	454	912	106	3855
20-24岁	53	585	6977	8842	1766	1571	2579	397	9315
25-29岁	86	901	9557	12083	2189	1921	3319	589	10691
30-34岁	120	1317	14229	17526	2877	2393	3779	863	12827
35-39岁	116	1133	11859	15741	1915	1619	2437	718	9607
40-44岁	98	1118	9954	14042	1553	1102	1593	622	7591
45-49岁	156	1267	10508	15157	1393	824	1299	707	7460
50-54岁	132	941	6338	9581	865	407	526	431	3829
55-59岁	62	343	2229	3567	332	134	193	132	1101
60-64岁	20	37	314	583	44	24	31	15	195
65-69岁	3	13	78	169	11	6	12	5	37
70-74岁			8	33	2	1	5		9
75岁及以上	1	1	4	12	1	1	1	1	6
男	**755**	**6404**	**60942**	**70587**	**9945**	**6403**	**11659**	**3621**	**39268**
16-19岁	3	109	2030	2330	498	313	736	101	2665
20-24岁	51	511	6177	7039	1370	1041	2090	350	6427
25-29岁	77	754	8298	9128	1667	1269	2462	504	7021
30-34岁	110	1134	11943	12833	2133	1486	2657	681	7743
35-39岁	105	930	9650	10955	1349	912	1535	537	5345
40-44岁	84	864	7721	9216	1028	582	910	453	3741
45-49岁	126	970	7831	9407	929	421	711	514	3370
50-54岁	119	789	5030	6406	647	259	367	344	2050
55-59岁	56	300	1912	2630	279	96	153	119	728
60-64岁	20	33	275	477	35	18	25	12	138
65-69岁	3	9	67	130	8	4	9	5	30
70-74岁			5	26	1	1	4		7
75岁及以上	1	1	3	10	1	1		1	3
女	**95**	**1384**	**13483**	**29748**	**3664**	**4054**	**5027**	**965**	**27255**
16-19岁		23	340	669	163	141	176	5	1190
20-24岁	2	74	800	1803	396	530	489	47	2888
25-29岁	9	147	1259	2955	522	652	857	85	3670
30-34岁	10	183	2286	4693	744	907	1122	182	5084
35-39岁	11	203	2209	4786	566	707	902	181	4262
40-44岁	14	254	2233	4826	525	520	683	169	3850
45-49岁	30	297	2677	5750	464	403	588	193	4090
50-54岁	13	152	1308	3175	218	148	159	87	1779
55-59岁	6	43	317	937	53	38	40	13	373
60-64岁		4	39	106	9	6	6	3	57
65-69岁		4	11	39	3	2	3		7
70-74岁			3	7	1		1		2
75岁及以上			1	2			1		3

4-7　续表 8　　　　单位：人

年龄组 性　别	生产制造及有关人员								不便分类的其他从业人员
	计算机、通信和其他电子设备制造人　员	仪器仪表制造人员	废弃资源综合利用人　员	电力、热力、气体、水生产和输配人员	建筑施工人　员	运输设备和通用工程机械操作人员及有关人员	生产辅助人　员	其他生产制造及有关人员	
总　计	**260315**	**4312**	**2065**	**1787**	**195461**	**16299**	**240361**	**7116**	**3450**
16−19岁	17266	184	27	17	1808	287	8508	238	520
20−24岁	41930	441	79	187	10240	1566	26494	752	495
25−29岁	48624	653	132	247	19031	2464	36380	1048	435
30−34岁	56242	891	203	276	27252	3185	47761	1401	458
35−39岁	36273	704	220	201	23857	2555	36452	1063	360
40−44岁	25094	602	240	194	24804	2106	29456	854	363
45−49岁	21170	532	389	270	35585	2184	29254	875	369
50−54岁	9775	224	402	249	32685	1346	17844	608	260
55−59岁	3178	67	237	123	16018	543	6718	232	121
60−64岁	551	10	83	18	3172	43	1093	33	33
65−69岁	159	4	38	4	889	17	339	9	27
70−74岁	31		11	1	102	3	46	3	7
75岁及以上	22		4		18		16		2
男	**159315**	**2468**	**1478**	**1635**	**172106**	**15134**	**136767**	**4411**	**1961**
16−19岁	11845	113	24	16	1657	269	4909	156	214
20−24岁	28877	285	64	171	9413	1481	16094	479	246
25−29岁	32481	383	101	223	17361	2340	21714	669	251
30−34岁	34836	520	146	246	24555	2978	27346	908	293
35−39岁	20685	394	159	183	21060	2353	20418	649	219
40−44岁	12523	308	158	177	21223	1905	15496	494	217
45−49岁	9858	262	264	238	29874	1964	14748	493	210
50−54岁	5462	140	274	238	28308	1262	10192	369	173
55−59岁	2196	52	181	122	14698	522	4696	156	86
60−64岁	402	7	65	17	3007	41	856	29	27
65−69岁	117	4	30	3	842	17	256	6	20
70−74岁	19		10	1	94	2	31	3	4
75岁及以上	14		2		14		11		1
女	**101000**	**1844**	**587**	**152**	**23355**	**1165**	**103594**	**2705**	**1489**
16−19岁	5421	71	3	1	151	18	3599	82	306
20−24岁	13053	156	15	16	827	85	10400	273	249
25−29岁	16143	270	31	24	1670	124	14666	379	184
30−34岁	21406	371	57	30	2697	207	20415	493	165
35−39岁	15588	310	61	18	2797	202	16034	414	141
40−44岁	12571	294	82	17	3581	201	13960	360	146
45−49岁	11312	270	125	32	5711	220	14506	382	159
50−54岁	4313	84	128	11	4377	84	7652	239	87
55−59岁	982	15	56	1	1320	21	2022	76	35
60−64岁	149	3	18	1	165	2	237	4	6
65−69岁	42		8	1	47		83	3	7
70−74岁	12		1		8	1	15		3
75岁及以上	8		2		4		5		1

第四部分 跨县（市、区）流动人口（长表数据资料）

第五卷 婚姻

5-1　各地区分性别、婚姻状况的15岁及以上人口

单位：人

地　区	15岁及以上人口			未　婚		
	合计	男	女	小计	男	女
广　东	**4414093**	**2528225**	**1885868**	**1472804**	**953428**	**519376**
广州市	**892745**	**494980**	**397765**	**349068**	**208567**	**140501**
荔湾区	35332	18572	16760	12474	7014	5460
越秀区	27925	14029	13896	10066	5404	4662
海珠区	85984	45177	40807	28471	15919	12552
天河区	134886	73573	61313	73382	41917	31465
白云区	234748	129486	105262	91400	53880	37520
黄埔区	69729	41413	28316	25839	17219	8620
番禺区	147207	81476	65731	59031	35281	23750
花都区	71578	40587	30991	23138	14680	8458
南沙区	38742	24031	14711	10936	8092	2844
从化区	6278	3601	2677	2070	1257	813
增城区	40336	23035	17301	12261	7904	4357
韶关市	**33732**	**17632**	**16100**	**9149**	**5353**	**3796**
武江区	10426	5236	5190	2485	1431	1054
浈江区	9547	4792	4755	3736	2004	1732
曲江区	4261	2343	1918	1238	792	446
始兴县	871	466	405	151	95	56
仁化县	1781	1025	756	297	216	81
翁源县	1383	774	609	259	179	80
乳源瑶族自治县	1138	642	496	216	142	74
新丰县	980	576	404	193	132	61
乐昌市	2119	1118	1001	358	233	125
南雄市	1226	660	566	216	129	87
深圳市	**1281720**	**732558**	**549162**	**449409**	**293164**	**156245**
罗湖区	63847	32956	30891	21887	11621	10266
福田区	83339	45038	38301	33405	19692	13713
南山区	98590	55514	43076	39239	23830	15409
宝安区	367545	213471	154074	128627	87037	41590
龙岗区	307741	172326	135415	98694	62983	35711
盐田区	13326	7609	5717	4149	2618	1531
龙华区	208534	122050	86484	82431	55321	27110
坪山区	43295	25908	17387	12530	9116	3414
光明区	95503	57686	37817	28447	20946	7501
珠海市	**111892**	**64806**	**47086**	**40431**	**25440**	**14991**
香洲区	65848	37621	28227	24279	14808	9471
斗门区	21771	12914	8857	6459	4706	1753
金湾区	24273	14271	10002	9693	5926	3767
汕头市	**37048**	**20626**	**16422**	**10721**	**6456**	**4265**
龙湖区	12137	6644	5493	3221	1809	1412
金平区	8525	4358	4167	2232	1185	1047
濠江区	1893	1278	615	1364	951	413
潮阳区	1972	1061	911	486	294	192
潮南区	3792	2290	1502	1218	755	463
澄海区	8519	4878	3641	2154	1429	725
南澳县	210	117	93	46	33	13
佛山市	**458928**	**274152**	**184776**	**139823**	**95594**	**44229**
禅城区	60888	34773	26115	18971	12073	6898
南海区	195468	116818	78650	60516	40667	19849
顺德区	158895	95210	63685	48548	34514	14034
三水区	31610	19788	11822	8949	6213	2736
高明区	12067	7563	4504	2839	2127	712

5-1 续表 1

单位：人

地　区	15岁及以上人口			未　婚		
	合计	男	女	小计	男	女
江门市	**86041**	**48827**	**37214**	**21764**	**14462**	**7302**
蓬江区	25145	13645	11500	7757	4829	2928
江海区	15919	8854	7065	4410	2874	1536
新会区	13309	7837	5472	2876	2057	819
台山市	6810	3997	2813	1586	1106	480
开平市	8764	4821	3943	1777	1145	632
鹤山市	12921	7751	5170	2731	2004	727
恩平市	3173	1922	1251	627	447	180
湛江市	**47841**	**23708**	**24133**	**18039**	**9374**	**8665**
赤坎区	10966	5093	5873	4039	1742	2297
霞山区	18049	8980	9069	5132	2899	2233
坡头区	1549	830	719	311	213	98
麻章区	8168	4366	3802	5927	3076	2851
遂溪县	1556	639	917	540	203	337
徐闻县	1536	815	721	338	219	119
廉江市	2617	1121	1496	1017	505	512
雷州市	1065	572	493	310	208	102
吴川市	2335	1292	1043	425	309	116
茂名市	**19852**	**10496**	**9356**	**8407**	**4949**	**3458**
茂南区	9144	4926	4218	4114	2392	1722
电白区	3557	2023	1534	1480	977	503
高州市	3648	1900	1748	2045	1079	966
化州市	2020	970	1050	536	356	180
信宜市	1483	677	806	232	145	87
肇庆市	**41434**	**24772**	**16662**	**12709**	**8197**	**4512**
端州区	11026	6108	4918	4187	2497	1690
鼎湖区	4715	2844	1871	1573	970	603
高要区	5502	3334	2168	1851	1144	707
广宁县	839	495	344	187	127	60
怀集县	602	382	220	158	103	55
封开县	774	451	323	183	128	55
德庆县	702	372	330	152	89	63
四会市	17274	10786	6488	4418	3139	1279
惠州市	**224677**	**133307**	**91370**	**68014**	**46928**	**21086**
惠城区	82970	47693	35277	26207	17348	8859
惠阳区	84260	51407	32853	26754	19179	7575
博罗县	36151	21691	14460	10256	7148	3108
惠东县	19250	11306	7944	4385	2995	1390
龙门县	2046	1210	836	412	258	154
梅州市	**25248**	**12636**	**12612**	**6858**	**3610**	**3248**
梅江区	11471	5596	5875	4180	2120	2060
梅县区	7008	3414	3594	1509	769	740
大埔县	917	539	378	179	126	53
丰顺县	1129	618	511	189	122	67
五华县	1420	791	629	268	181	87
平远县	700	365	335	81	52	29
蕉岭县	1062	565	497	156	90	66
兴宁市	1541	748	793	296	150	146

5-1 续表 2

单位：人

地 区	15岁及以上人口			未 婚		
	合计	男	女	小计	男	女
汕尾市	**17460**	**9913**	**7547**	**5041**	**3163**	**1878**
城 区	5336	2993	2343	1952	1136	816
海丰县	9248	5280	3968	2310	1540	770
陆河县	1045	657	388	231	168	63
陆丰市	1831	983	848	548	319	229
河源市	**39195**	**20712**	**18483**	**8466**	**5273**	**3193**
源城区	28276	14527	13749	5856	3616	2240
紫金县	2451	1469	982	474	354	120
龙川县	2457	1389	1068	550	394	156
连平县	981	571	410	159	108	51
和平县	778	440	338	161	98	63
东源县	4252	2316	1936	1266	703	563
阳江市	**20983**	**11554**	**9429**	**5726**	**3631**	**2095**
江城区	11033	5987	5046	3430	2071	1359
阳东区	6455	3594	2861	1541	1026	515
阳西县	1593	921	672	389	280	109
阳春市	1902	1052	850	366	254	112
清远市	**47662**	**26381**	**21281**	**12007**	**7523**	**4484**
清城区	30842	17097	13745	8849	5426	3423
清新区	6575	3466	3109	1241	841	400
佛冈县	2344	1418	926	514	331	183
阳山县	787	414	373	161	101	60
连山壮族瑶族自治县	338	172	166	57	35	22
连南瑶族自治县	279	128	151	59	33	26
英德市	5494	3161	2333	917	642	275
连州市	1003	525	478	209	114	95
东莞市	**774017**	**456483**	**317534**	**237544**	**165169**	**72375**
市辖区	774017	456483	317534	237544	165169	72375
中山市	**215512**	**123928**	**91584**	**58705**	**40411**	**18294**
市辖区	215512	123928	91584	58705	40411	18294
潮州市	**18237**	**9783**	**8454**	**4676**	**2520**	**2156**
湘桥区	7931	3885	4046	2880	1303	1577
潮安区	9595	5509	4086	1643	1116	527
饶平县	711	389	322	153	101	52
揭阳市	**5776**	**3201**	**2575**	**2249**	**1193**	**1056**
榕城区	1238	663	575	658	292	366
揭东区	1714	1008	706	582	339	243
揭西县	289	148	141	60	32	28
惠来县	377	198	179	144	76	68
普宁市	2158	1184	974	805	454	351
云浮市	**14093**	**7770**	**6323**	**3998**	**2451**	**1547**
云城区	7140	3896	3244	1584	998	586
云安区	1148	690	458	532	308	224
新兴县	2981	1688	1293	987	576	411
郁南县	906	484	422	197	135	62
罗定市	1918	1012	906	698	434	264

5-1 续表 3

单位：人

地 区	有配偶			离婚			丧偶		
	小计	男	女	小计	男	女	小计	男	女
广 东	**2823134**	**1526916**	**1296218**	**73032**	**38308**	**34724**	**45123**	**9573**	**35550**
广州市	**518196**	**276714**	**241482**	**16246**	**7976**	**8270**	**9235**	**1723**	**7512**
荔湾区	21317	11094	10223	821	331	490	720	133	587
越秀区	16594	8259	8335	675	274	401	590	92	498
海珠区	54980	28477	26503	1467	605	862	1066	176	890
天河区	58421	30583	27838	1966	873	1093	1117	200	917
白云区	135780	72552	63228	5074	2591	2483	2494	463	2031
黄埔区	42117	23464	18653	1103	595	508	670	135	535
番禺区	84502	44736	39766	2482	1244	1238	1192	215	977
花都区	46529	25043	21486	1258	713	545	653	151	502
南沙区	26890	15531	11359	628	345	283	288	63	225
从化区	4052	2284	1768	88	41	47	68	19	49
增城区	27014	14691	12323	684	364	320	377	76	301
韶关市	**22734**	**11697**	**11037**	**828**	**386**	**442**	**1021**	**196**	**825**
武江区	7310	3631	3679	292	112	180	339	62	277
浈江区	5353	2638	2715	203	101	102	255	49	206
曲江区	2777	1472	1305	96	56	40	150	23	127
始兴县	672	355	317	27	13	14	21	3	18
仁化县	1375	774	601	36	18	18	73	17	56
翁源县	1058	570	488	27	16	11	39	9	30
乳源瑶族自治县	853	477	376	33	13	20	36	10	26
新丰县	745	428	317	22	11	11	20	5	15
乐昌市	1619	834	785	74	39	35	68	12	56
南雄市	972	518	454	18	7	11	20	6	14
深圳市	**795430**	**424633**	**370797**	**24236**	**12418**	**11818**	**12645**	**2343**	**10302**
罗湖区	39331	20582	18749	1621	586	1035	1008	167	841
福田区	47037	24442	22595	1760	734	1026	1137	170	967
南山区	56334	30699	25635	1634	735	899	1383	250	1133
宝安区	229543	122269	107274	6650	3648	3002	2725	517	2208
龙岗区	200170	105864	94306	5625	2863	2762	3252	616	2636
盐田区	8686	4817	3869	286	143	143	205	31	174
龙华区	120521	64448	56073	3845	1979	1866	1737	302	1435
坪山区	29417	16132	13285	888	545	343	460	115	345
光明区	64391	35380	29011	1927	1185	742	738	175	563
珠海市	**67917**	**37884**	**30033**	**2110**	**1175**	**935**	**1434**	**307**	**1127**
香洲区	39366	21929	17437	1334	723	611	869	161	708
斗门区	14602	7896	6706	414	227	187	296	85	211
金湾区	13949	8059	5890	362	225	137	269	61	208
汕头市	**25492**	**13918**	**11574**	**327**	**134**	**193**	**508**	**118**	**390**
龙湖区	8608	4754	3854	116	40	76	192	41	151
金平区	5985	3101	2884	116	41	75	192	31	161
濠江区	513	319	194	6	4	2	10	4	6
潮阳区	1450	758	692	8	2	6	28	7	21
潮南区	2532	1510	1022	18	12	6	24	13	11
澄海区	6247	3395	2852	59	33	26	59	21	38
南澳县	157	81	76	4	2	2	3	1	2
佛山市	**308902**	**174240**	**134662**	**6502**	**3428**	**3074**	**3701**	**890**	**2811**
禅城区	40426	22147	18279	957	451	506	534	102	432
南海区	131101	74513	56588	2417	1258	1159	1434	380	1054
顺德区	106559	59047	47512	2477	1350	1127	1311	299	1012
三水区	21927	13243	8684	438	258	180	296	74	222
高明区	8889	5290	3599	213	111	102	126	35	91

5-1　续表 4　　单位：人

地　区	有配偶			离　婚			丧　偶		
	小计	男	女	小计	男	女	小计	男	女
江门市	**61313**	**33227**	**28086**	**1494**	**786**	**708**	**1470**	**352**	**1118**
蓬江区	16453	8523	7930	439	201	238	496	92	404
江海区	10886	5735	5151	339	181	158	284	64	220
新会区	10031	5597	4434	197	119	78	205	64	141
台山市	5044	2821	2223	102	44	58	78	26	52
开平市	6700	3573	3127	118	64	54	169	39	130
鹤山市	9788	5561	4227	251	144	107	151	42	109
恩平市	2411	1417	994	48	33	15	87	25	62
湛江市	**28345**	**13860**	**14485**	**675**	**300**	**375**	**782**	**174**	**608**
赤坎区	6548	3228	3320	208	89	119	171	34	137
霞山区	12305	5901	6404	289	118	171	323	62	261
坡头区	1176	598	578	24	7	17	38	12	26
麻章区	2145	1261	884	38	17	21	58	12	46
遂溪县	979	423	556	10	6	4	27	7	20
徐闻县	1140	579	561	20	8	12	38	9	29
廉江市	1523	587	936	31	15	16	46	14	32
雷州市	716	346	370	15	12	3	24	6	18
吴川市	1813	937	876	40	28	12	57	18	39
茂名市	**10832**	**5344**	**5488**	**203**	**81**	**122**	**410**	**122**	**288**
茂南区	4686	2425	2261	122	44	78	222	65	157
电白区	1995	1019	976	39	16	23	43	11	32
高州市	1536	792	744	24	14	10	43	15	28
化州市	1439	601	838	11	3	8	34	10	24
信宜市	1176	507	669	7	4	3	68	21	47
肇庆市	**27729**	**16157**	**11572**	**523**	**292**	**231**	**473**	**126**	**347**
端州区	6501	3493	3008	177	82	95	161	36	125
鼎湖区	3026	1818	1208	50	33	17	66	23	43
高要区	3551	2128	1423	74	45	29	26	17	9
广宁县	640	360	280	4	4		8	4	4
怀集县	433	275	158	4	2	2	7	2	5
封开县	572	318	254	4	2	2	15	3	12
德庆县	513	276	237	20	7	13	17		17
四会市	12493	7489	5004	190	117	73	173	41	132
惠州市	**150898**	**84049**	**66849**	**2909**	**1617**	**1292**	**2856**	**713**	**2143**
惠城区	54316	29472	24844	1072	575	497	1375	298	1077
惠阳区	55640	31428	24212	1019	572	447	847	228	619
博罗县	25021	14134	10887	526	307	219	348	102	246
惠东县	14362	8095	6267	242	136	106	261	80	181
龙门县	1559	920	639	50	27	23	25	5	20
梅州市	**17205**	**8667**	**8538**	**460**	**207**	**253**	**725**	**152**	**573**
梅江区	6732	3322	3410	201	93	108	358	61	297
梅县区	5153	2556	2597	122	47	75	224	42	182
大埔县	706	399	307	19	9	10	13	5	8
丰顺县	898	475	423	24	15	9	18	6	12
五华县	1091	584	507	31	17	14	30	9	21
平远县	594	308	286	9	2	7	16	3	13
蕉岭县	854	454	400	22	11	11	30	10	20
兴宁市	1177	569	608	32	13	19	36	16	20

5-1 续表 5

单位：人

地区	有配偶			离婚			丧偶		
	小计	男	女	小计	男	女	小计	男	女
汕尾市	**11842**	**6537**	**5305**	**267**	**131**	**136**	**310**	**82**	**228**
城　区	3242	1792	1450	64	41	23	78	24	54
海丰县	6605	3628	2977	154	66	88	179	46	133
陆河县	777	474	303	14	12	2	23	3	20
陆丰市	1218	643	575	35	12	23	30	9	21
河源市	**28789**	**14806**	**13983**	**802**	**401**	**401**	**1138**	**232**	**906**
源城区	20853	10429	10424	620	303	317	947	179	768
紫金县	1886	1080	806	53	25	28	38	10	28
龙川县	1822	964	858	36	16	20	49	15	34
连平县	786	444	342	17	12	5	19	7	12
和平县	581	330	251	23	10	13	13	2	11
东源县	2861	1559	1302	53	35	18	72	19	53
阳江市	**14593**	**7698**	**6895**	**270**	**121**	**149**	**394**	**104**	**290**
江城区	7233	3791	3442	156	71	85	214	54	160
阳东区	4767	2524	2243	47	21	26	100	23	77
阳西县	1145	616	529	21	10	11	38	15	23
阳春市	1448	767	681	46	19	27	42	12	30
清远市	**33414**	**18157**	**15257**	**1009**	**474**	**535**	**1232**	**227**	**1005**
清城区	20533	11231	9302	615	289	326	845	151	694
清新区	4993	2524	2469	141	67	74	200	34	166
佛冈县	1723	1040	683	64	38	26	43	9	34
阳山县	585	304	281	22	6	16	19	3	16
连山壮族瑶族自治县	264	131	133	5	1	4	12	5	7
连南瑶族自治县	194	89	105	13	5	8	13	1	12
英德市	4366	2439	1927	131	61	70	80	19	61
连州市	756	399	357	18	7	11	20	5	15
东莞市	**522149**	**284062**	**238087**	**10197**	**6167**	**4030**	**4127**	**1085**	**3042**
市辖区	522149	284062	238087	10197	6167	4030	4127	1085	3042
中山市	**151202**	**81070**	**70132**	**3524**	**1989**	**1535**	**2081**	**458**	**1623**
市辖区	151202	81070	70132	3524	1989	1535	2081	458	1623
潮州市	**13120**	**7092**	**6028**	**181**	**101**	**80**	**260**	**70**	**190**
湘桥区	4838	2510	2328	72	34	38	141	38	103
潮安区	7744	4300	3444	99	64	35	109	29	80
饶平县	538	282	256	10	3	7	10	3	7
揭阳市	**3442**	**1961**	**1481**	**39**	**25**	**14**	**46**	**22**	**24**
榕城区	568	363	205	5	4	1	7	4	3
揭东区	1101	653	448	14	7	7	17	9	8
揭西县	222	116	106	1		1	6		6
惠来县	227	118	109	2	1	1	4	3	1
普宁市	1324	711	613	17	13	4	12	6	6
云浮市	**9590**	**5143**	**4447**	**230**	**99**	**131**	**275**	**77**	**198**
云城区	5258	2803	2455	147	59	88	151	36	115
云安区	584	366	218	12	8	4	20	8	12
新兴县	1930	1081	849	40	20	20	24	11	13
郁南县	682	337	345	10	8	2	17	4	13
罗定市	1136	556	580	21	4	17	63	18	45

5-2　全省分性别、职业、婚姻状况的人口

单位：人

职业大类	15岁及以上人口			未　　婚		
	合计	男	女	小计	男	女
总　计	**3405585**	**2135570**	**1270015**	**1099646**	**749900**	**349746**
党的机关、国家机关、群众团体和社会组织、企事业单位负责人	100208	75365	24843	13739	9774	3965
专业技术人员	317048	170885	146163	136897	71363	65534
办事人员和有关人员	197820	105271	92549	64640	30477	34163
社会生产服务和生活服务人员	1312919	812755	500164	450660	294895	155765
农、林、牧、渔业生产及辅助人员	26456	16128	10328	2917	2328	589
生产制造及有关人员	1447619	953167	494452	429127	340172	88955
不便分类的其他从业人员	3515	1999	1516	1666	891	775

5-2　续表　　单位：人

职业大类	有 配 偶			离　　婚			丧　　偶		
	小计	男	女	小计	男	女	小计	男	女
总　计	**2239678**	**1348924**	**890754**	**58757**	**33933**	**24824**	**7504**	**2813**	**4691**
党的机关、国家机关、群众团体和社会组织、企事业单位负责人	84017	64125	19892	2308	1393	915	144	73	71
专业技术人员	174964	97014	77950	4846	2389	2457	341	119	222
办事人员和有关人员	128670	72436	56234	4143	2146	1997	367	212	155
社会生产服务和生活服务人员	832119	503234	328885	26427	13512	12915	3713	1114	2599
农、林、牧、渔业生产及辅助人员	23075	13549	9526	266	184	82	198	67	131
生产制造及有关人员	995047	597496	397551	20713	14276	6437	2732	1223	1509
不便分类的其他从业人员	1786	1070	716	54	33	21	9	5	4

5-3 全省分年龄、性别、受教育

受教育程度 年龄	15岁及以上人口			未婚		
	合计	男	女	小计	男	女
总计	**4414093**	**2528225**	**1885868**	**1472804**	**953428**	**519376**
15-19岁	**261460**	**151790**	**109670**	**258808**	**151165**	**107643**
15	30753	17350	13403	30732	17346	13386
16	48453	28164	20289	48346	28140	20206
17	52814	31335	21479	52515	31264	21251
18	53554	31954	21600	52847	31790	21057
19	75886	42987	32899	74368	42625	31743
20-24岁	**534816**	**300771**	**234045**	**474034**	**281457**	**192577**
20	91560	50701	40859	88377	49960	38417
21	96578	54154	42424	90822	52754	38068
22	110000	62785	47215	99249	59632	39617
23	114311	64411	49900	97595	58939	38656
24	122367	68720	53647	97991	60172	37819
25-29岁	**652896**	**374809**	**278087**	**374614**	**251756**	**122858**
25	129749	73391	56358	95257	60206	35051
26	122629	69778	52851	80489	52553	27936
27	130935	74898	56037	74940	50729	24211
28	132454	76665	55789	65597	46027	19570
29	137129	80077	57052	58331	42241	16090
30-34岁	**745820**	**437148**	**308672**	**202212**	**150833**	**51379**
30	162869	95301	67568	58859	43412	15447
31	154673	90185	64488	46530	34648	11882
32	142719	83569	59150	37000	27721	9279
33	151754	89404	62350	33907	25541	8366
34	133805	78689	55116	25916	19511	6405
35-39岁	**559089**	**331974**	**227115**	**76870**	**57060**	**19810**
35	117898	69722	48176	20399	15341	5058
36	115760	68720	47040	17461	13043	4418
37	107291	63655	43636	14177	10455	3722
38	116042	69236	46806	13887	10187	3700
39	102098	60641	41457	10946	8034	2912
40-44岁	**433169**	**253766**	**179403**	**36027**	**25889**	**10138**
40	90582	53711	36871	9087	6607	2480
41	94686	56053	38633	8294	6014	2280
42	84578	49527	35051	6794	4866	1928
43	77559	45155	32404	5872	4161	1711
44	85764	49320	36444	5980	4241	1739
45-49岁	**446326**	**253946**	**192380**	**26227**	**18334**	**7893**
45	87556	50024	37532	5714	4061	1653
46	95645	54229	41416	5915	4138	1777
47	91698	52110	39588	5341	3697	1644
48	87561	49734	37827	4900	3432	1468
49	83866	47849	36017	4357	3006	1351
50-54岁	**344072**	**196682**	**147390**	**14310**	**10096**	**4214**
50	82568	46884	35684	3979	2780	1199
51	72569	41513	31056	3087	2183	904
52	75221	42991	32230	3021	2115	906
53	55983	31964	24019	2146	1519	627
54	57731	33330	24401	2077	1499	578
55-59岁	**203329**	**113039**	**90290**	**6251**	**4524**	**1727**
55	52558	29829	22729	1686	1205	481
56	47067	26393	20674	1486	1067	419
57	49642	27916	21726	1611	1169	442
58	36270	19569	16701	1011	747	264
59	17792	9332	8460	457	336	121
60-64岁	**100314**	**50659**	**49655**	**1819**	**1278**	**541**
60	18234	9180	9054	393	267	126
61	18024	9218	8806	341	229	112
62	22083	11331	10752	426	314	112
63	23164	11764	11400	394	274	120
64	18809	9166	9643	265	194	71
65岁及以上	**132802**	**63641**	**69161**	**1632**	**1036**	**596**

程度、婚姻状况的人口

单位：人

有配偶			离婚			丧偶		
小计	男	女	小计	男	女	小计	男	女
2823134	**1526916**	**1296218**	**73032**	**38308**	**34724**	**45123**	**9573**	**35550**
2642	**624**	**2018**	**8**	**1**	**7**	**2**		**2**
21	4	17						
107	24	83						
296	71	225	2		2	1		1
704	164	540	2		2	1		1
1514	361	1153	4	1	3			
60380	**19221**	**41159**	**397**	**91**	**306**	**5**	**2**	**3**
3176	739	2437	6	2	4	1		1
5737	1394	4343	18	6	12	1		1
10680	3139	7541	71	14	57			
16619	5448	11171	95	22	73	2	2	
24168	8501	15667	207	47	160	1		1
274182	**121360**	**152822**	**4036**	**1667**	**2369**	**64**	**26**	**38**
34130	13079	21051	354	101	253	8	5	3
41645	17039	24606	489	185	304	6	1	5
55237	23869	31368	751	296	455	7	4	3
65761	30199	35562	1075	432	643	21	7	14
77409	37174	40235	1367	653	714	22	9	13
530159	**279677**	**250482**	**13205**	**6552**	**6653**	**244**	**86**	**158**
101923	50912	51011	2053	963	1090	34	14	20
105760	54414	51346	2339	1108	1231	44	15	29
103062	54539	48523	2604	1286	1318	53	23	30
114643	62221	52422	3152	1626	1526	52	16	36
104771	57591	47180	3057	1569	1488	61	18	43
466592	**266269**	**200323**	**15156**	**8500**	**6656**	**471**	**145**	**326**
94504	52737	41767	2915	1615	1300	80	29	51
95252	54039	41213	2968	1612	1356	79	26	53
90050	51463	38587	2987	1716	1271	77	21	56
98740	57166	41574	3304	1851	1453	111	32	79
88046	50864	37182	2982	1706	1276	124	37	87
383015	**220120**	**162895**	**13257**	**7542**	**5715**	**870**	**215**	**655**
78574	45480	33094	2804	1591	1213	117	33	84
83375	48363	35012	2852	1637	1215	165	39	126
74938	43055	31883	2673	1560	1113	173	46	127
69125	39621	29504	2375	1329	1046	187	44	143
77003	43601	33402	2553	1425	1128	228	53	175
406173	**228590**	**177583**	**12079**	**6537**	**5542**	**1847**	**485**	**1362**
79096	44510	34586	2485	1390	1095	261	63	198
86748	48547	38201	2650	1462	1188	332	82	250
83519	47010	36509	2442	1286	1156	396	117	279
79899	44897	35002	2355	1283	1072	407	122	285
76911	43626	33285	2147	1116	1031	451	101	350
318459	**181787**	**136672**	**7555**	**3946**	**3609**	**3748**	**853**	**2895**
75959	42866	33093	2052	1110	942	578	128	450
67186	38331	28855	1627	857	770	669	142	527
69784	39844	29940	1639	842	797	777	190	587
51981	29704	22277	1087	562	525	769	179	590
53549	31042	22507	1150	575	575	955	214	741
187356	**105503**	**81853**	**4190**	**2002**	**2188**	**5532**	**1010**	**4522**
48732	27837	20895	1041	541	500	1099	246	853
43438	24652	18786	964	469	495	1179	205	974
45618	25985	19633	1076	497	579	1337	265	1072
33310	18292	15018	698	317	381	1251	213	1038
16258	8737	7521	411	178	233	666	81	585
90527	**47426**	**43101**	**1760**	**804**	**956**	**6208**	**1151**	**5057**
16581	8582	7999	390	166	224	870	165	705
16381	8675	7706	322	144	178	980	170	810
19913	10599	9314	401	197	204	1343	221	1122
20833	11011	9822	351	158	193	1586	321	1265
16819	8559	8260	296	139	157	1429	274	1155
103649	**56339**	**47310**	**1389**	**666**	**723**	**26132**	**5600**	**20532**

5–3 续表 1

受教育程度 年 龄	15岁及以上人口			未 婚		
	合计	男	女	小计	男	女
未上过学	**27337**	**5445**	**21892**	**1721**	**1183**	**538**
15–19岁	**218**	**159**	**59**	**213**	**157**	**56**
15	17	14	3	17	14	3
16	50	37	13	50	37	13
17	47	35	12	45	35	10
18	50	39	11	49	38	11
19	54	34	20	52	33	19
20–24岁	**280**	**168**	**112**	**243**	**160**	**83**
20	51	32	19	47	32	15
21	61	40	21	56	39	17
22	58	31	27	50	31	19
23	64	39	25	54	36	18
24	46	26	20	36	22	14
25–29岁	**337**	**197**	**140**	**203**	**141**	**62**
25	66	34	32	40	23	17
26	66	38	28	46	35	11
27	71	44	27	47	34	13
28	64	42	22	34	26	8
29	70	39	31	36	23	13
30–34岁	**562**	**277**	**285**	**213**	**151**	**62**
30	113	63	50	53	40	13
31	129	61	68	51	34	17
32	101	47	54	35	23	12
33	108	54	54	37	29	8
34	111	52	59	37	25	12
35–39岁	**701**	**240**	**461**	**132**	**92**	**40**
35	107	42	65	21	14	7
36	111	42	69	30	20	10
37	146	50	96	25	18	7
38	159	51	108	28	19	9
39	178	55	123	28	21	7
40–44岁	**1330**	**346**	**984**	**138**	**93**	**45**
40	195	56	139	22	18	4
41	240	60	180	29	19	10
42	237	63	174	23	15	8
43	275	81	194	35	23	12
44	383	86	297	29	18	11
45–49岁	**2630**	**561**	**2069**	**173**	**107**	**66**
45	388	95	293	37	25	12
46	495	108	387	48	27	21
47	542	102	440	27	18	9
48	561	129	432	25	15	10
49	644	127	517	36	22	14
50–54岁	**3810**	**809**	**3001**	**150**	**103**	**47**
50	707	139	568	31	18	13
51	745	179	566	41	29	12
52	838	177	661	28	16	12
53	706	151	555	22	14	8
54	814	163	651	28	26	2
55–59岁	**3444**	**621**	**2823**	**82**	**56**	**26**
55	755	167	588	22	15	7
56	709	124	585	15	10	5
57	812	149	663	21	15	6
58	706	117	589	16	11	5
59	462	64	398	8	5	3
60–64岁	**4210**	**608**	**3602**	**63**	**47**	**16**
60	540	68	472	11	7	4
61	677	92	585	10	9	1
62	927	131	796	19	13	6
63	1059	170	889	12	9	3
64	1007	147	860	11	9	2
65岁及以上	**9815**	**1459**	**8356**	**111**	**76**	**35**

单位：人

有配偶			离婚			丧偶		
小计	男	女	小计	男	女	小计	男	女
20331	**3856**	**16475**	**304**	**98**	**206**	**4981**	**308**	**4673**
5	**2**	**3**						
2		2						
1	1							
2	1	1						
37	**8**	**29**						
4		4						
5	1	4						
8		8						
10	3	7						
10	4	6						
129	**52**	**77**	**3**	**2**	**1**	**2**	**2**	
24	9	15				2	2	
20	3	17						
24	10	14						
30	16	14						
31	14	17	3	2	1			
340	**122**	**218**	**9**	**4**	**5**			
60	23	37						
76	27	49	2		2			
60	21	39	6	3	3			
70	24	46	1	1				
74	27	47						
551	**143**	**408**	**15**	**4**	**11**	**3**	**1**	**2**
85	27	58	1	1				
80	22	58	1		1			
115	32	83	5		5	1		1
127	30	97	3	1	2	1	1	
144	32	112	5	2	3	1		1
1156	**246**	**910**	**26**	**6**	**20**	**10**	**1**	**9**
168	37	131	5	1	4			
204	39	165	5	2	3	2		2
204	47	157	7	1	6	3		3
235	56	179	4	2	2	1		1
345	67	278	5		5	4	1	3
2364	**428**	**1936**	**57**	**24**	**33**	**36**	**2**	**34**
342	69	273	7	1	6	2		2
424	72	352	16	9	7	7		7
491	79	412	15	4	11	9	1	8
517	108	409	11	6	5	8		8
590	100	490	8	4	4	10	1	9
3475	**674**	**2801**	**59**	**20**	**39**	**126**	**12**	**114**
644	113	531	16	6	10	16	2	14
666	147	519	11	2	9	27	1	26
779	154	625	8	2	6	23	5	18
645	131	514	10	4	6	29	2	27
741	129	612	14	6	8	31	2	29
3101	**541**	**2560**	**36**	**12**	**24**	**225**	**12**	**213**
698	149	549	3	1	2	32	2	30
635	105	530	12	4	8	47	5	42
729	128	601	11	6	5	51		51
626	102	524	4		4	60	4	56
413	57	356	6	1	5	35	1	34
3559	**522**	**3037**	**36**	**10**	**26**	**552**	**29**	**523**
468	58	410	6	1	5	55	2	53
577	76	501	11	4	7	79	3	76
796	114	682	4	1	3	108	3	105
895	153	742	3	1	2	149	7	142
823	121	702	12	3	9	161	14	147
5614	**1118**	**4496**	**63**	**16**	**47**	**4027**	**249**	**3778**

5-3 续表 2

受教育程度 年 龄	15岁及以上人口			未 婚		
	合计	男	女	小计	男	女
学前教育	**2120**	**808**	**1312**	**397**	**231**	**166**
15-19岁	**178**	**98**	**80**	**178**	**98**	**80**
15	38	21	17	38	21	17
16	56	33	23	56	33	23
17	31	17	14	31	17	14
18	34	16	18	34	16	18
19	19	11	8	19	11	8
20-24岁	**78**	**42**	**36**	**69**	**38**	**31**
20	26	11	15	24	11	13
21	9	4	5	9	4	5
22	19	12	7	16	11	5
23	9	5	4	6	2	4
24	15	10	5	14	10	4
25-29岁	**80**	**40**	**40**	**42**	**28**	**14**
25	15	6	9	9	6	3
26	14	7	7	12	7	5
27	13	9	4	9	8	1
28	25	10	15	7	4	3
29	13	8	5	5	3	2
30-34岁	**111**	**63**	**48**	**29**	**17**	**12**
30	24	9	15	7	3	4
31	28	15	13	10	6	4
32	23	16	7	5	4	1
33	17	11	6	4	2	2
34	19	12	7	3	2	1
35-39岁	**80**	**38**	**42**	**17**	**12**	**5**
35	14	6	8	5	3	2
36	16	9	7	3	2	1
37	14	8	6	4	3	1
38	15	5	10	1	1	
39	21	10	11	4	3	1
40-44岁	**127**	**47**	**80**	**7**	**3**	**4**
40	28	12	16	3	3	
41	21	7	14	2		2
42	25	8	17	2		2
43	17	6	11			
44	36	14	22			
45-49岁	**228**	**86**	**142**	**17**	**10**	**7**
45	41	15	26	5	3	2
46	41	18	23	4	2	2
47	38	13	25	1	1	
48	43	20	23	3	1	2
49	65	20	45	4	3	1
50-54岁	**345**	**132**	**213**	**16**	**9**	**7**
50	68	22	46	2	2	
51	61	26	35	4	2	2
52	82	33	49	6	2	4
53	58	18	40	2	2	
54	76	33	43	2	1	1
55-59岁	**253**	**83**	**170**	**11**	**8**	**3**
55	63	21	42	2	2	
56	58	24	34	4	3	1
57	59	23	36	3	1	2
58	49	12	37	2	2	
59	24	3	21			
60-64岁	**226**	**64**	**162**	**6**	**4**	**2**
60	34	8	26	1	1	
61	39	15	24	3	2	1
62	47	12	35	1	1	
63	59	17	42	1		1
64	47	12	35			
65岁及以上	**414**	**115**	**299**	**5**	**4**	**1**

单位：人

有配偶			离婚			丧偶		
小计	男	女	小计	男	女	小计	男	女
1511	**539**	**972**	**22**	**11**	**11**	**190**	**27**	**163**
8	**4**	**4**	**1**		**1**			
2		2						
3	1	2						
3	3							
			1		1			
38	**12**	**26**						
6		6						
2		2						
4	1	3						
18	6	12						
8	5	3						
77	**41**	**36**	**5**	**5**				
16	5	11	1	1				
17	8	9	1	1				
17	11	6	1	1				
13	9	4						
14	8	6	2	2				
62	**26**	**36**	**1**		**1**			
9	3	6						
13	7	6						
10	5	5						
14	4	10						
16	7	9	1		1			
117	**43**	**74**	**3**	**1**	**2**			
24	9	15	1		1			
18	6	12	1	1				
23	8	15						
16	6	10	1		1			
36	14	22						
205	**74**	**131**	**3**	**2**	**1**	**3**		**3**
33	11	22	2	1	1	1		1
36	16	20				1		1
37	12	25						
39	18	21	1	1				
60	17	43				1		1
312	**121**	**191**	**4**	**2**	**2**	**13**		**13**
63	20	43	2		2	1		1
55	24	31				2		2
72	30	42	1	1		3		3
50	16	34				6		6
72	31	41	1	1		1		1
231	**74**	**157**	**2**	**1**	**1**	**9**		**9**
61	19	42						
52	20	32	1	1		1		1
54	22	32				2		2
42	10	32	1		1	4		4
22	3	19				2		2
200	**59**	**141**	**1**		**1**	**19**	**1**	**18**
32	7	25				1		1
34	12	22				2	1	1
39	11	28				7		7
54	17	37				4		4
41	12	29	1		1	5		5
261	**85**	**176**	**2**		**2**	**146**	**26**	**120**

5-3 续表 3

受教育程度 年龄	15岁及以上人口 合计	男	女	未婚 小计	男	女
小 学	**432556**	**198843**	**233713**	**37705**	**28027**	**9678**
15-19岁	**2831**	**1800**	**1031**	**2711**	**1772**	**939**
15	211	120	91	208	119	89
16	404	262	142	397	260	137
17	569	352	217	553	350	203
18	698	451	247	669	444	225
19	949	615	334	884	599	285
20-24岁	**7118**	**4486**	**2632**	**5453**	**3958**	**1495**
20	1068	700	368	953	671	282
21	1181	759	422	1005	716	289
22	1464	918	546	1144	832	312
23	1656	1051	605	1212	903	309
24	1749	1058	691	1139	836	303
25-29岁	**11872**	**6988**	**4884**	**5376**	**4196**	**1180**
25	1978	1200	778	1162	894	268
26	1974	1171	803	1056	797	259
27	2384	1418	966	1092	857	235
28	2627	1496	1131	1037	815	222
29	2909	1703	1206	1029	833	196
30-34岁	**23690**	**12641**	**11049**	**5584**	**4422**	**1162**
30	4049	2252	1797	1292	1018	274
31	4308	2342	1966	1141	917	224
32	4600	2449	2151	1112	878	234
33	5395	2824	2571	1082	866	216
34	5338	2774	2564	957	743	214
35-39岁	**28510**	**14151**	**14359**	**3942**	**3014**	**928**
35	5177	2651	2526	849	671	178
36	5342	2683	2659	836	633	203
37	5395	2682	2713	736	545	191
38	6259	3098	3161	812	630	182
39	6337	3037	3300	709	535	174
40-44岁	**44374**	**20494**	**23880**	**3662**	**2720**	**942**
40	6533	3022	3511	652	490	162
41	8435	4017	4418	752	558	194
42	8673	3985	4688	723	541	182
43	9186	4327	4859	704	529	175
44	11547	5143	6404	831	602	229
45-49岁	**78541**	**34667**	**43874**	**4402**	**3188**	**1214**
45	13063	5658	7405	867	627	240
46	15627	7003	8624	945	666	279
47	16153	7145	9008	885	653	232
48	16590	7267	9323	861	620	241
49	17108	7594	9514	844	622	222
50-54岁	**93776**	**43470**	**50306**	**3604**	**2616**	**988**
50	19015	8421	10594	813	593	220
51	19556	9161	10395	800	575	225
52	21204	9877	11327	800	569	231
53	16549	7647	8902	590	430	160
54	17452	8364	9088	601	449	152
55-59岁	**56798**	**25721**	**31077**	**1736**	**1292**	**444**
55	15490	7159	8331	467	344	123
56	13064	6006	7058	414	300	114
57	13677	6400	7277	448	345	103
58	9846	4242	5604	267	201	66
59	4721	1914	2807	140	102	38
60-64岁	**32025**	**13185**	**18840**	**585**	**430**	**155**
60	5083	2074	3009	120	81	39
61	5598	2340	3258	100	69	31
62	7184	2978	4206	133	102	31
63	7693	3274	4419	141	106	35
64	6467	2519	3948	91	72	19
65岁及以上	**53021**	**21240**	**31781**	**650**	**419**	**231**

单位：人

有配偶			离婚			丧偶		
小计	男	女	小计	男	女	小计	男	女
368416	**163655**	**204761**	**6767**	**3513**	**3254**	**19668**	**3648**	**16020**
119	**28**	**91**	**1**		**1**			
3	1	2						
7	2	5						
15	2	13	1		1			
29	7	22						
65	16	49						
1651	**525**	**1126**	**14**	**3**	**11**			
114	29	85	1		1			
176	43	133						
315	85	230	5	1	4			
440	147	293	4	1	3			
606	221	385	4	1	3			
6362	**2731**	**3631**	**130**	**60**	**70**	**4**	**1**	**3**
802	302	500	13	3	10	1	1	
903	366	537	14	8	6	1		1
1268	554	714	23	7	16	1		1
1551	663	888	38	18	20	1		1
1838	846	992	42	24	18			
17575	**7954**	**9621**	**512**	**261**	**251**	**19**	**4**	**15**
2699	1210	1489	57	24	33	1		1
3075	1377	1698	89	48	41	3		3
3391	1526	1865	94	45	49	3		3
4173	1892	2281	134	64	70	6	2	4
4237	1949	2288	138	80	58	6	2	4
23804	**10708**	**13096**	**725**	**414**	**311**	**39**	**15**	**24**
4186	1904	2282	133	73	60	9	3	6
4366	1974	2392	137	73	64	3	3	
4519	2047	2472	135	89	46	5	1	4
5272	2379	2893	168	86	82	7	3	4
5461	2404	3057	152	93	59	15	5	10
39434	**17137**	**22297**	**1120**	**612**	**508**	**158**	**25**	**133**
5686	2431	3255	187	100	87	8	1	7
7442	3337	4105	215	117	98	26	5	21
7698	3313	4385	222	126	96	30	5	25
8199	3656	4543	237	136	101	46	6	40
10409	4400	6009	259	133	126	48	8	40
72163	**30573**	**41590**	**1534**	**813**	**721**	**442**	**93**	**349**
11850	4861	6989	295	156	139	51	14	37
14302	6161	8141	311	162	149	69	14	55
14854	6301	8553	321	172	149	93	19	74
15320	6464	8856	296	157	139	113	26	87
15837	6786	9051	311	166	145	116	20	96
87326	**39893**	**47433**	**1372**	**711**	**661**	**1474**	**250**	**1224**
17680	7626	10054	330	176	154	192	26	166
18234	8387	9847	273	153	120	249	46	203
19772	9088	10684	332	168	164	300	52	248
15420	7052	8368	208	104	104	331	61	270
16220	7740	8480	229	110	119	402	65	337
52316	**23814**	**28502**	**676**	**316**	**360**	**2070**	**299**	**1771**
14397	6644	7753	189	89	100	437	82	355
12030	5571	6459	153	74	79	467	61	406
12588	5895	6693	169	85	84	472	75	397
9024	3943	5081	103	38	65	452	60	392
4277	1761	2516	62	30	32	242	21	221
28551	**12224**	**16327**	**322**	**152**	**170**	**2567**	**379**	**2188**
4594	1920	2674	60	23	37	309	50	259
5049	2191	2858	48	23	25	401	57	344
6354	2743	3611	83	49	34	614	84	530
6830	3027	3803	69	30	39	653	111	542
5724	2343	3381	62	27	35	590	77	513
39115	**18068**	**21047**	**361**	**171**	**190**	**12895**	**2582**	**10313**

5-3 续表 4

受教育程度 年 龄	15岁及以上人口			未 婚		
	合计	男	女	小计	男	女
初 中	**1907452**	**1126828**	**780624**	**495170**	**364394**	**130776**
15-19岁	**80099**	**51163**	**28936**	**78305**	**50750**	**27555**
15	11080	6632	4448	11064	6630	4434
16	11683	7334	4349	11603	7317	4286
17	15233	9800	5433	15020	9750	5270
18	18878	12358	6520	18382	12245	6137
19	23225	15039	8186	22236	14808	7428
20-24岁	**167318**	**105000**	**62318**	**135547**	**94907**	**40640**
20	26130	16777	9353	24170	16311	7859
21	29204	18619	10585	25875	17830	8045
22	35157	22273	12884	29225	20514	8711
23	36837	22895	13942	28281	20057	8224
24	39990	24436	15554	27996	20195	7801
25-29岁	**232559**	**140650**	**91909**	**115785**	**89404**	**26381**
25	43225	26527	16698	27474	20446	7028
26	41930	25589	16341	23525	17951	5574
27	46600	28064	18536	23095	17860	5235
28	48580	29285	19295	21426	16964	4462
29	52224	31185	21039	20265	16183	4082
30-34岁	**319622**	**187265**	**132357**	**82009**	**65886**	**16123**
30	64604	38305	26299	21809	17438	4371
31	64360	37629	26731	18384	14813	3571
32	61229	35936	25293	15213	12303	2910
33	67768	39634	28134	14797	11868	2929
34	61661	35761	25900	11806	9464	2342
35-39岁	**275507**	**159943**	**115564**	**37675**	**29756**	**7919**
35	55908	32500	23408	9571	7696	1875
36	55991	32609	23382	8389	6680	1709
37	52574	30485	22089	6964	5487	1477
38	58350	33958	24392	7062	5506	1556
39	52684	30391	22293	5689	4387	1302
40-44岁	**234123**	**133987**	**100136**	**19581**	**14718**	**4863**
40	47188	27286	19902	4842	3713	1129
41	50034	28796	21238	4484	3423	1061
42	45647	26038	19609	3648	2716	932
43	42782	24353	18429	3256	2421	835
44	48472	27514	20958	3351	2445	906
45-49岁	**252496**	**144307**	**108189**	**14534**	**10451**	**4083**
45	49822	28375	21447	3208	2352	856
46	54672	30796	23876	3318	2398	920
47	52113	29724	22389	2982	2118	864
48	49363	28341	21022	2722	1953	769
49	46526	27071	19455	2304	1630	674
50-54岁	**179264**	**107338**	**71926**	**7462**	**5386**	**2076**
50	44902	26308	18594	2156	1555	601
51	37802	22456	15346	1612	1158	454
52	38705	23248	15457	1547	1103	444
53	28627	17372	11255	1102	803	299
54	29228	17954	11274	1045	767	278
55-59岁	**93588**	**55867**	**37721**	**2999**	**2223**	**776**
55	26039	15752	10287	870	620	250
56	22713	13486	9227	710	517	193
57	22507	13531	8976	746	568	178
58	15359	9009	6350	474	356	118
59	6970	4089	2881	199	162	37
60-64岁	**34169**	**19469**	**14700**	**742**	**550**	**192**
60	6592	3667	2925	163	118	45
61	6173	3536	2637	138	95	43
62	7434	4358	3076	184	147	37
63	7803	4498	3305	159	121	38
64	6167	3410	2757	98	69	29
65岁及以上	**38707**	**21839**	**16868**	**531**	**363**	**168**

单位：人

有配偶			离　婚			丧　偶		
小计	男	女	小计	男	女	小计	男	女
1366498	**740616**	**625882**	**32936**	**18304**	**14632**	**12848**	**3514**	**9334**
1787	**413**	**1374**	**6**		**6**	**1**		**1**
16	2	14						
80	17	63						
212	50	162	1		1			
493	113	380	2		2	1		1
986	231	755	3		3			
31548	**10043**	**21505**	**219**	**48**	**171**	**4**	**2**	**2**
1957	466	1491	2		2	1		1
3319	785	2534	10	4	6			
5895	1754	4141	37	5	32			
8501	2824	5677	53	12	41	2	2	
11876	4214	7662	117	27	90	1		1
114781	**50386**	**64395**	**1965**	**848**	**1117**	**28**	**12**	**16**
15564	6022	9542	185	58	127	2	1	1
18168	7547	10621	235	91	144	2		2
23126	10045	13081	377	158	219	2	1	1
26600	12087	14513	544	230	314	10	4	6
31323	14685	16638	624	311	313	12	6	6
231554	**118232**	**113322**	**5938**	**3104**	**2834**	**121**	**43**	**78**
41839	20380	21459	938	478	460	18	9	9
44907	22286	22621	1048	520	528	21	10	11
44832	23024	21808	1156	598	558	28	11	17
51502	26962	24540	1445	797	648	24	7	17
48474	25580	22894	1351	711	640	30	6	24
230663	**125995**	**104668**	**6924**	**4116**	**2808**	**245**	**76**	**169**
44971	23988	20983	1322	798	524	44	18	26
46210	25132	21078	1350	784	566	42	13	29
44194	24176	20018	1376	812	564	40	10	30
49751	27548	22203	1480	891	589	57	13	44
45537	25151	20386	1396	831	565	62	22	40
207864	**115417**	**92447**	**6228**	**3734**	**2494**	**450**	**118**	**332**
41028	22800	18228	1255	751	504	63	22	41
44093	24537	19556	1377	817	560	80	19	61
40671	22530	18141	1239	769	470	89	23	66
38303	21237	17066	1129	670	459	94	25	69
43769	24313	19456	1228	727	501	124	29	95
231270	**130340**	**100930**	**5742**	**3248**	**2494**	**950**	**268**	**682**
45272	25279	19993	1197	712	485	145	32	113
49861	27588	22273	1312	758	554	181	52	129
47775	26901	20874	1157	640	517	199	65	134
45331	25707	19624	1109	610	499	201	71	130
43031	24865	18166	967	528	439	224	48	176
166844	**99635**	**67209**	**3352**	**1872**	**1480**	**1606**	**445**	**1161**
41533	24141	17392	947	539	408	266	73	193
35195	20841	14354	698	387	311	297	70	227
36130	21655	14475	690	386	304	338	104	234
26738	16208	10530	490	277	213	297	84	213
27248	16790	10458	527	283	244	408	114	294
86903	**52332**	**34571**	**1557**	**833**	**724**	**2129**	**479**	**1650**
24263	14766	9497	446	253	193	460	113	347
21125	12653	8472	398	210	188	480	106	374
20869	12645	8224	369	192	177	523	126	397
14205	8426	5779	231	127	104	449	100	349
6441	3842	2599	113	51	62	217	34	183
31085	**18193**	**12892**	**555**	**277**	**278**	**1787**	**449**	**1338**
6050	3434	2616	110	51	59	269	64	205
5653	3318	2335	112	54	58	270	69	201
6771	4067	2704	124	68	56	355	76	279
7057	4187	2870	123	64	59	464	126	338
5554	3187	2367	86	40	46	429	114	315
32199	**19630**	**12569**	**450**	**224**	**226**	**5527**	**1622**	**3905**

5-3 续表 5

受教育程度 年龄	15岁及以上人口 合计	15岁及以上人口 男	15岁及以上人口 女	未婚 小计	未婚 男	未婚 女
高 中	**1111412**	**681155**	**430257**	**446848**	**294882**	**151966**
15-19岁	**130016**	**74772**	**55244**	**129366**	**74619**	**54747**
15	18997	10284	8713	18995	10283	8712
16	34946	19629	15317	34928	19625	15303
17	33689	19312	14377	33629	19298	14331
18	21857	13106	8751	21698	13071	8627
19	20527	12441	8086	20116	12342	7774
20-24岁	**140116**	**83646**	**56470**	**121997**	**77641**	**44356**
20	22231	13253	8978	21343	13050	8293
21	24562	14762	9800	22837	14295	8542
22	29431	17605	11826	26230	16636	9594
23	30926	18318	12608	25896	16619	9277
24	32966	19708	13258	25691	17041	8650
25-29岁	**180894**	**108718**	**72176**	**100584**	**71733**	**28851**
25	35087	20965	14122	24889	16884	8005
26	33232	19758	13474	21032	14628	6404
27	35969	21684	14285	20044	14480	5564
28	37217	22377	14840	17989	13142	4847
29	39389	23934	15455	16630	12599	4031
30-34岁	**209455**	**127680**	**81775**	**58048**	**44502**	**13546**
30	47583	28997	18586	17294	13163	4131
31	44157	26882	17275	13490	10390	3100
32	39996	24299	15697	10574	8112	2462
33	41937	25599	16338	9610	7419	2191
34	35782	21903	13879	7080	5418	1662
35-39岁	**143806**	**89757**	**54049**	**20107**	**14892**	**5215**
35	30729	18946	11783	5542	4193	1349
36	29940	18542	11398	4558	3434	1124
37	27465	17115	10350	3711	2697	1014
38	29540	18556	10984	3494	2515	979
39	26132	16598	9534	2802	2053	749
40-44岁	**98624**	**63576**	**35048**	**8049**	**5681**	**2368**
40	22915	14630	8285	2199	1568	631
41	22834	14671	8163	1909	1346	563
42	19267	12480	6787	1532	1092	440
43	16567	10711	5856	1218	825	393
44	17041	11084	5957	1191	850	341
45-49岁	**78823**	**51894**	**26929**	**4934**	**3346**	**1588**
45	16530	10713	5817	1095	757	338
46	17360	11290	6070	1128	758	370
47	16057	10587	5470	986	673	313
48	14952	9970	4982	894	609	285
49	13924	9334	4590	831	549	282
50-54岁	**47810**	**32124**	**15686**	**2149**	**1439**	**710**
50	12766	8589	4177	676	431	245
51	10255	6909	3346	460	328	132
52	10224	6879	3345	442	310	132
53	7220	4851	2369	293	189	104
54	7345	4896	2449	278	181	97
55-59岁	**37360**	**23041**	**14319**	**1077**	**729**	**348**
55	7400	4823	2577	244	168	76
56	7771	4950	2821	259	182	77
57	9554	5907	3647	294	187	107
58	8125	4771	3354	190	133	57
59	4510	2590	1920	90	59	31
60-64岁	**23541**	**13412**	**10129**	**313**	**184**	**129**
60	4852	2667	2185	78	50	28
61	4505	2590	1915	66	42	24
62	5186	3010	2176	60	30	30
63	5090	2868	2222	62	29	33
64	3908	2277	1631	47	33	14
65岁及以上	**20967**	**12535**	**8432**	**224**	**116**	**108**

单位：人

有配偶			离婚			丧偶		
小计	男	女	小计	男	女	小计	男	女
639219	**374541**	**264678**	**19742**	**10230**	**9512**	**5603**	**1502**	**4101**
648	**152**	**496**	**1**	**1**		**1**		**1**
2	1	1						
18	4	14						
59	14	45				1		1
159	35	124						
410	98	312	1	1				
18010	**5976**	**12034**	**109**	**29**	**80**			
885	201	684	3	2	1			
1721	465	1256	4	2	2			
3180	964	2216	21	5	16			
5003	1694	3309	27	5	22			
7221	2652	4569	54	15	39			
79049	**36459**	**42590**	**1246**	**520**	**726**	**15**	**6**	**9**
10100	4050	6050	96	30	66	2	1	1
12029	5062	6967	169	67	102	2	1	1
15690	7105	8585	233	98	135	2	1	1
18921	9116	9805	304	118	186	3	1	2
22309	11126	11183	444	207	237	6	2	4
147447	**81150**	**66297**	**3902**	**2004**	**1898**	**58**	**24**	**34**
29635	15528	14107	646	302	344	8	4	4
29931	16121	13810	727	368	359	9	3	6
28612	15764	12848	797	415	382	13	8	5
31427	17713	13714	887	463	424	13	4	9
27842	16024	11818	845	456	389	15	5	10
119458	**72530**	**46928**	**4139**	**2301**	**1838**	**102**	**34**	**68**
24384	14314	10070	791	435	356	12	4	8
24521	14652	9869	844	451	393	17	5	12
22944	13943	9001	793	468	325	17	7	10
25114	15541	9573	907	489	418	25	11	14
22495	14080	8415	804	458	346	31	7	24
86868	**55841**	**31027**	**3536**	**2007**	**1529**	**171**	**47**	**124**
19910	12615	7295	774	440	334	32	7	25
20139	12879	7260	743	435	308	43	11	32
16976	10950	6026	726	427	299	33	11	22
14678	9528	5150	638	348	290	33	10	23
15165	9869	5296	655	357	298	30	8	22
70633	**46847**	**23786**	**2950**	**1605**	**1345**	**306**	**96**	**210**
14790	9619	5171	600	325	275	45	12	33
15533	10160	5373	642	359	283	57	13	44
14413	9583	4830	586	304	282	72	27	45
13401	8994	4407	604	352	252	53	15	38
12496	8491	4005	518	265	253	79	29	50
43547	**29734**	**13813**	**1708**	**843**	**865**	**406**	**108**	**298**
11545	7891	3654	476	251	225	69	16	53
9325	6360	2965	393	201	192	77	20	57
9317	6361	2956	378	184	194	87	24	63
6613	4539	2074	238	103	135	76	20	56
6747	4583	2164	223	104	119	97	28	69
34125	**21609**	**12516**	**1256**	**526**	**730**	**902**	**177**	**725**
6777	4503	2274	251	119	132	128	33	95
7107	4617	2490	255	123	132	150	28	122
8693	5551	3142	330	116	214	237	53	184
7434	4493	2941	257	105	152	244	40	204
4114	2445	1669	163	63	100	143	23	120
21486	**12733**	**8753**	**609**	**251**	**358**	**1133**	**244**	**889**
4403	2514	1889	161	63	98	210	40	170
4111	2467	1644	120	46	74	208	35	173
4752	2871	1881	144	59	85	230	50	180
4641	2731	1910	106	42	64	281	66	215
3579	2150	1429	78	41	37	204	53	151
17948	**11510**	**6438**	**286**	**143**	**143**	**2509**	**766**	**1743**

5-3 续表 6

受教育程度 年龄	15岁及以上人口			未婚		
	合计	男	女	小计	男	女
大学专科	**539018**	**298271**	**240747**	**269085**	**148856**	**120229**
15-19岁	**30026**	**15537**	**14489**	**29958**	**15516**	**14442**
15	392	269	123	392	269	123
16	1223	819	404	1222	818	404
17	2652	1522	1130	2646	1519	1127
18	7735	4049	3686	7717	4042	3675
19	18024	8878	9146	17981	8868	9113
20-24岁	**125130**	**62428**	**62702**	**117997**	**60363**	**57634**
20	23513	11554	11959	23319	11515	11804
21	22616	11047	11569	22171	10959	11212
22	25608	13046	12562	24550	12770	11780
23	26285	13182	13103	24186	12572	11614
24	27108	13599	13509	23771	12547	11224
25-29岁	**123113**	**64010**	**59103**	**77521**	**44883**	**32638**
25	27522	13798	13724	22176	11963	10213
26	24469	12532	11937	17656	9980	7676
27	24466	12542	11924	15073	8759	6314
28	23495	12560	10935	12352	7658	4694
29	23161	12578	10583	10264	6523	3741
30-34岁	**110645**	**62270**	**48375**	**30233**	**19911**	**10322**
30	26183	14403	11780	9663	6362	3301
31	23801	13154	10647	7075	4644	2431
32	21124	11851	9273	5459	3574	1885
33	21443	12338	9105	4635	3073	1562
34	18094	10524	7570	3401	2258	1143
35-39岁	**65424**	**39381**	**26043**	**8372**	**5307**	**3065**
35	15333	9033	6300	2484	1607	877
36	14310	8522	5788	2028	1293	735
37	12782	7642	5140	1530	959	571
38	12842	7853	4989	1371	847	524
39	10157	6331	3826	959	601	358
40-44岁	**34572**	**22224**	**12348**	**2717**	**1588**	**1129**
40	8486	5336	3150	780	476	304
41	8335	5347	2988	672	389	283
42	6903	4453	2450	515	305	210
43	5509	3588	1921	387	211	176
44	5339	3500	1839	363	207	156
45-49岁	**21328**	**14241**	**7087**	**1356**	**769**	**587**
45	4972	3327	1645	317	182	135
46	4849	3244	1605	304	179	125
47	4279	2875	1404	290	151	139
48	3810	2513	1297	247	149	98
49	3418	2282	1136	198	108	90
50-54岁	**11278**	**7358**	**3920**	**581**	**318**	**263**
50	3132	2030	1102	185	110	75
51	2506	1637	869	110	51	59
52	2461	1583	878	128	66	62
53	1596	1058	538	88	50	38
54	1583	1050	533	70	41	29
55-59岁	**7068**	**4304**	**2764**	**210**	**127**	**83**
55	1630	1045	585	49	31	18
56	1609	996	613	52	34	18
57	1803	1051	752	62	33	29
58	1341	814	527	36	25	11
59	685	398	287	11	4	7
60-64岁	**4181**	**2553**	**1628**	**69**	**38**	**31**
60	757	443	314	14	5	9
61	704	418	286	16	7	9
62	890	540	350	15	11	4
63	974	592	382	14	7	7
64	856	560	296	10	8	2
65岁及以上	**6253**	**3965**	**2288**	**71**	**36**	**35**

单位：人

有配偶			离婚			丧偶		
小计	男	女	小计	男	女	小计	男	女
260403	**145351**	**115052**	**8344**	**3725**	**4619**	**1186**	**339**	**847**
68	**21**	**47**						
1	1							
6	3	3						
18	7	11						
43	10	33						
7087	**2055**	**5032**	**46**	**10**	**36**			
194	39	155						
442	88	354	3		3			
1050	273	777	8	3	5			
2091	607	1484	8	3	5			
3310	1048	2262	27	4	23			
45079	**18965**	**26114**	**501**	**157**	**344**	**12**	**5**	**7**
5298	1828	3470	47	7	40	1		1
6756	2535	4221	57	17	40			
9308	3761	5547	83	20	63	2	2	
11000	4853	6147	137	47	90	6	2	4
12717	5988	6729	177	66	111	3	1	2
78509	**41597**	**36912**	**1870**	**750**	**1120**	**33**	**12**	**21**
16233	7937	8296	282	103	179	5	1	4
16416	8410	8006	302	98	204	8	2	6
15279	8130	7149	381	145	236	5	2	3
16354	9066	7288	448	197	251	6	2	4
14227	8054	6173	457	207	250	9	5	4
54951	**33060**	**21891**	**2046**	**1003**	**1043**	**55**	**11**	**44**
12423	7226	5197	417	197	220	9	3	6
11862	7039	4823	412	189	223	8	1	7
10819	6466	4353	422	215	207	11	2	9
11031	6789	4242	426	215	211	14	2	12
8816	5540	3276	369	187	182	13	3	10
30347	**19903**	**10444**	**1455**	**720**	**735**	**53**	**13**	**40**
7342	4678	2664	356	180	176	8	2	6
7342	4798	2544	310	158	152	11	2	9
6071	3994	2077	304	151	153	13	3	10
4884	3272	1612	230	103	127	8	2	6
4708	3161	1547	255	128	127	13	4	9
18803	**12946**	**5857**	**1101**	**511**	**590**	**68**	**15**	**53**
4396	3014	1382	250	129	121	9	2	7
4304	2961	1343	232	103	129	9	1	8
3743	2609	1134	230	112	118	16	3	13
3348	2272	1076	195	84	111	20	8	12
3012	2090	922	194	83	111	14	1	13
9974	**6735**	**3239**	**637**	**278**	**359**	**86**	**27**	**59**
2755	1830	925	170	82	88	22	8	14
2239	1522	717	148	61	87	9	3	6
2174	1460	714	140	53	87	19	4	15
1401	958	443	85	42	43	22	8	14
1405	965	440	94	40	54	14	4	10
6334	**3987**	**2347**	**382**	**160**	**222**	**142**	**30**	**112**
1457	961	496	93	40	53	31	13	18
1447	928	519	84	31	53	26	3	23
1589	960	629	113	50	63	39	8	31
1220	760	460	56	23	33	29	6	23
621	378	243	36	16	20	17		17
3842	**2413**	**1429**	**162**	**75**	**87**	**108**	**27**	**81**
688	412	276	38	22	16	17	4	13
654	401	253	19	9	10	15	1	14
819	510	309	32	14	18	24	5	19
903	568	335	33	12	21	24	5	19
778	522	256	40	18	22	28	12	16
5409	**3669**	**1740**	**144**	**61**	**83**	**629**	**199**	**430**

5-3 续表 7

受教育程度 年　　龄	15岁及以上人口			未　　婚		
	合计	男	女	小计	男	女
大学本科	**359068**	**197334**	**161734**	**203415**	**106514**	**96901**
15-19岁	**18050**	**8238**	**9812**	**18036**	**8230**	**9806**
15	18	10	8	18	10	8
16	91	50	41	90	50	40
17	588	295	293	586	293	293
18	4284	1925	2359	4281	1924	2357
19	13069	5958	7111	13061	5953	7108
20-24岁	**89632**	**42716**	**46916**	**87649**	**42129**	**45520**
20	18507	8358	10149	18487	8354	10133
21	18764	8853	9911	18691	8841	9850
22	17352	8490	8862	17131	8431	8700
23	16743	8117	8626	16184	7951	8233
24	18266	8898	9368	17156	8552	8604
25-29岁	**92799**	**48588**	**44211**	**66089**	**36778**	**29311**
25	19493	9748	9745	17249	8929	8320
26	18664	9564	9100	15108	8142	6966
27	19145	10015	9130	13697	7763	5934
28	18304	9790	8514	11219	6587	4632
29	17193	9471	7722	8816	5357	3459
30-34岁	**73312**	**42288**	**31024**	**22914**	**14137**	**8777**
30	18058	10075	7983	7608	4741	2867
31	15913	9015	6898	5538	3360	2178
32	14038	8061	5977	4053	2523	1530
33	13641	8117	5524	3339	2048	1291
34	11662	7020	4642	2376	1465	911
35-39岁	**40778**	**25777**	**15001**	**5900**	**3580**	**2320**
35	9664	5958	3706	1716	1039	677
36	9135	5742	3393	1452	890	562
37	8074	5146	2928	1066	656	410
38	7983	5137	2846	997	605	392
39	5922	3794	2128	669	390	279
40-44岁	**17722**	**11558**	**6164**	**1644**	**958**	**686**
40	4664	3000	1664	517	305	212
41	4253	2803	1450	395	252	143
42	3360	2167	1193	305	164	141
43	2857	1854	1003	242	136	106
44	2588	1734	854	185	101	84
45-49岁	**10788**	**7165**	**3623**	**697**	**400**	**297**
45	2424	1622	802	158	102	56
46	2274	1545	729	140	87	53
47	2203	1449	754	142	71	71
48	1970	1311	659	132	75	57
49	1917	1238	679	125	65	60
50-54岁	**6800**	**4723**	**2077**	**296**	**190**	**106**
50	1744	1201	543	99	59	40
51	1460	1012	448	49	35	14
52	1503	1049	454	63	44	19
53	1057	748	309	43	28	15
54	1036	713	323	42	24	18
55-59岁	**4052**	**2786**	**1266**	**120**	**74**	**46**
55	971	695	276	27	20	7
56	959	656	303	28	18	10
57	1019	684	335	33	16	17
58	730	511	219	25	18	7
59	373	240	133	7	2	5
60-64岁	**1706**	**1162**	**544**	**33**	**18**	**15**
60	330	216	114	5	4	1
61	286	190	96	5	2	3
62	356	256	100	10	7	3
63	421	291	130	5	2	3
64	313	209	104	8	3	5
65岁及以上	**3429**	**2333**	**1096**	**37**	**20**	**17**

单位：人

有配偶			离婚			丧偶		
小计	男	女	小计	男	女	小计	男	女
150669	**88465**	**62204**	**4368**	**2137**	**2231**	**616**	**218**	**398**
14	**8**	**6**						
1		1						
2	2							
3	1	2						
8	5	3						
1974	**586**	**1388**	**8**	**1**	**7**	**1**		**1**
20	4	16						
71	12	59	1		1	1		1
221	59	162						
556	165	391	3	1	2			
1106	346	760	4		4			
26526	**11736**	**14790**	**181**	**74**	**107**	**3**		**3**
2231	816	1415	13	3	10			
3541	1420	2121	14	2	12	1		1
5417	2241	3176	31	11	20			
7033	3185	3848	51	18	33	1		1
8304	4074	4230	72	40	32	1		1
49504	**27760**	**21744**	**881**	**388**	**493**	**13**	**3**	**10**
10330	5284	5046	118	50	68	2		2
10223	5595	4628	149	60	89	3		3
9825	5464	4361	156	72	84	4	2	2
10080	5968	4112	219	100	119	3	1	2
9046	5449	3597	239	106	133	1		1
33670	**21585**	**12085**	**1182**	**604**	**578**	**26**	**8**	**18**
7711	4816	2895	232	102	130	5	1	4
7479	4746	2733	195	102	93	9	4	5
6772	4369	2403	233	120	113	3	1	2
6691	4376	2315	288	154	134	7	2	5
5017	3278	1739	234	126	108	2		2
15258	**10188**	**5070**	**793**	**401**	**392**	**27**	**11**	**16**
3943	2596	1347	198	98	100	6	1	5
3683	2459	1224	173	90	83	2	2	
2885	1918	967	165	81	84	5	4	1
2488	1657	831	122	60	62	5	1	4
2259	1558	701	135	72	63	9	3	6
9459	**6475**	**2984**	**594**	**282**	**312**	**38**	**8**	**30**
2142	1462	680	118	56	62	6	2	4
2008	1399	609	118	57	61	8	2	6
1941	1332	609	114	45	69	6	1	5
1707	1170	537	120	65	55	11	1	10
1661	1112	549	124	59	65	7	2	5
6116	**4339**	**1777**	**356**	**186**	**170**	**32**	**8**	**24**
1537	1089	448	96	50	46	12	3	9
1320	934	386	84	41	43	7	2	5
1358	964	394	77	41	36	5		5
957	688	269	51	30	21	6	2	4
944	664	280	48	24	24	2	1	1
3649	**2579**	**1070**	**230**	**120**	**110**	**53**	**13**	**40**
881	639	242	52	33	19	11	3	8
876	617	259	48	19	29	7	2	5
906	629	277	67	36	31	13	3	10
656	472	184	37	18	19	12	3	9
330	222	108	26	14	12	10	2	8
1567	**1092**	**475**	**69**	**34**	**35**	**37**	**18**	**19**
303	203	100	13	4	9	9	5	4
264	176	88	12	8	4	5	4	1
331	243	88	12	5	7	3	1	2
391	276	115	16	8	8	9	5	4
278	194	84	16	9	7	11	3	8
2932	**2117**	**815**	**74**	**47**	**27**	**386**	**149**	**237**

5-3 续表 8

受教育程度 年龄	15岁及以上人口			未婚		
	合计	男	女	小计	男	女
硕士研究生	**31434**	**17120**	**14314**	**16903**	**8388**	**8515**
15-19岁	**33**	**17**	**16**	**32**	**17**	**15**
15						
16						
17	4	1	3	4	1	3
18	17	9	8	16	9	7
19	12	7	5	12	7	5
20-24岁	**4973**	**2186**	**2787**	**4916**	**2162**	**2754**
20	27	11	16	27	11	16
21	175	65	110	172	65	107
22	882	391	491	876	388	488
23	1740	773	967	1728	768	960
24	2149	946	1203	2113	930	1183
25-29岁	**10229**	**5034**	**5195**	**8211**	**4124**	**4087**
25	2210	1037	1173	2113	989	1124
26	2094	1005	1089	1886	912	974
27	2062	988	1074	1688	851	837
28	1929	984	945	1378	739	639
29	1934	1020	914	1146	633	513
30-34岁	**7453**	**4025**	**3428**	**2785**	**1549**	**1236**
30	2006	1046	960	998	563	435
31	1772	953	819	742	417	325
32	1405	785	620	469	260	209
33	1281	706	575	358	200	158
34	989	535	454	218	109	109
35-39岁	**3696**	**2277**	**1419**	**610**	**331**	**279**
35	827	484	343	164	83	81
36	805	497	308	144	78	66
37	736	453	283	121	76	45
38	758	487	271	105	56	49
39	570	356	214	76	38	38
40-44岁	**1947**	**1311**	**636**	**191**	**107**	**84**
40	485	320	165	56	26	30
41	460	307	153	40	22	18
42	394	282	112	42	29	13
43	304	192	112	27	14	13
44	304	210	94	26	16	10
45-49岁	**1281**	**886**	**395**	**92**	**50**	**42**
45	274	190	84	23	10	13
46	279	194	85	26	19	7
47	261	183	78	22	11	11
48	239	159	80	11	6	5
49	228	160	68	10	4	6
50-54岁	**829**	**599**	**230**	**47**	**32**	**15**
50	199	146	53	14	10	4
51	153	109	44	10	5	5
52	167	116	51	7	5	2
53	146	99	47	5	2	3
54	164	129	35	11	10	1
55-59岁	**619**	**492**	**127**	**11**	**10**	**1**
55	170	136	34	3	3	
56	142	116	26	3	2	1
57	166	131	35	3	3	
58	99	79	20			
59	42	30	12	2	2	
60-64岁	**209**	**162**	**47**	**5**	**4**	**1**
60	38	29	9			
61	35	30	5	2	2	
62	48	36	12	3	2	1
63	52	42	10			
64	36	25	11			
65岁及以上	**165**	**131**	**34**	**3**	**2**	**1**

单位：人

有配偶			离婚			丧偶		
小计	男	女	小计	男	女	小计	男	女
14026	**8467**	**5559**	**478**	**250**	**228**	**27**	**15**	**12**
1		**1**						
1		1						
57	**24**	**33**						
3		3						
6	3	3						
12	5	7						
36	16	20						
2009	**904**	**1105**	**9**	**6**	**3**			
97	48	49						
208	93	115						
371	135	236	3	2	1			
550	244	306	1	1				
783	384	399	5	3	2			
4588	**2444**	**2144**	**80**	**32**	**48**			
999	480	519	9	3	6			
1009	523	486	21	13	8			
926	520	406	10	5	5			
907	502	405	16	4	12			
747	419	328	24	7	17			
2978	**1898**	**1080**	**107**	**48**	**59**	**1**		**1**
646	395	251	16	6	10	1		1
636	408	228	25	11	14			
596	368	228	19	9	10			
624	417	207	29	14	15			
476	310	166	18	8	10			
1669	**1150**	**519**	**87**	**54**	**33**			
405	277	128	24	17	7			
394	269	125	26	16	10			
342	248	94	10	5	5			
264	169	95	13	9	4			
264	187	77	14	7	7			
1104	**787**	**317**	**81**	**46**	**35**	**4**	**3**	**1**
234	170	64	15	9	6	2	1	1
238	164	74	15	11	4			
224	162	62	14	9	5	1	1	
210	144	66	17	8	9	1	1	
198	147	51	20	9	11			
720	**536**	**184**	**57**	**28**	**29**	**5**	**3**	**2**
172	131	41	13	5	8			
127	96	31	15	8	7	1		1
146	103	43	12	7	5	2	1	1
134	93	41	5	2	3	2	2	
141	113	28	12	6	6			
562	**454**	**108**	**44**	**28**	**16**	**2**		**2**
161	128	33	6	5	1			
127	108	19	11	6	5	1		1
150	120	30	13	8	5			
89	73	16	9	6	3	1		1
35	25	10	5	3	2			
195	**151**	**44**	**5**	**4**	**1**	**4**	**3**	**1**
37	28	9	1	1				
33	28	5						
41	31	10	2	1	1	2	2	
49	40	9	1	1		2	1	1
35	24	11	1	1				
143	**119**	**24**	**8**	**4**	**4**	**11**	**6**	**5**

5-3 续表 9

受教育程度 年　　龄	15岁及以上人口			未　　婚		
	合计	男	女	小计	男	女
博士研究生	**3696**	**2421**	**1275**	**1560**	**953**	**607**
15-19岁	**9**	**6**	**3**	**9**	**6**	**3**
15						
16						
17	1	1		1	1	
18	1	1		1	1	
19	7	4	3	7	4	3
20-24岁	**171**	**99**	**72**	**163**	**99**	**64**
20	7	5	2	7	5	2
21	6	5	1	6	5	1
22	29	19	10	27	19	8
23	51	31	20	48	31	17
24	78	39	39	75	39	36
25-29岁	**1013**	**584**	**429**	**803**	**469**	**334**
25	153	76	77	145	72	73
26	186	114	72	168	101	67
27	225	134	91	195	117	78
28	213	121	92	155	92	63
29	236	139	97	140	87	53
30-34岁	**970**	**639**	**331**	**397**	**258**	**139**
30	249	151	98	135	84	51
31	205	134	71	99	67	32
32	203	125	78	80	44	36
33	164	121	43	45	36	9
34	149	108	41	38	27	11
35-39岁	**587**	**410**	**177**	**115**	**76**	**39**
35	139	102	37	47	35	12
36	110	74	36	21	13	8
37	105	74	31	20	14	6
38	136	91	45	17	8	9
39	97	69	28	10	6	4
40-44岁	**350**	**223**	**127**	**38**	**21**	**17**
40	88	49	39	16	8	8
41	74	45	29	11	5	6
42	72	51	21	4	4	
43	62	43	19	3	2	1
44	54	35	19	4	2	2
45-49岁	**211**	**139**	**72**	**22**	**13**	**9**
45	42	29	13	4	3	1
46	48	31	17	2	2	
47	52	32	20	6	1	5
48	33	24	9	5	4	1
49	36	23	13	5	3	2
50-54岁	**160**	**129**	**31**	**5**	**3**	**2**
50	35	28	7	3	2	1
51	31	24	7	1		1
52	37	29	8			
53	24	20	4	1	1	
54	33	28	5			
55-59岁	**147**	**124**	**23**	**5**	**5**	
55	40	31	9	2	2	
56	42	35	7	1	1	
57	45	40	5	1	1	
58	15	14	1	1	1	
59	5	4	1			
60-64岁	**47**	**44**	**3**	**3**	**3**	
60	8	8		1	1	
61	7	7		1	1	
62	11	10	1	1	1	
63	13	12	1			
64	8	7	1			
65岁及以上	**31**	**24**	**7**			

单位：人

有配偶			离婚			丧偶		
小计	男	女	小计	男	女	小计	男	女
2061	**1426**	**635**	**71**	**40**	**31**	**4**	**2**	**2**
8		**8**						
2		2						
3		3						
3		3						
209	**115**	**94**	**1**		**1**			
8	4	4						
18	13	5						
29	17	12	1		1			
58	29	29						
96	52	44						
565	**377**	**188**	**8**	**4**	**4**			
112	65	47	2	2				
106	67	39						
120	79	41	3	2	1			
117	85	32	2		2			
110	81	29	1		1			
455	**324**	**131**	**17**	**10**	**7**			
89	64	25	3	3				
85	59	26	4	2	2			
81	57	24	4	3	1			
116	82	34	3	1	2			
84	62	22	3	1	2			
302	**195**	**107**	**9**	**7**	**2**	**1**		**1**
68	37	31	4	4				
60	39	21	2	1	1	1		1
68	47	21						
58	40	18	1	1				
48	32	16	2	1	1			
172	**120**	**52**	**17**	**6**	**11**			
37	25	12	1	1				
42	26	16	4	3	1			
41	31	10	5		5			
26	20	6	2		2			
26	18	8	5	2	3			
145	**120**	**25**	**10**	**6**	**4**			
30	25	5	2	1	1			
25	20	5	5	4	1			
36	29	7	1		1			
23	19	4						
31	27	4	2	1	1			
135	**113**	**22**	**7**	**6**	**1**			
37	28	9	1	1				
39	33	6	2	1	1			
40	35	5	4	4				
14	13	1						
5	4	1						
42	**39**	**3**	**1**	**1**		**1**	**1**	
6	6		1	1				
6	6							
10	9	1						
13	12	1						
7	6	1				1	1	
28	**23**	**5**	**1**		**1**	**2**	**1**	**1**

5－4 全省分初婚年龄、性别、初婚年份的人口

单位：人

初婚年龄	初婚年份								
	合计			1980年			1981年		
	合计	男	女	小计	男	女	小计	男	女
总　计	**2813419**	**1523186**	**1290233**	**27222**	**12361**	**14861**	**19888**	**8956**	**10932**
15岁以下	**2380**	**731**	**1649**	**88**	**28**	**60**	**47**	**13**	**34**
15－19岁	**243880**	**75102**	**168778**	**4599**	**1284**	**3315**	**4027**	**1064**	**2963**
15	12328	4561	7767	435	161	274	231	89	142
16	20226	6341	13885	717	232	485	384	100	284
17	34868	10422	24446	1085	286	799	677	156	521
18	60165	18121	42044	1206	321	885	1261	338	923
19	116293	35657	80636	1156	284	872	1474	381	1093
20－24岁	**1382670**	**667748**	**714922**	**14962**	**6273**	**8689**	**10412**	**4411**	**6001**
20	198648	59658	138990	2002	595	1407	1259	355	904
21	249135	100859	148276	2716	1008	1708	1803	617	1186
22	322125	166214	155911	3645	1509	2136	2266	954	1312
23	313686	168684	145002	3570	1651	1919	2665	1225	1440
24	299076	172333	126743	3029	1510	1519	2419	1260	1159
25－29岁	**873680**	**564394**	**309286**	**6619**	**4079**	**2540**	**4752**	**2987**	**1765**
25	264224	161045	103179	2467	1357	1110	1764	1023	741
26	215094	136417	78677	1783	1104	679	1294	804	490
27	170368	112388	57980	1125	747	378	876	583	293
28	128430	87732	40698	777	548	229	519	356	163
29	95564	66812	28752	467	323	144	299	221	78
30－34岁	**218545**	**152484**	**66061**	**767**	**565**	**202**	**552**	**404**	**148**
30	71473	50264	21209	320	234	86	212	150	62
31	52769	36737	16032	165	126	39	145	109	36
32	40121	28027	12094	118	87	31	90	71	19
33	30453	21104	9349	98	67	31	59	43	16
34	23729	16352	7377	66	51	15	46	31	15
35－39岁	**59838**	**41098**	**18740**	**141**	**99**	**42**	**76**	**60**	**16**
35	18510	12633	5877	59	43	16	29	26	3
36	14033	9690	4343	28	20	8	19	17	2
37	11283	7714	3569	21	15	6	11	7	4
38	8835	6162	2673	19	11	8	9	5	4
39	7177	4899	2278	14	10	4	8	5	3
40－44岁	**20386**	**13708**	**6678**	**36**	**27**	**9**	**16**	**12**	**4**
40	5822	3945	1877	15	8	7	4	3	1
41	4631	3072	1559	11	10	1	4	4	
42	3952	2660	1292	6	5	1	2	1	1
43	3288	2218	1070	3	3		3	2	1
44	2693	1813	880	1	1		3	2	1
45－49岁	**7835**	**5262**	**2573**	**8**	**5**	**3**	**4**	**4**	
45	2274	1527	747	4	4				
46	1893	1291	602	2	1	1			
47	1488	986	502				2	2	
48	1217	815	402	1		1			
49	963	643	320	1		1	2	2	
50岁及以上	**4205**	**2659**	**1546**	**2**	**1**	**1**	**2**	**1**	**1**
平均初婚年龄	**24.94**	**25.84**	**23.88**	**23.21**	**24.22**	**22.36**	**23.14**	**24.25**	**22.23**

5-4　续表 1　　　　单位：人

初婚年龄	初婚年份								
	1982年			1983年			1984年		
	小计	男	女	小计	男	女	小计	男	女
总　计	**25588**	**11831**	**13757**	**26473**	**12504**	**13969**	**29062**	**13918**	**15144**
15岁以下	**69**	**17**	**52**	**77**	**32**	**45**	**51**	**17**	**34**
15—19岁	**6219**	**1769**	**4450**	**6148**	**1958**	**4190**	**6140**	**1962**	**4178**
15	294	102	192	350	134	216	325	130	195
16	495	128	367	473	161	312	509	166	343
17	883	229	654	933	291	642	824	248	576
18	1612	432	1180	1544	445	1099	1622	491	1131
19	2935	878	2057	2848	927	1921	2860	927	1933
20—24岁	**12686**	**5711**	**6975**	**13723**	**6229**	**7494**	**16772**	**7856**	**8916**
20	2891	951	1940	4140	1568	2572	4278	1571	2707
21	1984	781	1203	3057	1325	1732	4958	2260	2698
22	2378	1038	1340	2150	990	1160	3671	1907	1764
23	2557	1299	1258	2280	1146	1134	1915	1015	900
24	2876	1642	1234	2096	1200	896	1950	1103	847
25—29岁	**5807**	**3746**	**2061**	**5627**	**3650**	**1977**	**5203**	**3453**	**1750**
25	2294	1393	901	2149	1304	845	1582	1001	581
26	1407	902	505	1486	959	527	1445	929	516
27	1032	696	336	911	621	290	1037	724	313
28	694	479	215	651	453	198	680	469	211
29	380	276	104	430	313	117	459	330	129
30—34岁	**679**	**488**	**191**	**745**	**512**	**233**	**735**	**512**	**223**
30	275	188	87	301	199	102	299	205	94
31	173	130	43	180	127	53	175	123	52
32	125	86	39	121	78	43	139	103	36
33	60	47	13	89	68	21	73	48	25
34	46	37	9	54	40	14	49	33	16
35—39岁	**91**	**74**	**17**	**109**	**90**	**19**	**108**	**77**	**31**
35	36	27	9	41	37	4	37	27	10
36	20	15	5	20	15	5	19	12	7
37	19	17	2	20	16	4	32	23	9
38	9	8	1	15	11	4	13	9	4
39	7	7		13	11	2	7	6	1
40—44岁	**24**	**17**	**7**	**34**	**26**	**8**	**36**	**26**	**10**
40	6	4	2	9	7	2	11	9	2
41	6	4	2	8	6	2	8	7	1
42	7	5	2	5	5		5	2	3
43	3	2	1	8	5	3	8	6	2
44	2	2		4	3	1	4	2	2
45—49岁	**9**	**7**	**2**	**8**	**5**	**3**	**13**	**11**	**2**
45	7	5	2	2	2		3	2	1
46	1	1		1	1		2	2	
47	1	1		1		1	3	3	
48				2	2		4	3	1
49				2		2	1	1	
50岁及以上	**4**	**2**	**2**	**2**	**2**		**4**	**4**	
平均初婚年龄	**22.81**	**23.93**	**21.85**	**22.61**	**23.57**	**21.76**	**22.49**	**23.36**	**21.70**

5-4 续表 2 单位：人

初婚年龄	初婚年份								
	1985年			1986年			1987年		
	小计	男	女	小计	男	女	小计	男	女
总　计	**39265**	**19499**	**19766**	**39141**	**19717**	**19424**	**40616**	**20837**	**19779**
15岁以下	**50**	**12**	**38**	**47**	**12**	**35**	**61**	**16**	**45**
15-19岁	**8308**	**2807**	**5501**	**7724**	**2520**	**5204**	**7582**	**2408**	**5174**
15	458	178	280	280	91	189	247	80	167
16	889	299	590	587	183	404	442	121	321
17	1282	433	849	1253	383	870	1037	304	733
18	1953	598	1355	2034	616	1418	2077	660	1417
19	3726	1299	2427	3570	1247	2323	3779	1243	2536
20-24岁	**24037**	**12029**	**12008**	**25621**	**13267**	**12354**	**26766**	**14187**	**12579**
20	5241	1996	3245	5305	2058	3247	5155	1971	3184
21	6072	2838	3234	5921	2830	3091	6045	2989	3056
22	6874	3861	3013	6316	3548	2768	6216	3506	2710
23	3819	2155	1664	5221	3048	2173	5095	3043	2052
24	2031	1179	852	2858	1783	1075	4255	2678	1577
25-29岁	**5647**	**3775**	**1872**	**4525**	**3032**	**1493**	**5007**	**3396**	**1611**
25	1760	1080	680	1330	836	494	2128	1359	769
26	1339	943	396	1037	682	355	958	648	310
27	1188	819	369	863	600	263	794	549	245
28	808	538	270	731	520	211	591	423	168
29	552	395	157	564	394	170	536	417	119
30-34岁	**1019**	**737**	**282**	**983**	**709**	**274**	**950**	**676**	**274**
30	410	299	111	348	254	94	359	250	109
31	235	174	61	251	177	74	198	139	59
32	175	130	45	179	130	49	175	127	48
33	118	78	40	99	69	30	122	92	30
34	81	56	25	106	79	27	96	68	28
35-39岁	**139**	**97**	**42**	**176**	**134**	**42**	**186**	**113**	**73**
35	58	41	17	66	49	17	59	32	27
36	29	20	9	41	30	11	61	40	21
37	23	16	7	31	22	9	32	16	16
38	14	8	6	16	15	1	17	13	4
39	15	12	3	22	18	4	17	12	5
40-44岁	**45**	**29**	**16**	**37**	**26**	**11**	**41**	**28**	**13**
40	17	11	6	11	9	2	11	6	5
41	6	2	4	6	3	3	12	8	4
42	10	8	2	7	5	2	9	8	1
43	7	4	3	7	5	2	8	5	3
44	5	4	1	6	4	2	1	1	
45-49岁	**14**	**10**	**4**	**15**	**9**	**6**	**17**	**10**	**7**
45	3	1	2	5	2	3	9	6	3
46	4	4		4	3	1	3	1	2
47	4	3	1	4	3	1	3	2	1
48	1	1		1		1	1		1
49	2	1	1	1	1		1	1	
50岁及以上	**6**	**3**	**3**	**13**	**8**	**5**	**6**	**3**	**3**
平均初婚年龄	**22.37**	**23.13**	**21.63**	**22.43**	**23.18**	**21.68**	**22.55**	**23.26**	**21.79**

5-4　续表 3　　　　单位：人

初婚年龄	初婚年份								
	1988年			1989年			1990年		
	小计	男	女	小计	男	女	小计	男	女
总　计	**47733**	**24779**	**22954**	**50776**	**26777**	**23999**	**67253**	**36171**	**31082**
15岁以下	**75**	**25**	**50**	**81**	**24**	**57**	**118**	**33**	**85**
15-19岁	**8708**	**2796**	**5912**	**8677**	**2790**	**5887**	**11933**	**4028**	**7905**
15	339	101	238	364	136	228	649	232	417
16	569	154	415	671	197	474	1030	325	705
17	1084	278	806	1202	339	863	1744	579	1165
18	2219	686	1533	2105	605	1500	3031	962	2069
19	4497	1577	2920	4335	1513	2822	5479	1930	3549
20-24岁	**30672**	**16271**	**14401**	**32797**	**17521**	**15276**	**42785**	**23451**	**19334**
20	6245	2375	3870	6940	2630	4310	8370	3342	5028
21	6557	3224	3333	7618	3717	3901	10065	5056	5009
22	7418	4295	3123	7210	4173	3037	10404	6164	4240
23	5872	3542	2330	6289	3895	2394	7586	4697	2889
24	4580	2835	1745	4740	3106	1634	6360	4192	2168
25-29岁	**6807**	**4645**	**2162**	**7861**	**5455**	**2406**	**10750**	**7445**	**3305**
25	3502	2344	1158	3490	2369	1121	4299	2891	1408
26	1554	1062	492	2337	1633	704	2958	2037	921
27	757	522	235	1150	806	344	2093	1487	606
28	540	392	148	515	368	147	912	657	255
29	454	325	129	369	279	90	488	373	115
30-34岁	**1189**	**851**	**338**	**1059**	**772**	**287**	**1239**	**908**	**331**
30	398	291	107	296	223	73	381	274	107
31	301	216	85	285	208	77	273	201	72
32	201	153	48	219	163	56	263	202	61
33	155	102	53	151	107	44	194	140	54
34	134	89	45	108	71	37	128	91	37
35-39岁	**214**	**156**	**58**	**230**	**160**	**70**	**327**	**241**	**86**
35	84	59	25	81	54	27	119	87	32
36	48	36	12	57	40	17	72	55	17
37	34	26	8	37	25	12	53	39	14
38	31	22	9	34	26	8	49	33	16
39	17	13	4	21	15	6	34	27	7
40-44岁	**46**	**26**	**20**	**50**	**38**	**12**	**62**	**41**	**21**
40	18	11	7	9	5	4	22	16	6
41	11	7	4	17	13	4	15	10	5
42	5	5		10	9	1	10	7	3
43	6		6	8	8		12	7	5
44	6	3	3	6	3	3	3	1	2
45-49岁	**15**	**5**	**10**	**13**	**11**	**2**	**24**	**15**	**9**
45	2		2	2	2		8	6	2
46	6	1	5	3	3		7	3	4
47	3	1	2	4	3	1	3	2	1
48	2	1	1	2	1	1	4	2	2
49	2	2		2	2		2	2	
50岁及以上	**7**	**4**	**3**	**8**	**6**	**2**	**15**	**9**	**6**
平均初婚年龄	**22.59**	**23.31**	**21.82**	**22.61**	**23.35**	**21.79**	**22.61**	**23.31**	**21.79**

5–4 续表 4

单位：人

初婚年龄	初婚年份								
	1991年			1992年			1993年		
	小计	男	女	小计	男	女	小计	男	女
总　计	**44064**	**23162**	**20902**	**54750**	**29043**	**25707**	**59638**	**31697**	**27941**
15岁以下	**63**	**13**	**50**	**71**	**22**	**49**	**76**	**22**	**54**
15–19岁	**7018**	**2231**	**4787**	**7838**	**2477**	**5361**	**7850**	**2489**	**5361**
15	306	121	185	331	117	214	375	151	224
16	550	148	402	615	183	432	591	172	419
17	960	291	669	1091	331	760	1075	309	766
18	1774	540	1234	1880	573	1307	1901	583	1318
19	3428	1131	2297	3921	1273	2648	3908	1274	2634
20–24岁	**28516**	**14948**	**13568**	**35608**	**18585**	**17023**	**38440**	**19781**	**18659**
20	5451	1903	3548	6033	2060	3973	6563	2118	4445
21	6439	3032	3407	7596	3429	4167	7861	3530	4331
22	7231	4229	3002	8801	4967	3834	9255	5170	4085
23	5602	3352	2250	7445	4489	2956	8088	4740	3348
24	3793	2432	1361	5733	3640	2093	6673	4223	2450
25–29岁	**7508**	**5242**	**2266**	**9823**	**6914**	**2909**	**11425**	**8055**	**3370**
25	2995	2028	967	3526	2367	1159	4598	3115	1483
26	1915	1342	573	2653	1850	803	2702	1881	821
27	1270	892	378	1661	1212	449	1875	1362	513
28	871	645	226	1140	866	274	1321	986	335
29	457	335	122	843	619	224	929	711	218
30–34岁	**696**	**540**	**156**	**1046**	**789**	**257**	**1397**	**1030**	**367**
30	225	173	52	408	319	89	709	520	189
31	157	122	35	232	170	62	314	237	77
32	122	98	24	176	133	43	151	103	48
33	109	87	22	111	80	31	127	93	34
34	83	60	23	119	87	32	96	77	19
35–39岁	**188**	**136**	**52**	**273**	**198**	**75**	**331**	**242**	**89**
35	65	45	20	90	73	17	126	93	33
36	49	35	14	57	41	16	64	45	19
37	30	22	8	53	37	16	64	53	11
38	18	15	3	44	28	16	36	26	10
39	26	19	7	29	19	10	41	25	16
40–44岁	**48**	**32**	**16**	**57**	**36**	**21**	**78**	**51**	**27**
40	14	10	4	19	12	7	27	17	10
41	12	4	8	10	7	3	16	11	5
42	10	7	3	11	7	4	12	9	3
43	2	2		11	6	5	9	6	3
44	10	9	1	6	4	2	14	8	6
45–49岁	**18**	**13**	**5**	**18**	**14**	**4**	**24**	**14**	**10**
45	4	1	3	3	3		5	2	3
46	4	4		6	3	3	7	4	3
47	2	2		3	3		3	2	1
48	4	3	1	3	3		5	4	1
49	4	3	1	3	2	1	4	2	2
50岁及以上	**9**	**7**	**2**	**16**	**8**	**8**	**17**	**13**	**4**
平均初婚年龄	**22.73**	**23.49**	**21.89**	**22.97**	**23.74**	**22.11**	**23.12**	**23.90**	**22.24**

5-4　续表 5

单位：人

初婚年龄	初婚年份								
	1994年			1995年			1996年		
	小计	男	女	小计	男	女	小计	男	女
总　计	**58923**	**31262**	**27661**	**75563**	**40545**	**35018**	**67936**	**36802**	**31134**
15岁以下	**62**	**20**	**42**	**52**	**16**	**36**	**59**	**22**	**37**
15−19岁	**6645**	**2053**	**4592**	**7609**	**2428**	**5181**	**5942**	**1808**	**4134**
15	288	113	175	394	152	242	241	80	161
16	459	161	298	679	235	444	467	165	302
17	801	231	570	1023	339	684	878	261	617
18	1606	519	1087	1810	524	1286	1375	411	964
19	3491	1029	2462	3703	1178	2525	2981	891	2090
20−24岁	**37569**	**19019**	**18550**	**46888**	**23702**	**23186**	**41283**	**20848**	**20435**
20	6149	1901	4248	6813	2154	4659	5679	1722	3957
21	7527	3241	4286	9084	3918	5166	7671	3229	4442
22	9058	5066	3992	11536	6175	5361	10216	5500	4716
23	8208	4698	3510	10244	5898	4346	9641	5426	4215
24	6627	4113	2514	9211	5557	3654	8076	4971	3105
25−29岁	**12528**	**8622**	**3906**	**17879**	**12137**	**5742**	**17269**	**11706**	**5563**
25	4992	3241	1751	7147	4627	2520	6439	4181	2258
26	3308	2294	1014	4534	3064	1470	4564	3087	1477
27	1872	1324	548	3052	2169	883	3089	2174	915
28	1408	1039	369	1766	1279	487	1972	1403	569
29	948	724	224	1380	998	382	1205	861	344
30−34岁	**1684**	**1229**	**455**	**2534**	**1857**	**677**	**2781**	**2004**	**777**
30	668	496	172	936	681	255	972	712	260
31	527	379	148	648	471	177	676	473	203
32	243	177	66	538	400	138	524	390	134
33	135	97	38	285	209	76	399	289	110
34	111	80	31	127	96	31	210	140	70
35−39岁	**298**	**219**	**79**	**410**	**291**	**119**	**376**	**287**	**89**
35	77	59	18	123	87	36	91	67	24
36	85	62	23	91	67	24	94	76	18
37	52	44	8	84	58	26	81	60	21
38	53	34	19	67	47	20	62	44	18
39	31	20	11	45	32	13	48	40	8
40−44岁	**92**	**69**	**23**	**123**	**78**	**45**	**138**	**84**	**54**
40	36	28	8	42	32	10	43	26	17
41	10	9	1	26	16	10	35	22	13
42	17	12	5	21	9	12	20	13	7
43	21	13	8	18	12	6	21	15	6
44	8	7	1	16	9	7	19	8	11
45−49岁	**29**	**22**	**7**	**31**	**19**	**12**	**49**	**26**	**23**
45	10	7	3	13	5	8	14	6	8
46	7	6	1	7	6	1	11	5	6
47	7	5	2	6	4	2	10	8	2
48	3	3		3	3		7	4	3
49	2	1	1	2	1	1	7	3	4
50岁及以上	**16**	**9**	**7**	**37**	**17**	**20**	**39**	**17**	**22**
平均初婚年龄	**23.36**	**24.13**	**22.49**	**23.61**	**24.33**	**22.77**	**23.86**	**24.60**	**23.00**

5-4 续表 6 单位：人

初婚年龄	初婚年份								
	1997年			1998年			1999年		
	小计	男	女	小计	男	女	小计	男	女
总　计	**67214**	**36479**	**30735**	**74912**	**41388**	**33524**	**65295**	**35887**	**29408**
15岁以下	**60**	**18**	**42**	**75**	**27**	**48**	**65**	**20**	**45**
15-19岁	**5516**	**1678**	**3838**	**6021**	**1793**	**4228**	**5292**	**1518**	**3774**
15	289	100	189	290	108	182	299	125	174
16	379	98	281	519	171	348	469	125	344
17	700	224	476	748	201	547	825	235	590
18	1402	428	974	1405	398	1007	1162	307	855
19	2746	828	1918	3059	915	2144	2537	726	1811
20-24岁	**39291**	**19629**	**19662**	**41096**	**20778**	**20318**	**34503**	**17198**	**17305**
20	4976	1484	3492	5042	1470	3572	4733	1365	3368
21	6844	2786	4058	6800	2844	3956	5792	2304	3488
22	9493	4979	4514	9654	4996	4658	7718	4093	3625
23	9583	5321	4262	9912	5609	4303	8180	4552	3628
24	8395	5059	3336	9688	5859	3829	8080	4884	3196
25-29岁	**18761**	**12591**	**6170**	**22104**	**14801**	**7303**	**20738**	**13755**	**6983**
25	6736	4296	2440	7645	4990	2655	7287	4571	2716
26	4893	3276	1617	5521	3640	1881	5148	3403	1745
27	3353	2300	1053	4173	2865	1308	3591	2470	1121
28	2228	1577	651	2751	1910	841	2748	1923	825
29	1551	1142	409	2014	1396	618	1964	1388	576
30-34岁	**2820**	**2057**	**763**	**4498**	**3183**	**1315**	**3872**	**2792**	**1080**
30	975	697	278	1595	1105	490	1453	1046	407
31	675	475	200	1006	719	287	981	706	275
32	510	370	140	807	566	241	567	417	150
33	366	282	84	611	447	164	524	360	164
34	294	233	61	479	346	133	347	263	84
35-39岁	**430**	**305**	**125**	**785**	**572**	**213**	**616**	**460**	**156**
35	159	120	39	351	252	99	234	170	64
36	91	68	23	191	141	50	195	150	45
37	62	38	24	102	76	26	101	77	24
38	60	47	13	66	46	20	50	37	13
39	58	32	26	75	57	18	36	26	10
40-44岁	**209**	**129**	**80**	**238**	**170**	**68**	**146**	**104**	**42**
40	60	41	19	73	58	15	31	22	9
41	37	23	14	60	41	19	42	32	10
42	36	21	15	38	25	13	37	24	13
43	47	29	18	39	28	11	25	16	9
44	29	15	14	28	18	10	11	10	1
45-49岁	**90**	**51**	**39**	**69**	**49**	**20**	**38**	**24**	**14**
45	32	17	15	22	15	7	12	6	6
46	20	12	8	18	13	5	6	4	2
47	13	9	4	12	10	2	8	7	1
48	20	11	9	11	7	4	4	4	
49	5	2	3	6	4	2	8	3	5
50岁及以上	**37**	**21**	**16**	**26**	**15**	**11**	**25**	**16**	**9**
平均初婚年龄	**24.11**	**24.86**	**23.22**	**24.44**	**25.21**	**23.48**	**24.45**	**25.27**	**23.44**

5-4　续表 7　　　　　　　　　　　　　　　　　　　　　　　　　　　　单位：人

初婚年龄	初婚年份								
	2000年			2001年			2002年		
	小计	男	女	小计	男	女	小计	男	女
总　计	**83894**	**46954**	**36940**	**50889**	**28224**	**22665**	**60215**	**33553**	**26662**
15岁以下	**161**	**59**	**102**	**94**	**40**	**54**	**96**	**30**	**66**
15-19岁	**8881**	**2871**	**6010**	**4910**	**1538**	**3372**	**5689**	**1916**	**3773**
15	650	278	372	428	182	246	540	243	297
16	919	356	563	498	202	296	604	214	390
17	1389	445	944	658	205	453	892	332	560
18	2270	713	1557	1079	340	739	1248	405	843
19	3653	1079	2574	2247	609	1638	2405	722	1683
20-24岁	**42773**	**21899**	**20874**	**25857**	**12654**	**13203**	**30823**	**15097**	**15726**
20	5926	1889	4037	3460	932	2528	4587	1311	3276
21	7942	3363	4579	4558	1817	2741	5182	2031	3151
22	9455	5091	4364	6375	3292	3083	7061	3594	3467
23	9788	5632	4156	5934	3266	2668	7520	4211	3309
24	9662	5924	3738	5530	3347	2183	6473	3950	2523
25-29岁	**26369**	**17954**	**8415**	**16303**	**11218**	**5085**	**18818**	**12998**	**5820**
25	8477	5473	3004	5049	3276	1773	5728	3767	1961
26	6863	4659	2204	4173	2801	1372	4660	3143	1517
27	4970	3477	1493	3186	2260	926	3646	2610	1036
28	3533	2511	1022	2251	1648	603	2789	2027	762
29	2526	1834	692	1644	1233	411	1995	1451	544
30-34岁	**4624**	**3350**	**1274**	**3024**	**2233**	**791**	**3942**	**2893**	**1049**
30	1763	1274	489	1177	873	304	1422	1042	380
31	1148	835	313	755	548	207	1018	742	276
32	825	590	235	498	367	131	679	485	194
33	493	355	138	358	263	95	490	365	125
34	395	296	99	236	182	54	333	259	74
35-39岁	**821**	**613**	**208**	**561**	**442**	**119**	**660**	**493**	**167**
35	290	225	65	184	137	47	210	159	51
36	209	161	48	137	112	25	165	134	31
37	185	124	61	107	85	22	126	86	40
38	83	59	24	86	69	17	86	64	22
39	54	44	10	47	39	8	73	50	23
40-44岁	**160**	**131**	**29**	**91**	**69**	**22**	**95**	**68**	**27**
40	51	44	7	32	26	6	39	29	10
41	40	33	7	15	12	3	17	12	5
42	33	26	7	14	8	6	17	13	4
43	25	20	5	17	13	4	12	6	6
44	11	8	3	13	10	3	10	8	2
45-49岁	**64**	**49**	**15**	**29**	**19**	**10**	**57**	**36**	**21**
45	19	13	6	5	3	2	16	10	6
46	21	16	5	7	5	2	13	8	5
47	11	10	1	3	3		11	7	4
48	8	6	2	9	6	3	7	4	3
49	5	4	1	5	2	3	10	7	3
50岁及以上	**41**	**28**	**13**	**20**	**11**	**9**	**35**	**22**	**13**
平均初婚年龄	**24.26**	**25.10**	**23.20**	**24.39**	**25.31**	**23.25**	**24.43**	**25.33**	**23.31**

5−4 续表 8 单位：人

初婚年龄	初婚年份								
	2003年			2004年			2005年		
	小计	男	女	小计	男	女	小计	男	女
总 计	**67553**	**37924**	**29629**	**69243**	**38778**	**30465**	**80951**	**45861**	**35090**
15岁以下	**108**	**43**	**65**	**71**	**24**	**47**	**74**	**19**	**55**
15−19岁	**5964**	**2036**	**3928**	**5470**	**1842**	**3628**	**7089**	**2457**	**4632**
15	530	239	291	407	176	231	513	205	308
16	687	275	412	517	203	314	753	301	452
17	956	307	649	891	312	579	1106	384	722
18	1312	445	867	1282	430	852	1789	625	1164
19	2479	770	1709	2373	721	1652	2928	942	1986
20−24岁	**34002**	**16591**	**17411**	**34680**	**16644**	**18036**	**39633**	**19608**	**20025**
20	4424	1287	3137	4123	1095	3028	5075	1417	3658
21	6301	2388	3913	5978	2275	3703	6236	2437	3799
22	7367	3743	3624	8547	4256	4291	9138	4705	4433
23	7977	4330	3647	8160	4322	3838	9999	5513	4486
24	7933	4843	3090	7872	4696	3176	9185	5536	3649
25−29岁	**21277**	**14644**	**6633**	**22119**	**15119**	**7000**	**25478**	**17518**	**7960**
25	6491	4209	2282	7268	4628	2640	8167	5298	2869
26	5012	3387	1625	5206	3494	1712	6621	4531	2090
27	4074	2919	1155	3950	2806	1144	4658	3269	1389
28	3250	2351	899	3228	2352	876	3354	2424	930
29	2450	1778	672	2467	1839	628	2678	1996	682
30−34岁	**4988**	**3698**	**1290**	**5605**	**4175**	**1430**	**6715**	**4851**	**1864**
30	1708	1261	447	1975	1491	484	2124	1550	574
31	1171	867	304	1412	1059	353	1726	1235	491
32	994	752	242	962	704	258	1214	874	340
33	656	474	182	739	539	200	901	638	263
34	459	344	115	517	382	135	750	554	196
35−39岁	**935**	**700**	**235**	**961**	**715**	**246**	**1468**	**1052**	**416**
35	355	254	101	341	260	81	510	354	156
36	198	142	56	216	153	63	356	261	95
37	164	131	33	158	118	40	280	193	87
38	106	88	18	149	115	34	184	142	42
39	112	85	27	97	69	28	138	102	36
40−44岁	**179**	**139**	**40**	**234**	**190**	**44**	**353**	**265**	**88**
40	81	63	18	78	64	14	117	90	27
41	46	37	9	70	59	11	89	67	22
42	19	13	6	38	25	13	93	69	24
43	10	7	3	24	22	2	29	22	7
44	23	19	4	24	20	4	25	17	8
45−49岁	**59**	**47**	**12**	**63**	**46**	**17**	**86**	**54**	**32**
45	14	13	1	15	11	4	16	10	6
46	12	9	3	13	10	3	20	14	6
47	12	9	3	13	8	5	24	15	9
48	15	10	5	10	8	2	14	8	6
49	6	6		12	9	3	12	7	5
50岁及以上	**41**	**26**	**15**	**40**	**23**	**17**	**55**	**37**	**18**
平均初婚年龄	**24.65**	**25.57**	**23.47**	**24.80**	**25.72**	**23.62**	**24.85**	**25.73**	**23.70**

5-4　续表 9　　　　单位：人

初婚年龄	初婚年份								
	2006年			2007年			2008年		
	小计	男	女	小计	男	女	小计	男	女
总　计	**85496**	**47866**	**37630**	**82449**	**46035**	**36414**	**110259**	**61851**	**48408**
15岁以下	**57**	**22**	**35**	**28**	**10**	**18**	**56**	**16**	**40**
15—19岁	**6342**	**2056**	**4286**	**5547**	**1735**	**3812**	**7119**	**2148**	**4971**
15	241	89	152	206	74	132	266	83	183
16	571	209	362	374	107	267	498	125	373
17	860	289	571	809	260	549	842	235	607
18	1570	522	1048	1376	446	930	1911	610	1301
19	3100	947	2153	2782	848	1934	3602	1095	2507
20—24岁	**41156**	**19663**	**21493**	**38885**	**18306**	**20579**	**52164**	**24779**	**27385**
20	5165	1366	3799	5575	1483	4092	6918	1944	4974
21	6597	2395	4202	6470	2328	4142	9441	3534	5907
22	9182	4551	4631	8747	4364	4383	11993	5981	6012
23	9691	5220	4471	8935	4689	4246	12055	6451	5604
24	10521	6131	4390	9158	5442	3716	11757	6869	4888
25—29岁	**28498**	**19179**	**9319**	**28526**	**19073**	**9453**	**38040**	**25651**	**12389**
25	8937	5583	3354	9132	5694	3438	11054	7046	4008
26	7268	4783	2485	6982	4603	2379	10113	6677	3436
27	5781	4052	1729	5518	3809	1709	7245	4926	2319
28	3817	2767	1050	4106	2906	1200	5516	3967	1549
29	2695	1994	701	2788	2061	727	4112	3035	1077
30—34岁	**7167**	**5268**	**1899**	**6874**	**5041**	**1833**	**9146**	**6593**	**2553**
30	2249	1667	582	2040	1555	485	2746	1976	770
31	1732	1256	476	1612	1162	450	2088	1508	580
32	1388	1039	349	1371	988	383	1737	1243	494
33	1004	742	262	988	716	272	1371	999	372
34	794	564	230	863	620	243	1204	867	337
35—39岁	**1757**	**1286**	**471**	**1963**	**1407**	**556**	**2752**	**1954**	**798**
35	603	432	171	663	476	187	865	576	289
36	456	333	123	476	346	130	657	478	179
37	313	240	73	367	253	114	536	390	146
38	229	164	65	261	198	63	423	314	109
39	156	117	39	196	134	62	271	196	75
40—44岁	**380**	**299**	**81**	**464**	**348**	**116**	**671**	**499**	**172**
40	111	84	27	121	90	31	206	159	47
41	90	69	21	103	72	31	142	101	41
42	92	73	19	99	81	18	127	100	27
43	60	51	9	82	60	22	107	73	34
44	27	22	5	59	45	14	89	66	23
45—49岁	**77**	**58**	**19**	**94**	**70**	**24**	**186**	**130**	**56**
45	21	18	3	36	28	8	77	49	28
46	18	13	5	16	13	3	40	30	10
47	10	5	5	14	9	5	26	20	6
48	12	10	2	16	11	5	27	20	7
49	16	12	4	12	9	3	16	11	5
50岁及以上	**62**	**35**	**27**	**68**	**45**	**23**	**125**	**81**	**44**
平均初婚年龄	**25.06**	**26.00**	**23.88**	**25.20**	**26.15**	**23.99**	**25.26**	**26.20**	**24.07**

5-4 续表 10　　　　　　　　　　　　　　　　　　　　　　　　　　单位：人

初婚年龄	初婚年份								
	2009年			2010年			2011年		
	小计	男	女	小计	男	女	小计	男	女
总　计	**103590**	**57336**	**46254**	**119674**	**66879**	**52795**	**92553**	**50889**	**41664**
15岁以下	**38**	**9**	**29**	**59**	**13**	**46**	**30**	**10**	**20**
15-19岁	**6040**	**1740**	**4300**	**7211**	**2156**	**5055**	**4379**	**1280**	**3099**
15	216	59	157	295	83	212	192	57	135
16	381	96	285	504	141	363	312	84	228
17	721	206	515	976	291	685	580	167	413
18	1378	396	982	1791	568	1223	1026	301	725
19	3344	983	2361	3645	1073	2572	2269	671	1598
20-24岁	**49331**	**22948**	**26383**	**57642**	**27887**	**29755**	**43770**	**20031**	**23739**
20	6371	1575	4796	7677	2061	5616	4889	1131	3758
21	8535	3127	5408	9755	3792	5963	7511	2544	4967
22	12366	6150	6216	13194	6790	6404	10197	5031	5166
23	11267	5906	5361	14285	7691	6594	10360	5326	5034
24	10792	6190	4602	12731	7553	5178	10813	5999	4814
25-29岁	**35282**	**23422**	**11860**	**39018**	**25766**	**13252**	**32542**	**21130**	**11412**
25	10011	6172	3839	11302	7040	4262	9256	5542	3714
26	8764	5656	3108	9138	5910	3228	7937	4972	2965
27	7601	5288	2313	7708	5237	2471	6354	4230	2124
28	5069	3563	1506	6410	4463	1947	4982	3517	1465
29	3837	2743	1094	4460	3116	1344	4013	2869	1144
30-34岁	**8817**	**6343**	**2474**	**10486**	**7353**	**3133**	**8059**	**5735**	**2324**
30	2933	2123	810	3320	2339	981	2616	1903	713
31	2047	1463	584	2587	1820	767	1945	1383	562
32	1523	1118	405	1868	1308	560	1578	1112	466
33	1272	893	379	1450	1020	430	1076	759	317
34	1042	746	296	1261	866	395	844	578	266
35-39岁	**2986**	**2082**	**904**	**3769**	**2638**	**1131**	**2599**	**1851**	**748**
35	888	608	280	1138	771	367	737	526	211
36	691	483	208	913	636	277	569	402	167
37	565	386	179	709	513	196	534	374	160
38	478	342	136	536	390	146	409	292	117
39	364	263	101	473	328	145	350	257	93
40-44岁	**787**	**574**	**213**	**1052**	**748**	**304**	**827**	**607**	**220**
40	263	186	77	338	225	113	253	185	68
41	192	143	49	254	189	65	188	137	51
42	126	91	35	206	148	58	163	120	43
43	121	82	39	150	113	37	128	97	31
44	85	72	13	104	73	31	95	68	27
45-49岁	**213**	**152**	**61**	**295**	**217**	**78**	**263**	**186**	**77**
45	89	67	22	91	62	29	86	61	25
46	58	39	19	86	67	19	62	44	18
47	42	30	12	57	43	14	44	31	13
48	14	10	4	38	27	11	44	31	13
49	10	6	4	23	18	5	27	19	8
50岁及以上	**96**	**66**	**30**	**142**	**101**	**41**	**84**	**59**	**25**
平均初婚年龄	**25.39**	**26.35**	**24.19**	**25.43**	**26.34**	**24.28**	**25.59**	**26.54**	**24.43**

5-4　续表 11　　单位：人

初婚年龄	初婚年份								
	2012年			2013年			2014年		
	小计	男	女	小计	男	女	小计	男	女
总　计	**110856**	**61591**	**49265**	**102283**	**56683**	**45600**	**102207**	**55788**	**46419**
15岁以下	**31**	**6**	**25**	**22**	**8**	**14**	**29**	**5**	**24**
15—19岁	**5105**	**1395**	**3710**	**4320**	**1138**	**3182**	**3931**	**964**	**2967**
15	208	55	153	195	56	139	144	56	88
16	372	101	271	314	61	253	296	70	226
17	696	166	530	615	161	454	515	117	398
18	1291	359	932	1015	275	740	955	234	721
19	2538	714	1824	2181	585	1596	2021	487	1534
20—24岁	**50724**	**23571**	**27153**	**43900**	**20159**	**23741**	**40945**	**18336**	**22609**
20	5339	1310	4029	4507	993	3514	4185	963	3222
21	7579	2732	4847	6100	2103	3997	5586	1813	3773
22	12724	6211	6513	9866	4778	5088	8654	4175	4479
23	12416	6391	6025	11798	5913	5885	10010	4887	5123
24	12666	6927	5739	11629	6372	5257	12510	6498	6012
25—29岁	**39317**	**25558**	**13759**	**38077**	**24259**	**13818**	**40557**	**25021**	**15536**
25	12056	7265	4791	10955	6434	4521	11144	6314	4830
26	9424	6027	3397	9875	6178	3697	10069	6029	4040
27	7675	5079	2596	7444	4790	2654	8606	5428	3178
28	5783	4075	1708	5605	3867	1738	6279	4176	2103
29	4379	3112	1267	4198	2990	1208	4459	3074	1385
30—34岁	**10801**	**7614**	**3187**	**10846**	**7605**	**3241**	**11245**	**7731**	**3514**
30	3778	2718	1060	3407	2387	1020	3321	2302	1019
31	2506	1762	744	2717	1909	808	2753	1907	846
32	1966	1396	570	1959	1365	594	2260	1531	729
33	1423	984	439	1526	1073	453	1666	1152	514
34	1128	754	374	1237	871	366	1245	839	406
35—39岁	**3178**	**2248**	**930**	**3189**	**2172**	**1017**	**3381**	**2294**	**1087**
35	832	618	214	922	613	309	1054	682	372
36	724	499	225	684	485	199	771	509	262
37	589	405	184	621	423	198	582	418	164
38	570	411	159	501	353	148	533	372	161
39	463	315	148	461	298	163	441	313	128
40—44岁	**1156**	**813**	**343**	**1285**	**900**	**385**	**1420**	**965**	**455**
40	357	258	99	370	264	106	399	268	131
41	268	182	86	296	193	103	327	216	111
42	215	149	66	273	182	91	276	188	88
43	172	119	53	193	146	47	244	173	71
44	144	105	39	153	115	38	174	120	54
45—49岁	**368**	**274**	**94**	**451**	**316**	**135**	**467**	**321**	**146**
45	114	85	29	126	94	32	133	85	48
46	79	61	18	92	58	34	103	70	33
47	67	52	15	89	61	28	92	70	22
48	57	43	14	74	47	27	79	57	22
49	51	33	18	70	56	14	60	39	21
50岁及以上	**176**	**112**	**64**	**193**	**126**	**67**	**232**	**151**	**81**
平均初婚年龄	**25.76**	**26.68**	**24.62**	**26.09**	**27.00**	**24.95**	**26.35**	**27.26**	**25.26**

5-4 续表 12 单位：人

初婚年龄	初婚年份								
	2015年			2016年			2017年		
	小计	男	女	小计	男	女	小计	男	女
总 计	**108400**	**59377**	**49023**	**89813**	**48853**	**40960**	**86219**	**46463**	**39756**
15岁以下	**20**	**3**	**17**	**20**	**2**	**18**	**8**		**8**
15-19岁	**4002**	**1004**	**2998**	**3059**	**738**	**2321**	**2631**	**659**	**1972**
15	137	37	100	118	35	83	77	13	64
16	293	82	211	221	50	171	161	37	124
17	575	157	418	433	119	314	357	108	249
18	993	256	737	697	180	517	618	163	455
19	2004	472	1532	1590	354	1236	1418	338	1080
20-24岁	**38339**	**16789**	**21550**	**29996**	**12854**	**17142**	**27310**	**11184**	**16126**
20	4128	880	3248	3305	629	2676	2943	509	2434
21	5313	1756	3557	4320	1373	2947	3941	1200	2741
22	8385	3915	4470	6439	2992	3447	6068	2762	3306
23	9451	4520	4931	7408	3493	3915	6505	2892	3613
24	11062	5718	5344	8524	4367	4157	7853	3821	4032
25-29岁	**46378**	**28322**	**18056**	**39069**	**23601**	**15468**	**37383**	**22086**	**15297**
25	13165	7374	5791	9466	5202	4264	8403	4524	3879
26	11163	6643	4520	9944	5785	4159	8659	4838	3821
27	9197	5695	3502	8221	5080	3141	8643	5215	3428
28	7593	5034	2559	6368	4093	2275	6620	4170	2450
29	5260	3576	1684	5070	3441	1629	5058	3339	1719
30-34岁	**12934**	**8809**	**4125**	**11611**	**7632**	**3979**	**12458**	**8342**	**4116**
30	3859	2671	1188	3549	2351	1198	4049	2718	1331
31	2947	2024	923	2713	1797	916	2948	1963	985
32	2412	1608	804	2125	1392	733	2269	1546	723
33	2169	1484	685	1764	1129	635	1755	1167	588
34	1547	1022	525	1460	963	497	1437	948	489
35-39岁	**3976**	**2637**	**1339**	**3653**	**2480**	**1173**	**3994**	**2607**	**1387**
35	1226	811	415	1133	771	362	1244	807	437
36	976	637	339	852	582	270	934	620	314
37	713	479	234	721	472	249	782	499	283
38	542	363	179	548	376	172	575	381	194
39	519	347	172	399	279	120	459	300	159
40-44岁	**1783**	**1166**	**617**	**1554**	**992**	**562**	**1434**	**931**	**503**
40	481	322	159	402	259	143	358	223	135
41	441	288	153	335	210	125	330	216	114
42	333	214	119	343	233	110	297	200	97
43	287	190	97	273	170	103	254	165	89
44	241	152	89	201	120	81	195	127	68
45-49岁	**649**	**437**	**212**	**578**	**391**	**187**	**679**	**456**	**223**
45	187	121	66	180	124	56	177	122	55
46	193	146	47	145	100	45	185	126	59
47	112	70	42	95	61	34	133	79	54
48	91	56	35	84	61	23	104	75	29
49	66	44	22	74	45	29	80	54	26
50岁及以上	**319**	**210**	**109**	**273**	**163**	**110**	**322**	**198**	**124**
平均初婚年龄	**26.71**	**27.60**	**25.63**	**26.96**	**27.86**	**25.89**	**27.26**	**28.21**	**26.16**

5-4 续表 13

单位：人

初婚年龄	初婚年份								
	2018年			2019年			2020年		
	小计	男	女	小计	男	女	小计	男	女
总 计	**93817**	**49630**	**44187**	**78816**	**41412**	**37404**	**52930**	**27624**	**25306**
15岁以下	**22**	**3**	**19**	**8**		**8**	**1**		**1**
15-19岁	**2906**	**722**	**2184**	**2300**	**553**	**1747**	**1189**	**293**	**896**
15	88	17	71	64	13	51	28	10	18
16	222	43	179	156	41	115	79	19	60
17	406	91	315	328	77	251	158	45	113
18	707	200	507	597	149	448	281	67	214
19	1483	371	1112	1155	273	882	643	152	491
20-24岁	**28532**	**11644**	**16888**	**23466**	**9637**	**13829**	**14315**	**5773**	**8542**
20	2931	552	2379	2444	509	1935	1411	233	1178
21	4193	1307	2886	3348	1036	2312	1839	550	1289
22	6397	2806	3591	5303	2416	2887	3157	1491	1666
23	7095	3190	3905	5767	2565	3202	3493	1475	2018
24	7916	3789	4127	6604	3111	3493	4415	2024	2391
25-29岁	**39917**	**22762**	**17155**	**32497**	**18143**	**14354**	**21575**	**11484**	**10091**
25	8708	4393	4315	6792	3349	3443	4533	2089	2444
26	8491	4678	3813	7165	3722	3443	4731	2361	2370
27	8645	4935	3710	6732	3809	2923	4752	2552	2200
28	8002	4893	3109	6192	3729	2463	4060	2368	1692
29	6071	3863	2208	5616	3534	2082	3499	2114	1385
30-34岁	**14708**	**9601**	**5107**	**13377**	**8613**	**4764**	**9873**	**6389**	**3484**
30	4641	3066	1575	4094	2670	1424	3162	2011	1151
31	3726	2413	1313	3269	2062	1207	2352	1540	812
32	2658	1753	905	2620	1710	910	1772	1162	610
33	2073	1340	733	1886	1214	672	1508	993	515
34	1610	1029	581	1508	957	551	1079	683	396
35-39岁	**4614**	**2968**	**1646**	**4148**	**2604**	**1544**	**2969**	**1844**	**1125**
35	1358	854	504	1164	748	416	808	503	305
36	1147	738	409	932	603	329	639	391	248
37	838	546	292	886	534	352	565	358	207
38	704	466	238	622	381	241	528	337	191
39	567	364	203	544	338	206	429	255	174
40-44岁	**1778**	**1077**	**701**	**1677**	**1029**	**648**	**1450**	**849**	**601**
40	452	273	179	449	272	177	386	226	160
41	368	221	147	340	200	140	328	176	152
42	333	191	142	305	186	119	272	163	109
43	312	190	122	299	188	111	223	137	86
44	313	202	111	284	183	101	241	147	94
45-49岁	**865**	**561**	**304**	**884**	**549**	**335**	**902**	**569**	**333**
45	228	148	80	246	153	93	238	158	80
46	193	115	78	222	150	72	196	120	76
47	200	126	74	154	90	64	187	117	70
48	133	93	40	153	90	63	150	90	60
49	111	79	32	109	66	43	131	84	47
50岁及以上	**475**	**292**	**183**	**459**	**284**	**175**	**656**	**423**	**233**
平均初婚年龄	**27.53**	**28.47**	**26.47**	**27.79**	**28.72**	**26.76**	**28.45**	**29.43**	**27.38**

5-5 全省分年龄、性别、初婚年龄的人口

单位：人

年龄	初婚年龄					
	合计			15岁以下		
	合计	男	女	小计	男	女
总计	**2941289**	**1574797**	**1366492**	**2893**	**829**	**2064**
20岁以下	**2652**	**625**	**2027**	**82**	**9**	**73**
20-24岁	**60782**	**19314**	**41468**	**172**	**45**	**127**
20	3183	741	2442	28	3	25
21	5756	1400	4356	28	6	22
22	10751	3153	7598	33	11	22
23	16716	5472	11244	30	6	24
24	24376	8548	15828	53	19	34
25-29岁	**278282**	**123053**	**155229**	**259**	**76**	**183**
25	34492	13185	21307	58	15	43
26	42140	17225	24915	42	11	31
27	55995	24169	31826	51	14	37
28	66857	30638	36219	43	13	30
29	78798	37836	40962	65	23	42
30-34岁	**543608**	**286315**	**257293**	**528**	**192**	**336**
30	104010	51889	52121	92	23	69
31	108143	55537	52606	113	40	73
32	105719	55848	49871	93	39	54
33	117847	63863	53984	130	48	82
34	107889	59178	48711	100	42	58
35-39岁	**482219**	**274914**	**207305**	**325**	**108**	**217**
35	97499	54381	43118	88	26	62
36	98299	55677	42622	62	23	39
37	93114	53200	39914	60	21	39
38	102155	59049	43106	62	18	44
39	91152	52607	38545	53	20	33
40-44岁	**397142**	**227877**	**169265**	**371**	**104**	**267**
40	81495	47104	34391	50	10	40
41	86392	50039	36353	79	24	55
42	77784	44661	33123	88	30	58
43	71687	40994	30693	72	14	58
44	79784	45079	34705	82	26	56
45-49岁	**420099**	**235612**	**184487**	**322**	**94**	**228**
45	81842	45963	35879	94	26	68
46	89730	50091	39639	65	20	45
47	86357	48413	37944	70	25	45
48	82661	46302	36359	50	13	37
49	79509	44843	34666	43	10	33
50-54岁	**329762**	**186586**	**143176**	**321**	**92**	**229**
50	78589	44104	34485	52	16	36
51	69482	39330	30152	70	24	46
52	72200	40876	31324	81	25	56
53	53837	30445	23392	60	13	47
54	55654	31831	23823	58	14	44
55-59岁	**197078**	**108515**	**88563**	**162**	**42**	**120**
55	50872	28624	22248	63	23	40
56	45581	25326	20255	25	5	20
57	48031	26747	21284	44	8	36
58	35259	18822	16437	13	2	11
59	17335	8996	8339	17	4	13
60-64岁	**98495**	**49381**	**49114**	**113**	**25**	**88**
60	17841	8913	8928	15	2	13
61	17683	8989	8694	20	8	12
62	21657	11017	10640	26	8	18
63	22770	11490	11280	27	4	23
64	18544	8972	9572	25	3	22
65岁及以上	**131170**	**62605**	**68565**	**238**	**42**	**196**

5-5　续表 1　　　　单位：人

年　龄	初婚年龄								
	15岁			16岁			17岁		
	小计	男	女	小计	男	女	小计	男	女
总　计	**14167**	**4932**	**9235**	**23101**	**6840**	**16261**	**39541**	**11183**	**28358**
20岁以下	**320**	**74**	**246**	**536**	**120**	**416**	**736**	**182**	**554**
20-24岁	**853**	**259**	**594**	**1412**	**343**	**1069**	**2388**	**620**	**1768**
20	142	37	105	210	49	161	368	102	266
21	139	49	90	275	76	199	390	106	284
22	172	54	118	300	73	227	533	151	382
23	202	56	146	288	63	225	546	128	418
24	198	63	135	339	82	257	551	133	418
25-29岁	**1211**	**370**	**841**	**2073**	**551**	**1522**	**3749**	**1042**	**2707**
25	280	74	206	348	91	257	653	158	495
26	227	63	164	445	124	321	655	176	479
27	249	75	174	426	112	314	807	248	559
28	232	74	158	459	120	339	855	250	605
29	223	84	139	395	104	291	779	210	569
30-34岁	**2367**	**1023**	**1344**	**3082**	**1183**	**1899**	**4602**	**1542**	**3060**
30	427	165	262	495	161	334	811	258	553
31	443	189	254	720	292	428	861	285	576
32	476	221	255	608	238	370	986	337	649
33	553	238	315	634	248	386	1014	352	662
34	468	210	258	625	244	381	930	310	620
35-39岁	**1846**	**726**	**1120**	**2858**	**981**	**1877**	**4580**	**1446**	**3134**
35	539	223	316	522	191	331	869	309	560
36	444	197	247	761	303	458	761	259	502
37	276	105	171	634	200	434	1044	335	709
38	297	100	197	514	161	353	1154	331	823
39	290	101	189	427	126	301	752	212	540
40-44岁	**1633**	**629**	**1004**	**2711**	**885**	**1826**	**4310**	**1343**	**2967**
40	264	94	170	394	125	269	682	204	478
41	391	168	223	660	247	413	869	279	590
42	323	121	202	520	169	351	967	297	670
43	326	122	204	491	155	336	836	265	571
44	329	124	205	646	189	457	956	298	658
45-49岁	**1888**	**649**	**1239**	**3316**	**966**	**2350**	**6077**	**1803**	**4274**
45	534	209	325	554	156	398	1077	279	798
46	486	167	319	868	267	601	1016	325	691
47	322	104	218	810	241	569	1448	482	966
48	293	89	204	599	169	430	1437	429	1008
49	253	80	173	485	133	352	1099	288	811
50-54岁	**1698**	**646**	**1052**	**2933**	**928**	**2005**	**5400**	**1657**	**3743**
50	408	152	256	492	133	359	1022	276	746
51	364	144	220	803	280	523	1186	363	823
52	365	144	221	707	228	479	1382	458	924
53	278	100	178	418	145	273	894	279	615
54	283	106	177	513	142	371	916	281	635
55-59岁	**949**	**313**	**636**	**1814**	**490**	**1324**	**3451**	**859**	**2592**
55	370	138	232	444	122	322	900	260	640
56	249	86	163	559	174	385	727	165	562
57	187	53	134	482	136	346	948	255	693
58	101	23	78	231	40	191	652	141	511
59	42	13	29	98	18	80	224	38	186
60-64岁	**448**	**100**	**348**	**662**	**146**	**516**	**1174**	**242**	**932**
60	67	17	50	112	20	92	161	24	137
61	82	24	58	132	34	98	192	42	150
62	105	18	87	131	32	99	281	64	217
63	110	25	85	137	34	103	297	65	232
64	84	16	68	150	26	124	243	47	196
65岁及以上	**954**	**143**	**811**	**1704**	**247**	**1457**	**3074**	**447**	**2627**

5−5 续表 2

单位：人

年 龄	初婚年龄								
	18岁			19岁			20岁		
	小计	男	女	小计	男	女	小计	男	女
总 计	**67291**	**19486**	**47805**	**127883**	**38507**	**89376**	**213310**	**63771**	**149539**
20岁以下	**669**	**164**	**505**	**309**	**76**	**233**			
20−24岁	**3782**	**986**	**2796**	**6990**	**1675**	**5315**	**11796**	**2194**	**9602**
20	647	179	468	993	240	753	795	131	664
21	604	167	437	1329	353	976	2114	426	1688
22	704	180	524	1436	337	1099	2817	555	2262
23	874	223	651	1463	350	1113	2869	499	2370
24	953	237	716	1769	395	1374	3201	583	2618
25−29岁	**6345**	**1836**	**4509**	**11961**	**3288**	**8673**	**22360**	**5045**	**17315**
25	1027	261	766	2067	477	1590	3865	758	3107
26	1148	310	838	2080	553	1527	4090	919	3171
27	1133	336	797	2486	676	1810	4458	1018	3440
28	1499	484	1015	2401	692	1709	4893	1114	3779
29	1538	445	1093	2927	890	2037	5054	1236	3818
30−34岁	**8010**	**2640**	**5370**	**16255**	**4924**	**11331**	**31892**	**8436**	**23456**
30	1703	517	1186	3523	1010	2513	6815	1731	5084
31	1639	544	1095	3585	1110	2475	6869	1807	5062
32	1438	497	941	3043	902	2141	6508	1779	4729
33	1749	586	1163	3015	927	2088	6316	1712	4604
34	1481	496	985	3089	975	2114	5384	1407	3977
35−39岁	**7113**	**2265**	**4848**	**12778**	**3817**	**8961**	**22229**	**6185**	**16044**
35	1211	425	786	2447	753	1694	4919	1344	3575
36	1311	418	893	2501	770	1731	4563	1225	3338
37	1130	355	775	2319	687	1632	4157	1166	2991
38	1859	572	1287	2431	687	1744	4669	1365	3304
39	1602	495	1107	3080	920	2160	3921	1085	2836
40−44岁	**7384**	**2188**	**5196**	**14955**	**4445**	**10510**	**25649**	**7635**	**18014**
40	1227	310	917	2949	825	2124	4662	1384	3278
41	1448	453	995	2933	899	2034	5628	1682	3946
42	1416	429	987	2862	833	2029	4945	1496	3449
43	1553	484	1069	2747	835	1912	4766	1400	3366
44	1740	512	1228	3464	1053	2411	5648	1673	3975
45−49岁	**10538**	**3231**	**7307**	**19636**	**6377**	**13259**	**31144**	**10084**	**21060**
45	1718	515	1203	3468	1044	2424	6141	1904	4237
46	1952	596	1356	3916	1216	2700	6581	2069	4512
47	1814	561	1253	3850	1280	2570	6424	2043	4381
48	2535	808	1727	3719	1223	2496	6216	2046	4170
49	2519	751	1768	4683	1614	3069	5782	2022	3760
50−54岁	**10038**	**3089**	**6949**	**20649**	**7117**	**13532**	**32207**	**12412**	**19795**
50	2153	634	1519	4851	1700	3151	7390	2817	4573
51	2058	679	1379	4323	1492	2831	7304	2865	4439
52	2189	664	1525	4340	1471	2869	6967	2682	4285
53	1851	540	1311	3335	1119	2216	5054	1907	3147
54	1787	572	1215	3800	1335	2465	5492	2141	3351
55−59岁	**6489**	**1761**	**4728**	**12295**	**3840**	**8455**	**18935**	**6958**	**11977**
55	1583	453	1130	3197	1107	2090	5225	1999	3226
56	1510	431	1079	2738	860	1878	4404	1642	2762
57	1538	403	1135	3074	993	2081	4355	1658	2697
58	1301	343	958	2169	585	1584	3485	1188	2297
59	557	131	426	1117	295	822	1466	471	995
60−64岁	**2046**	**416**	**1630**	**4179**	**1085**	**3094**	**7059**	**2056**	**5003**
60	380	70	310	877	190	687	1736	497	1239
61	361	77	284	860	238	622	1515	452	1063
62	408	83	325	805	211	594	1436	440	996
63	480	98	382	829	246	583	1277	365	912
64	417	88	329	808	200	608	1095	302	793
65岁及以上	**4877**	**910**	**3967**	**7876**	**1863**	**6013**	**10039**	**2766**	**7273**

5-5 续表 3

单位：人

年 龄	初婚年龄								
	21岁			22岁			23岁		
	小计	男	女	小计	男	女	小计	男	女
总 计	**263989**	**105891**	**158098**	**337014**	**172046**	**164968**	**326921**	**174489**	**152432**
20岁以下									
20-24岁	**11695**	**3519**	**8176**	**12389**	**5640**	**6749**	**7079**	**3037**	**4042**
20									
21	877	217	660						
22	2937	890	2047	1819	902	917			
23	3808	1176	2632	4678	2145	2533	1958	826	1132
24	4073	1236	2837	5892	2593	3299	5121	2211	2910
25-29岁	**27188**	**9002**	**18186**	**37893**	**17807**	**20086**	**38701**	**17988**	**20713**
25	4151	1274	2877	6410	2903	3507	6874	3124	3750
26	4770	1576	3194	6055	2790	3265	6459	2863	3596
27	5596	1804	3792	7800	3646	4154	7240	3354	3886
28	5842	1996	3846	8452	4039	4413	8569	4017	4552
29	6829	2352	4477	9176	4429	4747	9559	4630	4929
30-34岁	**42667**	**15729**	**26938**	**60461**	**30050**	**30411**	**60521**	**31325**	**29196**
30	7888	2751	5137	12139	5890	6249	11382	5661	5721
31	8937	3311	5626	11208	5534	5674	12443	6319	6124
32	8820	3326	5494	11780	5970	5810	10758	5548	5210
33	9446	3575	5871	13267	6659	6608	13602	7218	6384
34	7576	2766	4810	12067	5997	6070	12336	6579	5757
35-39岁	**30738**	**11658**	**19080**	**44579**	**22420**	**22159**	**49797**	**26692**	**23105**
35	6291	2289	4002	9547	4770	4777	11322	6024	5298
36	6477	2426	4051	9204	4589	4615	10181	5387	4794
37	5927	2262	3665	8870	4497	4373	9262	4928	4334
38	6389	2485	3904	9063	4558	4505	10282	5645	4637
39	5654	2196	3458	7895	4006	3889	8750	4708	4042
40-44岁	**31298**	**12761**	**18537**	**39501**	**20619**	**18882**	**39435**	**21953**	**17482**
40	4582	1792	2790	6766	3335	3431	7616	4109	3507
41	6906	2865	4041	6893	3580	3313	8044	4464	3580
42	6673	2727	3946	8327	4447	3880	6513	3592	2921
43	6202	2521	3681	8319	4453	3866	8042	4583	3459
44	6935	2856	4079	9196	4804	4392	9220	5205	4015
45-49岁	**39515**	**17146**	**22369**	**49717**	**26853**	**22864**	**47602**	**26936**	**20666**
45	7165	2966	4199	9345	4911	4434	9136	5147	3989
46	8824	3753	5071	10361	5482	4879	10006	5578	4428
47	8100	3512	4588	11034	5929	5105	9643	5371	4272
48	7702	3409	4293	9905	5426	4479	9970	5762	4208
49	7724	3506	4218	9072	5105	3967	8847	5078	3769
50-54岁	**37541**	**18354**	**19187**	**42045**	**24383**	**17662**	**35914**	**21638**	**14276**
50	7139	3306	3833	9230	5190	4040	8299	4784	3515
51	8353	4094	4259	7452	4337	3115	7237	4390	2847
52	9298	4612	4686	10018	5934	4084	6790	4070	2720
53	6474	3191	3283	7799	4532	3267	6569	3998	2571
54	6277	3151	3126	7546	4390	3156	7019	4396	2623
55-59岁	**23233**	**10776**	**12457**	**26557**	**14631**	**11926**	**22938**	**13470**	**9468**
55	5971	2877	3094	6581	3707	2874	5934	3571	2363
56	5777	2694	3083	5894	3307	2587	5035	3040	1995
57	5644	2647	2997	7065	4006	3059	5495	3233	2262
58	3841	1737	2104	4806	2555	2251	4475	2556	1919
59	2000	821	1179	2211	1056	1155	1999	1070	929
60-64岁	**9837**	**3477**	**6360**	**12616**	**5205**	**7411**	**13083**	**6194**	**6889**
60	1925	666	1259	2304	1026	1278	2193	1125	1068
61	2211	841	1370	2144	908	1236	2292	1147	1145
62	2290	791	1499	3185	1301	1884	2613	1230	1383
63	2025	711	1314	2967	1233	1734	3507	1652	1855
64	1386	468	918	2016	737	1279	2478	1040	1438
65岁及以上	**10277**	**3469**	**6808**	**11256**	**4438**	**6818**	**11851**	**5256**	**6595**

5-5 续表 4 单位：人

年 龄	初婚年龄								
	24岁			25岁			26岁		
	小计	男	女	小计	男	女	小计	男	女
总 计	**310720**	**178176**	**132544**	**273176**	**166090**	**107086**	**221417**	**140354**	**81063**
20岁以下									
20-24岁	**2226**	**996**	**1230**						
20									
21									
22									
23									
24	2226	996	1230						
25-29岁	**39641**	**19438**	**20203**	**34228**	**17541**	**16687**	**25786**	**13767**	**12019**
25	6153	2895	3258	2606	1155	1451			
26	7370	3502	3868	6167	3051	3116	2632	1287	1345
27	7990	3841	4149	8296	4124	4172	6691	3470	3221
28	8206	4110	4096	8381	4373	4008	8179	4372	3807
29	9922	5090	4832	8778	4838	3940	8284	4638	3646
30-34岁	**60674**	**33228**	**27446**	**57274**	**33121**	**24153**	**50703**	**30537**	**20166**
30	12311	6475	5836	12496	6965	5531	9838	5634	4204
31	11899	6298	5601	11666	6548	5118	10892	6404	4488
32	12096	6640	5456	10660	6159	4501	9919	5942	3977
33	12042	6705	5337	12275	7402	4873	10409	6408	4001
34	12326	7110	5216	10177	6047	4130	9645	6149	3496
35-39岁	**52554**	**30811**	**21743**	**50702**	**31649**	**19053**	**43809**	**28324**	**15485**
35	11004	6423	4581	10479	6429	4050	8161	5140	3021
36	11629	6741	4888	10531	6584	3947	8928	5728	3200
37	9802	5762	4040	10433	6535	3898	8760	5631	3129
38	10531	6178	4353	10190	6431	3759	10043	6617	3426
39	9588	5707	3881	9069	5670	3399	7917	5208	2709
40-44岁	**37110**	**22522**	**14588**	**33830**	**21850**	**11980**	**29479**	**19841**	**9638**
40	8073	4848	3225	8138	5228	2910	7009	4644	2365
41	8188	4952	3236	7827	5015	2812	7001	4706	2295
42	7001	4296	2705	6718	4316	2402	5620	3813	1807
43	5569	3380	2189	5693	3748	1945	5017	3369	1648
44	8279	5046	3233	5454	3543	1911	4832	3309	1523
45-49岁	**43858**	**26634**	**17224**	**36279**	**23306**	**12973**	**26618**	**17752**	**8866**
45	8744	5347	3397	7267	4676	2591	4274	2873	1401
46	9454	5695	3759	8038	5120	2918	6224	4170	2054
47	8744	5267	3477	7533	4847	2686	5687	3813	1874
48	8233	5015	3218	6945	4446	2499	5411	3563	1848
49	8683	5310	3373	6496	4217	2279	5022	3333	1689
50-54岁	**30418**	**19245**	**11173**	**24318**	**16068**	**8250**	**18383**	**12605**	**5778**
50	7732	4729	3003	7233	4672	2561	4811	3263	1548
51	6317	3987	2330	5309	3457	1852	4360	2961	1399
52	6499	4116	2383	4988	3356	1632	3774	2580	1194
53	4074	2610	1464	3571	2410	1161	2778	1933	845
54	5796	3803	1993	3217	2173	1044	2660	1868	792
55-59岁	**19607**	**12387**	**7220**	**15179**	**10096**	**5083**	**10215**	**7057**	**3158**
55	5236	3460	1776	3974	2677	1297	2199	1510	689
56	4478	2795	1683	3683	2446	1237	2605	1821	784
57	4483	2814	1669	3594	2485	1109	2628	1830	798
58	3441	2149	1292	2615	1665	950	1840	1274	566
59	1969	1169	800	1313	823	490	943	622	321
60-64岁	**11983**	**6567**	**5416**	**9390**	**5726**	**3664**	**6567**	**4326**	**2241**
60	1967	1110	857	1659	1028	631	1037	693	344
61	1946	1116	830	1519	959	560	1171	797	374
62	2615	1488	1127	2023	1246	777	1448	965	483
63	2687	1473	1214	2281	1362	919	1559	1007	552
64	2768	1380	1388	1908	1131	777	1352	864	488
65岁及以上	**12649**	**6348**	**6301**	**11976**	**6733**	**5243**	**9857**	**6145**	**3712**

5-5　续表 5　　　　单位：人

年　龄	初婚年龄								
	27岁			28岁			29岁		
	小计	男	女	小计	男	女	小计	男	女
总　计	**174906**	**115369**	**59537**	**131589**	**89908**	**41681**	**97834**	**68449**	**29385**
20岁以下									
20-24岁									
20									
21									
22									
23									
24									
25-29岁	**16952**	**9427**	**7525**	**7967**	**4689**	**3278**	**1968**	**1186**	**782**
25									
26									
27	2772	1451	1321						
28	6400	3546	2854	2446	1438	1008			
29	7780	4430	3350	5521	3251	2270	1968	1186	782
30-34岁	**42812**	**26498**	**16314**	**35206**	**22470**	**12736**	**26981**	**17571**	**9410**
30	9030	5414	3616	7844	4762	3082	5304	3289	2015
31	8392	5089	3303	6969	4356	2613	6042	3830	2212
32	8601	5382	3219	6258	3995	2263	5266	3440	1826
33	9018	5632	3386	7494	4956	2538	5246	3534	1712
34	7771	4981	2790	6641	4401	2240	5123	3478	1645
35-39岁	**36866**	**24807**	**12059**	**28288**	**19702**	**8586**	**21834**	**15355**	**6479**
35	7456	4829	2627	5606	3812	1794	4489	3073	1416
36	7029	4687	2342	5895	4156	1739	4389	3116	1273
37	7125	4798	2327	5076	3532	1544	4324	3040	1284
38	7893	5478	2415	6232	4371	1861	4295	3078	1217
39	7363	5015	2348	5479	3831	1648	4337	3048	1289
40-44岁	**24888**	**17447**	**7441**	**20511**	**14749**	**5762**	**16517**	**12076**	**4441**
40	5876	4050	1826	5268	3767	1501	3902	2774	1128
41	5866	4117	1749	4624	3316	1308	4181	3042	1139
42	4991	3516	1475	3940	2791	1149	3122	2324	798
43	4047	2833	1214	3364	2462	902	2679	1973	706
44	4108	2931	1177	3315	2413	902	2633	1963	670
45-49岁	**19648**	**13795**	**5853**	**14827**	**10689**	**4138**	**11148**	**8202**	**2946**
45	3744	2690	1054	3231	2336	895	2548	1892	656
46	3396	2407	989	2952	2149	803	2474	1809	665
47	4415	3096	1319	2465	1814	651	2153	1592	561
48	4151	2877	1274	3110	2225	885	1768	1308	460
49	3942	2725	1217	3069	2165	904	2205	1601	604
50-54岁	**13867**	**9738**	**4129**	**10482**	**7443**	**3039**	**8493**	**6044**	**2449**
50	3691	2512	1179	2792	1937	855	2272	1605	667
51	2978	2111	867	2271	1592	679	1898	1336	562
52	3264	2274	990	2182	1545	637	1759	1268	491
53	2108	1531	577	1703	1224	479	1279	927	352
54	1826	1310	516	1534	1145	389	1285	908	377
55-59岁	**7276**	**5184**	**2092**	**5011**	**3705**	**1306**	**3979**	**3006**	**973**
55	1765	1274	491	1372	1018	354	1092	830	262
56	1344	974	370	1145	860	285	913	707	206
57	1949	1386	563	988	738	250	915	679	236
58	1474	1028	446	984	716	268	602	440	162
59	744	522	222	522	373	149	457	350	107
60-64岁	**4740**	**3277**	**1463**	**3303**	**2312**	**991**	**2442**	**1789**	**653**
60	776	524	252	544	391	153	408	307	101
61	799	547	252	536	389	147	401	297	104
62	1126	792	334	686	497	189	520	400	120
63	1144	799	345	836	555	281	553	394	159
64	895	615	280	701	480	221	560	391	169
65岁及以上	**7857**	**5196**	**2661**	**5994**	**4149**	**1845**	**4472**	**3220**	**1252**

5-5 续表 6 单位：人

年 龄	初婚年龄								
	30岁			31岁			32岁		
	小计	男	女	小计	男	女	小计	男	女
总 计	**72949**	**51314**	**21635**	**53728**	**37399**	**16329**	**40764**	**28477**	**12287**
20岁以下									
20-24岁									
20									
21									
22									
23									
24									
25-29岁									
25									
26									
27									
28									
29									
30-34岁	**18415**	**12094**	**6321**	**11411**	**7389**	**4022**	**6256**	**4095**	**2161**
30	1912	1183	729						
31	4006	2633	1373	1459	948	511			
32	4413	2880	1533	2979	1868	1111	1017	685	332
33	4384	2944	1440	3806	2491	1315	2527	1623	904
34	3700	2454	1246	3167	2082	1085	2712	1787	925
35-39岁	**17297**	**12131**	**5166**	**13772**	**9457**	**4315**	**11269**	**7587**	**3682**
35	3699	2528	1171	2680	1776	904	2323	1565	758
36	3454	2366	1088	2921	1973	948	2181	1441	740
37	3365	2381	984	2727	1888	839	2262	1503	759
38	3751	2650	1101	2843	1988	855	2384	1617	767
39	3028	2206	822	2601	1832	769	2119	1461	658
40-44岁	**13361**	**9728**	**3633**	**10532**	**7513**	**3019**	**8676**	**6167**	**2509**
40	3053	2176	877	2090	1489	601	1896	1330	566
41	3086	2219	867	2445	1712	733	1746	1239	507
42	2884	2067	817	2195	1574	621	1795	1264	531
43	2080	1563	517	1956	1406	550	1555	1130	425
44	2258	1703	555	1846	1332	514	1684	1204	480
45-49岁	**8800**	**6495**	**2305**	**7245**	**5291**	**1954**	**6180**	**4530**	**1650**
45	2152	1571	581	1654	1200	454	1457	1035	422
46	2081	1556	525	1782	1277	505	1439	1084	355
47	1758	1307	451	1522	1129	393	1230	898	332
48	1526	1114	412	1210	901	309	1063	764	299
49	1283	947	336	1077	784	293	991	749	242
50-54岁	**6820**	**4889**	**1931**	**4697**	**3374**	**1323**	**3478**	**2510**	**968**
50	1591	1161	430	879	635	244	817	580	237
51	1469	1070	399	967	694	273	498	377	121
52	1688	1168	520	1105	815	290	773	564	209
53	1074	753	321	930	649	281	624	440	184
54	998	737	261	816	581	235	766	549	217
55-59岁	**3111**	**2314**	**797**	**2495**	**1800**	**695**	**2118**	**1549**	**569**
55	915	666	249	636	451	185	561	398	163
56	722	533	189	668	476	192	491	372	119
57	734	543	191	581	421	160	570	424	146
58	513	386	127	392	293	99	332	241	91
59	227	186	41	218	159	59	164	114	50
60-64岁	**1760**	**1268**	**492**	**1233**	**907**	**326**	**966**	**735**	**231**
60	355	250	105	188	144	44	163	120	43
61	295	219	76	220	166	54	123	95	28
62	383	280	103	306	226	80	237	187	50
63	374	267	107	307	221	86	251	186	65
64	353	252	101	212	150	62	192	147	45
65岁及以上	**3385**	**2395**	**990**	**2343**	**1668**	**675**	**1821**	**1304**	**517**

5-5　续表 7　　　　单位：人

年　龄	初婚年龄								
	33岁			34岁			35岁		
	小计	男	女	小计	男	女	小计	男	女
总　计	**30910**	**21432**	**9478**	**24050**	**16577**	**7473**	**18741**	**12775**	**5966**
20岁以下									
20-24岁									
20									
21									
22									
23									
24									
25-29岁									
25									
26									
27									
28									
29									
30-34岁	**2831**	**1845**	**986**	**660**	**423**	**237**			
30									
31									
32									
33	920	605	315						
34	1911	1240	671	660	423	237			
35-39岁	**9490**	**6275**	**3215**	**7497**	**4857**	**2640**	**5354**	**3441**	**1913**
35	1943	1261	682	1403	871	532	501	320	181
36	1893	1255	638	1649	1074	575	1131	709	422
37	1696	1086	610	1429	920	509	1242	792	450
38	2165	1452	713	1490	981	509	1345	864	481
39	1793	1221	572	1526	1011	515	1135	756	379
40-44岁	**6836**	**4819**	**2017**	**5821**	**3975**	**1846**	**4881**	**3321**	**1560**
40	1510	1062	448	1270	839	431	1205	811	394
41	1511	1044	467	1319	930	389	1119	731	388
42	1183	843	340	1158	783	375	929	591	338
43	1282	890	392	911	613	298	873	640	233
44	1350	980	370	1163	810	353	755	548	207
45-49岁	**5195**	**3753**	**1442**	**4819**	**3454**	**1365**	**4229**	**2908**	**1321**
45	1355	942	413	1103	768	335	1048	717	331
46	1136	831	305	1138	823	315	957	657	300
47	971	723	248	982	710	272	886	579	307
48	941	671	270	839	587	252	716	520	196
49	792	586	206	757	566	191	622	435	187
50-54岁	**2617**	**1883**	**734**	**2044**	**1542**	**502**	**1713**	**1247**	**466**
50	700	502	198	592	424	168	576	400	176
51	531	378	153	441	333	108	338	260	78
52	398	298	100	393	311	82	379	276	103
53	415	306	109	241	184	57	240	173	67
54	573	399	174	377	290	87	180	138	42
55-59岁	**1871**	**1369**	**502**	**1532**	**1128**	**404**	**1157**	**854**	**303**
55	549	400	149	362	265	97	245	183	62
56	439	325	114	413	297	116	265	209	56
57	385	283	102	389	302	87	352	244	108
58	359	267	92	237	166	71	200	151	49
59	139	94	45	131	98	33	95	67	28
60-64岁	**697**	**516**	**181**	**527**	**392**	**135**	**495**	**370**	**125**
60	140	104	36	105	78	27	119	90	29
61	102	76	26	105	77	28	85	64	21
62	116	90	26	107	80	27	107	82	25
63	183	133	50	105	79	26	108	80	28
64	156	113	43	105	78	27	76	54	22
65岁及以上	**1373**	**972**	**401**	**1150**	**806**	**344**	**912**	**634**	**278**

5-5 续表 8 单位：人

年 龄	初婚年龄								
	36岁			37岁			38岁		
	小计	男	女	小计	男	女	小计	男	女
总 计	**14205**	**9818**	**4387**	**11409**	**7794**	**3615**	**8917**	**6205**	**2712**
20岁以下									
20-24岁									
20									
21									
22									
23									
24									
25-29岁									
25									
26									
27									
28									
29									
30-34岁									
30									
31									
32									
33									
34									
35-39岁	**3362**	**2150**	**1212**	**2068**	**1293**	**775**	**944**	**604**	**340**
35									
36	404	250	154						
37	850	556	294	344	220	124			
38	1114	700	414	824	495	329	335	227	108
39	994	644	350	900	578	322	609	377	232
40-44岁	**4042**	**2733**	**1309**	**3441**	**2293**	**1148**	**2933**	**1950**	**983**
40	827	572	255	761	477	284	670	423	247
41	978	643	335	755	506	249	645	421	224
42	849	561	288	735	493	242	560	385	175
43	667	459	208	577	411	166	497	320	177
44	721	498	223	613	406	207	561	401	160
45-49岁	**3419**	**2424**	**995**	**2985**	**2106**	**879**	**2519**	**1809**	**710**
45	634	451	183	589	414	175	510	358	152
46	851	583	268	563	388	175	551	390	161
47	735	521	214	682	496	186	485	349	136
48	679	487	192	623	428	195	511	378	133
49	520	382	138	528	380	148	462	334	128
50-54岁	**1489**	**1086**	**403**	**1379**	**1003**	**376**	**1340**	**989**	**351**
50	486	355	131	413	289	124	483	344	139
51	344	250	94	314	231	83	259	197	62
52	285	207	78	301	218	83	270	196	74
53	200	146	54	191	136	55	180	133	47
54	174	128	46	160	129	31	148	119	29
55-59岁	**844**	**655**	**189**	**646**	**467**	**179**	**447**	**346**	**101**
55	139	117	22	133	95	38	128	105	23
56	174	132	42	113	84	29	82	62	20
57	222	174	48	169	118	51	93	76	17
58	203	156	47	140	104	36	94	68	26
59	106	76	30	91	66	25	50	35	15
60-64岁	**401**	**297**	**104**	**344**	**254**	**90**	**314**	**225**	**89**
60	92	71	21	70	46	24	77	54	23
61	76	60	16	65	44	21	50	39	11
62	105	75	30	84	61	23	56	40	16
63	70	49	21	65	51	14	72	52	20
64	58	42	16	60	52	8	59	40	19
65岁及以上	**648**	**473**	**175**	**546**	**378**	**168**	**420**	**282**	**138**

5-5 续表 9

单位：人

年龄	初婚年龄					
	39岁			40岁及以上		
	小计	男	女	小计	男	女
总计	**7262**	**4949**	**2313**	**32602**	**21737**	**10865**
20岁以下						
20—24岁						
20						
21						
22						
23						
24						
25—29岁						
25						
26						
27						
28						
29						
30—34岁						
30						
31						
32						
33						
34						
35—39岁	**270**	**173**	**97**			
35						
36						
37						
38						
39	270	173	97			
40—44岁	**2479**	**1589**	**890**	**4558**	**2742**	**1816**
40	510	291	219	245	135	110
41	586	378	208	664	407	257
42	510	338	172	960	565	395
43	394	264	130	1172	701	471
44	479	318	161	1517	934	583
45—49岁	**2215**	**1535**	**680**	**10360**	**6790**	**3570**
45	457	335	122	1843	1201	642
46	465	305	160	2154	1374	780
47	459	306	153	2135	1418	717
48	403	287	116	2106	1357	749
49	431	302	129	2122	1440	682
50—54岁	**1222**	**880**	**342**	**8256**	**5724**	**2532**
50	421	299	122	2064	1389	675
51	271	193	78	1767	1235	532
52	217	152	65	1788	1244	544
53	167	126	41	1330	940	390
54	146	110	36	1307	916	391
55—59岁	**417**	**309**	**108**	**4350**	**3149**	**1201**
55	104	72	32	1194	846	348
56	112	80	32	1016	749	267
57	81	60	21	1066	778	288
58	61	48	13	698	500	198
59	59	49	10	376	276	100
60—64岁	**260**	**188**	**72**	**1856**	**1286**	**570**
60	30	24	6	341	242	99
61	67	48	19	314	225	89
62	62	41	21	396	289	107
63	53	37	16	466	312	154
64	48	38	10	339	218	121
65岁及以上	**399**	**275**	**124**	**3222**	**2046**	**1176**

5-6 全省分性别、受教育程度、初婚年龄的人口

单位：人

受教育程度	初婚年龄					
	合计			15岁以下		
	合计	男	女	小计	男	女
总　计	**2941289**	**1574797**	**1366492**	**2893**	**829**	**2064**
未上过学	25616	4262	21354	114	14	100
学前教育	1723	577	1146	6	2	4
小　学	394851	170816	224035	670	123	547
初　中	1412282	762434	649848	1459	441	1018
高　中	664564	386273	278291	483	187	296
大学专科	269933	149415	120518	109	36	73
大学本科	155653	90820	64833	48	23	25
硕士研究生	14531	8732	5799	3	3	
博士研究生	2136	1468	668	1		1

5-6 续表 1

单位：人

受教育程度	初婚年龄								
	15岁			16岁			17岁		
	小计	男	女	小计	男	女	小计	男	女
总　计	**14167**	**4932**	**9235**	**23101**	**6840**	**16261**	**39541**	**11183**	**28358**
未上过学	374	22	352	644	40	604	1135	71	1064
学前教育	28	2	26	31	7	24	57	11	46
小　学	3307	812	2495	5787	1189	4598	10017	2016	8001
初　中	7501	2805	4696	12281	3895	8386	21311	6524	14787
高　中	2271	1002	1269	3408	1301	2107	5649	2029	3620
大学专科	496	206	290	692	283	409	1009	379	630
大学本科	178	79	99	243	116	127	341	147	194
硕士研究生	10	3	7	14	9	5	19	5	14
博士研究生	2	1	1	1		1	3	1	2

5-6 续表 2

单位：人

受教育程度	初婚年龄								
	18岁			19岁			20岁		
	小计	男	女	小计	男	女	小计	男	女
总 计	**67291**	**19486**	**47805**	**127883**	**38507**	**89376**	**213310**	**63771**	**149539**
未上过学	1642	117	1525	2627	191	2436	3222	272	2950
学前教育	80	23	57	146	22	124	180	33	147
小 学	16720	3413	13307	29047	6725	22322	41427	10595	30832
初 中	36635	11390	25245	70695	22660	48035	119144	37383	81761
高 中	10044	3689	6355	20730	7358	13372	39478	12838	26640
大学专科	1643	614	1029	3620	1137	2483	7871	2020	5851
大学本科	499	222	277	953	374	579	1882	587	1295
硕士研究生	22	13	9	54	31	23	95	39	56
博士研究生	6	5	1	11	9	2	11	4	7

5-6 续表 3

单位：人

受教育程度	初婚年龄								
	21岁			22岁			23岁		
	小计	男	女	小计	男	女	小计	男	女
总 计	**263989**	**105891**	**158098**	**337014**	**172046**	**164968**	**326921**	**174489**	**152432**
未上过学	3052	345	2707	2853	463	2390	2364	411	1953
学前教育	178	35	143	199	63	136	185	80	105
小 学	44990	15659	29331	48658	21475	27183	41764	20056	21708
初 中	145719	61278	84441	180710	96392	84318	166561	93628	72933
高 中	54380	23215	31165	77187	41447	35740	78803	43669	35134
大学专科	12292	4161	8131	21086	9412	11674	26806	12075	14731
大学本科	3233	1139	2094	6019	2643	3376	9849	4274	5575
硕士研究生	130	53	77	250	123	127	510	249	261
博士研究生	15	6	9	52	28	24	79	47	32

5−6 续表 4

单位：人

受教育程度	初婚年龄								
	24岁			25岁			26岁		
	小计	男	女	小计	男	女	小计	男	女
总　计	**310720**	**178176**	**132544**	**273176**	**166090**	**107086**	**221417**	**140354**	**81063**
未上过学	1860	395	1465	1328	398	930	947	280	667
学前教育	160	63	97	117	50	67	70	37	33
小　学	35490	18625	16865	27530	15505	12025	19630	11667	7963
初　中	147456	89141	58315	120498	76841	43657	90951	60145	30806
高　中	77167	46267	30900	68294	43420	24874	54932	36671	18261
大学专科	32154	15940	16214	33690	18409	15281	31039	18253	12786
大学本科	15325	7175	8150	20070	10535	9535	21652	12097	9555
硕士研究生	976	496	480	1423	776	647	1944	1049	895
博士研究生	132	74	58	226	156	70	252	155	97

5−6 续表 5

单位：人

受教育程度	初婚年龄								
	27岁			28岁			29岁		
	小计	男	女	小计	男	女	小计	男	女
总　计	**174906**	**115369**	**59537**	**131589**	**89908**	**41681**	**97834**	**68449**	**29385**
未上过学	667	242	425	511	190	321	406	152	254
学前教育	57	24	33	49	28	21	35	11	24
小　学	14481	8870	5611	10943	6796	4147	8518	5383	3135
初　中	67957	46393	21564	50179	34777	15402	37477	26258	11219
高　中	42806	29831	12975	31709	22774	8935	23615	17255	6360
大学专科	26140	16417	9723	19907	13357	6550	14290	10004	4286
大学本科	20194	12120	8074	16080	10623	5457	11807	8256	3551
硕士研究生	2314	1284	1030	1951	1180	771	1462	968	494
博士研究生	290	188	102	260	183	77	224	162	62

5-6　续表 6

单位：人

受教育程度	初婚年龄								
	30岁			31岁			32岁		
	小计	男	女	小计	男	女	小计	男	女
总　计	**72949**	**51314**	**21635**	**53728**	**37399**	**16329**	**40764**	**28477**	**12287**
未上过学	349	117	232	251	100	151	223	82	141
学前教育	24	17	7	24	13	11	16	10	6
小　学	6761	4188	2573	5179	3249	1930	4168	2596	1572
初　中	28952	20251	8701	21974	14884	7090	17277	11838	5439
高　中	17340	12628	4712	12729	9275	3454	9767	7061	2706
大学专科	10154	7249	2905	7157	5103	2054	5018	3662	1356
大学本科	8170	6031	2139	5638	4218	1420	3753	2821	932
硕士研究生	1040	715	325	669	474	195	477	356	121
博士研究生	159	118	41	107	83	24	65	51	14

5-6　续表 7

单位：人

受教育程度	初婚年龄								
	33岁			34岁			35岁		
	小计	男	女	小计	男	女	小计	男	女
总　计	**30910**	**21432**	**9478**	**24050**	**16577**	**7473**	**18741**	**12775**	**5966**
未上过学	160	65	95	146	52	94	104	45	59
学前教育	14	11	3	8	6	2	8	4	4
小　学	3282	2045	1237	2667	1696	971	2162	1333	829
初　中	13527	9203	4324	10762	7325	3437	8565	5694	2871
高　中	7392	5319	2073	5729	4101	1628	4430	3185	1245
大学专科	3623	2581	1042	2669	1885	784	2009	1410	599
大学本科	2564	1937	627	1807	1321	486	1302	979	323
硕士研究生	283	218	65	225	163	62	135	105	30
博士研究生	65	53	12	37	28	9	26	20	6

5-6 续表 8

单位：人

受教育程度	初婚年龄								
	36岁			37岁			38岁		
	小计	男	女	小计	男	女	小计	男	女
总　计	**14205**	**9818**	**4387**	**11409**	**7794**	**3615**	**8917**	**6205**	**2712**
未上过学	79	35	44	66	18	48	67	23	44
学前教育	5	3	2	4	3	1	5	3	2
小　学	1660	1031	629	1465	879	586	1207	746	461
初　中	6563	4469	2094	5210	3524	1686	4186	2893	1293
高　中	3303	2390	913	2688	1917	771	2062	1496	566
大学专科	1489	1055	434	1169	859	310	824	617	207
大学本科	975	731	244	702	520	182	485	368	117
硕士研究生	108	81	27	89	63	26	62	47	15
博士研究生	23	23		16	11	5	19	12	7

5-6 续表 9

单位：人

受教育程度	初婚年龄					
	39岁			40岁及以上		
	小计	男	女	小计	男	女
总　计	**7262**	**4949**	**2313**	**32602**	**21737**	**10865**
未上过学	65	16	49	360	106	254
学前教育	3		3	34	16	18
小　学	1086	631	455	6235	3513	2722
初　中	3351	2249	1102	15381	10153	5228
高　中	1641	1219	422	6527	4729	1798
大学专科	644	471	173	2333	1820	513
大学本科	408	308	100	1476	1176	300
硕士研究生	53	45	8	213	184	29
博士研究生	11	10	1	43	40	3

第四部分 跨县（市、区）流动人口（长表数据资料）

第六卷 生育

6–1 各地区分性别、孩次的出生人口
(2019.11.1–2020.10.31)

单位：人

地 区	出生人数				第 一 孩			
	合计	男	女	性别比(女=100)	小计	男	女	性别比(女=100)
广 东	**55723**	**30143**	**25580**	**117.84**	**27051**	**14700**	**12351**	**119.02**
广州市	**11300**	**6047**	**5253**	**115.12**	**5919**	**3192**	**2727**	**117.05**
荔湾区	482	256	226	113.27	265	140	125	112.00
越秀区	379	192	187	102.67	201	113	88	128.41
海珠区	1026	576	450	128.00	540	298	242	123.14
天河区	1547	802	745	107.65	902	479	423	113.24
白云区	2911	1544	1367	112.95	1483	786	697	112.77
黄埔区	948	504	444	113.51	512	288	224	128.57
番禺区	2001	1109	892	124.33	1043	580	463	125.27
花都区	865	453	412	109.95	412	215	197	109.14
南沙区	500	263	237	110.97	245	125	120	104.17
从化区	88	53	35	151.43	53	31	22	140.91
增城区	553	295	258	114.34	263	137	126	108.73
韶关市	**594**	**322**	**272**	**118.38**	**249**	**130**	**119**	**109.24**
武江区	179	111	68	163.24	74	43	31	138.71
浈江区	133	72	61	118.03	56	27	29	93.10
曲江区	57	26	31	83.87	26	14	12	116.67
始兴县	19	11	8	137.50	11	6	5	120.00
仁化县	37	17	20	85.00	13	5	8	62.50
翁源县	39	17	22	77.27	16	8	8	100.00
乳源瑶族自治县	23	14	9	155.56	10	4	6	66.67
新丰县	17	8	9	88.89	6	2	4	50.00
乐昌市	52	25	27	92.59	20	10	10	100.00
南雄市	38	21	17	123.53	17	11	6	183.33
深圳市	**16331**	**8787**	**7544**	**116.48**	**8127**	**4330**	**3797**	**114.04**
罗湖区	759	419	340	123.24	362	193	169	114.20
福田区	1011	545	466	116.95	515	265	250	106.00
南山区	938	487	451	107.98	512	266	246	108.13
宝安区	4676	2548	2128	119.74	2289	1229	1060	115.94
龙岗区	4255	2272	1983	114.57	2147	1161	986	117.75
盐田区	113	57	56	101.79	53	22	31	70.97
龙华区	2932	1569	1363	115.11	1510	793	717	110.60
坪山区	500	291	209	139.23	231	132	99	133.33
光明区	1147	599	548	109.31	508	269	239	112.55
珠海市	**1232**	**658**	**574**	**114.63**	**573**	**297**	**276**	**107.61**
香洲区	704	385	319	120.69	338	179	159	112.58
斗门区	296	159	137	116.06	135	69	66	104.55
金湾区	232	114	118	96.61	100	49	51	96.08
汕头市	**381**	**207**	**174**	**118.97**	**179**	**104**	**75**	**138.67**
龙湖区	119	59	60	98.33	53	29	24	120.83
金平区	138	72	66	109.09	61	36	25	144.00
濠江区	14	8	6	133.33	9	6	3	200.00
潮阳区	16	11	5	220.00	9	6	3	200.00
潮南区	24	10	14	71.43	11	5	6	83.33
澄海区	68	46	22	209.09	34	21	13	161.54
南澳县	2	1	1	100.00	2	1	1	100.00
佛山市	**5727**	**3079**	**2648**	**116.28**	**2694**	**1464**	**1230**	**119.02**
禅城区	951	496	455	109.01	462	242	220	110.00
南海区	2436	1332	1104	120.65	1196	659	537	122.72
顺德区	1884	1007	877	114.82	828	452	376	120.21
三水区	337	183	154	118.83	161	85	76	111.84
高明区	119	61	58	105.17	47	26	21	123.81

6-1 续表 1

单位：人

地　区	出生人数				第 一 孩			
	合计	男	女	性别比(女=100)	小计	男	女	性别比(女=100)
江门市	**1079**	**595**	**484**	**122.93**	**463**	**258**	**205**	**125.85**
蓬江区	277	156	121	128.93	135	77	58	132.76
江海区	236	132	104	126.92	102	54	48	112.50
新会区	175	104	71	146.48	65	40	25	160.00
台山市	86	43	43	100.00	41	18	23	78.26
开平市	113	59	54	109.26	42	23	19	121.05
鹤山市	140	75	65	115.38	59	36	23	156.52
恩平市	52	26	26	100.00	19	10	9	111.11
湛江市	**1039**	**558**	**481**	**116.01**	**413**	**215**	**198**	**108.59**
赤坎区	214	118	96	122.92	77	37	40	92.50
霞山区	407	209	198	105.56	151	78	73	106.85
坡头区	56	32	24	133.33	30	18	12	150.00
麻章区	63	28	35	80.00	25	13	12	108.33
遂溪县	53	32	21	152.38	20	11	9	122.22
徐闻县	52	27	25	108.00	24	12	12	100.00
廉江市	95	49	46	106.52	41	16	25	64.00
雷州市	49	33	16	206.25	24	18	6	300.00
吴川市	50	30	20	150.00	21	12	9	133.33
茂名市	**452**	**246**	**206**	**119.42**	**211**	**108**	**103**	**104.85**
茂南区	144	76	68	111.76	61	28	33	84.85
电白区	87	45	42	107.14	40	20	20	100.00
高州市	71	38	33	115.15	37	19	18	105.56
化州市	86	51	35	145.71	41	26	15	173.33
信宜市	64	36	28	128.57	32	15	17	88.24
肇庆市	**545**	**305**	**240**	**127.08**	**245**	**133**	**112**	**118.75**
端州区	210	120	90	133.33	108	63	45	140.00
鼎湖区	46	15	31	48.39	15	3	12	25.00
高要区	34	19	15	126.67	5	4	1	400.00
广宁县	11	8	3	266.67	4	3	1	300.00
怀集县	13	8	5	160.00	6	4	2	200.00
封开县	21	11	10	110.00	10	5	5	100.00
德庆县	19	12	7	171.43	11	7	4	175.00
四会市	191	112	79	141.77	86	44	42	104.76
惠州市	**2916**	**1615**	**1301**	**124.14**	**1297**	**722**	**575**	**125.57**
惠城区	1173	644	529	121.74	524	285	239	119.25
惠阳区	1057	593	464	127.80	485	285	200	142.50
博罗县	395	222	173	128.32	184	95	89	106.74
惠东县	249	134	115	116.52	86	48	38	126.32
龙门县	42	22	20	110.00	18	9	9	100.00
梅州市	**441**	**229**	**212**	**108.02**	**211**	**105**	**106**	**99.06**
梅江区	140	76	64	118.75	66	35	31	112.90
梅县区	118	63	55	114.55	52	26	26	100.00
大埔县	19	10	9	111.11	10	6	4	150.00
丰顺县	19	8	11	72.73	9	4	5	80.00
五华县	38	18	20	90.00	21	10	11	90.91
平远县	23	9	14	64.29	16	5	11	45.45
蕉岭县	31	18	13	138.46	13	6	7	85.71
兴宁市	53	27	26	103.85	24	13	11	118.18

6-1　续表 2

单位：人

地　　区	出生人数				第　一　孩			
	合计	男	女	性别比（女=100）	小计	男	女	性别比（女=100）
汕尾市	**258**	**127**	**131**	**96.95**	**113**	**49**	**64**	**76.56**
城　区	70	37	33	112.12	27	12	15	80.00
海丰县	136	68	68	100.00	64	31	33	93.94
陆河县	18	6	12	50.00	6	2	4	50.00
陆丰市	34	16	18	88.89	16	4	12	33.33
河源市	**691**	**363**	**328**	**110.67**	**270**	**135**	**135**	**100.00**
源城区	494	256	238	107.56	195	93	102	91.18
紫金县	53	26	27	96.30	21	10	11	90.91
龙川县	51	31	20	155.00	16	12	4	300.00
连平县	19	11	8	137.50	11	5	6	83.33
和平县	19	9	10	90.00	9	3	6	50.00
东源县	55	30	25	120.00	18	12	6	200.00
阳江市	**355**	**207**	**148**	**139.86**	**154**	**92**	**62**	**148.39**
江城区	184	106	78	135.90	81	50	31	161.29
阳东区	85	48	37	129.73	31	18	13	138.46
阳西县	39	23	16	143.75	19	9	10	90.00
阳春市	47	30	17	176.47	23	15	8	187.50
清远市	**794**	**420**	**374**	**112.30**	**357**	**195**	**162**	**120.37**
清城区	468	257	211	121.80	203	118	85	138.82
清新区	98	51	47	108.51	39	19	20	95.00
佛冈县	32	18	14	128.57	17	9	8	112.50
阳山县	24	9	15	60.00	11	4	7	57.14
连山壮族瑶族自治县	10	3	7	42.86	6	2	4	50.00
连南瑶族自治县	6	2	4	50.00	5	2	3	66.67
英德市	131	65	66	98.48	59	32	27	118.52
连州市	25	15	10	150.00	17	9	8	112.50
东莞市	**8118**	**4532**	**3586**	**126.38**	**3968**	**2320**	**1648**	**140.78**
市辖区	8118	4532	3586	126.38	3968	2320	1648	140.78
中山市	**2951**	**1587**	**1364**	**116.35**	**1382**	**737**	**645**	**114.26**
市辖区	2951	1587	1364	116.35	1382	737	645	114.26
潮州市	**197**	**104**	**93**	**111.83**	**87**	**43**	**44**	**97.73**
湘桥区	86	44	42	104.76	43	20	23	86.96
潮安区	99	52	47	110.64	35	16	19	84.21
饶平县	12	8	4	200.00	9	7	2	350.00
揭阳市	**65**	**34**	**31**	**109.68**	**31**	**18**	**13**	**138.46**
榕城区	7	3	4	75.00	1	1		
揭东区	19	10	9	111.11	5	2	3	66.67
揭西县	7	5	2	250.00	4	3	1	300.00
惠来县	6	5	1	500.00	4	4		
普宁市	26	11	15	73.33	17	8	9	88.89
云浮市	**257**	**121**	**136**	**88.97**	**108**	**53**	**55**	**96.36**
云城区	138	71	67	105.97	52	28	24	116.67
云安区	12	7	5	140.00	5	3	2	150.00
新兴县	29	18	11	163.64	13	8	5	160.00
郁南县	27	7	20	35.00	15	3	12	25.00
罗定市	51	18	33	54.55	23	11	12	91.67

6-1 续表 3 单位：人

地区	第二孩				第三孩			
	小计	男	女	性别比(女=100)	小计	男	女	性别比(女=100)
广 东	**22208**	**11691**	**10517**	**111.16**	**5334**	**3084**	**2250**	**137.07**
广州市	**4279**	**2199**	**2080**	**105.72**	**908**	**544**	**364**	**149.45**
荔湾区	183	94	89	105.62	25	18	7	257.14
越秀区	134	52	82	63.41	34	20	14	142.86
海珠区	382	209	173	120.81	79	50	29	172.41
天河区	517	237	280	84.64	101	69	32	215.63
白云区	1084	572	512	111.72	281	147	134	109.70
黄埔区	356	174	182	95.60	67	36	31	116.13
番禺区	798	429	369	116.26	138	91	47	193.62
花都区	349	170	179	94.97	88	62	26	238.46
南沙区	219	119	100	119.00	31	18	13	138.46
从化区	27	16	11	145.45	7	5	2	250.00
增城区	230	127	103	123.30	57	28	29	96.55
韶关市	**251**	**130**	**121**	**107.44**	**83**	**54**	**29**	**186.21**
武江区	81	50	31	161.29	24	18	6	300.00
浈江区	52	28	24	116.67	24	16	8	200.00
曲江区	22	9	13	69.23	7	1	6	16.67
始兴县	5	3	2	150.00	3	2	1	200.00
仁化县	21	10	11	90.91	3	2	1	200.00
翁源县	13	3	10	30.00	7	4	3	133.33
乳源瑶族自治县	12	9	3	300.00	1	1		
新丰县	8	3	5	60.00	3	3		
乐昌市	21	9	12	75.00	7	3	4	75.00
南雄市	16	6	10	60.00	4	4		
深圳市	**6474**	**3426**	**3048**	**112.40**	**1442**	**856**	**586**	**146.08**
罗湖区	287	157	130	120.77	88	58	30	193.33
福田区	395	220	175	125.71	81	49	32	153.13
南山区	339	177	162	109.26	79	40	39	102.56
宝安区	1906	1026	880	116.59	400	244	156	156.41
龙岗区	1643	845	798	105.89	389	221	168	131.55
盐田区	40	25	15	166.67	18	9	9	100.00
龙华区	1148	602	546	110.26	227	141	86	163.95
坪山区	217	128	89	143.82	43	25	18	138.89
光明区	499	246	253	97.23	117	69	48	143.75
珠海市	**528**	**282**	**246**	**114.63**	**108**	**63**	**45**	**140.00**
香洲区	294	167	127	131.50	59	29	30	96.67
斗门区	134	70	64	109.38	22	16	6	266.67
金湾区	100	45	55	81.82	27	18	9	200.00
汕头市	**138**	**71**	**67**	**105.97**	**52**	**27**	**25**	**108.00**
龙湖区	45	23	22	104.55	19	7	12	58.33
金平区	54	23	31	74.19	18	10	8	125.00
濠江区	5	2	3	66.67				
潮阳区	5	4	1	400.00	2	1	1	100.00
潮南区	4	1	3	33.33	6	4	2	200.00
澄海区	25	18	7	257.14	7	5	2	250.00
南澳县								
佛山市	**2342**	**1223**	**1119**	**109.29**	**567**	**316**	**251**	**125.90**
禅城区	397	205	192	106.77	71	37	34	108.82
南海区	951	504	447	112.75	240	134	106	126.42
顺德区	798	410	388	105.67	210	119	91	130.77
三水区	140	76	64	118.75	32	19	13	146.15
高明区	56	28	28	100.00	14	7	7	100.00

6-1 续表 4

单位：人

地 区	第二孩				第三孩			
	小计	男	女	性别比（女=100）	小计	男	女	性别比（女=100）
江门市	**461**	**254**	**207**	**122.71**	**113**	**59**	**54**	**109.26**
蓬江区	111	62	49	126.53	21	13	8	162.50
江海区	112	67	45	148.89	16	8	8	100.00
新会区	72	43	29	148.28	28	15	13	115.38
台山市	33	16	17	94.12	9	7	2	350.00
开平市	50	26	24	108.33	16	7	9	77.78
鹤山市	60	27	33	81.82	15	7	8	87.50
恩平市	23	13	10	130.00	8	2	6	33.33
湛江市	**391**	**200**	**191**	**104.71**	**182**	**113**	**69**	**163.77**
赤坎区	87	47	40	117.50	38	26	12	216.67
霞山区	159	79	80	98.75	79	43	36	119.44
坡头区	22	11	11	100.00	1	1		
麻章区	25	10	15	66.67	10	5	5	100.00
遂溪县	17	10	7	142.86	13	8	5	160.00
徐闻县	17	8	9	88.89	6	5	1	500.00
廉江市	28	16	12	133.33	19	12	7	171.43
雷州市	16	9	7	128.57	7	5	2	250.00
吴川市	20	10	10	100.00	9	8	1	800.00
茂名市	**162**	**89**	**73**	**121.92**	**52**	**33**	**19**	**173.68**
茂南区	58	31	27	114.81	18	12	6	200.00
电白区	35	17	18	94.44	9	5	4	125.00
高州市	25	14	11	127.27	4	2	2	100.00
化州市	25	16	9	177.78	13	7	6	116.67
信宜市	19	11	8	137.50	8	7	1	700.00
肇庆市	**219**	**120**	**99**	**121.21**	**73**	**48**	**25**	**192.00**
端州区	84	44	40	110.00	15	12	3	400.00
鼎湖区	20	9	11	81.82	11	3	8	37.50
高要区	20	10	10	100.00	7	3	4	75.00
广宁县	6	4	2	200.00	1	1		
怀集县	4	1	3	33.33	2	2		
封开县	8	5	3	166.67	3	1	2	50.00
德庆县	7	4	3	133.33	1	1		
四会市	70	43	27	159.26	33	25	8	312.50
惠州市	**1239**	**672**	**567**	**118.52**	**317**	**180**	**137**	**131.39**
惠城区	490	270	220	122.73	140	79	61	129.51
惠阳区	457	236	221	106.79	97	59	38	155.26
博罗县	166	98	68	144.12	35	21	14	150.00
惠东县	109	61	48	127.08	39	16	23	69.57
龙门县	17	7	10	70.00	6	5	1	500.00
梅州市	**175**	**91**	**84**	**108.33**	**45**	**26**	**19**	**136.84**
梅江区	58	31	27	114.81	14	8	6	133.33
梅县区	52	29	23	126.09	12	6	6	100.00
大埔县	6	2	4	50.00	3	2	1	200.00
丰顺县	8	3	5	60.00	1	1		
五华县	9	3	6	50.00	5	3	2	150.00
平远县	5	2	3	66.67	2	2		
蕉岭县	15	11	4	275.00	2		2	
兴宁市	22	10	12	83.33	6	4	2	200.00

6-1 续表 5

单位：人

地 区	第二孩				第三孩			
	小计	男	女	性别比(女=100)	小计	男	女	性别比(女=100)
汕尾市	**99**	**53**	**46**	**115.22**	**34**	**18**	**16**	**112.50**
城 区	30	17	13	130.77	9	6	3	200.00
海丰县	49	27	22	122.73	16	6	10	60.00
陆河县	8	2	6	33.33	4	2	2	100.00
陆丰市	12	7	5	140.00	5	4	1	400.00
河源市	**298**	**164**	**134**	**122.39**	**105**	**53**	**52**	**101.92**
源城区	209	113	96	117.71	77	41	36	113.89
紫金县	25	12	13	92.31	7	4	3	133.33
龙川县	23	14	9	155.56	12	5	7	71.43
连平县	8	6	2	300.00				
和平县	6	5	1	500.00	2		2	
东源县	27	14	13	107.69	7	3	4	75.00
阳江市	**161**	**87**	**74**	**117.57**	**35**	**26**	**9**	**288.89**
江城区	88	46	42	109.52	13	9	4	225.00
阳东区	42	24	18	133.33	10	6	4	150.00
阳西县	14	9	5	180.00	5	4	1	400.00
阳春市	17	8	9	88.89	7	7		
清远市	**294**	**145**	**149**	**97.32**	**112**	**66**	**46**	**143.48**
清城区	184	89	95	93.68	68	43	25	172.00
清新区	40	21	19	110.53	15	9	6	150.00
佛冈县	6	4	2	200.00	6	4	2	200.00
阳山县	7	3	4	75.00	2		2	
连山壮族瑶族自治县	3	1	2	50.00	1		1	
连南瑶族自治县	1		1					
英德市	47	23	24	95.83	18	8	10	80.00
连州市	6	4	2	200.00	2	2		
东莞市	**3271**	**1718**	**1553**	**110.62**	**743**	**418**	**325**	**128.62**
市辖区	3271	1718	1553	110.62	743	418	325	128.62
中山市	**1220**	**656**	**564**	**116.31**	**288**	**155**	**133**	**116.54**
市辖区	1220	656	564	116.31	288	155	133	116.54
潮州市	**80**	**46**	**34**	**135.29**	**26**	**12**	**14**	**85.71**
湘桥区	32	20	12	166.67	11	4	7	57.14
潮安区	46	25	21	119.05	14	8	6	133.33
饶平县	2	1	1	100.00	1		1	
揭阳市	**24**	**13**	**11**	**118.18**	**8**	**3**	**5**	**60.00**
榕城区	4	2	2	100.00	1		1	
揭东区	10	6	4	150.00	4	2	2	100.00
揭西县	2	2			1		1	
惠来县	2	1	1	100.00				
普宁市	6	2	4	50.00	2	1	1	100.00
云浮市	**102**	**52**	**50**	**104.00**	**41**	**14**	**27**	**51.85**
云城区	56	30	26	115.38	26	11	15	73.33
云安区	6	3	3	100.00	1	1		
新兴县	13	10	3	333.33	2		2	
郁南县	9	3	6	50.00	2	1	1	100.00
罗定市	18	6	12	50.00	10	1	9	11.11

6-1　续表 6　　　　　　　　　　　　　　　　　　　　　　　　　　　　单位：人

地　　区	第　四　孩				第五孩及以上			
	小计	男	女	性别比（女=100）	小计	男	女	性别比（女=100）
广　东	**946**	**562**	**384**	**146.35**	**184**	**106**	**78**	**135.90**
广州市	**156**	**89**	**67**	**132.84**	**38**	**23**	**15**	**153.33**
荔湾区	7	3	4	75.00	2	1	1	100.00
越秀区	8	5	3	166.67	2	2		
海珠区	20	15	5	300.00	5	4	1	400.00
天河区	20	13	7	185.71	7	4	3	133.33
白云区	50	30	20	150.00	13	9	4	225.00
黄埔区	8	4	4	100.00	5	2	3	66.67
番禺区	19	8	11	72.73	3	1	2	50.00
花都区	15	6	9	66.67	1		1	
南沙区	5	1	4	25.00				
从化区	1	1						
增城区	3	3						
韶关市	**11**	**8**	**3**	**266.67**				
武江区								
浈江区	1	1						
曲江区	2	2						
始兴县								
仁化县								
翁源县	3	2	1	200.00				
乳源瑶族自治县								
新丰县								
乐昌市	4	3	1	300.00				
南雄市	1		1					
深圳市	**234**	**139**	**95**	**146.32**	**54**	**36**	**18**	**200.00**
罗湖区	17	10	7	142.86	5	1	4	25.00
福田区	16	9	7	128.57	4	2	2	100.00
南山区	6	2	4	50.00	2	2		
宝安区	67	39	28	139.29	14	10	4	250.00
龙岗区	62	37	25	148.00	14	8	6	133.33
盐田区	2	1	1	100.00				
龙华区	41	27	14	192.86	6	6		
坪山区	8	5	3	166.67	1	1		
光明区	15	9	6	150.00	8	6	2	300.00
珠海市	**22**	**16**	**6**	**266.67**	**1**		**1**	
香洲区	12	10	2	500.00	1		1	
斗门区	5	4	1	400.00				
金湾区	5	2	3	66.67				
汕头市	**9**	**4**	**5**	**80.00**	**3**	**1**	**2**	**50.00**
龙湖区	2		2					
金平区	5	3	2	150.00				
濠江区								
潮阳区								
潮南区	1		1		2		2	
澄海区	1	1			1	1		
南澳县								
佛山市	**109**	**69**	**40**	**172.50**	**15**	**7**	**8**	**87.50**
禅城区	17	10	7	142.86	4	2	2	100.00
南海区	45	33	12	275.00	4	2	2	100.00
顺德区	41	23	18	127.78	7	3	4	75.00
三水区	4	3	1	300.00				
高明区	2		2					

6−1 续表 7 单位：人

地 区	第四孩				第五孩及以上			
	小计	男	女	性别比（女=100）	小计	男	女	性别比（女=100）
江门市	**35**	**19**	**16**	**118.75**	**7**	**5**	**2**	**250.00**
蓬江区	10	4	6	66.67				
江海区	6	3	3	100.00				
新会区	7	4	3	133.33	3	2	1	200.00
台山市	3	2	1	200.00				
开平市	2	1	1	100.00	3	2	1	200.00
鹤山市	5	4	1	400.00	1	1		
恩平市	2	1	1	100.00				
湛江市	**41**	**23**	**18**	**127.78**	**12**	**7**	**5**	**140.00**
赤坎区	10	7	3	233.33	2	1	1	100.00
霞山区	14	6	8	75.00	4	3	1	300.00
坡头区	3	2	1	200.00				
麻章区	1		1		2		2	
遂溪县	2	2			1	1		
徐闻县	5	2	3	66.67				
廉江市	5	3	2	150.00	2	2		
雷州市	1	1			1		1	
吴川市								
茂名市	**25**	**15**	**10**	**150.00**	**2**	**1**	**1**	**100.00**
茂南区	6	4	2	200.00	1	1		
电白区	3	3						
高州市	5	3	2	150.00				
化州市	6	2	4	50.00	1		1	
信宜市	5	3	2	150.00				
肇庆市	**7**	**4**	**3**	**133.33**	**1**		**1**	
端州区	2	1	1	100.00	1		1	
鼎湖区								
高要区	2	2						
广宁县								
怀集县	1	1						
封开县								
德庆县								
四会市	2		2					
惠州市	**53**	**35**	**18**	**194.44**	**10**	**6**	**4**	**150.00**
惠城区	17	9	8	112.50	2	1	1	100.00
惠阳区	17	12	5	240.00	1	1		
博罗县	7	6	1	600.00	3	2	1	200.00
惠东县	11	7	4	175.00	4	2	2	100.00
龙门县	1	1						
梅州市	**6**	**6**			**4**	**1**	**3**	**33.33**
梅江区	2	2						
梅县区	1	1			1	1		
大埔县								
丰顺县					1		1	
五华县	2	2			1		1	
平远县								
蕉岭县	1	1						
兴宁市					1		1	

6-1 续表 8 单位：人

地 区	第 四 孩				第五孩及以上			
	小计	男	女	性别比 (女=100)	小计	男	女	性别比 (女=100)
汕尾市	**10**	**5**	**5**	**100.00**	**2**	**2**		
城 区	3	1	2	50.00	1	1		
海丰县	6	3	3	100.00	1	1		
陆河县								
陆丰市	1	1						
河源市	**15**	**9**	**6**	**150.00**	**3**	**2**	**1**	**200.00**
源城区	11	7	4	175.00	2	2		
紫金县								
龙川县								
连平县								
和平县	2	1	1	100.00				
东源县	2	1	1	100.00	1		1	
阳江市	**4**	**1**	**3**	**33.33**	**1**	**1**		
江城区	2	1	1	100.00				
阳东区	2		2					
阳西县					1	1		
阳春市								
清远市	**27**	**14**	**13**	**107.69**	**4**		**4**	
清城区	12	7	5	140.00	1		1	
清新区	3	2	1	200.00	1		1	
佛冈县	2	1	1	100.00	1		1	
阳山县	4	2	2	100.00				
连山壮族瑶族自治县								
连南瑶族自治县								
英德市	6	2	4	50.00	1		1	
连州市								
东莞市	**120**	**67**	**53**	**126.42**	**16**	**9**	**7**	**128.57**
市辖区	120	67	53	126.42	16	9	7	128.57
中山市	**52**	**35**	**17**	**205.88**	**9**	**4**	**5**	**80.00**
市辖区	52	35	17	205.88	9	4	5	80.00
潮州市	**3**	**2**	**1**	**200.00**	**1**	**1**		
湘桥区								
潮安区	3	2	1	200.00	1	1		
饶平县								
揭阳市	**2**		**2**					
榕城区	1		1					
揭东区								
揭西县								
惠来县								
普宁市	1		1					
云浮市	**5**	**2**	**3**	**66.67**	**1**		**1**	
云城区	3	2	1	200.00	1		1	
云安区								
新兴县	1		1					
郁南县	1		1					
罗定市								

6-2 全省按年龄、受教育程度、生育孩次

受教育程度 年　　龄	合　计	生男孩的妇女人数	生女孩的妇女人数	一　孩		
				小计	男	女
总　计	**55723**	**30143**	**25580**	**27051**	**14700**	**12351**
15-19岁	**717**	**393**	**324**	**619**	**345**	**274**
15	10	5	5	10	5	5
16	35	17	18	33	17	16
17	87	48	39	81	43	38
18	192	111	81	166	93	73
19	393	212	181	329	187	142
20-24岁	**8464**	**4507**	**3957**	**5875**	**3205**	**2670**
20	705	369	336	557	300	257
21	1057	563	494	797	434	363
22	1659	878	781	1161	628	533
23	2217	1226	991	1519	857	662
24	2826	1471	1355	1841	986	855
25-29岁	**20483**	**10962**	**9521**	**11657**	**6244**	**5413**
25	3389	1815	1574	2160	1163	997
26	3663	2019	1644	2204	1186	1018
27	4320	2331	1989	2542	1397	1145
28	4563	2377	2186	2498	1320	1178
29	4548	2420	2128	2253	1178	1075
30-34岁	**18108**	**9890**	**8218**	**6784**	**3716**	**3068**
30	4907	2644	2263	2220	1181	1039
31	4167	2289	1878	1673	926	747
32	3469	1935	1534	1187	683	504
33	3118	1697	1421	982	532	450
34	2447	1325	1122	722	394	328
35-39岁	**6235**	**3435**	**2800**	**1642**	**906**	**736**
35	1821	1005	816	496	273	223
36	1497	796	701	408	220	188
37	1207	683	524	314	181	133
38	1043	578	465	265	151	114
39	667	373	294	159	81	78
40-44岁	**1347**	**752**	**595**	**376**	**225**	**151**
40	466	267	199	121	75	46
41	388	222	166	116	65	51
42	217	119	98	63	40	23
43	167	92	75	44	27	17
44	109	52	57	32	18	14
45-49岁	**369**	**204**	**165**	**98**	**59**	**39**
45	82	46	36	18	11	7
46	80	43	37	24	17	7
47	77	32	45	26	11	15
48	68	45	23	17	11	6
49	62	38	24	13	9	4

分的育龄妇女人数(2019.11.1—2020.10.31)

单位：人

二孩			三孩及以上		
小计	男	女	小计	男	女
22208	**11691**	**10517**	**6464**	**3752**	**2712**
90	**44**	**46**	**8**	**4**	**4**
2		2			
6	5	1			
25	18	7	1		1
57	21	36	7	4	3
2266	**1146**	**1120**	**323**	**156**	**167**
136	65	71	12	4	8
230	109	121	30	20	10
442	230	212	56	20	36
609	326	283	89	43	46
849	416	433	136	69	67
7268	**3807**	**3461**	**1558**	**911**	**647**
1071	552	519	158	100	58
1201	661	540	258	172	86
1486	776	710	292	158	134
1708	855	853	357	202	155
1802	963	839	493	279	214
8674	**4637**	**4037**	**2650**	**1537**	**1113**
2143	1160	983	544	303	241
1972	1059	913	522	304	218
1723	919	804	559	333	226
1576	836	740	560	329	231
1260	663	597	465	268	197
3102	**1617**	**1485**	**1491**	**912**	**579**
940	488	452	385	244	141
744	384	360	345	192	153
591	310	281	302	192	110
502	258	244	276	169	107
325	177	148	183	115	68
627	**340**	**287**	**344**	**187**	**157**
221	113	108	124	79	45
177	102	75	95	55	40
93	52	41	61	27	34
85	48	37	38	17	21
51	25	26	26	9	17
181	**100**	**81**	**90**	**45**	**45**
43	25	18	21	10	11
33	16	17	23	10	13
40	18	22	11	3	8
30	20	10	21	14	7
35	21	14	14	8	6

6-2 续表 1

受教育程度 年 龄	合 计	生男孩的 妇女人数	生女孩的 妇女人数	一 孩		
				小计	男	女
未上过学	**42**	**24**	**18**	**18**	**10**	**8**
15-19岁	**1**	**1**		**1**	**1**	
15						
16						
17						
18						
19	1	1		1	1	
20-24岁	**8**	**3**	**5**	**6**	**3**	**3**
20	3		3	1		1
21						
22	3	3		3	3	
23						
24	2		2	2		2
25-29岁	**9**	**7**	**2**	**6**	**4**	**2**
25	1		1	1		1
26	2	1	1	2	1	1
27	1	1				
28	3	3		2	2	
29	2	2		1	1	
30-34岁	**8**	**5**	**3**	**2**	**1**	**1**
30	2	1	1			
31	2	1	1	1		1
32	4	3	1	1	1	
33						
34						
35-39岁	**7**	**5**	**2**	**2**	**1**	**1**
35	1	1				
36	1	1		1	1	
37	1	1				
38	3	1	2	1		1
39	1	1				
40-44岁	**5**	**2**	**3**			
40	1	1				
41	1		1			
42	1		1			
43	1		1			
44	1	1				
45-49岁	**4**	**1**	**3**	**1**		**1**
45	1	1				
46	2		2			
47						
48	1		1	1		1
49						

单位：人

二孩			三孩及以上		
小计	男	女	小计	男	女
12	**6**	**6**	**12**	**8**	**4**
2		**2**			
2		2			
2	**2**		**1**	**1**	
			1	1	
1	1				
1	1				
2	**1**	**1**	**4**	**3**	**1**
			2	1	1
1	1				
1		1	2	2	
2	**2**		**3**	**2**	**1**
			1	1	
1	1				
1	1		1		1
			1	1	
3	**1**	**2**	**2**	**1**	**1**
1	1				
1		1			
1		1			
			1		1
			1	1	
1		**1**	**2**	**1**	**1**
			1	1	
1		1	1		1

6-2　续表 2

受教育程度 年　　龄	合　计	生男孩的 妇女人数	生女孩的 妇女人数	一　孩 小计	一　孩 男	一　孩 女
学前教育	**5**	**4**	**1**	**4**	**3**	**1**
15–19岁						
15						
16						
17						
18						
19						
20–24岁	**1**	**1**		**1**	**1**	
20						
21						
22	1	1		1	1	
23						
24						
25–29岁	**2**	**2**		**2**	**2**	
25						
26						
27	2	2		2	2	
28						
29						
30–34岁						
30						
31						
32						
33						
34						
35–39岁	**1**	**1**				
35	1	1				
36						
37						
38						
39						
40–44岁						
40						
41						
42						
43						
44						
45–49岁	**1**		**1**	**1**		**1**
45						
46						
47						
48						
49	1		1	1		1

单位：人

二孩			三孩及以上		
小计	男	女	小计	男	女
			1	**1**	
			1	**1**	
			1	1	

6-2 续表 3

受教育程度 年龄	合计	生男孩的妇女人数	生女孩的妇女人数	一孩		
				小计	男	女
小学	**1577**	**884**	**693**	**541**	**308**	**233**
15-19岁	**37**	**20**	**17**	**32**	**16**	**16**
15	1	1		1	1	
16	3	1	2	3	1	2
17	7	5	2	6	4	2
18	5	3	2	1		1
19	21	10	11	21	10	11
20-24岁	**223**	**122**	**101**	**121**	**64**	**57**
20	20	12	8	15	9	6
21	31	19	12	19	10	9
22	57	28	29	32	16	16
23	55	33	22	29	17	12
24	60	30	30	26	12	14
25-29岁	**376**	**212**	**164**	**131**	**74**	**57**
25	75	37	38	36	17	19
26	69	43	26	26	16	10
27	75	44	31	20	13	7
28	78	45	33	24	13	11
29	79	43	36	25	15	10
30-34岁	**474**	**272**	**202**	**134**	**84**	**50**
30	104	55	49	34	21	13
31	101	56	45	27	19	8
32	106	73	33	29	22	7
33	78	45	33	24	12	12
34	85	43	42	20	10	10
35-39岁	**277**	**165**	**112**	**86**	**50**	**36**
35	65	46	19	23	18	5
36	46	23	23	14	8	6
37	62	40	22	20	13	7
38	56	33	23	14	5	9
39	48	23	25	15	6	9
40-44岁	**117**	**57**	**60**	**27**	**14**	**13**
40	26	13	13	6	3	3
41	25	11	14	7	3	4
42	24	12	12	5	2	3
43	20	9	11	3	2	1
44	22	12	10	6	4	2
45-49岁	**73**	**36**	**37**	**10**	**6**	**4**
45	10	3	7			
46	14	8	6	3	3	
47	14	5	9	3	1	2
48	15	11	4	3	2	1
49	20	9	11	1		1

单位：人

二孩			三孩及以上		
小计	男	女	小计	男	女
629	**340**	**289**	**407**	**236**	**171**
5	**4**	**1**			
1	1				
4	3	1			
81	**42**	**39**	**21**	**16**	**5**
2	2		3	1	2
8	5	3	4	4	
21	11	10	4	1	3
22	12	10	4	4	
28	12	16	6	6	
161	**87**	**74**	**84**	**51**	**33**
30	13	17	9	7	2
24	13	11	19	14	5
37	21	16	18	10	8
36	23	13	18	9	9
34	17	17	20	11	9
202	**109**	**93**	**138**	**79**	**59**
46	22	24	24	12	12
45	22	23	29	15	14
47	29	18	30	22	8
28	18	10	26	15	11
36	18	18	29	15	14
99	**56**	**43**	**92**	**59**	**33**
22	15	7	20	13	7
16	7	9	16	8	8
18	11	7	24	16	8
24	13	11	18	15	3
19	10	9	14	7	7
46	**24**	**22**	**44**	**19**	**25**
9	5	4	11	5	6
7	4	3	11	4	7
11	6	5	8	4	4
11	5	6	6	2	4
8	4	4	8	4	4
35	**18**	**17**	**28**	**12**	**16**
4	1	3	6	2	4
3	2	1	8	3	5
6	2	4	5	2	3
9	6	3	3	3	
13	7	6	6	2	4

6-2 续表 4

受教育程度 年　龄	合　计	生男孩的妇女人数	生女孩的妇女人数	一　孩		
				小计	男	女
初　中	**20802**	**11300**	**9502**	**8618**	**4745**	**3873**
15-19岁	**513**	**280**	**233**	**433**	**240**	**193**
15	8	4	4	8	4	4
16	28	13	15	26	13	13
17	66	33	33	61	29	32
18	145	83	62	126	69	57
19	266	147	119	212	125	87
20-24岁	**4191**	**2203**	**1988**	**2652**	**1433**	**1219**
20	429	218	211	331	169	162
21	596	307	289	424	222	202
22	845	446	399	528	290	238
23	1046	585	461	642	375	267
24	1275	647	628	727	377	350
25-29岁	**6956**	**3780**	**3176**	**3040**	**1665**	**1375**
25	1353	742	611	723	402	321
26	1367	759	608	649	352	297
27	1443	797	646	681	386	295
28	1378	734	644	509	281	228
29	1415	748	667	478	244	234
30-34岁	**5848**	**3251**	**2597**	**1700**	**966**	**734**
30	1513	835	678	501	284	217
31	1350	769	581	428	251	177
32	1078	611	467	281	166	115
33	1049	575	474	273	149	124
34	858	461	397	217	116	101
35-39岁	**2498**	**1359**	**1139**	**576**	**311**	**265**
35	689	382	307	169	92	77
36	580	300	280	141	76	65
37	489	274	215	106	58	48
38	440	244	196	99	56	43
39	300	159	141	61	29	32
40-44岁	**599**	**324**	**275**	**161**	**98**	**63**
40	207	112	95	47	30	17
41	161	92	69	45	26	19
42	110	59	51	32	21	11
43	76	42	34	23	13	10
44	45	19	26	14	8	6
45-49岁	**197**	**103**	**94**	**56**	**32**	**24**
45	40	23	17	10	5	5
46	47	19	28	13	6	7
47	39	17	22	16	8	8
48	41	25	16	9	6	3
49	30	19	11	8	7	1

单位：人

二孩			三孩及以上		
小计	男	女	小计	男	女
8671	**4572**	**4099**	**3513**	**1983**	**1530**
73	**37**	**36**	**7**	**3**	**4**
2		2			
5	4	1			
18	14	4	1		1
48	19	29	6	3	3
1326	**673**	**653**	**213**	**97**	**116**
92	47	45	6	2	4
153	74	79	19	11	8
276	141	135	41	15	26
345	182	163	59	28	31
460	229	231	88	41	47
3012	**1590**	**1422**	**904**	**525**	**379**
539	287	252	91	53	38
565	308	257	153	99	54
592	319	273	170	92	78
661	328	333	208	125	83
655	348	307	282	156	126
2776	**1512**	**1264**	**1372**	**773**	**599**
721	400	321	291	151	140
642	356	286	280	162	118
529	284	245	268	161	107
485	261	224	291	165	126
399	211	188	242	134	108
1135	**578**	**557**	**787**	**470**	**317**
318	162	156	202	128	74
268	131	137	171	93	78
227	125	102	156	91	65
188	92	96	153	96	57
134	68	66	105	62	43
254	**135**	**119**	**184**	**91**	**93**
89	43	46	71	39	32
73	39	34	43	27	16
40	23	17	38	15	23
33	21	12	20	8	12
19	9	10	12	2	10
95	**47**	**48**	**46**	**24**	**22**
24	16	8	6	2	4
21	7	14	13	6	7
19	8	11	4	1	3
16	9	7	16	10	6
15	7	8	7	5	2

6−2 续表 5

受教育程度 年 龄	合 计	生男孩的 妇女人数	生女孩的 妇女人数	一 孩		
				小计	男	女
高 中	**14932**	**8165**	**6767**	**7097**	**3926**	**3171**
15−19岁	**154**	**83**	**71**	**142**	**80**	**62**
15	1		1	1		1
16	4	3	1	4	3	1
17	14	10	4	14	10	4
18	40	23	17	37	22	15
19	95	47	48	86	45	41
20−24岁	**2594**	**1410**	**1184**	**1906**	**1067**	**839**
20	201	111	90	165	97	68
21	317	176	141	258	149	109
22	532	291	241	404	223	181
23	689	376	313	505	279	226
24	855	456	399	574	319	255
25−29岁	**5640**	**3020**	**2620**	**2997**	**1623**	**1374**
25	1019	534	485	638	337	301
26	1075	595	480	626	348	278
27	1196	658	538	650	365	285
28	1204	617	587	586	314	272
29	1146	616	530	497	259	238
30−34岁	**4624**	**2539**	**2085**	**1537**	**848**	**689**
30	1274	683	591	509	273	236
31	1036	568	468	347	195	152
32	882	482	400	275	148	127
33	822	467	355	232	143	89
34	610	339	271	174	89	85
35−39岁	**1532**	**862**	**670**	**403**	**230**	**173**
35	422	236	186	106	62	44
36	375	198	177	96	48	48
37	292	169	123	78	47	31
38	267	145	122	84	50	34
39	176	114	62	39	23	16
40−44岁	**330**	**209**	**121**	**97**	**66**	**31**
40	128	84	44	39	26	13
41	103	65	38	30	21	9
42	43	24	19	10	7	3
43	39	28	11	11	9	2
44	17	8	9	7	3	4
45−49岁	**58**	**42**	**16**	**15**	**12**	**3**
45	17	12	5	2	2	
46	12	11	1	6	6	
47	15	7	8	3	1	2
48	8	7	1	3	3	
49	6	5	1	1		1

单位：人

二孩			三孩及以上		
小计	男	女	小计	男	女
6188	**3242**	**2946**	**1647**	**997**	**650**
11	**2**	**9**	**1**	**1**	
3	1	2			
8	1	7	1	1	
612	**307**	**305**	**76**	**36**	**40**
33	13	20	3	1	2
52	22	30	7	5	2
120	66	54	8	2	6
159	86	73	25	11	14
248	120	128	33	17	16
2236	**1154**	**1082**	**407**	**243**	**164**
341	167	174	40	30	10
393	209	184	56	38	18
474	253	221	72	40	32
517	250	267	101	53	48
511	275	236	138	82	56
2401	**1279**	**1122**	**686**	**412**	**274**
614	316	298	151	94	57
562	296	266	127	77	50
448	244	204	159	90	69
440	231	209	150	93	57
337	192	145	99	58	41
742	**385**	**357**	**387**	**247**	**140**
213	111	102	103	63	40
182	90	92	97	60	37
140	68	72	74	54	20
114	58	56	69	37	32
93	58	35	44	33	11
153	**91**	**62**	**80**	**52**	**28**
64	37	27	25	21	4
42	28	14	31	16	15
22	11	11	11	6	5
19	12	7	9	7	2
6	3	3	4	2	2
33	**24**	**9**	**10**	**6**	**4**
10	6	4	5	4	1
6	5	1			
10	6	4	2		2
3	3		2	1	1
4	4		1	1	

6-2 续表 6

受教育程度 年　　龄	合　计	生男孩的妇女人数	生女孩的妇女人数	一　孩		
				小计	男	女
大学专科	**10921**	**5859**	**5062**	**6037**	**3265**	**2772**
15-19岁	**11**	**8**	**3**	**10**	**7**	**3**
15						
16						
17						
18	2	2		2	2	
19	9	6	3	8	5	3
20-24岁	**1164**	**621**	**543**	**944**	**509**	**435**
20	50	27	23	43	24	19
21	100	56	44	84	48	36
22	195	96	99	168	83	85
23	346	186	160	273	149	124
24	473	256	217	376	205	171
25-29岁	**4642**	**2436**	**2206**	**3162**	**1675**	**1487**
25	703	382	321	562	309	253
26	781	427	354	586	309	277
27	996	527	469	691	373	318
28	1110	559	551	720	368	352
29	1052	541	511	603	316	287
30-34岁	**3840**	**2094**	**1746**	**1569**	**877**	**692**
30	1081	590	491	554	289	265
31	917	514	403	390	229	161
32	730	405	325	270	162	108
33	635	333	302	205	107	98
34	477	252	225	150	90	60
35-39岁	**1082**	**594**	**488**	**299**	**167**	**132**
35	359	196	163	102	55	47
36	278	142	136	78	39	39
37	199	115	84	60	38	22
38	167	94	73	38	23	15
39	79	47	32	21	12	9
40-44岁	**166**	**95**	**71**	**47**	**26**	**21**
40	62	40	22	16	10	6
41	50	31	19	16	9	7
42	20	12	8	9	5	4
43	21	6	15	4	1	3
44	13	6	7	2	1	1
45-49岁	**16**	**11**	**5**	**6**	**4**	**2**
45	5	3	2	2	2	
46	4	4		2	2	
47	3	1	2	1		1
48	2	1	1	1		1
49	2	2				

单位：人

二　孩			三孩及以上		
小计	男	女	小计	男	女
4222	**2198**	**2024**	**662**	**396**	**266**
1	**1**				
1	1				
209	**106**	**103**	**11**	**6**	**5**
7	3	4			
16	8	8			
24	11	13	3	2	1
73	37	36			
89	47	42	8	4	4
1349	**689**	**660**	**131**	**72**	**59**
128	66	62	13	7	6
166	98	68	29	20	9
283	144	139	22	10	12
363	176	187	27	15	12
409	205	204	40	20	20
1944	**1015**	**929**	**327**	**202**	**125**
471	266	205	56	35	21
456	243	213	71	42	29
396	206	190	64	37	27
363	183	180	67	43	24
258	117	141	69	45	24
618	**329**	**289**	**165**	**98**	**67**
209	107	102	48	34	14
156	82	74	44	21	23
106	58	48	33	19	14
103	57	46	26	14	12
44	25	19	14	10	4
93	**52**	**41**	**26**	**17**	**9**
32	19	13	14	11	3
27	17	10	7	5	2
8	6	2	3	1	2
16	5	11	1		1
10	5	5	1		1
8	**6**	**2**	**2**	**1**	**1**
1		1	2	1	1
2	2				
2	1	1			
1	1				
2	2				

6-2 续表 7

受教育程度 年龄	合计	生男孩的妇女人数	生女孩的妇女人数	一孩 小计	一孩 男	一孩 女
大学本科	**6811**	**3609**	**3202**	**4293**	**2231**	**2062**
15-19岁	**1**	**1**		**1**	**1**	
15						
16						
17						
18						
19	1	1		1	1	
20-24岁	**273**	**142**	**131**	**237**	**123**	**114**
20	2	1	1	2	1	1
21	13	5	8	12	5	7
22	25	13	12	24	12	12
23	80	45	35	69	36	33
24	153	78	75	130	69	61
25-29岁	**2692**	**1430**	**1262**	**2168**	**1132**	**1036**
25	233	118	115	196	97	99
26	358	185	173	304	151	153
27	573	290	283	466	246	220
28	743	401	342	614	326	288
29	785	436	349	588	312	276
30-34岁	**2960**	**1564**	**1396**	**1594**	**822**	**772**
30	839	443	396	549	282	267
31	683	339	344	412	198	214
32	593	328	265	287	163	124
33	471	248	223	205	103	102
34	374	206	168	141	76	65
35-39岁	**751**	**405**	**346**	**247**	**131**	**116**
35	260	128	132	90	43	47
36	195	122	73	66	42	24
37	145	75	70	45	23	22
38	93	53	40	26	14	12
39	58	27	31	20	9	11
40-44岁	**118**	**57**	**61**	**38**	**17**	**21**
40	38	15	23	11	4	7
41	41	18	23	14	4	10
42	19	12	7	7	5	2
43	9	6	3	3	2	1
44	11	6	5	3	2	1
45-49岁	**16**	**10**	**6**	**8**	**5**	**3**
45	6	4	2	3	2	1
46						
47	6	2	4	3	1	2
48	1	1				
49	3	3		2	2	

单位：人

二孩			三孩及以上		
小计	男	女	小计	男	女
2310	**1256**	**1054**	**208**	**122**	**86**
34	**18**	**16**	**2**	**1**	**1**
1		1			
1	1				
10	9	1	1		1
22	8	14	1	1	
493	**279**	**214**	**31**	**19**	**12**
32	18	14	5	3	2
53	33	20	1	1	
98	39	59	9	5	4
126	75	51	3		3
184	114	70	13	10	3
1250	**679**	**571**	**116**	**63**	**53**
271	151	120	19	10	9
256	133	123	15	8	7
273	146	127	33	19	14
242	134	108	24	11	13
208	115	93	25	15	10
451	**240**	**211**	**53**	**34**	**19**
160	81	79	10	4	6
112	70	42	17	10	7
86	40	46	14	12	2
59	33	26	8	6	2
34	16	18	4	2	2
74	**35**	**39**	**6**	**5**	**1**
24	8	16	3	3	
26	13	13	1	1	
11	6	5	1	1	
5	4	1	1		1
8	4	4			
8	**5**	**3**			
3	2	1			
3	1	2			
1	1				
1	1				

6–2 续表 8

受教育程度 年龄	合计	生男孩的妇女人数	生女孩的妇女人数	一孩		
				小计	男	女
硕士研究生	**579**	**273**	**306**	**410**	**198**	**212**
15—19岁						
15						
16						
17						
18						
19						
20—24岁	**9**	**5**	**4**	**8**	**5**	**3**
20						
21						
22	1		1	1		1
23	1	1		1	1	
24	7	4	3	6	4	2
25—29岁	**154**	**70**	**84**	**141**	**64**	**77**
25	5	2	3	4	1	3
26	11	9	2	11	9	2
27	31	11	20	30	11	19
28	44	17	27	41	15	26
29	63	31	32	55	28	27
30—34岁	**328**	**154**	**174**	**231**	**113**	**118**
30	87	35	52	69	31	38
31	71	41	30	62	34	28
32	71	30	41	41	19	22
33	59	26	33	42	18	24
34	40	22	18	17	11	6
35—39岁	**77**	**39**	**38**	**26**	**14**	**12**
35	23	14	9	6	3	3
36	21	10	11	11	6	5
37	17	7	10	5	2	3
38	12	7	5	2	2	
39	4	1	3	2	1	1
40—44岁	**7**	**4**	**3**	**3**	**2**	**1**
40	3	1	2	1	1	
41	3	2	1	2	1	1
42						
43	1	1				
44						
45—49岁	**4**	**1**	**3**	**1**		**1**
45	3		3	1		1
46	1	1				
47						
48						
49						

单位：人

二孩			三孩及以上		
小计	男	女	小计	男	女
159	**69**	**90**	**10**	**6**	**4**
1		**1**			
1		1			
13	**6**	**7**			
1	1				
1		1			
3	2	1			
8	3	5			
92	**37**	**55**	**5**	**4**	**1**
18	4	14			
9	7	2			
27	9	18	3	2	1
16	7	9	1	1	
22	10	12	1	1	
48	**24**	**24**	**3**	**1**	**2**
17	11	6			
10	4	6			
11	5	6	1		1
9	4	5	1	1	
1		1	1		1
4	**2**	**2**			
2		2			
1	1				
1	1				
1		**1**	**2**	**1**	**1**
1		1	1		1
			1	1	

6-2 续表 9

受教育程度 年龄	合计	生男孩的妇女人数	生女孩的妇女人数	一孩		
				小计	男	女
博士研究生	**54**	**25**	**29**	**33**	**14**	**19**
15-19岁						
15						
16						
17						
18						
19						
20-24岁	**1**		**1**			
20						
21						
22						
23						
24	1		1			
25-29岁	**12**	**5**	**7**	**10**	**5**	**5**
25						
26						
27	3	1	2	2	1	1
28	3	1	2	2	1	1
29	6	3	3	6	3	3
30-34岁	**26**	**11**	**15**	**17**	**5**	**12**
30	7	2	5	4	1	3
31	7	1	6	6		6
32	5	3	2	3	2	1
33	4	3	1	1		1
34	3	2	1	3	2	1
35-39岁	**10**	**5**	**5**	**3**	**2**	**1**
35	1	1				
36	1		1	1		1
37	2	2				
38	5	1	4	1	1	
39	1	1		1	1	
40-44岁	**5**	**4**	**1**	**3**	**2**	**1**
40	1	1		1	1	
41	4	3	1	2	1	1
42						
43						
44						
45-49岁						
45						
46						
47						
48						
49						

单位：人

二孩			三孩及以上		
小计	男	女	小计	男	女
17	**8**	**9**	**4**	**3**	**1**
1		**1**			
1		1			
2		**2**			
1		1			
1		1			
7	**5**	**2**	**2**	**1**	**1**
2	1	1	1		1
1	1				
2	1	1			
2	2		1	1	
7	**3**	**4**			
1	1				
2	2				
4		4			
			2	**2**	
			2	2	

6-3 全省育龄妇女分年龄、孩次的生育状况
(2019.11.1-2020.10.31)

单位：人、‰

年龄	平均育龄妇女人数	出生人数	生育率	第一孩		第二孩		第三孩及以上	
				出生数	生育率	出生数	生育率	出生数	生育率
总计	**1541656**	**55749**	**36.16**	**27058**	**17.55**	**22218**	**14.41**	**6473**	**4.20**
15-19岁	**123514**	**1033**	**8.36**	**874**	**7.08**	**145**	**1.17**	**14**	**0.11**
15	16821	18	1.07	18	1.07				
16	21449	68	3.17	65	3.03	3	0.14		
17	21067	133	6.31	117	5.55	15	0.71	1	0.05
18	26036	263	10.10	226	8.68	33	1.27	4	0.15
19	38141	551	14.45	448	11.75	94	2.46	9	0.24
20-24岁	**244243**	**9972**	**40.83**	**6782**	**27.77**	**2789**	**11.42**	**401**	**1.64**
20	42599	895	21.01	683	16.03	196	4.60	16	0.38
21	45488	1389	30.54	993	21.83	350	7.69	46	1.01
22	47145	1914	40.60	1331	28.23	508	10.78	75	1.59
23	52709	2530	48.00	1686	31.99	732	13.89	112	2.12
24	56302	3244	57.62	2089	37.10	1003	17.81	152	2.70
25-29岁	**282189**	**21280**	**75.41**	**11728**	**41.56**	**7794**	**27.62**	**1758**	**6.23**
25	53996	3478	64.41	2176	40.30	1103	20.43	199	3.69
26	52844	3928	74.33	2301	43.54	1353	25.60	274	5.19
27	56229	4507	80.15	2585	45.97	1580	28.10	342	6.08
28	57147	4605	80.58	2381	41.66	1795	31.41	429	7.51
29	61973	4762	76.84	2285	36.87	1963	31.68	514	8.29
30-34岁	**300113**	**16480**	**54.91**	**5815**	**19.38**	**8099**	**26.99**	**2566**	**8.55**
30	67696	4549	67.20	1910	28.21	2099	31.01	540	7.98
31	61678	3847	62.37	1400	22.70	1894	30.71	553	8.97
32	61428	3258	53.04	1091	17.76	1604	26.11	563	9.17
33	57842	2721	47.04	841	14.54	1383	23.91	497	8.59
34	51469	2105	40.90	573	11.13	1119	21.74	413	8.02
35-39岁	**220152**	**5490**	**24.94**	**1440**	**6.54**	**2691**	**12.22**	**1359**	**6.17**
35	47627	1664	34.94	455	9.55	831	17.45	378	7.94
36	44642	1348	30.20	367	8.22	656	14.69	325	7.28
37	44719	1054	23.57	270	6.04	500	11.18	284	6.35
38	45036	884	19.63	213	4.73	453	10.06	218	4.84
39	38128	540	14.16	135	3.54	251	6.58	154	4.04
40-44岁	**179515**	**1138**	**6.34**	**317**	**1.77**	**532**	**2.96**	**289**	**1.61**
40	38859	452	11.63	119	3.06	214	5.51	119	3.06
41	36232	279	7.70	88	2.43	120	3.31	71	1.96
42	33154	188	5.67	53	1.60	85	2.56	50	1.51
43	34630	130	3.75	34	0.98	69	1.99	27	0.78
44	36640	89	2.43	23	0.63	44	1.20	22	0.60
45-49岁	**191930**	**356**	**1.85**	**102**	**0.53**	**168**	**0.88**	**86**	**0.45**
45	39496	74	1.87	22	0.56	34	0.86	18	0.46
46	40753	85	2.09	25	0.61	39	0.96	21	0.52
47	39261	71	1.81	23	0.59	36	0.92	12	0.31
48	36568	64	1.75	11	0.30	33	0.90	20	0.55
49	35852	62	1.73	21	0.59	26	0.73	15	0.42

6–4　各地区育龄妇女年龄别生育率

单位：‰

地　区	15–19岁	20–24岁	25–29岁	30–34岁	35–39岁	40–44岁	45–49岁	总　和生育率
广　东	**8.36**	**40.83**	**75.41**	**54.91**	**24.94**	**6.34**	**1.85**	**1063.23**
广州市	**4.59**	**28.44**	**70.02**	**59.64**	**25.84**	**6.94**	**1.48**	**984.79**
荔湾区	3.55	25.21	79.14	74.07	31.14	9.29	1.97	1121.82
越秀区	5.44	16.87	70.11	74.43	34.76	12.11	0.78	1072.56
海珠区	3.92	27.31	68.34	49.96	19.90	6.46	0.77	883.30
天河区	1.60	17.03	54.62	62.00	26.92	7.76	2.02	859.67
白云区	4.92	29.38	70.76	54.58	25.50	6.14	1.01	961.49
黄埔区	8.89	32.52	72.14	65.16	29.49	5.57	0.84	1073.08
番禺区	4.79	31.32	71.39	61.66	28.80	8.51	1.52	1039.91
花都区	7.96	40.46	75.64	54.81	21.20	5.87	2.26	1040.94
南沙区	9.20	56.46	89.43	67.65	23.88	5.65	1.62	1269.43
从化区		65.71	126.81	75.00	17.18		3.53	1441.21
增城区	3.65	48.33	98.12	64.38	24.57	5.54	3.53	1240.58
韶关市	**8.92**	**65.95**	**128.17**	**90.40**	**43.68**	**15.53**		**1763.29**
武江区	8.05	73.77	113.73	87.48	43.41	12.71		1695.71
浈江区		35.62	133.69	75.43	38.20	14.33		1486.33
曲江区	4.31	72.16	101.91	93.14	32.11			1518.17
始兴县		68.97	190.48	136.36				1979.03
仁化县	37.04	187.50	140.85	117.65	79.37	41.10		3017.45
翁源县	117.65	142.86	144.58	106.38	74.07	15.15		3003.46
乳源瑶族自治县		75.00	126.98	83.33	68.97	33.33		1938.08
新丰县	71.43	90.91	140.00	53.33	51.28			2034.77
乐昌市	96.15	166.67	120.37	105.26	65.22	28.57		2911.21
南雄市	71.43	139.53	189.87	113.64	28.17	42.25		2924.48
深圳市	**7.91**	**34.28**	**67.15**	**53.99**	**25.52**	**6.04**	**1.35**	**981.23**
罗湖区	2.09	28.92	60.55	53.60	26.53	6.27	1.34	896.48
福田区	2.32	22.46	64.25	60.61	25.66	8.29	0.30	919.47
南山区	3.42	15.83	46.42	62.67	24.91	6.04	2.72	810.07
宝安区	8.85	35.36	66.16	49.95	22.77	5.04	1.70	949.20
龙岗区	10.69	39.31	74.17	58.54	29.30	6.32	0.85	1095.92
盐田区	2.36	26.09	63.57	40.76	39.74	3.60		880.52
龙华区	6.59	34.73	70.54	54.70	27.49	7.60	1.47	1015.58
坪山区	9.67	52.69	72.12	47.68	21.76	4.58	1.14	1048.16
光明区	14.28	49.50	67.44	47.56	20.21	5.44	1.68	1030.62
珠海市	**3.21**	**29.91**	**71.88**	**60.32**	**24.73**	**5.42**	**1.57**	**985.24**
香洲区	2.94	24.55	63.63	61.06	25.01	5.78	2.28	926.28
斗门区	6.17	72.58	93.96	58.36	24.05	3.63	1.04	1298.94
金湾区	2.68	22.60	77.84	60.28	24.62	6.31		971.57
汕头市	**5.33**	**54.07**	**80.92**	**43.99**	**16.63**	**4.64**	**1.49**	**1035.38**
龙湖区	1.69	61.83	75.66	41.06	17.94	5.04		1016.09
金平区		60.53	150.25	66.79	27.52	4.02	2.16	1556.35
濠江区		28.57	191.49	25.00	47.62			1463.40
潮阳区		13.33	67.96	37.04	19.23		6.85	722.06
潮南区	16.67	23.26	36.65	43.48	5.65	4.74		652.20
澄海区	28.00	65.67	33.10	29.90	5.81	6.56	2.03	855.38
南澳县			71.43	45.45				584.42
佛山市	**11.69**	**54.03**	**85.70**	**56.68**	**24.30**	**5.27**	**1.73**	**1197.04**
禅城区	4.18	45.97	94.72	65.47	25.55	7.70	1.84	1227.14
南海区	12.66	53.61	85.17	54.15	26.55	4.32	1.80	1191.35
顺德区	13.87	57.52	81.02	56.01	21.68	6.41	1.70	1191.00
三水区	8.36	61.00	86.26	56.36	24.21	2.25	1.30	1198.75
高明区	13.33	46.36	96.97	56.18	18.02	1.49	1.59	1169.68

6-4 续表 1

单位：‰

地　　区	15-19岁	20-24岁	25-29岁	30-34岁	35-39岁	40-44岁	45-49岁	总　和 生育率
江门市	**5.24**	**71.45**	**98.24**	**54.89**	**29.70**	**8.24**	**1.55**	**1346.54**
蓬江区	3.19	34.02	88.58	55.12	22.79	6.17	1.80	1058.37
江海区	6.68	75.19	100.61	65.09	39.44	5.59	1.36	1469.79
新会区	14.74	118.01	112.81	57.79	16.20	18.18	2.50	1701.20
台山市		105.26	113.97	60.19	22.60	10.93	2.33	1576.36
开平市	3.46	119.62	103.26	40.42	38.98	4.26	2.00	1560.01
鹤山市	3.65	94.67	69.81	43.48	37.36	6.91		1279.40
恩平市		132.53	181.82	64.71	38.22			2086.35
湛江市	**5.56**	**45.35**	**149.28**	**102.35**	**44.24**	**10.61**	**0.54**	**1789.68**
赤坎区	1.33	23.85	140.13	92.59	38.85	8.40		1525.76
霞山区	2.27	72.10	135.85	93.04	44.84	8.63	1.25	1789.91
坡头区	27.78	288.46	153.06	131.39	77.78			3392.33
麻章区		8.22	141.94	111.68	41.38	15.75		1594.80
遂溪县	20.83	27.59	225.81	159.29	68.97			2512.42
徐闻县		226.19	172.04	96.39	75.00	40.00		3048.10
廉江市	36.87	58.25	186.44	141.51	25.86	24.79		2368.62
雷州市		306.45	194.03	144.44	95.24			3700.82
吴川市	111.11	144.93	173.23	77.92	7.69	10.42		2626.49
茂名市	**9.99**	**80.55**	**166.67**	**105.55**	**46.04**	**13.14**	**2.94**	**2124.40**
茂南区	2.78	42.24	125.00	84.93	38.78	3.22	6.97	1519.52
电白区	2.88	146.15	171.43	129.03	45.75	12.35		2537.97
高州市	9.97	50.85	241.38	140.00	26.32			2342.57
化州市	19.61	283.95	206.67	98.16	54.69	55.56		3593.14
信宜市	225.81	281.25	184.47	112.24	87.91	14.29		4529.83
肇庆市	**5.87**	**66.08**	**103.20**	**66.36**	**32.10**	**9.35**	**2.74**	**1428.47**
端州区	4.00	101.83	137.33	104.50	43.25	11.74	2.31	2024.82
鼎湖区	8.52	29.70	105.56	59.63	15.15	5.52	5.71	1149.02
高要区		14.49	62.15	36.14	32.85		3.48	745.58
广宁县	35.71	142.86	60.61	13.89	57.69	29.41		1700.85
怀集县	52.63	150.00	136.36	105.26	28.57	41.67		2572.48
封开县	71.43	137.93	125.00	90.91	85.71	54.05		2825.19
德庆县		136.36	151.52	120.00	96.77	29.41	29.41	2817.38
四会市	6.68	67.96	87.85	51.28	21.90	6.93	1.26	1219.28
惠州市	**12.73**	**62.89**	**90.03**	**55.61**	**24.86**	**7.05**	**2.62**	**1278.93**
惠城区	10.67	57.68	95.69	65.53	27.05	7.16	2.42	1330.99
惠阳区	10.61	57.82	85.28	51.35	25.51	7.83	4.17	1212.82
博罗县	16.10	71.87	80.81	42.76	23.01	7.20	1.09	1214.20
惠东县	15.15	99.10	101.04	53.49	16.39	4.33	0.92	1452.10
龙门县	85.37	180.00	97.09	89.55	36.04			2440.21
梅州市	**8.51**	**52.40**	**157.23**	**84.79**	**21.57**	**3.50**	**3.43**	**1657.15**
梅江区	3.69	17.52	152.72	68.14	15.30	2.26	8.91	1342.71
梅县区	2.82	62.31	143.26	86.25	21.22	2.97		1594.12
大埔县		96.77	123.29	125.00				1725.31
丰顺县		125.00	119.40	81.97	16.67			1715.18
五华县	58.82	145.45	170.21	98.90	31.91			2526.53
平远县	83.33	210.53	188.68	92.59	46.51	24.39		3230.17
蕉岭县	66.67	108.11	241.38	105.26	33.90	18.18		2867.49
兴宁市	40.00	245.28	204.30	111.11	43.01			3218.53

6-4 续表 2

单位：‰

地 区	15–19岁	20–24岁	25–29岁	30–34岁	35–39岁	40–44岁	45–49岁	总 和 生育率
汕尾市	**10.80**	**81.29**	**90.52**	**69.46**	**31.65**	**10.40**	**3.10**	**1486.03**
城 区		44.78	107.28	76.63	29.85	5.88		1322.09
海丰县	15.04	109.42	82.49	66.31	25.00	10.53	5.45	1571.22
陆河县		120.00	162.16	108.70	73.17	23.81		2439.19
陆丰市	90.91	104.65	67.67	52.63	46.30	12.35		1872.51
河源市	**9.20**	**112.54**	**134.12**	**63.98**	**29.76**	**7.69**	**1.59**	**1794.46**
源城区	12.93	94.76	133.47	62.92	30.74	6.84	1.45	1715.49
紫金县		250.00	156.25	78.01	34.72	9.01		2639.98
龙川县		191.18	156.03	64.71	14.49	15.50	9.71	2258.08
连平县	37.04	137.93	162.79	71.43	17.54	40.00		2333.66
和平县	30.30	166.67	113.64	94.34	108.11			2565.27
东源县		122.45	104.97	55.78	18.10			1506.49
阳江市	**9.98**	**69.86**	**124.40**	**80.58**	**35.43**	**11.41**	**9.69**	**1706.75**
江城区	4.63	48.48	128.46	93.70	35.71	8.08	17.82	1684.45
阳东区	3.57	84.85	100.65	60.21	28.90	15.87	2.80	1484.27
阳西县	66.67	120.69	137.10	92.78	35.29	16.95		2347.40
阳春市	90.91	163.64	158.88	69.93	54.55	10.53		2742.13
清远市	**11.02**	**90.86**	**128.53**	**75.33**	**28.75**	**8.62**	**2.54**	**1728.24**
清城区	4.16	64.26	126.58	79.09	28.22	6.73	2.64	1558.49
清新区	19.90	125.00	122.03	51.28	19.31	7.92	5.71	1755.80
佛冈县	32.61	63.49	98.04	80.00	7.19	38.10		1597.15
阳山县	103.45	153.85	140.00	107.69	68.18			2865.84
连山壮族瑶族自治县		238.10	148.15	43.48				2148.61
连南瑶族自治县	100.00	157.89	55.56	125.00				2192.25
英德市	49.50	207.32	156.03	83.78	37.53	10.31		2722.38
连州市	16.67	250.00	135.14	62.50	100.00			2821.51
东莞市	**11.62**	**45.41**	**66.61**	**40.63**	**19.82**	**5.37**	**2.37**	**959.08**
市辖区	11.62	45.41	66.61	40.63	19.82	5.37	2.37	959.08
中山市	**16.65**	**64.60**	**87.85**	**57.56**	**26.84**	**5.83**	**2.21**	**1307.76**
市辖区	16.65	64.60	87.85	57.56	26.84	5.83	2.21	1307.76
潮州市	**6.60**	**43.76**	**92.07**	**50.85**	**16.81**	**7.24**	**2.67**	**1099.96**
湘桥区	2.46	18.87	122.03	61.03	15.50	5.70	4.95	1152.75
潮安区	20.83	92.94	72.23	44.23	15.81	8.65	1.46	1280.79
饶平县		125.00	90.91	35.09	33.90			1424.48
揭阳市	**3.30**	**66.04**	**96.77**	**44.52**	**15.04**	**3.76**		**1147.15**
榕城区		16.00	34.48	83.33				669.08
揭东区		172.41	111.11	41.24	19.61			1721.85
揭西县			190.48	90.91		62.50		1719.43
惠来县	76.92	78.95	76.92					1163.97
普宁市	5.38	94.83	90.00	30.00	22.99			1215.96
云浮市	**7.45**	**95.79**	**138.89**	**91.24**	**25.60**	**13.82**	**5.69**	**1892.44**
云城区	7.60	78.70	144.39	107.44	18.37	8.45	8.65	1868.00
云安区		72.29	151.52	27.78				1257.91
新兴县	7.94	51.95	78.26	45.45	33.33	13.70		1153.16
郁南县	83.33	179.49	137.50	60.00	78.43	25.64		2821.96
罗定市	6.94	149.53	195.12	122.45	23.81	38.46	9.62	2729.67

6-5 各地区按活产子女数分的15-64岁妇女人数

单位：人

地　区	15-64岁妇女人数	活产0个	活产1个	活产2个	活产3个	活产4个	活产5个及以上
广　东	**1816707**	**616572**	**413408**	**591152**	**150458**	**34596**	**10521**
广州市	**382884**	**161369**	**88889**	**101189**	**24316**	**5481**	**1640**
荔湾区	15610	6428	4528	3569	818	195	72
越秀区	12914	5372	3382	3049	832	209	70
海珠区	38786	14538	11338	10308	2022	435	145
天河区	59272	34810	11132	9984	2501	633	212
白云区	101760	42683	22910	26680	7314	1658	515
黄埔区	27302	10370	6795	7966	1676	397	98
番禺区	63601	27168	14004	17383	3967	855	224
花都区	30089	10302	6523	10197	2437	490	140
南沙区	14265	3645	3730	5442	1134	253	61
从化区	2577	936	621	806	166	38	10
增城区	16708	5117	3926	5805	1449	318	93
韶关市	**14687**	**4343**	**3700**	**4894**	**1341**	**315**	**94**
武江区	4697	1242	1354	1587	411	77	26
浈江区	4398	1854	951	1186	302	79	26
曲江区	1681	500	351	572	186	60	12
始兴县	383	80	105	154	37	6	1
仁化县	671	107	228	243	72	13	8
翁源县	566	113	111	236	82	18	6
乳源瑶族自治县	456	94	127	172	48	13	2
新丰县	388	77	75	177	45	10	4
乐昌市	904	162	233	368	107	26	8
南雄市	543	114	165	199	51	13	1
深圳市	**527768**	**183022**	**121382**	**165837**	**43396**	**10502**	**3629**
罗湖区	28976	11812	6659	7394	2184	603	324
福田区	35979	15648	8166	8870	2338	669	288
南山区	40170	17631	9432	9990	2309	585	223
宝安区	149992	48610	33443	50478	13400	3104	957
龙岗区	129701	42395	30591	41710	11266	2778	961
盐田区	5341	1775	1320	1645	450	116	35
龙华区	83750	31652	19326	24629	6142	1479	522
坪山区	16850	4142	4045	6557	1639	361	106
光明区	37009	9357	8400	14564	3668	807	213
珠海市	**44836**	**17148**	**10187**	**13293**	**3145**	**811**	**252**
香洲区	26780	10823	6157	7467	1761	426	146
斗门区	8416	2130	2142	3080	766	236	62
金湾区	9640	4195	1888	2746	618	149	44
汕头市	**15622**	**5106**	**3009**	**5476**	**1601**	**335**	**95**
龙湖区	5109	1677	1103	1720	486	98	25
金平区	3897	1203	756	1366	438	105	29
濠江区	610	442	58	74	26	8	2
潮阳区	865	256	200	280	93	27	9
潮南区	1482	596	291	422	124	38	11
澄海区	3570	912	576	1586	420	57	19
南澳县	89	20	25	28	14	2	
佛山市	**178861**	**53870**	**40861**	**64605**	**15358**	**3314**	**853**
禅城区	25208	8322	5936	8449	1964	408	129
南海区	76011	24277	17450	26224	6267	1428	365
顺德区	61837	17171	13925	23782	5521	1162	276
三水区	11448	3176	2426	4358	1193	238	57
高明区	4357	924	1124	1792	413	78	26

6-5　续表 1　　单位：人

地　　区	15-64岁妇女人数	活产0个	活产1个	活产2个	活产3个	活产4个	活产5个及以上
江门市	**35232**	**8656**	**8674**	**13587**	**3342**	**749**	**224**
蓬江区	10702	3347	2571	3761	839	148	36
江海区	6640	1794	1808	2405	499	104	30
新会区	5263	1014	1178	2192	675	153	51
台山市	2728	569	670	1139	272	64	14
开平市	3735	747	874	1527	423	119	45
鹤山市	5011	966	1326	2099	465	121	34
恩平市	1153	219	247	464	169	40	14
湛江市	**22965**	**9482**	**3795**	**5558**	**2810**	**960**	**360**
赤坎区	5563	2504	991	1257	537	197	77
霞山区	8571	2553	1643	2475	1318	418	164
坡头区	673	149	216	226	53	15	14
麻章区	3717	2903	224	354	171	46	19
遂溪县	877	364	126	196	122	52	17
徐闻县	678	146	124	237	103	56	12
廉江市	1440	567	204	332	232	79	26
雷州市	465	123	98	136	74	26	8
吴川市	981	173	169	345	200	71	23
茂名市	**8804**	**3817**	**1488**	**2152**	**923**	**327**	**97**
茂南区	3920	1863	684	863	368	110	32
电白区	1482	565	267	414	169	54	13
高州市	1682	1020	189	315	109	40	9
化州市	1008	242	191	290	174	83	28
信宜市	712	127	157	270	103	40	15
肇庆市	**15959**	**5207**	**3288**	**5574**	**1496**	**314**	**80**
端州区	4625	1898	1084	1314	264	49	16
鼎湖区	1789	645	272	601	199	52	20
高要区	2139	797	293	791	212	39	7
广宁县	332	69	62	156	35	10	
怀集县	211	66	42	73	22	6	2
封开县	313	83	98	97	26	8	1
德庆县	297	88	73	95	32	9	
四会市	6253	1561	1364	2447	706	141	34
惠州市	**87379**	**25712**	**18717**	**31055**	**9164**	**2071**	**660**
惠城区	33232	10567	6912	11336	3398	776	243
惠阳区	31612	9580	7228	11022	2935	667	180
博罗县	14047	3644	2732	5569	1664	318	120
惠东县	7679	1740	1679	2824	1049	278	109
龙门县	809	181	166	304	118	32	8
梅州市	**11583**	**3640**	**2421**	**4070**	**1117**	**259**	**76**
梅江区	5363	2196	969	1687	393	89	29
梅县区	3277	856	824	1199	307	75	16
大埔县	352	81	79	147	39	3	3
丰顺县	485	91	95	213	68	14	4
五华县	597	121	98	224	111	34	9
平远县	309	40	93	125	42	4	5
蕉岭县	461	87	102	194	56	19	3
兴宁市	739	168	161	281	101	21	7

6-5 续表 2 单位：人

地 区	15-64岁妇女人数	活产0个	活产1个	活产2个	活产3个	活产4个	活产5个及以上
汕尾市	**7199**	**2241**	**1368**	**2203**	**937**	**313**	**137**
城 区	2240	919	370	583	237	89	42
海丰县	3785	966	796	1296	526	150	51
陆河县	359	79	57	103	65	37	18
陆丰市	815	277	145	221	109	37	26
河源市	**17076**	**3737**	**3009**	**6901**	**2641**	**610**	**178**
源城区	12571	2623	2155	5159	2028	462	144
紫金县	932	152	196	382	155	35	12
龙川县	1006	198	201	410	153	33	11
连平县	384	67	86	164	48	16	3
和平县	323	76	78	125	33	10	1
东源县	1860	621	293	661	224	54	7
阳江市	**8879**	**2506**	**1982**	**3231**	**879**	**233**	**48**
江城区	4713	1590	980	1579	445	99	20
阳东区	2715	612	628	1095	286	79	15
阳西县	649	140	152	249	71	30	7
阳春市	802	164	222	308	77	25	6
清远市	**19772**	**5178**	**4112**	**7466**	**2226**	**571**	**219**
清城区	12686	3819	2486	4570	1328	331	152
清新区	2884	485	592	1238	411	124	34
佛冈县	875	224	188	337	102	19	5
阳山县	355	79	98	129	31	15	3
连山壮族瑶族自治县	159	31	45	57	19	5	2
连南瑶族自治县	134	32	32	52	15	3	
英德市	2228	400	525	932	286	64	21
连州市	451	108	146	151	34	10	2
东莞市	**311612**	**93438**	**71948**	**114245**	**25541**	**5188**	**1252**
市辖区	311612	93438	71948	114245	25541	5188	1252
中山市	**88927**	**22649**	**21341**	**33987**	**8559**	**1874**	**517**
市辖区	88927	22649	21341	33987	8559	1874	517
潮州市	**8141**	**2482**	**1679**	**3142**	**693**	**107**	**38**
湘桥区	3852	1696	719	1204	201	27	5
潮安区	3980	720	898	1816	440	76	30
饶平县	309	66	62	122	52	4	3
揭阳市	**2524**	**1190**	**387**	**657**	**201**	**62**	**27**
榕城区	573	392	47	107	20	6	1
揭东区	693	283	78	219	85	18	10
揭西县	123	33	30	37	18	5	
惠来县	178	77	39	36	15	5	6
普宁市	957	405	193	258	63	28	10
云浮市	**5997**	**1779**	**1171**	**2030**	**772**	**200**	**45**
云城区	3046	695	658	1122	441	102	28
云安区	448	233	72	96	36	10	1
新兴县	1257	468	214	407	128	40	
郁南县	403	89	89	151	54	14	6
罗定市	843	294	138	254	113	34	10

6–6 全省按受教育程度、活产子女数分的15–64岁妇女人数

单位：人

受教育程度	15–64岁妇女人数	活产0个	活产1个	活产2个	活产3个	活产4个	活产5个及以上
总 计	**1816707**	**616572**	**413408**	**591152**	**150458**	**34596**	**10521**
未上过学	13536	771	1824	5994	3103	1185	659
学前教育	1013	195	170	404	163	51	30
小 学	201932	14808	39177	97143	35775	10834	4195
初 中	763756	166630	175698	315049	83819	17946	4614
高 中	421825	175792	104743	114975	21632	3766	917
大学专科	238459	137271	55729	40036	4717	618	88
大学本科	160638	110156	32776	16324	1185	180	17
硕士研究生	14280	10151	2956	1103	55	14	1
博士研究生	1268	798	335	124	9	2	

6–7 全省按职业、活产子女数分的15–64岁妇女人数

单位：人

职业大类	15–64岁妇女人数	活产0个	活产1个	活产2个	活产3个	活产4个	活产5个及以上	妇女平均活产子女数
总 计	**1267504**	**423364**	**285154**	**434374**	**99485**	**20118**	**5009**	**2.58**
党的机关、国家机关、群众团体和社会组织、企事业单位负责人	24812	5502	6858	9450	2392	485	125	3.03
专业技术人员	146038	77181	34544	29392	4120	662	139	1.35
办事人员和有关人员	92465	41407	23866	23219	3377	502	94	1.66
社会生产服务和生活服务人员	498633	184624	109924	153270	39376	9031	2408	2.50
农、林、牧、渔业生产及辅助人员	10193	953	1610	4537	2128	708	257	5.49
生产制造及有关人员	493858	112850	108122	214175	48018	8710	1983	3.12
不便分类的其他从业人员	1505	847	230	331	74	20	3	1.71

6-8 各地区按存活子女数分的15-64岁妇女人数

单位：人

地　　区	15-64岁妇女人数	存活0个	存活1个	存活2个	存活3个	存活4个	存活5个及以上
广　东	**1816707**	**645984**	**405857**	**576479**	**145967**	**32842**	**9578**
广州市	**382884**	**166039**	**87662**	**98870**	**23625**	**5193**	**1495**
荔湾区	15610	6556	4509	3498	798	181	68
越秀区	12914	5508	3325	3005	811	198	67
海珠区	38786	14896	11250	10114	1985	405	136
天河区	59272	35403	10982	9670	2418	609	190
白云区	101760	44040	22529	26019	7130	1570	472
黄埔区	27302	10599	6758	7842	1643	372	88
番禺区	63601	27905	13798	17039	3830	825	204
花都区	30089	10954	6363	9856	2333	462	121
南沙区	14265	3848	3676	5340	1112	234	55
从化区	2577	968	614	791	161	36	7
增城区	16708	5362	3858	5696	1404	301	87
韶关市	**14687**	**4489**	**3666**	**4830**	**1316**	**298**	**88**
武江区	4697	1299	1335	1562	403	75	23
浈江区	4398	1871	954	1176	299	74	24
曲江区	1681	516	347	566	180	60	12
始兴县	383	86	106	148	37	5	1
仁化县	671	123	219	240	70	11	8
翁源县	566	115	114	231	84	16	6
乳源瑶族自治县	456	98	123	172	48	13	2
新丰县	388	84	76	172	43	9	4
乐昌市	904	172	232	366	104	23	7
南雄市	543	125	160	197	48	12	1
深圳市	**527768**	**193433**	**118603**	**160603**	**41878**	**9951**	**3300**
罗湖区	28976	12481	6456	7096	2095	565	283
福田区	35979	16244	7997	8606	2237	626	269
南山区	40170	18430	9175	9603	2217	550	195
宝安区	149992	51911	32571	48800	12923	2931	856
龙岗区	129701	45097	29891	40324	10873	2632	884
盐田区	5341	1835	1312	1613	437	110	34
龙华区	83750	32825	19031	24045	5942	1422	485
坪山区	16850	4461	3950	6392	1602	343	102
光明区	37009	10149	8220	14124	3552	772	192
珠海市	**44836**	**17747**	**10011**	**12998**	**3073**	**769**	**238**
香洲区	26780	11099	6070	7354	1721	400	136
斗门区	8416	2273	2105	3001	748	230	59
金湾区	9640	4375	1836	2643	604	139	43
汕头市	**15622**	**5208**	**2985**	**5420**	**1590**	**325**	**94**
龙湖区	5109	1716	1088	1702	482	96	25
金平区	3897	1219	757	1357	434	102	28
濠江区	610	443	59	72	26	8	2
潮阳区	865	263	199	275	93	26	9
潮南区	1482	606	287	418	123	37	11
澄海区	3570	939	571	1568	419	54	19
南澳县	89	22	24	28	13	2	
佛山市	**178861**	**55596**	**40454**	**63815**	**15070**	**3138**	**788**
禅城区	25208	8581	5858	8332	1923	393	121
南海区	76011	24929	17321	25931	6166	1333	331
顺德区	61837	17820	13771	23465	5412	1109	260
三水区	11448	3272	2395	4326	1170	231	54
高明区	4357	994	1109	1761	399	72	22

6-8　续表 1

单位：人

地　　区	15-64岁妇女人数	存活0个	存活1个	存活2个	存活3个	存活4个	存活5个及以上
江门市	**35232**	**9077**	**8579**	**13375**	**3269**	**727**	**205**
蓬江区	10702	3448	2545	3711	820	145	33
江海区	6640	1862	1790	2373	488	99	28
新会区	5263	1112	1157	2148	656	146	44
台山市	2728	596	670	1123	264	61	14
开平市	3735	804	857	1500	417	114	43
鹤山市	5011	1026	1316	2060	458	121	30
恩平市	1153	229	244	460	166	41	13
湛江市	**22965**	**9922**	**3683**	**5376**	**2723**	**921**	**340**
赤坎区	5563	2600	964	1212	522	190	75
霞山区	8571	2787	1590	2370	1272	400	152
坡头区	673	159	214	221	52	15	12
麻章区	3717	2916	221	351	165	46	18
遂溪县	877	378	123	191	120	50	15
徐闻县	678	167	118	233	97	51	12
廉江市	1440	594	197	327	222	75	25
雷州市	465	134	96	130	71	26	8
吴川市	981	187	160	341	202	68	23
茂名市	**8804**	**3900**	**1469**	**2118**	**906**	**320**	**91**
茂南区	3920	1901	668	851	364	108	28
电白区	1482	585	262	405	164	54	12
高州市	1682	1034	189	304	106	40	9
化州市	1008	248	192	290	170	81	27
信宜市	712	132	158	268	102	37	15
肇庆市	**15959**	**5328**	**3277**	**5507**	**1470**	**301**	**76**
端州区	4625	1917	1087	1301	259	46	15
鼎湖区	1789	656	270	594	198	52	19
高要区	2139	828	290	770	207	39	5
广宁县	332	75	60	153	34	10	
怀集县	211	67	42	72	23	5	2
封开县	313	90	99	89	27	7	1
德庆县	297	88	73	96	31	9	
四会市	6253	1607	1356	2432	691	133	34
惠州市	**87379**	**27438**	**18306**	**30283**	**8804**	**1959**	**589**
惠城区	33232	11234	6756	11026	3266	730	220
惠阳区	31612	10110	7119	10788	2811	626	158
博罗县	14047	3924	2662	5448	1600	306	107
惠东县	7679	1965	1610	2724	1016	266	98
龙门县	809	205	159	297	111	31	6
梅州市	**11583**	**3733**	**2414**	**4022**	**1109**	**238**	**67**
梅江区	5363	2221	963	1675	388	88	28
梅县区	3277	877	830	1188	311	61	10
大埔县	352	87	79	143	38	3	2
丰顺县	485	93	95	213	67	13	4
五华县	597	135	97	212	112	33	8
平远县	309	47	89	123	41	4	5
蕉岭县	461	98	101	188	54	17	3
兴宁市	739	175	160	280	98	19	7

6-8 续表 2

单位：人

地　　区	15-64岁妇女人数	存活0个	存活1个	存活2个	存活3个	存活4个	存活5个及以上
汕尾市	**7199**	**2384**	**1349**	**2136**	**900**	**302**	**128**
城　区	2240	940	370	573	229	88	40
海丰县	3785	1058	783	1252	502	143	47
陆河县	359	88	55	101	63	35	17
陆丰市	815	298	141	210	106	36	24
河源市	**17076**	**4087**	**2969**	**6712**	**2558**	**588**	**162**
源城区	12571	2877	2139	5009	1969	448	129
紫金县	932	160	193	379	153	35	12
龙川县	1006	209	197	407	151	31	11
连平县	384	71	85	164	46	15	3
和平县	323	85	76	122	31	8	1
东源县	1860	685	279	631	208	51	6
阳江市	**8879**	**2629**	**1948**	**3162**	**866**	**228**	**46**
江城区	4713	1624	973	1560	441	96	19
阳东区	2715	659	610	1070	282	79	15
阳西县	649	157	151	237	67	31	6
阳春市	802	189	214	295	76	22	6
清远市	**19772**	**5563**	**4031**	**7277**	**2156**	**550**	**195**
清城区	12686	4050	2438	4451	1288	320	139
清新区	2884	567	574	1209	387	119	28
佛冈县	875	236	185	330	101	18	5
阳山县	355	83	101	125	29	15	2
连山壮族瑶族自治县	159	32	47	54	20	5	1
连南瑶族自治县	134	32	32	52	15	3	
英德市	2228	450	510	907	283	60	18
连州市	451	113	144	149	33	10	2
东莞市	**311612**	**98959**	**70512**	**111369**	**24744**	**4902**	**1126**
市辖区	311612	98959	70512	111369	24744	4902	1126
中山市	**88927**	**24811**	**20744**	**32869**	**8278**	**1774**	**451**
市辖区	88927	24811	20744	32869	8278	1774	451
潮州市	**8141**	**2615**	**1648**	**3077**	**669**	**102**	**30**
湘桥区	3852	1756	698	1173	196	24	5
潮安区	3980	775	888	1791	428	75	23
饶平县	309	84	62	113	45	3	2
揭阳市	**2524**	**1198**	**386**	**656**	**198**	**60**	**26**
榕城区	573	393	49	106	19	6	
揭东区	693	284	77	220	85	17	10
揭西县	123	33	31	37	17	5	
惠来县	178	77	39	36	15	5	6
普宁市	957	411	190	257	62	27	10
云浮市	**5997**	**1828**	**1161**	**2004**	**765**	**196**	**43**
云城区	3046	713	655	1113	439	99	27
云安区	448	236	69	96	36	10	1
新兴县	1257	480	213	399	125	40	
郁南县	403	94	86	149	55	13	6
罗定市	843	305	138	247	110	34	9

6-9 全省按受教育程度、存活子女数分的15-64岁妇女人数

单位：人

受教育程度	15-64岁妇女人数	存活0个	存活1个	存活2个	存活3个	存活4个	存活5个及以上
总　计	**1816707**	**645984**	**405857**	**576479**	**145967**	**32842**	**9578**
未上过学	13536	1063	1829	5872	3019	1134	619
学前教育	1013	222	165	393	157	47	29
小　学	201932	19583	38438	94841	34773	10391	3906
初　中	763756	181847	172140	307168	81349	17109	4143
高　中	421825	181636	102876	112097	20939	3476	801
大学专科	238459	139498	54826	39009	4525	531	70
大学本科	160638	111105	32341	15899	1142	142	9
硕士研究生	14280	10220	2913	1080	55	11	1
博士研究生	1268	810	329	120	8	1	

6-10 全省按职业、存活子女数分的15-64岁妇女人数

单位：人

职业大类	15-64岁妇女人数	存活0个	存活1个	存活2个	存活3个	存活4个	存活5个及以上	妇女平均存活子女数
总　计	**1267504**	**444427**	**279583**	**423514**	**96487**	**19008**	**4485**	**2.58**
党的机关、国家机关、群众团体和社会组织、企事业单位负责人	24812	5967	6731	9200	2335	465	114	3.03
专业技术人员	146038	78689	34014	28636	3972	613	114	1.35
办事人员和有关人员	92465	42614	23444	22608	3270	455	74	1.65
社会生产服务和生活服务人员	498633	192553	107814	149377	38225	8491	2173	2.49
农、林、牧、渔业生产及辅助人员	10193	1109	1598	4486	2060	690	250	5.48
生产制造及有关人员	493858	122632	105759	208882	46554	8274	1757	3.12
不便分类的其他从业人员	1505	863	223	325	71	20	3	1.71

第四部分 跨县（市、区）流动人口（长表数据资料）

第七卷 迁移和户口登记地

7-1 全省按现住地、户口登记地类型分的户口登记地在外乡镇街道人口

单位：人

现住地	合计					省内				
	合计	乡	镇的村委会	镇的居委会	街道	小计	乡	镇的村委会	镇的居委会	街道
广　东	**4878871**	**1141047**	**2841167**	**398246**	**498411**	**1839407**	**283887**	**1030215**	**204005**	**321300**
广州市	**954590**	**160890**	**547669**	**91985**	**154046**	**459274**	**54102**	**236200**	**55903**	**113069**
荔湾区	38010	4022	17246	4678	12064	24453	1726	9212	3254	10261
越秀区	29826	3518	13201	4024	9083	17427	1445	6725	2562	6695
海珠区	90627	9857	51469	8518	20783	43032	3088	18475	5105	16364
天河区	141284	21822	74834	16755	27873	82491	10040	41635	10973	19843
白云区	251605	52645	138202	19487	41271	127107	18924	64320	11736	32127
黄埔区	75226	13450	43976	6367	11433	32402	3763	17700	3522	7417
番禺区	155622	20227	100839	16678	17878	69369	6719	40175	10408	12067
花都区	78382	19750	46778	6227	5627	27359	4445	16296	3273	3345
南沙区	41946	7300	28793	3370	2483	14064	1771	9182	1698	1413
从化区	6827	919	4391	758	759	3070	286	1782	483	519
增城区	45235	7380	27940	5123	4792	18500	1895	10698	2889	3018
韶关市	**40521**	**3509**	**24431**	**5584**	**6997**	**25327**	**1401**	**13978**	**4292**	**5656**
武江区	12422	1271	6866	1418	2867	8345	539	4260	1170	2376
浈江区	11255	780	6532	1947	1996	8148	454	4472	1556	1666
曲江区	5201	395	3516	825	465	3331	189	2127	658	357
始兴县	1091	105	701	161	124	546	30	317	101	98
仁化县	2126	171	1138	295	522	1122	36	428	202	456
翁源县	1717	127	1275	170	145	953	47	667	124	115
乳源瑶族自治县	1415	58	1019	199	139	805	20	557	130	98
新丰县	1116	171	644	117	184	538	42	288	74	134
乐昌市	2685	289	1734	296	366	990	21	531	188	250
南雄市	1493	142	1006	156	189	549	23	331	89	106
深圳市	**1425761**	**319251**	**825781**	**112632**	**168097**	**503885**	**81559**	**273471**	**47836**	**101019**
罗湖区	72601	12424	37235	9147	13795	37019	4745	18050	5232	8992
福田区	92382	15210	46617	10690	19865	42596	5559	20046	5088	11903
南山区	106278	27286	45870	12275	20847	35210	7151	14438	4515	9106
宝安区	406577	99188	246683	25313	35393	125120	22312	72714	9560	20534
龙岗区	346590	80915	200583	28952	36140	139808	25134	77331	13868	23475
盐田区	15098	1993	8673	1485	2947	7196	574	3789	757	2076
龙华区	230749	44937	141429	15701	28682	74301	9230	40681	5586	18804
坪山区	49101	12963	29256	3267	3615	14722	2882	8433	1216	2191
光明区	106385	24335	69435	5802	6813	27913	3972	17989	2014	3938
珠海市	**123529**	**19442**	**73502**	**16569**	**14016**	**48173**	**5596**	**27396**	**8081**	**7100**
香洲区	71951	10493	40260	11451	9747	28466	3161	15101	5506	4698
斗门区	24685	2953	18276	2235	1221	9149	669	6831	1044	605
金湾区	26893	5996	14966	2883	3048	10558	1766	5464	1531	1797
汕头市	**42352**	**9134**	**18627**	**7248**	**7343**	**19217**	**1888**	**7480**	**4461**	**5388**
龙湖区	13973	2286	6482	2880	2325	8347	954	3439	1916	2038
金平区	10543	1045	4481	2184	2833	6616	346	2513	1617	2140
濠江区	1954	163	637	426	728	1297	40	384	329	544
潮阳区	2192	449	708	555	480	778	44	137	276	321
潮南区	4154	2104	1283	457	310	843	351	273	122	97
澄海区	9302	3035	4933	704	630	1242	145	702	172	223
南澳县	234	52	103	42	37	94	8	32	29	25
佛山市	**496590**	**112648**	**313832**	**41901**	**28209**	**187416**	**30629**	**115383**	**22857**	**18547**
禅城区	65249	11911	42611	5719	5008	34211	4664	22401	3600	3546
南海区	210154	52797	121952	21057	14348	87860	16260	49471	11814	10315
顺德区	172772	38084	116773	12001	5914	48615	7325	32527	5850	2913
三水区	34836	6463	24113	2117	2143	12514	1719	8231	1164	1400
高明区	13579	3393	8383	1007	796	4216	661	2753	429	373

7-1 续表 1

单位：人

现住地	合计					省内				
	合计	乡	镇的村委会	镇的居委会	街道	小计	乡	镇的村委会	镇的居委会	街道
江门市	**101555**	**17865**	**65690**	**7129**	**10871**	**40889**	**4112**	**25469**	**4045**	**7263**
蓬江区	29226	4382	19094	2201	3549	14456	1295	9206	1380	2575
江海区	18568	2643	11002	1364	3559	8484	667	4566	797	2454
新会区	15989	3097	10573	1044	1275	4849	654	2975	510	710
台山市	8089	1702	4839	620	928	2755	363	1507	320	565
开平市	11036	2375	7383	845	433	4554	512	3273	476	293
鹤山市	14881	3050	10198	770	863	3894	409	2624	383	478
恩平市	3766	616	2601	285	264	1897	212	1318	179	188
湛江市	**58248**	**8025**	**33671**	**6782**	**9770**	**47818**	**5815**	**28054**	**5771**	**8178**
赤坎区	13446	1843	7437	1387	2779	11954	1520	6698	1237	2499
霞山区	23067	2667	14284	2802	3314	20414	2132	12984	2537	2761
坡头区	1927	298	836	188	605	1290	129	564	132	465
麻章区	8859	1645	4587	950	1677	7269	1267	3808	807	1387
遂溪县	1912	246	1177	321	168	1546	165	965	261	155
徐闻县	1908	310	1175	217	206	1206	161	769	141	135
廉江市	3131	384	1835	484	428	1935	228	1013	344	350
雷州市	1256	161	757	154	184	805	89	485	109	122
吴川市	2742	471	1583	279	409	1399	124	768	203	304
茂名市	**22345**	**2539**	**13153**	**2409**	**4244**	**15261**	**1244**	**8705**	**1879**	**3433**
茂南区	10220	1292	5621	1301	2006	7621	775	4198	1081	1567
电白区	3949	331	2289	473	856	2483	156	1171	368	788
高州市	3990	302	2664	275	749	2760	110	1841	196	613
化州市	2387	352	1440	164	431	1392	89	863	107	333
信宜市	1799	262	1139	196	202	1005	114	632	127	132
肇庆市	**47641**	**6231**	**29995**	**5208**	**6207**	**24182**	**1905**	**14521**	**3282**	**4474**
端州区	12626	735	7267	1839	2785	9835	372	5797	1496	2170
鼎湖区	5576	538	3939	451	648	3211	253	2149	297	512
高要区	6265	1477	3757	639	392	2243	230	1293	389	331
广宁县	946	74	654	94	124	414	12	243	66	93
怀集县	673	27	342	103	201	267	16	121	44	86
封开县	903	222	423	162	96	388	58	174	91	65
德庆县	871	104	454	114	199	626	69	329	78	150
四会市	19781	3054	13159	1806	1762	7198	895	4415	821	1067
惠州市	**256169**	**64348**	**151168**	**20650**	**20003**	**91497**	**17123**	**54219**	**9270**	**10885**
惠城区	95232	25037	52750	7751	9694	41738	9006	22993	4127	5612
惠阳区	94281	24957	54824	8148	6352	27229	4862	16498	2761	3108
博罗县	41357	8199	28220	2710	2228	12069	1494	8140	1275	1160
惠东县	22904	5745	13867	1874	1418	9391	1656	5962	1000	773
龙门县	2395	410	1507	167	311	1070	105	626	107	232
梅州市	**30168**	**2149**	**20554**	**4154**	**3311**	**21750**	**993**	**14308**	**3499**	**2950**
梅江区	13380	735	9459	1747	1439	11042	445	7762	1554	1281
梅县区	8682	366	5909	1435	972	6530	137	4193	1282	918
大埔县	1095	190	650	133	122	568	92	292	88	96
丰顺县	1302	205	843	144	110	556	54	308	94	100
五华县	1635	146	1136	197	156	903	62	565	143	133
平远县	854	153	533	127	41	398	46	231	81	40
蕉岭县	1317	150	894	167	106	707	88	395	124	100
兴宁市	1903	204	1130	204	365	1046	69	562	133	282

7-1　续表 2　　单位：人

现住地	合计					省内				
	合计	乡	镇的村委会	镇的居委会	街道	小计	乡	镇的村委会	镇的居委会	街道
汕尾市	**20778**	**3039**	**11666**	**3074**	**2999**	**11218**	**772**	**5858**	**2098**	**2490**
城　区	6220	1036	2875	1139	1170	3761	241	1626	965	929
海丰县	11189	1215	7041	1388	1545	5744	241	3338	816	1349
陆河县	1243	320	757	90	76	656	111	414	71	60
陆丰市	2126	468	993	457	208	1057	179	480	246	152
河源市	**49398**	**7670**	**34438**	**3901**	**3389**	**34490**	**4390**	**24428**	**2947**	**2725**
源城区	36401	5845	25805	2665	2086	27498	3712	20057	2083	1646
紫金县	2944	457	1936	244	307	1393	163	826	160	244
龙川县	2940	384	1923	385	248	1474	137	899	246	192
连平县	1137	98	848	112	79	583	19	422	81	61
和平县	911	102	542	171	96	464	27	224	131	82
东源县	5065	784	3384	324	573	3078	332	2000	246	500
阳江市	**25316**	**3458**	**15650**	**2779**	**3429**	**16680**	**1842**	**9831**	**2229**	**2778**
江城区	13347	2445	7485	1586	1831	10059	1569	5633	1364	1493
阳东区	7761	580	5445	761	975	4504	118	2869	606	911
阳西县	1868	229	1298	170	171	1068	88	733	116	131
阳春市	2340	204	1422	262	452	1049	67	596	143	243
清远市	**57802**	**7436**	**39136**	**5828**	**5402**	**35304**	**3331**	**24160**	**3944**	**3869**
清城区	37225	4952	24847	3624	3802	24398	2375	16772	2497	2754
清新区	8423	1021	6213	641	548	5637	527	4201	493	416
佛冈县	2687	373	1828	326	160	1055	106	632	209	108
阳山县	997	75	654	206	62	542	43	336	114	49
连山壮族瑶族自治县	441	20	339	54	28	245	5	169	49	22
连南瑶族自治县	347	6	257	56	28	262	1	203	38	20
英德市	6502	920	4194	674	714	2574	250	1494	377	453
连州市	1180	69	804	247	60	591	24	353	167	47
东莞市	**842335**	**326765**	**445008**	**38364**	**32198**	**175107**	**54434**	**96820**	**11984**	**11869**
市辖区	842335	326765	445008	38364	32198	175107	54434	96820	11984	11869
中山市	**239022**	**58038**	**149533**	**18145**	**13306**	**59789**	**11133**	**35698**	**6949**	**6009**
市辖区	239022	58038	149533	18145	13306	59789	11133	35698	6949	6009
潮州市	**21084**	**4806**	**12220**	**1516**	**2542**	**8589**	**556**	**4943**	**1002**	**2088**
湘桥区	9176	1072	5804	916	1384	5970	242	4000	662	1066
潮安区	11120	3627	5961	504	1028	2322	284	818	278	942
饶平县	788	107	455	96	130	297	30	125	62	80
揭阳市	**6669**	**1763**	**3842**	**641**	**423**	**2293**	**398**	**1256**	**366**	**273**
榕城区	1316	327	697	175	117	598	29	357	117	95
揭东区	2173	574	1368	141	90	523	89	301	75	58
揭西县	351	52	212	52	35	142	19	68	24	31
惠来县	416	62	178	126	50	215	18	90	70	37
普宁市	2413	748	1387	147	131	815	243	440	80	52
云浮市	**16998**	**2041**	**11601**	**1747**	**1609**	**11248**	**664**	**8037**	**1310**	**1237**
云城区	8938	906	6487	798	747	6758	280	5226	682	570
云安区	1272	168	729	134	241	792	79	429	89	195
新兴县	3438	539	2183	474	242	1599	103	1021	299	176
郁南县	1121	193	653	138	137	675	86	376	99	114
罗定市	2229	235	1549	203	242	1424	116	985	141	182

7–1　续表 3　　　　　　　　　　　　　　　　　　　　　　　　　　单位：人

现住地	省外									
	小计					北京				
	小计	乡	镇的村委会	镇的居委会	街道	小计	乡	镇的村委会	镇的居委会	街道
广　东	**3039464**	**857160**	**1810952**	**194241**	**177111**	**3668**	**185**	**329**	**575**	**2579**
广州市	**495316**	**106788**	**311469**	**36082**	**40977**	**780**	**30**	**70**	**146**	**534**
荔湾区	13557	2296	8034	1424	1803	23		3	3	17
越秀区	12399	2073	6476	1462	2388	64	1	3	3	57
海珠区	47595	6769	32994	3413	4419	99	1	4	10	84
天河区	58793	11782	33199	5782	8030	219	10	18	30	161
白云区	124498	33721	73882	7751	9144	76	6	10	5	55
黄埔区	42824	9687	26276	2845	4016	70	3	8	13	46
番禺区	86253	13508	60664	6270	5811	156	4	13	62	77
花都区	51023	15305	30482	2954	2282	28	3	5	10	10
南沙区	27882	5529	19611	1672	1070	20	2	5	2	11
从化区	3757	633	2609	275	240	5			3	2
增城区	26735	5485	17242	2234	1774	20		1	5	14
韶关市	**15194**	**2108**	**10453**	**1292**	**1341**	**8**			**1**	**7**
武江区	4077	732	2606	248	491	4			1	3
浈江区	3107	326	2060	391	330	4				4
曲江区	1870	206	1389	167	108					
始兴县	545	75	384	60	26					
仁化县	1004	135	710	93	66					
翁源县	764	80	608	46	30					
乳源瑶族自治县	610	38	462	69	41					
新丰县	578	129	356	43	50					
乐昌市	1695	268	1203	108	116					
南雄市	944	119	675	67	83					
深圳市	**921876**	**237692**	**552310**	**64796**	**67078**	**1951**	**67**	**112**	**214**	**1558**
罗湖区	35582	7679	19185	3915	4803	166	1	10	24	131
福田区	49786	9651	26571	5602	7962	403	7	13	41	342
南山区	71068	20135	31432	7760	11741	732	33	36	65	598
宝安区	281457	76876	173969	15753	14859	217	9	17	35	156
龙岗区	206782	55781	123252	15084	12665	241	14	25	30	172
盐田区	7902	1419	4884	728	871	18		1		17
龙华区	156448	35707	100748	10115	9878	125		6	15	104
坪山区	34379	10081	20823	2051	1424	31	1	2	2	26
光明区	78472	20363	51446	3788	2875	18	2	2	2	12
珠海市	**75356**	**13846**	**46106**	**8488**	**6916**	**248**	**8**	**6**	**77**	**157**
香洲区	43485	7332	25159	5945	5049	232	6	4	68	154
斗门区	15536	2284	11445	1191	616	9		2	7	
金湾区	16335	4230	9502	1352	1251	7	2		2	3
汕头市	**23135**	**7246**	**11147**	**2787**	**1955**	**24**	**2**	**1**	**9**	**12**
龙湖区	5626	1332	3043	964	287	10		1	4	5
金平区	3927	699	1968	567	693	10			3	7
濠江区	657	123	253	97	184					
潮阳区	1414	405	571	279	159	1			1	
潮南区	3311	1753	1010	335	213	3	2		1	
澄海区	8060	2890	4231	532	407					
南澳县	140	44	71	13	12					
佛山市	**309174**	**82019**	**198449**	**19044**	**9662**	**173**	**17**	**31**	**41**	**84**
禅城区	31038	7247	20210	2119	1462	42	1	5	11	25
南海区	122294	36537	72481	9243	4033	63	8	11	14	30
顺德区	124157	30759	84246	6151	3001	54	5	12	15	22
三水区	22322	4744	15882	953	743	10	2	2	1	5
高明区	9363	2732	5630	578	423	4	1	1		2

7-1　续表 4　　　　单位：人

现住地	省外									
	小计					北京				
	小计	乡	镇的村委会	镇的居委会	街道	小计	乡	镇的村委会	镇的居委会	街道
江门市	**60666**	**13753**	**40221**	**3084**	**3608**	**35**	**1**	**7**	**8**	**19**
蓬江区	14770	3087	9888	821	974	22		5	5	12
江海区	10084	1976	6436	567	1105	3				3
新会区	11140	2443	7598	534	565	2				2
台山市	5334	1339	3332	300	363					
开平市	6482	1863	4110	369	140	2	1		1	
鹤山市	10987	2641	7574	387	385	3		2	1	
恩平市	1869	404	1283	106	76	3			1	2
湛江市	**10430**	**2210**	**5617**	**1011**	**1592**	**18**	**1**	**1**	**1**	**15**
赤坎区	1492	323	739	150	280	3		1		2
霞山区	2653	535	1300	265	553	7				7
坡头区	637	169	272	56	140	2				2
麻章区	1590	378	779	143	290	6	1		1	4
遂溪县	366	81	212	60	13					
徐闻县	702	149	406	76	71					
廉江市	1196	156	822	140	78					
雷州市	451	72	272	45	62					
吴川市	1343	347	815	76	105					
茂名市	**7084**	**1295**	**4448**	**530**	**811**	**4**		**1**	**1**	**2**
茂南区	2599	517	1423	220	439	2				2
电白区	1466	175	1118	105	68	2		1	1	
高州市	1230	192	823	79	136					
化州市	995	263	577	57	98					
信宜市	794	148	507	69	70					
肇庆市	**23459**	**4326**	**15474**	**1926**	**1733**	**9**	**1**	**1**	**1**	**6**
端州区	2791	363	1470	343	615	1				1
鼎湖区	2365	285	1790	154	136	1				1
高要区	4022	1247	2464	250	61					
广宁县	532	62	411	28	31					
怀集县	406	11	221	59	115					
封开县	515	164	249	71	31					
德庆县	245	35	125	36	49					
四会市	12583	2159	8744	985	695	7	1	1	1	4
惠州市	**164672**	**47225**	**96949**	**11380**	**9118**	**87**	**16**	**14**	**21**	**36**
惠城区	53494	16031	29757	3624	4082	32	2	2	12	16
惠阳区	67052	20095	38326	5387	3244	31	5	2	9	15
博罗县	29288	6705	20080	1435	1068	5		2		3
惠东县	13513	4089	7905	874	645	18	9	7		2
龙门县	1325	305	881	60	79	1		1		
梅州市	**8418**	**1156**	**6246**	**655**	**361**	**6**		**3**	**2**	**1**
梅江区	2338	290	1697	193	158	3		2	1	
梅县区	2152	229	1716	153	54	1				1
大埔县	527	98	358	45	26					
丰顺县	746	151	535	50	10	1		1		
五华县	732	84	571	54	23					
平远县	456	107	302	46	1					
蕉岭县	610	62	499	43	6					
兴宁市	857	135	568	71	83	1			1	

7-1 续表 5 单位：人

现住地	省外									
	小计					北京				
	小计	乡	镇的村委会	镇的居委会	街道	小计	乡	镇的村委会	镇的居委会	街道
汕尾市	**9560**	**2267**	**5808**	**976**	**509**	**6**		**3**	**1**	**2**
城　区	2459	795	1249	174	241	1				1
海丰县	5445	974	3703	572	196	2		1	1	
陆河县	587	209	343	19	16	1		1		
陆丰市	1069	289	513	211	56	2		1		1
河源市	**14908**	**3280**	**10010**	**954**	**664**	**9**		**3**	**1**	**5**
源城区	8903	2133	5748	582	440	3		1	1	1
紫金县	1551	294	1110	84	63	3				3
龙川县	1466	247	1024	139	56	2		2		
连平县	554	79	426	31	18	1				1
和平县	447	75	318	40	14					
东源县	1987	452	1384	78	73					
阳江市	**8636**	**1616**	**5819**	**550**	**651**	**12**		**6**	**1**	**5**
江城区	3288	876	1852	222	338	5			1	4
阳东区	3257	462	2576	155	64	6		6		
阳西县	800	141	565	54	40					
阳春市	1291	137	826	119	209	1				1
清远市	**22498**	**4105**	**14976**	**1884**	**1533**	**8**		**3**		**5**
清城区	12827	2577	8075	1127	1048	6		2		4
清新区	2786	494	2012	148	132					
佛冈县	1632	267	1196	117	52					
阳山县	455	32	318	92	13	2		1		1
连山壮族瑶族自治县	196	15	170	5	6					
连南瑶族自治县	85	5	54	18	8					
英德市	3928	670	2700	297	261					
连州市	589	45	451	80	13					
东莞市	**667228**	**272331**	**348188**	**26380**	**20329**	**195**	**40**	**47**	**25**	**83**
市辖区	667228	272331	348188	26380	20329	195	40	47	25	83
中山市	**179233**	**46905**	**113835**	**11196**	**7297**	**91**	**1**	**20**	**24**	**46**
市辖区	179233	46905	113835	11196	7297	91	1	20	24	46
潮州市	**12495**	**4250**	**7277**	**514**	**454**	**1**				**1**
湘桥区	3206	830	1804	254	318	1				1
潮安区	8798	3343	5143	226	86					
饶平县	491	77	330	34	50					
揭阳市	**4376**	**1365**	**2586**	**275**	**150**					
榕城区	718	298	340	58	22					
揭东区	1650	485	1067	66	32					
揭西县	209	33	144	28	4					
惠来县	201	44	88	56	13					
普宁市	1598	505	947	67	79					
云浮市	**5750**	**1377**	**3564**	**437**	**372**	**3**	**1**		**1**	**1**
云城区	2180	626	1261	116	177	1				1
云安区	480	89	300	45	46					
新兴县	1839	436	1162	175	66	2	1		1	
郁南县	446	107	277	39	23					
罗定市	805	119	564	62	60					

7-1 续表 6 单位：人

现住地	省外									
	天津					河北				
	小计	乡	镇的村委会	镇的居委会	街道	小计	乡	镇的村委会	镇的居委会	街道
广 东	**2107**	**192**	**429**	**404**	**1082**	**14415**	**3256**	**7654**	**1416**	**2089**
广州市	**508**	**45**	**89**	**108**	**266**	**3367**	**567**	**1872**	**342**	**586**
荔湾区	14		1	4	9	129	23	75	7	24
越秀区	45		3	11	31	159	29	64	23	43
海珠区	43	2	3	4	34	278	39	143	25	71
天河区	109	4	19	11	75	527	85	265	52	125
白云区	71	7	15	12	37	831	159	495	53	124
黄埔区	47	4	11	9	23	285	59	149	29	48
番禺区	96	3	22	34	37	501	63	277	72	89
花都区	37	20	5	5	7	273	62	157	27	27
南沙区	27	4	6	11	6	189	25	122	23	19
从化区	3		1	1	1	24	8	11	5	
增城区	16	1	3	6	6	171	15	114	26	16
韶关市	**4**			**3**	**1**	**77**	**3**	**44**	**12**	**18**
武江区						30		20	5	5
浈江区	2			2		14		9	3	2
曲江区	1			1		7	1	4	1	1
始兴县						1		1		
仁化县						1		1		
翁源县						7		5	1	1
乳源瑶族自治县	1				1	5		2	1	2
新丰县						4		2	1	1
乐昌市						4	1			3
南雄市						4	1			3
深圳市	**891**	**59**	**139**	**161**	**532**	**5142**	**1185**	**2615**	**518**	**824**
罗湖区	57	1	8	7	41	318	46	137	58	77
福田区	131	5	13	21	92	528	107	229	65	127
南山区	239	16	18	51	154	761	151	301	98	211
宝安区	151	10	37	20	84	1165	299	646	86	134
龙岗区	170	23	33	30	84	1058	261	576	95	126
盐田区	12		2	1	9	71	12	44	5	10
龙华区	90	2	14	21	53	809	188	444	74	103
坪山区	21	2	6	7	6	187	58	98	14	17
光明区	20		8	3	9	245	63	140	23	19
珠海市	**138**	**6**	**13**	**31**	**88**	**586**	**80**	**268**	**95**	**143**
香洲区	92	4	3	23	62	398	59	158	64	117
斗门区	14		5	4	5	88	5	57	16	10
金湾区	32	2	5	4	21	100	16	53	15	16
汕头市	**13**	**3**	**4**		**6**	**91**	**24**	**41**	**8**	**18**
龙湖区	4				4	24	1	19	2	2
金平区	5	1	2		2	22	1	7		14
濠江区						4			4	
潮阳区						3		2		1
潮南区	2	2				27	15	9	2	1
澄海区	2		2			11	7	4		
南澳县										
佛山市	**123**	**14**	**43**	**34**	**32**	**1361**	**315**	**827**	**132**	**87**
禅城区	16	2	6	3	5	127	27	75	12	13
南海区	46	10	9	11	16	644	147	390	61	46
顺德区	52	1	25	19	7	482	105	301	51	25
三水区	7		2	1	4	54	22	30	1	1
高明区	2	1	1			54	14	31	7	2

7-1 续表 7　　单位：人

现住地	省外									
	天津					河北				
	小计	乡	镇的村委会	镇的居委会	街道	小计	乡	镇的村委会	镇的居委会	街道
江门市	**25**	**3**	**9**	**2**	**11**	**146**	**27**	**96**	**7**	**16**
蓬江区	7		1	2	4	40	6	22	2	10
江海区	2				2	28	6	21		1
新会区	1		1			19	4	11	3	1
台山市	3	1			2	22	6	12	1	3
开平市						8	1	7		
鹤山市	10	2	6		2	22	2	18	1	1
恩平市	2		1		1	7	2	5		
湛江市	**30**		**3**	**1**	**26**	**132**	**21**	**77**	**11**	**23**
赤坎区	3		1		2	27	3	20		4
霞山区	4				4	40	3	21	6	10
坡头区	9		1	1	7	6	2	4		
麻章区	12		1		11	46	11	25	5	5
遂溪县						1	1			
徐闻县	2				2	3		3		
廉江市										
雷州市						5		2		3
吴川市						4	1	2		1
茂名市	**7**		**2**		**5**	**27**	**2**	**15**	**5**	**5**
茂南区	5				5	19	2	10	4	3
电白区	2		2			5		3	1	1
高州市										
化州市						3		2		1
信宜市										
肇庆市	**6**	**1**	**1**		**4**	**121**	**29**	**66**	**9**	**17**
端州区	4				4	22	4	8	1	9
鼎湖区	1		1			9		6		3
高要区						9	1	4	4	
广宁县										
怀集县						5		5		
封开县						7	7			
德庆县						1		1		
四会市	1	1				68	17	42	4	5
惠州市	**115**	**9**	**34**	**29**	**43**	**638**	**190**	**313**	**55**	**80**
惠城区	43	4	17	10	12	211	72	94	22	23
惠阳区	55	4	14	14	23	303	82	157	23	41
博罗县	8	1	2	1	4	73	17	42	5	9
惠东县	7			4	3	48	19	18	4	7
龙门县	2		1		1	3		2	1	
梅州市						**53**	**1**	**37**	**10**	**5**
梅江区						13		8	2	3
梅县区						9		7		2
大埔县										
丰顺县						4		4		
五华县						2		2		
平远县						25	1	16	8	
蕉岭县										
兴宁市										

7-1 续表 8

单位：人

现住地	省外									
	天津					河北				
	小计	乡	镇的村委会	镇的居委会	街道	小计	乡	镇的村委会	镇的居委会	街道
汕尾市	**7**		**3**	**2**	**2**	**37**	**8**	**24**	**2**	**3**
城区	5		1	2	2	13	4	6	1	2
海丰县	2		2			19	1	17	1	
陆河县						3	2	1		
陆丰市						2	1			1
河源市	**5**		**1**	**1**	**3**	**63**	**15**	**31**	**6**	**11**
源城区	5		1	1	3	40	12	19	3	6
紫金县						3		3		
龙川县						18	3	9	3	3
连平县						1				1
和平县						1				1
东源县										
阳江市	**6**		**1**		**5**	**120**	**2**	**64**	**19**	**35**
江城区	4		1		3	14	1	5		8
阳东区						4		3		1
阳西县						2		2		
阳春市	2				2	100	1	54	19	26
清远市	**10**		**10**			**147**	**25**	**87**	**15**	**20**
清城区	3		3			108	23	62	11	12
清新区	3		3			2				2
佛冈县						7	1	3		3
阳山县										
连山壮族瑶族自治县						1		1		
连南瑶族自治县						3			3	
英德市	4		4			26	1	21	1	3
连州市										
东莞市	**168**	**44**	**59**	**20**	**45**	**1722**	**629**	**855**	**119**	**119**
市辖区	168	44	59	20	45	1722	629	855	119	119
中山市	**42**	**8**	**14**	**9**	**11**	**487**	**114**	**262**	**41**	**70**
市辖区	42	8	14	9	11	487	114	262	41	70
潮州市						**43**	**9**	**24**	**3**	**7**
湘桥区						17	5	7	3	2
潮安区						20	4	16		
饶平县						6		1		5
揭阳市						**14**		**12**	**2**	
榕城区						1		1		
揭东区						8		8		
揭西县										
惠来县						1		1		
普宁市						4		2	2	
云浮市	**9**		**4**	**3**	**2**	**41**	**10**	**24**	**5**	**2**
云城区	1		1			23	6	15		2
云安区	2			2		10	2	4	4	
新兴县	3		1	1	1	2	1	1		
郁南县	1		1							
罗定市	2		1		1	6	1	4	1	

7-1 续表 9

单位：人

现住地	省外									
	山西					内蒙古				
	小计	乡	镇的村委会	镇的居委会	街道	小计	乡	镇的村委会	镇的居委会	街道
广东	**10586**	**2389**	**5292**	**1189**	**1716**	**5544**	**1135**	**2216**	**974**	**1219**
广州市	**2225**	**384**	**1135**	**253**	**453**	**1175**	**182**	**438**	**223**	**332**
荔湾区	79	9	34	11	25	28	3	10	5	10
越秀区	87	12	38	9	28	57	5	20	8	24
海珠区	152	13	66	16	57	83	7	26	20	30
天河区	404	63	184	48	109	249	35	85	48	81
白云区	499	110	257	49	83	245	43	85	44	73
黄埔区	251	48	144	27	32	102	18	41	12	31
番禺区	389	62	201	60	66	222	44	93	39	46
花都区	172	40	96	14	22	88	12	28	28	20
南沙区	85	7	61	6	11	49	7	22	12	8
从化区	4		2	1	1	2		1	1	
增城区	103	20	52	12	19	50	8	27	6	9
韶关市	**30**	**6**	**11**	**7**	**6**	**32**	**3**	**18**		**11**
武江区	5	1	4			9		6		3
浈江区	2	1		1		15	2	6		7
曲江区	2				2	1		1		
始兴县	6	1		2	3	3		3		
仁化县	1		1							
翁源县	4		3		1	2	1	1		
乳源瑶族自治县	4	1		3		1				1
新丰县										
乐昌市	4	2	1	1		1		1		
南雄市	2		2							
深圳市	**4128**	**799**	**2108**	**463**	**758**	**2245**	**415**	**909**	**420**	**501**
罗湖区	222	27	96	37	62	163	26	67	28	42
福田区	351	55	128	57	111	225	36	84	47	58
南山区	583	129	237	66	151	341	54	111	55	121
宝安区	963	197	498	104	164	491	105	202	83	101
龙岗区	910	180	514	98	118	522	121	200	97	104
盐田区	37	6	20	5	6	29	2	11	9	7
龙华区	703	147	388	72	96	315	52	148	65	50
坪山区	153	25	110	6	12	78	7	43	18	10
光明区	206	33	117	18	38	81	12	43	18	8
珠海市	**500**	**71**	**214**	**89**	**126**	**290**	**41**	**100**	**53**	**96**
香洲区	311	37	122	65	87	210	23	74	38	75
斗门区	56	7	39	7	3	24	2	10	3	9
金湾区	133	27	53	17	36	56	16	16	12	12
汕头市	**55**	**14**	**21**	**5**	**15**	**22**	**4**	**11**	**2**	**5**
龙湖区	13	3	4	3	3	9	2	6		1
金平区	19	1	12		6	6		2	1	3
濠江区						2		1		1
潮阳区	3	3				1			1	
潮南区	13	7		2	4	1		1		
澄海区	7		5		2	3	2	1		
南澳县										
佛山市	**770**	**220**	**398**	**102**	**50**	**391**	**109**	**165**	**69**	**48**
禅城区	95	17	52	11	15	50	14	27	5	4
南海区	292	93	145	41	13	170	39	72	39	20
顺德区	309	95	152	43	19	150	48	59	24	19
三水区	60	9	45	4	2	18	7	6	1	4
高明区	14	6	4	3	1	3	1	1		1

7−1　续表 10　　　　单位：人

现住地	省外									
	山西					内蒙古				
	小计	乡	镇的村委会	镇的居委会	街道	小计	乡	镇的村委会	镇的居委会	街道
江门市	**84**	**22**	**39**	**11**	**12**	**64**	**12**	**38**	**5**	**9**
蓬江区	35	7	15	7	6	22	3	11	2	6
江海区	10	2	6	1	1	7		6	1	
新会区	12		10		2	15	1	12	1	1
台山市	6	1	3	1	1	4	1	2		1
开平市	6	3	2	1		1			1	
鹤山市	12	7	3	1	1	11	4	7		
恩平市	3	2			1	4	3			1
湛江市	**87**	**10**	**30**	**13**	**34**	**45**	**7**	**11**	**11**	**16**
赤坎区	21	2	7	2	10	7	1	2	1	3
霞山区	7		2	2	3	18		6	4	8
坡头区	7	1	3		3	6	1	1	1	3
麻章区	35	7	12	7	9	7	3		3	1
遂溪县										
徐闻县	2			1	1					
廉江市	2			1	1	2			2	
雷州市	8		1		7	2		2		
吴川市	5		5			3	2			1
茂名市	**37**	**3**	**24**	**4**	**6**	**13**	**3**	**5**	**2**	**3**
茂南区	20	2	12	3	3	8	1	4		3
电白区	7	1	5		1	1	1			
高州市	5		4		1	2			2	
化州市	4		3		1	2	1	1		
信宜市	1			1						
肇庆市	**72**	**16**	**29**	**12**	**15**	**39**	**9**	**11**	**6**	**13**
端州区	9		2	2	5	4		2		2
鼎湖区	2	2				1		1		
高要区	9	1	4	3	1	3	1	1		1
广宁县						6			1	5
怀集县						1	1			
封开县	13	6	2	1	4	3		1	2	
德庆县	1		1			1		1		
四会市	38	7	20	6	5	20	7	5	3	5
惠州市	**510**	**137**	**246**	**60**	**67**	**296**	**79**	**121**	**48**	**48**
惠城区	180	46	96	11	27	110	37	39	18	16
惠阳区	244	76	108	35	25	150	33	66	24	27
博罗县	34	3	22	3	6	17	4	11	2	
惠东县	48	12	20	10	6	15	5	5	4	1
龙门县	4			1	3	4				4
梅州市	**34**	**3**	**22**	**6**	**3**	**17**	**5**	**7**	**2**	**3**
梅江区	7	3	3		1	7	3	1		3
梅县区	6		6			6	1	4	1	
大埔县	2		1	1						
丰顺县	6		5		1					
五华县	9		5	4						
平远县	1		1			2	1	1		
蕉岭县						1		1		
兴宁市	3		1	1	1	1			1	

7-1 续表 11

单位：人

现住地	省外									
	山西					内蒙古				
	小计	乡	镇的村委会	镇的居委会	街道	小计	乡	镇的村委会	镇的居委会	街道
汕尾市	**35**	**9**	**17**	**2**	**7**	**10**	**6**	**2**	**1**	**1**
城　区	10	2	5	2	1	2	2			
海丰县	12	5	6		1	7	4	1	1	1
陆河县	6	2	2		2					
陆丰市	7		4		3	1		1		
河源市	**75**	**11**	**54**	**4**	**6**	**15**		**13**	**2**	
源城区	34	6	22	3	3	11		9	2	
紫金县	3		2	1		1		1		
龙川县	12	4	7		1	2		2		
连平县	1		1							
和平县	4		2		2					
东源县	21	1	20			1		1		
阳江市	**33**	**5**	**25**		**3**	**15**	**4**	**5**		**6**
江城区	10	3	5		2	4				4
阳东区	12	1	10		1	7	2	5		
阳西县	4	1	3			1	1			
阳春市	7		7			3	1			2
清远市	**75**	**15**	**39**	**9**	**12**	**68**	**7**	**35**	**18**	**8**
清城区	51	13	27	2	9	40	5	19	13	3
清新区	5	1	2	1	1	6	1	3	2	
佛冈县	6		4	2		8	1	7		
阳山县	4		1	3		1			1	
连山壮族瑶族自治县										
连南瑶族自治县	1			1						
英德市	7		5		2	5		2	2	1
连州市	1	1				8		4		4
东莞市	**1436**	**567**	**680**	**91**	**98**	**588**	**198**	**242**	**83**	**65**
市辖区	1436	567	680	91	98	588	198	242	83	65
中山市	**328**	**84**	**158**	**46**	**40**	**201**	**46**	**77**	**29**	**49**
市辖区	328	84	158	46	40	201	46	77	29	49
潮州市	**32**	**2**	**25**	**4**	**1**	**8**	**1**	**4**		**3**
湘桥区	4		3		1	3		1		2
潮安区	24	2	18	4		4	1	2		1
饶平县	4		4			1		1		
揭阳市	**25**	**10**	**8**	**6**	**1**	**2**	**1**	**1**		
榕城区	11	1	6	3	1					
揭东区	9	9				2	1	1		
揭西县										
惠来县										
普宁市	5		2	3						
云浮市	**15**	**1**	**9**	**2**	**3**	**8**	**3**	**3**		**2**
云城区	6		4		2	2		1		1
云安区	4		4			1				1
新兴县	3	1		2		3	3			
郁南县						1		1		
罗定市	2		1		1	1		1		

7−1 续表 12 单位：人

现住地	省外									
	辽宁					吉林				
	小计	乡	镇的村委会	镇的居委会	街道	小计	乡	镇的村委会	镇的居委会	街道
广　东	**12999**	**2063**	**4844**	**1959**	**4133**	**13066**	**2342**	**5194**	**2043**	**3487**
广州市	**2930**	**335**	**1060**	**484**	**1051**	**2645**	**374**	**1044**	**425**	**802**
荔湾区	159	17	58	27	57	92	7	39	14	32
越秀区	120	6	33	23	58	100	14	25	14	47
海珠区	250	8	74	31	137	182	21	65	18	78
天河区	519	72	140	75	232	406	52	147	74	133
白云区	719	114	275	109	221	711	99	286	86	240
黄埔区	232	18	89	35	90	274	47	118	26	83
番禺区	433	37	165	100	131	393	46	174	101	72
花都区	234	44	97	32	61	225	49	77	39	60
南沙区	145	8	84	25	28	123	22	59	20	22
从化区	20	3	5	3	9	27	2	17	3	5
增城区	99	8	40	24	27	112	15	37	30	30
韶关市	**49**	**4**	**23**	**4**	**18**	**54**	**6**	**19**	**11**	**18**
武江区	15	1	7	1	6	13	1	5		7
浈江区	11	1	7		3	17	5	5		7
曲江区	9		1	3	5	4		3	1	
始兴县	1		1							
仁化县	3		1		2	11		2	8	1
翁源县	1		1			4		3		1
乳源瑶族自治县	4	1	3			2		1	1	
新丰县						1				1
乐昌市	3		2		1	1				1
南雄市	2	1			1	1			1	
深圳市	**5569**	**821**	**1924**	**847**	**1977**	**5333**	**878**	**1915**	**904**	**1636**
罗湖区	533	42	192	67	232	426	54	126	82	164
福田区	638	55	214	113	256	633	78	226	91	238
南山区	954	148	243	157	406	843	156	239	144	304
宝安区	1144	203	417	136	388	1106	202	437	181	286
龙岗区	1172	220	437	195	320	1169	228	447	193	301
盐田区	78	3	23	16	36	104	12	40	25	27
龙华区	731	87	254	120	270	755	122	256	132	245
坪山区	149	34	69	25	21	125	9	61	28	27
光明区	170	29	75	18	48	172	17	83	28	44
珠海市	**603**	**47**	**197**	**145**	**214**	**746**	**98**	**270**	**136**	**242**
香洲区	435	34	124	106	171	514	73	178	100	163
斗门区	57	3	30	12	12	78	6	42	15	15
金湾区	111	10	43	27	31	154	19	50	21	64
汕头市	**47**	**3**	**19**	**8**	**17**	**46**	**14**	**17**	**4**	**11**
龙湖区	23		14	2	7	18	8	7	1	2
金平区	14		2	5	7	9			3	6
濠江区	1				1	4		4		
潮阳区	2		1		1	5		4		1
潮南区	3	3				6	4	1		1
澄海区	4		2	1	1	4	2	1		1
南澳县										
佛山市	**885**	**160**	**424**	**143**	**158**	**1097**	**223**	**543**	**168**	**163**
禅城区	79	10	36	14	19	110	15	52	14	29
南海区	424	79	197	68	80	617	125	306	94	92
顺德区	294	53	149	51	41	261	66	132	33	30
三水区	65	13	30	8	14	81	11	36	22	12
高明区	23	5	12	2	4	28	6	17	5	

7-1 续表 13 单位：人

现住地	省外									
	辽宁					吉林				
	小计	乡	镇的村委会	镇的居委会	街道	小计	乡	镇的村委会	镇的居委会	街道
江门市	**137**	**28**	**52**	**22**	**35**	**94**	**17**	**38**	**21**	**18**
蓬江区	49	6	21	5	17	32	4	16	4	8
江海区	24	4	10	3	7	31	2	9	13	7
新会区	12	3	2	3	4	12	5	4	3	
台山市	10	2	6		2	7		4		3
开平市	19	9	3	2	5	6	5		1	
鹤山市	21	4	9	8		5		5		
恩平市	2		1	1		1	1			
湛江市	**117**	**23**	**36**	**13**	**45**	**80**	**10**	**20**	**11**	**39**
赤坎区	16	1	3	4	8	11		6	2	3
霞山区	42	2	20	4	16	38	7	5	5	21
坡头区	4			1	3	8	1	2	2	3
麻章区	20	4	5		11	5	1	3		1
遂溪县	1				1	3	1			2
徐闻县	3				3					
廉江市	3			1	2	2			2	
雷州市	26	15	8	2	1	7		4		3
吴川市	2	1		1		6				6
茂名市	**48**	**16**	**13**	**1**	**18**	**40**	**3**	**20**	**6**	**11**
茂南区	33	14	9		10	27	1	14	5	7
电白区	8	2	4	1	1	11	2	4	1	4
高州市						1		1		
化州市	4				4					
信宜市	3				3	1		1		
肇庆市	**76**	**11**	**37**	**8**	**20**	**61**	**8**	**27**	**12**	**14**
端州区	16		6	1	9	24		8	6	10
鼎湖区	3		3			6	1	3	1	1
高要区	4	1	3			1				1
广宁县	2			2		4		4		
怀集县	1		1			1		1		
封开县	4			2	2					
德庆县	4		3		1					
四会市	42	10	21	3	8	25	7	11	5	2
惠州市	**536**	**103**	**211**	**71**	**151**	**701**	**129**	**323**	**107**	**142**
惠城区	140	28	37	23	52	245	42	119	39	45
惠阳区	320	59	141	36	84	369	82	160	50	77
博罗县	48	12	23	1	12	49	3	29	10	7
惠东县	28	4	10	11	3	35	2	14	6	13
龙门县						3		1	2	
梅州市	**40**		**22**	**9**	**9**	**16**	**1**	**12**	**2**	**1**
梅江区	19		11	3	5	12	1	8	2	1
梅县区	13		8	5		3		3		
大埔县	1			1		1		1		
丰顺县	1		1							
五华县	2		1		1					
平远县	1		1							
蕉岭县										
兴宁市	3				3					

7-1 续表 14　　　　单位：人

现住地	省外									
	辽宁					吉林				
	小计	乡	镇的村委会	镇的居委会	街道	小计	乡	镇的村委会	镇的居委会	街道
汕尾市	**30**	**7**	**10**	**3**	**10**	**32**	**2**	**17**	**5**	**8**
城　区	12	3	4	1	4	15	1	6	4	4
海丰县	9		2	1	6	10	1	5		4
陆河县	1	1								
陆丰市	8	3	4	1		7		6	1	
河源市	**32**	**7**	**13**	**3**	**9**	**44**	**9**	**17**	**4**	**14**
源城区	20	5	7	1	7	37	9	12	4	12
紫金县	6	1	2	2	1	1				1
龙川县	1		1			2		2		
连平县						1				1
和平县	2		2			1		1		
东源县	3	1	1		1	2		2		
阳江市	**17**	**1**	**8**		**8**	**29**	**4**	**15**	**1**	**9**
江城区	5		3		2	7		2		5
阳东区	9	1	3		5	6		5	1	
阳西县	2		1		1	11	1	6		4
阳春市	1		1			5	3	2		
清远市	**90**	**18**	**30**	**7**	**35**	**87**	**6**	**39**	**13**	**29**
清城区	63	15	18	5	25	62	4	24	10	24
清新区	10	1	2	2	5	5	1	2		2
佛冈县	5	1	3		1	4	1	2	1	
阳山县	2		1		1	2		2		
连山壮族瑶族自治县										
连南瑶族自治县						1			1	
英德市	10	1	6		3	13		9	1	3
连州市										
东莞市	**1300**	**404**	**549**	**119**	**228**	**1436**	**460**	**631**	**142**	**203**
市辖区	1300	404	549	119	228	1436	460	631	142	203
中山市	**444**	**67**	**187**	**66**	**124**	**481**	**88**	**212**	**66**	**115**
市辖区	444	67	187	66	124	481	88	212	66	115
潮州市	**19**	**4**	**11**	**2**	**2**	**16**	**4**	**6**		**6**
湘桥区	7	3	1	1	2	10	2	3		5
潮安区	10		9	1		5	2	2		1
饶平县	2	1	1			1		1		
揭阳市	**9**	**1**	**7**	**1**		**5**	**5**			
榕城区						1	1			
揭东区	4		3	1		4	4			
揭西县										
惠来县	3		3							
普宁市	2	1	1							
云浮市	**21**	**3**	**11**	**3**	**4**	**23**	**3**	**9**	**5**	**6**
云城区	12	3	7		2	11	1	7		3
云安区	2			2		1		1		
新兴县	4		2		2	7			4	3
郁南县										
罗定市	3		2	1		4	2	1	1	

7-1　续表 15　　　　单位：人

现住地	省外									
	黑龙江					上海				
	小计	乡	镇的村委会	镇的居委会	街道	小计	乡	镇的村委会	镇的居委会	街道
广　东	**24575**	**4558**	**9721**	**4267**	**6029**	**2320**	**146**	**247**	**394**	**1533**
广州市	**4936**	**785**	**1952**	**830**	**1369**	**478**	**16**	**53**	**74**	**335**
荔湾区	163	22	47	25	69	21		1	2	18
越秀区	166	18	49	36	63	29		2	1	26
海珠区	386	41	169	54	122	52	1	2	1	48
天河区	781	119	293	119	250	163	7	8	19	129
白云区	1407	265	538	203	401	47	1	10	9	27
黄埔区	416	74	172	62	108	25		1	5	19
番禺区	773	84	324	176	189	78	3	15	20	40
花都区	375	85	159	67	64	28	3	5	10	10
南沙区	197	31	104	27	35	19	1	5	5	8
从化区	39	1	13	6	19					
增城区	233	45	84	55	49	16		4	2	10
韶关市	**78**	**10**	**31**	**16**	**21**	**11**		**4**	**1**	**6**
武江区	14	1	2	2	9	3		1	1	1
浈江区	14	1	3	4	6	4		1		3
曲江区	15	1	6	5	3	2		1		1
始兴县	6	2	3		1					
仁化县	11	2	7	1	1					
翁源县	6	2	2	2						
乳源瑶族自治县	4	1	2	1		2		1		1
新丰县										
乐昌市	5		4	1						
南雄市	3		2		1					
深圳市	**10436**	**1727**	**3873**	**1929**	**2907**	**1081**	**32**	**72**	**173**	**804**
罗湖区	774	102	259	165	248	110	2	5	19	84
福田区	1386	169	522	242	453	209	1	6	37	165
南山区	1502	280	429	288	505	322	22	19	43	238
宝安区	2156	424	807	364	561	115	1	12	23	79
龙岗区	2327	432	923	435	537	180	5	17	33	125
盐田区	185	19	68	29	69	15	1		1	13
龙华区	1490	208	569	298	415	89		4	9	76
坪山区	265	51	122	49	43	11		2	2	7
光明区	351	42	174	59	76	30		7	6	17
珠海市	**1249**	**148**	**484**	**281**	**336**	**109**	**1**	**7**	**19**	**82**
香洲区	851	87	294	220	250	94		7	14	73
斗门区	187	16	102	30	39	5			3	2
金湾区	211	45	88	31	47	10	1		2	7
汕头市	**69**	**17**	**22**	**17**	**13**	**24**	**7**		**4**	**13**
龙湖区	23	3	11	5	4	5	1			4
金平区	20		7	8	5	10			2	8
濠江区	6	4		1	1					
潮阳区	1			1		9	6		2	1
潮南区	9	9								
澄海区	10	1	4	2	3					
南澳县										
佛山市	**1502**	**264**	**740**	**288**	**210**	**142**	**13**	**31**	**38**	**60**
禅城区	176	22	79	38	37	27	1	2	6	18
南海区	696	122	335	146	93	61	8	13	20	20
顺德区	473	92	251	77	53	45	3	15	11	16
三水区	115	22	56	19	18	6	1			5
高明区	42	6	19	8	9	3		1	1	1

7-1　续表 16

单位：人

现住地	省外									
	黑龙江					上海				
	小计	乡	镇的村委会	镇的居委会	街道	小计	乡	镇的村委会	镇的居委会	街道
江门市	**191**	**23**	**92**	**27**	**49**	**17**		**3**	**3**	**11**
蓬江区	65	9	23	11	22	7		1		6
江海区	26	3	9	9	5	2			2	
新会区	23		10	2	11	1				1
台山市	21		15	2	4	1			1	
开平市	7		6	1		2		1		1
鹤山市	44	11	29		4	4		1		3
恩平市	5			2	3					
湛江市	**122**	**16**	**38**	**18**	**50**	**102**	**8**	**11**	**13**	**70**
赤坎区	25	4	3	2	16	9	1			8
霞山区	51	7	14	7	23	28	4	1	3	20
坡头区	4		2		2	2				2
麻章区	22	3	12	2	5	58	3	7	8	40
遂溪县	2		1	1		1			1	
徐闻县	5			3	2	2		2		
廉江市	7	1	4	1	1	2		1	1	
雷州市	3	1		1	1					
吴川市	3		2	1						
茂名市	**47**	**7**	**18**	**7**	**15**	**6**	**2**			**4**
茂南区	33	3	14	4	12	5	1			4
电白区	7	1	1	3	2					
高州市	3	1	1		1					
化州市										
信宜市	4	2	2			1	1			
肇庆市	**116**	**19**	**41**	**20**	**36**	**9**		**1**	**3**	**5**
端州区	23	1	8	4	10	2				2
鼎湖区	18		9	6	3	1				1
高要区	5	2	1	2		1		1		
广宁县										
怀集县	1			1						
封开县	4	1	1	2		1			1	
德庆县	1			1						
四会市	64	15	22	4	23	4			2	2
惠州市	**1415**	**272**	**562**	**247**	**334**	**65**	**10**	**17**	**7**	**31**
惠城区	454	82	166	76	130	20	4	4	1	11
惠阳区	790	148	325	143	174	31	6	8	5	12
博罗县	108	22	50	22	14	8		3	1	4
惠东县	57	18	19	6	14	6		2		4
龙门县	6	2	2		2					
梅州市	**47**	**3**	**28**	**13**	**3**	**3**		**1**	**1**	**1**
梅江区	18	1	5	9	3	1				1
梅县区	9		7	2		2		1	1	
大埔县	1		1							
丰顺县										
五华县	1		1							
平远县	1		1							
蕉岭县	2			2						
兴宁市	15	2	13							

7-1 续表 17

单位：人

现住地	省外									
	黑龙江					上海				
	小计	乡	镇的村委会	镇的居委会	街道	小计	乡	镇的村委会	镇的居委会	街道
汕尾市	**57**	**14**	**19**	**10**	**14**	**7**	**2**		**1**	**4**
城区	20	10	2	4	4					
海丰县	25	3	11	1	10	3				3
陆河县	1	1								
陆丰市	11		6	5		4	2		1	1
河源市	**125**	**26**	**43**	**27**	**29**	**4**		**2**		**2**
源城区	99	23	26	25	25	3		1		2
紫金县	9	2	4	1	2					
龙川县	8		7	1		1		1		
连平县	2	1	1							
和平县	2		2							
东源县	5		3		2					
阳江市	**51**	**7**	**29**	**7**	**8**	**6**	**3**			**3**
江城区	24		14	6	4	3	2			1
阳东区	6	5			1	1	1			
阳西县	6		6			1				1
阳春市	15	2	9	1	3	1				1
清远市	**182**	**30**	**61**	**36**	**55**	**8**		**3**	**2**	**3**
清城区	137	24	43	22	48	6		1	2	3
清新区	6	1	3	1	1					
佛冈县	13	4	4	4	1					
阳山县	3		2		1					
连山壮族瑶族自治县	1		1							
连南瑶族自治县	3			3						
英德市	15		8	3	4	2		2		
连州市	4	1		3						
东莞市	**2973**	**1003**	**1273**	**331**	**366**	**188**	**48**	**38**	**25**	**77**
市辖区	2973	1003	1273	331	366	188	48	38	25	77
中山市	**931**	**180**	**396**	**152**	**203**	**54**	**4**	**3**	**29**	**18**
市辖区	931	180	396	152	203	54	4	3	29	18
潮州市	**19**	**3**	**10**	**3**	**3**	**2**				**2**
湘桥区	6		3	1	2	2				2
潮安区	9	3	4	2						
饶平县	4		3		1					
揭阳市	**7**	**1**	**4**	**2**		**2**		**1**	**1**	
榕城区	1			1		1			1	
揭东区										
揭西县										
惠来县	2	1		1						
普宁市	4		4			1		1		
云浮市	**22**	**3**	**5**	**6**	**8**	**2**				**2**
云城区	5	2	1	1	1	1				1
云安区	1				1					
新兴县	12	1	4	1	6					
郁南县	4			4		1				1
罗定市										

7-1　续表 18　　　　　　　　　　　　　　　　　　　　　　　　　　单位：人

现住地	省外									
	江苏					浙江				
	小计	乡	镇的村委会	镇的居委会	街道	小计	乡	镇的村委会	镇的居委会	街道
广　东	**18363**	**3283**	**9280**	**2589**	**3211**	**20320**	**3385**	**10763**	**2599**	**3573**
广州市	**3871**	**519**	**1902**	**587**	**863**	**5580**	**658**	**2907**	**715**	**1300**
荔湾区	170	14	79	31	46	293	26	118	53	96
越秀区	197	13	76	41	67	400	29	233	48	90
海珠区	265	37	88	36	104	1037	83	561	144	249
天河区	628	77	253	98	200	672	60	268	101	243
白云区	886	144	497	83	162	1553	220	846	138	349
黄埔区	321	56	154	38	73	163	32	83	14	34
番禺区	563	47	294	129	93	601	55	314	112	120
花都区	384	64	213	55	52	595	102	354	70	69
南沙区	201	30	122	25	24	62	11	27	13	11
从化区	25	4	10	7	4	24	2	17	4	1
增城区	231	33	116	44	38	180	38	86	18	38
韶关市	**94**	**15**	**45**	**18**	**16**	**210**	**13**	**138**	**21**	**38**
武江区	26	8	8	3	7	68	1	54	3	10
浈江区	18		10	4	4	53	4	30	5	14
曲江区	8		5	2	1	15		8	5	2
始兴县	8	1	4	3		3	1		2	
仁化县	12	3	5	4		1				1
翁源县	2		2			9	1	6	1	1
乳源瑶族自治县	6		3	2	1	17	4	10	3	
新丰县						3		1		2
乐昌市	9	2	4		3	19	2	15	2	
南雄市	5	1	4			22		14		8
深圳市	**7271**	**1157**	**3674**	**1078**	**1362**	**5406**	**867**	**2789**	**723**	**1027**
罗湖区	545	83	246	86	130	416	62	185	72	97
福田区	792	88	324	139	241	839	105	393	147	194
南山区	1184	225	432	184	343	698	136	223	120	219
宝安区	1588	274	846	237	231	1315	182	799	153	181
龙岗区	1565	255	832	253	225	1055	212	568	116	159
盐田区	114	11	64	14	25	25	3	12	1	9
龙华区	930	156	551	113	110	721	102	405	87	127
坪山区	204	28	134	21	21	109	28	68	4	9
光明区	349	37	245	31	36	228	37	136	23	32
珠海市	**894**	**135**	**421**	**164**	**174**	**460**	**56**	**165**	**104**	**135**
香洲区	648	97	282	124	145	323	36	94	89	104
斗门区	104	13	60	22	9	54	8	27	7	12
金湾区	142	25	79	18	20	83	12	44	8	19
汕头市	**116**	**25**	**41**	**26**	**24**	**135**	**27**	**60**	**15**	**33**
龙湖区	24	2	8	5	9	31	4	16	4	7
金平区	40	4	19	4	13	53	4	26	3	20
濠江区	8		3	5		3			1	2
潮阳区	10	1	2	5	2	8	2	1	1	4
潮南区	19	14	3	2		20	12	3	5	
澄海区	8	2	2	4		20	5	14	1	
南澳县	7	2	4	1						
佛山市	**1345**	**237**	**766**	**212**	**130**	**2522**	**363**	**1486**	**395**	**278**
禅城区	174	19	96	35	24	218	29	120	41	28
南海区	596	142	310	94	50	1436	233	810	232	161
顺德区	439	63	262	67	47	721	93	446	116	66
三水区	78	5	65	6	2	110	5	90	2	13
高明区	58	8	33	10	7	37	3	20	4	10

7-1 续表 19 单位：人

现住地	省外									
	江苏					浙江				
	小计	乡	镇的村委会	镇的居委会	街道	小计	乡	镇的村委会	镇的居委会	街道
江门市	**270**	**50**	**127**	**31**	**62**	**682**	**88**	**409**	**66**	**119**
蓬江区	89	16	33	9	31	106	5	54	15	32
江海区	59	4	36	5	14	172	14	83	23	52
新会区	52	17	21	3	11	75	18	53	1	3
台山市	19	8	4	4	3	149	24	95	16	14
开平市	22	1	14	5	2	73	12	45	10	6
鹤山市	26	4	17	4	1	79	12	59	1	7
恩平市	3		2	1		28	3	20		5
湛江市	**117**	**17**	**38**	**18**	**44**	**140**	**12**	**71**	**26**	**31**
赤坎区	20	3	2	5	10	28	2	13	2	11
霞山区	30	4	8	1	17	37	4	21	5	7
坡头区	7	2	1		4	10	1	5	4	
麻章区	39	6	18	7	8	13	1	5	2	5
遂溪县						4		1	3	
徐闻县	3	1		1	1	16	1	9	5	1
廉江市	4			1	3	7		5	1	1
雷州市	2			1	1	14	2	8		4
吴川市	12	1	9	2		11	1	4	4	2
茂名市	**68**	**17**	**25**	**5**	**21**	**40**	**3**	**22**	**3**	**12**
茂南区	49	17	14	4	14	17	1	11	2	3
电白区	6		5		1	13	2	7		4
高州市	2		1		1	4		3	1	
化州市	6		2		4	3				3
信宜市	5		3	1	1	3		1		2
肇庆市	**90**	**15**	**47**	**14**	**14**	**148**	**19**	**94**	**17**	**18**
端州区	16	1	2	3	10	30	4	11	6	9
鼎湖区	13	3	5	5		16	6	8		2
高要区	5	1	2	1	1	16	1	11	3	1
广宁县						9		8	1	
怀集县	1				1	5		4	1	
封开县	3	1	2			6		6		
德庆县						6	2	3	1	
四会市	52	9	36	5	2	60	6	43	5	6
惠州市	**824**	**176**	**433**	**88**	**127**	**701**	**150**	**388**	**68**	**95**
惠城区	287	64	134	30	59	249	53	131	27	38
惠阳区	376	71	215	38	52	228	37	136	19	36
博罗县	101	25	57	7	12	107	26	60	10	11
惠东县	55	14	24	13	4	92	30	45	7	10
龙门县	5	2	3			25	4	16	5	
梅州市	**73**	**13**	**48**	**9**	**3**	**124**	**11**	**92**	**10**	**11**
梅江区	23	5	12	4	2	39	3	28	4	4
梅县区	10	1	8		1	25	3	21	1	
大埔县	9	3	4	2		10	1	8	1	
丰顺县	2	1	1			8	2	3	3	
五华县	9	3	4	2		9		9		
平远县	10		10			4	1	2	1	
蕉岭县	8		7	1		11		11		
兴宁市	2		2			18	1	10		7

7-1 续表 20

单位：人

现住地	省外									
	江苏					浙江				
	小计	乡	镇的村委会	镇的居委会	街道	小计	乡	镇的村委会	镇的居委会	街道
汕尾市	**68**	**16**	**38**	**5**	**9**	**60**	**14**	**29**	**11**	**6**
城区	23	7	9		7	3	1		1	1
海丰县	24	4	17	2	1	32	11	17	3	1
陆河县	5	5				7	1	5		1
陆丰市	16		12	3	1	18	1	7	7	3
河源市	**79**	**9**	**51**	**11**	**8**	**95**	**14**	**53**	**16**	**12**
源城区	43	6	30	4	3	40	4	22	6	8
紫金县	9	1	3	3	2	8		8		
龙川县	8	1	5	2		19	1	8	6	4
连平县	4		4			14	4	6	4	
和平县	3		1	1	1	9	2	7		
东源县	12	1	8	1	2	5	3	2		
阳江市	**35**		**24**	**5**	**6**	**94**	**7**	**48**	**8**	**31**
江城区	14		10	2	2	56	3	23	6	24
阳东区	10		6		4	23	1	14	2	6
阳西县	10		7	3		11	3	8		
阳春市	1		1			4		3		1
清远市	**195**	**14**	**126**	**30**	**25**	**259**	**34**	**167**	**30**	**28**
清城区	94	11	49	15	19	147	20	89	21	17
清新区	25	1	18	4	2	23	4	17	2	
佛冈县	13	1	8	3	1	22	1	14	3	4
阳山县	2		2			5		5		
连山壮族瑶族自治县	1		1			3		3		
连南瑶族自治县	1		1							
英德市	53	1	41	8	3	50	9	30	4	7
连州市	6		6			9		9		
东莞市	**2187**	**692**	**1095**	**198**	**202**	**2373**	**786**	**1167**	**210**	**210**
市辖区	2187	692	1095	198	202	2373	786	1167	210	210
中山市	**681**	**165**	**333**	**79**	**104**	**1146**	**227**	**607**	**136**	**176**
市辖区	681	165	333	79	104	1146	227	607	136	176
潮州市	**32**	**8**	**16**	**5**	**3**	**71**	**19**	**41**	**7**	**4**
湘桥区	9	2	4	2	1	27	5	13	5	4
潮安区	19	6	9	2	2	37	14	21	2	
饶平县	4		3	1		7		7		
揭阳市	**21**	**3**	**13**	**1**	**4**	**27**	**6**	**13**	**6**	**2**
榕城区						7	1	6		
揭东区	12		12			5	2	3		
揭西县	2	1		1		4		3	1	
惠来县	4				4					
普宁市	3	2	1			11	3	1	5	2
云浮市	**32**		**17**	**5**	**10**	**47**	**11**	**17**	**12**	**7**
云城区	20		10	5	5	7	1	5		1
云安区	2		1		1	4		1		3
新兴县	5		1		4	17	2	11	4	
郁南县	2		2			1			1	
罗定市	3		3			18	8		7	3

7-1 续表 21

单位：人

现住地	省外									
	安徽					福建				
	小计	乡	镇的村委会	镇的居委会	街道	小计	乡	镇的村委会	镇的居委会	街道
广　东	**63584**	**16633**	**37321**	**4989**	**4641**	**64090**	**14427**	**39704**	**5225**	**4734**
广州市	**9599**	**1798**	**5768**	**921**	**1112**	**12267**	**2102**	**7629**	**1129**	**1407**
荔湾区	253	26	139	45	43	1059	164	665	112	118
越秀区	396	58	210	47	81	456	71	239	58	88
海珠区	683	86	407	69	121	1176	168	672	134	202
天河区	1563	272	849	174	268	1646	237	959	188	262
白云区	2518	638	1491	157	232	3871	796	2478	250	347
黄埔区	769	143	480	67	79	619	139	366	35	79
番禺区	1477	191	938	184	164	1661	180	1135	171	175
花都区	810	204	495	57	54	937	209	566	95	67
南沙区	514	76	360	54	24	265	45	189	18	13
从化区	67	11	43	8	5	67	11	37	12	7
增城区	549	93	356	59	41	510	82	323	56	49
韶关市	**248**	**32**	**167**	**23**	**26**	**316**	**57**	**203**	**29**	**27**
武江区	43	9	18	7	9	84	19	59	3	3
浈江区	73	8	48	9	8	55	16	22	7	10
曲江区	45	3	31	4	7	50	2	34	7	7
始兴县	8		8			11		10		1
仁化县	14	5	9			11	1	7	2	1
翁源县	10	1	8		1	27	3	22	2	
乳源瑶族自治县	20	4	13	3		12		11	1	
新丰县	5	2	2		1	19	7	7	5	
乐昌市	15		15			20		18	2	
南雄市	15		15			27	9	13		5
深圳市	**23731**	**5640**	**14313**	**1860**	**1918**	**21510**	**4679**	**13512**	**1681**	**1638**
罗湖区	1172	246	668	124	134	1348	273	782	146	147
福田区	2064	329	1248	210	277	1389	199	814	152	224
南山区	2769	839	1261	280	389	1594	391	698	218	287
宝安区	5759	1450	3588	354	367	5230	1235	3384	307	304
龙岗区	5528	1426	3333	440	329	7104	1562	4554	575	413
盐田区	303	47	204	17	35	180	38	105	22	15
龙华区	3987	778	2627	295	287	2962	596	2005	182	179
坪山区	703	189	427	58	29	610	182	374	29	25
光明区	1446	336	957	82	71	1093	203	796	50	44
珠海市	**1346**	**247**	**726**	**224**	**149**	**1164**	**164**	**590**	**226**	**184**
香洲区	904	161	459	163	121	806	100	380	181	145
斗门区	203	25	148	24	6	151	17	111	21	2
金湾区	239	61	119	37	22	207	47	99	24	37
汕头市	**1133**	**336**	**528**	**167**	**102**	**2063**	**508**	**1086**	**264**	**205**
龙湖区	291	79	141	59	12	645	114	391	103	37
金平区	336	68	172	51	45	566	95	292	75	104
濠江区	47	12	14	8	13	34	9	5	14	6
潮阳区	83	15	30	11	27	81	25	26	17	13
潮南区	165	81	55	28	1	165	92	42	16	15
澄海区	181	65	104	10	2	553	171	317	37	28
南澳县	30	16	12		2	19	2	13	2	2
佛山市	**4486**	**1106**	**2745**	**427**	**208**	**4895**	**937**	**3248**	**474**	**236**
禅城区	602	149	373	37	43	808	139	546	76	47
南海区	1885	511	1036	246	92	2449	512	1526	287	124
顺德区	1601	359	1069	120	53	1248	221	885	98	44
三水区	257	43	189	15	10	307	44	236	11	16
高明区	141	44	78	9	10	83	21	55	2	5

7-1　续表 22　　　　单位：人

现住地	省外									
	安徽					福建				
	小计	乡	镇的村委会	镇的居委会	街道	小计	乡	镇的村委会	镇的居委会	街道
江门市	**907**	**168**	**598**	**54**	**87**	**768**	**128**	**517**	**59**	**64**
蓬江区	223	29	159	12	23	211	28	139	21	23
江海区	139	22	76	9	32	115	8	93	5	9
新会区	332	73	219	16	24	116	18	70	12	16
台山市	35	2	25	4	4	93	24	61	5	3
开平市	48	10	34	1	3	94	27	53	7	7
鹤山市	94	19	66	8	1	113	21	80	6	6
恩平市	36	13	19	4		26	2	21	3	
湛江市	**225**	**51**	**118**	**23**	**33**	**249**	**62**	**132**	**26**	**29**
赤坎区	49	15	28		6	37	5	22	1	9
霞山区	72	15	29	12	16	80	28	34	11	7
坡头区	12	3	3	3	3	12	9	3		
麻章区	55	18	24	6	7	36	7	18	2	9
遂溪县	3		3			15	1	10	4	
徐闻县	15		13	2		12	1	7	3	1
廉江市	4		3		1	22	4	15	1	2
雷州市						16	1	10	4	1
吴川市	15		15			19	6	13		
茂名市	**86**	**14**	**52**	**8**	**12**	**145**	**34**	**78**	**16**	**17**
茂南区	35	3	21	6	5	75	20	40	6	9
电白区	15	1	11	2	1	31	3	20	8	
高州市	12	1	7		4	14	3	9		2
化州市	22	9	12		1	12	6		2	4
信宜市	2		1		1	13	2	9		2
肇庆市	**293**	**68**	**154**	**33**	**38**	**2141**	**211**	**1756**	**99**	**75**
端州区	64	4	27	15	18	59	9	21	14	15
鼎湖区	34	11	23			34		26	3	5
高要区	23	7	10	4	2	43	3	40		
广宁县	8		8			9		9		
怀集县	2		2			2		2		
封开县	12	4	4	3	1	12		10	1	1
德庆县	2	1		1		10	2	8		
四会市	148	41	80	10	17	1972	197	1640	81	54
惠州市	**3889**	**966**	**2408**	**291**	**224**	**2975**	**654**	**1900**	**232**	**189**
惠城区	1277	369	733	80	95	985	218	598	84	85
惠阳区	1603	401	973	147	82	1372	318	892	92	70
博罗县	525	89	386	37	13	369	70	253	25	21
惠东县	439	100	283	25	31	227	44	141	30	12
龙门县	45	7	33	2	3	22	4	16	1	1
梅州市	**169**	**28**	**122**	**12**	**7**	**947**	**132**	**693**	**83**	**39**
梅江区	51	14	31	1	5	214	12	163	22	17
梅县区	35	2	29	4		211	25	164	18	4
大埔县	5	2	3			168	35	101	21	11
丰顺县	21	9	7	4	1	39	7	28	2	2
五华县	4		3	1		39	1	34	2	2
平远县						37	17	17	3	
蕉岭县	13		13			180	24	146	8	2
兴宁市	40	1	36	2	1	59	11	40	7	1

7-1 续表 23

单位：人

现住地	省外									
	安徽					福建				
	小计	乡	镇的村委会	镇的居委会	街道	小计	乡	镇的村委会	镇的居委会	街道
汕尾市	**164**	**30**	**90**	**26**	**18**	**224**	**39**	**131**	**40**	**14**
城　区	52	6	28	5	13	49	11	23	12	3
海丰县	60	19	26	11	4	96	14	69	8	5
陆河县	18	5	13			12	3	7	2	
陆丰市	34		23	10	1	67	11	32	18	6
河源市	**352**	**74**	**248**	**18**	**12**	**370**	**46**	**269**	**42**	**13**
源城区	219	55	143	15	6	199	20	146	25	8
紫金县	38	2	31	1	4	46	5	40	1	
龙川县	32	5	25	1	1	53	6	40	6	1
连平县	8		7	1		19		18	1	
和平县	13	2	11			8	2	5	1	
东源县	42	10	31		1	45	13	20	8	4
阳江市	**94**	**9**	**66**	**9**	**10**	**114**	**23**	**69**	**14**	**8**
江城区	31	6	20	2	3	44	15	19	2	8
阳东区	30	2	25	2	1	25		24	1	
阳西县	8		7	1		29	5	18	6	
阳春市	25	1	14	4	6	16	3	8	5	
清远市	**414**	**72**	**251**	**39**	**52**	**499**	**72**	**349**	**38**	**40**
清城区	224	42	135	18	29	292	51	204	13	24
清新区	33	7	22	2	2	52	5	45	2	
佛冈县	14	1	13			31	1	24	3	3
阳山县	6	1	3	2		7		3	4	
连山壮族瑶族自治县	5		5			2		2		
连南瑶族自治县	3			3		2		2		
英德市	117	21	71	6	19	98	11	66	9	12
连州市	12		2	8	2	15	4	3	7	1
东莞市	**13400**	**5158**	**7108**	**642**	**492**	**10483**	**3855**	**5689**	**556**	**383**
市辖区	13400	5158	7108	642	492	10483	3855	5689	556	383
中山市	**2024**	**512**	**1241**	**168**	**103**	**1736**	**391**	**1086**	**159**	**100**
市辖区	2024	512	1241	168	103	1736	391	1086	159	100
潮州市	**699**	**230**	**426**	**26**	**17**	**881**	**239**	**568**	**38**	**36**
湘桥区	122	14	78	20	10	199	29	128	15	27
潮安区	557	213	333	6	5	590	200	365	18	7
饶平县	20	3	15		2	92	10	75	5	2
揭阳市	**233**	**86**	**125**	**9**	**13**	**190**	**48**	**131**	**9**	**2**
榕城区	21	8	13			19	10	8		1
揭东区	34	11	15	5	3	104	11	90	3	
揭西县						2			2	
惠来县	8	1	4	3		4		2	2	
普宁市	170	66	93	1	10	61	27	31	2	1
云浮市	**92**	**8**	**67**	**9**	**8**	**153**	**46**	**68**	**11**	**28**
云城区	38	3	30	3	2	99	41	26	8	24
云安区	8		4	1	3	19		16	1	2
新兴县	18	4	11	3		20		18	2	
郁南县	12		9	1	2	9	3	5		1
罗定市	16	1	13	1	1	6	2	3		1

7–1　续表 24　　　　　　　　　　　　　　　　　　　　　　　　　　　　　　　　单位：人

现住地	省外									
	江西					山东				
	小计	乡	镇的村委会	镇的居委会	街道	小计	乡	镇的村委会	镇的居委会	街道
广　东	**270640**	**75200**	**158622**	**21078**	**15740**	**22745**	**4515**	**12693**	**1984**	**3553**
广州市	**45469**	**10268**	**28292**	**3672**	**3237**	**4543**	**642**	**2454**	**441**	**1006**
荔湾区	965	191	559	99	116	142	19	58	20	45
越秀区	866	144	452	123	147	218	23	77	36	82
海珠区	4167	677	2867	312	311	341	27	188	19	107
天河区	5290	1156	2906	596	632	822	106	380	89	247
白云区	12675	3765	7315	865	730	989	170	543	80	196
黄埔区	2717	572	1630	236	279	470	65	275	34	96
番禺区	10263	1694	7321	743	505	621	80	340	76	125
花都区	3781	1141	2185	268	187	456	89	275	43	49
南沙区	1653	304	1111	161	77	223	38	153	16	16
从化区	260	50	167	20	23	28	4	17	3	4
增城区	2832	574	1779	249	230	233	21	148	25	39
韶关市	**1660**	**199**	**1117**	**187**	**157**	**104**	**6**	**60**	**22**	**16**
武江区	393	71	227	40	55	17	2	11	3	1
浈江区	313	12	224	50	27	21		13	3	5
曲江区	213	15	167	19	12	15		6	8	1
始兴县	96	16	68	10	2	3		2		1
仁化县	114	11	75	18	10	7	1	4		2
翁源县	77	9	61	5	2	2		1		1
乳源瑶族自治县	53	3	34	10	6	1		1		
新丰县	66	17	29	9	11	6		3		3
乐昌市	65	3	52	4	6	16	2	13	1	
南雄市	270	42	180	22	26	16	1	6	7	2
深圳市	**96657**	**24616**	**57253**	**8234**	**6554**	**9589**	**1855**	**5353**	**833**	**1548**
罗湖区	4182	937	2397	420	428	602	102	305	71	124
福田区	5336	1140	3001	584	611	942	152	449	104	237
南山区	6571	1981	2969	771	850	1392	344	553	158	337
宝安区	28376	7625	16940	2172	1639	2183	425	1319	167	272
龙岗区	23293	6076	13806	2025	1386	2106	395	1251	196	264
盐田区	708	138	422	79	69	99	9	64	8	18
龙华区	18696	4178	11903	1494	1121	1455	267	881	82	225
坪山区	3444	1014	2009	253	168	339	76	212	25	26
光明区	6051	1527	3806	436	282	471	85	319	22	45
珠海市	**4529**	**806**	**2771**	**573**	**379**	**852**	**106**	**431**	**99**	**216**
香洲区	2828	489	1660	399	280	530	51	233	72	174
斗门区	915	148	631	101	35	102	12	60	15	15
金湾区	786	169	480	73	64	220	43	138	12	27
汕头市	**3765**	**1114**	**1928**	**472**	**251**	**86**	**8**	**46**	**19**	**13**
龙湖区	1526	405	866	208	47	15	1	4	9	1
金平区	833	177	426	125	105	32		13	7	12
濠江区	81	13	39	7	22	6		6		
潮阳区	148	39	72	24	13	10		9	1	
潮南区	389	219	100	39	31	6	4	1	1	
澄海区	766	255	414	67	30	17	3	13	1	
南澳县	22	6	11	2	3					
佛山市	**20912**	**5333**	**13110**	**1681**	**788**	**1541**	**290**	**945**	**154**	**152**
禅城区	1796	362	1114	186	134	203	36	121	21	25
南海区	7532	2137	4340	732	323	675	141	384	80	70
顺德区	10143	2473	6772	646	252	515	85	351	42	37
三水区	969	242	614	74	39	93	19	60	5	9
高明区	472	119	270	43	40	55	9	29	6	11

7-1 续表 25 单位：人

现住地	省外									
	江西					山东				
	小计	乡	镇的村委会	镇的居委会	街道	小计	乡	镇的村委会	镇的居委会	街道
江门市	**2989**	**606**	**1920**	**218**	**245**	**271**	**44**	**159**	**22**	**46**
蓬江区	884	172	590	59	63	109	17	57	8	27
江海区	559	94	348	42	75	49	11	23	7	8
新会区	683	116	454	47	66	45	10	31	2	2
台山市	172	39	102	18	13	19	2	11	4	2
开平市	208	62	134	8	4	13	4	9		
鹤山市	416	104	252	37	23	29		22	1	6
恩平市	67	19	40	7	1	7		6		1
湛江市	**356**	**76**	**190**	**34**	**56**	**186**	**40**	**85**	**30**	**31**
赤坎区	63	18	31	8	6	33	6	14	6	7
霞山区	100	22	54	9	15	75	17	23	22	13
坡头区	17	4	6	2	5	13	3	9		1
麻章区	73	12	37	6	18	46	12	26	1	7
遂溪县	5		3	1	1	2		1		1
徐闻县	10		9		1	5	1	4		
廉江市	42	5	25	6	6	4		4		
雷州市	22	9	13							
吴川市	24	6	12	2	4	8	1	4	1	2
茂名市	**243**	**36**	**152**	**25**	**30**	**101**	**17**	**49**	**5**	**30**
茂南区	78	14	41	15	8	69	14	26	1	28
电白区	75	9	52	10	4	20	3	13	4	
高州市	39	4	32		3	9		8		1
化州市	30	7	15		8	1				1
信宜市	21	2	12		7	2		2		
肇庆市	**881**	**136**	**540**	**110**	**95**	**117**	**14**	**59**	**20**	**24**
端州区	118	12	51	13	42	28	2	6	9	11
鼎湖区	85	15	57	10	3	9	1	5		3
高要区	118	23	78	16	1	4	1	3		
广宁县	24	1	17	5	1	4		3	1	
怀集县	19		13	2	4	1				1
封开县	27	6	11	5	5	7	3	2	1	1
德庆县	13	5	7	1		8		6	2	
四会市	477	74	306	58	39	56	7	34	7	8
惠州市	**14527**	**3974**	**8451**	**1229**	**873**	**1139**	**270**	**681**	**81**	**107**
惠城区	5591	1580	3019	510	482	441	100	255	38	48
惠阳区	5155	1481	2967	465	242	539	142	311	34	52
博罗县	2567	538	1757	166	106	119	17	91	6	5
惠东县	1085	356	612	84	33	35	10	21	2	2
龙门县	129	19	96	4	10	5	1	3	1	
梅州市	**2898**	**400**	**2226**	**178**	**94**	**63**	**7**	**38**	**4**	**14**
梅江区	875	104	675	52	44	18	3	12		3
梅县区	1111	90	937	64	20	7		5	2	
大埔县	48	18	26	2	2	3	2	1		
丰顺县	198	63	127	8		4		4		
五华县	132	14	103	11	4	22	1	15		6
平远县	216	56	136	23	1					
蕉岭县	142	22	114	5	1	4	1		2	1
兴宁市	176	33	108	13	22	5		1		4

7−1 续表 26　　　　单位：人

现住地	省外									
	江西					山东				
	小计	乡	镇的村委会	镇的居委会	街道	小计	乡	镇的村委会	镇的居委会	街道
汕尾市	**489**	**126**	**307**	**35**	**21**	**48**	**6**	**36**	**4**	**2**
城　区	93	28	51	6	8	8	1	7		
海丰县	216	31	166	11	8	36	2	29	3	2
陆河县	114	42	67	3	2	1	1			
陆丰市	66	25	23	15	3	3	2		1	
河源市	**1906**	**386**	**1271**	**140**	**109**	**128**	**30**	**86**	**4**	**8**
源城区	1083	254	667	83	79	87	25	52	2	8
紫金县	121	30	80	5	6	5		5		
龙川县	248	33	192	19	4	24	2	21	1	
连平县	115	18	88	5	4	2		2		
和平县	79	9	56	13	1	1		1		
东源县	260	42	188	15	15	9	3	5	1	
阳江市	**275**	**36**	**188**	**27**	**24**	**73**	**1**	**59**	**3**	**10**
江城区	117	15	78	7	17	24		19	2	3
阳东区	83	7	59	14	3	27	1	24	1	1
阳西县	26	6	14	4	2	10		8		2
阳春市	49	8	37	2	2	12		8		4
清远市	**1617**	**276**	**1034**	**180**	**127**	**179**	**32**	**106**	**18**	**23**
清城区	989	182	615	108	84	123	23	71	11	18
清新区	139	31	86	15	7	12	2	9		1
佛冈县	95	10	73	11	1	10	2	7	1	
阳山县	34	3	23	8		2		2		
连山壮族瑶族自治县	1	1				2		2		
连南瑶族自治县	5		1		4					
英德市	327	45	218	33	31	24	5	13	2	4
连州市	27	4	18	5		6		2	4	
东莞市	**55640**	**22523**	**28182**	**2901**	**2034**	**2894**	**968**	**1541**	**150**	**235**
市辖区	55640	22523	28182	2901	2034	2894	968	1541	150	235
中山市	**12186**	**3104**	**7499**	**1029**	**554**	**704**	**160**	**417**	**62**	**65**
市辖区	12186	3104	7499	1029	554	704	160	417	62	65
潮州市	**2251**	**701**	**1409**	**83**	**58**	**59**	**6**	**47**	**4**	**2**
湘桥区	452	81	300	42	29	21		16	3	2
潮安区	1751	612	1082	38	19	35	5	29	1	
饶平县	48	8	27	3	10	3	1	2		
揭阳市	**1136**	**416**	**643**	**50**	**27**	**15**	**4**	**5**	**5**	**1**
榕城区	201	85	102	5	9	4	1		3	
揭东区	571	204	346	17	4	6	2	2	1	1
揭西县	28	6	20	2		2		2		
惠来县	36	9	9	17	1	1		1		
普宁市	300	112	166	9	13	2	1		1	
云浮市	**254**	**68**	**139**	**20**	**27**	**53**	**9**	**36**	**4**	**4**
云城区	84	23	42	10	9	21		18	2	1
云安区	14	3	9		2	2		1		1
新兴县	96	33	46	7	10	15	6	6	2	1
郁南县	21	6	11	1	3	2	1	1		
罗定市	39	3	31	2	3	13	2	10		1

7－1 续表 27 单位：人

现住地	省外									
	河南					湖北				
	小计	乡	镇的村委会	镇的居委会	街道	小计	乡	镇的村委会	镇的居委会	街道
广东	**233819**	**75617**	**135867**	**11530**	**10805**	**310228**	**75895**	**184492**	**25066**	**24775**
广州市	**38274**	**9983**	**23619**	**2140**	**2532**	**63171**	**10724**	**42087**	**4892**	**5468**
荔湾区	1166	281	706	75	104	1177	217	647	112	201
越秀区	1260	250	755	96	159	973	165	397	149	262
海珠区	2532	497	1597	197	241	19614	2549	15342	938	785
天河区	6737	1697	4029	435	576	6308	1077	3568	692	971
白云区	9690	3119	5537	470	564	12172	2794	7209	1003	1166
黄埔区	4430	1206	2727	219	278	4840	959	2877	399	605
番禺区	4658	909	3173	290	286	8589	1145	6012	735	697
花都区	3500	1144	2063	149	144	3932	893	2408	321	310
南沙区	2273	463	1633	114	63	2552	433	1755	206	158
从化区	282	38	206	18	20	361	75	225	29	32
增城区	1746	379	1193	77	97	2653	417	1647	308	281
韶关市	**785**	**155**	**494**	**48**	**88**	**814**	**82**	**538**	**88**	**106**
武江区	196	47	105	12	32	234	29	130	23	52
浈江区	146	45	71	11	19	180	13	112	30	25
曲江区	171	19	127	10	15	83	6	60	12	5
始兴县	19		14	2	3	40	5	27	6	2
仁化县	22	4	14	1	3	35	3	21	4	7
翁源县	52	8	37	2	5	45	2	41	2	
乳源瑶族自治县	37	3	33	1		28	2	20	6	
新丰县	38	8	22	2	6	56	5	46	1	4
乐昌市	78	14	54	5	5	57	16	31	2	8
南雄市	26	7	17	2		56	1	50	2	3
深圳市	**77326**	**23886**	**46150**	**3613**	**3677**	**115558**	**25583**	**68699**	**10134**	**11142**
罗湖区	2899	724	1651	236	288	4888	985	2601	607	695
福田区	3939	949	2226	329	435	5930	1070	2999	766	1095
南山区	5990	2020	2896	480	594	10628	2941	4714	1190	1783
宝安区	23040	7671	13773	799	797	32752	7586	19935	2508	2723
龙岗区	18163	5666	10917	865	715	26992	6240	16211	2374	2167
盐田区	1015	251	634	68	62	958	145	572	110	131
龙华区	13022	3685	8304	506	527	21288	4081	13727	1662	1818
坪山区	3131	983	1952	118	78	3971	973	2477	297	224
光明区	6127	1937	3797	212	181	8151	1562	5463	620	506
珠海市	**6723**	**1420**	**4134**	**637**	**532**	**5964**	**934**	**3564**	**801**	**665**
香洲区	3911	763	2321	439	388	3468	510	1931	533	494
斗门区	1198	207	880	65	46	1180	137	840	131	72
金湾区	1614	450	933	133	98	1316	287	793	137	99
汕头市	**4356**	**1492**	**2185**	**402**	**277**	**2166**	**617**	**976**	**350**	**223**
龙湖区	682	206	352	89	35	454	78	244	112	20
金平区	389	75	226	47	41	353	48	158	52	95
濠江区	58	8	22	8	20	76	10	36	10	20
潮阳区	77	28	33	15	1	143	32	59	32	20
潮南区	214	131	42	39	2	221	97	62	50	12
澄海区	2922	1038	1502	204	178	913	351	415	93	54
南澳县	14	6	8			6	1	2	1	2
佛山市	**14846**	**4352**	**9105**	**912**	**477**	**18697**	**4340**	**11578**	**1736**	**1043**
禅城区	1461	362	923	96	80	1844	322	1149	219	154
南海区	6810	2183	3855	539	233	7961	2115	4679	767	400
顺德区	4746	1348	3081	208	109	6822	1506	4371	593	352
三水区	1369	323	964	42	40	1442	223	1044	101	74
高明区	460	136	282	27	15	628	174	335	56	63

7–1　续表 28　　　　　　　　　　　　　　　　　　　　　　　　单位：人

现住地	省外									
	河南					湖北				
	小计	乡	镇的村委会	镇的居委会	街道	小计	乡	镇的村委会	镇的居委会	街道
江门市	**3190**	**832**	**2026**	**139**	**193**	**3644**	**701**	**2319**	**296**	**328**
蓬江区	872	248	542	32	50	899	186	551	73	89
江海区	527	143	306	18	60	716	111	428	63	114
新会区	346	87	215	24	20	512	87	346	57	22
台山市	355	69	246	14	26	340	70	210	28	32
开平市	247	69	154	20	4	294	68	193	13	20
鹤山市	757	199	516	19	23	814	161	551	55	47
恩平市	86	17	47	12	10	69	18	40	7	4
湛江市	**606**	**170**	**324**	**34**	**78**	**638**	**134**	**303**	**73**	**128**
赤坎区	109	35	50	10	14	106	9	66	9	22
霞山区	187	53	93	11	30	249	57	108	27	57
坡头区	35	10	10	4	11	53	8	20	11	14
麻章区	149	48	87	3	11	100	45	34	8	13
遂溪县	20	12	8			5		5		
徐闻县	13		11		2	29	5	17	1	6
廉江市	47	6	32	5	4	41	3	24	7	7
雷州市	12	3	8	1		17	1	8	6	2
吴川市	34	3	25		6	38	6	21	4	7
茂名市	**297**	**62**	**148**	**23**	**64**	**381**	**38**	**258**	**37**	**48**
茂南区	179	38	64	16	61	137	13	71	14	39
电白区	51	10	35	4	2	138	10	118	6	4
高州市	18		16	1	1	32	4	25	3	
化州市	33	12	20	1		28	8	13	4	3
信宜市	16	2	13	1		46	3	31	10	2
肇庆市	**1644**	**217**	**1205**	**108**	**114**	**1161**	**210**	**690**	**125**	**136**
端州区	173	23	86	18	46	169	13	75	38	43
鼎湖区	152	23	109	7	13	90	6	69	8	7
高要区	142	22	103	10	7	192	68	111	12	1
广宁县	35		26	5	4	35		35		
怀集县	6		2		4	27		6	7	14
封开县	15	3	6	5	1	18	5	7	6	
德庆县	6		4	1	1	16	4	7	2	3
四会市	1115	146	869	62	38	614	114	380	52	68
惠州市	**15472**	**4998**	**8798**	**980**	**696**	**15458**	**4109**	**8927**	**1239**	**1183**
惠城区	5518	1747	3112	329	330	5483	1469	3047	414	553
惠阳区	7006	2337	3876	533	260	6385	1888	3543	547	407
博罗县	2098	606	1347	84	61	2449	459	1657	184	149
惠东县	771	284	418	31	38	1063	274	628	89	72
龙门县	79	24	45	3	7	78	19	52	5	2
梅州市	**362**	**61**	**270**	**18**	**13**	**473**	**82**	**316**	**58**	**17**
梅江区	107	16	78	8	5	143	21	96	18	8
梅县区	57	7	47	2	1	98	26	64	5	3
大埔县	29	4	20	2	3	29	9	17	1	2
丰顺县	66	17	46	1	2	48	11	25	12	
五华县	43	10	31	2		62	4	44	13	1
平远县	15		15			12	1	11		
蕉岭县	9		9			34	4	22	7	1
兴宁市	36	7	24	3	2	47	6	37	2	2

7－1 续表 29

单位：人

现住地	省外									
	河南					湖北				
	小计	乡	镇的村委会	镇的居委会	街道	小计	乡	镇的村委会	镇的居委会	街道
汕尾市	**499**	**141**	**293**	**38**	**27**	**686**	**138**	**417**	**96**	**35**
城　区	150	63	71	5	11	167	44	87	21	15
海丰县	204	36	144	16	8	375	53	260	45	17
陆河县	30	8	20	1	1	51	20	28	3	
陆丰市	115	34	58	16	7	93	21	42	27	3
河源市	**1149**	**258**	**795**	**57**	**39**	**1144**	**278**	**687**	**94**	**85**
源城区	749	182	502	44	21	704	171	414	58	61
紫金县	58	11	43	1	3	117	31	75	7	4
龙川县	121	27	83	9	2	89	20	45	17	7
连平县	35	4	28		3	17	1	14	1	1
和平县	47	9	35	2	1	39	6	32	1	
东源县	139	25	104	1	9	178	49	107	10	12
阳江市	**350**	**43**	**259**	**8**	**40**	**290**	**35**	**182**	**29**	**44**
江城区	190	31	129	6	24	140	21	78	13	28
阳东区	76	7	64	1	4	71	5	51	10	5
阳西县	27	2	22		3	33	5	22	3	3
阳春市	57	3	44	1	9	46	4	31	3	8
清远市	**1790**	**361**	**1171**	**139**	**119**	**1912**	**242**	**1244**	**213**	**213**
清城区	1172	244	755	90	83	1142	178	687	117	160
清新区	182	37	124	9	12	158	22	103	13	20
佛冈县	111	19	79	9	4	124	6	98	15	5
阳山县	34	2	17	13	2	28		21	7	
连山壮族瑶族自治县	3		1		2	1		1		
连南瑶族自治县	1		1			2			1	1
英德市	268	57	178	17	16	417	33	303	56	25
连州市	19	2	16	1		40	3	31	4	2
东莞市	**55752**	**24301**	**28401**	**1673**	**1377**	**64412**	**24370**	**33383**	**3588**	**3071**
市辖区	55752	24301	28401	1673	1377	64412	24370	33383	3588	3071
中山市	**9423**	**2604**	**5893**	**518**	**408**	**12068**	**2836**	**7386**	**1117**	**729**
市辖区	9423	2604	5893	518	408	12068	2836	7386	1117	729
潮州市	**449**	**151**	**260**	**13**	**25**	**830**	**277**	**483**	**34**	**36**
湘桥区	153	43	88	7	15	196	53	111	9	23
潮安区	260	100	153	5	2	596	221	343	23	9
饶平县	36	8	19	1	8	38	3	29	2	4
揭阳市	**221**	**43**	**148**	**23**	**7**	**367**	**90**	**205**	**41**	**31**
榕城区	55	9	22	18	6	39	10	22	5	2
揭东区	104	19	81	4		55	14	33	7	1
揭西县	19	2	17			37	5	27	4	1
惠来县	8	3	5			47	11	22	11	3
普宁市	35	10	23	1	1	189	50	101	14	24
云浮市	**305**	**87**	**189**	**7**	**22**	**394**	**75**	**250**	**25**	**44**
云城区	151	46	92	2	11	188	41	111	12	24
云安区	43	9	33		1	51	7	35		9
新兴县	73	21	40	5	7	89	23	50	6	10
郁南县	15	2	13			28	1	22	5	
罗定市	23	9	11		3	38	3	32	2	1

7-1　续表 30　　　　单位：人

现住地	省外				
	湖南				
	小计	乡	镇的村委会	镇的居委会	街道
广　东	**653335**	**192984**	**390404**	**40228**	**29719**
广州市	**126768**	**29736**	**81250**	**8416**	**7366**
荔湾区	2955	528	1808	303	316
越秀区	3347	663	1925	319	440
海珠区	6549	1043	4360	578	568
天河区	15508	3389	9457	1373	1289
白云区	32346	9165	19628	1844	1709
黄埔区	12396	2942	7911	707	836
番禺区	21113	3454	15209	1359	1091
花都区	17133	5424	10301	880	528
南沙区	6908	1366	4959	380	203
从化区	1065	176	761	80	48
增城区	7448	1586	4931	593	338
韶关市	**7128**	**1004**	**5099**	**544**	**481**
武江区	2054	341	1390	107	216
浈江区	1511	157	1046	188	120
曲江区	830	111	631	68	20
始兴县	206	30	153	18	5
仁化县	557	83	408	43	23
翁源县	203	20	169	11	3
乳源瑶族自治县	242	10	192	26	14
新丰县	125	33	82	1	9
乐昌市	1145	195	824	70	56
南雄市	255	24	204	12	15
深圳市	**189727**	**51840**	**114875**	**12696**	**10316**
罗湖区	5888	1256	3368	659	605
福田区	9040	1928	5206	924	982
南山区	13255	4062	6345	1402	1446
宝安区	62408	18028	38438	3369	2573
龙岗区	38946	11070	23053	2755	2068
盐田区	1749	336	1122	150	141
龙华区	35312	8668	22643	2253	1748
坪山区	6318	1953	3725	409	231
光明区	16811	4539	10975	775	522
珠海市	**16589**	**3417**	**10553**	**1722**	**897**
香洲区	9960	1862	6239	1212	647
斗门区	3209	482	2391	245	91
金湾区	3420	1073	1923	265	159
汕头市	**1310**	**352**	**588**	**221**	**149**
龙湖区	343	72	192	58	21
金平区	306	47	149	63	47
濠江区	68	13	19	7	29
潮阳区	87	23	28	21	15
潮南区	259	106	86	43	24
澄海区	243	89	113	29	12
南澳县	4	2	1		1
佛山市	**56974**	**15467**	**36031**	**3787**	**1689**
禅城区	6328	1453	4198	401	276
南海区	25251	7599	14950	1966	736
顺德区	19258	4961	12695	1099	503
三水区	4520	974	3235	193	118
高明区	1617	480	953	128	56

7－1　续表 31　　　　单位：人

现住地	省外				
	湖南				
	小计	乡	镇的村委会	镇的居委会	街道
江门市	**9146**	**2087**	**5925**	**538**	**596**
蓬江区	2096	450	1364	155	127
江海区	1768	355	1090	113	210
新会区	1843	385	1256	116	86
台山市	764	189	485	34	56
开平市	797	253	473	43	28
鹤山市	1697	408	1144	68	77
恩平市	181	47	113	9	12
湛江市	**925**	**160**	**502**	**102**	**161**
赤坎区	165	42	75	13	35
霞山区	277	34	146	37	60
坡头区	44	20	13	4	7
麻章区	159	39	83	14	23
遂溪县	42	5	26	8	3
徐闻县	31	3	20	4	4
廉江市	66	4	40	15	7
雷州市	58	5	33	2	18
吴川市	83	8	66	5	4
茂名市	**690**	**124**	**435**	**53**	**78**
茂南区	259	44	146	27	42
电白区	157	25	117	9	6
高州市	107	14	71	5	17
化州市	107	31	58	10	8
信宜市	60	10	43	2	5
肇庆市	**4026**	**791**	**2492**	**370**	**373**
端州区	454	70	223	42	119
鼎湖区	354	34	259	23	38
高要区	612	150	383	63	16
广宁县	77	8	58	1	10
怀集县	95	8	37	18	32
封开县	48	9	37	2	
德庆县	39	1	18	3	17
四会市	2347	511	1477	218	141
惠州市	**31703**	**9090**	**19013**	**2009**	**1591**
惠城区	10274	3165	5653	679	777
惠阳区	11334	3402	6649	816	467
博罗县	7026	1613	4833	337	243
惠东县	2718	844	1618	162	94
龙门县	351	66	260	15	10
梅州市	**923**	**92**	**721**	**74**	**36**
梅江区	264	30	198	21	15
梅县区	227	18	181	17	11
大埔县	86	7	69	5	5
丰顺县	66	11	50	5	
五华县	87	8	73	6	
平远县	42	7	32	3	
蕉岭县	43		39	4	
兴宁市	108	11	79	13	5

7−1　续表 32　　单位：人

现住地	省外				
	湖南				
	小计	乡	镇的村委会	镇的居委会	街道
汕尾市	**1404**	**328**	**790**	**231**	**55**
城　区	303	107	152	13	31
海丰县	899	146	544	189	20
陆河县	66	40	24	2	
陆丰市	136	35	70	27	4
河源市	**2408**	**532**	**1614**	**156**	**106**
源城区	1334	285	900	76	73
紫金县	272	66	178	21	7
龙川县	284	56	186	31	11
连平县	124	31	84	7	2
和平县	72	13	57	1	1
东源县	322	81	209	20	12
阳江市	**1606**	**251**	**1118**	**111**	**126**
江城区	466	106	282	32	46
阳东区	670	89	556	20	5
阳西县	92	8	71	7	6
阳春市	378	48	209	52	69
清远市	**6829**	**1342**	**4593**	**569**	**325**
清城区	3817	817	2435	347	218
清新区	1017	187	755	49	26
佛冈县	458	79	330	31	18
阳山县	145	15	99	27	4
连山壮族瑶族自治县	72	5	62	5	
连南瑶族自治县	34	2	24	5	3
英德市	1002	217	666	67	52
连州市	284	20	222	38	4
东莞市	**160897**	**66673**	**83850**	**6350**	**4024**
市辖区	160897	66673	83850	6350	4024
中山市	**31868**	**8930**	**19546**	**2131**	**1261**
市辖区	31868	8930	19546	2131	1261
潮州市	**1358**	**469**	**784**	**54**	**51**
湘桥区	479	144	275	26	34
潮安区	827	315	475	25	12
饶平县	52	10	34	3	5
揭阳市	**423**	**146**	**252**	**19**	**6**
榕城区	58	26	30	2	
揭东区	148	53	90	2	3
揭西县	42	8	30	4	
惠来县	11	2	7	2	
普宁市	164	57	95	9	3
云浮市	**633**	**153**	**373**	**75**	**32**
云城区	252	71	132	29	20
云安区	63	16	25	17	5
新兴县	191	53	117	18	3
郁南县	35	4	25	5	1
罗定市	92	9	74	6	3

7-1 续表 33

单位：人

现住地	省外									
	广西					海南				
	小计	乡	镇的村委会	镇的居委会	街道	小计	乡	镇的村委会	镇的居委会	街道
广东	**558933**	**159823**	**360798**	**23257**	**15055**	**21804**	**4054**	**11432**	**3774**	**2544**
广州市	**74593**	**16341**	**50809**	**3901**	**3542**	**4401**	**565**	**2256**	**823**	**757**
荔湾区	2496	390	1708	215	183	143	15	67	42	19
越秀区	1657	304	1006	155	192	167	16	67	43	41
海珠区	3787	536	2578	321	352	314	18	155	70	71
天河区	7964	1577	5106	669	612	873	105	406	172	190
白云区	21322	5768	13805	941	808	1108	204	565	161	178
黄埔区	5293	1200	3479	304	310	395	46	227	60	62
番禺区	15761	2433	11987	625	716	666	64	358	126	118
花都区	7579	2309	4883	245	142	316	64	157	64	31
南沙区	4637	964	3372	202	99	156	12	100	25	19
从化区	477	86	339	35	17	30	3	20	4	3
增城区	3620	774	2546	189	111	233	18	134	56	25
韶关市	**1073**	**108**	**822**	**73**	**70**	**80**	**6**	**33**	**22**	**19**
武江区	230	38	162	13	17	14	4	6	2	2
浈江区	186	7	141	21	17	13		8	4	1
曲江区	139	15	110	6	8	7		2	4	1
始兴县	38	4	31	1	2	9		1	8	
仁化县	52	5	39	4	4	2				2
翁源县	145	15	112	10	8	8	1	4	1	2
乳源瑶族自治县	63	6	48	5	4	1			1	
新丰县	79	3	70	2	4	10	1	3	1	5
乐昌市	62	7	47	5	3	10		5	1	4
南雄市	79	8	62	6	3	6		4		2
深圳市	**127643**	**33632**	**85585**	**4887**	**3539**	**7897**	**1347**	**4317**	**1426**	**807**
罗湖区	2255	454	1394	203	204	384	68	198	62	56
福田区	3628	735	2285	302	306	547	71	255	107	114
南山区	5362	1609	2820	411	522	632	123	246	127	136
宝安区	49500	13316	33866	1358	960	2498	434	1459	411	194
龙岗区	23909	6800	15302	1171	636	1793	338	991	331	133
盐田区	633	92	473	40	28	59	8	27	13	11
龙华区	22159	5012	15719	840	588	1291	171	762	241	117
坪山区	4052	1211	2628	128	85	210	56	108	32	14
光明区	16145	4403	11098	434	210	483	78	271	102	32
珠海市	**12505**	**2283**	**8702**	**1047**	**473**	**898**	**115**	**527**	**165**	**91**
香洲区	6164	1029	4099	719	317	604	74	337	119	74
斗门区	3374	537	2633	134	70	156	18	113	17	8
金湾区	2967	717	1970	194	86	138	23	77	29	9
汕头市	**842**	**306**	**395**	**80**	**61**	**214**	**47**	**97**	**38**	**32**
龙湖区	120	26	67	20	7	22		13	5	4
金平区	120	21	64	18	17	40	4	14	12	10
濠江区	60	14	25	11	10	8	1	1	4	2
潮阳区	65	14	44	6	1	35	3	14	8	10
潮南区	185	103	58	11	13	30	19	10	1	
澄海区	290	128	136	14	12	78	20	45	7	6
南澳县	2		1		1	1			1	
佛山市	**100509**	**26954**	**67919**	**4043**	**1593**	**1337**	**250**	**702**	**269**	**116**
禅城区	9207	2114	6513	377	203	166	19	62	61	24
南海区	38298	11908	23746	2027	617	529	97	281	90	61
顺德区	43937	10818	31186	1383	550	463	112	249	83	19
三水区	6293	1332	4646	163	152	126	12	78	25	11
高明区	2774	782	1828	93	71	53	10	32	10	1

7−1　续表 34　　　　单位：人

现住地	省外									
	广西					海南				
	小计	乡	镇的村委会	镇的居委会	街道	小计	乡	镇的村委会	镇的居委会	街道
江门市	**19964**	**4737**	**13914**	**675**	**638**	**377**	**88**	**145**	**87**	**57**
蓬江区	4372	931	3174	134	133	110	31	37	19	23
江海区	2834	630	1891	110	203	49	8	29	5	7
新会区	3968	945	2781	113	129	53	13	18	15	7
台山市	1607	439	1044	68	56	56	11	18	19	8
开平市	2666	727	1785	133	21	46	17	16	10	3
鹤山市	3889	970	2740	95	84	55	7	25	16	7
恩平市	628	95	499	22	12	8	1	2	3	2
湛江市	**3142**	**696**	**1975**	**225**	**246**	**397**	**49**	**173**	**80**	**95**
赤坎区	327	73	195	24	35	49	2	19	10	18
霞山区	529	138	317	25	49	76	11	23	11	31
坡头区	139	25	80	12	22	32	8	9	2	13
麻章区	308	51	197	17	43	47	1	23	16	7
遂溪县	122	29	75	13	5	17	3	7	7	
徐闻县	299	89	154	42	14	60	8	34	5	13
廉江市	684	94	515	52	23	59	5	25	18	11
雷州市	161	21	113	18	9	25	2	17	5	1
吴川市	573	176	329	22	46	32	9	16	6	1
茂名市	**2343**	**442**	**1565**	**171**	**165**	**495**	**92**	**244**	**72**	**87**
茂南区	731	151	465	54	61	111	19	47	19	26
电白区	340	31	268	25	16	64	6	41	10	7
高州市	555	99	371	39	46	64	10	17	13	24
化州市	469	106	304	29	30	25	1	13	4	7
信宜市	248	55	157	24	12	231	56	126	26	23
肇庆市	**6161**	**1273**	**4139**	**459**	**290**	**109**	**15**	**52**	**22**	**20**
端州区	571	70	368	65	68	18	1	6	2	9
鼎湖区	701	66	572	38	25	33	7	11	10	5
高要区	1629	586	951	79	13	8	2	2	1	3
广宁县	150	12	127	5	6	4		4		
怀集县	117	1	79	10	27	2		2		
封开县	271	105	118	36	12	2		1	1	
德庆县	84	12	45	12	15	2			2	
四会市	2638	421	1879	214	124	40	5	26	6	3
惠州市	**18362**	**5313**	**11608**	**897**	**544**	**902**	**173**	**472**	**166**	**91**
惠城区	5100	1536	3090	267	207	303	53	145	52	53
惠阳区	7327	2199	4467	454	207	382	80	195	80	27
博罗县	4433	1109	3136	113	75	144	24	85	28	7
惠东县	1343	428	816	58	41	70	14	46	6	4
龙门县	159	41	99	5	14	3	2	1		
梅州市	**522**	**79**	**395**	**30**	**18**	**130**	**9**	**57**	**37**	**27**
梅江区	108	10	88	5	5	38	2	12	16	8
梅县区	90	10	73	6	1	12	1	7	2	2
大埔县	40	9	27	3	1	9	2	4	2	1
丰顺县	50	8	39	2	1	22		16	5	1
五华县	85	8	71		6	16		12	2	2
平远县	20	3	13	4		1	1			
蕉岭县	35	4	31			3		1	2	
兴宁市	94	27	53	10	4	29	3	5	8	13

7－1 续表 35

单位：人

现住地	省外									
	广西					海南				
	小计	乡	镇的村委会	镇的居委会	街道	小计	乡	镇的村委会	镇的居委会	街道
汕尾市	**869**	**213**	**569**	**59**	**28**	**90**	**18**	**45**	**21**	**6**
城　区	146	57	66	8	15	18	8	3	5	2
海丰县	618	124	444	39	11	30	4	16	8	2
陆河县	30	16	13		1	35	6	20	7	2
陆丰市	75	16	46	12	1	7		6	1	
河源市	**1446**	**315**	**1007**	**84**	**40**	**110**	**25**	**44**	**21**	**20**
源城区	731	184	487	42	18	55	17	22	12	4
紫金县	255	60	172	13	10	13	6	1	4	2
龙川县	114	8	91	10	5	32	1	16	4	11
连平县	84	8	66	6	4	1			1	
和平县	30	1	22	6	1					
东源县	232	54	169	7	2	9	1	5		3
阳江市	**2378**	**464**	**1736**	**98**	**80**	**150**	**19**	**78**	**35**	**18**
江城区	795	257	447	43	48	54	8	28	12	6
阳东区	1193	178	967	41	7	30	4	21	5	
阳西县	163	15	135	8	5	23	1	11	9	2
阳春市	227	14	187	6	20	43	6	18	9	10
清远市	**2983**	**473**	**2194**	**181**	**135**	**173**	**25**	**97**	**34**	**17**
清城区	1490	260	1030	101	99	83	9	40	24	10
清新区	484	80	381	15	8	42	10	29	2	1
佛冈县	252	43	197	10	2	10	2	5	3	
阳山县	72	6	53	11	2	5		3	1	1
连山壮族瑶族自治县	82	4	77		1					
连南瑶族自治县	23	3	20							
英德市	489	70	359	37	23	29	4	17	3	5
连州市	91	7	77	7		4		3	1	
东莞市	**122030**	**50067**	**66515**	**3364**	**2084**	**3051**	**1031**	**1573**	**291**	**156**
市辖区	122030	50067	66515	3364	2084	3051	1031	1573	291	156
中山市	**58505**	**15289**	**38978**	**2827**	**1411**	**778**	**148**	**425**	**121**	**84**
市辖区	58505	15289	38978	2827	1411	778	148	425	121	84
潮州市	**705**	**289**	**380**	**20**	**16**	**83**	**13**	**28**	**16**	**26**
湘桥区	150	38	95	7	10	38		13	11	14
潮安区	520	246	261	8	5	38	13	12	4	9
饶平县	35	5	24	5	1	7		3	1	3
揭阳市	**322**	**56**	**236**	**25**	**5**	**61**	**8**	**37**	**13**	**3**
榕城区	51	26	18	7		8		8		
揭东区	169	16	143	10		9		6	1	2
揭西县	35	2	32	1		17	3	3	10	1
惠来县	9	3	2	4		2		1	1	
普宁市	58	9	41	3	5	25	5	19	1	
云浮市	**2036**	**493**	**1355**	**111**	**77**	**71**	**11**	**30**	**15**	**15**
云城区	732	246	429	24	33	10	2	4		4
云安区	120	25	82	9	4	4	1	1	2	
新兴县	641	122	474	43	2	5		4		1
郁南县	220	56	139	13	12	1		1		
罗定市	323	44	231	22	26	51	8	20	13	10

7-1　续表 36　　　　　　　　　　　　　　　　　　　　　　　　　　　　单位：人

现住地	省外									
	重庆					四川				
	小计	乡	镇的村委会	镇的居委会	街道	小计	乡	镇的村委会	镇的居委会	街道
广　东	**107231**	**28805**	**63721**	**7491**	**7214**	**300609**	**92718**	**178194**	**16518**	**13179**
广州市	**13021**	**2692**	**8184**	**978**	**1167**	**40927**	**10342**	**25695**	**2417**	**2473**
荔湾区	286	35	165	29	57	1068	190	659	109	110
越秀区	254	25	131	36	62	646	119	339	80	108
海珠区	883	136	555	76	116	3169	545	2149	204	271
天河区	1044	217	491	125	211	3013	694	1702	256	361
白云区	2727	683	1581	190	273	10723	3424	6125	588	586
黄埔区	1322	305	773	110	134	3151	772	1908	177	294
番禺区	2876	448	2070	191	167	7448	1320	5344	434	350
花都区	1328	390	793	89	56	4790	1602	2829	216	143
南沙区	1245	253	884	70	38	3533	872	2431	140	90
从化区	154	21	121	3	9	382	60	294	13	15
增城区	902	179	620	59	44	3004	744	1915	200	145
韶关市	**286**	**32**	**194**	**26**	**34**	**1129**	**205**	**758**	**74**	**92**
武江区	85	17	47	5	16	331	94	202	8	27
浈江区	52	1	34	11	6	276	36	198	22	20
曲江区	26		19		7	142	25	108	5	4
始兴县	7	1	5	1		38	3	27	4	4
仁化县	20	3	13	2	2	30	1	27	2	
翁源县	19	3	16			56	5	45	3	3
乳源瑶族自治县	5		4		1	48	3	37	3	5
新丰县	31	7	19	4	1	83	23	42	16	2
乐昌市	20		17	2	1	74	7	43	7	17
南雄市	21		20	1		51	8	29	4	10
深圳市	**32710**	**8302**	**19696**	**2292**	**2420**	**82747**	**25183**	**48204**	**5040**	**4320**
罗湖区	1625	373	938	151	163	4501	1396	2464	330	311
福田区	3403	721	2119	249	314	4016	990	2131	434	461
南山区	2171	561	981	262	367	6835	2283	3162	624	766
宝安区	6740	1712	4099	464	465	25126	7990	14848	1262	1026
龙岗区	10507	2988	6373	635	511	19334	5948	11421	1161	804
盐田区	219	45	122	17	35	764	142	528	56	38
龙华区	3893	850	2477	249	317	10954	2914	6785	671	584
坪山区	2128	648	1265	124	91	2934	1001	1692	147	94
光明区	2024	404	1322	141	157	8283	2519	5173	355	236
珠海市	**3609**	**672**	**2182**	**436**	**319**	**7562**	**1479**	**4946**	**677**	**460**
香洲区	2351	428	1390	304	229	3987	764	2466	459	298
斗门区	589	71	399	79	40	2007	282	1527	138	60
金湾区	669	173	393	53	50	1568	433	953	80	102
汕头市	**457**	**145**	**203**	**66**	**43**	**2951**	**1068**	**1270**	**365**	**248**
龙湖区	90	21	46	18	5	788	192	406	160	30
金平区	63	12	28	7	16	326	49	159	52	66
濠江区	12	1	4	2	5	57	17	19	8	13
潮阳区	50	12	22	15	1	385	136	136	74	39
潮南区	156	68	63	18	7	1085	582	368	58	77
澄海区	79	25	40	5	9	294	90	168	13	23
南澳县	7	6		1		16	2	14		
佛山市	**9671**	**2387**	**6037**	**717**	**530**	**38159**	**10951**	**24422**	**1963**	**823**
禅城区	1519	395	963	93	68	4009	1239	2466	205	99
南海区	3591	991	2107	311	182	12349	4070	7155	814	310
顺德区	3036	648	1988	213	187	18943	4877	12945	785	336
三水区	833	158	606	28	41	1987	472	1344	116	55
高明区	692	195	373	72	52	871	293	512	43	23

7-1 续表 37

单位：人

现住地	省外									
	重庆					四川				
	小计	乡	镇的村委会	镇的居委会	街道	小计	乡	镇的村委会	镇的居委会	街道
江门市	**2885**	**601**	**1886**	**180**	**218**	**6195**	**1337**	**4150**	**330**	**378**
蓬江区	629	95	432	42	60	1847	376	1250	119	102
江海区	456	73	299	37	47	1088	179	745	60	104
新会区	574	110	412	22	30	952	188	660	41	63
台山市	331	92	190	20	29	696	181	417	35	63
开平市	366	106	208	38	14	442	129	272	30	11
鹤山市	425	94	285	13	33	991	241	692	27	31
恩平市	104	31	60	8	5	179	43	114	18	4
湛江市	**458**	**80**	**270**	**42**	**66**	**1004**	**254**	**537**	**78**	**135**
赤坎区	73	25	34	10	4	179	44	94	17	24
霞山区	174	28	97	17	32	302	61	158	34	49
坡头区	27	6	14	1	6	96	44	33	2	17
麻章区	44	5	20	7	12	147	46	72	9	20
遂溪县	11		10	1		20	5	11	4	
徐闻县	37	3	31	2	1	33	4	18	1	10
廉江市	28	2	22	2	2	68	18	44	3	3
雷州市	16	1	9		6	13	2	11		
吴川市	48	10	33	2	3	146	30	96	8	12
茂名市	**224**	**41**	**150**	**6**	**27**	**609**	**114**	**405**	**39**	**51**
茂南区	74	18	39	2	15	292	73	169	20	30
电白区	49		45	2	2	139	14	111	9	5
高州市	22	1	18	1	2	97	10	78	2	7
化州市	50	18	28		4	58	15	30	7	6
信宜市	29	4	20	1	4	23	2	17	1	3
肇庆市	**1034**	**189**	**692**	**87**	**66**	**2210**	**399**	**1416**	**222**	**173**
端州区	62	3	27	13	19	603	79	368	64	92
鼎湖区	124	10	107	3	4	279	52	190	25	12
高要区	113	39	63	6	5	353	92	233	24	4
广宁县	18	1	17			51	2	44	1	4
怀集县	10		3	2	5	59	1	37	14	7
封开县	9	3	5	1		15	4	9	1	1
德庆县	5	1	3		1	16		8	4	4
四会市	693	132	467	62	32	834	169	527	89	49
惠州市	**8384**	**2287**	**4890**	**660**	**547**	**20579**	**6073**	**12293**	**1256**	**957**
惠城区	2981	892	1636	236	217	6603	2166	3710	328	399
惠阳区	3085	866	1786	258	175	7862	2240	4711	598	313
博罗县	1473	302	992	101	78	2855	639	1972	126	118
惠东县	778	216	436	57	69	3112	974	1821	199	118
龙门县	67	11	40	8	8	147	54	79	5	9
梅州市	**209**	**33**	**143**	**19**	**14**	**614**	**94**	**486**	**23**	**11**
梅江区	53	4	40	2	7	145	27	108	4	6
梅县区	26	1	20	3	2	95	15	69	10	1
大埔县	13	1	10	2		28	3	25		
丰顺县	34	8	20	6		103	6	96		1
五华县	24	7	15	1	1	81	16	64	1	
平远县	9	4	5			26	8	15	3	
蕉岭县	18	2	13	3		43	3	37	2	1
兴宁市	32	6	20	2	4	93	16	72	3	2

7-1 续表 38　　　　单位：人

现住地	省外									
	重庆					四川				
	小计	乡	镇的村委会	镇的居委会	街道	小计	乡	镇的村委会	镇的居委会	街道
汕尾市	**1335**	**263**	**899**	**136**	**37**	**2468**	**659**	**1490**	**161**	**158**
城　区	244	73	137	24	10	899	281	471	51	96
海丰县	959	147	699	89	24	1265	271	864	85	45
陆河县	30	14	16			111	25	84		2
陆丰市	102	29	47	23	3	193	82	71	25	15
河源市	**615**	**113**	**430**	**40**	**32**	**2757**	**666**	**1918**	**127**	**46**
源城区	328	59	217	26	26	1962	513	1319	97	33
紫金县	118	9	100	4	5	255	27	210	12	6
龙川县	57	13	38	5	1	144	30	108	5	1
连平县	7		7			72	3	67	2	
和平县	18	3	12	3		71	24	43	3	1
东源县	87	29	56	2		253	69	171	8	5
阳江市	**615**	**100**	**409**	**43**	**63**	**524**	**119**	**334**	**28**	**43**
江城区	369	68	227	29	45	245	61	150	11	23
阳东区	190	24	157	5	4	138	28	91	12	7
阳西县	39	8	17	5	9	58	9	46	2	1
阳春市	17		8	4	5	83	21	47	3	12
清远市	**759**	**155**	**478**	**56**	**70**	**1872**	**392**	**1242**	**137**	**101**
清城区	409	99	248	31	31	1059	238	662	85	74
清新区	79	15	45	9	10	299	59	217	14	9
佛冈县	61	14	39	5	3	156	26	118	10	2
阳山县	19	2	13	4		38		29	9	
连山壮族瑶族自治县						10		8		2
连南瑶族自治县	1		1			3		3		
英德市	175	25	118	6	26	288	67	188	19	14
连州市	15		14	1		19	2	17		
东莞市	**23288**	**8665**	**12277**	**1181**	**1165**	**60890**	**25931**	**30974**	**2184**	**1801**
市辖区	23288	8665	12277	1181	1165	60890	25931	30974	2184	1801
中山市	**6513**	**1715**	**4031**	**442**	**325**	**24103**	**6319**	**15723**	**1250**	**811**
市辖区	6513	1715	4031	442	325	24103	6319	15723	1250	811
潮州市	**780**	**233**	**437**	**58**	**52**	**2131**	**820**	**1197**	**65**	**49**
湘桥区	415	107	216	46	46	436	135	233	33	35
潮安区	347	123	213	7	4	1647	667	941	31	8
饶平县	18	3	8	5	2	48	18	23	1	6
揭阳市	**219**	**51**	**148**	**10**	**10**	**502**	**154**	**301**	**24**	**23**
榕城区	67	21	42	4		41	19	15	6	1
揭东区	41	13	26		2	109	26	75	3	5
揭西县	4		2	1	1	10	5	4	1	
惠来县	11	1	7	2	1	24	5	10	5	4
普宁市	96	16	71	3	6	318	99	197	9	13
云浮市	**159**	**49**	**85**	**16**	**9**	**676**	**159**	**433**	**58**	**26**
云城区	25	8	9	7	1	294	68	205	8	13
云安区	19	2	11	4	2	42	8	26	1	7
新兴县	86	28	48	5	5	250	62	142	44	2
郁南县	14	8	5		1	38	15	18	3	2
罗定市	15	3	12			52	6	42	2	2

7-1 续表 39

单位：人

现住地	省外									
	贵州					云南				
	小计	乡	镇的村委会	镇的居委会	街道	小计	乡	镇的村委会	镇的居委会	街道
广东	**141501**	**44644**	**86807**	**5463**	**4587**	**83574**	**27853**	**50682**	**2989**	**2050**
广州市	**15711**	**3812**	**10335**	**738**	**826**	**7784**	**2050**	**4970**	**334**	**430**
荔湾区	218	44	131	23	20	150	30	90	17	13
越秀区	202	22	109	25	46	105	23	50	15	17
海珠区	674	133	428	52	61	288	41	203	14	30
天河区	1209	277	671	97	164	614	156	316	55	87
白云区	3397	972	2080	167	178	1936	605	1155	80	96
黄埔区	1376	344	874	65	93	1106	298	699	37	72
番禺区	4069	722	3072	139	136	1119	197	834	38	50
花都区	2099	751	1213	71	64	1140	403	682	33	22
南沙区	1380	265	1045	38	32	798	169	577	27	25
从化区	187	40	136	7	4	141	32	107	1	1
增城区	900	242	576	54	28	387	96	257	17	17
韶关市	**433**	**91**	**302**	**26**	**14**	**251**	**35**	**191**	**11**	**14**
武江区	100	25	70	2	3	65	17	44	2	2
浈江区	50	7	33	7	3	17	1	10	2	4
曲江区	37	5	32			28	2	17	5	4
始兴县	20	7	11	2		4		3	1	
仁化县	55	10	42	1	2	20	1	18		1
翁源县	22	3	15	4		52	3	48	1	
乳源瑶族自治县	22		22			15		14		1
新丰县	33	15	18			10	3	7		
乐昌市	49	8	33	3	5	14	4	9		1
南雄市	45	11	26	7	1	26	4	21		1
深圳市	**34719**	**9849**	**22171**	**1402**	**1297**	**20228**	**6036**	**12959**	**707**	**526**
罗湖区	620	149	330	59	82	333	78	198	27	30
福田区	889	172	479	102	136	564	135	331	44	54
南山区	1580	527	713	126	214	1140	374	574	82	110
宝安区	11564	3290	7594	397	283	6484	2046	4158	167	113
龙岗区	7682	2360	4758	281	283	4567	1423	2861	181	102
盐田区	178	41	113	8	16	137	33	94	4	6
龙华区	5560	1388	3805	211	156	3110	805	2162	71	72
坪山区	2203	695	1371	88	49	1388	406	908	57	17
光明区	4443	1227	3008	130	78	2505	736	1673	74	22
珠海市	**2724**	**529**	**1768**	**212**	**215**	**2566**	**597**	**1745**	**141**	**83**
香洲区	1355	243	869	117	126	1047	196	703	99	49
斗门区	641	95	498	31	17	683	141	523	15	4
金湾区	728	191	401	64	72	836	260	519	27	30
汕头市	**1737**	**580**	**910**	**150**	**97**	**1225**	**478**	**619**	**69**	**59**
龙湖区	309	65	158	70	16	97	34	46	15	2
金平区	251	68	133	21	29	81	21	48	5	7
濠江区	67	12	31	4	20	41	8	20	2	11
潮阳区	155	62	58	29	6	40	4	26	9	1
潮南区	214	105	81	10	18	100	64	22	8	6
澄海区	731	267	445	12	7	865	347	457	29	32
南澳县	10	1	4	4	1	1			1	
佛山市	**15622**	**4621**	**10137**	**540**	**324**	**7400**	**2199**	**4817**	**266**	**118**
禅城区	1245	312	842	54	37	328	108	195	14	11
南海区	5539	1909	3290	236	104	3009	977	1817	156	59
顺德区	5745	1605	3903	153	84	2835	776	1957	65	37
三水区	2423	585	1703	64	71	776	177	568	22	9
高明区	670	210	399	33	28	452	161	280	9	2

7-1 续表 40

单位：人

现住地	省外									
	贵州					云南				
	小计	乡	镇的村委会	镇的居委会	街道	小计	乡	镇的村委会	镇的居委会	街道
江门市	**4983**	**1220**	**3401**	**148**	**214**	**2690**	**734**	**1834**	**68**	**54**
蓬江区	1266	273	920	35	38	432	128	281	17	6
江海区	912	207	602	18	85	329	61	226	14	28
新会区	1054	263	707	33	51	333	89	229	13	2
台山市	362	105	219	16	22	203	57	134	3	9
开平市	510	145	327	33	5	550	191	351	6	2
鹤山市	734	176	534	12	12	590	156	419	9	6
恩平市	145	51	92	1	1	253	52	194	6	1
湛江市	**685**	**177**	**380**	**80**	**48**	**337**	**85**	**201**	**18**	**33**
赤坎区	66	9	33	16	8	25	6	15	1	3
霞山区	122	14	80	6	22	42	14	17	2	9
坡头区	50	14	30	4	2	23	7	12	2	2
麻章区	52	27	16	4	5	50	13	29	1	7
遂溪县	79	20	42	17		11	4	7		
徐闻县	62	17	36	4	5	54	16	34	2	2
廉江市	68	6	43	16	3	22	5	13	4	
雷州市	24	7	15	1	1	9	2	3	2	2
吴川市	162	63	85	12	2	101	18	71	4	8
茂名市	**635**	**132**	**441**	**17**	**45**	**393**	**79**	**273**	**15**	**26**
茂南区	169	36	113	7	13	103	23	59	6	15
电白区	208	37	163	4	4	100	13	83	2	2
高州市	136	27	87	4	18	98	17	71	7	3
化州市	62	25	28		9	73	24	47		2
信宜市	60	7	50	2	1	19	2	13		4
肇庆市	**1970**	**471**	**1312**	**103**	**84**	**642**	**146**	**433**	**36**	**27**
端州区	224	54	125	18	27	20	4	11		5
鼎湖区	277	37	225	12	3	80	7	72	1	
高要区	550	179	352	15	4	146	53	91	2	
广宁县	63	36	27			31	2	22	6	1
怀集县	32		19	1	12	17		7	2	8
封开县	17	2	14		1	12	4	8		
德庆县	23	7	4	5	7	5		5		
四会市	784	156	546	52	30	331	76	217	25	13
惠州市	**11355**	**3697**	**6723**	**577**	**358**	**8814**	**2823**	**5231**	**535**	**225**
惠城区	2903	1001	1641	115	146	2334	815	1321	113	85
惠阳区	5092	1795	2806	365	126	4313	1455	2419	344	95
博罗县	2382	585	1679	62	56	1725	427	1207	59	32
惠东县	839	284	497	33	25	409	112	265	19	13
龙门县	139	32	100	2	5	33	14	19		
梅州市	**358**	**41**	**291**	**19**	**7**	**204**	**43**	**148**	**11**	**2**
梅江区	89	12	67	7	3	43	12	29	2	
梅县区	41	8	27	5	1	27	16	11		
大埔县	30		28	2		10		10		
丰顺县	46	6	40			22	2	19		1
五华县	38	3	32	3		58	9	44	5	
平远县	20	5	15			9	1	8		
蕉岭县	36	2	33	1		17		15	2	
兴宁市	58	5	49	1	3	18	3	12	2	1

7-1　续表 41　　　　单位：人

现住地	省外									
	贵州					云南				
	小计	乡	镇的村委会	镇的居委会	街道	小计	乡	镇的村委会	镇的居委会	街道
汕尾市	**521**	**110**	**335**	**55**	**21**	**231**	**66**	**145**	**15**	**5**
城　区	98	32	61	1	4	79	28	43	6	2
海丰县	343	65	220	45	13	91	18	68	4	1
陆河县	34	8	22	1	3	23	4	18		1
陆丰市	46	5	32	8	1	38	16	16	5	1
河源市	**1154**	**301**	**780**	**48**	**25**	**456**	**88**	**347**	**15**	**6**
源城区	658	191	419	32	16	226	62	161		3
紫金县	136	31	95	5	5	45	4	41		
龙川县	109	30	72	4	3	37		29	8	
连平县	26	3	22	1		3		3		
和平县	23	4	14	5		12		7	3	2
东源县	202	42	158	1	1	133	22	106	4	1
阳江市	**637**	**133**	**431**	**36**	**37**	**986**	**331**	**588**	**50**	**17**
江城区	190	63	99	17	11	439	204	195	31	9
阳东区	279	34	226	14	5	320	69	232	16	3
阳西县	59	19	38	2		175	54	118	3	
阳春市	109	17	68	3	21	52	4	43		5
清远市	**1149**	**244**	**824**	**60**	**21**	**756**	**179**	**538**	**20**	**19**
清城区	664	157	459	37	11	411	110	271	16	14
清新区	97	17	70	4	6	62	4	55	1	2
佛冈县	93	29	58	5	1	74	9	65		
阳山县	22		21	1		17	2	15		
连山壮族瑶族自治县	9	5	4			1		1		
连南瑶族自治县	1		1							
英德市	245	36	194	12	3	186	54	126	3	3
连州市	18		17	1		5		5		
东莞市	**36726**	**15473**	**19696**	**849**	**708**	**24133**	**10621**	**12689**	**495**	**328**
市辖区	36726	15473	19696	849	708	24133	10621	12689	495	328
中山市	**7741**	**2155**	**5109**	**298**	**179**	**4010**	**1122**	**2659**	**164**	**65**
市辖区	7741	2155	5109	298	179	4010	1122	2659	164	65
潮州市	**1705**	**673**	**924**	**61**	**47**	**255**	**80**	**167**	**6**	**2**
湘桥区	407	156	186	20	45	30	8	19	2	1
潮安区	1248	511	700	35	2	214	72	138	4	
饶平县	50	6	38	6		11		10		1
揭阳市	**467**	**205**	**240**	**17**	**5**	**55**	**19**	**28**	**2**	**6**
榕城区	118	73	44		1	5	4		1	
揭东区	211	92	107	9	3	22	3	13	1	5
揭西县	4	1	3			1				1
惠来县	19	6	8	5		3	1	2		
普宁市	115	33	78	3	1	24	11	13		
云浮市	**469**	**130**	**297**	**27**	**15**	**158**	**42**	**100**	**11**	**5**
云城区	117	37	70	3	7	55	22	28	2	3
云安区	36	8	26		2	17	5	9	2	1
新兴县	213	57	138	15	3	63	15	41	6	1
郁南县	33	11	16	6		8		8		
罗定市	70	17	47	3	3	15		14	1	

7-1　续表 42　　　　　　　　　　　　　　　　　　　　　　　　　　　　　　单位：人

现住地	省外									
	西藏					陕西				
	小计	乡	镇的村委会	镇的居委会	街道	小计	乡	镇的村委会	镇的居委会	街道
广　东	**195**	**55**	**62**	**31**	**47**	**51354**	**13440**	**30279**	**3503**	**4132**
广州市	**51**	**17**	**12**	**4**	**18**	**5812**	**977**	**3514**	**517**	**804**
荔湾区	3			1	2	155	22	84	19	30
越秀区	2				2	146	11	62	24	49
海珠区	8	1		1	6	330	25	194	31	80
天河区	13	2	5	2	4	750	122	364	78	186
白云区	4	1	1		2	1079	223	639	72	145
黄埔区						1094	183	719	74	118
番禺区	8	3	4		1	952	123	614	116	99
花都区	13	10	2		1	483	128	286	35	34
南沙区						433	72	314	28	19
从化区						55	2	47	4	2
增城区						335	66	191	36	42
韶关市						**126**	**24**	**75**	**10**	**17**
武江区						25	5	17	2	1
浈江区						30	6	15	1	8
曲江区						3	1	1		1
始兴县						12	2	8		2
仁化县						15	1	10	3	1
翁源县						2		1	1	
乳源瑶族自治县						11		10		1
新丰县						8	5	3		
乐昌市						10	3	5		2
南雄市						10	1	5	3	1
深圳市	**19**	**2**	**3**	**3**	**11**	**20926**	**4543**	**13028**	**1447**	**1908**
罗湖区	1				1	638	88	356	93	101
福田区	3	1			2	1161	216	566	153	226
南山区	1				1	1908	478	832	211	387
宝安区	6		1		5	6516	1433	4301	341	441
龙岗区	1		1			4071	954	2507	283	327
盐田区						145	19	85	20	21
龙华区	5	1		2	2	3691	734	2498	198	261
坪山区	1		1			1002	259	613	72	58
光明区	1			1		1794	362	1270	76	86
珠海市	**34**	**2**	**30**		**2**	**1516**	**257**	**892**	**167**	**200**
香洲区	32		30		2	867	133	470	117	147
斗门区	2	2				287	34	230	6	17
金湾区						362	90	192	44	36
汕头市	**3**	**1**	**2**			**123**	**38**	**64**	**12**	**9**
龙湖区	1	1				38	9	24	4	1
金平区						9	1	7	1	
濠江区	1		1			8	1	2		5
潮阳区	1		1			8		3	4	1
潮南区						14	9	3	1	1
澄海区						45	18	24	2	1
南澳县						1		1		
佛山市	**23**	**12**	**5**	**1**	**5**	**2405**	**522**	**1464**	**265**	**154**
禅城区	8	5			3	230	45	123	43	19
南海区	10	6	1	1	2	869	230	481	97	61
顺德区	4		4			1008	191	660	101	56
三水区						226	31	168	17	10
高明区	1	1				72	25	32	7	8

7–1 续表 43　　　　单位：人

现住地	省外									
	西藏					陕西				
	小计	乡	镇的村委会	镇的居委会	街道	小计	乡	镇的村委会	镇的居委会	街道
江门市	**1**	**1**				**666**	**135**	**398**	**42**	**91**
蓬江区						247	41	153	16	37
江海区						134	28	77	6	23
新会区						77	7	61	5	4
台山市	1	1				35	8	17	6	4
开平市						36	17	12	3	4
鹤山市						119	30	75	5	9
恩平市						18	4	3	1	10
湛江市	**2**				**2**	**111**	**23**	**49**	**16**	**23**
赤坎区	1				1	26	9	4	7	6
霞山区	1				1	23	4	7		12
坡头区						9		8		1
麻章区						26	9	10	6	1
遂溪县						2		2		
徐闻县						2		2		
廉江市						8	1	5	1	1
雷州市						11		7	2	2
吴川市						4		4		
茂名市	**1**				**1**	**43**	**8**	**28**	**2**	**5**
茂南区						27	7	15		5
电白区						5		4	1	
高州市	1				1	5	1	3	1	
化州市										
信宜市						6		6		
肇庆市	**5**	**4**			**1**	**205**	**32**	**117**	**19**	**37**
端州区						42	3	16	5	18
鼎湖区	2	1			1	32	1	25	2	4
高要区	3	3				19	4	10	5	
广宁县						1		1		
怀集县										
封开县						8	1	4	1	2
德庆县						2		1	1	
四会市						101	23	60	5	13
惠州市	**6**	**3**	**1**	**2**		**3038**	**817**	**1769**	**245**	**207**
惠城区	4	2		2		962	247	562	61	92
惠阳区	1		1			1547	476	843	143	85
博罗县						385	69	270	29	17
惠东县	1	1				133	23	85	12	13
龙门县						11	2	9		
梅州市	**4**		**1**	**1**	**2**	**74**	**9**	**47**	**12**	**6**
梅江区	2			1	1	26	2	15	7	2
梅县区						15	4	8	3	
大埔县						3	1	2		
丰顺县						4		3	1	
五华县						6		6		
平远县	1		1			4	1	2	1	
蕉岭县						7		7		
兴宁市	1				1	9	1	4		4

7-1　续表 44　　单位：人

现住地	省外									
	西藏					陕西				
	小计	乡	镇的村委会	镇的居委会	街道	小计	乡	镇的村委会	镇的居委会	街道
汕尾市	**1**				**1**	**108**	**29**	**66**	**3**	**10**
城　区						24	14	7	1	2
海丰县	1				1	67	5	54	1	7
陆河县						6	4	2		
陆丰市						11	6	3	1	1
河源市						**228**	**43**	**154**	**19**	**12**
源城区						143	29	98	9	7
紫金县						15	3	8	3	1
龙川县						34	6	23	4	1
连平县						9		6	2	1
和平县						7		5	1	1
东源县						20	5	14		1
阳江市	**1**		**1**			**65**	**6**	**47**	**9**	**3**
江城区						15	4	9		2
阳东区	1		1			28	2	20	5	1
阳西县						6		5	1	
阳春市						16		13	3	
清远市						**260**	**34**	**179**	**22**	**25**
清城区						130	22	81	15	12
清新区						28	3	17	1	7
佛冈县						32	1	27	1	3
阳山县						4	1	2	1	
连山壮族瑶族自治县						1				1
连南瑶族自治县						1			1	
英德市						59	7	47	3	2
连州市						5		5		
东莞市	**23**	**6**	**4**	**13**		**13752**	**5521**	**7205**	**551**	**475**
市辖区	23	6	4	13		13752	5521	7205	551	475
中山市	**20**	**7**	**3**	**6**	**4**	**1774**	**393**	**1111**	**136**	**134**
市辖区	20	7	3	6	4	1774	393	1111	136	134
潮州市						**39**	**12**	**22**	**2**	**3**
湘桥区						12	2	6	1	3
潮安区						24	9	14	1	
饶平县						3	1	2		
揭阳市	**1**			**1**		**32**	**9**	**17**	**4**	**2**
榕城区						6	2	2	2	
揭东区						15	4	7	2	2
揭西县						1		1		
惠来县	1			1		4		4		
普宁市						6	3	3		
云浮市						**51**	**8**	**33**	**3**	**7**
云城区						20	5	11		4
云安区						6		6		
新兴县						13	3	5	3	2
郁南县										
罗定市						12		11		1

7-1 续表 45

单位：人

现住地	省外									
	甘肃					青海				
	小计	乡	镇的村委会	镇的居委会	街道	小计	乡	镇的村委会	镇的居委会	街道
广　东	**19524**	**5625**	**10774**	**1387**	**1738**	**2508**	**726**	**1213**	**231**	**338**
广州市	**2557**	**512**	**1361**	**260**	**424**	**470**	**103**	**221**	**54**	**92**
荔湾区	70	14	31	10	15	12		5	4	3
越秀区	107	15	41	15	36	52	11	28	5	8
海珠区	119	19	47	21	32	24	1	9	3	11
天河区	421	71	185	55	110	86	14	42	10	20
白云区	471	125	253	35	58	114	34	51	9	20
黄埔区	541	120	321	39	61	37	11	18	2	6
番禺区	428	48	255	54	71	55	9	20	11	15
花都区	165	38	97	11	19	39	10	22	3	4
南沙区	127	31	82	9	5	35	13	15	5	2
从化区	15	3	10		2	1		1		
增城区	93	28	39	11	15	15		10	2	3
韶关市	**72**	**9**	**47**	**7**	**9**	**13**	**1**	**9**	**2**	**1**
武江区	7		6	1		2		1		1
浈江区	22	1	12	5	4	1	1			
曲江区	15		14	1						
始兴县	3	2	1			3		3		
仁化县	6	1	3		2	3		3		
翁源县	6	3	2		1					
乳源瑶族自治县	3		1		2	1			1	
新丰县						1			1	
乐昌市	10	2	8			1		1		
南雄市						1		1		
深圳市	**8454**	**2161**	**4977**	**559**	**757**	**845**	**199**	**421**	**82**	**143**
罗湖区	282	71	127	24	60	68	12	38	13	5
福田区	452	79	214	72	87	89	27	38	9	15
南山区	647	171	270	71	135	117	30	48	10	29
宝安区	2164	594	1263	136	171	233	70	121	14	28
龙岗区	1906	496	1134	121	155	110	14	60	17	19
盐田区	45	6	28	7	4	5		1		4
龙华区	1832	438	1219	73	102	149	23	84	12	30
坪山区	510	161	315	22	12	23	8	8	3	4
光明区	616	145	407	33	31	51	15	23	4	9
珠海市	**542**	**90**	**289**	**73**	**90**	**90**	**10**	**42**	**18**	**20**
香洲区	322	52	165	50	55	48	1	22	10	15
斗门区	100	11	58	18	13	25	4	16	3	2
金湾区	120	27	66	5	22	17	5	4	5	3
汕头市	**42**	**6**	**12**	**11**	**13**	**4**	**2**		**2**	
龙湖区	17	2	7	8						
金平区	7		2		5	2			2	
濠江区	4		1		3					
潮阳区	3			2	1					
潮南区	3	3				2	2			
澄海区	8	1	2	1	4					
南澳县										
佛山市	**863**	**228**	**482**	**101**	**52**	**175**	**55**	**100**	**16**	**4**
禅城区	94	15	41	30	8	27	7	15	5	
南海区	303	97	150	36	20	38	14	17	6	1
顺德区	375	100	225	30	20	80	23	51	4	2
三水区	65	7	50	5	3	7	2	3	1	1
高明区	26	9	16		1	23	9	14		

7-1　续表 46　　　　单位：人

现住地	省外									
	甘肃					青海				
	小计	乡	镇的村委会	镇的居委会	街道	小计	乡	镇的村委会	镇的居委会	街道
江门市	**139**	**33**	**82**	**9**	**15**	**28**	**6**	**16**	**4**	**2**
蓬江区	39	5	23	6	5	7	4	1	2	
江海区	34	9	21	1	3	4		2		2
新会区	19	4	9	1	5	6		6		
台山市	13	5	6	1	1	2		2		
开平市	12	3	9			3	1		2	
鹤山市	18	7	10		1	6	1	5		
恩平市	4		4							
湛江市	**72**	**11**	**34**	**9**	**18**	**15**	**9**	**2**	**1**	**3**
赤坎区	6	2			4	6	6			
霞山区	31	7	15	3	6	1		1		
坡头区	5		3		2	1				1
麻章区	23	2	11	4	6	5	3	1	1	
遂溪县										
徐闻县	1		1			2				2
廉江市	1		1							
雷州市										
吴川市	5		3	2						
茂名市	**37**	**5**	**21**	**1**	**10**	**5**		**1**	**1**	**3**
茂南区	29	2	17	1	9	3		1	1	1
电白区	6	3	3							
高州市						1				1
化州市	2		1		1	1				1
信宜市										
肇庆市	**60**	**6**	**36**	**9**	**9**	**33**	**7**	**20**		**6**
端州区	16		6	4	6	19	6	7		6
鼎湖区	4		3		1					
高要区	3		3			1	1			
广宁县										
怀集县	2		1	1						
封开县	1		1							
德庆县										
四会市	34	6	22	4	2	13		13		
惠州市	**1720**	**563**	**918**	**140**	**99**	**187**	**62**	**89**	**12**	**24**
惠城区	579	178	316	34	51	95	34	43	5	13
惠阳区	952	338	483	93	38	69	28	25	6	10
博罗县	139	37	86	12	4	21		21		
惠东县	46	9	30	1	6	2			1	1
龙门县	4	1	3							
梅州市	**29**	**6**	**12**	**4**	**7**	**9**	**2**	**2**	**2**	**3**
梅江区	12	3	3	2	4	4	2	2		
梅县区	9	1	6	1	1	1				1
大埔县	1				1					
丰顺县						1			1	
五华县	1		1							
平远县										
蕉岭县										
兴宁市	6	2	2	1	1	3			1	2

7-1 续表 47 单位：人

现住地	省外									
	甘肃					青海				
	小计	乡	镇的村委会	镇的居委会	街道	小计	乡	镇的村委会	镇的居委会	街道
汕尾市	**42**	**9**	**23**	**8**	**2**	**9**	**3**	**4**		**2**
城　区	18	7	9	1	1	4	3			1
海丰县	19	1	11	7		5		4		1
陆河县	2	1			1					
陆丰市	3		3							
河源市	**80**	**21**	**50**	**3**	**6**	**17**	**2**	**15**		
源城区	49	14	29	2	4	16	2	14		
紫金县	12	5	7							
龙川县	7	1	5	1		1		1		
连平县	2		2							
和平县	5		3		2					
东源县	5	1	4							
阳江市	**45**	**9**	**24**	**6**	**6**	**4**			**2**	**2**
江城区	16	4	8		4	2				2
阳东区	9	1	4	4						
阳西县	4	3			1					
阳春市	16	1	12	2	1	2			2	
清远市	**92**	**27**	**46**	**7**	**12**	**23**	**3**	**13**	**4**	**3**
清城区	48	16	25	2	5	15	3	6	4	2
清新区	10	1	3		6	1				1
佛冈县	13	3	10			7		7		
阳山县	1				1					
连山壮族瑶族自治县	1		1							
连南瑶族自治县										
英德市	18	6	7	5						
连州市	1	1								
东莞市	**4051**	**1743**	**2019**	**136**	**153**	**481**	**245**	**198**	**20**	**18**
市辖区	4051	1743	2019	136	153	481	245	198	20	18
中山市	**592**	**176**	**324**	**41**	**51**	**96**	**16**	**58**	**11**	**11**
市辖区	592	176	324	41	51	96	16	58	11	11
潮州市	**14**	**6**	**5**	**1**	**2**	**2**	**1**	**1**		
湘桥区	7	2	3		2	2	1	1		
潮安区	7	4	2	1						
饶平县										
揭阳市	**8**	**1**	**4**	**2**	**1**	**1**		**1**		
榕城区	1	1								
揭东区	3		2		1	1		1		
揭西县	1			1						
惠来县	1			1						
普宁市	2		2							
云浮市	**13**	**3**	**8**		**2**	**1**				**1**
云城区	2		2							
云安区	8	2	5		1					
新兴县	2		1		1	1				1
郁南县										
罗定市	1	1								

7−1　续表 48　　　　单位：人

现住地	省外									
	宁夏					新疆				
	小计	乡	镇的村委会	镇的居委会	街道	小计	乡	镇的村委会	镇的居委会	街道
广　东	**1682**	**336**	**709**	**250**	**387**	**4145**	**876**	**1209**	**838**	**1222**
广州市	**419**	**50**	**202**	**56**	**111**	**984**	**179**	**289**	**202**	**314**
荔湾区	11		7	2	2	57	9	40	5	3
越秀区	60	8	34	7	11	61	18	8	12	23
海珠区	23	1	11	6	5	87	13	31	8	35
天河区	56	6	24	7	19	199	23	59	34	83
白云区	115	21	59	14	21	196	46	53	34	63
黄埔区	30	4	11	4	11	52	19	11	6	16
番禺区	89	6	34	15	34	195	34	52	58	51
花都区	18	2	13	1	2	65	10	16	16	23
南沙区	7	1	4		2	26	4	10	10	2
从化区	2				2	10	1	1	4	4
增城区	8	1	5		2	36	2	8	15	11
韶关市	**8**	**1**	**3**	**2**	**2**	**21**	**1**	**8**	**4**	**8**
武江区	2			2		8	1	4		3
浈江区	4	1	2		1	3			1	2
曲江区	1		1			1				1
始兴县										
仁化县	1				1					
翁源县						3		3		
乳源瑶族自治县						2			1	1
新丰县										
乐昌市						3		1	2	
南雄市						1				1
深圳市	**651**	**107**	**255**	**106**	**183**	**1486**	**225**	**409**	**364**	**488**
罗湖区	49	3	13	15	18	117	18	26	30	43
福田区	63	5	18	13	27	196	26	40	48	82
南山区	86	17	17	5	47	231	34	45	61	91
宝安区	133	17	68	18	30	334	48	96	87	103
龙岗区	135	23	59	30	23	266	51	88	68	59
盐田区	9		2	2	5	8		3	1	4
龙华区	133	33	59	14	27	191	21	49	53	68
坪山区	21	7	10	2	2	58	16	13	11	18
光明区	22	2	9	7	4	85	11	49	5	20
珠海市	**57**	**4**	**17**	**10**	**26**	**263**	**23**	**52**	**66**	**122**
香洲区	43	4	12	4	23	150	16	33	37	64
斗门区	4		1	3		34	1	12	19	2
金湾区	10		4	3	3	79	6	7	10	56
汕头市	**3**	**2**	**1**			**13**	**6**		**1**	**6**
龙湖区						4	3			1
金平区	2	2				3				3
濠江区						1			1	
潮阳区										
潮南区										
澄海区	1		1			5	3			2
南澳县										
佛山市	**119**	**20**	**63**	**25**	**11**	**229**	**60**	**85**	**45**	**39**
禅城区	11	2	5	2	2	38	6	11	9	12
南海区	55	11	28	12	4	96	23	40	20	13
顺德区	43	7	25	8	3	75	25	25	13	12
三水区	8		3	3	2	17	3	9	3	2
高明区	2		2			3	3			

7-1 续表 49 单位：人

现住地	省外									
	宁夏					新疆				
	小计	乡	镇的村委会	镇的居委会	街道	小计	乡	镇的村委会	镇的居委会	街道
江门市	**14**	**2**	**8**		**4**	**64**	**22**	**13**	**12**	**17**
蓬江区	6		6			47	17	7	9	14
江海区	2				2	5	2		2	1
新会区	1				1	2			1	1
台山市	2	1			1	6	1	4		1
开平市	1	1				3	1	2		
鹤山市	2		2			1	1			
恩平市										
湛江市	**8**	**2**			**6**	**24**	**6**	**6**	**4**	**8**
赤坎区						2		1		1
霞山区	3	1			2	7			1	6
坡头区	4				4					
麻章区						7		3	3	1
遂溪县										
徐闻县						1		1		
廉江市	1	1				2	1	1		
雷州市										
吴川市						5	5			
茂名市	**2**				**2**	**17**	**1**	**3**	**5**	**8**
茂南区	2				2	8		1	3	4
电白区						6	1	2	2	1
高州市						3				3
化州市										
信宜市										
肇庆市	**3**		**3**			**17**	**9**	**3**	**2**	**3**
端州区										
鼎湖区	1		1			3	2			1
高要区	1		1			9	6	3		
广宁县	1		1							
怀集县										
封开县										
德庆县										
四会市						5	1		2	2
惠州市	**69**	**23**	**31**	**5**	**10**	**205**	**59**	**84**	**23**	**39**
惠城区	23	9	8		6	67	16	29	8	14
惠阳区	35	13	19	1	2	96	33	28	15	20
博罗县	8	1	3	4		12	7	4		1
惠东县	3		1		2	30	3	23		4
龙门县										
梅州市						**17**	**1**	**6**	**6**	**4**
梅江区						4		2		2
梅县区						6		3	1	2
大埔县						1	1			
丰顺县										
五华县						2		1	1	
平远县										
蕉岭县						4			4	
兴宁市										

7-1　续表 50　　　　　　　　　　　　　　　　　　　　　　　　　　　　单位：人

现住地	省外									
	宁夏					新疆				
	小计	乡	镇的村委会	镇的居委会	街道	小计	乡	镇的村委会	镇的居委会	街道
汕尾市	**7**	**2**	**5**			**16**	**9**	**1**	**5**	**1**
城　区	2	2				1				1
海丰县	5		5			11	9	1	1	
陆河县										
陆丰市						4			4	
河源市	**13**	**1**	**6**	**6**		**29**	**10**	**8**	**5**	**6**
源城区	9	1	2	6		16	4	6	3	3
紫金县						2		1		1
龙川县	4		4			3		1	2	
连平县						6	6			
和平县										
东源县						2				2
阳江市	**5**	**1**	**3**		**1**	**6**	**3**	**2**	**1**	
江城区	2	1	1			3	3			
阳东区	1		1			2		1	1	
阳西县										
阳春市	2		1		1	1		1		
清远市	**5**		**1**	**1**	**3**	**57**	**27**	**16**	**6**	**8**
清城区	5		1	1	3	37	11	13	6	7
清新区						6	4	1		1
佛冈县						13	12	1		
阳山县										
连山壮族瑶族自治县										
连南瑶族自治县										
英德市						1		1		
连州市										
东莞市	**218**	**100**	**80**	**21**	**17**	**541**	**209**	**168**	**52**	**112**
市辖区	218	100	80	21	17	541	209	168	52	112
中山市	**74**	**20**	**27**	**17**	**10**	**132**	**24**	**50**	**22**	**36**
市辖区	74	20	27	17	10	132	24	50	22	36
潮州市	**2**		**2**			**9**			**9**	
湘桥区	1		1							
潮安区	1		1			8			8	
饶平县						1			1	
揭阳市	**2**		**1**	**1**		**9**	**2**	**5**	**1**	**1**
榕城区						2		1		1
揭东区	1		1			3	1	2		
揭西县										
惠来县						2	1		1	
普宁市	1			1		2		2		
云浮市	**3**	**1**	**1**		**1**	**6**		**1**	**3**	**2**
云城区	1				1	2		1		1
云安区	1	1								
新兴县	1		1			4			3	1
郁南县										
罗定市										

7-2 全省按现住地、职业和性别分的户口登记地在本省其他乡镇街道人口

单位：人

现住地	合计			党的机关、国家机关、群众团体和社会组织、企事业单位负责人		
	合计	男	女	小计	男	女
广　东	**1094560**	**659705**	**434855**	**41698**	**30956**	**10742**
广州市	**277770**	**161791**	**115979**	**9873**	**7118**	**2755**
荔湾区	14478	7975	6503	555	382	173
越秀区	10843	5893	4950	190	143	47
海珠区	25916	14218	11698	684	479	205
天河区	52593	30217	22376	1646	1159	487
白云区	76088	43952	32136	2285	1672	613
黄埔区	20853	12839	8014	801	581	220
番禺区	42348	24858	17490	2300	1683	617
花都区	14740	9090	5650	673	486	187
南沙区	9505	6322	3183	124	92	32
从化区	1392	863	529	61	43	18
增城区	9014	5564	3450	554	398	156
韶关市	**10796**	**6175**	**4621**	**391**	**278**	**113**
武江区	3801	2071	1730	91	60	31
浈江区	2851	1611	1240	138	89	49
曲江区	1247	740	507	44	34	10
始兴县	318	172	146	15	10	5
仁化县	584	390	194	15	14	1
翁源县	489	284	205	21	19	2
乳源瑶族自治县	431	256	175	20	14	6
新丰县	323	198	125	10	7	3
乐昌市	453	282	171	17	15	2
南雄市	299	171	128	20	16	4
深圳市	**319063**	**191299**	**127764**	**12402**	**9405**	**2997**
罗湖区	21337	11918	9419	667	513	154
福田区	27803	16481	11322	1081	817	264
南山区	22456	13398	9058	477	355	122
宝安区	85340	51608	33732	3446	2596	850
龙岗区	83305	49973	33332	3632	2717	915
盐田区	4258	2583	1675	121	90	31
龙华区	48001	28694	19307	2336	1794	542
坪山区	8485	5304	3181	261	204	57
光明区	18078	11340	6738	381	319	62
珠海市	**27663**	**17010**	**10653**	**905**	**655**	**250**
香洲区	17536	10561	6975	717	501	216
斗门区	5475	3459	2016	63	50	13
金湾区	4652	2990	1662	125	104	21
汕头市	**9077**	**5502**	**3575**	**334**	**261**	**73**
龙湖区	4150	2545	1605	162	126	36
金平区	2977	1724	1253	116	90	26
濠江区	234	161	73	4	3	1
潮阳区	349	220	129	9	6	3
潮南区	510	308	202	11	10	1
澄海区	806	511	295	29	23	6
南澳县	51	33	18	3	3	
佛山市	**125652**	**78863**	**46789**	**5284**	**3845**	**1439**
禅城区	23861	14083	9778	816	585	231
南海区	58672	36927	21745	2804	2008	796
顺德区	33198	21233	11965	1442	1078	364
三水区	7220	4854	2366	171	137	34
高明区	2701	1766	935	51	37	14

7-2 续表 1

单位：人

现住地	合计			党的机关、国家机关、群众团体和社会组织、企事业单位负责人		
	合计	男	女	小计	男	女
江门市	**21098**	**12844**	**8254**	**708**	**537**	**171**
蓬江区	6788	3885	2903	256	199	57
江海区	4490	2701	1789	145	113	32
新会区	2645	1652	993	96	72	24
台山市	1470	958	512	76	53	23
开平市	2248	1386	862	61	43	18
鹤山市	2466	1607	859	57	46	11
恩平市	991	655	336	17	11	6
湛江市	**18340**	**10739**	**7601**	**436**	**329**	**107**
赤坎区	4776	2770	2006	174	136	38
霞山区	8668	5054	3614	168	121	47
坡头区	559	316	243	24	18	6
麻章区	1442	954	488	23	18	5
遂溪县	594	315	279	8	6	2
徐闻县	560	354	206	9	6	3
廉江市	627	301	326	12	9	3
雷州市	384	234	150	8	7	1
吴川市	730	441	289	10	8	2
茂名市	**5280**	**3088**	**2192**	**92**	**77**	**15**
茂南区	2745	1613	1132	37	33	4
电白区	778	492	286	15	14	1
高州市	673	405	268	19	14	5
化州市	623	333	290	10	9	1
信宜市	461	245	216	11	7	4
肇庆市	**11974**	**7590**	**4384**	**345**	**255**	**90**
端州区	4348	2597	1751	152	114	38
鼎湖区	1294	834	460	45	31	14
高要区	843	526	317	20	13	7
广宁县	235	145	90	11	7	4
怀集县	155	97	58	10	5	5
封开县	238	145	93	7	7	
德庆县	305	181	124	14	10	4
四会市	4556	3065	1491	86	68	18
惠州市	**49015**	**31024**	**17991**	**1564**	**1185**	**379**
惠城区	21391	13315	8076	1050	799	251
惠阳区	15687	10191	5496	269	210	59
博罗县	6243	3949	2294	67	49	18
惠东县	5098	3189	1909	169	118	51
龙门县	596	380	216	9	9	
梅州市	**8400**	**4827**	**3573**	**336**	**246**	**90**
梅江区	3894	2208	1686	166	124	42
梅县区	2623	1506	1117	98	66	32
大埔县	295	189	106	11	10	1
丰顺县	291	173	118	10	8	2
五华县	442	263	179	16	9	7
平远县	193	113	80	7	7	
蕉岭县	314	191	123	11	9	2
兴宁市	348	184	164	17	13	4

7−2 续表 2 单位：人

现住地	合计			党的机关、国家机关、群众团体和社会组织、企事业单位负责人		
	合计	男	女	小计	男	女
汕尾市	**4569**	**3191**	**1378**	**142**	**117**	**25**
城 区	1400	982	418	46	38	8
海丰县	2468	1709	759	74	60	14
陆河县	247	171	76	10	8	2
陆丰市	454	329	125	12	11	1
河源市	**15562**	**8923**	**6639**	**259**	**220**	**39**
源城区	12402	7010	5392	198	163	35
紫金县	670	428	242	11	10	1
龙川县	690	421	269	7	5	2
连平县	307	200	107	4	4	
和平县	230	128	102	5	5	
东源县	1263	736	527	34	33	1
阳江市	**8189**	**4966**	**3223**	**299**	**205**	**94**
江城区	4637	2784	1853	145	97	48
阳东区	2439	1481	958	132	91	41
阳西县	628	406	222	14	11	3
阳春市	485	295	190	8	6	2
清远市	**15748**	**9470**	**6278**	**351**	**272**	**79**
清城区	10379	6328	4051	224	172	52
清新区	2624	1496	1128	57	40	17
佛冈县	540	353	187	10	10	
阳山县	281	176	105	7	4	3
连山壮族瑶族自治县	144	87	57	5	5	
连南瑶族自治县	120	62	58	3	3	
英德市	1392	824	568	34	28	6
连州市	268	144	124	11	10	1
东莞市	**120555**	**74489**	**46066**	**5741**	**4263**	**1478**
市辖区	120555	74489	46066	5741	4263	1478
中山市	**36460**	**22286**	**14174**	**1721**	**1295**	**426**
市辖区	36460	22286	14174	1721	1295	426
潮州市	**3472**	**2079**	**1393**	**293**	**217**	**76**
湘桥区	2115	1243	872	187	137	50
潮安区	1191	727	464	102	76	26
饶平县	166	109	57	4	4	
揭阳市	**688**	**419**	**269**	**16**	**11**	**5**
榕城区	78	55	23	8	6	2
揭东区	151	101	50	3	1	2
揭西县	59	33	26	1	1	
惠来县	113	70	43	2	2	
普宁市	287	160	127	2	1	1
云浮市	**5189**	**3130**	**2059**	**206**	**165**	**41**
云城区	3285	1944	1341	162	130	32
云安区	296	195	101	8	8	
新兴县	763	494	269	19	15	4
郁南县	406	250	156	12	8	4
罗定市	439	247	192	5	4	1

7-2 续表 3

单位：人

现住地	专业技术人员			办事人员和有关人员			社会生产服务和生活服务人员		
	小计	男	女	小计	男	女	小计	男	女
广东	**145281**	**67991**	**77290**	**87099**	**43127**	**43972**	**533517**	**324139**	**209378**
广州市	**42092**	**18919**	**23173**	**26530**	**12113**	**14417**	**152677**	**91695**	**60982**
荔湾区	2344	965	1379	1679	752	927	8746	5038	3708
越秀区	2134	852	1282	1125	537	588	7018	4071	2947
海珠区	3766	1575	2191	2527	1140	1387	14464	8340	6124
天河区	9558	4479	5079	6534	2980	3554	31702	19249	12453
白云区	8764	3488	5276	5540	2515	3025	46924	28237	18687
黄埔区	3920	2039	1881	2344	1039	1305	8827	5497	3330
番禺区	6919	3176	3743	3788	1657	2131	20878	12512	8366
花都区	1754	853	901	1204	593	611	6011	3735	2276
南沙区	1214	647	567	728	358	370	3598	2257	1341
从化区	188	92	96	141	76	65	515	312	203
增城区	1531	753	778	920	466	454	3994	2447	1547
韶关市	**1726**	**726**	**1000**	**1180**	**683**	**497**	**4622**	**2566**	**2056**
武江区	625	244	381	467	249	218	1625	915	710
浈江区	422	178	244	287	157	130	1469	814	655
曲江区	159	64	95	89	61	28	552	289	263
始兴县	56	22	34	24	15	9	114	71	43
仁化县	124	68	56	65	43	22	181	112	69
翁源县	79	31	48	44	22	22	162	84	78
乳源瑶族自治县	68	35	33	62	34	28	137	74	63
新丰县	53	28	25	43	35	8	104	55	49
乐昌市	84	37	47	72	50	22	176	99	77
南雄市	56	19	37	27	17	10	102	53	49
深圳市	**47538**	**22682**	**24856**	**23612**	**11675**	**11937**	**168562**	**102440**	**66122**
罗湖区	2850	1090	1760	1611	782	829	14749	8351	6398
福田区	3897	1623	2274	1545	869	676	19794	11982	7812
南山区	3996	1957	2039	2255	1145	1110	13356	8096	5260
宝安区	13712	7216	6496	4698	2366	2332	39896	24523	15373
龙岗区	11002	5070	5932	7625	3562	4063	43527	26662	16865
盐田区	587	248	339	310	163	147	2403	1473	930
龙华区	7735	3477	4258	3540	1716	1824	23736	14327	9409
坪山区	1262	680	582	869	457	412	3538	2227	1311
光明区	2497	1321	1176	1159	615	544	7563	4799	2764
珠海市	**3709**	**2002**	**1707**	**2166**	**1054**	**1112**	**12593**	**7465**	**5128**
香洲区	2573	1364	1209	1599	772	827	8926	5180	3746
斗门区	573	323	250	199	91	108	2135	1326	809
金湾区	563	315	248	368	191	177	1532	959	573
汕头市	**986**	**461**	**525**	**852**	**511**	**341**	**4385**	**2712**	**1673**
龙湖区	416	190	226	436	269	167	2045	1263	782
金平区	344	132	212	251	132	119	1666	1026	640
濠江区	67	46	21	23	16	7	52	39	13
潮阳区	53	27	26	33	23	10	146	92	54
潮南区	20	14	6	20	13	7	186	115	71
澄海区	83	50	33	78	50	28	260	160	100
南澳县	3	2	1	11	8	3	30	17	13
佛山市	**11926**	**5415**	**6511**	**8151**	**3971**	**4180**	**58294**	**36606**	**21688**
禅城区	2522	1077	1445	1668	718	950	12867	7926	4941
南海区	5310	2398	2912	3980	1954	2026	27743	17517	10226
顺德区	3176	1445	1731	1876	960	916	14065	8876	5189
三水区	666	365	301	430	231	199	2704	1710	994
高明区	252	130	122	197	108	89	915	577	338

7-2 续表 4

单位：人

现住地	专业技术人员			办事人员和有关人员			社会生产服务和生活服务人员		
	小计	男	女	小计	男	女	小计	男	女
江门市	**2434**	**1151**	**1283**	**1724**	**861**	**863**	**8054**	**4710**	**3344**
蓬江区	930	396	534	685	300	385	3048	1693	1355
江海区	533	227	306	326	162	164	1825	1115	710
新会区	297	153	144	225	121	104	871	514	357
台山市	199	115	84	140	88	52	409	245	164
开平市	160	94	66	94	53	41	821	475	346
鹤山市	245	131	114	193	101	92	826	515	311
恩平市	70	35	35	61	36	25	254	153	101
湛江市	**2701**	**1045**	**1656**	**1351**	**808**	**543**	**9763**	**5538**	**4225**
赤坎区	756	314	442	515	295	220	2601	1468	1133
霞山区	1096	409	687	536	324	212	5220	2913	2307
坡头区	128	47	81	61	34	27	209	103	106
麻章区	214	89	125	56	41	15	646	409	237
遂溪县	77	26	51	28	13	15	244	134	110
徐闻县	43	19	24	25	17	8	244	154	90
廉江市	190	53	137	46	31	15	205	105	100
雷州市	77	39	38	21	14	7	141	91	50
吴川市	120	49	71	63	39	24	253	161	92
茂名市	**924**	**398**	**526**	**394**	**206**	**188**	**2402**	**1387**	**1015**
茂南区	475	208	267	251	128	123	1443	841	602
电白区	137	64	73	35	20	15	296	177	119
高州市	148	61	87	34	22	12	224	140	84
化州市	92	41	51	40	18	22	262	134	128
信宜市	72	24	48	34	18	16	177	95	82
肇庆市	**1329**	**643**	**686**	**916**	**545**	**371**	**5062**	**3078**	**1984**
端州区	589	273	316	395	224	171	2227	1319	908
鼎湖区	133	78	55	75	42	33	495	290	205
高要区	68	30	38	50	33	17	273	181	92
广宁县	24	12	12	20	16	4	53	25	28
怀集县	16	9	7	13	10	3	59	34	25
封开县	22	10	12	43	30	13	84	47	37
德庆县	40	20	20	25	12	13	124	74	50
四会市	437	211	226	295	178	117	1747	1108	639
惠州市	**5697**	**2896**	**2801**	**3658**	**2090**	**1568**	**20133**	**12531**	**7602**
惠城区	2942	1510	1432	1457	799	658	9368	5830	3538
惠阳区	1703	857	846	1224	716	508	6155	3878	2277
博罗县	602	297	305	583	345	238	2337	1466	871
惠东县	363	187	176	328	194	134	2035	1219	816
龙门县	87	45	42	66	36	30	238	138	100
梅州市	**1278**	**531**	**747**	**939**	**566**	**373**	**3620**	**1980**	**1640**
梅江区	548	213	335	436	275	161	1778	936	842
梅县区	417	181	236	273	140	133	1111	626	485
大埔县	61	20	41	48	39	9	96	56	40
丰顺县	48	28	20	36	21	15	91	53	38
五华县	70	40	30	58	35	23	197	115	82
平远县	37	15	22	30	20	10	57	31	26
蕉岭县	44	14	30	31	20	11	138	82	56
兴宁市	53	20	33	27	16	11	152	81	71

7-2 续表 5

单位：人

现住地	专业技术人员			办事人员和有关人员			社会生产服务和生活服务人员		
	小计	男	女	小计	男	女	小计	男	女
汕尾市	**481**	**291**	**190**	**471**	**330**	**141**	**1837**	**1261**	**576**
城　区	159	101	58	163	114	49	537	375	162
海丰县	197	114	83	238	162	76	990	674	316
陆河县	35	16	19	25	19	6	89	54	35
陆丰市	90	60	30	45	35	10	221	158	63
河源市	**2151**	**921**	**1230**	**1275**	**704**	**571**	**6850**	**3994**	**2856**
源城区	1670	708	962	965	506	459	5667	3283	2384
紫金县	92	35	57	64	46	18	270	171	99
龙川县	103	48	55	43	32	11	306	187	119
连平县	52	31	21	29	16	13	94	61	33
和平县	38	15	23	35	24	11	90	44	46
东源县	196	84	112	139	80	59	423	248	175
阳江市	**914**	**399**	**515**	**626**	**387**	**239**	**2830**	**1668**	**1162**
江城区	508	202	306	305	192	113	1750	1033	717
阳东区	236	101	135	198	118	80	704	408	296
阳西县	94	54	40	76	43	33	183	112	71
阳春市	76	42	34	47	34	13	193	115	78
清远市	**1990**	**873**	**1117**	**1532**	**879**	**653**	**6498**	**3793**	**2705**
清城区	1330	586	744	1045	580	465	4460	2629	1831
清新区	277	116	161	206	115	91	1043	630	413
佛冈县	56	30	26	60	39	21	187	104	83
阳山县	48	27	21	49	33	16	101	57	44
连山壮族瑶族自治县	38	14	24	17	12	5	41	22	19
连南瑶族自治县	18	4	14	12	8	4	47	24	23
英德市	169	78	91	119	77	42	525	284	241
连州市	54	18	36	24	15	9	94	43	51
东莞市	**12151**	**6200**	**5951**	**8386**	**4048**	**4338**	**46940**	**29462**	**17478**
市辖区	12151	6200	5951	8386	4048	4338	46940	29462	17478
中山市	**3961**	**1899**	**2062**	**2389**	**1151**	**1238**	**14712**	**9038**	**5674**
市辖区	3961	1899	2062	2389	1151	1238	14712	9038	5674
潮州市	**489**	**199**	**290**	**356**	**209**	**147**	**1351**	**847**	**504**
湘桥区	298	118	180	218	129	89	874	545	329
潮安区	178	72	106	116	62	54	397	252	145
饶平县	13	9	4	22	18	4	80	50	30
揭阳市	**54**	**29**	**25**	**36**	**25**	**11**	**372**	**238**	**134**
榕城区	6	4	2	8	7	1	20	13	7
揭东区	10	3	7	3	2	1	91	63	28
揭西县	3	2	1	9	6	3	30	16	14
惠来县	8	6	2	8	5	3	72	45	27
普宁市	27	14	13	8	5	3	159	101	58
云浮市	**750**	**311**	**439**	**555**	**311**	**244**	**1960**	**1130**	**830**
云城区	468	178	290	341	174	167	1362	759	603
云安区	46	23	23	49	33	16	83	53	30
新兴县	92	55	37	84	59	25	243	145	98
郁南县	72	32	40	52	33	19	132	85	47
罗定市	72	23	49	29	12	17	140	88	52

7−2 续表 6　　单位：人

现住地	农、林、牧、渔业生产及辅助人员			生产制造及有关人员			不便分类的其他从业人员		
	小计	男	女	小计	男	女	小计	男	女
广　东	**9602**	**6065**	**3537**	**275762**	**186605**	**89157**	**1601**	**822**	**779**
广州市	**1223**	**774**	**449**	**45064**	**30993**	**14071**	**311**	**179**	**132**
荔湾区	52	37	15	1089	795	294	13	6	7
越秀区	10	8	2	358	278	80	8	4	4
海珠区	31	20	11	4398	2639	1759	46	25	21
天河区	70	45	25	3067	2295	772	16	10	6
白云区	461	267	194	12062	7742	4320	52	31	21
黄埔区	88	63	25	4754	3547	1207	119	73	46
番禺区	171	113	58	8279	5713	2566	13	4	9
花都区	130	82	48	4929	3316	1613	39	25	14
南沙区	95	65	30	3746	2903	843			
从化区	31	20	11	455	320	135	1		1
增城区	84	54	30	1927	1445	482	4	1	3
韶关市	**401**	**255**	**146**	**2473**	**1664**	**809**	**3**	**3**	
武江区	60	40	20	931	561	370	2	2	
浈江区	71	51	20	464	322	142			
曲江区	63	39	24	340	253	87			
始兴县	12	10	2	96	43	53	1	1	
仁化县	43	23	20	156	130	26			
翁源县	60	41	19	123	87	36			
乳源瑶族自治县	27	14	13	117	85	32			
新丰县	25	9	16	88	64	24			
乐昌市	22	17	5	82	64	18			
南雄市	18	11	7	76	55	21			
深圳市	**771**	**512**	**259**	**65882**	**44410**	**21472**	**296**	**175**	**121**
罗湖区	21	16	5	1433	1163	270	6	3	3
福田区	17	15	2	1455	1167	288	14	8	6
南山区	65	50	15	2299	1789	510	8	6	2
宝安区	180	118	62	23376	14771	8605	32	18	14
龙岗区	177	126	51	17148	11727	5421	194	109	85
盐田区	11	10	1	824	598	226	2	1	1
龙华区	81	52	29	10551	7312	3239	22	16	6
坪山区	84	48	36	2453	1674	779	18	14	4
光明区	135	77	58	6343	4209	2134			
珠海市	**484**	**330**	**154**	**7754**	**5474**	**2280**	**52**	**30**	**22**
香洲区	132	87	45	3552	2637	915	37	20	17
斗门区	186	132	54	2318	1536	782	1	1	
金湾区	166	111	55	1884	1301	583	14	9	5
汕头市	**49**	**31**	**18**	**2466**	**1522**	**944**	**5**	**4**	**1**
龙湖区	23	13	10	1066	682	384	2	2	
金平区	13	8	5	586	336	250	1		1
濠江区				88	57	31			
潮阳区	6	4	2	102	68	34			
潮南区	4	4		268	151	117	1	1	
澄海区	3	2	1	352	225	127	1	1	
南澳县				4	3	1			
佛山市	**912**	**573**	**339**	**40827**	**28295**	**12532**	**258**	**158**	**100**
禅城区	24	13	11	5927	3743	2184	37	21	16
南海区	431	271	160	18202	12654	5548	202	125	77
顺德区	146	99	47	12480	8767	3713	13	8	5
三水区	213	132	81	3036	2279	757			
高明区	98	58	40	1182	852	330	6	4	2

7−2 续表 7 单位：人

现住地	农、林、牧、渔业生产及辅助人员			生产制造及有关人员			不便分类的其他从业人员		
	小计	男	女	小计	男	女	小计	男	女
江门市	**875**	**573**	**302**	**7293**	**5003**	**2290**	**10**	**9**	**1**
蓬江区	61	38	23	1804	1255	549	4	4	
江海区	25	19	6	1636	1065	571			
新会区	142	86	56	1014	706	308			
台山市	158	102	56	487	355	132	1		1
开平市	284	180	104	827	540	287	1	1	
鹤山市	45	35	10	1096	775	321	4	4	
恩平市	160	113	47	429	307	122			
湛江市	**666**	**403**	**263**	**3420**	**2613**	**807**	**3**	**3**	
赤坎区	68	45	23	661	511	150	1	1	
霞山区	200	153	47	1447	1133	314	1	1	
坡头区	20	13	7	117	101	16			
麻章区	85	50	35	417	346	71	1	1	
遂溪县	90	42	48	147	94	53			
徐闻县	77	43	34	162	115	47			
廉江市	42	16	26	132	87	45			
雷州市	60	26	34	77	57	20			
吴川市	24	15	9	260	169	91			
茂名市	**218**	**105**	**113**	**1235**	**912**	**323**	**15**	**3**	**12**
茂南区	55	34	21	484	369	115			
电白区	46	22	24	235	193	42	14	2	12
高州市	30	16	14	218	152	66			
化州市	45	12	33	173	118	55	1	1	
信宜市	42	21	21	125	80	45			
肇庆市	**346**	**214**	**132**	**3969**	**2852**	**1117**	**7**	**3**	**4**
端州区	44	33	11	941	634	307			
鼎湖区	48	35	13	498	358	140			
高要区	37	22	15	394	247	147	1		1
广宁县	19	10	9	108	75	33			
怀集县	14	7	7	43	32	11			
封开县	23	10	13	59	41	18			
德庆县	26	12	14	76	53	23			
四会市	135	85	50	1850	1412	438	6	3	3
惠州市	**824**	**517**	**307**	**16661**	**11639**	**5022**	**478**	**166**	**312**
惠城区	219	143	76	5909	4085	1824	446	149	297
惠阳区	220	139	81	6108	4386	1722	8	5	3
博罗县	196	121	75	2439	1659	780	19	12	7
惠东县	162	98	64	2036	1373	663	5		5
龙门县	27	16	11	169	136	33			
梅州市	**229**	**113**	**116**	**1984**	**1381**	**603**	**14**	**10**	**4**
梅江区	75	37	38	891	623	268			
梅县区	62	33	29	648	450	198	14	10	4
大埔县	8	4	4	71	60	11			
丰顺县	22	10	12	84	53	31			
五华县	17	6	11	84	58	26			
平远县	13	10	3	49	30	19			
蕉岭县	16	9	7	74	57	17			
兴宁市	16	4	12	83	50	33			

7-2 续表 8　　单位：人

现住地	农、林、牧、渔业生产及辅助人员			生产制造及有关人员			不便分类的其他从业人员		
	小计	男	女	小计	男	女	小计	男	女
汕尾市	**133**	**104**	**29**	**1504**	**1088**	**416**	**1**		**1**
城　区	54	42	12	441	312	129			
海丰县	51	39	12	917	660	257	1		1
陆河县	4	3	1	84	71	13			
陆丰市	24	20	4	62	45	17			
河源市	**297**	**197**	**100**	**4714**	**2878**	**1836**	**16**	**9**	**7**
源城区	118	89	29	3771	2253	1518	13	8	5
紫金县	43	26	17	189	140	49	1		1
龙川县	21	16	5	210	133	77			
连平县	45	24	21	83	64	19			
和平县	4	3	1	57	36	21	1	1	
东源县	66	39	27	404	252	152	1		1
阳江市	**421**	**289**	**132**	**3064**	**2004**	**1060**	**35**	**14**	**21**
江城区	200	140	60	1720	1117	603	9	3	6
阳东区	117	80	37	1043	678	365	9	5	4
阳西县	74	57	17	170	123	47	17	6	11
阳春市	30	12	18	131	86	45			
清远市	**539**	**347**	**192**	**4796**	**3282**	**1514**	**42**	**24**	**18**
清城区	231	162	69	3085	2197	888	4	2	2
清新区	90	58	32	913	515	398	38	22	16
佛冈县	31	20	11	196	150	46			
阳山县	23	17	6	53	38	15			
连山壮族瑶族自治县	20	14	6	23	20	3			
连南瑶族自治县	2	1	1	38	22	16			
英德市	127	64	63	418	293	125			
连州市	15	11	4	70	47	23			
东莞市	**627**	**376**	**251**	**46671**	**30118**	**16553**	**39**	**22**	**17**
市辖区	627	376	251	46671	30118	16553	39	22	17
中山市	**362**	**224**	**138**	**13311**	**8678**	**4633**	**4**	**1**	**3**
市辖区	362	224	138	13311	8678	4633	4	1	3
潮州市	**38**	**25**	**13**	**937**	**576**	**361**	**8**	**6**	**2**
湘桥区	21	16	5	510	293	217	7	5	2
潮安区	9	5	4	389	260	129			
饶平县	8	4	4	38	23	15	1	1	
揭阳市	**21**	**9**	**12**	**186**	**104**	**82**	**3**	**3**	
榕城区	2	1	1	34	24	10			
揭东区	5	3	2	37	27	10	2	2	
揭西县	3	1	2	13	7	6			
惠来县	2		2	21	12	9			
普宁市	9	4	5	81	34	47	1	1	
云浮市	**166**	**94**	**72**	**1551**	**1119**	**432**	**1**		**1**
云城区	24	14	10	928	689	239			
云安区	12	6	6	98	72	26			
新兴县	36	22	14	289	198	91			
郁南县	36	19	17	102	73	29			
罗定市	58	33	25	134	87	47	1		1

7-3　全省按现住地、职业和性别分的户口登记地在外省人口

单位：人

现住地	合计			党的机关、国家机关、群众团体和社会组织、企事业单位负责人		
	合计	男	女	小计	男	女
广　东	**2311025**	**1475865**	**835160**	**58510**	**44409**	**14101**
广州市	**376144**	**234622**	**141522**	**9983**	**7247**	**2736**
荔湾区	10418	6450	3968	303	202	101
越秀区	8906	5074	3832	106	76	30
海珠区	40509	23339	17170	353	264	89
天河区	43159	26622	16537	1307	923	384
白云区	95806	59314	36492	2645	1954	691
黄埔区	32345	21861	10484	754	563	191
番禺区	63942	39562	24380	2174	1550	624
花都区	36679	22896	13783	1307	945	362
南沙区	22102	15043	7059	200	167	33
从化区	2867	1909	958	65	51	14
增城区	19411	12552	6859	769	552	217
韶关市	**9031**	**6059**	**2972**	**256**	**184**	**72**
武江区	2462	1601	861	47	31	16
浈江区	1624	1049	575	65	43	22
曲江区	1114	815	299	52	38	14
始兴县	349	231	118	10	8	2
仁化县	633	457	176	8	8	
翁源县	550	374	176	9	8	1
乳源瑶族自治县	396	274	122	12	11	1
新丰县	441	319	122	6	5	1
乐昌市	883	566	317	10	8	2
南雄市	579	373	206	37	24	13
深圳市	**691308**	**443947**	**247361**	**18006**	**14160**	**3846**
罗湖区	23939	14571	9368	554	396	158
福田区	35572	21652	13920	974	700	274
南山区	51174	32732	18442	829	665	164
宝安区	219446	139899	79547	6006	4798	1208
龙岗区	148302	94757	53545	4451	3451	1000
盐田区	5612	3816	1796	124	98	26
龙华区	119926	79220	40706	3647	2840	807
坪山区	25562	16932	8630	440	375	65
光明区	61775	40368	21407	981	837	144
珠海市	**53548**	**35304**	**18244**	**1229**	**906**	**323**
香洲区	31288	20297	10991	931	660	271
斗门区	11100	7333	3767	93	78	15
金湾区	11160	7674	3486	205	168	37
汕头市	**17867**	**11083**	**6784**	**236**	**189**	**47**
龙湖区	4257	2747	1510	66	51	15
金平区	2405	1505	900	47	41	6
濠江区	507	368	139	6	4	2
潮阳区	1097	653	444	11	11	
潮南区	2560	1610	950	16	13	3
澄海区	6935	4125	2810	89	68	21
南澳县	106	75	31	1	1	
佛山市	**247391**	**160585**	**86806**	**6471**	**4810**	**1661**
禅城区	24607	15709	8898	709	532	177
南海区	100197	64734	35463	2992	2146	846
顺德区	97380	62896	34484	2424	1855	569
三水区	17877	12290	5587	276	222	54
高明区	7330	4956	2374	70	55	15

7-3 续表 1

单位：人

现住地	合计			党的机关、国家机关、群众团体和社会组织、企事业单位负责人		
	合计	男	女	小计	男	女
江门市	**42434**	**27109**	**15325**	**1041**	**812**	**229**
蓬江区	10174	6292	3882	267	195	72
江海区	7243	4651	2592	311	249	62
新会区	7605	4983	2622	180	139	41
台山市	3672	2364	1308	85	67	18
开平市	4183	2568	1615	103	81	22
鹤山市	8198	5292	2906	82	71	11
恩平市	1359	959	400	13	10	3
湛江市	**6027**	**4021**	**2006**	**124**	**95**	**29**
赤坎区	827	534	293	30	20	10
霞山区	1498	981	517	46	37	9
坡头区	393	301	92	2	2	
麻章区	815	666	149	23	19	4
遂溪县	208	130	78	2	2	
徐闻县	387	234	153	1	1	
廉江市	611	300	311	11	6	5
雷州市	297	205	92	6	5	1
吴川市	991	670	321	3	3	
茂名市	**4294**	**2764**	**1530**	**35**	**29**	**6**
茂南区	1543	1078	465	5	5	
电白区	1057	699	358	5	4	1
高州市	693	430	263	11	10	1
化州市	603	342	261	8	5	3
信宜市	398	215	183	6	5	1
肇庆市	**17535**	**11757**	**5778**	**243**	**177**	**66**
端州区	1753	1155	598	51	40	11
鼎湖区	1790	1286	504	20	16	4
高要区	3195	2062	1133	31	21	10
广宁县	445	305	140	8	6	2
怀集县	323	244	79	10	5	5
封开县	354	238	116	6	4	2
德庆县	153	100	53	8	7	1
四会市	9522	6367	3155	109	78	31
惠州市	**123241**	**82123**	**41118**	**1841**	**1433**	**408**
惠城区	37764	25153	12611	1093	838	255
惠阳区	52340	35133	17207	441	350	91
博罗县	21666	14325	7341	94	80	14
惠东县	10511	6834	3677	210	162	48
龙门县	960	678	282	3	3	
梅州市	**5282**	**3555**	**1727**	**132**	**96**	**36**
梅江区	1460	975	485	56	39	17
梅县区	1244	819	425	30	25	5
大埔县	324	240	84	7	5	2
丰顺县	558	359	199	6	5	1
五华县	518	375	143	9	5	4
平远县	275	177	98	5	4	1
蕉岭县	400	277	123	7	5	2
兴宁市	503	333	170	12	8	4

7-3　续表 2　　　　单位：人

现住地	合计			党的机关、国家机关、群众团体和社会组织、企事业单位负责人		
	合计	男	女	小计	男	女
汕尾市	**6899**	**4793**	**2106**	**82**	**56**	**26**
城　区	1857	1344	513	34	26	8
海丰县	3903	2654	1249	34	22	12
陆河县	430	352	78	5	4	1
陆丰市	709	443	266	9	4	5
河源市	**10284**	**6943**	**3341**	**97**	**79**	**18**
源城区	5851	3897	1954	67	54	13
紫金县	1135	812	323	5	3	2
龙川县	1027	703	324	4	3	1
连平县	409	282	127	2	1	1
和平县	346	239	107			
东源县	1516	1010	506	19	18	1
阳江市	**5938**	**3827**	**2111**	**115**	**90**	**25**
江城区	2260	1464	796	54	41	13
阳东区	2320	1440	880	41	32	9
阳西县	561	393	168	8	7	1
阳春市	797	530	267	12	10	2
清远市	**15484**	**10693**	**4791**	**250**	**206**	**44**
清城区	8630	6032	2598	149	130	19
清新区	1867	1194	673	32	25	7
佛冈县	1251	894	357	6	4	2
阳山县	279	180	99	8	7	1
连山壮族瑶族自治县	96	62	34			
连南瑶族自治县	51	28	23	5	5	
英德市	2914	2020	894	40	27	13
连州市	396	283	113	10	8	2
东莞市	**524958**	**330609**	**194349**	**14016**	**10566**	**3450**
市辖区	524958	330609	194349	14016	10566	3450
中山市	**136916**	**85458**	**51458**	**4102**	**3077**	**1025**
市辖区	136916	85458	51458	4102	3077	1025
潮州市	**9490**	**5977**	**3513**	**134**	**108**	**26**
湘桥区	2335	1449	886	40	30	10
潮安区	6775	4294	2481	91	76	15
饶平县	380	234	146	3	2	1
揭阳市	**3040**	**1991**	**1049**	**26**	**17**	**9**
榕城区	558	396	162	7	5	2
揭东区	1013	695	318	10	7	3
揭西县	128	81	47			
惠来县	165	88	77			
普宁市	1176	731	445	9	5	4
云浮市	**3914**	**2645**	**1269**	**91**	**72**	**19**
云城区	1535	1111	424	69	56	13
云安区	310	239	71	4	4	
新兴县	1340	856	484	10	8	2
郁南县	269	172	97	4	2	2
罗定市	460	267	193	4	2	2

7−3 续表 3

单位：人

现住地	专业技术人员			办事人员和有关人员			社会生产服务和生活服务人员		
	小计	男	女	小计	男	女	小计	男	女
广 东	**171767**	**102894**	**68873**	**110721**	**62144**	**48577**	**779402**	**488616**	**290786**
广州市	**27273**	**14795**	**12478**	**19711**	**10977**	**8734**	**161735**	**100271**	**61464**
荔湾区	762	350	412	586	346	240	6961	4232	2729
越秀区	1107	455	652	662	407	255	6329	3559	2770
海珠区	1607	790	817	1135	670	465	13598	7952	5646
天河区	5376	2900	2476	3731	1936	1795	27671	16930	10741
白云区	5230	2516	2714	3944	2125	1819	46966	29719	17247
黄埔区	3349	2051	1298	2385	1383	1002	11371	7555	3816
番禺区	4761	2698	2063	3327	1797	1530	25151	15275	9876
花都区	1845	995	850	1714	996	718	10839	6854	3985
南沙区	1436	962	474	1000	607	393	5913	3861	2052
从化区	203	126	77	151	85	66	622	380	242
增城区	1597	952	645	1076	625	451	6314	3954	2360
韶关市	**912**	**520**	**392**	**468**	**287**	**181**	**2792**	**1532**	**1260**
武江区	270	133	137	121	71	50	790	437	353
浈江区	170	91	79	88	58	30	683	376	307
曲江区	125	89	36	43	29	14	298	180	118
始兴县	31	25	6	17	8	9	95	52	43
仁化县	67	45	22	32	16	16	159	96	63
翁源县	38	17	21	36	23	13	106	65	41
乳源瑶族自治县	50	39	11	36	26	10	94	44	50
新丰县	27	20	7	36	24	12	85	44	41
乐昌市	79	31	48	37	20	17	313	156	157
南雄市	55	30	25	22	12	10	169	82	87
深圳市	**74712**	**45231**	**29481**	**33129**	**18731**	**14398**	**279403**	**175815**	**103588**
罗湖区	2449	1147	1302	1312	798	514	15922	9163	6759
福田区	4215	2102	2113	1681	1161	520	24530	14278	10252
南山区	7557	4330	3227	3767	2123	1644	28021	17194	10827
宝安区	25401	16105	9296	7892	4479	3413	76863	49201	27662
龙岗区	13766	8060	5706	9135	4934	4201	59684	38092	21592
盐田区	565	321	244	226	133	93	3124	2040	1084
龙华区	12732	7693	5039	5326	2886	2440	47016	30202	16814
坪山区	2864	2007	857	1537	909	628	6532	4202	2330
光明区	5163	3466	1697	2253	1308	945	17711	11443	6268
珠海市	**4752**	**2934**	**1818**	**2990**	**1724**	**1266**	**17149**	**10333**	**6816**
香洲区	2997	1777	1220	2201	1314	887	11872	6952	4920
斗门区	870	550	320	212	96	116	2678	1697	981
金湾区	885	607	278	577	314	263	2599	1684	915
汕头市	**662**	**441**	**221**	**579**	**385**	**194**	**4756**	**2917**	**1839**
龙湖区	120	76	44	154	94	60	1411	819	592
金平区	131	70	61	88	58	30	1142	691	451
濠江区	123	92	31	31	26	5	120	86	34
潮阳区	45	28	17	32	25	7	343	177	166
潮南区	89	65	24	84	65	19	611	376	235
澄海区	147	103	44	189	116	73	1072	735	337
南澳县	7	7		1	1		57	33	24
佛山市	**10734**	**6030**	**4704**	**9653**	**5219**	**4434**	**81470**	**51529**	**29941**
禅城区	1437	746	691	1059	516	543	11382	7262	4120
南海区	4276	2348	1928	4499	2438	2061	34064	21500	12564
顺德区	3998	2249	1749	3126	1683	1443	29936	18833	11103
三水区	769	525	244	651	370	281	4454	2916	1538
高明区	254	162	92	318	212	106	1634	1018	616

7–3　续表 4　　单位：人

现住地	专业技术人员			办事人员和有关人员			社会生产服务和生活服务人员		
	小计	男	女	小计	男	女	小计	男	女
江门市	**1736**	**1072**	**664**	**1434**	**869**	**565**	**8980**	**5469**	**3511**
蓬江区	546	308	238	437	251	186	2553	1519	1034
江海区	363	213	150	281	175	106	1671	1058	613
新会区	248	172	76	198	125	73	1519	934	585
台山市	124	86	38	100	65	35	674	397	277
开平市	124	66	58	116	60	56	719	413	306
鹤山市	278	187	91	253	154	99	1594	999	595
恩平市	53	40	13	49	39	10	250	149	101
湛江市	**578**	**321**	**257**	**274**	**177**	**97**	**1932**	**1147**	**785**
赤坎区	121	66	55	52	35	17	366	207	159
霞山区	169	83	86	95	54	41	707	432	275
坡头区	61	38	23	28	20	8	87	52	35
麻章区	63	46	17	37	21	16	141	94	47
遂溪县	10	3	7	7	5	2	63	40	23
徐闻县	20	14	6	9	7	2	93	51	42
廉江市	62	31	31	18	13	5	182	87	95
雷州市	27	10	17	8	6	2	40	23	17
吴川市	45	30	15	20	16	4	253	161	92
茂名市	**264**	**137**	**127**	**108**	**70**	**38**	**1275**	**741**	**534**
茂南区	110	62	48	55	33	22	615	388	227
电白区	67	41	26	20	15	5	269	156	113
高州市	38	17	21	17	10	7	112	67	45
化州市	30	8	22	13	9	4	159	66	93
信宜市	19	9	10	3	3		120	64	56
肇庆市	**969**	**621**	**348**	**543**	**320**	**223**	**5020**	**3064**	**1956**
端州区	191	108	83	96	60	36	733	453	280
鼎湖区	109	80	29	57	33	24	284	165	119
高要区	129	80	49	82	44	38	574	392	182
广宁县	15	6	9	11	9	2	81	48	33
怀集县	23	17	6	11	6	5	93	65	28
封开县	37	23	14	14	9	5	70	35	35
德庆县	30	23	7	14	11	3	56	30	26
四会市	435	284	151	258	148	110	3129	1876	1253
惠州市	**7692**	**5149**	**2543**	**6070**	**3765**	**2305**	**28381**	**17756**	**10625**
惠城区	3231	2134	1097	1647	1014	633	10267	6358	3909
惠阳区	3066	2081	985	2658	1586	1072	11155	7032	4123
博罗县	989	660	329	1290	833	457	4486	2924	1562
惠东县	354	241	113	431	302	129	2212	1295	917
龙门县	52	33	19	44	30	14	261	147	114
梅州市	**293**	**185**	**108**	**182**	**115**	**67**	**1554**	**886**	**668**
梅江区	106	68	38	60	37	23	433	241	192
梅县区	39	21	18	31	18	13	413	237	176
大埔县	28	18	10	9	3	6	108	74	34
丰顺县	30	17	13	25	22	3	138	70	68
五华县	37	27	10	24	17	7	110	59	51
平远县	21	14	7	9	7	2	64	30	34
蕉岭县	16	8	8	9	4	5	139	92	47
兴宁市	16	12	4	15	7	8	149	83	66

7-3 续表 5

单位：人

现住地	专业技术人员			办事人员和有关人员			社会生产服务和生活服务人员		
	小计	男	女	小计	男	女	小计	男	女
汕尾市	**413**	**292**	**121**	**237**	**159**	**78**	**1561**	**860**	**701**
城　区	132	93	39	78	44	34	345	183	162
海丰县	193	139	54	126	91	35	860	495	365
陆河县	19	15	4	10	7	3	65	43	22
陆丰市	69	45	24	23	17	6	291	139	152
河源市	**837**	**569**	**268**	**383**	**248**	**135**	**2817**	**1651**	**1166**
源城区	501	332	169	215	133	82	1717	977	740
紫金县	73	56	17	28	22	6	270	169	101
龙川县	91	75	16	27	19	8	327	188	139
连平县	37	16	21	11	6	5	111	67	44
和平县	41	27	14	4	2	2	85	36	49
东源县	94	63	31	98	66	32	307	214	93
阳江市	**378**	**251**	**127**	**173**	**101**	**72**	**1212**	**721**	**491**
江城区	125	80	45	64	38	26	560	338	222
阳东区	79	55	24	40	19	21	342	202	140
阳西县	61	46	15	27	17	10	109	61	48
阳春市	113	70	43	42	27	15	201	120	81
清远市	**1023**	**626**	**397**	**949**	**623**	**326**	**4031**	**2484**	**1547**
清城区	555	335	220	603	399	204	2376	1481	895
清新区	149	96	53	103	67	36	386	233	153
佛冈县	76	51	25	69	49	20	242	157	85
阳山县	16	6	10	15	6	9	78	28	50
连山壮族瑶族自治县	5	2	3	15	8	7	37	22	15
连南瑶族自治县	13	7	6				23	12	11
英德市	185	119	66	133	86	47	738	458	280
连州市	24	10	14	11	8	3	151	93	58
东莞市	**31696**	**19782**	**11914**	**28237**	**15228**	**13009**	**136821**	**87380**	**49441**
市辖区	31696	19782	11914	28237	15228	13009	136821	87380	49441
中山市	**6358**	**3613**	**2745**	**5268**	**2912**	**2356**	**34908**	**21898**	**13010**
市辖区	6358	3613	2745	5268	2912	2356	34908	21898	13010
潮州市	**167**	**108**	**59**	**108**	**82**	**26**	**1690**	**1004**	**686**
湘桥区	78	42	36	45	31	14	622	351	271
潮安区	69	50	19	41	32	9	961	603	358
饶平县	20	16	4	22	19	3	107	50	57
揭阳市	**73**	**58**	**15**	**69**	**47**	**22**	**918**	**586**	**332**
榕城区	18	15	3	18	12	6	138	95	43
揭东区	20	17	3	15	11	4	294	199	95
揭西县	4	3	1	4		4	44	22	22
惠来县	2	1	1	4	2	2	75	26	49
普宁市	29	22	7	28	22	6	367	244	123
云浮市	**245**	**159**	**86**	**156**	**105**	**51**	**997**	**572**	**425**
云城区	93	70	23	59	38	21	458	272	186
云安区	11	3	8	24	18	6	59	38	21
新兴县	79	56	23	32	22	10	259	137	122
郁南县	19	9	10	11	6	5	82	51	31
罗定市	43	21	22	30	21	9	139	74	65

7-3　续表 6　　　　单位：人

现 住 地	农、林、牧、渔业生产及辅助人员			生产制造及有关人员			不便分类的其他从业人员		
	小计	男	女	小计	男	女	小计	男	女
广　东	**16854**	**10063**	**6791**	**1171857**	**766562**	**405295**	**1914**	**1177**	**737**
广州市	**2602**	**1525**	**1077**	**154319**	**99475**	**54844**	**521**	**332**	**189**
荔湾区	133	64	69	1665	1253	412	8	3	5
越秀区	10	5	5	687	571	116	5	1	4
海珠区	15	10	5	23762	13630	10132	39	23	16
天河区	97	61	36	4967	3867	1100	10	5	5
白云区	564	322	242	36389	22637	13752	68	41	27
黄埔区	153	94	59	14014	10006	4008	319	209	110
番禺区	379	226	153	28131	18002	10129	19	14	5
花都区	579	337	242	20355	12740	7615	40	29	11
南沙区	202	137	65	13348	9306	4042	3	3	
从化区	69	45	24	1750	1219	531	7	3	4
增城区	401	224	177	9251	6244	3007	3	1	2
韶关市	**424**	**277**	**147**	**4179**	**3259**	**920**			
武江区	43	27	16	1191	902	289			
浈江区	32	25	7	586	456	130			
曲江区	79	47	32	517	432	85			
始兴县	27	22	5	169	116	53			
仁化县	42	25	17	325	267	58			
翁源县	57	34	23	304	227	77			
乳源瑶族自治县	43	31	12	161	123	38			
新丰县	28	19	9	259	207	52			
乐昌市	24	16	8	420	335	85			
南雄市	49	31	18	247	194	53			
深圳市	**733**	**481**	**252**	**284858**	**189229**	**95629**	**467**	**300**	**167**
罗湖区	20	14	6	3677	3049	628	5	4	1
福田区	8	7	1	4135	3387	748	29	17	12
南山区	43	30	13	10940	8382	2558	17	8	9
宝安区	205	147	58	102992	65120	37872	87	49	38
龙岗区	163	103	60	60826	39928	20898	277	189	88
盐田区	11	11		1561	1212	349	1	1	
龙华区	70	40	30	51124	35554	15570	11	5	6
坪山区	125	74	51	14024	9338	4686	40	27	13
光明区	88	55	33	35579	23259	12320			
珠海市	**631**	**448**	**183**	**26699**	**18898**	**7801**	**98**	**61**	**37**
香洲区	251	182	69	12968	9369	3599	68	43	25
斗门区	145	98	47	7101	4813	2288	1	1	
金湾区	235	168	67	6630	4716	1914	29	17	12
汕头市	**103**	**73**	**30**	**11520**	**7074**	**4446**	**11**	**4**	**7**
龙湖区	25	17	8	2481	1690	791			
金平区	16	11	5	980	634	346	1		1
濠江区				226	160	66	1		1
潮阳区	19	14	5	647	398	249			
潮南区	13	6	7	1741	1081	660	6	4	2
澄海区	18	15	3	5417	3088	2329	3		3
南澳县	12	10	2	28	23	5			
佛山市	**2281**	**1400**	**881**	**136429**	**91389**	**45040**	**353**	**208**	**145**
禅城区	47	29	18	9940	6609	3331	33	15	18
南海区	852	541	311	53249	35605	17644	265	156	109
顺德区	499	319	180	57356	37930	19426	41	27	14
三水区	701	405	296	11024	7850	3174	2	2	
高明区	182	106	76	4860	3395	1465	12	8	4

7-3 续表 7 单位：人

现住地	农、林、牧、渔业生产及辅助人员			生产制造及有关人员			不便分类的其他从业人员		
	小计	男	女	小计	男	女	小计	男	女
江门市	**1688**	**996**	**692**	**27547**	**17886**	**9661**	**8**	**5**	**3**
蓬江区	49	30	19	6321	3989	2332	1		1
江海区	25	13	12	4592	2943	1649			
新会区	256	153	103	5203	3460	1743	1		1
台山市	627	364	263	2062	1385	677			
开平市	452	269	183	2668	1678	990	1	1	
鹤山市	118	73	45	5868	3804	2064	5	4	1
恩平市	161	94	67	833	627	206			
湛江市	**507**	**259**	**248**	**2607**	**2018**	**589**	**5**	**4**	**1**
赤坎区	3	2	1	255	204	51			
霞山区	12	11	1	467	362	105	2	2	
坡头区	30	20	10	185	169	16			
麻章区	40	22	18	509	463	46	2	1	1
遂溪县	58	31	27	68	49	19			
徐闻县	154	83	71	110	78	32			
廉江市	85	15	70	253	148	105			
雷州市	82	55	27	133	105	28	1	1	
吴川市	43	20	23	627	440	187			
茂名市	**323**	**98**	**225**	**2284**	**1687**	**597**	**5**	**2**	**3**
茂南区	32	14	18	724	574	150	2	2	
电白区	73	20	53	620	463	157	3		3
高州市	72	23	49	443	303	140			
化州市	72	22	50	321	232	89			
信宜市	74	19	55	176	115	61			
肇庆市	**413**	**244**	**169**	**10322**	**7316**	**3006**	**25**	**15**	**10**
端州区	3	2	1	678	491	187	1	1	
鼎湖区	19	12	7	1301	980	321			
高要区	120	66	54	2259	1459	800			
广宁县	11	6	5	319	230	89			
怀集县	21	12	9	161	137	24	4	2	2
封开县	26	12	14	201	155	46			
德庆县	13	7	6	32	22	10			
四会市	200	127	73	5371	3842	1529	20	12	8
惠州市	**2721**	**1629**	**1092**	**76398**	**52316**	**24082**	**138**	**75**	**63**
惠城区	567	354	213	20900	14431	6469	59	24	35
惠阳区	700	407	293	34315	23674	10641	5	3	2
博罗县	900	543	357	13851	9248	4603	56	37	19
惠东县	484	280	204	6802	4543	2259	18	11	7
龙门县	70	45	25	530	420	110			
梅州市	**219**	**107**	**112**	**2896**	**2161**	**735**	**6**	**5**	**1**
梅江区	41	22	19	763	567	196	1	1	
梅县区	47	19	28	680	496	184	4	3	1
大埔县	23	15	8	148	124	24	1	1	
丰顺县	17	6	11	342	239	103			
五华县	22	9	13	316	258	58			
平远县	20	12	8	156	110	46			
蕉岭县	17	7	10	212	161	51			
兴宁市	32	17	15	279	206	73			

7-3　续表 8　　　　　　　　　　　　　　　　　　　　　　　　　　　　单位：人

现住地	农、林、牧、渔业生产及辅助人员			生产制造及有关人员			不便分类的其他从业人员		
	小计	男	女	小计	男	女	小计	男	女
汕尾市	**356**	**252**	**104**	**4250**	**3174**	**1076**			
城　区	104	82	22	1164	916	248			
海丰县	169	113	56	2521	1794	727			
陆河县	29	20	9	302	263	39			
陆丰市	54	37	17	263	201	62			
河源市	**349**	**210**	**139**	**5798**	**4184**	**1614**	**3**	**2**	**1**
源城区	48	27	21	3300	2372	928	3	2	1
紫金县	136	79	57	623	483	140			
龙川县	42	27	15	536	391	145			
连平县	37	23	14	211	169	42			
和平县	19	10	9	197	164	33			
东源县	67	44	23	931	605	326			
阳江市	**318**	**186**	**132**	**3719**	**2466**	**1253**	**23**	**12**	**11**
江城区	75	48	27	1378	917	461	4	2	2
阳东区	98	57	41	1708	1068	640	12	7	5
阳西县	95	62	33	257	198	59	4	2	2
阳春市	50	19	31	376	283	93	3	1	2
清远市	**499**	**262**	**237**	**8714**	**6482**	**2232**	**18**	**10**	**8**
清城区	121	68	53	4823	3618	1205	3	1	2
清新区	85	45	40	1097	719	378	15	9	6
佛冈县	36	20	16	822	613	209			
阳山县	19	13	6	143	120	23			
连山壮族瑶族自治县	11	7	4	28	23	5			
连南瑶族自治县	4	2	2	6	2	4			
英德市	204	95	109	1614	1235	379			
连州市	19	12	7	181	152	29			
东莞市	**1643**	**1008**	**635**	**312356**	**196529**	**115827**	**189**	**116**	**73**
市辖区	1643	1008	635	312356	196529	115827	189	116	73
中山市	**800**	**489**	**311**	**85453**	**53454**	**31999**	**27**	**15**	**12**
市辖区	800	489	311	85453	53454	31999	27	15	12
潮州市	**49**	**25**	**24**	**7335**	**4647**	**2688**	**7**	**3**	**4**
湘桥区	6	4	2	1538	988	550	6	3	3
潮安区	25	13	12	5587	3520	2067	1		1
饶平县	18	8	10	210	139	71			
揭阳市	**59**	**34**	**25**	**1886**	**1242**	**644**	**9**	**7**	**2**
榕城区	10	6	4	367	263	104			
揭东区	31	19	12	634	435	199	9	7	2
揭西县	5	3	2	71	53	18			
惠来县	2		2	82	59	23			
普宁市	11	6	5	732	432	300			
云浮市	**136**	**60**	**76**	**2288**	**1676**	**612**	**1**	**1**	
云城区	11	6	5	845	669	176			
云安区	17	10	7	195	166	29			
新兴县	66	35	31	894	598	296			
郁南县	22	5	17	131	99	32			
罗定市	20	4	16	223	144	79	1	1	

7-4 全省按现住地、户口登记地类型、受教育程度分的户口登记地在本省其他乡镇街道人口

单位：人

现住地	合计					未上过学				
	合计	乡	镇的村委会	镇的居委会	街道	小计	乡	镇的村委会	镇的居委会	街道
广东	**1805757**	**279375**	**1012567**	**200352**	**313463**	**16874**	**2833**	**10105**	**1847**	**2089**
广州市	**453374**	**53454**	**233550**	**55121**	**111249**	**2635**	**373**	**1313**	**365**	**584**
荔湾区	24161	1707	9132	3207	10115	123	8	46	18	51
越秀区	17218	1429	6658	2546	6585	116	13	52	19	32
海珠区	42567	3068	18343	5036	16120	186	13	72	27	74
天河区	81824	9969	41368	10880	19607	301	41	138	40	82
白云区	125332	18660	63470	11577	31625	769	133	365	59	212
黄埔区	31815	3710	17428	3447	7230	292	31	127	97	37
番禺区	68620	6672	39836	10251	11861	330	43	182	51	54
花都区	26920	4381	16061	3213	3265	198	42	125	19	12
南沙区	13767	1736	8996	1656	1379	124	22	83	9	10
从化区	3028	284	1758	476	510	19	4	8	6	1
增城区	18122	1838	10500	2832	2952	177	23	115	20	19
韶关市	**24771**	**1372**	**13649**	**4212**	**5538**	**464**	**33**	**292**	**71**	**68**
武江区	8164	528	4160	1149	2327	170	16	99	19	36
浈江区	7991	449	4373	1531	1638	111	9	57	31	14
曲江区	3260	186	2080	643	351	89	7	71	9	2
始兴县	529	29	304	100	96	9		7		2
仁化县	1096	35	416	200	445	28		16	6	6
翁源县	930	46	653	119	112	16		13	3	
乳源瑶族自治县	784	18	543	127	96	6		6		
新丰县	522	40	282	74	126	4		4		
乐昌市	962	20	514	184	244	24		15	3	6
南雄市	533	21	324	85	103	7	1	4		2
深圳市	**492728**	**80126**	**268334**	**46924**	**97344**	**4840**	**879**	**2890**	**444**	**627**
罗湖区	36235	4658	17720	5139	8718	429	61	244	67	57
福田区	41771	5462	19693	5015	11601	368	56	205	48	59
南山区	34747	7075	14291	4468	8913	272	84	121	31	36
宝安区	122272	21918	71357	9366	19631	1102	225	670	85	122
龙岗区	136582	24655	75815	13549	22563	1445	285	867	131	162
盐田区	7077	563	3739	744	2031	69	13	45	4	7
龙华区	72422	9077	39865	5483	17997	691	79	417	43	152
坪山区	14406	2824	8266	1191	2125	169	33	116	13	7
光明区	27216	3894	17588	1969	3765	295	43	205	22	25
珠海市	**47436**	**5514**	**26958**	**7934**	**7030**	**553**	**89**	**345**	**87**	**32**
香洲区	28101	3116	14897	5429	4659	317	66	167	59	25
斗门区	8940	655	6693	1004	588	145	6	116	19	4
金湾区	10395	1743	5368	1501	1783	91	17	62	9	3
汕头市	**18934**	**1854**	**7381**	**4397**	**5302**	**284**	**24**	**109**	**69**	**82**
龙湖区	8248	935	3404	1897	2012	84	3	39	22	20
金平区	6483	335	2473	1583	2092	138	11	47	36	44
濠江区	1290	40	381	327	542	5		2		3
潮阳区	768	44	134	273	317	21		4	7	10
潮南区	835	349	269	120	97	14	9	5		
澄海区	1218	143	688	169	218	20		12	3	5
南澳县	92	8	32	28	24	2	1		1	
佛山市	**184628**	**30253**	**113781**	**22428**	**18166**	**1316**	**205**	**826**	**177**	**108**
禅城区	33719	4620	22116	3522	3461	204	29	142	16	17
南海区	86566	16064	48795	11609	10098	626	107	355	93	71
顺德区	47906	7216	32099	5733	2858	347	52	228	53	14
三水区	12303	1701	8076	1144	1382	118	12	87	13	6
高明区	4134	652	2695	420	367	21	5	14	2	

7-4　续表 1　　　　单位：人

现住地	合计					未上过学				
	合计	乡	镇的村委会	镇的居委会	街道	小计	乡	镇的村委会	镇的居委会	街道
江门市	**39935**	**4022**	**24863**	**3947**	**7103**	**403**	**50**	**273**	**29**	**51**
蓬江区	14144	1269	8996	1350	2529	105	9	73	6	17
江海区	8260	649	4444	772	2395	102	11	62	8	21
新会区	4744	643	2911	499	691	56	9	37	2	8
台山市	2690	355	1470	313	552	29	4	23	2	
开平市	4451	501	3199	466	285	41	1	33	4	3
鹤山市	3805	400	2566	373	466	31	5	22	2	2
恩平市	1841	205	1277	174	185	39	11	23	5	
湛江市	**46710**	**5703**	**27359**	**5651**	**7997**	**564**	**68**	**358**	**67**	**71**
赤坎区	11695	1493	6530	1213	2459	138	14	87	18	19
霞山区	19855	2084	12615	2473	2683	261	38	165	29	29
坡头区	1245	124	545	129	447	21	3	13	1	4
麻章区	7202	1259	3764	801	1378	43	1	27	5	10
遂溪县	1504	160	944	254	146	30	1	20	6	3
徐闻县	1169	156	749	134	130	17	4	10	2	1
廉江市	1891	221	990	340	340	21	4	15	2	
雷州市	782	84	475	105	118	18	1	11	4	2
吴川市	1367	122	747	202	296	15	2	10		3
茂名市	**15036**	**1222**	**8571**	**1854**	**3389**	**131**	**10**	**73**	**19**	**29**
茂南区	7505	765	4130	1068	1542	61	6	37	6	12
电白区	2443	150	1151	359	783	32	2	9	11	10
高州市	2744	109	1829	196	610	15		10	2	3
化州市	1361	87	844	106	324	8		6		2
信宜市	983	111	617	125	130	15	2	11		2
肇庆市	**23764**	**1875**	**14268**	**3239**	**4382**	**215**	**18**	**135**	**20**	**42**
端州区	9649	367	5698	1472	2112	77	3	43	10	21
鼎湖区	3151	251	2097	295	508	32	6	23	1	2
高要区	2231	228	1285	389	329	8		7		1
广宁县	404	12	235	65	92	5		1	2	2
怀集县	259	16	117	43	83	4		3		1
封开县	384	58	172	90	64	5		1	3	1
德庆县	610	67	321	78	144	10	1	2	3	4
四会市	7076	876	4343	807	1050	74	8	55	1	10
惠州市	**89420**	**16751**	**53024**	**9055**	**10590**	**1337**	**296**	**812**	**128**	**101**
惠城区	40833	8819	22472	4042	5500	655	179	367	56	53
惠阳区	26563	4747	16148	2688	2980	322	56	206	30	30
博罗县	11798	1462	7958	1247	1131	126	21	91	9	5
惠东县	9185	1621	5835	972	757	225	40	141	32	12
龙门县	1041	102	611	106	222	9		7	1	1
梅州市	**21239**	**969**	**13990**	**3406**	**2874**	**251**	**12**	**180**	**32**	**27**
梅江区	10849	442	7621	1523	1263	103	4	81	9	9
梅县区	6350	134	4075	1243	898	99	3	68	18	10
大埔县	549	89	288	82	90	4	1	1	2	
丰顺县	544	52	303	91	98	8	1	7		
五华县	884	59	555	141	129	11	1	5	2	3
平远县	375	44	217	79	35	6	1	4		1
蕉岭县	678	83	386	121	88	7	1	6		
兴宁市	1010	66	545	126	273	13		8	1	4

7－4 续表 2　　　　　　　　　　　　　　　　　　　　　　单位：人

现住地	合计					未上过学				
	合计	乡	镇的村委会	镇的居委会	街道	小计	乡	镇的村委会	镇的居委会	街道
汕尾市	**10929**	**752**	**5689**	**2044**	**2444**	**287**	**25**	**159**	**57**	**46**
城　区	3693	238	1591	945	919	110	6	54	36	14
海丰县	5574	235	3227	795	1317	132	7	84	12	29
陆河县	630	105	402	67	56	17	5	10	2	
陆丰市	1032	174	469	237	152	28	7	11	7	3
河源市	**33567**	**4283**	**23766**	**2879**	**2639**	**548**	**76**	**397**	**48**	**27**
源城区	26752	3624	19501	2036	1591	466	64	351	40	11
紫金县	1355	159	804	156	236	20	2	7	3	8
龙川县	1428	134	873	239	182	16	6	7	1	2
连平县	576	19	415	81	61	12		11	1	
和平县	446	26	217	127	76	8		6	1	1
东源县	3010	321	1956	240	493	26	4	15	2	5
阳江市	**16274**	**1811**	**9571**	**2174**	**2718**	**229**	**29**	**147**	**22**	**31**
江城区	9825	1542	5475	1342	1466	141	27	85	11	18
阳东区	4392	118	2798	586	890	55	1	41	5	8
阳西县	1041	88	713	110	130	14		12	2	
阳春市	1016	63	585	136	232	19	1	9	4	5
清远市	**34344**	**3239**	**23455**	**3868**	**3782**	**690**	**85**	**531**	**42**	**32**
清城区	23720	2306	16269	2448	2697	431	55	330	25	21
清新区	5463	509	4065	483	406	180	23	144	11	2
佛冈县	1033	104	620	204	105	11	2	7		2
阳山县	534	43	331	111	49	11	1	7	1	2
连山壮族瑶族自治县	238	5	165	47	21	1		1		
连南瑶族自治县	259	1	201	37	20	3		2		1
英德市	2519	248	1459	373	439	45	4	35	2	4
连州市	578	23	345	165	45	8		5	3	
东莞市	**172503**	**53688**	**95442**	**11805**	**11568**	**1287**	**416**	**730**	**78**	**63**
市辖区	172503	53688	95442	11805	11568	1287	416	730	78	63
中山市	**58520**	**10910**	**34995**	**6783**	**5832**	**630**	**129**	**387**	**73**	**41**
市辖区	58520	10910	34995	6783	5832	630	129	387	73	41
潮州市	**8403**	**538**	**4836**	**986**	**2043**	**87**	**4**	**63**	**8**	**12**
湘桥区	5860	237	3913	654	1056	58	3	47	4	4
潮安区	2249	272	799	271	907	25	1	14	2	8
饶平县	294	29	124	61	80	4		2	2	
揭阳市	**2268**	**391**	**1243**	**364**	**270**	**22**	**3**	**10**	**5**	**4**
榕城区	596	29	356	117	94	3		1		2
揭东区	510	84	293	75	58	4	1	3		
揭西县	139	19	66	24	30	1				1
惠来县	213	18	90	69	36	5			4	1
普宁市	810	241	438	79	52	9	2	6	1	
云浮市	**10974**	**648**	**7842**	**1281**	**1203**	**101**	**9**	**75**	**6**	**11**
云城区	6572	274	5080	668	550	65	3	54	5	3
云安区	784	79	423	89	193	5		2		3
新兴县	1563	98	1002	293	170	9	2	7		
郁南县	655	84	366	96	109	13	1	9		3
罗定市	1400	113	971	135	181	9	3	3	1	2

7-4　续表 3　　　　单位：人

现住地	学前教育					小学				
	小计	乡	镇的村委会	镇的居委会	街道	小计	乡	镇的村委会	镇的居委会	街道
广　东	**53316**	**7795**	**29626**	**5604**	**10291**	**218575**	**37134**	**136041**	**20759**	**24641**
广州市	**8719**	**996**	**4221**	**1063**	**2439**	**35740**	**5011**	**19678**	**3749**	**7302**
荔湾区	447	18	158	56	215	2090	172	872	280	766
越秀区	289	29	102	41	117	1376	164	636	178	398
海珠区	717	35	273	88	321	3283	273	1592	360	1058
天河区	1076	141	458	139	338	4064	551	2166	489	858
白云区	2591	373	1261	211	746	10764	1809	5593	785	2577
黄埔区	766	96	389	84	197	2517	371	1453	240	453
番禺区	1118	73	601	208	236	5199	591	3252	706	650
花都区	660	108	375	83	94	2750	530	1693	315	212
南沙区	360	41	231	56	32	1411	220	976	118	97
从化区	69	7	38	7	17	284	37	192	34	21
增城区	626	75	335	90	126	2002	293	1253	244	212
韶关市	**969**	**46**	**614**	**128**	**181**	**4335**	**295**	**2884**	**569**	**587**
武江区	322	23	197	32	70	1455	141	920	152	242
浈江区	279	8	167	54	50	1149	69	725	197	158
曲江区	130	4	99	17	10	656	33	469	102	52
始兴县	24	3	13	4	4	93	6	66	11	10
仁化县	42	1	17	8	16	210	5	120	28	57
翁源县	50	1	41	2	6	214	15	170	17	12
乳源瑶族自治县	40		30	3	7	188	3	159	15	11
新丰县	18	5	9		4	82	14	48	11	9
乐昌市	45	1	27	6	11	203	8	142	26	27
南雄市	19		14	2	3	85	1	65	10	9
深圳市	**16710**	**2477**	**8376**	**1460**	**4397**	**56334**	**10604**	**34164**	**4837**	**6729**
罗湖区	1242	145	580	178	339	4805	801	2669	608	727
福田区	1315	152	631	148	384	4312	679	2305	497	831
南山区	778	156	319	79	224	3127	721	1545	355	506
宝安区	4070	651	2105	313	1001	13333	2764	8421	851	1297
龙岗区	4920	814	2525	462	1119	17027	3559	10366	1515	1587
盐田区	191	21	83	21	66	836	104	501	112	119
龙华区	2653	299	1237	165	952	7222	1025	4496	519	1182
坪山区	556	107	312	33	104	2127	438	1354	154	181
光明区	985	132	584	61	208	3545	513	2507	226	299
珠海市	**1175**	**133**	**699**	**232**	**111**	**5509**	**740**	**3669**	**761**	**339**
香洲区	647	71	349	153	74	2956	386	1822	514	234
斗门区	319	21	240	40	18	1451	128	1155	123	45
金湾区	209	41	110	39	19	1102	226	692	124	60
汕头市	**579**	**54**	**235**	**139**	**151**	**3679**	**426**	**1550**	**827**	**876**
龙湖区	244	30	108	51	55	1543	213	720	314	296
金平区	247	10	107	64	66	1480	87	610	363	420
濠江区	4		1	2	1	36	9	5	12	10
潮阳区	24		1	6	17	177	10	24	67	76
潮南区	19	10	4	4	1	190	75	47	34	34
澄海区	37	4	13	10	10	236	29	138	33	36
南澳县	4		1	2	1	17	3	6	4	4
佛山市	**4402**	**626**	**2601**	**632**	**543**	**22762**	**3870**	**14673**	**2513**	**1706**
禅城区	686	66	429	87	104	3491	470	2411	314	296
南海区	2057	323	1075	353	306	10919	2200	6370	1378	971
顺德区	1177	173	765	156	83	6124	909	4252	662	301
三水区	317	42	226	23	26	1610	194	1223	100	93
高明区	165	22	106	13	24	618	97	417	59	45

7-4 续表 4

单位：人

现住地	学前教育					小学				
	小计	乡	镇的村委会	镇的居委会	街道	小计	乡	镇的村委会	镇的居委会	街道
江门市	**1547**	**166**	**1002**	**129**	**250**	**6918**	**725**	**4867**	**552**	**774**
蓬江区	495	46	343	31	75	2234	183	1607	165	279
江海区	373	35	201	33	104	1392	126	855	124	287
新会区	195	30	126	12	27	991	166	658	74	93
台山市	95	10	60	13	12	421	60	287	38	36
开平市	180	21	134	16	9	926	98	707	88	33
鹤山市	138	15	95	14	14	544	52	428	30	34
恩平市	71	9	43	10	9	410	40	325	33	12
湛江市	**2023**	**214**	**1296**	**226**	**287**	**7096**	**814**	**4763**	**730**	**789**
赤坎区	487	45	285	55	102	1639	198	1034	153	254
霞山区	990	97	668	110	115	3781	426	2607	399	349
坡头区	78	12	37	6	23	197	20	112	18	47
麻章区	147	16	102	11	18	442	51	307	34	50
遂溪县	64	5	42	13	4	225	22	161	35	7
徐闻县	59	11	36	6	6	240	31	167	28	14
廉江市	87	12	59	8	8	205	34	131	23	17
雷州市	46	9	28	6	3	140	11	109	10	10
吴川市	65	7	39	11	8	227	21	135	30	41
茂名市	**419**	**42**	**251**	**50**	**76**	**1624**	**156**	**1069**	**161**	**238**
茂南区	212	15	129	28	40	792	72	547	57	116
电白区	70	13	35	12	10	268	19	164	42	43
高州市	37	3	19	6	9	172	18	104	23	27
化州市	53	4	35		14	174	16	110	19	29
信宜市	47	7	33	4	3	218	31	144	20	23
肇庆市	**724**	**56**	**492**	**68**	**108**	**3392**	**324**	**2282**	**367**	**419**
端州区	299	8	194	27	70	1158	50	771	113	224
鼎湖区	127	13	103	5	6	584	57	439	61	27
高要区	34	7	25	1	1	324	34	225	53	12
广宁县	11	1	7	2	1	64	4	38	5	17
怀集县	9		3	3	3	32	2	14	6	10
封开县	18	2	7	4	5	42	6	21	8	7
德庆县	26	2	15	5	4	126	12	77	15	22
四会市	200	23	138	21	18	1062	159	697	106	100
惠州市	**3386**	**661**	**1985**	**337**	**403**	**15278**	**3020**	**9962**	**1204**	**1092**
惠城区	1465	348	823	150	144	6534	1544	3955	479	556
惠阳区	1083	184	604	106	189	4363	714	2937	391	321
博罗县	392	52	267	36	37	1899	257	1416	139	87
惠东县	414	74	268	45	27	2336	487	1546	187	116
龙门县	32	3	23		6	146	18	108	8	12
梅州市	**738**	**38**	**460**	**130**	**110**	**3031**	**136**	**2287**	**382**	**226**
梅江区	280	16	195	39	30	1542	56	1232	165	89
梅县区	261	9	164	59	29	953	20	705	161	67
大埔县	20	3	7	3	7	63	11	34	8	10
丰顺县	24	3	11	1	9	81	10	53	10	8
五华县	33		16	9	8	108	10	70	13	15
平远县	26	3	13	6	4	52	8	37	5	2
蕉岭县	41	2	26	8	5	109	14	77	11	7
兴宁市	53	2	28	5	18	123	7	79	9	28

7-4 续表 5

单位：人

现住地	学前教育					小学				
	小计	乡	镇的村委会	镇的居委会	街道	小计	乡	镇的村委会	镇的居委会	街道
汕尾市	**487**	**31**	**261**	**89**	**106**	**2826**	**170**	**1679**	**477**	**500**
城　区	149	7	73	38	31	844	39	439	236	130
海丰县	260	14	146	38	62	1588	67	991	175	355
陆河县	28	3	19	2	4	136	21	101	11	3
陆丰市	50	7	23	11	9	258	43	148	55	12
河源市	**1621**	**200**	**1187**	**109**	**125**	**6649**	**926**	**4963**	**418**	**342**
源城区	1339	164	1010	82	83	5611	800	4241	318	252
紫金县	56	5	34	3	14	202	31	122	28	21
龙川县	60	6	41	6	7	230	21	166	29	14
连平县	28	1	23	2	2	79	3	66	9	1
和平县	15	1	5	4	5	70	3	40	13	14
东源县	123	23	74	12	14	457	68	328	21	40
阳江市	**662**	**68**	**443**	**68**	**83**	**3196**	**473**	**2134**	**272**	**317**
江城区	382	61	242	42	37	2012	420	1268	165	159
阳东区	207	2	153	20	32	792	17	592	75	108
阳西县	26	2	17	4	3	193	22	151	11	9
阳春市	47	3	31	2	11	199	14	123	21	41
清远市	**1671**	**177**	**1248**	**114**	**132**	**7500**	**790**	**5684**	**592**	**434**
清城区	1151	141	847	70	93	4942	535	3775	347	285
清新区	346	26	281	21	18	1521	163	1215	96	47
佛冈县	31	3	16	8	4	181	24	117	25	15
阳山县	18	3	12	1	2	122	14	84	16	8
连山壮族瑶族自治县	11		6	3	2	51	1	43	6	1
连南瑶族自治县	9		9			61		55	5	1
英德市	92	3	66	11	12	507	43	315	77	72
连州市	13	1	11		1	115	10	80	20	5
东莞市	**4620**	**1387**	**2502**	**305**	**426**	**20543**	**6632**	**11724**	**1229**	**958**
市辖区	4620	1387	2502	305	426	20543	6632	11724	1229	958
中山市	**1994**	**344**	**1161**	**239**	**250**	**8661**	**1727**	**5546**	**805**	**583**
市辖区	1994	344	1161	239	250	8661	1727	5546	805	583
潮州市	**337**	**33**	**201**	**32**	**71**	**1396**	**116**	**904**	**125**	**251**
湘桥区	213	17	155	17	24	940	52	693	71	124
潮安区	117	14	44	14	45	412	62	193	45	112
饶平县	7	2	2	1	2	44	2	18	9	15
揭阳市	**54**	**13**	**27**	**8**	**6**	**219**	**55**	**118**	**23**	**23**
榕城区	5	1	3		1	18	6	8	1	3
揭东区	16	9	7			45	14	27	2	2
揭西县	5	1	3	1		24	2	13	6	3
惠来县	6		1	2	3	47	2	27	8	10
普宁市	22	2	13	5	2	85	31	43	6	5
云浮市	**479**	**33**	**364**	**46**	**36**	**1887**	**124**	**1441**	**166**	**156**
云城区	358	26	280	28	24	1353	60	1090	104	99
云安区	13	1	8		4	83	10	50	2	21
新兴县	37	2	27	6	2	184	17	121	33	13
郁南县	24	1	13	4	6	90	13	55	11	11
罗定市	47	3	36	8		177	24	125	16	12

7-4 续表 6

单位：人

现住地	初中					高中				
	小计	乡	镇的村委会	镇的居委会	街道	小计	乡	镇的村委会	镇的居委会	街道
广东	**573310**	**109736**	**374179**	**45821**	**43574**	**444375**	**68228**	**253991**	**52006**	**70150**
广州市	**111633**	**17128**	**69447**	**9713**	**15345**	**115990**	**13691**	**62855**	**13335**	**26109**
荔湾区	5744	586	2809	732	1617	7512	509	2828	866	3309
越秀区	4042	478	2194	521	849	4707	424	1999	634	1650
海珠区	11905	1233	7248	1144	2280	10509	731	4478	1292	4008
天河区	12202	1780	7169	1309	1944	21172	2844	11763	2706	3859
白云区	36096	6886	20980	2642	5588	33518	4689	17339	3183	8307
黄埔区	6866	1050	4434	521	861	7907	976	4676	759	1496
番禺区	16632	1854	12098	1403	1277	16393	1828	10578	2056	1931
花都区	9268	2080	6255	593	340	5385	780	3401	668	536
南沙区	4111	547	2978	361	225	4116	447	2810	485	374
从化区	747	108	485	82	72	673	87	386	90	110
增城区	4020	526	2797	405	292	4098	376	2597	596	529
韶关市	**6852**	**368**	**4473**	**947**	**1064**	**5426**	**223**	**2722**	**1117**	**1364**
武江区	2421	173	1536	277	435	1987	105	893	349	640
浈江区	1873	92	1203	302	276	1890	65	1051	394	380
曲江区	898	32	640	156	70	541	15	289	179	58
始兴县	163	13	108	21	21	112		69	21	22
仁化县	321	11	152	46	112	220	9	57	50	104
翁源县	342	15	272	35	20	141	9	75	28	29
乳源瑶族自治县	225	6	181	23	15	157	3	92	35	27
新丰县	182	9	116	22	35	102	9	52	14	27
乐昌市	275	9	158	48	60	164		88	31	45
南雄市	152	8	107	17	20	112	8	56	16	32
深圳市	**156321**	**30970**	**104967**	**11384**	**9000**	**119968**	**20226**	**68747**	**12685**	**18310**
罗湖区	10157	1574	6306	1336	941	9621	1277	4960	1460	1924
福田区	11781	2035	7181	1263	1302	10747	1499	5542	1476	2230
南山区	8081	2094	4359	897	731	8490	1932	3925	1181	1452
宝安区	43675	9297	30516	2181	1681	27678	5226	17213	2387	2852
龙岗区	43957	9500	28881	3379	2197	33947	6214	19484	3622	4627
盐田区	2066	200	1502	194	170	2162	156	1082	227	697
龙华区	21240	3418	15128	1278	1416	17036	2332	10252	1448	3004
坪山区	5002	1137	3335	318	212	3600	673	2042	324	561
光明区	10362	1715	7759	538	350	6687	917	4247	560	963
珠海市	**13768**	**1867**	**9488**	**1663**	**750**	**11402**	**1243**	**6681**	**2076**	**1402**
香洲区	7664	1067	4905	1158	534	7138	793	4004	1458	883
斗门区	3461	301	2807	242	111	2245	139	1651	278	177
金湾区	2643	499	1776	263	105	2019	311	1026	340	342
汕头市	**6187**	**739**	**2905**	**1232**	**1311**	**4603**	**331**	**1637**	**1148**	**1487**
龙湖区	2661	324	1461	470	406	2188	186	801	618	583
金平区	1990	106	849	482	553	1417	55	524	344	494
濠江区	276	15	37	71	153	490	9	117	82	282
潮阳区	274	26	61	94	93	142	5	22	52	63
潮南区	448	202	163	52	31	98	42	20	17	19
澄海区	522	65	327	58	72	247	31	141	32	43
南澳县	16	1	7	5	3	21	3	12	3	3
佛山市	**69875**	**13967**	**46948**	**5769**	**3191**	**47662**	**7256**	**29448**	**6222**	**4736**
禅城区	13299	2462	9349	869	619	8613	1049	5696	985	883
南海区	32551	7531	20068	3177	1775	22117	3741	12502	3259	2615
顺德区	17939	3097	12964	1361	517	13160	1991	8929	1499	741
三水区	4427	603	3397	227	200	2808	314	1720	359	415
高明区	1659	274	1170	135	80	964	161	601	120	82

7-4 续表 7

单位：人

现住地	初中					高中				
	小计	乡	镇的村委会	镇的居委会	街道	小计	乡	镇的村委会	镇的居委会	街道
江门市	**12876**	**1560**	**8952**	**1042**	**1322**	**9538**	**752**	**5714**	**964**	**2108**
蓬江区	3733	349	2649	299	436	3146	231	2079	265	571
江海区	2576	244	1664	223	445	2134	125	1022	172	815
新会区	1591	290	1059	113	129	1117	101	677	156	183
台山市	783	122	508	72	81	885	116	413	107	249
开平市	1941	260	1417	183	81	989	79	695	120	95
鹤山市	1447	187	1073	93	94	930	83	602	104	141
恩平市	805	108	582	59	56	337	17	226	40	54
湛江市	**13032**	**1570**	**8813**	**1310**	**1339**	**11400**	**1448**	**6859**	**1341**	**1752**
赤坎区	3054	377	2016	258	403	2882	226	1830	307	519
霞山区	6331	755	4336	664	576	5015	469	3215	677	654
坡头区	305	33	174	29	69	273	31	101	26	115
麻章区	991	106	710	84	91	1986	597	1048	147	194
遂溪县	494	67	341	62	24	251	23	152	48	28
徐闻县	488	61	347	54	26	191	27	116	21	27
廉江市	540	77	360	54	49	390	40	185	54	111
雷州市	269	35	180	36	18	157	17	85	17	38
吴川市	560	59	349	69	83	255	18	127	44	66
茂名市	**3492**	**346**	**2324**	**300**	**522**	**5054**	**308**	**2953**	**623**	**1170**
茂南区	1686	198	1117	127	244	2108	210	1113	390	395
电白区	451	32	282	57	80	830	36	258	73	463
高州市	484	34	336	31	83	1528	35	1233	97	163
化州市	501	40	348	36	77	411	11	246	36	118
信宜市	370	42	241	49	38	177	16	103	27	31
肇庆市	**7636**	**752**	**5118**	**798**	**968**	**6833**	**419**	**4149**	**1189**	**1076**
端州区	2463	106	1599	280	478	3929	154	2379	796	600
鼎湖区	939	76	727	74	62	608	33	425	64	86
高要区	754	137	473	106	38	236	28	142	35	31
广宁县	176	3	113	28	32	86	3	56	15	12
怀集县	107	7	58	15	27	46	4	21	5	16
封开县	152	38	73	31	10	74	2	41	17	14
德庆县	219	28	145	15	31	121	13	44	19	45
四会市	2826	357	1930	249	290	1733	182	1041	238	272
惠州市	**34839**	**7719**	**22563**	**2584**	**1973**	**18204**	**2973**	**10558**	**2272**	**2401**
惠城区	14366	3796	8609	993	968	8753	1710	4728	1093	1222
惠阳区	11248	2395	7415	916	522	5330	800	3287	614	629
博罗县	4729	720	3471	304	234	2567	257	1685	326	299
惠东县	4155	769	2833	347	206	1248	179	710	196	163
龙门县	341	39	235	24	43	306	27	148	43	88
梅州市	**6685**	**318**	**5005**	**799**	**563**	**5570**	**229**	**3586**	**895**	**860**
梅江区	3159	134	2535	313	177	2935	90	2098	396	351
梅县区	2005	53	1427	311	214	1729	27	1038	344	320
大埔县	179	23	118	19	19	128	23	64	17	24
丰顺县	205	14	147	23	21	106	18	40	23	25
五华县	395	23	295	35	42	185	15	102	34	34
平远县	119	9	82	20	8	68	7	43	15	3
蕉岭县	246	38	164	31	13	132	19	61	28	24
兴宁市	377	24	237	47	69	287	30	140	38	79

7-4 续表 8

单位：人

现住地	初中					高中				
	小计	乡	镇的村委会	镇的居委会	街道	小计	乡	镇的村委会	镇的居委会	街道
汕尾市	**3836**	**286**	**2273**	**651**	**626**	**1796**	**161**	**849**	**395**	**391**
城　区	1054	59	624	250	121	654	98	221	174	161
海丰县	2162	100	1302	308	452	890	29	507	163	191
陆河县	268	51	181	21	15	91	10	58	15	8
陆丰市	352	76	166	72	38	161	24	63	43	31
河源市	**13298**	**1863**	**10080**	**790**	**565**	**6823**	**752**	**4531**	**770**	**770**
源城区	10784	1582	8280	575	347	5074	633	3539	496	406
紫金县	566	74	383	49	60	295	32	152	38	73
龙川县	521	52	374	61	34	339	29	169	78	63
连平县	239	7	188	30	14	131	3	87	22	19
和平县	151	13	100	20	18	114	4	43	49	18
东源县	1037	135	755	55	92	870	51	541	87	191
阳江市	**5071**	**724**	**3376**	**468**	**503**	**3707**	**311**	**1993**	**463**	**940**
江城区	2979	593	1870	264	252	2163	267	1198	206	492
阳东区	1365	61	994	136	174	1140	22	571	195	352
阳西县	378	42	282	32	22	186	13	117	22	34
阳春市	349	28	230	36	55	218	9	107	40	62
清远市	**11783**	**1188**	**8706**	**1026**	**863**	**5517**	**484**	**3517**	**766**	**750**
清城区	7941	832	5860	621	628	3565	329	2332	444	460
清新区	2018	192	1585	141	100	890	74	586	105	125
佛冈县	348	42	227	58	21	263	23	169	49	22
阳山县	180	12	135	26	7	78	7	43	22	6
连山壮族瑶族自治县	64		50	14		49	1	35	7	6
连南瑶族自治县	102	1	86	12	3	38		28	5	5
英德市	959	102	642	119	96	477	48	237	81	111
连州市	171	7	121	35	8	157	2	87	53	15
东莞市	**68283**	**23486**	**39819**	**3073**	**1905**	**46335**	**14475**	**25975**	**3351**	**2534**
市辖区	68283	23486	39819	3073	1905	46335	14475	25975	3351	2534
中山市	**21329**	**4285**	**14286**	**1708**	**1050**	**13453**	**2607**	**7918**	**1659**	**1269**
市辖区	21329	4285	14286	1708	1050	13453	2607	7918	1659	1269
潮州市	**2158**	**229**	**1343**	**183**	**403**	**2014**	**88**	**1274**	**252**	**400**
湘桥区	1435	82	1015	112	226	1419	41	1055	160	163
潮安区	648	135	295	57	161	511	39	176	76	220
饶平县	75	12	33	14	16	84	8	43	16	17
揭阳市	**480**	**127**	**257**	**50**	**46**	**788**	**149**	**415**	**133**	**91**
榕城区	45	8	26	7	4	39	8	9	11	11
揭东区	71	15	53	1	2	320	27	181	66	46
揭西县	66	7	37	4	18	26	2	8	9	7
惠来县	82	11	39	20	12	38	2	15	16	5
普宁市	216	86	102	18	10	365	110	202	31	22
云浮市	**3876**	**244**	**3036**	**331**	**265**	**2292**	**102**	**1610**	**350**	**230**
云城区	2463	87	2077	166	133	1269	37	950	183	99
云安区	170	22	107	18	23	153	12	96	16	29
新兴县	533	44	353	95	41	559	25	375	104	55
郁南县	265	32	174	22	37	114	14	55	30	15
罗定市	445	59	325	30	31	197	14	134	17	32

7-4　续表 9　　　　单位：人

现 住 地	大学专科					大学本科				
	小计	乡	镇 的 村委会	镇 的 居委会	街道	小计	乡	镇 的 村委会	镇 的 居委会	街道
广　东	**275688**	**35114**	**136860**	**39775**	**63939**	**204370**	**17732**	**69281**	**31746**	**85611**
广州市	**95812**	**10635**	**48862**	**13513**	**22802**	**74771**	**5302**	**26085**	**12057**	**31327**
荔湾区	4449	270	1691	664	1824	3382	138	708	531	2005
越秀区	2635	176	862	430	1167	3434	127	744	634	1929
海珠区	6957	443	2515	955	3044	7872	312	2028	1053	4479
天河区	25259	3200	13570	3521	4968	16069	1320	5863	2447	6439
白云区	25227	3425	12508	2872	6422	15147	1294	5243	1714	6896
黄埔区	6561	734	3568	857	1402	6250	432	2716	805	2297
番禺区	13679	1232	7867	2377	2203	13451	974	4961	2956	4560
花都区	4032	485	2313	636	598	4423	351	1873	844	1355
南沙区	2277	292	1354	334	297	1260	158	542	260	300
从化区	728	29	441	106	152	482	11	205	144	122
增城区	4008	349	2173	761	725	3001	185	1202	669	945
韶关市	**3358**	**185**	**1420**	**688**	**1065**	**3240**	**221**	**1218**	**658**	**1143**
武江区	968	40	301	170	457	789	29	205	142	413
浈江区	962	43	421	216	282	1682	163	739	319	461
曲江区	806	87	455	142	122	137	8	56	37	36
始兴县	67	3	22	23	19	56	4	17	19	16
仁化县	131	6	23	28	74	141	3	30	34	74
翁源县	78	2	42	18	16	87	4	40	16	27
乳源瑶族自治县	89	2	44	27	16	74	4	30	22	18
新丰县	63	2	31	15	15	69	1	22	12	34
乐昌市	117		47	27	43	128	2	36	40	50
南雄市	77		34	22	21	77	3	43	17	14
深圳市	**77079**	**10550**	**35423**	**9536**	**21570**	**54110**	**4209**	**13204**	**5891**	**30806**
罗湖区	5623	594	2169	920	1940	3765	190	745	504	2326
福田区	6413	698	2645	884	2186	5660	321	1135	597	3607
南山区	6678	1335	2492	997	1854	6279	704	1425	803	3347
宝安区	17859	2650	8937	1969	4303	13045	1065	3373	1435	7172
龙岗区	21407	3114	10212	2788	5293	12345	1116	3337	1490	6402
盐田区	956	51	393	128	384	676	15	129	57	475
龙华区	13264	1378	6130	1307	4449	9235	527	2149	678	5881
坪山区	1666	317	771	188	390	1162	115	327	142	578
光明区	3213	413	1674	355	771	1943	156	584	185	1018
珠海市	**7318**	**882**	**3736**	**1519**	**1181**	**7294**	**538**	**2270**	**1498**	**2988**
香洲区	3988	384	2026	949	629	5056	333	1572	1058	2093
斗门区	799	43	489	164	103	487	17	230	128	112
金湾区	2531	455	1221	406	449	1751	188	468	312	783
汕头市	**2281**	**195**	**713**	**623**	**750**	**1238**	**81**	**223**	**342**	**592**
龙湖区	956	149	207	250	350	535	29	66	163	277
金平区	666	25	215	160	266	506	38	114	128	226
濠江区	430	3	213	148	66	48	4	6	12	26
潮阳区	72	3	14	31	24	56		8	15	33
潮南区	42	5	24	6	7	24	6	6	7	5
澄海区	99	10	36	23	30	53	4	21	9	19
南澳县	16		4	5	7	16		2	8	6
佛山市	**23153**	**3059**	**12752**	**3810**	**3532**	**14620**	**1232**	**6348**	**3068**	**3972**
禅城区	4330	379	2643	645	663	2938	159	1421	568	790
南海区	11216	1497	5757	1915	2047	6672	654	2586	1317	2115
顺德区	5781	677	3434	1069	601	3154	301	1461	858	534
三水区	1368	438	643	130	157	1615	95	769	286	465
高明区	458	68	275	51	64	241	23	111	39	68

7-4 续表 10　　单位：人

现住地	大学专科					大学本科				
	小计	乡	镇的村委会	镇的居委会	街道	小计	乡	镇的村委会	镇的居委会	街道
江门市	**5174**	**435**	**2694**	**708**	**1337**	**3344**	**326**	**1333**	**494**	**1191**
蓬江区	2598	224	1499	362	513	1775	225	733	213	604
江海区	1131	69	440	124	498	523	37	196	83	207
新会区	444	31	231	66	116	325	16	119	66	124
台山市	255	30	101	37	87	214	12	76	42	84
开平市	245	28	151	35	31	127	13	62	19	33
鹤山市	399	38	223	69	69	303	18	118	59	108
恩平市	102	15	49	15	23	77	5	29	12	31
湛江市	**5282**	**566**	**2525**	**898**	**1293**	**7130**	**1013**	**2706**	**1056**	**2355**
赤坎区	1383	116	631	207	429	2064	514	638	208	704
霞山区	1916	182	995	315	424	1480	116	606	269	489
坡头区	179	13	54	28	84	178	12	54	20	92
麻章区	652	138	338	75	101	2911	344	1226	440	901
遂溪县	357	40	206	59	52	80	2	22	31	25
徐闻县	94	15	45	10	24	76	7	27	13	29
廉江市	499	44	172	169	114	146	10	68	30	38
雷州市	74	9	32	13	20	78	2	30	19	27
吴川市	128	9	52	22	45	117	6	35	26	50
茂名市	**2344**	**128**	**1067**	**407**	**742**	**1924**	**228**	**823**	**291**	**582**
茂南区	1107	74	536	230	267	1502	186	642	229	445
电白区	635	31	344	137	123	151	17	57	26	51
高州市	402	11	81	18	292	104	8	46	19	31
化州市	112	5	55	11	41	101	11	44	4	42
信宜市	88	7	51	11	19	66	6	34	13	13
肇庆市	**2425**	**145**	**1156**	**352**	**772**	**2457**	**155**	**914**	**439**	**949**
端州区	969	24	451	136	358	719	21	251	106	341
鼎湖区	331	23	180	26	102	515	43	196	63	213
高要区	236	7	107	55	67	637	15	304	139	179
广宁县	25		11	3	11	36	1	9	9	17
怀集县	35	3	10	8	14	25		8	6	11
封开县	37	6	15	10	6	56	4	14	17	21
德庆县	59	7	21	12	19	44	3	17	9	15
四会市	733	75	361	102	195	425	68	115	90	152
惠州市	**10028**	**1460**	**4968**	**1502**	**2098**	**6007**	**596**	**2109**	**968**	**2334**
惠城区	5574	888	2814	781	1091	3336	343	1148	461	1384
惠阳区	2417	404	1119	330	564	1673	184	559	281	649
博罗县	1476	110	782	285	299	578	43	239	140	156
惠东县	458	48	206	91	113	327	23	123	72	109
龙门县	103	10	47	15	31	93	3	40	14	36
梅州市	**2259**	**72**	**1290**	**503**	**394**	**2639**	**163**	**1164**	**650**	**662**
梅江区	965	16	590	216	143	1836	126	880	379	451
梅县区	855	16	521	185	133	427	6	146	161	114
大埔县	74	17	28	13	16	80	10	36	20	14
丰顺县	59	4	20	17	18	57	2	24	15	16
五华县	87	6	43	26	12	64	4	24	22	14
平远县	49	5	21	12	11	52	11	16	20	5
蕉岭县	76	5	36	21	14	61	4	16	20	21
兴宁市	94	3	31	13	47	62		22	13	27

7-4　续表 11　　　　　　　　　　　　　　　　　　　　　　　　　单位：人

现住地	大学专科					大学本科				
	小计	乡	镇的村委会	镇的居委会	街道	小计	乡	镇的村委会	镇的居委会	街道
汕尾市	**1135**	**54**	**309**	**226**	**546**	**527**	**25**	**155**	**143**	**204**
城　区	669	22	132	118	397	205	7	47	90	61
海丰县	304	13	120	67	104	215	5	75	30	105
陆河县	49	9	22	11	7	39	6	11	4	18
陆丰市	113	10	35	30	38	68	7	22	19	20
河源市	**3016**	**344**	**1830**	**437**	**405**	**1544**	**119**	**747**	**298**	**380**
源城区	2320	285	1459	322	254	1105	93	594	196	222
紫金县	128	13	62	24	29	84	2	43	11	28
龙川县	150	12	78	31	29	110	8	38	32	32
连平县	53	5	28	9	11	33		12	8	13
和平县	44	4	11	20	9	42	1	11	19	11
东源县	321	25	192	31	73	170	15	49	32	74
阳江市	**2377**	**165**	**990**	**703**	**519**	**988**	**38**	**474**	**168**	**308**
江城区	1673	146	596	569	362	448	26	207	81	134
阳东区	481	8	270	94	109	341	6	174	57	104
阳西县	126	5	78	23	20	115	4	56	14	41
阳春市	97	6	46	17	28	84	2	37	16	29
清远市	**5231**	**375**	**2975**	**894**	**987**	**1860**	**139**	**770**	**418**	**533**
清城区	4396	307	2574	703	812	1227	106	534	230	357
清新区	308	24	171	59	54	196	7	82	50	57
佛冈县	121	5	58	34	24	73	5	26	28	14
阳山县	68	4	28	19	17	56	2	21	26	7
连山壮族瑶族自治县	22		11	5	6	38	3	18	12	5
连南瑶族自治县	21		14	6	1	23		5	9	9
英德市	232	33	94	39	66	199	15	68	41	75
连州市	63	2	25	29	7	48	1	16	22	9
东莞市	**17347**	**4564**	**8875**	**1838**	**2070**	**13129**	**2602**	**5591**	**1784**	**3152**
市辖区	17347	4564	8875	1838	2070	13129	2602	5591	1784	3152
中山市	**7176**	**1162**	**3657**	**1161**	**1196**	**5054**	**636**	**2000**	**1085**	**1333**
市辖区	7176	1162	3657	1161	1196	5054	636	2000	1085	1333
潮州市	**882**	**25**	**350**	**136**	**371**	**1497**	**43**	**692**	**243**	**519**
湘桥区	580	7	278	80	215	1198	35	662	205	296
潮安区	252	14	50	42	146	270	7	26	34	203
饶平县	50	4	22	14	10	29	1	4	4	20
揭阳市	**641**	**37**	**396**	**125**	**83**	**63**	**7**	**20**	**20**	**16**
榕城区	481	5	309	96	71	4	1		2	1
揭东区	38	16	16	4	2	16	2	6	2	6
揭西县	13	6	4	2	1	4	1	1	2	
惠来县	26	2	7	13	4	9	1	1	6	1
普宁市	83	8	60	10	5	30	2	12	8	8
云浮市	**1370**	**76**	**872**	**196**	**226**	**934**	**59**	**435**	**175**	**265**
云城区	610	41	395	86	88	437	20	228	90	99
云安区	89	14	37	20	18	267	20	123	33	91
新兴县	122		81	22	19	108	7	36	29	36
郁南县	88	17	40	12	19	61	6	20	17	18
罗定市	461	4	319	56	82	61	6	28	6	21

7-4 续表 12

单位：人

现住地	硕士研究生					博士研究生				
	小计	乡	镇的村委会	镇的居委会	街道	小计	乡	镇的村委会	镇的居委会	街道
广东	**17403**	**717**	**2288**	**2544**	**11854**	**1846**	**86**	**196**	**250**	**1314**
广州市	**7071**	**277**	**996**	**1192**	**4606**	**1003**	**41**	**93**	**134**	**735**
荔湾区	364	5	20	53	286	50	1		7	42
越秀区	546	15	57	81	393	73	3	12	8	50
海珠区	974	24	125	107	718	164	4	12	10	138
天河区	1489	82	216	209	982	192	10	25	20	137
白云区	1080	44	168	96	772	140	7	13	15	105
黄埔区	575	17	61	79	418	81	3	4	5	69
番禺区	1565	68	276	434	787	253	9	21	60	163
花都区	188	4	25	52	107	16	1	1	3	11
南沙区	98	8	21	30	39	10	1	1	3	5
从化区	24	1	3	6	14	2			1	1
增城区	168	9	24	45	90	22	2	4	2	14
韶关市	**118**	**1**	**25**	**33**	**59**	**9**		**1**	**1**	**7**
武江区	50	1	8	8	33	2		1		1
浈江区	39		10	17	12	6			1	5
曲江区	3		1	1	1					
始兴县	5		2	1	2					
仁化县	3		1		2					
翁源县	1				1	1				1
乳源瑶族自治县	5		1	2	2					
新丰县	2				2					
乐昌市	6		1	3	2					
南雄市	4		1	1	2					
深圳市	**6889**	**195**	**532**	**646**	**5516**	**477**	**16**	**31**	**41**	**389**
罗湖区	555	13	45	63	434	38	3	2	3	30
福田区	1091	21	44	97	929	84	1	5	5	73
南山区	970	47	102	117	704	72	2	3	8	59
宝安区	1430	38	116	136	1140	80	2	6	9	63
龙岗区	1440	47	133	151	1109	94	6	10	11	67
盐田区	107	3	4	1	99	14				14
龙华区	1006	18	54	44	890	75	1	2	1	71
坪山区	117	4	9	17	87	7			2	5
光明区	173	4	25	20	124	13	1	3	2	7
珠海市	**343**	**18**	**63**	**80**	**182**	**74**	**4**	**7**	**18**	**45**
香洲区	273	13	48	64	148	62	3	4	16	39
斗门区	31		5	9	17	2			1	1
金湾区	39	5	10	7	17	10	1	3	1	5
汕头市	**79**	**4**	**9**	**16**	**50**	**4**			**1**	**3**
龙湖区	35	1	2	8	24	2			1	1
金平区	38	3	7	6	22	1				1
濠江区	1				1					
潮阳区	2			1	1					
潮南区										
澄海区	3			1	2	1				1
南澳县										
佛山市	**752**	**34**	**166**	**218**	**334**	**86**	**4**	**19**	**19**	**44**
禅城区	135	5	23	34	73	23	1	2	4	16
南海区	372	11	71	108	182	36		11	9	16
顺德区	202	14	61	69	58	22	2	5	6	9
三水区	35	2	10	6	17	5	1	1		3
高明区	8	2	1	1	4					

7-4　续表 13　　　　　　　　　　　　　　　　　　　　　　　　　　单位：人

现住地	硕士研究生					博士研究生				
	小计	乡	镇的村委会	镇的居委会	街道	小计	乡	镇的村委会	镇的居委会	街道
江门市	**126**	**7**	**24**	**26**	**69**	**9**	**1**	**4**	**3**	**1**
蓬江区	53	1	11	7	34	5	1	2	2	
江海区	28	2	4	4	18	1			1	
新会区	24		4	10	10	1				1
台山市	8	1	2	2	3					
开平市	2	1		1						
鹤山市	11	2	3	2	4	2		2		
恩平市										
湛江市	**160**	**9**	**37**	**21**	**93**	**23**	**1**	**2**	**2**	**18**
赤坎区	41	2	9	7	23	7	1			6
霞山区	74	1	21	10	42	7		2		5
坡头区	13			1	12	1				1
麻章区	24	6	6	3	9	6			2	4
遂溪县	2				2	1				1
徐闻县	3		1		2	1				1
廉江市	3				3					
雷州市										
吴川市										
茂名市	**43**	**4**	**10**	**3**	**26**	**5**		**1**		**4**
茂南区	33	4	8	1	20	4		1		3
电白区	5		2	1	2	1				1
高州市	2				2					
化州市	1				1					
信宜市	2			1	1					
肇庆市	**76**	**6**	**22**	**5**	**43**	**6**			**1**	**5**
端州区	32	1	10	3	18	3			1	2
鼎湖区	13		4	1	8	2				2
高要区	2		2							
广宁县	1			1						
怀集县	1				1					
封开县										
德庆县	5	1			4					
四会市	22	4	6		12	1				1
惠州市	**315**	**26**	**57**	**55**	**177**	**26**		**10**	**5**	**11**
惠城区	137	11	22	27	77	13		6	2	5
惠阳区	120	10	19	18	73	7		2	2	3
博罗县	27	2	6	7	12	4		1	1	2
惠东县	21	1	7	2	11	1		1		
龙门县	10	2	3	1	4	1				1
梅州市	**62**	**1**	**18**	**14**	**29**	**4**			**1**	**3**
梅江区	27		10	6	11	2				2
梅县区	21		6	4	11					
大埔县	1	1								
丰顺县	3		1	1	1	1			1	
五华县	1				1					
平远县	2		1	1		1				1
蕉岭县	6			2	4					
兴宁市	1				1					

7-4 续表 14

单位：人

现住地	硕士研究生					博士研究生				
	小计	乡	镇的村委会	镇的居委会	街道	小计	乡	镇的村委会	镇的居委会	街道
汕尾市	**33**		**3**	**5**	**25**	**2**		**1**	**1**	
城　区	7			3	4	1		1		
海丰县	22		2	1	19	1			1	
陆河县	2			1	1					
陆丰市	2		1		1					
河源市	**63**	**3**	**30**	**9**	**21**	**5**		**1**		**4**
源城区	51	3	26	7	15	2		1		1
紫金县	4		1		3					
龙川县	1			1		1				1
连平县	1				1					
和平县	2		1	1						
东源县	4		2		2	2				2
阳江市	**42**	**3**	**13**	**10**	**16**	**2**		**1**		**1**
江城区	25	2	8	4	11	2		1		1
阳东区	11	1	3	4	3					
阳西县	3			2	1					
阳春市	3		2		1					
清远市	**86**	**1**	**23**	**16**	**46**	**6**		**1**		**5**
清城区	61	1	16	8	36	6		1		5
清新区	4		1		3					
佛冈县	5			2	3					
阳山县	1		1							
连山壮族瑶族自治县	2		1		1					
连南瑶族自治县	2		2							
英德市	8		2	3	3					
连州市	3			3						
东莞市	**885**	**110**	**206**	**135**	**434**	**74**	**16**	**20**	**12**	**26**
市辖区	885	110	206	135	434	74	16	20	12	26
中山市	**202**	**17**	**37**	**45**	**103**	**21**	**3**	**3**	**8**	**7**
市辖区	202	17	37	45	103	21	3	3	8	7
潮州市	**27**		**8**	**5**	**14**	**5**		**1**	**2**	**2**
湘桥区	13		7	3	3	4		1	2	1
潮安区	13		1	1	11	1				1
饶平县	1			1						
揭阳市						**1**				**1**
榕城区						1				1
揭东区										
揭西县										
惠来县										
普宁市										
云浮市	**31**	**1**	**9**	**10**	**11**	**4**			**1**	**3**
云城区	17		6	6	5					
云安区	3				3	1				1
新兴县	8	1	2	3	2	3			1	2
郁南县										
罗定市	3		1	1	1					

7–5　全省按现住地、户口登记地类型、受教育程度分的户口登记地在外省人口

单位：人

现住地	合计					未上过学				
	合计	乡	镇的村委会	镇的居委会	街道	小计	乡	镇的村委会	镇的居委会	街道
广　东	**3007579**	**848515**	**1791836**	**192091**	**175137**	**25987**	**7828**	**15573**	**1502**	**1084**
广州市	**491293**	**105858**	**309057**	**35774**	**40604**	**3439**	**889**	**2106**	**238**	**206**
荔湾区	13466	2275	7989	1416	1786	85	18	53	6	8
越秀区	12330	2064	6438	1447	2381	108	16	76	9	7
海珠区	47414	6747	32879	3394	4394	177	29	112	15	21
天河区	58467	11711	33022	5753	7981	328	92	174	33	29
白云区	123334	33380	73224	7693	9037	823	261	469	40	53
黄埔区	42305	9579	25945	2811	3970	340	93	198	23	26
番禺区	85780	13436	60354	6228	5762	573	102	394	49	28
花都区	50505	15165	30175	2914	2251	404	116	250	26	12
南沙区	27578	5469	19402	1656	1051	272	64	196	9	3
从化区	3723	627	2588	269	239	37	11	17	7	2
增城区	26391	5405	17041	2193	1752	292	87	167	21	17
韶关市	**14917**	**2082**	**10255**	**1261**	**1319**	**240**	**40**	**172**	**13**	**15**
武江区	4006	723	2557	240	486	52	10	38		4
浈江区	3057	326	2029	382	320	45	7	29	4	5
曲江区	1834	202	1366	160	106	26	4	18	3	1
始兴县	534	72	377	59	26	8	1	5	2	
仁化县	986	134	694	92	66	32	5	26		1
翁源县	749	79	594	46	30	8		8		
乳源瑶族自治县	599	37	452	69	41	13	3	10		
新丰县	568	126	353	41	48	5		5		
乐昌市	1659	265	1173	108	113	41	8	27	3	3
南雄市	925	118	660	64	83	10	2	6	1	1
深圳市	**910392**	**234757**	**545249**	**64069**	**66317**	**8018**	**2412**	**4815**	**440**	**351**
罗湖区	35224	7569	19008	3886	4761	293	86	168	19	20
福田区	49346	9560	26317	5568	7901	420	92	238	40	50
南山区	70495	19955	31173	7706	11661	589	225	277	40	47
宝安区	277797	75909	171654	15568	14666	2173	683	1324	90	76
龙岗区	204144	55082	121671	14892	12499	2110	626	1263	135	86
盐田区	7813	1408	4830	714	861	86	13	62	7	4
龙华区	154304	35223	99349	9994	9738	1117	321	694	62	40
坪山区	33915	9948	20543	2015	1409	421	138	251	17	15
光明区	77354	20103	50704	3726	2821	809	228	538	30	13
珠海市	**74532**	**13692**	**45622**	**8376**	**6842**	**876**	**176**	**549**	**96**	**55**
香洲区	43052	7257	24914	5878	5003	501	109	290	64	38
斗门区	15350	2268	11314	1166	602	214	22	159	21	12
金湾区	16130	4167	9394	1332	1237	161	45	100	11	5
汕头市	**22972**	**7196**	**11076**	**2758**	**1942**	**286**	**90**	**151**	**31**	**14**
龙湖区	5585	1322	3021	957	285	73	16	41	12	4
金平区	3885	693	1949	556	687	67	15	42	5	5
濠江区	654	122	251	97	184	9	4	4		1
潮阳区	1409	404	570	276	159	13	3	5	3	2
潮南区	3300	1749	1007	332	212	47	26	13	7	1
澄海区	8001	2863	4208	527	403	73	24	44	4	1
南澳县	138	43	70	13	12	4	2	2		
佛山市	**306789**	**81429**	**196940**	**18866**	**9554**	**2140**	**572**	**1392**	**118**	**58**
禅城区	30862	7206	20106	2107	1443	170	38	116	8	8
南海区	121419	36290	71972	9165	3992	736	221	444	52	19
顺德区	123159	30535	83569	6086	2969	923	244	616	43	20
三水区	22065	4694	15703	937	731	258	52	187	10	9
高明区	9284	2704	5590	571	419	53	17	29	5	2

7-5 续表 1

单位：人

现住地	合计					未上过学				
	合计	乡	镇的村委会	镇的居委会	街道	小计	乡	镇的村委会	镇的居委会	街道
江门市	**59848**	**13580**	**39683**	**3041**	**3544**	**631**	**165**	**434**	**14**	**18**
蓬江区	14585	3055	9747	819	964	162	37	113	3	9
江海区	9940	1956	6350	550	1084	102	25	68	6	3
新会区	10980	2412	7492	526	550	132	34	92	2	4
台山市	5269	1324	3290	296	359	35	12	23		
开平市	6372	1825	4049	361	137	82	28	52	2	
鹤山市	10856	2608	7487	385	376	91	24	64	1	2
恩平市	1846	400	1268	104	74	27	5	22		
湛江市	**10266**	**2176**	**5523**	**996**	**1571**	**176**	**44**	**106**	**13**	**13**
赤坎区	1471	319	723	149	280	13	1	10	1	1
霞山区	2603	524	1274	260	545	39	6	27	4	2
坡头区	622	169	264	56	133	15	5	4	2	4
麻章区	1578	376	771	141	290	15	6	7	1	1
遂溪县	362	80	210	59	13	8	6	2		
徐闻县	691	142	404	75	70	17	9	6	2	
廉江市	1170	154	805	136	75	22	4	17	1	
雷州市	445	72	266	45	62	9		6	2	1
吴川市	1324	340	806	75	103	38	7	27		4
茂名市	**6989**	**1279**	**4380**	**523**	**807**	**105**	**17**	**65**	**14**	**9**
茂南区	2562	513	1393	218	438	30	5	13	6	6
电白区	1457	174	1111	105	67	26	4	21	1	
高州市	1218	191	814	77	136	23	3	14	4	2
化州市	974	258	565	54	97	10	2	7	1	
信宜市	778	143	497	69	69	16	3	10	2	1
肇庆市	**23220**	**4290**	**15305**	**1906**	**1719**	**180**	**36**	**120**	**13**	**11**
端州区	2766	361	1454	340	611	19	4	10	2	3
鼎湖区	2344	284	1773	153	134	22	2	19		1
高要区	3987	1243	2434	249	61	35	9	25	1	
广宁县	530	62	410	28	30	5	1	3		1
怀集县	401	11	219	56	115	2		1	1	
封开县	507	159	246	71	31	2	1	1		
德庆县	240	35	121	36	48	3		1	1	1
四会市	12445	2135	8648	973	689	92	19	60	8	5
惠州市	**162693**	**46672**	**95768**	**11245**	**9008**	**1936**	**542**	**1163**	**134**	**97**
惠城区	52766	15811	29360	3572	4023	750	232	425	53	40
惠阳区	66319	19877	37888	5341	3213	658	165	394	60	39
博罗县	28920	6638	19820	1408	1054	310	76	218	8	8
惠东县	13379	4043	7831	866	639	189	58	108	13	10
龙门县	1309	303	869	58	79	29	11	18		
梅州市	**8286**	**1140**	**6146**	**642**	**358**	**135**	**22**	**101**	**9**	**3**
梅江区	2306	288	1669	192	157	33	5	24	3	1
梅县区	2111	224	1685	149	53	36	4	29	3	
大埔县	517	97	353	41	26	5	2	2		1
丰顺县	735	148	528	49	10	15	4	11		
五华县	727	83	567	54	23	9	1	8		
平远县	450	106	298	45	1	15	4	10	1	
蕉岭县	601	62	491	42	6	12	1	10		1
兴宁市	839	132	555	70	82	10	1	7	2	

7–5　续表 2

单位：人

现住地	合计					未上过学				
	合计	乡	镇的村委会	镇的居委会	街道	小计	乡	镇的村委会	镇的居委会	街道
汕尾市	**9443**	**2244**	**5730**	**967**	**502**	**188**	**50**	**110**	**20**	**8**
城　区	2433	787	1237	172	237	50	21	23	2	4
海丰县	5377	961	3655	567	194	92	18	59	12	3
陆河县	577	208	335	19	15	11	3	7		1
陆丰市	1056	288	503	209	56	35	8	21	6	
河源市	**14641**	**3224**	**9823**	**946**	**648**	**224**	**72**	**135**	**13**	**4**
源城区	8736	2101	5631	579	425	140	44	83	9	4
紫金县	1529	291	1093	82	63	28	5	22	1	
龙川县	1438	243	1002	137	56	17	5	10	2	
连平县	545	75	422	30	18	11	3	8		
和平县	440	74	313	40	13	2		1	1	
东源县	1953	440	1362	78	73	26	15	11		
阳江市	**8520**	**1602**	**5733**	**541**	**644**	**127**	**43**	**72**	**3**	**9**
江城区	3255	869	1832	219	335	64	35	23	1	5
阳东区	3205	457	2531	153	64	23	2	21		
阳西县	790	140	557	53	40	16	1	14	1	
阳春市	1270	136	813	116	205	24	5	14	1	4
清远市	**22148**	**4044**	**14754**	**1846**	**1504**	**270**	**56**	**186**	**20**	**8**
清城区	12606	2532	7949	1099	1026	134	28	87	14	5
清新区	2748	489	1980	147	132	34	10	23		1
佛冈县	1615	265	1185	114	51	18	5	13		
阳山县	448	32	313	90	13	11	2	7	2	
连山壮族瑶族自治县	190	14	165	5	6	7		7		
连南瑶族自治县	82	5	53	17	7	4		4		
英德市	3882	666	2665	295	256	52	11	35	4	2
连州市	577	41	444	79	13	10		10		
东莞市	**661230**	**270038**	**345002**	**26084**	**20106**	**5069**	**2066**	**2651**	**201**	**151**
市辖区	661230	270038	345002	26084	20106	5069	2066	2651	201	151
中山市	**177050**	**46303**	**112520**	**11037**	**7190**	**1586**	**413**	**1025**	**98**	**50**
市辖区	177050	46303	112520	11037	7190	1586	413	1025	98	50
潮州市	**12362**	**4200**	**7207**	**510**	**445**	**230**	**79**	**141**	**8**	**2**
湘桥区	3170	819	1791	251	309	51	12	32	5	2
潮安区	8704	3304	5089	225	86	171	65	104	2	
饶平县	488	77	327	34	50	8	2	5	1	
揭阳市	**4350**	**1356**	**2570**	**275**	**149**	**51**	**22**	**26**	**2**	**1**
榕城区	715	296	339	58	22	3	3			
揭东区	1638	483	1058	66	31	29	16	13		
揭西县	207	33	142	28	4	4		3	1	
惠来县	201	44	88	56	13					
普宁市	1589	500	943	67	79	15	3	10	1	1
云浮市	**5638**	**1353**	**3493**	**428**	**364**	**80**	**22**	**53**	**4**	**1**
云城区	2143	619	1234	113	177	30	11	19		
云安区	472	86	295	45	46	11	2	8	1	
新兴县	1815	428	1150	173	64	15	5	9	1	
郁南县	425	103	263	37	22	9	1	6	2	
罗定市	783	117	551	60	55	15	3	11		1

7-5 续表 3

单位：人

现住地	学前教育					小学				
	小计	乡	镇的村委会	镇的居委会	街道	小计	乡	镇的村委会	镇的居委会	街道
广东	**56396**	**15516**	**33354**	**4037**	**3489**	**420721**	**125304**	**258852**	**21059**	**15506**
广州市	**6496**	**1426**	**3875**	**507**	**688**	**59207**	**14469**	**38820**	**3023**	**2895**
荔湾区	163	27	90	19	27	1719	329	1113	141	136
越秀区	109	12	58	10	29	1326	284	795	91	156
海珠区	347	57	196	32	62	5288	917	3772	303	296
天河区	598	113	320	54	111	4740	1106	2946	302	386
白云区	1713	446	1009	106	152	15600	4588	9632	670	710
黄埔区	719	174	423	46	76	4194	1043	2626	222	303
番禺区	864	130	584	75	75	10660	1948	7738	545	429
花都区	872	237	508	59	68	6816	2178	4156	281	201
南沙区	452	92	301	33	26	3956	959	2748	157	92
从化区	45	6	29	5	5	596	96	451	30	19
增城区	614	132	357	68	57	4312	1021	2843	281	167
韶关市	**534**	**64**	**382**	**42**	**46**	**3132**	**456**	**2285**	**209**	**182**
武江区	141	25	85	10	21	782	163	514	35	70
浈江区	98	11	67	8	12	598	63	422	67	46
曲江区	74	5	58	8	3	413	39	337	23	14
始兴县	18	2	15	1		129	16	100	11	2
仁化县	42	5	34	2	1	225	35	165	18	7
翁源县	23	3	19	1		133	12	112	7	2
乳源瑶族自治县	22	1	16	3	2	110	5	90	10	5
新丰县	13	1	9	1	2	97	25	59	10	3
乐昌市	64	8	49	4	3	435	68	327	19	21
南雄市	39	3	30	4	2	210	30	159	9	12
深圳市	**18392**	**4807**	**11060**	**1223**	**1302**	**99914**	**28740**	**61569**	**5226**	**4379**
罗湖区	639	132	357	68	82	4232	1064	2517	291	360
福田区	819	167	453	80	119	5480	1265	3256	409	550
南山区	1026	301	470	107	148	6933	2369	3376	568	620
宝安区	5738	1564	3509	332	333	27877	8271	17501	1191	914
龙岗区	4431	1205	2652	298	276	26043	7791	15849	1486	917
盐田区	140	34	82	10	14	994	234	620	75	65
龙华区	3266	768	2087	187	224	13698	3532	8910	662	594
坪山区	688	209	400	48	31	4989	1543	3117	189	140
光明区	1645	427	1050	93	75	9668	2671	6423	355	219
珠海市	**1391**	**244**	**837**	**203**	**107**	**10676**	**2269**	**6981**	**925**	**501**
香洲区	745	108	425	132	80	5868	1268	3665	583	352
斗门区	312	42	217	42	11	2409	328	1852	164	65
金湾区	334	94	195	29	16	2399	673	1464	178	84
汕头市	**429**	**121**	**224**	**47**	**37**	**5885**	**1884**	**2895**	**673**	**433**
龙湖区	107	21	65	19	2	1291	324	728	200	39
金平区	116	24	61	10	21	977	197	523	125	132
濠江区	12	4	6		2	122	32	62	16	12
潮阳区	20	5	7	4	4	225	55	79	56	35
潮南区	30	17	6	5	2	868	411	261	117	79
澄海区	141	50	77	8	6	2355	847	1219	158	131
南澳县	3		2	1		47	18	23	1	5
佛山市	**4648**	**1100**	**2964**	**399**	**185**	**49191**	**13887**	**31668**	**2510**	**1126**
禅城区	346	59	223	42	22	3840	928	2583	203	126
南海区	1676	433	997	167	79	19524	6382	11361	1285	496
顺德区	2075	479	1380	157	59	20185	5150	13853	831	351
三水区	376	85	251	23	17	4101	921	2982	111	87
高明区	175	44	113	10	8	1541	506	889	80	66

7-5　续表 4　　　　单位：人

现住地	学前教育					小　学				
	小计	乡	镇的村委会	镇的居委会	街道	小计	乡	镇的村委会	镇的居委会	街道
江门市	**1833**	**408**	**1228**	**91**	**106**	**13974**	**3381**	**9483**	**554**	**556**
蓬江区	409	80	274	23	32	3177	709	2205	124	139
江海区	326	63	210	23	30	2075	433	1385	95	162
新会区	383	83	266	16	18	3114	707	2172	112	123
台山市	134	37	83	7	7	1162	336	726	47	53
开平市	249	71	161	10	7	1903	538	1247	98	20
鹤山市	297	67	207	12	11	2141	550	1479	63	49
恩平市	35	7	27		1	402	108	269	15	10
湛江市	**273**	**66**	**160**	**19**	**28**	**2003**	**570**	**1096**	**177**	**160**
赤坎区	23	4	15	2	2	243	65	124	25	29
霞山区	83	24	37	5	17	486	138	246	44	58
坡头区	23	7	11	2	3	112	44	43	11	14
麻章区	17	2	14	1		127	59	61	3	4
遂溪县	10	4	6			93	23	47	21	2
徐闻县	26	5	17	2	2	214	62	120	21	11
廉江市	47	6	34	5	2	255	46	181	22	6
雷州市	11	1	10			101	19	63	14	5
吴川市	33	13	16	2	2	372	114	211	16	31
茂名市	**197**	**36**	**128**	**15**	**18**	**1433**	**331**	**927**	**76**	**99**
茂南区	68	11	43	6	8	424	101	269	19	35
电白区	28	6	18	2	2	301	38	241	14	8
高州市	35	7	24	3	1	297	68	190	14	25
化州市	30	5	20	2	3	230	78	122	13	17
信宜市	36	7	23	2	4	181	46	105	16	14
肇庆市	**532**	**84**	**376**	**45**	**27**	**4138**	**842**	**2779**	**289**	**228**
端州区	55	8	33	8	6	401	68	220	39	74
鼎湖区	60	5	50	2	3	468	78	348	26	16
高要区	64	19	41	3	1	873	290	536	40	7
广宁县	11	1	5	2	3	56	9	39	3	5
怀集县	4	1	1	1	1	90	6	50	7	27
封开县	17	4	10	2	1	74	20	37	16	1
德庆县	8	2	6			38	5	13	6	14
四会市	313	44	230	27	12	2138	366	1536	152	84
惠州市	**3334**	**915**	**1973**	**239**	**207**	**28118**	**7748**	**17561**	**1591**	**1218**
惠城区	1212	382	636	88	106	8685	2715	5000	460	510
惠阳区	1149	324	685	79	61	9904	2510	6323	674	397
博罗县	648	116	459	49	24	5702	1286	4029	221	166
惠东县	293	87	168	23	15	3434	1140	1943	225	126
龙门县	32	6	25		1	393	97	266	11	19
梅州市	**229**	**32**	**167**	**22**	**8**	**1770**	**251**	**1362**	**111**	**46**
梅江区	55	5	43	5	2	362	31	287	30	14
梅县区	74	6	62	5	1	487	58	400	21	8
大埔县	13		7	5	1	96	25	57	11	3
丰顺县	16	8	7		1	210	46	161	2	1
五华县	12	3	9			166	17	126	19	4
平远县	8	2	4	2		134	27	89	18	
蕉岭县	20	3	15	2		141	15	124	2	
兴宁市	31	5	20	3	3	174	32	118	8	16

7-5 续表 5 单位：人

现住地	学前教育					小学				
	小计	乡	镇的村委会	镇的居委会	街道	小计	乡	镇的村委会	镇的居委会	街道
汕尾市	**215**	**49**	**125**	**33**	**8**	**2623**	**642**	**1631**	**223**	**127**
城　区	53	19	21	10	3	587	178	308	38	63
海丰县	127	19	87	17	4	1600	315	1098	140	47
陆河县	12	3	9			139	53	70	10	6
陆丰市	23	8	8	6	1	297	96	155	35	11
河源市	**446**	**100**	**297**	**28**	**21**	**3121**	**717**	**2172**	**157**	**75**
源城区	310	73	205	18	14	1952	477	1331	99	45
紫金县	43	7	31	1	4	371	76	261	24	10
龙川县	36	6	26	3	1	258	62	176	14	6
连平县	14	5	6	2	1	101	6	87	4	4
和平县	5		3	1	1	67	5	47	11	4
东源县	38	9	26	3		372	91	270	5	6
阳江市	**279**	**31**	**211**	**16**	**21**	**2049**	**492**	**1375**	**95**	**87**
江城区	105	21	69	6	9	751	286	388	35	42
阳东区	100	6	89	4	1	828	119	669	32	8
阳西县	19	3	14	1	1	211	54	139	12	6
阳春市	55	1	39	5	10	259	33	179	16	31
清远市	**677**	**121**	**454**	**63**	**39**	**4438**	**941**	**2995**	**284**	**218**
清城区	402	85	247	41	29	2440	596	1534	166	144
清新区	81	9	64	5	3	570	125	412	15	18
佛冈县	33	3	25	3	2	316	61	229	17	9
阳山县	22	4	15	3		82	5	58	19	
连山壮族瑶族自治县	14		13		1	55	4	49	2	
连南瑶族自治县	2		2			15	2	9	2	2
英德市	108	19	77	8	4	854	136	617	57	44
连州市	15	1	11	3		106	12	87	6	1
东莞市	**12028**	**4724**	**6191**	**688**	**425**	**90050**	**36769**	**48251**	**2944**	**2086**
市辖区	12028	4724	6191	688	425	90050	36769	48251	2944	2086
中山市	**3839**	**1011**	**2325**	**313**	**190**	**32147**	**8591**	**20981**	**1681**	**894**
市辖区	3839	1011	2325	313	190	32147	8591	20981	1681	894
潮州市	**331**	**115**	**185**	**18**	**13**	**4413**	**1575**	**2562**	**169**	**107**
湘桥区	63	19	31	4	9	979	282	532	83	82
潮安区	256	94	147	11	4	3337	1277	1957	82	21
饶平县	12	2	7	3		97	16	73	4	4
揭阳市	**121**	**27**	**83**	**8**	**3**	**1241**	**448**	**699**	**59**	**35**
榕城区	13	6	7			181	87	87	3	4
揭东区	72	11	56	4	1	610	220	353	29	8
揭西县	8	2	6			48	4	34	7	3
惠来县	3	1			2	43	16	14	7	6
普宁市	25	7	14	4		359	121	211	13	14
云浮市	**172**	**35**	**109**	**18**	**10**	**1198**	**301**	**760**	**83**	**54**
云城区	71	15	52	2	2	452	156	256	12	28
云安区	9	2	5	1	1	85	19	58	6	2
新兴县	47	9	28	10		387	76	252	49	10
郁南县	16	5	7	3	1	95	23	65	6	1
罗定市	29	4	17	2	6	179	27	129	10	13

7-5　续表 6　　　　　　　　　　　　　　　　　　　　　　　　　　　　　　　　　单位：人

现住地	初中					高中				
	小计	乡	镇的村委会	镇的居委会	街道	小计	乡	镇的村委会	镇的居委会	街道
广　东	**1400794**	**419916**	**873824**	**64036**	**43018**	**669763**	**185334**	**392836**	**49781**	**41812**
广州市	**218491**	**50882**	**148325**	**10735**	**8549**	**115297**	**23956**	**72500**	**9352**	**9489**
荔湾区	5171	972	3376	421	402	3718	601	2182	421	514
越秀区	4238	840	2616	404	378	3271	537	1751	405	578
海珠区	27185	3925	20888	1414	958	8539	1248	5498	860	933
天河区	14934	3261	9668	1037	968	17218	3730	10220	1587	1681
白云区	57758	17110	35541	2748	2359	29115	7374	17309	2137	2295
黄埔区	15772	3922	10154	812	884	12682	2867	8008	762	1045
番禺区	38359	6072	29463	1608	1216	19911	3141	14107	1482	1181
花都区	27864	9224	16894	1137	609	8788	2303	5325	637	523
南沙区	13908	2703	10309	581	315	6043	1099	4226	452	266
从化区	1712	310	1270	71	61	819	137	561	61	60
增城区	11590	2543	8146	502	399	5193	919	3313	548	413
韶关市	**6246**	**928**	**4563**	**401**	**354**	**2733**	**355**	**1823**	**272**	**283**
武江区	1691	330	1150	68	143	770	126	485	55	104
浈江区	1094	117	779	127	71	703	59	486	94	64
曲江区	802	98	628	49	27	285	30	207	32	16
始兴县	226	34	177	15		81	11	46	13	11
仁化县	439	56	329	34	20	133	25	78	16	14
翁源县	383	39	319	17	8	125	15	94	8	8
乳源瑶族自治县	226	11	197	12	6	115	8	84	16	7
新丰县	313	78	197	21	17	79	11	51	3	14
乐昌市	691	121	490	39	41	279	47	184	24	24
南雄市	381	44	297	19	21	163	23	108	11	21
深圳市	**370967**	**102966**	**238839**	**17057**	**12105**	**214856**	**53372**	**128307**	**17369**	**15808**
罗湖区	11885	2961	7053	991	880	9864	1953	5293	1234	1384
福田区	15132	3356	9186	1274	1316	13132	2489	7141	1632	1870
南山区	20772	6902	10553	1653	1664	16713	4731	7707	2016	2259
宝安区	123677	35646	81123	4128	2780	61878	16555	37971	4017	3335
龙岗区	84623	24200	53410	4470	2543	46279	11942	27300	3881	3156
盐田区	3062	571	2099	197	195	2141	363	1257	244	277
龙华区	58871	14431	40377	2393	1670	39578	8742	25731	2739	2366
坪山区	15280	4572	9693	680	335	7644	2216	4517	540	371
光明区	37665	10327	25345	1271	722	17627	4381	11390	1066	790
珠海市	**30181**	**5842**	**20596**	**2476**	**1267**	**18045**	**3119**	**11032**	**2286**	**1608**
香洲区	16118	2864	10693	1710	851	10926	1708	6400	1673	1145
斗门区	7107	1117	5461	353	176	3623	539	2625	302	157
金湾区	6956	1861	4442	413	240	3496	872	2007	311	306
汕头市	**12226**	**4062**	**6055**	**1281**	**828**	**3192**	**900**	**1416**	**539**	**337**
龙湖区	2830	703	1641	408	78	1038	217	451	266	104
金平区	1590	304	819	226	241	755	109	382	126	138
濠江区	335	48	119	47	121	99	26	37	19	17
潮阳区	887	294	376	152	65	198	44	85	42	27
潮南区	1902	996	612	175	119	411	278	104	20	9
澄海区	4616	1697	2450	269	200	678	223	353	61	41
南澳县	66	20	38	4	4	13	3	4	5	1
佛山市	**162838**	**44970**	**106867**	**7683**	**3318**	**62958**	**16110**	**39756**	**4648**	**2444**
禅城区	16376	4304	10839	754	479	6490	1372	4273	523	322
南海区	65155	20415	39458	3911	1371	24270	6824	14184	2218	1044
顺德区	63948	16077	44526	2350	995	26917	6749	17774	1566	828
三水区	12282	2667	8906	416	293	3515	690	2460	209	156
高明区	5077	1507	3138	252	180	1766	475	1065	132	94

7-5 续表 7

单位：人

现住地	初中					高中				
	小计	乡	镇的村委会	镇的居委会	街道	小计	乡	镇的村委会	镇的居委会	街道
江门市	**29009**	**6679**	**19812**	**1197**	**1321**	**10325**	**2196**	**6559**	**732**	**838**
蓬江区	6644	1430	4664	298	252	2737	548	1748	202	239
江海区	4533	896	3005	181	451	2007	386	1221	151	249
新会区	5270	1213	3639	214	204	1557	298	1016	111	132
台山市	2564	623	1658	122	161	1058	260	639	79	80
开平市	3115	902	1986	166	61	835	234	506	64	31
鹤山市	5844	1399	4135	156	154	1879	430	1253	105	91
恩平市	1039	216	725	60	38	252	40	176	20	16
湛江市	**3774**	**822**	**2352**	**285**	**315**	**1572**	**306**	**821**	**180**	**265**
赤坎区	480	101	284	39	56	300	46	160	42	52
霞山区	839	187	463	65	124	468	73	234	51	110
坡头区	167	49	90	10	18	109	40	39	11	19
麻章区	379	111	227	13	28	243	82	117	17	27
遂溪县	178	38	115	21	4	42	6	23	12	1
徐闻县	268	46	176	28	18	104	16	57	12	19
廉江市	571	72	421	52	26	152	21	95	21	15
雷州市	188	40	121	20	7	52	8	32	5	7
吴川市	704	178	455	37	34	102	14	64	9	15
茂名市	**3175**	**597**	**2126**	**185**	**267**	**1180**	**181**	**725**	**114**	**160**
茂南区	1032	214	612	70	136	478	107	231	51	89
电白区	679	90	541	29	19	240	21	179	20	20
高州市	526	84	368	31	43	231	16	184	18	13
化州市	533	143	329	20	41	131	22	68	15	26
信宜市	405	66	276	35	28	100	15	63	10	12
肇庆市	**11909**	**2304**	**8102**	**841**	**662**	**4561**	**734**	**3043**	**433**	**351**
端州区	1036	164	558	114	200	834	88	509	98	139
鼎湖区	1165	119	952	62	32	381	36	283	39	23
高要区	2398	776	1456	140	26	412	116	261	29	6
广宁县	356	39	295	12	10	75	9	53	7	6
怀集县	209	2	120	26	61	54	1	34	8	11
封开县	228	69	128	26	5	117	50	40	17	10
德庆县	105	21	59	10	15	47	2	27	8	10
四会市	6412	1114	4534	451	313	2641	432	1836	227	146
惠州市	**85561**	**26467**	**51051**	**5025**	**3018**	**28849**	**7626**	**16577**	**2539**	**2107**
惠城区	24730	7960	14368	1271	1131	10832	3027	5869	930	1006
惠阳区	36660	12155	20590	2746	1169	12132	3289	6963	1136	744
博罗县	15992	3874	11126	584	408	4374	961	2853	326	234
惠东县	7595	2337	4573	400	285	1338	317	778	136	107
龙门县	584	141	394	24	25	173	32	114	11	16
梅州市	**4062**	**593**	**3108**	**236**	**125**	**1356**	**161**	**961**	**138**	**96**
梅江区	1069	142	822	66	39	440	60	299	37	44
梅县区	1011	102	830	55	24	371	42	275	38	16
大埔县	280	59	196	15	10	79	6	61	5	7
丰顺县	358	74	252	28	4	92	14	64	11	3
五华县	386	51	304	20	11	92	9	69	10	4
平远县	205	59	136	9	1	55	8	42	5	
蕉岭县	303	33	256	12	2	93	8	70	14	1
兴宁市	450	73	312	31	34	134	14	81	18	21

7-5　续表 8　　　　单位：人

现住地	初中					高中				
	小计	乡	镇的村委会	镇的居委会	街道	小计	乡	镇的村委会	镇的居委会	街道
汕尾市	**4781**	**1132**	**3004**	**479**	**166**	**987**	**249**	**564**	**115**	**59**
城　区	1200	366	675	78	81	292	126	119	16	31
海丰县	2707	495	1882	274	56	546	88	363	74	21
陆河县	330	119	200	6	5	59	20	37	1	1
陆丰市	544	152	247	121	24	90	15	45	24	6
河源市	**7036**	**1600**	**4859**	**381**	**196**	**2482**	**500**	**1637**	**195**	**150**
源城区	3940	1001	2594	222	123	1573	346	990	130	107
紫金县	852	165	632	31	24	149	25	108	9	7
龙川县	654	103	481	57	13	243	44	165	25	9
连平县	275	44	211	15	5	93	5	80	4	4
和平县	244	46	178	17	3	96	22	66	7	1
东源县	1071	241	763	39	28	328	58	228	20	22
阳江市	**3700**	**757**	**2599**	**182**	**162**	**1287**	**172**	**844**	**117**	**154**
江城区	1369	367	844	81	77	574	105	318	48	103
阳东区	1505	283	1145	54	23	395	35	315	35	10
阳西县	339	52	262	16	9	105	14	81	7	3
阳春市	487	55	348	31	53	213	18	130	27	38
清远市	**10588**	**1924**	**7500**	**674**	**490**	**3586**	**621**	**2281**	**383**	**301**
清城区	5975	1185	4057	399	334	1971	366	1175	222	208
清新区	1315	220	993	62	40	500	86	349	37	28
佛冈县	825	144	624	38	19	268	35	203	22	8
阳山县	204	16	150	33	5	83	3	60	18	2
连山壮族瑶族自治县	75	9	61	2	3	18	1	16	1	
连南瑶族自治县	31	2	23	3	3	11		10	1	
英德市	1875	330	1357	105	83	646	124	401	68	53
连州市	288	18	235	32	3	89	6	67	14	2
东莞市	**333939**	**139807**	**177299**	**9932**	**6901**	**159895**	**65254**	**81719**	**7444**	**5478**
市辖区	333939	139807	177299	9932	6901	159895	65254	81719	7444	5478
中山市	**91196**	**24099**	**60002**	**4510**	**2585**	**34240**	**8915**	**20909**	**2702**	**1714**
市辖区	91196	24099	60002	4510	2585	34240	8915	20909	2702	1714
潮州市	**6002**	**2057**	**3563**	**190**	**192**	**1031**	**310**	**586**	**75**	**60**
湘桥区	1531	425	896	84	126	326	59	192	42	33
潮安区	4218	1595	2490	92	41	622	234	345	29	14
饶平县	253	37	177	14	25	83	17	49	4	13
揭阳市	**2265**	**683**	**1390**	**121**	**71**	**552**	**149**	**306**	**65**	**32**
榕城区	396	156	197	29	14	95	39	32	21	3
揭东区	652	166	463	12	11	219	59	141	13	6
揭西县	132	23	93	15	1	15	4	6	5	
惠来县	117	23	54	36	4	33	4	17	11	1
普宁市	968	315	583	29	41	190	43	110	15	22
云浮市	**2848**	**745**	**1812**	**165**	**126**	**779**	**148**	**470**	**83**	**78**
云城区	1069	332	625	45	67	294	64	172	27	31
云安区	186	26	132	17	11	113	17	61	16	19
新兴县	1020	258	677	68	17	205	51	117	24	13
郁南县	211	61	130	13	7	52	9	30	3	10
罗定市	362	68	248	22	24	115	7	90	13	5

7-5 续表 9

单位：人

现住地	大学专科					大学本科				
	小计	乡	镇的村委会	镇的居委会	街道	小计	乡	镇的村委会	镇的居委会	街道
广东	**263338**	**61742**	**141340**	**29000**	**31256**	**154699**	**30528**	**71107**	**20474**	**32590**
广州市	**49633**	**8853**	**27185**	**6046**	**7549**	**33226**	**4695**	**14465**	**5061**	**9005**
荔湾区	1604	236	795	242	331	920	88	359	148	325
越秀区	1444	192	603	224	425	1467	159	445	252	611
海珠区	2895	342	1379	387	787	2423	186	883	330	1024
天河区	10588	1953	5728	1301	1606	8265	1205	3406	1225	2429
白云区	11692	2536	6268	1146	1742	6013	1007	2789	744	1473
黄埔区	4774	915	2734	465	660	3387	516	1645	421	805
番禺区	8218	1083	4978	1153	1004	5885	754	2619	1077	1435
花都区	3639	770	2013	424	432	1987	315	978	318	376
南沙区	1857	350	1112	232	163	1026	186	492	180	168
从化区	303	46	156	52	49	198	20	99	39	40
增城区	2619	430	1419	420	350	1655	259	750	327	319
韶关市	**1136**	**134**	**624**	**170**	**208**	**827**	**103**	**375**	**139**	**210**
武江区	309	50	159	37	63	229	19	110	29	71
浈江区	261	26	147	41	47	246	42	97	37	70
曲江区	152	21	72	24	35	75	5	41	19	10
始兴县	49	2	27	12	8	21	6	6	5	4
仁化县	51	5	29	11	6	59	3	30	11	15
翁源县	44	3	27	9	5	32	7	15	4	6
乳源瑶族自治县	69	2	36	16	15	42	7	19	10	6
新丰县	40	7	28	1	4	20	3	4	5	8
乐昌市	97	10	63	11	13	47	3	31	7	6
南雄市	64	8	36	8	12	56	8	22	12	14
深圳市	**118798**	**26892**	**64404**	**12928**	**14574**	**73084**	**14701**	**34552**	**9007**	**14824**
罗湖区	5101	905	2393	762	1041	2933	441	1160	478	854
福田区	7582	1265	3608	1125	1584	5948	871	2293	891	1893
南山区	10759	2790	4358	1414	2197	11309	2296	3910	1630	3473
宝安区	35052	8601	19488	3421	3542	20353	4418	10373	2253	3309
龙岗区	25276	6035	13698	2780	2763	14512	3142	7239	1719	2412
盐田区	863	119	472	112	160	468	72	217	61	118
龙华区	24135	4835	14446	2405	2449	13043	2520	6894	1471	2158
坪山区	3076	825	1664	321	266	1677	411	851	200	215
光明区	6954	1517	4277	588	572	2841	530	1615	304	392
珠海市	**6743**	**1170**	**3419**	**1176**	**978**	**5877**	**794**	**2013**	**1082**	**1988**
香洲区	4120	626	1973	807	714	4139	511	1314	795	1519
斗门区	1087	158	686	157	86	558	60	290	119	89
金湾区	1536	386	760	212	178	1180	223	409	168	380
汕头市	**546**	**84**	**217**	**119**	**126**	**354**	**53**	**108**	**62**	**131**
龙湖区	163	32	68	33	30	78	9	23	19	27
金平区	160	11	67	33	49	177	32	50	26	69
濠江区	50	6	13	12	19	26	2	10	3	11
潮阳区	38	3	15	11	9	26		3	8	15
潮南区	30	13	10	6	1	11	7	1	2	1
澄海区	100	19	43	22	16	36	3	21	4	8
南澳县	5		1	2	2					
佛山市	**16633**	**3358**	**9860**	**2132**	**1283**	**7769**	**1352**	**4160**	**1250**	**1007**
禅城区	2309	347	1394	330	238	1225	147	638	224	216
南海区	6951	1461	3944	994	552	2917	532	1503	494	388
顺德区	5874	1236	3633	642	363	2973	566	1656	449	302
三水区	1001	197	621	99	84	492	71	280	61	80
高明区	498	117	268	67	46	162	36	83	22	21

7-5　续表 10　　　　　　　　　　　　　　　　　　　　　　　　　　　　单位：人

现住地	大学专科					大学本科				
	小计	乡	镇的村委会	镇的居委会	街道	小计	乡	镇的村委会	镇的居委会	街道
江门市	**2656**	**520**	**1493**	**281**	**362**	**1308**	**213**	**631**	**162**	**302**
蓬江区	912	162	503	101	146	494	82	222	65	125
江海区	618	110	333	59	116	252	41	118	31	62
新会区	339	54	214	47	24	173	22	87	22	42
台山市	199	38	111	28	22	109	14	49	13	33
开平市	134	40	69	15	10	50	10	27	5	8
鹤山市	398	99	234	26	39	197	38	109	22	28
恩平市	56	17	29	5	5	33	6	19	4	4
湛江市	**955**	**120**	**436**	**118**	**281**	**1382**	**235**	**510**	**186**	**451**
赤坎区	165	22	71	16	56	225	76	56	21	72
霞山区	284	38	119	37	90	347	51	129	46	121
坡头区	102	15	44	10	33	86	9	31	9	37
麻章区	189	29	92	19	49	569	85	236	82	166
遂溪县	21	3	12	3	3	10		5	2	3
徐闻县	30	2	17	2	9	29	2	10	8	9
廉江市	80	2	41	21	16	42	3	16	14	9
雷州市	30	2	14	3	11	54	2	20	1	31
吴川市	54	7	26	7	14	20	7	7	3	3
茂名市	**442**	**49**	**214**	**52**	**127**	**425**	**63**	**187**	**63**	**112**
茂南区	180	24	79	18	59	326	50	141	45	90
电白区	134	4	91	28	11	44	8	19	10	7
高州市	74	9	19	4	42	29	3	13	3	10
化州市	24	6	9	2	7	16	2	10	1	3
信宜市	30	6	16		8	10		4	4	2
肇庆市	**1148**	**170**	**582**	**163**	**233**	**711**	**112**	**293**	**118**	**188**
端州区	247	16	79	51	101	165	13	44	28	80
鼎湖区	143	31	79	12	21	98	12	40	11	35
高要区	110	19	67	14	10	93	14	47	22	10
广宁县	13	3	8	1	1	13		6	3	4
怀集县	30		9	8	13	12	1	4	5	2
封开县	33	10	11	5	7	31	5	18	3	5
德庆县	16		5	5	6	20	5	9	5	1
四会市	556	91	324	67	74	279	62	125	41	51
惠州市	**9880**	**2339**	**5241**	**1052**	**1248**	**4740**	**981**	**2110**	**629**	**1020**
惠城区	4165	1029	2095	451	590	2247	444	914	304	585
惠阳区	4019	1017	2128	407	467	1703	393	779	222	309
博罗县	1272	210	801	139	122	594	109	323	77	85
惠东县	363	75	179	48	61	162	27	80	21	34
龙门县	61	8	38	7	8	34	8	14	5	7
梅州市	**357**	**38**	**245**	**49**	**25**	**357**	**43**	**192**	**72**	**50**
梅江区	136	17	89	14	16	202	28	99	35	40
梅县区	85	7	63	14	1	45	5	25	12	3
大埔县	25	2	19	2	2	18	3	11	3	1
丰顺县	29	1	21	6	1	15	1	12	2	
五华县	27	1	22	3	1	31	1	26	2	2
平远县	19	3	12	4		14	3	5	6	
蕉岭县	17	1	13	3		12	1	3	7	1
兴宁市	19	6	6	3	4	20	1	11	5	3

7-5 续表 11　　　　单位：人

现住地	大学专科					大学本科				
	小计	乡	镇的村委会	镇的居委会	街道	小计	乡	镇的村委会	镇的居委会	街道
汕尾市	**340**	**67**	**169**	**49**	**55**	**283**	**51**	**118**	**46**	**68**
城　区	133	38	51	14	30	107	35	37	14	21
海丰县	154	17	93	24	20	137	9	67	24	37
陆河县	19	7	11	1		7	3	1	1	2
陆丰市	34	5	14	10	5	32	4	13	7	8
河源市	**908**	**178**	**515**	**105**	**110**	**401**	**53**	**200**	**65**	**83**
源城区	555	121	300	60	74	246	35	120	40	51
紫金县	50	11	22	8	9	35	2	17	8	8
龙川县	165	14	110	24	17	64	9	34	12	9
连平县	46	11	28	4	3	5	1	2	1	1
和平县	21	1	15	2	3	5		3	1	1
东源县	71	20	40	7	4	46	6	24	3	13
阳江市	**712**	**75**	**454**	**77**	**106**	**339**	**28**	**168**	**48**	**95**
江城区	249	44	130	27	48	131	10	55	20	46
阳东区	265	8	223	24	10	85	3	67	4	11
阳西县	47	8	24	5	10	47	7	21	9	10
阳春市	151	15	77	21	38	76	8	25	15	28
清远市	**1601**	**247**	**854**	**272**	**228**	**924**	**126**	**459**	**143**	**196**
清城区	1075	174	555	173	173	556	91	272	78	115
清新区	139	23	87	17	12	105	16	51	10	28
佛冈县	102	12	66	19	5	50	4	24	15	7
阳山县	24	1	14	7	2	22	1	9	8	4
连山壮族瑶族自治县	11		9		2	9		9		
连南瑶族自治县	10		2	7	1	9	1	3	4	1
英德市	201	34	105	32	30	143	12	73	21	37
连州市	39	3	16	17	3	30	1	18	7	4
东莞市	**40884**	**15005**	**20034**	**3065**	**2780**	**17910**	**5951**	**8293**	**1670**	**1996**
市辖区	40884	15005	20034	3065	2780	17910	5951	8293	1670	1996
中山市	**9383**	**2318**	**5091**	**1080**	**894**	**4386**	**915**	**2083**	**601**	**787**
市辖区	9383	2318	5091	1080	894	4386	915	2083	601	787
潮州市	**201**	**48**	**95**	**22**	**36**	**138**	**15**	**65**	**25**	**33**
湘桥区	101	11	52	9	29	108	11	50	21	26
潮安区	76	34	33	5	4	21	4	11	4	2
饶平县	24	3	10	8	3	9		4		5
揭阳市	**90**	**22**	**54**	**10**	**4**	**28**	**5**	**11**	**10**	**2**
榕城区	21	5	14	1	1	6		2	4	
揭东区	43	8	27	6	2	12	3	5	2	2
揭西县										
惠来县	2		1	1		2		1	1	
普宁市	24	9	12	2	1	8	2	3	3	
云浮市	**292**	**55**	**154**	**34**	**49**	**230**	**39**	**114**	**35**	**42**
云城区	128	26	64	11	27	81	13	37	13	18
云安区	33	11	16		6	34	9	14	4	7
新兴县	67	13	34	10	10	60	12	25	9	14
郁南县	22	3	13	5	1	20	1	12	5	2
罗定市	42	2	27	8	5	35	4	26	4	1

7-5　续表 12　　　　单位：人

现住地	硕士研究生					博士研究生				
	小计	乡	镇的村委会	镇的居委会	街道	小计	乡	镇的村委会	镇的居委会	街道
广　东	**14031**	**2066**	**4480**	**1984**	**5501**	**1850**	**281**	**470**	**218**	**881**
广州市	**4700**	**590**	**1547**	**708**	**1855**	**804**	**98**	**234**	**104**	**368**
荔湾区	82	4	19	17	42	4		2	1	1
越秀区	323	22	89	45	167	44	2	5	7	30
海珠区	435	35	127	43	230	125	8	24	10	83
天河区	1496	210	457	190	639	300	41	103	24	132
白云区	509	51	181	76	201	111	7	26	26	52
黄埔区	406	45	153	54	154	31	4	4	6	17
番禺区	1139	171	407	213	348	171	35	64	26	46
花都区	125	21	47	30	27	10	1	4	2	3
南沙区	62	16	18	12	16	2				2
从化区	12	1	4	4	3	1		1		
增城区	111	14	45	24	28	5		1	2	2
韶关市	**65**	**2**	**31**	**14**	**18**	**4**			**1**	**3**
武江区	30		16	6	8	2				2
浈江区	10	1	2	3	4	2			1	1
曲江区	7		5	2						
始兴县	2		1		1					
仁化县	5		3		2					
翁源县	1				1					
乳源瑶族自治县	2			2						
新丰县	1	1								
乐昌市	5		2	1	2					
南雄市	2		2							
深圳市	**5778**	**797**	**1591**	**759**	**2631**	**585**	**70**	**112**	**60**	**343**
罗湖区	251	24	64	40	123	26	3	3	3	17
福田区	770	50	136	109	475	63	5	6	8	44
南山区	2102	299	469	257	1077	292	42	53	21	176
宝安区	994	164	352	130	348	55	7	13	6	29
龙岗区	794	133	246	110	305	76	8	14	13	41
盐田区	51	2	17	5	27	8		4	3	1
龙华区	555	70	198	72	215	41	4	12	3	22
坪山区	132	34	49	19	30	8		1	1	6
光明区	129	21	60	17	31	16	1	6	2	7
珠海市	**624**	**65**	**176**	**118**	**265**	**119**	**13**	**19**	**14**	**73**
香洲区	528	53	136	102	237	107	10	18	12	67
斗门区	35	1	24	6	4	5	1		2	2
金湾区	61	11	16	10	24	7	2	1		4
汕头市	**40**	**2**	**8**	**4**	**26**	**14**		**2**	**2**	**10**
龙湖区	5		4		1					
金平区	30	1	3	3	23	13		2	2	9
濠江区	1				1					
潮阳区	1				1	1				1
潮南区	1	1								
澄海区	2		1	1						
南澳县										
佛山市	**564**	**79**	**252**	**121**	**112**	**48**	**1**	**21**	**5**	**21**
禅城区	95	11	37	21	26	11		3	2	6
南海区	178	22	74	42	40	12		7	2	3
顺德区	240	33	120	47	40	24	1	11	1	11
三水区	39	11	16	8	4	1				1
高明区	12	2	5	3	2					

7–5 续表 13

单位：人

现住地	硕士研究生					博士研究生				
	小计	乡	镇的村委会	镇的居委会	街道	小计	乡	镇的村委会	镇的居委会	街道
江门市	**108**	**17**	**42**	**9**	**40**	**4**	**1**	**1**	**1**	**1**
蓬江区	48	7	18	2	21	2			1	1
江海区	26	2	9	4	11	1		1		
新会区	12	1	6	2	3					
台山市	8	4	1		3					
开平市	4	2	1	1						
鹤山市	8		6		2	1	1			
恩平市	2	1	1							
湛江市	**114**	**6**	**40**	**17**	**51**	**17**	**7**	**2**	**1**	**7**
赤坎区	14	1	3	2	8	8	3		1	4
霞山区	50	3	18	8	21	7	4	1		2
坡头区	8		2	1	5					
麻章区	37	2	16	5	14	2		1		1
遂溪县										
徐闻县	3		1		2					
廉江市	1				1					
雷州市										
吴川市	1			1						
茂名市	**28**	**4**	**8**	**4**	**12**	**4**	**1**			**3**
茂南区	21	1	5	3	12	3				3
电白区	5	3	1	1						
高州市	2		2			1	1			
化州市										
信宜市										
肇庆市	**36**	**7**	**8**	**4**	**17**	**5**	**1**	**2**		**2**
端州区	9		1		8					
鼎湖区	4	1	1	1	1	3		1		2
高要区	2		1		1					
广宁县	1		1							
怀集县										
封开县	5		1	2	2					
德庆县	3		1	1	1					
四会市	12	6	2		4	2	1	1		
惠州市	**252**	**48**	**87**	**30**	**87**	**23**	**6**	**5**	**6**	**6**
惠城区	129	18	50	10	51	16	4	3	5	4
惠阳区	90	22	26	16	26	4	2		1	1
博罗县	25	6	9	4	6	3		2		1
惠东县	5	2	2		1					
龙门县	3				3					
梅州市	**19**		**9**	**5**	**5**	**1**		**1**		
梅江区	8		5	2	1	1		1		
梅县区	2		1	1						
大埔县	1				1					
丰顺县										
五华县	4		3		1					
平远县										
蕉岭县	3			2	1					
兴宁市	1				1					

7-5　续表 14　　　　单位：人

现住地	硕士研究生					博士研究生				
	小计	乡	镇的村委会	镇的居委会	街道	小计	乡	镇的村委会	镇的居委会	街道
汕尾市	**25**	**4**	**9**	**1**	**11**	**1**			**1**	
城　区	11	4	3		4					
海丰县	13		6	1	6	1			1	
陆河县										
陆丰市	1				1					
河源市	**21**	**4**	**7**	**1**	**9**	**2**		**1**	**1**	
源城区	18	4	7		7	2		1	1	
紫金县	1				1					
龙川县	1				1					
连平县										
和平县										
东源县	1			1						
阳江市	**25**	**4**	**10**	**3**	**8**	**2**				**2**
江城区	10	1	5	1	3	2				2
阳东区	4	1	2		1					
阳西县	6	1	2	2	1					
阳春市	5	1	1		3					
清远市	**61**	**7**	**24**	**7**	**23**	**3**	**1**	**1**		**1**
清城区	50	6	21	6	17	3	1	1		1
清新区	4		1	1	2					
佛冈县	3	1	1		1					
阳山县										
连山壮族瑶族自治县	1		1							
连南瑶族自治县										
英德市	3				3					
连州市										
东莞市	**1272**	**385**	**502**	**127**	**258**	**183**	**77**	**62**	**13**	**31**
市辖区	1272	385	502	127	258	183	77	62	13	31
中山市	**248**	**38**	**98**	**45**	**67**	**25**	**3**	**6**	**7**	**9**
市辖区	248	38	98	45	67	25	3	6	7	9
潮州市	**15**	**1**	**10**	**3**	**1**	**1**				**1**
湘桥区	10		6	3	1	1				1
潮安区	3	1	2							
饶平县	2		2							
揭阳市	**2**		**1**		**1**					
榕城区										
揭东区	1				1					
揭西县										
惠来县	1		1							
普宁市										
云浮市	**34**	**6**	**20**	**4**	**4**	**5**	**2**	**1**	**2**	
云城区	16	2	8	2	4	2		1	1	
云安区	1		1							
新兴县	12	3	8	1		2	1		1	
郁南县										
罗定市	5	1	3	1		1	1			

7–6 全省按现住地和出生地分的人口

单位：人

现住地	出生地							
	合计	省内		省外				
		本县市区	本省其他县市区	北京	天津	河北	山西	内蒙古
广　东	**4878871**	**529275**	**1497241**	**4241**	**1761**	**15032**	**11371**	**5880**
广州市	**954590**	**108509**	**379082**	**912**	**410**	**3491**	**2422**	**1241**
荔湾区	38010	8077	16589	28	12	141	85	28
越秀区	29826	4888	12248	48	38	171	111	69
海珠区	90627	11873	32443	79	38	288	184	98
天河区	141284	14418	71381	169	87	561	444	246
白云区	251605	30337	105209	199	58	829	530	257
黄埔区	75226	6886	27075	59	34	298	270	116
番禺区	155622	13831	59492	175	80	562	436	228
花都区	78382	9075	24168	108	23	277	182	91
南沙区	41946	3645	12276	17	25	177	78	52
从化区	6827	865	2471	3	2	24	4	5
增城区	45235	4614	15730	27	13	163	98	51
韶关市	**40521**	**11086**	**15627**	**12**	**1**	**91**	**44**	**30**
武江区	12422	3873	4576	8		37	9	8
浈江区	11255	3037	5291	3		21	4	14
曲江区	5201	1171	2363			8	8	1
始兴县	1091	257	370			1	4	1
仁化县	2126	544	634			3	4	1
翁源县	1717	516	565			5	4	3
乳源瑶族自治县	1415	364	546	1	1	5	4	1
新丰县	1116	227	380			4		
乐昌市	2685	665	584			3	6	1
南雄市	1493	432	318			4	1	
深圳市	**1425761**	**117446**	**417023**	**1364**	**758**	**5632**	**4693**	**2564**
罗湖区	72601	7238	29778	120	46	356	264	196
福田区	92382	7631	34464	236	117	599	435	265
南山区	106278	8431	29483	373	178	789	650	353
宝安区	406577	31337	105616	202	130	1259	1106	572
龙岗区	346590	32495	116122	247	151	1195	1013	587
盐田区	15098	1291	5914	19	16	78	49	32
龙华区	230749	17777	59639	112	83	903	800	378
坪山区	49101	4157	12082	34	22	192	161	88
光明区	106385	7089	23925	21	15	261	215	93
珠海市	**123529**	**10298**	**42919**	**163**	**98**	**566**	**503**	**285**
香洲区	71951	5639	25633	136	71	386	310	205
斗门区	24685	2350	7869	17	11	75	57	23
金湾区	26893	2309	9417	10	16	105	136	57
汕头市	**42352**	**10059**	**11702**	**21**	**6**	**99**	**55**	**22**
龙湖区	13973	3314	5469	5		38	14	9
金平区	10543	3437	3770	9	2	24	22	4
濠江区	1954	755	624			4	4	2
潮阳区	2192	784	283			3		1
潮南区	4154	775	598	5	2	17	9	2
澄海区	9302	959	890	2	2	13	6	4
南澳县	234	35	68					
佛山市	**496590**	**35868**	**171877**	**299**	**112**	**1270**	**743**	**373**
禅城区	65249	5933	30739	43	14	122	89	46
南海区	210154	13727	82068	137	48	584	287	160
顺德区	172772	12369	44206	100	43	453	295	141
三水区	34836	2403	11278	12	6	57	60	20
高明区	13579	1436	3586	7	1	54	12	6

7-6　续表 1　　单位：人

现住地	出生地							
	合计	省内		省外				
		本县市区	本省其他县市区	北京	天津	河北	山西	内蒙古
江门市	**101555**	**16936**	**29828**	**35**	**24**	**151**	**82**	**66**
蓬江区	29226	5885	9795	10	8	42	34	25
江海区	18568	2963	6234	9	4	31	10	8
新会区	15989	2635	3605	2		21	16	13
台山市	8089	1151	2083		1	21	3	5
开平市	11036	2047	3387	1	1	4	7	1
鹤山市	14881	1469	3381	10	9	25	10	13
恩平市	3766	786	1343	3	1	7	2	1
湛江市	**58248**	**25255**	**24110**	**14**	**12**	**122**	**76**	**39**
赤坎区	13446	5410	6708	5	1	20	24	6
霞山区	23067	12238	8409	4	5	43	11	14
坡头区	1927	958	402	1	1	9	7	4
麻章区	8859	2725	4735	4	4	41	20	9
遂溪县	1912	766	862				1	
徐闻县	1908	796	612		1	4	2	
廉江市	3131	1008	1255					1
雷州市	1256	573	317			3	5	2
吴川市	2742	781	810			2	6	3
茂名市	**22345**	**8799**	**8167**	**4**	**5**	**25**	**30**	**11**
茂南区	10220	4324	3758	1	4	18	14	7
电白区	3949	1323	1462	2	1	5	8	1
高州市	3990	1290	1812	1			4	2
化州市	2387	911	735			1	1	1
信宜市	1799	951	400			1	3	
肇庆市	**47641**	**11203**	**16184**	**10**	**2**	**101**	**71**	**33**
端州区	12626	5562	4802		1	19	8	5
鼎湖区	5576	989	2389	2		9	2	1
高要区	6265	1145	1851	1		6	10	2
广宁县	946	211	277			1	1	1
怀集县	673	300	128			5		1
封开县	903	292	226			6	13	2
德庆县	871	263	431				2	1
四会市	19781	2441	6080	7	1	55	35	20
惠州市	**256169**	**28208**	**77511**	**358**	**101**	**745**	**564**	**300**
惠城区	95232	11880	35439	60	36	219	199	113
惠阳区	94281	8177	23321	270	47	406	274	148
博罗县	41357	3854	10774	16	10	69	40	18
惠东县	22904	3822	7190	12	7	49	46	18
龙门县	2395	475	787		1	2	5	3
梅州市	**30168**	**10818**	**12170**	**3**		**55**	**31**	**18**
梅江区	13380	4999	6285	2		20	12	7
梅县区	8682	3036	3763	1		8	6	7
大埔县	1095	358	325				1	
丰顺县	1302	355	332			5	2	
五华县	1635	664	328			2	7	
平远县	854	284	245			19	1	3
蕉岭县	1317	362	413			1		1
兴宁市	1903	760	479				2	

7-6 续表 2

单位：人

现住地	出生地							
	合计	省内		省外				
		本县市区	本省其他县市区	北京	天津	河北	山西	内蒙古
汕尾市	**20778**	**7001**	**5557**	**5**	**10**	**34**	**33**	**11**
城　区	6220	2105	1964	3	8	12	10	3
海丰县	11189	3573	2815	1	2	18	14	7
陆河县	1243	382	358	1		3	5	
陆丰市	2126	941	420			1	4	1
河源市	**49398**	**16418**	**20037**	**6**	**3**	**60**	**65**	**14**
源城区	36401	12309	16266	3	2	41	28	10
紫金县	2944	960	666	3			3	
龙川县	2940	953	848			16	6	2
连平县	1137	275	356			1	1	
和平县	911	273	260				5	
东源县	5065	1648	1641		1	2	22	2
阳江市	**25316**	**10418**	**7631**	**6**	**5**	**126**	**39**	**25**
江城区	13347	6799	3860	2	5	11	10	6
阳东区	7761	2421	2396	3		18	17	10
阳西县	1868	526	683			3	3	3
阳春市	2340	672	692	1		94	9	6
清远市	**57802**	**17194**	**20471**	**5**	**7**	**150**	**74**	**63**
清城区	37225	11621	13897	4	1	116	52	34
清新区	8423	2889	3097		3	3	8	7
佛冈县	2687	486	724			7	5	8
阳山县	997	332	321	1		2	1	3
连山壮族瑶族自治县	441	104	172			1		
连南瑶族自治县	347	115	157			3		
英德市	6502	1355	1758		3	18	8	4
连州市	1180	292	345					7
东莞市	**842335**	**50880**	**169057**	**835**	**165**	**1696**	**1427**	**586**
市辖区	842335	50880	169057	835	165	1696	1427	586
中山市	**239022**	**20934**	**55353**	**177**	**38**	**518**	**344**	**179**
市辖区	239022	20934	55353	177	38	518	344	179
潮州市	**21084**	**5010**	**4732**	**1**		**42**	**39**	**9**
湘桥区	9176	2957	3266	1		15	4	3
潮安区	11120	1822	1352			14	31	4
饶平县	788	231	114			13	4	2
揭阳市	**6669**	**1552**	**1516**	**7**		**15**	**20**	**2**
榕城区	1316	145	511			1	9	
揭东区	2173	436	401	3		10	4	2
揭西县	351	157	51				1	
惠来县	416	186	61					
普宁市	2413	628	492	4		4	6	
云浮市	**16998**	**5383**	**6687**	**4**	**4**	**43**	**16**	**9**
云城区	8938	3433	3520	2		24	6	3
云安区	1272	303	574			11	2	1
新兴县	3438	577	1236	2	3	2	6	4
郁南县	1121	343	427					1
罗定市	2229	727	930		1	6	2	

7-6 续表 3

单位：人

现住地	出生地								
	省外								
	辽宁	吉林	黑龙江	上海	江苏	浙江	安徽	福建	江西
广　东	**14014**	**14257**	**26145**	**2017**	**18233**	**18613**	**59406**	**57279**	**252593**
广州市	**3109**	**2798**	**5225**	**469**	**3839**	**5122**	**9179**	**11177**	**42527**
荔湾区	179	104	189	27	181	274	260	950	951
越秀区	153	116	202	25	204	371	416	443	902
海珠区	256	208	431	51	258	950	680	1099	4001
天河区	533	451	842	134	620	607	1500	1513	4955
白云区	735	693	1382	72	874	1393	2378	3447	11770
黄埔区	252	305	462	25	334	160	772	591	2642
番禺区	479	435	845	79	604	588	1457	1564	9674
花都区	253	213	369	30	341	527	678	796	3257
南沙区	143	118	216	11	190	66	477	237	1548
从化区	18	30	44		21	16	63	68	263
增城区	108	125	243	15	212	170	498	469	2564
韶关市	**61**	**61**	**94**	**15**	**98**	**168**	**216**	**280**	**1438**
武江区	13	14	19	6	30	56	40	79	384
浈江区	22	18	15	3	17	47	70	43	290
曲江区	10	4	17	2	13	9	40	51	153
始兴县			5		3	2	10	10	79
仁化县	5	13	14	1	10	3	10	10	111
翁源县	2	4	6	1	4	6	5	25	57
乳源瑶族自治县	4	3	4	2	8	10	12	14	40
新丰县		1			1	4	5	14	51
乐昌市	2	3	10		10	13	17	12	60
南雄市	3	1	4		2	18	7	22	213
深圳市	**6348**	**6275**	**11872**	**882**	**7545**	**5261**	**22751**	**19579**	**92925**
罗湖区	617	488	877	103	560	398	1156	1278	4052
福田区	746	752	1526	156	825	785	2062	1359	5365
南山区	1040	926	1659	212	1199	665	2623	1464	6376
宝安区	1337	1308	2545	113	1614	1266	5443	4729	27099
龙岗区	1313	1434	2613	149	1619	1040	5261	6301	22096
盐田区	84	116	207	15	115	39	312	180	736
龙华区	866	913	1743	88	1039	711	3858	2768	18170
坪山区	171	139	310	12	200	121	672	536	3223
光明区	174	199	392	34	374	236	1364	964	5808
珠海市	**607**	**765**	**1258**	**90**	**844**	**402**	**1230**	**1002**	**4325**
香洲区	437	507	841	74	622	279	808	683	2724
斗门区	59	90	200	6	96	51	195	130	845
金湾区	111	168	217	10	126	72	227	189	756
汕头市	**54**	**48**	**68**	**8**	**96**	**109**	**1018**	**1765**	**3346**
龙湖区	26	20	24	4	26	28	278	589	1391
金平区	16	9	19	3	36	37	292	456	716
濠江区	2	4	7		7	2	38	25	68
潮阳区	2	5	1		4	6	71	66	122
潮南区	2	6	9		9	19	147	128	326
澄海区	6	4	8		7	17	166	485	701
南澳县				1	7		26	16	22
佛山市	**835**	**1061**	**1485**	**129**	**1282**	**2217**	**4160**	**4354**	**19527**
禅城区	79	101	165	18	167	201	553	731	1670
南海区	400	604	693	61	563	1269	1766	2149	7072
顺德区	278	252	471	37	419	622	1478	1127	9454
三水区	59	78	118	10	82	95	239	270	913
高明区	19	26	38	3	51	30	124	77	418

7-6 续表 4 单位：人

现住地	出生地								
	省外								
	辽宁	吉林	黑龙江	上海	江苏	浙江	安徽	福建	江西
江门市	**130**	**96**	**190**	**10**	**243**	**615**	**792**	**686**	**2702**
蓬江区	43	31	70	7	74	97	204	180	805
江海区	27	28	33	2	54	152	129	103	515
新会区	12	15	16		51	67	276	105	590
台山市	9	10	22		15	136	28	90	163
开平市	18	7	6		22	69	41	78	169
鹤山市	19	5	38	1	24	69	85	106	396
恩平市	2		5		3	25	29	24	64
湛江市	**120**	**81**	**124**	**65**	**97**	**109**	**189**	**220**	**315**
赤坎区	18	11	25	5	12	25	43	32	64
霞山区	42	39	58	15	34	23	56	80	90
坡头区	4	10	2	3	8	10	8	8	19
麻章区	25	6	23	41	29	12	52	36	64
遂溪县	1	2	1			3	3	7	4
徐闻县	1		5		2	13	8	11	7
廉江市	2	3	5	1	2	4	5	17	34
雷州市	25	4	2			13		13	18
吴川市	2	6	3		10	6	14	16	15
茂名市	**34**	**31**	**42**	**7**	**56**	**27**	**75**	**109**	**182**
茂南区	28	27	28	5	44	11	31	55	70
电白区	6	3	8	2	6	11	16	26	61
高州市		1	3		2	1	9	12	22
化州市					4	3	18	10	22
信宜市			3			1	1	6	7
肇庆市	**72**	**55**	**109**	**11**	**84**	**131**	**251**	**1866**	**732**
端州区	16	17	15	3	14	26	48	43	85
鼎湖区	3	5	20	3	15	13	33	25	81
高要区	4	3	5		5	14	18	40	95
广宁县	2	3				9	8	5	15
怀集县			1					2	14
封开县	2		2	1		5	9	12	19
德庆县	1					6		5	12
四会市	44	27	66	4	50	58	135	1734	411
惠州市	**602**	**771**	**1404**	**71**	**844**	**661**	**3506**	**2580**	**13152**
惠城区	148	234	437	21	268	210	1115	835	4872
惠阳区	375	446	799	38	424	258	1497	1219	4908
博罗县	51	55	105	7	88	92	483	320	2314
惠东县	28	33	58	5	60	82	369	186	943
龙门县		3	5		4	19	42	20	115
梅州市	**35**	**13**	**42**	**2**	**51**	**100**	**159**	**766**	**2420**
梅江区	21	8	22	1	21	32	54	172	760
梅县区	9	5	5	1	8	19	31	182	954
大埔县			2		8	8	3	115	38
丰顺县	1					5	15	33	163
五华县	1		2		3	8	7	32	108
平远县					4	4	1	29	135
蕉岭县			2		4	11	14	150	119
兴宁市	3		9		3	13	34	53	143

7-6　续表 5　　　　　　　　　　　　　　　　　　　　　　　　　　　　　　　单位：人

现 住 地	出 生 地								
	省 外								
	辽宁	吉林	黑龙江	上海	江苏	浙江	安徽	福建	江西
汕尾市	**33**	**26**	**54**	**3**	**55**	**39**	**132**	**172**	**404**
城　区	14	10	20	1	22	4	43	41	73
海丰县	8	9	27	2	23	27	53	79	191
陆河县	4		1		6	3	13	9	90
陆丰市	7	7	6		4	5	23	43	50
河源市	**29**	**33**	**123**	**7**	**69**	**86**	**299**	**289**	**1588**
源城区	18	26	95	5	42	42	188	160	909
紫金县	4	1	13	1	8	8	36	37	115
龙川县	2	2	10	1	5	14	20	31	185
连平县		1	1		3	12	7	14	104
和平县	2				2	6	12	8	61
东源县	3	3	4		9	4	36	39	214
阳江市	**26**	**37**	**45**	**4**	**41**	**77**	**78**	**100**	**229**
江城区	5	7	20	3	11	41	26	33	91
阳东区	13	14	9		17	25	28	29	76
阳西县	6	11	5	1	11	8	6	24	17
阳春市	2	5	11		2	3	18	14	45
清远市	**97**	**89**	**176**	**12**	**170**	**232**	**363**	**415**	**1450**
清城区	74	64	133	8	75	133	206	229	909
清新区	7	11	4	1	24	20	30	48	124
佛冈县	6	3	13		12	22	14	30	88
阳山县	1	1	3		2	5	4	5	24
连山壮族瑶族自治县			1	1		4	2	2	1
连南瑶族自治县		1	3		1	1	1		6
英德市	9	9	15	2	51	43	95	88	271
连州市			4		5	4	11	13	27
东莞市	**1331**	**1451**	**2835**	**175**	**2116**	**2163**	**12359**	**9346**	**51148**
市辖区	1331	1451	2835	175	2116	2163	12359	9346	51148
中山市	**446**	**517**	**952**	**50**	**631**	**983**	**1778**	**1537**	**10990**
市辖区	446	517	952	50	631	983	1778	1537	10990
潮州市	**21**	**19**	**16**	**3**	**35**	**55**	**597**	**756**	**2059**
湘桥区	6	13	7	3	8	21	103	174	415
潮安区	13	5	4		23	30	475	509	1597
饶平县	2	1	5		4	4	19	73	47
揭阳市	**6**	**8**	**7**	**1**	**11**	**25**	**196**	**148**	**923**
榕城区		1	1		1	1	20	16	186
揭东区	1	5			4	3	26	83	463
揭西县					1	3			16
惠来县	4		2				5	2	31
普宁市	1	2	4	1	5	18	145	47	227
云浮市	**18**	**22**	**24**	**3**	**26**	**31**	**78**	**132**	**211**
云城区	13	11	8	1	17	7	35	91	80
云安区	2	1	2		2	2	6	14	12
新兴县	3	7	11	2	5	15	17	14	77
郁南县			3			1	12	8	17
罗定市		3			2	6	8	5	25

7-6 续表 6 单位：人

现住地	出生地							
	省外							
	山东	河南	湖北	湖南	广西	海南	重庆	四川
广　东	**23325**	**219561**	**295837**	**608035**	**518769**	**19525**	**96832**	**280244**
广州市	**4773**	**36197**	**60584**	**118280**	**68474**	**4114**	**11922**	**38161**
荔湾区	171	1155	1171	2958	2298	145	275	1044
越秀区	256	1297	1050	3381	1558	161	246	678
海珠区	381	2410	19261	6352	3520	308	842	2999
天河区	848	6392	5983	14497	7228	797	975	2858
白云区	1029	9031	11431	30008	19425	1058	2500	9928
黄埔区	497	4283	4655	11724	5018	378	1238	3018
番禺区	661	4467	8250	20048	14733	618	2638	7014
花都区	436	3123	3473	15092	6660	275	1110	4162
南沙区	230	2106	2415	6409	4287	142	1134	3302
从化区	27	270	340	952	416	30	135	354
增城区	237	1663	2555	6859	3331	202	829	2804
韶关市	**118**	**699**	**753**	**6419**	**967**	**82**	**229**	**1056**
武江区	25	186	222	1971	231	18	73	328
浈江区	28	134	184	1391	177	16	49	261
曲江区	14	137	75	763	119	9	19	132
始兴县	3	18	30	194	30	7	6	26
仁化县	5	26	37	488	52	3	19	31
翁源县	5	41	40	177	124	5	12	42
乳源瑶族自治县	1	32	23	191	48	1	4	48
新丰县	6	35	46	117	70	8	18	78
乐昌市	18	70	51	937	52	12	17	66
南雄市	13	20	45	190	64	3	12	44
深圳市	**10216**	**74464**	**113462**	**181138**	**121865**	**7430**	**30076**	**78576**
罗湖区	673	2865	4934	5901	2237	356	1445	4395
福田区	1040	4061	6111	8970	3562	507	3160	4068
南山区	1449	5819	10335	12592	5097	575	1967	6412
宝安区	2275	21966	31853	58922	47012	2367	6200	23682
龙岗区	2258	17245	26200	37108	22656	1660	9572	18081
盐田区	120	973	982	1660	603	63	219	738
龙华区	1561	12683	21313	34073	21252	1251	3704	10578
坪山区	346	2973	3800	6021	3911	206	1937	2770
光明区	494	5879	7934	15891	15535	445	1872	7852
珠海市	**828**	**6305**	**5697**	**15359**	**11471**	**804**	**3266**	**7062**
香洲区	523	3673	3310	9276	5689	564	2122	3758
斗门区	93	1133	1124	2947	3130	122	519	1876
金湾区	212	1499	1263	3136	2652	118	625	1428
汕头市	**82**	**3996**	**1937**	**1187**	**721**	**130**	**386**	**2601**
龙湖区	14	616	406	321	98	18	83	738
金平区	30	317	299	274	100	25	48	274
濠江区	5	54	71	62	44	7	10	48
潮阳区	11	59	110	77	57	11	30	316
潮南区	5	189	187	226	147	17	137	935
澄海区	17	2748	858	223	273	51	71	274
南澳县		13	6	4	2	1	7	16
佛山市	**1519**	**13872**	**17677**	**52902**	**93833**	**1238**	**8606**	**35915**
禅城区	213	1375	1766	5776	8324	168	1364	3735
南海区	652	6382	7494	23470	35735	482	3204	11714
顺德区	505	4456	6458	17882	41246	423	2676	17750
三水区	98	1234	1381	4302	6001	113	763	1896
高明区	51	425	578	1472	2527	52	599	820

7-6　续表 7　　单位：人

现住地	出生地							
	省外							
	山东	河南	湖北	湖南	广西	海南	重庆	四川
江门市	**262**	**2956**	**3338**	**8210**	**17944**	**306**	**2511**	**5631**
蓬江区	109	807	856	1906	4047	92	530	1668
江海区	44	507	662	1640	2627	53	385	1027
新会区	45	333	455	1584	3453	36	493	844
台山市	27	328	317	681	1433	34	312	613
开平市	10	216	248	697	2319	35	322	384
鹤山市	20	696	733	1545	3510	52	374	930
恩平市	7	69	67	157	555	4	95	165
湛江市	**164**	**562**	**572**	**840**	**2519**	**243**	**377**	**925**
赤坎区	25	110	88	156	283	33	60	163
霞山区	65	165	242	247	460	62	138	295
坡头区	13	40	51	50	124	23	26	87
麻章区	45	145	90	144	241	37	40	135
遂溪县	4	20	7	32	92	7	9	21
徐闻县	5	10	13	19	217	25	31	22
廉江市	2	34	30	54	499	28	18	51
雷州市		6	17	59	122	17	12	13
吴川市	5	32	34	79	481	11	43	138
茂名市	**78**	**224**	**300**	**555**	**1726**	**206**	**186**	**495**
茂南区	56	128	115	226	587	72	61	249
电白区	17	46	111	130	228	32	42	127
高州市	2	13	26	67	409	29	28	51
化州市	1	23	17	89	334	10	40	51
信宜市	2	14	31	43	168	63	15	17
肇庆市	**102**	**1421**	**975**	**3486**	**5245**	**91**	**878**	**1956**
端州区	22	117	132	385	475	18	46	507
鼎湖区	9	145	83	339	628	21	108	281
高要区	3	112	141	491	1330	9	80	286
广宁县	4	31	30	66	134	2	14	45
怀集县		2	20	41	69	2	2	45
封开县	3	15	10	41	197	1	4	11
德庆县	8	4	13	31	54		4	14
四会市	53	995	546	2092	2358	38	620	767
惠州市	**1129**	**14011**	**14241**	**28386**	**16631**	**794**	**7439**	**18759**
惠城区	424	4918	4956	9004	4574	269	2574	5996
惠阳区	561	6459	6029	10381	6735	359	2825	7250
博罗县	97	1882	2256	6370	4018	115	1283	2645
惠东县	42	677	933	2336	1170	49	697	2746
龙门县	5	75	67	295	134	2	60	122
梅州市	**63**	**306**	**393**	**844**	**433**	**69**	**174**	**561**
梅江区	17	86	128	242	103	24	51	144
梅县区	10	47	77	219	81	8	21	87
大埔县	3	23	27	69	31	6	11	23
丰顺县	2	61	39	54	39	12	28	89
五华县	22	36	58	85	73	6	20	78
平远县		12	8	36	12	1	7	23
蕉岭县	3	11	30	46	29	4	17	39
兴宁市	6	30	26	93	65	8	19	78

7-6 续表 8　　单位：人

现住地	出生地							
	省外							
	山东	河南	湖北	湖南	广西	海南	重庆	四川
汕尾市	**38**	**437**	**616**	**1188**	**709**	**59**	**1120**	**2153**
城　区	6	135	156	239	134	14	216	772
海丰县	28	191	335	798	499	27	814	1137
陆河县	2	25	47	57	25	15	21	112
陆丰市	2	86	78	94	51	3	69	132
河源市	**119**	**1006**	**1018**	**2105**	**1282**	**67**	**517**	**2392**
源城区	88	643	628	1194	691	40	283	1720
紫金县	3	48	97	228	216	5	102	199
龙川县	18	105	73	226	76	12	34	122
连平县	2	33	17	112	77	1	7	68
和平县	1	43	36	58	24		14	64
东源县	7	134	167	287	198	9	77	219
阳江市	**74**	**306**	**247**	**1326**	**1953**	**70**	**481**	**474**
江城区	18	149	118	382	659	30	260	244
阳东区	34	77	69	592	1029	16	173	128
阳西县	8	23	25	78	117	13	38	43
阳春市	14	57	35	274	148	11	10	59
清远市	**179**	**1589**	**1775**	**6011**	**2626**	**127**	**665**	**1687**
清城区	119	1033	1048	3439	1389	69	371	987
清新区	13	169	151	849	431	23	74	258
佛冈县	13	103	125	395	209	8	52	144
阳山县	2	25	26	104	46	4	10	33
连山壮族瑶族自治县	2	4		63	64		2	10
连南瑶族自治县		1	2	30	21		1	2
英德市	25	239	383	865	384	18	142	237
连州市	5	15	40	266	82	5	13	16
东莞市	**2796**	**51709**	**59919**	**149165**	**114473**	**2875**	**21193**	**57174**
市辖区	2796	51709	59919	149165	114473	2875	21193	57174
中山市	**677**	**8643**	**10939**	**28474**	**53267**	**702**	**5782**	**21676**
市辖区	677	8643	10939	28474	53267	702	5782	21676
潮州市	**54**	**416**	**766**	**1251**	**643**	**38**	**684**	**1988**
湘桥区	21	142	175	454	150	21	374	412
潮安区	30	243	554	748	468	14	293	1531
饶平县	3	31	37	49	25	3	17	45
揭阳市	**7**	**185**	**291**	**341**	**298**	**43**	**192**	**403**
榕城区	3	51	33	47	51	7	65	36
揭东区	2	86	44	125	154	6	37	78
揭西县	1	12	26	30	31	5	2	10
惠来县	1	5	38	8	8	1	10	23
普宁市		31	150	131	54	24	78	256
云浮市	**47**	**257**	**337**	**568**	**1689**	**37**	**148**	**599**
云城区	19	143	159	225	657	7	26	271
云安区	3	19	39	59	104	4	19	35
新兴县	15	66	82	177	534	7	76	219
郁南县	1	13	27	25	166	1	14	30
罗定市	9	16	30	82	228	18	13	44

7-6　续表 9　　单位：人

现 住 地	出 生 地								
	省 外								港澳台或国外
	贵州	云南	西藏	陕西	甘肃	青海	宁夏	新疆	
广　东	**132597**	**79496**	**190**	**48657**	**19233**	**2497**	**1688**	**4423**	**604**
广州市	**14685**	**7484**	**48**	**5543**	**2633**	**470**	**422**	**1093**	**195**
荔湾区	225	154	1	157	74	10	17	63	17
越秀区	199	113	1	161	124	43	63	70	20
海珠区	656	291	7	328	140	28	30	109	28
天河区	1135	567	11	709	422	98	59	208	36
白云区	3155	1860	4	1026	480	112	114	229	52
黄埔区	1327	1075	1	1054	543	41	33	55	5
番禺区	3829	1101	7	917	457	49	75	207	22
花都区	1871	1050	15	432	160	39	16	75	5
南沙区	1293	761		390	128	31	8	27	7
从化区	175	140		57	19	1	2	11	1
增城区	820	372	1	312	86	18	5	39	2
韶关市	**396**	**225**		**122**	**80**	**15**	**8**	**24**	**6**
武江区	95	61		31	12	4	2	10	1
浈江区	43	17		28	20	1	4	5	2
曲江区	32	23		5	16		1	4	2
始兴县	17	2		8	5	3			
仁化县	54	21		14	9	3	1		
翁源县	20	40		2	4			2	
乳源瑶族自治县	19	14		9	4	1		1	
新丰县	32	9		9		1			
乐昌市	42	13		8	10	1		1	1
南雄市	42	25		8		1		1	
深圳市	**33411**	**19800**	**21**	**20345**	**8586**	**895**	**688**	**1674**	**196**
罗湖区	644	347	2	655	319	75	51	152	23
福田区	915	579	2	1188	495	102	58	222	19
南山区	1517	1111	1	1823	661	128	90	246	34
宝安区	11069	6339	7	6265	2203	228	150	349	14
龙岗区	7272	4384	5	3974	1924	119	150	314	32
盐田区	178	131	1	156	46	4	7	11	3
龙华区	5384	3078	2	3625	1833	166	137	237	24
坪山区	2095	1366		955	499	23	26	50	3
光明区	4337	2465	1	1704	606	50	19	93	44
珠海市	**2551**	**2435**	**34**	**1395**	**546**	**82**	**59**	**257**	**23**
香洲区	1273	1004	31	792	330	47	44	147	13
斗门区	590	654	1	265	95	18	5	34	5
金湾区	688	777	2	338	121	17	10	76	5
汕头市	**1555**	**1122**	**1**	**103**	**35**	**3**	**3**	**13**	**1**
龙湖区	286	96	1	37	19			4	1
金平区	222	80		10	6	1	2	3	
濠江区	60	40		6	4			1	
潮阳区	132	36		4	1				
潮南区	195	47		10	3	2			
澄海区	652	822		35	2		1	5	
南澳县	8	1		1					
佛山市	**14753**	**7021**	**21**	**2265**	**825**	**177**	**110**	**234**	**30**
禅城区	1168	301	8	212	87	29	11	37	4
南海区	5223	2868	7	813	307	42	46	107	20
顺德区	5437	2700	4	959	344	76	42	65	4
三水区	2302	733	1	212	63	6	9	20	2
高明区	623	419	1	69	24	24	2	5	

7-6 续表 10　　　　单位：人

现住地	出生地								
	省外								港澳台或国外
	贵州	云南	西藏	陕西	甘肃	青海	宁夏	新疆	
江门市	**4461**	**2473**		**621**	**136**	**30**	**18**	**57**	**15**
蓬江区	1145	417		230	40	6	9	43	11
江海区	849	321		109	34	4	1	3	
新会区	909	307		72	21	7	1	4	1
台山市	344	202		42	10	2	3	4	
开平市	429	463		38	8	5	1	3	
鹤山市	649	567		116	17	6	3		3
恩平市	136	196		14	6				
湛江市	**570**	**288**	**1**	**98**	**77**	**13**	**7**	**27**	**17**
赤坎区	55	22	1	24	6	7	1	2	1
霞山区	111	41		26	38		2	10	4
坡头区	29	14		8	4	1	3		
麻章区	48	49		26	22	4		7	
遂溪县	59	10							1
徐闻县	48	44		3	1	1		2	5
廉江市	57	13		5	1		1	1	
雷州市	24	3		2					6
吴川市	139	92		4	5			5	
茂名市	**555**	**324**		**38**	**32**	**3**	**3**	**16**	
茂南区	156	80		27	27		3	8	
电白区	183	80		3	3	2		4	
高州市	112	86		5				3	
化州市	50	63			2	1			
信宜市	54	15		3				1	
肇庆市	**1716**	**586**	**6**	**170**	**54**	**22**	**4**	**11**	**3**
端州区	192	17		25	13	13			
鼎湖区	254	77	1	30	3		2	3	2
高要区	469	120	3	16	3		1	2	
广宁县	55	29		1			1	1	
怀集县	27	13			1				
封开县	15	11		5	1				
德庆县	17	3		1				1	
四会市	687	316	2	92	33	9		4	1
惠州市	**10377**	**8156**	**9**	**2764**	**1605**	**184**	**59**	**212**	**35**
惠城区	2657	2168	6	849	557	88	20	72	14
惠阳区	4638	3935	1	1422	867	73	32	93	14
博罗县	2210	1646	1	359	133	21	6	13	6
惠东县	756	384	1	123	44	2	1	34	1
龙门县	116	23		11	4				
梅州市	**333**	**198**	**1**	**61**	**23**	**5**	**1**	**15**	**5**
梅江区	86	44		21	9	4		3	2
梅县区	36	25		16	8	1	1	8	2
大埔县	30	9		3	1			1	
丰顺县	41	22		4					
五华县	35	55		3	1			1	
平远县	18	9	1	2					
蕉岭县	36	17		5				2	1
兴宁市	51	17		7	4				

7-6　续表 11　　　　单位：人

现住地	出生地								
	省外								港澳台或国外
	贵州	云南	西藏	陕西	甘肃	青海	宁夏	新疆	
汕尾市	**473**	**230**		**101**	**50**	**9**	**5**	**16**	**5**
城　区	89	76		24	18	4	2	2	
海丰县	314	90		63	25	5	3	10	1
陆河县	30	26		5	3				
陆丰市	40	38		9	4			4	4
河源市	**1005**	**428**	**1**	**202**	**74**	**16**	**14**	**26**	
源城区	546	212		129	45	16	9	13	
紫金县	120	40		15	12			4	
龙川县	109	34		25	5		5	1	
连平县	25	3		9	2			6	
和平县	23	10	1	5	3				
东源县	182	129		19	7			2	
阳江市	**552**	**815**		**71**	**46**	**3**	**6**	**5**	
江城区	169	351		16	14	2	2	3	
阳东区	245	268		35	14	1	3	1	
阳西县	54	153		5	4				
阳春市	84	43		15	14		1	1	
清远市	**1067**	**684**	**2**	**237**	**75**	**21**	**6**	**59**	**24**
清城区	630	356	2	118	39	15	4	41	9
清新区	87	54		20	10	1	1	5	1
佛冈县	86	73		32	11	5	1	12	
阳山县	21	15		5	1				
连山壮族瑶族自治县	5	1		1	1				
连南瑶族自治县	1			1					
英德市	218	180		55	12			1	14
连州市	19	5		5	1				
东莞市	**34640**	**23022**	**26**	**12821**	**3762**	**445**	**194**	**523**	**28**
市辖区	34640	23022	26	12821	3762	445	194	523	28
中山市	**7142**	**3786**	**17**	**1603**	**567**	**98**	**74**	**132**	**16**
市辖区	7142	3786	17	1603	567	98	74	132	16
潮州市	**1549**	**232**	**1**	**36**	**12**	**4**	**2**	**11**	**3**
湘桥区	377	28	1	12	5	2	1	2	3
潮安区	1127	194		23	7		1	8	
饶平县	45	10		1		2		1	
揭阳市	**387**	**37**	**1**	**30**	**6**	**1**	**1**	**9**	
榕城区	116	5		7	1			2	
揭东区	167	13		12	3	1	1	3	
揭西县	3	1		1					
惠来县	21	2	1	4	1			2	
普宁市	80	16		6	1			2	
云浮市	**419**	**150**		**31**	**9**	**1**	**4**	**9**	**2**
云城区	104	51		16	2		1	5	1
云安区	32	17		4	4		1		
新兴县	201	60		11	2	1	2	4	
郁南县	24	8							
罗定市	58	14			1				1

7-7 全省按现住地和五年前常住地分的人口

单位：人

现住地	五年前常住地							
	合计	省内		省外				
		本县市区	本省其他县市区	北京	天津	河北	山西	内蒙古
广 东	**4740333**	**3324911**	**571929**	**7063**	**1831**	**5596**	**4759**	**2114**
广州市	**934125**	**656942**	**145252**	**1484**	**384**	**1192**	**1000**	**446**
荔湾区	37211	27544	5718	47	8	41	26	7
越秀区	29269	22392	3651	86	24	40	37	22
海珠区	89245	64881	10624	171	28	91	86	40
天河区	139178	93993	27116	300	87	206	195	88
白云区	245648	176474	37736	275	67	285	220	117
黄埔区	73062	49967	10191	148	45	116	118	28
番禺区	153045	108975	23000	266	83	191	175	75
花都区	76360	55303	10274	69	17	91	57	33
南沙区	40780	26080	6126	50	15	86	48	17
从化区	6665	3910	1568	6		6	1	1
增城区	43662	27423	9248	66	10	39	37	18
韶关市	**38717**	**26375**	**7913**	**18**	**8**	**23**	**21**	**19**
武江区	11869	8698	2058	7	2	7	1	2
浈江区	10820	7261	2734	3	4	5	3	12
曲江区	4959	3090	1273	4	2		3	1
始兴县	1031	657	218					
仁化县	2022	1454	269	1		1	2	
翁源县	1639	1002	322	1		2	3	1
乳源瑶族自治县	1342	915	209			3	5	
新丰县	1066	628	227	1		3		
乐昌市	2546	1775	392	1		1	3	2
南雄市	1423	895	211			1	1	1
深圳市	**1379233**	**997120**	**126747**	**3925**	**907**	**2012**	**1846**	**851**
罗湖区	70218	56929	5600	194	34	96	56	39
福田区	89715	66647	9249	412	81	177	124	81
南山区	104047	72158	9804	703	136	276	233	125
宝安区	393375	276191	35941	1032	291	466	472	222
龙岗区	334391	261219	24960	618	149	380	372	183
盐田区	14677	11084	1720	26	4	23	15	12
龙华区	222630	152651	21575	655	124	353	379	122
坪山区	47461	33703	4423	103	26	97	88	26
光明区	102719	66538	13475	182	62	144	107	41
珠海市	**120221**	**79192**	**18377**	**288**	**104**	**280**	**261**	**171**
香洲区	70240	45558	10713	238	69	203	170	119
斗门区	23820	17021	2819	19	7	36	21	16
金湾区	26161	16613	4845	31	28	41	70	36
汕头市	**41271**	**29173**	**3783**	**13**	**7**	**33**	**21**	**5**
龙湖区	13614	10334	1577	2		16	3	2
金平区	10131	8281	1058	6	2	8	9	1
濠江区	1936	1099	502	5	4	3		1
潮阳区	2145	1492	91					
潮南区	4096	2476	208		1	6	8	
澄海区	9125	5360	314				1	1
南澳县	224	131	33					
佛山市	**485487**	**331439**	**68677**	**269**	**92**	**475**	**315**	**115**
禅城区	63869	47250	9146	36	11	46	28	18
南海区	205548	134846	34436	119	40	218	119	40
顺德区	169000	121124	16234	87	29	162	125	47
三水区	33873	18972	7299	19	11	32	35	9
高明区	13197	9247	1562	8	1	17	8	1

7-7　续表 1　　　　单位：人

现住地	五年前常住地							
	合计	省内		省外				
		本县市区	本省其他县市区	北京	天津	河北	山西	内蒙古
江门市	**97614**	**71221**	**13013**	**31**	**8**	**78**	**36**	**19**
蓬江区	28164	20864	4101	4	4	27	15	8
江海区	17757	11970	3462	6		17	4	3
新会区	15356	11797	1344	10		11	8	2
台山市	7795	5264	1027	2	1	10	1	1
开平市	10538	8687	781	2	1	1	1	
鹤山市	14391	9999	1774	6	2	9	6	4
恩平市	3613	2640	524	1		3	1	1
湛江市	**55542**	**40488**	**11628**	**18**	**13**	**54**	**42**	**21**
赤坎区	12818	9510	2900	5		6	15	2
霞山区	21802	18767	2254	5	3	13	3	5
坡头区	1808	1408	177		3	6	5	5
麻章区	8677	3600	4196	6	5	26	14	5
遂溪县	1820	1230	492					
徐闻县	1806	1428	218		2	1	1	
廉江市	2987	1843	848				1	1
雷州市	1195	909	153			2		3
吴川市	2629	1793	390	2			3	
茂名市	**21641**	**13474**	**5757**	**3**	**8**	**12**	**24**	**8**
茂南区	9895	6633	2454		8	8	13	4
电白区	3830	2016	1165	3		3	6	1
高州市	3924	1959	1548				2	2
化州市	2282	1515	443			1	3	1
信宜市	1710	1351	147					
肇庆市	**46232**	**29813**	**8337**	**16**	**7**	**48**	**44**	**19**
端州区	12191	9370	2138	3		7	5	3
鼎湖区	5385	3068	1322	2	2	3	6	3
高要区	6163	3592	1248			4	8	1
广宁县	917	488	202			2		1
怀集县	649	492	75					
封开县	870	532	129		1	6	11	2
德庆县	829	643	114				1	
四会市	19228	11628	3109	11	4	26	13	9
惠州市	**247503**	**163672**	**33456**	**193**	**87**	**282**	**267**	**110**
惠城区	91730	65036	11730	64	24	80	106	43
惠阳区	91348	55926	12518	98	39	149	106	49
博罗县	40030	24219	6709	21	15	23	25	6
惠东县	22101	17156	1973	8	8	26	28	7
龙门县	2294	1335	526	2	1	4	2	5
梅州市	**28828**	**21052**	**5141**	**8**	**2**	**43**	**22**	**10**
梅江区	12923	9250	2799	6	2	9	7	7
梅县区	8213	6662	1102	1		6	6	2
大埔县	1043	776	148					
丰顺县	1247	735	210			4	3	
五华县	1573	961	304	1		3	6	
平远县	801	581	112			21		1
蕉岭县	1235	816	195					
兴宁市	1793	1271	271					

7−7 续表 2

单位：人

现住地	五年前常住地							
	合计	省内		省外				
		本县市区	本省其他县市区	北京	天津	河北	山西	内蒙古
汕尾市	**19903**	**14928**	**2047**	**10**	**5**	**20**	**15**	**3**
城　区	5989	4681	501	3	4	4	2	2
海丰县	10698	7957	1100	6	1	14	8	1
陆河县	1176	841	170	1		2	2	
陆丰市	2040	1449	276				3	
河源市	**46889**	**35700**	**6943**	**23**	**3**	**31**	**45**	**6**
源城区	34472	27884	4407	11	2	19	12	2
紫金县	2806	1795	480	4			4	1
龙川县	2800	1903	386	2	1	10	6	1
连平县	1092	641	247			1		
和平县	865	467	208	4			2	1
东源县	4854	3010	1215	2		1	21	1
阳江市	**24187**	**18055**	**3441**	**6**	**5**	**64**	**23**	**10**
江城区	12773	9767	1862	3	4	5	7	4
阳东区	7415	5689	852	2	1	2	9	4
阳西县	1792	1112	360	1			1	1
阳春市	2207	1487	367			57	6	1
清远市	**55072**	**35486**	**12443**	**41**	**14**	**93**	**38**	**41**
清城区	35404	22505	8914	33	7	73	23	19
清新区	7952	5906	1346	2			3	1
佛冈县	2605	1537	543		2	5	6	9
阳山县	959	611	206	2		1	1	2
连山壮族瑶族自治县	410	272	92			1		
连南瑶族自治县	332	254	59					
英德市	6276	3686	1098	2	5	13	5	5
连州市	1134	715	185	2				5
东莞市	**823054**	**561851**	**69055**	**541**	**132**	**651**	**581**	**184**
市辖区	823054	561851	69055	541	132	651	581	184
中山市	**231757**	**169718**	**22781**	**164**	**40**	**177**	**140**	**70**
市辖区	231757	169718	22781	164	40	177	140	70
潮州市	**20352**	**14551**	**2464**	**9**		**7**	**5**	**2**
湘桥区	8840	6082	1911			5	1	1
潮安区	10741	7971	473	9		2	4	
饶平县	771	498	80					1
揭阳市	**6513**	**3911**	**1185**	**1**		**4**	**5**	**1**
榕城区	1302	515	470					
揭东区	2099	1396	312	1		2	1	1
揭西县	337	252	34			1		
惠来县	407	271	48					
普宁市	2368	1477	321			1	4	
云浮市	**16192**	**10750**	**3489**	**2**	**5**	**17**	**8**	**3**
云城区	8439	6410	1318	1		9	4	
云安区	1239	540	521		3	6	1	2
新兴县	3329	1787	803		2	2	3	
郁南县	1045	649	235	1				1
罗定市	2140	1364	612					

7-7　续表 3　　　　　　　　　　　　　　　　　　　　　　　　　单位：人

现住地	五年前常住地								
	省外								
	辽宁	吉林	黑龙江	上海	江苏	浙江	安徽	福建	江西
广　东	**5809**	**4759**	**8738**	**5727**	**9675**	**13391**	**14447**	**18996**	**67435**
广州市	**1193**	**969**	**1632**	**1078**	**1891**	**2624**	**2471**	**3776**	**10995**
荔湾区	54	34	62	35	69	74	69	178	243
越秀区	62	34	61	45	72	92	91	124	231
海珠区	80	73	135	82	123	305	191	313	1055
天河区	200	162	281	193	317	380	481	565	1685
白云区	260	234	420	261	419	746	601	1161	2979
黄埔区	120	126	176	103	200	141	170	272	762
番禺区	212	147	237	170	311	474	436	564	2209
花都区	68	54	87	82	125	209	159	260	697
南沙区	80	54	86	55	123	84	155	140	444
从化区	15	12	11	4	13	6	15	29	71
增城区	42	39	76	48	119	113	103	170	619
韶关市	**28**	**29**	**37**	**23**	**41**	**66**	**81**	**117**	**480**
武江区	3	5	9	1	12	17	11	17	119
浈江区	12	9	5	12	5	13	30	16	89
曲江区	2	3	9	1	7	1	15	23	47
始兴县						4	6	3	21
仁化县	3	10	5	2	3	2	3	7	33
翁源县	1	1	2	1	1	8	3	19	30
乳源瑶族自治县	3			5	2	1	2	10	24
新丰县						2	6	6	18
乐昌市	2		4	1	7	12	5	4	18
南雄市	2	1	3		4	6		12	81
深圳市	**2621**	**1920**	**3980**	**2974**	**4083**	**5230**	**4798**	**6238**	**24073**
罗湖区	147	119	225	94	145	161	195	315	764
福田区	255	174	380	258	271	297	436	433	1433
南山区	417	280	580	370	527	413	609	608	1752
宝安区	725	453	1018	830	1177	1656	1165	1762	7327
龙岗区	494	398	796	521	689	897	959	1331	5014
盐田区	30	24	55	16	47	30	47	44	173
龙华区	369	327	624	555	698	960	884	1072	5315
坪山区	88	69	130	96	154	253	157	210	797
光明区	96	76	172	234	375	563	346	463	1498
珠海市	**264**	**320**	**505**	**182**	**447**	**395**	**412**	**517**	**1197**
香洲区	189	220	365	120	321	241	291	354	770
斗门区	26	30	61	30	51	60	43	57	222
金湾区	49	70	79	32	75	94	78	106	205
汕头市	**19**	**23**	**21**	**8**	**43**	**62**	**307**	**562**	**1129**
龙湖区	5	9	8	3	8	8	66	202	448
金平区	6	4	9	1	15	18	54	88	174
濠江区	2	3	1		3	2	17	18	33
潮阳区	2	4			2	4	36	22	55
潮南区	1	1	2		8	18	63	49	138
澄海区	3	2	1	3	6	12	63	174	276
南澳县				1	1		8	9	5
佛山市	**352**	**430**	**492**	**260**	**603**	**942**	**1161**	**1286**	**5386**
禅城区	29	31	58	28	62	72	154	207	440
南海区	158	250	238	99	255	449	513	610	2205
顺德区	121	105	144	90	207	321	389	350	2326
三水区	36	35	45	26	55	78	76	83	304
高明区	8	9	7	17	24	22	29	36	111

7-7 续表 4

单位：人

现住地	五年前常住地								
	省外								
	辽宁	吉林	黑龙江	上海	江苏	浙江	安徽	福建	江西
江门市	**62**	**24**	**54**	**42**	**142**	**277**	**183**	**235**	**617**
蓬江区	21	7	22	7	30	45	43	62	159
江海区	15	6	11	13	32	53	34	35	96
新会区	2	5	4	13	32	50	62	39	157
台山市	4	2	8		8	32	9	31	59
开平市	11	3		3	18	47	10	19	25
鹤山市	7	1	9	6	20	40	16	39	103
恩平市	2				2	10	9	10	18
湛江市	**69**	**46**	**51**	**86**	**65**	**57**	**89**	**93**	**132**
赤坎区	4	6	7	14	9	6	18	4	23
霞山区	23	22	20	13	13	7	22	33	30
坡头区	1	6	2	5	5	4	6		8
麻章区	15	3	14	52	28	8	25	23	31
遂溪县		1	1	1		1		3	2
徐闻县	2		4		1	9	4	6	4
廉江市						3	4	3	15
雷州市	24	2	1			12	1	10	13
吴川市		6	2	1	9	7	9	11	6
茂名市	**20**	**15**	**21**	**3**	**28**	**22**	**47**	**52**	**112**
茂南区	14	12	13	1	14	9	21	18	34
电白区	5	2	6	2	8	6	7	21	48
高州市		1	2		2	1	8	6	14
化州市					3	5	10	4	11
信宜市	1				1	1	1	3	5
肇庆市	**38**	**13**	**48**	**26**	**55**	**73**	**83**	**677**	**311**
端州区	5	1	7	2	7	5	18	9	27
鼎湖区	3	1	8	1	4	12	2	11	27
高要区	2	1	4	4	1	10	11	22	46
广宁县		3			1	1	7	3	9
怀集县							1	2	3
封开县				2				10	9
德庆县	1				4	1			7
四会市	27	7	29	17	38	44	44	620	183
惠州市	**265**	**249**	**512**	**163**	**417**	**593**	**866**	**977**	**3723**
惠城区	74	84	172	77	136	175	252	310	1224
惠阳区	146	131	269	66	183	254	407	440	1602
博罗县	34	24	46	12	66	111	122	121	653
惠东县	10	9	21	6	27	32	76	84	203
龙门县	1	1	4	2	5	21	9	22	41
梅州市	**17**	**5**	**9**	**6**	**22**	**65**	**39**	**243**	**680**
梅江区	12	5	3	4	11	19	15	43	279
梅县区	2		2	1	3	14	7	35	178
大埔县						1		44	9
丰顺县					2	1	3	24	72
五华县			1		1	6	4	21	26
平远县	1				1	3		7	31
蕉岭县					3	13	1	40	52
兴宁市	2		3	1	1	8	9	29	33

7−7 续表 5　　　　单位：人

现 住 地	五年前常住地								
	省　　外								
	辽宁	吉林	黑龙江	上海	江苏	浙江	安徽	福建	江西
汕尾市	**23**	**15**	**28**	**8**	**36**	**53**	**35**	**79**	**126**
城　区	10	4	10	2	13	20	7	24	32
海丰县	8	7	15	6	13	22	16	37	62
陆河县			1		5	5	2	8	19
陆丰市	5	4	2		5	6	10	10	13
河源市	**19**	**16**	**44**	**23**	**64**	**69**	**80**	**111**	**513**
源城区	13	12	30	15	45	37	48	49	240
紫金县	3		11	1	6	16	12	31	40
龙川县	1	2	3	2	2	4	3	5	78
连平县					5	6		7	51
和平县						1	4	4	23
东源县	2	2		5	6	5	13	15	81
阳江市	**10**	**17**	**22**	**13**	**31**	**38**	**28**	**40**	**87**
江城区		3	6	7	14	18	6	18	33
阳东区	7	3	7	3	9	15	10	9	22
阳西县	2	9	2	2	8	3	6	6	14
阳春市	1	2	7	1		2	6	7	18
清远市	**47**	**34**	**66**	**24**	**134**	**161**	**129**	**212**	**468**
清城区	35	22	47	18	61	98	66	98	277
清新区	3	2	2	1	10	12	9	23	33
佛冈县	3	1	5		7	15	2	21	18
阳山县			2		2		3	5	10
连山壮族瑶族自治县						2		1	1
连南瑶族自治县					1				4
英德市	6	9	9	5	49	33	45	62	108
连州市			1		4	1	4	2	17
东莞市	**579**	**461**	**914**	**620**	**1208**	**1979**	**2981**	**2894**	**14208**
市辖区	579	461	914	620	1208	1979	2981	2894	14208
中山市	**162**	**159**	**278**	**175**	**338**	**635**	**386**	**525**	**2269**
市辖区	162	159	278	175	338	635	386	525	2269
潮州市	**9**	**6**	**11**	**7**	**10**	**31**	**149**	**241**	**518**
湘桥区	3	5	5	1		8	6	41	120
潮安区	5	1	2	5	8	18	135	171	381
饶平县	1		4	1	2	5	8	29	17
揭阳市	**6**	**4**	**4**	**1**	**3**	**9**	**99**	**52**	**332**
榕城区						1	11	11	98
揭东区	3	4			2	1	15	21	139
揭西县				1		3			8
惠来县	3		1				5	2	7
普宁市			3		1	4	68	18	80
云浮市	**6**	**4**	**9**	**5**	**14**	**10**	**23**	**69**	**79**
云城区	3	3		5	5	4	8	49	24
云安区	1				3	3	1	7	5
新兴县	2	1	6		2	3	6	8	34
郁南县			3		4		7	2	10
罗定市							1	3	6

7–7 续表 6

单位：人

现住地	五年前常住地							
	省外							
	山东	河南	湖北	湖南	广西	海南	重庆	四川
广　东	**8062**	**64269**	**76678**	**158862**	**154056**	**7373**	**24482**	**64194**
广州市	**1666**	**10054**	**16228**	**28424**	**19137**	**1487**	**3152**	**8420**
荔湾区	56	356	349	843	702	27	79	279
越秀区	73	280	236	652	400	47	72	159
海珠区	147	676	5800	1647	987	98	250	697
天河区	302	1782	1703	3841	2427	306	353	812
白云区	363	2323	2724	7284	5300	376	545	1956
黄埔区	163	1245	1265	2974	1657	116	363	807
番禺区	267	1231	1961	4280	3577	253	591	1304
花都区	98	747	791	3053	1710	108	281	797
南沙区	101	831	724	1824	1273	63	301	879
从化区	9	101	105	264	150	12	88	101
增城区	87	482	570	1762	954	81	229	629
韶关市	**53**	**237**	**224**	**1744**	**338**	**25**	**98**	**293**
武江区	4	42	53	507	81	4	36	74
浈江区	10	40	47	325	49	9	19	47
曲江区	8	44	31	264	35	2	10	55
始兴县		10	9	61	13	4	2	3
仁化县	3	7	10	120	14		8	18
翁源县	1	20	16	68	65	3	5	22
乳源瑶族自治县	1	9	7	69	22		2	14
新丰县	3	16	10	57	21	1	6	32
乐昌市	14	38	17	194	16	1	4	8
南雄市	9	11	24	79	22	1	6	20
深圳市	**3348**	**19916**	**26831**	**44971**	**35682**	**2888**	**6703**	**15898**
罗湖区	156	599	852	1167	577	127	261	714
福田区	268	991	1518	2152	1179	167	592	828
南山区	500	1674	2657	3456	1800	238	649	1687
宝安区	841	6249	7997	14924	13948	942	1668	4914
龙岗区	641	3951	5401	8262	5833	531	1630	3027
盐田区	28	168	190	341	176	16	43	145
龙华区	554	3652	5535	9238	7115	585	1025	2346
坪山区	152	810	802	1439	982	82	314	566
光明区	208	1822	1879	3992	4072	200	521	1671
珠海市	**353**	**1874**	**1560**	**3893**	**3302**	**307**	**830**	**1703**
香洲区	243	1150	958	2467	1813	226	532	1030
斗门区	24	304	270	735	795	35	126	302
金湾区	86	420	332	691	694	46	172	371
汕头市	**43**	**1699**	**849**	**466**	**331**	**72**	**196**	**991**
龙湖区	6	211	139	116	32	7	30	220
金平区	11	58	87	56	18	9	15	48
濠江区	1	24	37	31	29	3	6	28
潮阳区	10	34	49	34	30	4	17	159
潮南区	4	85	126	140	76	10	102	439
澄海区	11	1280	406	87	146	39	20	83
南澳县		7	5	2			6	14
佛山市	**552**	**4403**	**4861**	**14936**	**27451**	**432**	**2398**	**8540**
禅城区	78	406	453	1438	2172	51	284	793
南海区	231	2076	2181	7047	11284	178	969	3348
顺德区	176	1346	1651	4709	11127	145	742	3596
三水区	51	456	425	1359	2160	45	273	633
高明区	16	119	151	383	708	13	130	170

7-7 续表 7

单位：人

现住地	五年前常住地							
	省外							
	山东	河南	湖北	湖南	广西	海南	重庆	四川
江门市	**76**	**784**	**797**	**1935**	**3835**	**86**	**527**	**1120**
蓬江区	29	224	191	434	900	24	97	263
江海区	18	117	161	372	646	12	57	175
新会区	8	90	102	323	652	13	103	167
台山市	9	109	117	236	343	7	105	185
开平市	5	65	49	127	375	7	38	50
鹤山市	4	156	163	395	779	20	98	240
恩平市	3	23	14	48	140	3	29	40
湛江市	**80**	**252**	**201**	**284**	**741**	**132**	**103**	**313**
赤坎区	13	32	25	48	68	16	13	37
霞山区	26	61	59	77	128	34	11	68
坡头区	6	14	14	10	32	4	10	38
麻章区	26	91	55	67	142	34	22	75
遂溪县	1	6	3	10	37		3	12
徐闻县	3	1	6	6	50	10	10	5
廉江市	3	26	11	18	147	18	7	11
雷州市		5	9	10	20	7	2	1
吴川市	2	16	19	38	117	9	25	66
茂名市	**44**	**95**	**196**	**246**	**634**	**66**	**66**	**233**
茂南区	29	51	59	71	175	30	14	81
电白区	13	24	77	67	105	9	19	81
高州市	2	4	23	30	164	6	10	40
化州市		10	13	54	121	5	15	22
信宜市		6	24	24	69	16	8	9
肇庆市	**53**	**643**	**376**	**1256**	**2057**	**28**	**297**	**725**
端州区	9	33	62	100	153	4	19	133
鼎湖区	5	74	28	135	225	6	59	143
高要区	2	52	49	207	487	3	39	108
广宁县	4	7	25	21	62	2	4	28
怀集县			2	14	34		1	19
封开县	2	8	5	32	90		3	5
德庆县	2	3	6	11	21			6
四会市	29	466	199	736	985	13	172	283
惠州市	**402**	**4611**	**4212**	**8464**	**6167**	**297**	**2168**	**4727**
惠城区	143	1379	1232	2530	1656	82	715	1445
惠阳区	181	2381	1858	3524	2770	168	874	1975
博罗县	61	647	814	1783	1406	42	384	773
惠东县	16	188	292	522	277	4	164	501
龙门县	1	16	16	105	58	1	31	33
梅州市	**30**	**130**	**142**	**324**	**150**	**16**	**89**	**218**
梅江区	8	48	39	104	45	8	25	60
梅县区	4	5	19	67	13	3	8	18
大埔县		1	9	17	6	1	8	9
丰顺县	2	35	23	19	17	1	18	44
五华县	16	22	24	31	27	2	4	51
平远县		8	2	10	3			7
蕉岭县		2	11	28	15	1	14	17
兴宁市		9	15	48	24		12	12

7–7 续表 8

单位：人

现住地	五年前常住地							
	省外							
	山东	河南	湖北	湖南	广西	海南	重庆	四川
汕尾市	**21**	**163**	**279**	**533**	**240**	**20**	**300**	**531**
城　区	3	59	69	106	71	6	50	194
海丰县	15	66	144	348	154	6	216	277
陆河县	2	6	17	26	4	6	5	27
陆丰市	1	32	49	53	11	2	29	33
河源市	**45**	**290**	**315**	**663**	**400**	**26**	**143**	**530**
源城区	27	129	174	347	185	11	66	305
紫金县	4	18	31	80	96	2	35	46
龙川县	6	48	31	98	33	7	10	51
连平县	4	16	3	33	25		3	29
和平县	1	28	24	22	8		2	44
东源县	3	51	52	83	53	6	27	55
阳江市	**33**	**145**	**114**	**417**	**652**	**18**	**155**	**189**
江城区	16	77	61	154	269	13	71	105
阳东区	11	26	25	160	265	4	53	38
阳西县		16	15	40	64	1	27	25
阳春市	6	26	13	63	54		4	21
清远市	**71**	**539**	**566**	**1780**	**817**	**50**	**248**	**529**
清城区	38	333	326	988	407	23	138	299
清新区	9	58	32	193	131	8	27	72
佛冈县	5	38	32	136	58	1	19	47
阳山县	1	8	17	25	19	2	4	14
连山壮族瑶族自治县	1	1		10	19			5
连南瑶族自治县		1	1	8	4			
英德市	16	91	140	318	140	15	59	83
连州市	1	9	18	102	39	1	1	9
东莞市	**911**	**15986**	**16135**	**41650**	**38313**	**1122**	**5515**	**14408**
市辖区	911	15986	16135	41650	38313	1122	5515	14408
中山市	**226**	**2170**	**2289**	**6117**	**12863**	**253**	**1114**	**3983**
市辖区	226	2170	2289	6117	12863	253	1114	3983
潮州市	**24**	**117**	**202**	**427**	**217**	**12**	**214**	**492**
湘桥区	13	26	40	158	64	8	111	86
潮安区	10	75	138	247	148	3	95	397
饶平县	1	16	24	22	5	1	8	9
揭阳市	**3**	**81**	**130**	**122**	**88**	**24**	**90**	**159**
榕城区	1	28	18	21	23	1	20	20
揭东区	1	33	20	30	25	2	13	18
揭西县		6	6	9	12	1	1	2
惠来县	1	1	21	6	4	1	3	14
普宁市		13	65	56	24	19	53	105
云浮市	**28**	**80**	**171**	**210**	**641**	**12**	**76**	**192**
云城区	10	38	72	75	233	3	13	81
云安区	1	9	19	19	44	4	12	10
新兴县	8	26	50	79	247	1	36	71
郁南县	2	2	12	16	58		11	18
罗定市	7	5	18	21	59	4	4	12

7–7　续表 9　　单位：人

现住地	五年前常住地								
	省　外								港澳台或国外
	贵州	云南	西藏	陕西	甘肃	青海	宁夏	新疆	
广　东	**48590**	**37274**	**245**	**15707**	**7210**	**1129**	**799**	**2751**	**1472**
广州市	**4629**	**3422**	**59**	**1810**	**986**	**174**	**173**	**625**	**350**
荔湾区	98	65	1	47	28	5	8	41	18
越秀区	75	43	2	52	42	4	12	36	20
海珠区	237	130	7	112	57	9	10	65	38
天河区	416	290	11	261	158	34	23	120	90
白云区	930	823	12	323	154	49	45	131	55
黄埔区	557	565	3	331	211	10	16	53	43
番禺区	939	446	6	290	168	21	42	91	53
花都区	487	409	16	142	60	13	8	35	20
南沙区	502	381	1	138	70	17	5	18	9
从化区	66	81		7	9		1	3	
增城区	322	189		107	29	12	3	32	4
韶关市	**183**	**127**		**61**	**28**	**6**	**6**	**9**	**6**
武江区	50	36		7	2	1	1	2	
浈江区	15	15		21	4		5		1
曲江区	14	7		1	6				1
始兴县	9	2		7	2				
仁化县	25	7		5	6	3			1
翁源县	9	28		2	2			1	
乳源瑶族自治县	16	13		5	1			2	2
新丰县	19	3		6		1			
乐昌市	8	7		2	5			4	1
南雄市	18	9		5		1			
深圳市	**12637**	**9202**	**70**	**6370**	**2906**	**366**	**348**	**987**	**785**
罗湖区	169	122	2	165	73	18	11	37	55
福田区	326	234	7	330	147	34	27	72	135
南山区	620	555	2	655	226	58	29	110	140
宝安区	4549	3112	28	2058	814	79	92	282	150
龙岗区	2209	1799	8	1077	592	48	77	166	159
盐田区	72	65		45	16	4	3	7	8
龙华区	2213	1482	10	1167	621	86	81	160	97
坪山区	732	575	3	304	193	11	11	48	17
光明区	1747	1258	10	569	224	28	17	105	24
珠海市	**1140**	**1186**	**25**	**527**	**246**	**47**	**42**	**174**	**100**
香洲区	554	528	24	332	166	33	31	128	84
斗门区	210	331		101	26	6	5	22	9
金湾区	376	327	1	94	54	8	6	24	7
汕头市	**680**	**658**	**1**	**42**	**23**	**2**		**8**	**1**
龙湖区	95	35	1	10	13	2		5	1
金平区	50	40			4			1	
濠江区	39	36		5	3			1	
潮阳区	73	26		1					
潮南区	96	31		6	2				
澄海区	325	490		20	1			1	
南澳县	2								
佛山市	**5125**	**3106**	**14**	**732**	**335**	**75**	**49**	**133**	**51**
禅城区	349	114	4	56	25	3	4	13	10
南海区	1854	1291	4	259	112	21	20	61	17
顺德区	1878	1183	5	306	161	31	18	44	21
三水区	840	383		83	26	3	6	14	1
高明区	204	135	1	28	11	17	1	1	2

7-7 续表 10

单位：人

现住地	五年前常住地								
	省外								港澳台或国外
	贵州	云南	西藏	陕西	甘肃	青海	宁夏	新疆	
江门市	**1176**	**895**	**1**	**173**	**66**	**20**	**6**	**53**	**22**
蓬江区	290	167		65	7	5		43	6
江海区	225	155		25	23	2	1	3	8
新会区	229	89		23	11	6		2	2
台山市	141	69		8	2		1	4	
开平市	56	134	1	13	6	1	1	1	
鹤山市	190	245		37	15	5			3
恩平市	45	36		2	2	1	3		3
湛江市	**210**	**157**	**1**	**43**	**47**	**5**	**3**	**13**	**5**
赤坎区	17	10		3	4	1			2
霞山区	38	23		14	22	1	2	3	2
坡头区	23	9		4	3				
麻章区	38	36		16	14	3		6	1
遂溪县	9	7		1					
徐闻县	24	10			1				
廉江市	20	4		2			1	1	
雷州市	9	2							
吴川市	32	56	1	3	3			3	
茂名市	**279**	**128**		**18**	**20**			**10**	
茂南区	76	19		11	17			6	
电白区	98	31		3	2			2	
高州市	57	39		2				2	
化州市	14	31			1				
信宜市	34	8		2					
肇庆市	**698**	**345**	**5**	**91**	**23**	**9**	**4**	**10**	**4**
端州区	47	11		9	3		1		
鼎湖区	138	57	2	27	2		1	6	2
高要区	185	61	3	6	3		1	3	
广宁县	29	17					1		
怀集县	5	1							
封开县	10	8		5					
德庆县	7	1		1					
四会市	277	189		43	15	9		1	2
惠州市	**4338**	**4261**	**16**	**1003**	**660**	**106**	**41**	**180**	**18**
惠城区	1134	1168	11	271	234	55	11	72	5
惠阳区	2130	2088	2	545	343	34	16	64	12
博罗县	834	849	2	129	61	15	8	15	
惠东县	214	144	1	53	19	2	3	26	1
龙门县	26	12		5	3		3	3	
梅州市	**203**	**114**	**1**	**23**	**18**		**1**	**3**	**2**
梅江区	58	35	1	11	9				1
梅县区	24	16		5	8			2	
大埔县	12	1		1					
丰顺县	23	10		1					
五华县	20	38		3					1
平远县	10	2						1	
蕉岭县	21	5					1		
兴宁市	35	7		2	1				

7-7 续表 11

单位：人

现住地	五年前常住地								
	省外								港澳台或国外
	贵州	云南	西藏	陕西	甘肃	青海	宁夏	新疆	
汕尾市	**192**	**107**		**45**	**27**	**7**		**5**	**2**
城　区	53	35		10	11	3			
海丰县	113	34		29	12	4		5	2
陆河县	7	16		2	2				
陆丰市	19	22		4	2				
河源市	**384**	**233**	**2**	**77**	**55**	**12**	**1**	**17**	**6**
源城区	182	122	2	37	33	12		9	5
紫金县	48	24		6	9			3	
龙川县	58	18		24	6		1		
连平县	10	4		1	2			4	
和平县	15	2		1	3				1
东源县	71	63		8	2			1	
阳江市	**167**	**343**		**22**	**27**	**2**	**1**	**11**	**1**
江城区	65	158		9	11	2		4	1
阳东区	62	111		12	4				
阳西县	17	53		1	4		1	1	
阳春市	23	21			8			6	
清远市	**447**	**387**	**2**	**115**	**41**	**15**	**2**	**25**	**7**
清城区	262	188	1	47	23	10	1	19	5
清新区	24	26		9	6	1	1	1	1
佛冈县	20	47		22	3	3			
阳山县	10	12		2					
连山壮族瑶族自治县	1	1		1	1			1	
连南瑶族自治县									
英德市	119	109	1	31	8	1		4	1
连州市	11	4		3					
东莞市	**13083**	**10702**	**32**	**4077**	**1487**	**234**	**98**	**381**	**81**
市辖区	13083	10702	32	4077	1487	234	98	381	81
中山市	**2163**	**1709**	**15**	**441**	**202**	**47**	**19**	**98**	**31**
市辖区	2163	1709	15	441	202	47	19	98	31
潮州市	**514**	**89**		**14**	**6**	**1**	**1**	**2**	
湘桥区	118	16		7	3			1	
潮安区	361	70		6	3	1	1	1	
饶平县	35	3		1					
揭阳市	**151**	**27**	**1**	**11**	**2**		**1**	**6**	
榕城区	57	4		1				2	
揭东区	42	8		5	1		1	2	
揭西县	1								
惠来县	14	2	1	2					
普宁市	37	13		3	1			2	
云浮市	**191**	**76**		**12**	**5**	**1**	**3**	**1**	
云城区	39	25		5	1		1		
云安区	15	8		2	2		1		
新兴县	109	33		5	2	1	1	1	
郁南县	12	2							
罗定市	16	8							

第四部分 跨县（市、区）流动人口（长表数据资料）

第八卷 老年人口

8-1 各地区分性别、健康状况的60岁及以上老年人口

单位：人

地　　区	60岁及以上人口			健　　康		
	合计	男	女	小计	男	女
广　东	**233116**	**114300**	**118816**	**176546**	**88625**	**87921**
广州市	**50066**	**24597**	**25469**	**36557**	**18434**	**18123**
荔湾区	3587	1754	1833	2387	1212	1175
越秀区	2862	1301	1561	2077	965	1112
海珠区	6127	2918	3209	4240	2096	2144
天河区	6790	3293	3497	4947	2459	2488
白云区	12330	6321	6009	8659	4606	4053
黄埔区	3570	1723	1847	2699	1315	1384
番禺区	7015	3306	3709	5460	2609	2851
花都区	3413	1755	1658	2620	1377	1243
南沙区	1655	821	834	1305	662	643
从化区	385	211	174	282	157	125
增城区	2332	1194	1138	1881	976	905
韶关市	**3862**	**1828**	**2034**	**2566**	**1285**	**1281**
武江区	1339	617	722	900	433	467
浈江区	965	450	515	611	307	304
曲江区	525	224	301	352	167	185
始兴县	66	34	32	47	26	21
仁化县	256	133	123	176	93	83
翁源县	123	64	59	70	41	29
乳源瑶族自治县	135	76	59	96	53	43
新丰县	72	38	34	47	27	20
乐昌市	282	137	145	190	95	95
南雄市	99	55	44	77	43	34
深圳市	**71336**	**33134**	**38202**	**57431**	**27183**	**30248**
罗湖区	5655	2548	3107	4441	2054	2387
福田区	6837	3065	3772	5535	2523	3012
南山区	8773	3952	4821	6996	3221	3775
宝安区	14404	6717	7687	11831	5641	6190
龙岗区	19453	9080	10373	15892	7555	8337
盐田区	1079	492	587	827	397	430
龙华区	9840	4592	5248	7823	3698	4125
坪山区	2056	1016	1040	1596	801	795
光明区	3239	1672	1567	2490	1293	1197
珠海市	**7064**	**3457**	**3607**	**5176**	**2596**	**2580**
香洲区	4382	2113	2269	3234	1590	1644
斗门区	1461	725	736	1028	521	507
金湾区	1221	619	602	914	485	429
汕头市	**2410**	**1231**	**1179**	**1596**	**845**	**751**
龙湖区	1097	533	564	748	370	378
金平区	764	368	396	496	248	248
濠江区	32	25	7	23	18	5
潮阳区	153	82	71	88	51	37
潮南区	115	84	31	71	55	16
澄海区	240	136	104	164	100	64
南澳县	9	3	6	6	3	3
佛山市	**20608**	**10484**	**10124**	**15932**	**8330**	**7602**
禅城区	2935	1443	1492	2128	1092	1036
南海区	9383	4873	4510	7299	3882	3417
顺德区	6453	3232	3221	5055	2581	2474
三水区	1292	655	637	1019	545	474
高明区	545	281	264	431	230	201

8-1 续表 1

单位：人

地　区	60岁及以上人口			健　康		
	合计	男	女	小计	男	女
江门市	**6064**	**2974**	**3090**	**4338**	**2195**	**2143**
蓬江区	2235	1037	1198	1686	794	892
江海区	1223	548	675	825	389	436
新会区	721	378	343	503	273	230
台山市	354	212	142	271	174	97
开平市	677	356	321	468	247	221
鹤山市	541	275	266	382	204	178
恩平市	313	168	145	203	114	89
湛江市	**3777**	**1915**	**1862**	**2570**	**1361**	**1209**
赤坎区	963	468	495	674	350	324
霞山区	1576	763	813	1116	556	560
坡头区	181	102	79	118	67	51
麻章区	282	156	126	168	95	73
遂溪县	142	78	64	88	51	37
徐闻县	135	77	58	79	50	29
廉江市	200	106	94	132	76	56
雷州市	100	56	44	59	34	25
吴川市	198	109	89	136	82	54
茂名市	**1737**	**897**	**840**	**1060**	**560**	**500**
茂南区	792	357	435	458	210	248
电白区	211	132	79	124	81	43
高州市	231	134	97	164	95	69
化州市	157	92	65	100	61	39
信宜市	346	182	164	214	113	101
肇庆市	**2313**	**1200**	**1113**	**1613**	**860**	**753**
端州区	791	365	426	557	260	297
鼎湖区	285	155	130	207	117	90
高要区	143	97	46	93	66	27
广宁县	53	32	21	36	20	16
怀集县	41	26	15	25	15	10
封开县	43	23	20	25	15	10
德庆县	89	43	46	60	32	28
四会市	868	459	409	610	335	275
惠州市	**13246**	**6656**	**6590**	**9500**	**4904**	**4596**
惠城区	6244	2953	3291	4597	2237	2360
惠阳区	4227	2183	2044	2936	1562	1374
博罗县	1608	865	743	1185	652	533
惠东县	1052	579	473	697	394	303
龙门县	115	76	39	85	59	26
梅州市	**3235**	**1681**	**1554**	**2255**	**1191**	**1064**
梅江区	1505	724	781	1043	518	525
梅县区	988	503	485	713	372	341
大埔县	99	66	33	58	39	19
丰顺县	77	46	31	49	30	19
五华县	140	95	45	90	62	28
平远县	91	52	39	63	36	27
蕉岭县	128	66	62	87	44	43
兴宁市	207	129	78	152	90	62

8-1 续表 2

单位：人

地区	60岁及以上人口			健康		
	合计	男	女	小计	男	女
汕尾市	**1225**	**688**	**537**	**745**	**448**	**297**
城区	367	203	164	242	141	101
海丰县	639	357	282	388	230	158
陆河县	90	52	38	46	32	14
陆丰市	129	76	53	69	45	24
河源市	**4263**	**2090**	**2173**	**2520**	**1296**	**1224**
源城区	3453	1647	1806	2038	1020	1018
紫金县	171	95	76	89	57	32
龙川县	215	111	104	124	68	56
连平县	94	54	40	58	34	24
和平县	67	41	26	44	26	18
东源县	263	142	121	167	91	76
阳江市	**1817**	**969**	**848**	**1286**	**692**	**594**
江城区	1051	556	495	719	387	332
阳东区	489	254	235	390	211	179
阳西县	119	74	45	78	46	32
阳春市	158	85	73	99	48	51
清远市	**4619**	**2241**	**2378**	**3358**	**1703**	**1655**
清城区	3142	1476	1666	2298	1125	1173
清新区	701	333	368	514	256	258
佛冈县	160	88	72	117	70	47
阳山县	63	35	28	51	29	22
连山壮族瑶族自治县	28	14	14	13	7	6
连南瑶族自治县	39	16	23	24	12	12
英德市	372	212	160	262	155	107
连州市	114	67	47	79	49	30
东莞市	**23785**	**12363**	**11422**	**19268**	**10211**	**9057**
市辖区	23785	12363	11422	19268	10211	9057
中山市	**9319**	**4627**	**4692**	**7131**	**3622**	**3509**
市辖区	9319	4627	4692	7131	3622	3509
潮州市	**1078**	**584**	**494**	**827**	**456**	**371**
湘桥区	594	301	293	441	228	213
潮安区	442	260	182	358	213	145
饶平县	42	23	19	28	15	13
揭阳市	**201**	**124**	**77**	**128**	**85**	**43**
榕城区	26	18	8	22	15	7
揭东区	55	35	20	38	25	13
揭西县	43	22	21	17	9	8
惠来县	8	6	2	4	3	1
普宁市	69	43	26	47	33	14
云浮市	**1091**	**560**	**531**	**689**	**368**	**321**
云城区	615	284	331	386	192	194
云安区	47	32	15	33	24	9
新兴县	130	70	60	86	45	41
郁南县	69	42	27	42	26	16
罗定市	230	132	98	142	81	61

8-1　续表 3

单位：人

地　区	基本健康			不健康，但生活能自理			不健康，生活不能自理		
	小计	男	女	小计	男	女	小计	男	女
广　东	**48254**	**22062**	**26192**	**5841**	**2559**	**3282**	**2475**	**1054**	**1421**
广州市	**11288**	**5237**	**6051**	**1526**	**652**	**874**	**695**	**274**	**421**
荔湾区	936	435	501	173	72	101	91	35	56
越秀区	657	276	381	84	41	43	44	19	25
海珠区	1627	740	887	175	57	118	85	25	60
天河区	1616	730	886	161	76	85	66	28	38
白云区	2847	1386	1461	559	221	338	265	108	157
黄埔区	739	332	407	95	59	36	37	17	20
番禺区	1379	619	760	114	53	61	62	25	37
花都区	699	336	363	74	36	38	20	6	14
南沙区	311	143	168	35	14	21	4	2	2
从化区	84	48	36	13	5	8	6	1	5
增城区	393	192	201	43	18	25	15	8	7
韶关市	**1021**	**434**	**587**	**166**	**64**	**102**	**109**	**45**	**64**
武江区	353	145	208	48	21	27	38	18	20
浈江区	283	115	168	41	17	24	30	11	19
曲江区	131	48	83	27	6	21	15	3	12
始兴县	15	6	9	4	2	2			
仁化县	60	32	28	16	6	10	4	2	2
翁源县	39	19	20	5	2	3	9	2	7
乳源瑶族自治县	29	18	11	7	3	4	3	2	1
新丰县	19	8	11	4	3	1	2		2
乐昌市	74	32	42	10	3	7	8	7	1
南雄市	18	11	7	4	1	3			
深圳市	**11877**	**5094**	**6783**	**1450**	**627**	**823**	**578**	**230**	**348**
罗湖区	1042	425	617	107	46	61	65	23	42
福田区	1107	471	636	130	47	83	65	24	41
南山区	1541	630	911	184	75	109	52	26	26
宝安区	2173	905	1268	285	127	158	115	44	71
龙岗区	3016	1284	1732	385	178	207	160	63	97
盐田区	218	86	132	24	8	16	10	1	9
龙华区	1746	779	967	204	86	118	67	29	38
坪山区	390	182	208	52	27	25	18	6	12
光明区	644	332	312	79	33	46	26	14	12
珠海市	**1605**	**737**	**868**	**208**	**87**	**121**	**75**	**37**	**38**
香洲区	986	448	538	117	53	64	45	22	23
斗门区	367	173	194	52	23	29	14	8	6
金湾区	252	116	136	39	11	28	16	7	9
汕头市	**738**	**358**	**380**	**54**	**22**	**32**	**22**	**6**	**16**
龙湖区	318	152	166	25	11	14	6		6
金平区	234	108	126	19	7	12	15	5	10
濠江区	9	7	2						
潮阳区	62	28	34	2	2		1	1	
潮南区	40	28	12	4	1	3			
澄海区	73	35	38	3	1	2			
南澳县	2		2	1		1			
佛山市	**4272**	**1982**	**2290**	**291**	**122**	**169**	**113**	**50**	**63**
禅城区	708	312	396	55	22	33	44	17	27
南海区	1929	923	1006	124	52	72	31	16	15
顺德区	1287	598	689	84	42	42	27	11	16
三水区	243	102	141	21	3	18	9	5	4
高明区	105	47	58	7	3	4	2	1	1

8-1　续表 4

单位：人

地　区	基本健康			不健康，但生活能自理			不健康，生活不能自理		
	小计	男	女	小计	男	女	小计	男	女
江门市	**1436**	**650**	**786**	**191**	**85**	**106**	**99**	**44**	**55**
蓬江区	463	203	260	58	30	28	28	10	18
江海区	296	118	178	57	22	35	45	19	26
新会区	189	90	99	22	9	13	7	6	1
台山市	71	34	37	10	4	6	2		2
开平市	193	100	93	13	7	6	3	2	1
鹤山市	138	61	77	12	5	7	9	5	4
恩平市	86	44	42	19	8	11	5	2	3
湛江市	**951**	**440**	**511**	**192**	**80**	**112**	**64**	**34**	**30**
赤坎区	237	98	139	31	8	23	21	12	9
霞山区	366	164	202	72	34	38	22	9	13
坡头区	49	25	24	11	8	3	3	2	1
麻章区	80	44	36	28	14	14	6	3	3
遂溪县	44	22	22	8	4	4	2	1	1
徐闻县	41	21	20	11	3	8	4	3	1
廉江市	53	25	28	12	4	8	3	1	2
雷州市	32	19	13	9	3	6			
吴川市	49	22	27	10	2	8	3	3	
茂名市	**534**	**264**	**270**	**80**	**45**	**35**	**63**	**28**	**35**
茂南区	242	106	136	41	23	18	51	18	33
电白区	78	46	32	9	5	4			
高州市	56	31	25	6	4	2	5	4	1
化州市	45	21	24	9	7	2	3	3	
信宜市	113	60	53	15	6	9	4	3	1
肇庆市	**614**	**303**	**311**	**67**	**27**	**40**	**19**	**10**	**9**
端州区	200	91	109	22	8	14	12	6	6
鼎湖区	67	33	34	8	4	4	3	1	2
高要区	50	31	19						
广宁县	17	12	5						
怀集县	13	10	3	3	1	2			
封开县	18	8	10						
德庆县	29	11	18						
四会市	220	107	113	34	14	20	4	3	1
惠州市	**3204**	**1511**	**1693**	**389**	**168**	**221**	**153**	**73**	**80**
惠城区	1379	604	775	184	70	114	84	42	42
惠阳区	1139	549	590	112	55	57	40	17	23
博罗县	370	194	176	37	13	24	16	6	10
惠东县	291	151	140	52	27	25	12	7	5
龙门县	25	13	12	4	3	1	1	1	
梅州市	**790**	**394**	**396**	**109**	**60**	**49**	**81**	**36**	**45**
梅江区	376	169	207	36	17	19	50	20	30
梅县区	228	109	119	34	18	16	13	4	9
大埔县	32	21	11	6	4	2	3	2	1
丰顺县	23	13	10	5	3	2			
五华县	40	26	14	8	6	2	2	1	1
平远县	24	13	11	2	2		2	1	1
蕉岭县	26	13	13	9	5	4	6	4	2
兴宁市	41	30	11	9	5	4	5	4	1

8-1 续表 5

单位：人

地　　区	基本健康			不健康，但生活能自理			不健康，生活不能自理		
	小计	男	女	小计	男	女	小计	男	女
汕尾市	**431**	**218**	**213**	**35**	**14**	**21**	**14**	**8**	**6**
城　区	113	59	54	9	3	6	3		3
海丰县	226	114	112	17	7	10	8	6	2
陆河县	37	17	20	6	2	4	1	1	
陆丰市	55	28	27	3	2	1	2	1	1
河源市	**1425**	**645**	**780**	**248**	**118**	**130**	**70**	**31**	**39**
源城区	1146	502	644	209	95	114	60	30	30
紫金县	71	31	40	8	6	2	3	1	2
龙川县	79	38	41	9	5	4	3		3
连平县	31	17	14	5	3	2			
和平县	21	14	7	1	1		1		1
东源县	77	43	34	16	8	8	3		3
阳江市	**427**	**222**	**205**	**74**	**38**	**36**	**30**	**17**	**13**
江城区	268	139	129	44	22	22	20	8	12
阳东区	80	33	47	15	7	8	4	3	1
阳西县	32	23	9	9	5	4			
阳春市	47	27	20	6	4	2	6	6	
清远市	**1008**	**433**	**575**	**173**	**72**	**101**	**80**	**33**	**47**
清城区	665	277	388	123	52	71	56	22	34
清新区	159	64	95	19	8	11	9	5	4
佛冈县	34	16	18	6		6	3	2	1
阳山县	10	5	5	1	1		1		1
连山壮族瑶族自治县	10	6	4	4		4	1	1	
连南瑶族自治县	13	4	9				2		2
英德市	88	47	41	15	7	8	7	3	4
连州市	29	14	15	5	4	1	1		1
东莞市	**4097**	**1964**	**2133**	**306**	**133**	**173**	**114**	**55**	**59**
市辖区	4097	1964	2133	306	133	173	114	55	59
中山市	**1905**	**869**	**1036**	**210**	**107**	**103**	**73**	**29**	**44**
市辖区	1905	869	1036	210	107	103	73	29	44
潮州市	**221**	**113**	**108**	**21**	**9**	**12**	**9**	**6**	**3**
湘桥区	134	62	72	13	6	7	6	5	1
潮安区	75	44	31	8	3	5	1		1
饶平县	12	7	5				2	1	1
揭阳市	**61**	**32**	**29**	**11**	**6**	**5**	**1**	**1**	
榕城区	2	2		2	1	1			
揭东区	11	5	6	5	4	1	1	1	
揭西县	26	13	13						
惠来县	3	2	1	1	1				
普宁市	19	10	9	3		3			
云浮市	**349**	**162**	**187**	**40**	**23**	**17**	**13**	**7**	**6**
云城区	198	75	123	27	16	11	4	1	3
云安区	10	6	4	1		1	3	2	1
新兴县	43	25	18				1		1
郁南县	24	14	10	2	1	1	1	1	
罗定市	74	42	32	10	6	4	4	3	1

8-2　全省分年龄、性别、健康状况的60岁及以上老年人口

单位：人

年　龄	60岁及以上人口			健　康		
	合计	男	女	小计	男	女
总　计	**233116**	**114300**	**118816**	**176546**	**88625**	**87921**
60-64岁	**100314**	**50659**	**49655**	**82568**	**42183**	**40385**
60	18234	9180	9054	15321	7813	7508
61	18024	9218	8806	15025	7742	7283
62	22083	11331	10752	18159	9423	8736
63	23164	11764	11400	18842	9684	9158
64	18809	9166	9643	15221	7521	7700
65-69岁	**70033**	**34305**	**35728**	**54817**	**27205**	**27612**
65	17867	8721	9146	14264	7032	7232
66	16710	8226	8484	13203	6586	6617
67	13665	6655	7010	10734	5271	5463
68	12143	6008	6135	9341	4701	4640
69	9648	4695	4953	7275	3615	3660
70-74岁	**31947**	**15725**	**16222**	**22631**	**11397**	**11234**
70	8722	4321	4401	6481	3261	3220
71	7695	3835	3860	5510	2821	2689
72	5923	2886	3037	4116	2041	2075
73	5132	2550	2582	3502	1779	1723
74	4475	2133	2342	3022	1495	1527
75-79岁	**15055**	**7090**	**7965**	**9263**	**4572**	**4691**
75	3801	1802	1999	2472	1208	1264
76	3239	1625	1614	2035	1070	965
77	2898	1361	1537	1755	872	883
78	2672	1202	1470	1596	745	851
79	2445	1100	1345	1405	677	728
80-84岁	**9401**	**4104**	**5297**	**4810**	**2230**	**2580**
80	2356	1083	1273	1334	660	674
81	1928	847	1081	1005	481	524
82	1915	798	1117	962	441	521
83	1681	745	936	812	362	450
84	1521	631	890	697	286	411
85-89岁	**4561**	**1795**	**2766**	**1902**	**821**	**1081**
85	1201	489	712	534	234	300
86	1137	446	691	499	208	291
87	953	362	591	413	178	235
88	720	301	419	262	123	139
89	550	197	353	194	78	116
90岁及以上	**1805**	**622**	**1183**	**555**	**217**	**338**

8-2 续表

单位：人

年 龄	基本健康			不健康，但生活能自理			不健康，生活不能自理		
	小计	男	女	小计	男	女	小计	男	女
总 计	**48254**	**22062**	**26192**	**5841**	**2559**	**3282**	**2475**	**1054**	**1421**
60-64岁	**16253**	**7749**	**8504**	**1224**	**573**	**651**	**269**	**154**	**115**
60	2683	1255	1428	187	83	104	43	29	14
61	2761	1366	1395	204	89	115	34	21	13
62	3578	1726	1852	286	147	139	60	35	25
63	3952	1896	2056	294	143	151	76	41	35
64	3279	1506	1773	253	111	142	56	28	28
65-69岁	**13712**	**6365**	**7347**	**1185**	**565**	**620**	**319**	**170**	**149**
65	3249	1499	1750	285	150	135	69	40	29
66	3202	1494	1708	250	115	135	55	31	24
67	2634	1250	1384	233	106	127	64	28	36
68	2500	1166	1334	228	102	126	74	39	35
69	2127	956	1171	189	92	97	57	32	25
70-74岁	**8019**	**3691**	**4328**	**944**	**461**	**483**	**353**	**176**	**177**
70	1967	918	1049	191	98	93	83	44	39
71	1903	879	1024	221	102	119	61	33	28
72	1558	729	829	182	86	96	67	30	37
73	1380	638	742	180	100	80	70	33	37
74	1211	527	684	170	75	95	72	36	36
75-79岁	**4646**	**2018**	**2628**	**817**	**348**	**469**	**329**	**152**	**177**
75	1092	483	609	170	74	96	67	37	30
76	977	453	524	166	72	94	61	30	31
77	907	385	522	162	69	93	74	35	39
78	858	362	496	154	68	86	64	27	37
79	812	335	477	165	65	100	63	23	40
80-84岁	**3321**	**1366**	**1955**	**837**	**330**	**507**	**433**	**178**	**255**
80	771	316	455	180	70	110	71	37	34
81	679	266	413	170	67	103	74	33	41
82	683	260	423	177	67	110	93	30	63
83	628	281	347	150	64	86	91	38	53
84	560	243	317	160	62	98	104	40	64
85-89岁	**1663**	**647**	**1016**	**558**	**196**	**362**	**438**	**131**	**307**
85	441	180	261	124	48	76	102	27	75
86	433	170	263	114	37	77	91	31	60
87	317	114	203	131	45	86	92	25	67
88	260	108	152	120	43	77	78	27	51
89	212	75	137	69	23	46	75	21	54
90岁及以上	**640**	**226**	**414**	**276**	**86**	**190**	**334**	**93**	**241**

8–3　全省分性别、婚姻状况、健康状况的60岁及以上老年人口

单位：人

婚姻状况	60岁及以上人口			健　康		
	合计	男	女	小计	男	女
总　计	**233116**	**114300**	**118816**	**176546**	**88625**	**87921**
未　婚	3451	2314	1137	2552	1736	816
有配偶	194176	103765	90411	152809	82073	70736
离　婚	3149	1470	1679	2246	1014	1232
丧　偶	32340	6751	25589	18939	3802	15137

8–3　续表

单位：人

婚姻状况	基本健康			不健康，但生活能自理			不健康，生活不能自理		
	小计	男	女	小计	男	女	小计	男	女
总　计	**48254**	**22062**	**26192**	**5841**	**2559**	**3282**	**2475**	**1054**	**1421**
未　婚	685	441	244	132	91	41	82	46	36
有配偶	36736	19053	17683	3439	1920	1519	1192	719	473
离　婚	741	365	376	126	68	58	36	23	13
丧　偶	10092	2203	7889	2144	480	1664	1165	266	899

8-4 全省分性别、主要生活来源、健康状况的60岁及以上老年人口

单位：人

主要生活来源	60岁及以上人口			健康		
	合计	男	女	小计	男	女
总　计	**233116**	**114300**	**118816**	**176546**	**88625**	**87921**
劳动收入	37731	29012	8719	32465	25050	7415
离退休金/养老金	91503	45475	46028	68625	34427	34198
最低生活保障金	1319	592	727	750	332	418
失业保险金	6	4	2	6	4	2
财产性收入	1236	784	452	972	619	353
家庭其他成员供养	91695	33643	58052	66299	24507	41792
其　他	9626	4790	4836	7429	3686	3743

8-4 续表

单位：人

主要生活来源	基本健康			不健康，但生活能自理			不健康，生活不能自理		
	小计	男	女	小计	男	女	小计	男	女
总　计	**48254**	**22062**	**26192**	**5841**	**2559**	**3282**	**2475**	**1054**	**1421**
劳动收入	5113	3859	1254	133	89	44	20	14	6
离退休金/养老金	19410	9399	10011	2380	1133	1247	1088	516	572
最低生活保障金	383	172	211	131	62	69	55	26	29
失业保险金									
财产性收入	233	145	88	24	15	9	7	5	2
家庭其他成员供养	21182	7520	13662	3005	1172	1833	1209	444	765
其　他	1933	967	966	168	88	80	96	49	47

8–5 各地区分性别、主要生活来源的60岁及以上老年人口

单位：人

地 区	60岁及以上人口			劳动收入		
	合计	男	女	小计	男	女
广 东	**233116**	**114300**	**118816**	**37731**	**29012**	**8719**
广州市	**50066**	**24597**	**25469**	**6603**	**4964**	**1639**
荔湾区	3587	1754	1833	272	204	68
越秀区	2862	1301	1561	297	201	96
海珠区	6127	2918	3209	717	490	227
天河区	6790	3293	3497	783	571	212
白云区	12330	6321	6009	1636	1248	388
黄埔区	3570	1723	1847	470	376	94
番禺区	7015	3306	3709	960	708	252
花都区	3413	1755	1658	660	515	145
南沙区	1655	821	834	322	259	63
从化区	385	211	174	65	56	9
增城区	2332	1194	1138	421	336	85
韶关市	**3862**	**1828**	**2034**	**376**	**298**	**78**
武江区	1339	617	722	72	57	15
浈江区	965	450	515	87	61	26
曲江区	525	224	301	56	46	10
始兴县	66	34	32	15	12	3
仁化县	256	133	123	40	36	4
翁源县	123	64	59	18	15	3
乳源瑶族自治县	135	76	59	29	24	5
新丰县	72	38	34	11	8	3
乐昌市	282	137	145	25	22	3
南雄市	99	55	44	23	17	6
深圳市	**71336**	**33134**	**38202**	**9115**	**7172**	**1943**
罗湖区	5655	2548	3107	568	441	127
福田区	6837	3065	3772	699	507	192
南山区	8773	3952	4821	865	653	212
宝安区	14404	6717	7687	2365	1839	526
龙岗区	19453	9080	10373	2163	1753	410
盐田区	1079	492	587	117	91	26
龙华区	9840	4592	5248	1200	982	218
坪山区	2056	1016	1040	317	264	53
光明区	3239	1672	1567	821	642	179
珠海市	**7064**	**3457**	**3607**	**1132**	**917**	**215**
香洲区	4382	2113	2269	728	591	137
斗门区	1461	725	736	194	155	39
金湾区	1221	619	602	210	171	39
汕头市	**2410**	**1231**	**1179**	**426**	**325**	**101**
龙湖区	1097	533	564	135	104	31
金平区	764	368	396	87	63	24
濠江区	32	25	7	13	12	1
潮阳区	153	82	71	18	15	3
潮南区	115	84	31	67	54	13
澄海区	240	136	104	104	75	29
南澳县	9	3	6	2	2	
佛山市	**20608**	**10484**	**10124**	**4355**	**3327**	**1028**
禅城区	2935	1443	1492	507	371	136
南海区	9383	4873	4510	1984	1513	471
顺德区	6453	3232	3221	1392	1085	307
三水区	1292	655	637	350	259	91
高明区	545	281	264	122	99	23

8-5 续表 1 单位：人

地区	60岁及以上人口			劳动收入		
	合计	男	女	小计	男	女
江门市	**6064**	**2974**	**3090**	**1012**	**780**	**232**
蓬江区	2235	1037	1198	244	181	63
江海区	1223	548	675	144	104	40
新会区	721	378	343	170	129	41
台山市	354	212	142	126	102	24
开平市	677	356	321	142	111	31
鹤山市	541	275	266	124	102	22
恩平市	313	168	145	62	51	11
湛江市	**3777**	**1915**	**1862**	**515**	**387**	**128**
赤坎区	963	468	495	97	76	21
霞山区	1576	763	813	200	144	56
坡头区	181	102	79	22	16	6
麻章区	282	156	126	59	49	10
遂溪县	142	78	64	19	17	2
徐闻县	135	77	58	30	22	8
廉江市	200	106	94	34	21	13
雷州市	100	56	44	14	10	4
吴川市	198	109	89	40	32	8
茂名市	**1737**	**897**	**840**	**240**	**180**	**60**
茂南区	792	357	435	72	54	18
电白区	211	132	79	47	41	6
高州市	231	134	97	44	33	11
化州市	157	92	65	38	28	10
信宜市	346	182	164	39	24	15
肇庆市	**2313**	**1200**	**1113**	**457**	**354**	**103**
端州区	791	365	426	68	48	20
鼎湖区	285	155	130	63	50	13
高要区	143	97	46	63	50	13
广宁县	53	32	21	15	10	5
怀集县	41	26	15	10	9	1
封开县	43	23	20	11	9	2
德庆县	89	43	46	14	9	5
四会市	868	459	409	213	169	44
惠州市	**13246**	**6656**	**6590**	**2459**	**1932**	**527**
惠城区	6244	2953	3291	808	633	175
惠阳区	4227	2183	2044	868	681	187
博罗县	1608	865	743	423	340	83
惠东县	1052	579	473	330	250	80
龙门县	115	76	39	30	28	2
梅州市	**3235**	**1681**	**1554**	**242**	**191**	**51**
梅江区	1505	724	781	105	77	28
梅县区	988	503	485	43	32	11
大埔县	99	66	33	15	14	1
丰顺县	77	46	31	13	12	1
五华县	140	95	45	15	12	3
平远县	91	52	39	15	14	1
蕉岭县	128	66	62	26	21	5
兴宁市	207	129	78	10	9	1

8-5　续表 2

单位：人

地　区	60岁及以上人口			劳动收入		
	合计	男	女	小计	男	女
汕尾市	**1225**	**688**	**537**	**226**	**197**	**29**
城　区	367	203	164	54	49	5
海丰县	639	357	282	124	104	20
陆河县	90	52	38	19	18	1
陆丰市	129	76	53	29	26	3
河源市	**4263**	**2090**	**2173**	**413**	**334**	**79**
源城区	3453	1647	1806	271	219	52
紫金县	171	95	76	32	26	6
龙川县	215	111	104	23	17	6
连平县	94	54	40	25	19	6
和平县	67	41	26	13	12	1
东源县	263	142	121	49	41	8
阳江市	**1817**	**969**	**848**	**383**	**285**	**98**
江城区	1051	556	495	196	149	47
阳东区	489	254	235	130	91	39
阳西县	119	74	45	38	29	9
阳春市	158	85	73	19	16	3
清远市	**4619**	**2241**	**2378**	**538**	**429**	**109**
清城区	3142	1476	1666	297	231	66
清新区	701	333	368	70	53	17
佛冈县	160	88	72	36	32	4
阳山县	63	35	28	15	14	1
连山壮族瑶族自治县	28	14	14	3	3	
连南瑶族自治县	39	16	23	1		1
英德市	372	212	160	93	80	13
连州市	114	67	47	23	16	7
东莞市	**23785**	**12363**	**11422**	**6959**	**5187**	**1772**
市辖区	23785	12363	11422	6959	5187	1772
中山市	**9319**	**4627**	**4692**	**1809**	**1367**	**442**
市辖区	9319	4627	4692	1809	1367	442
潮州市	**1078**	**584**	**494**	**245**	**201**	**44**
湘桥区	594	301	293	93	75	18
潮安区	442	260	182	145	119	26
饶平县	42	23	19	7	7	
揭阳市	**201**	**124**	**77**	**69**	**58**	**11**
榕城区	26	18	8	16	14	2
揭东区	55	35	20	17	16	1
揭西县	43	22	21	4	3	1
惠来县	8	6	2	2	2	
普宁市	69	43	26	30	23	7
云浮市	**1091**	**560**	**531**	**157**	**127**	**30**
云城区	615	284	331	73	56	17
云安区	47	32	15	15	13	2
新兴县	130	70	60	22	21	1
郁南县	69	42	27	18	16	2
罗定市	230	132	98	29	21	8

8－5 续表 3

单位：人

地　区	离退休金/养老金			最低生活保障金			失业保险金		
	小计	男	女	小计	男	女	小计	男	女
广　东	**91503**	**45475**	**46028**	**1319**	**592**	**727**	**6**	**4**	**2**
广州市	**29154**	**14125**	**15029**	**275**	**141**	**134**	**1**		**1**
荔湾区	2882	1392	1490	21	12	9			
越秀区	2083	936	1147	4	1	3			
海珠区	4627	2154	2473	11	4	7			
天河区	4196	2012	2184	31	15	16	1		1
白云区	7481	3725	3756	128	80	48			
黄埔区	1589	805	784	11	5	6			
番禺区	3550	1665	1885	32	10	22			
花都区	1105	588	517	17	7	10			
南沙区	616	311	305	1		1			
从化区	188	106	82	7	3	4			
增城区	837	431	406	12	4	8			
韶关市	**1897**	**993**	**904**	**40**	**20**	**20**			
武江区	817	404	413	6	4	2			
浈江区	491	261	230	7	4	3			
曲江区	184	94	90	10	5	5			
始兴县	29	16	13						
仁化县	115	65	50	6	4	2			
翁源县	40	28	12	1		1			
乳源瑶族自治县	31	18	13	4	1	3			
新丰县	22	15	7	3	2	1			
乐昌市	129	67	62	3		3			
南雄市	39	25	14						
深圳市	**25625**	**12299**	**13326**	**368**	**134**	**234**	**2**	**1**	**1**
罗湖区	2778	1253	1525	20	8	12			
福田区	3648	1667	1981	33	13	20	1		1
南山区	4711	2136	2575	35	12	23			
宝安区	3505	1745	1760	93	31	62			
龙岗区	6173	3069	3104	90	35	55	1	1	
盐田区	476	223	253	3	1	2			
龙华区	3231	1619	1612	50	16	34			
坪山区	480	251	229	18	9	9			
光明区	623	336	287	26	9	17			
珠海市	**2971**	**1455**	**1516**	**39**	**20**	**19**			
香洲区	1985	942	1043	21	9	12			
斗门区	570	290	280	1	1				
金湾区	416	223	193	17	10	7			
汕头市	**1039**	**549**	**490**	**4**	**3**	**1**			
龙湖区	552	278	274						
金平区	357	193	164	4	3	1			
濠江区	9	7	2						
潮阳区	65	40	25						
潮南区	10	8	2						
澄海区	46	23	23						
南澳县									
佛山市	**8668**	**4273**	**4395**	**39**	**19**	**20**	**1**	**1**	
禅城区	1521	724	797	7	3	4			
南海区	4265	2152	2113	24	12	12			
顺德区	2241	1075	1166	5	3	2	1	1	
三水区	462	231	231	1		1			
高明区	179	91	88	2	1	1			

8-5　续表 4

单位：人

地　区	离退休金/养老金			最低生活保障金			失业保险金		
	小计	男	女	小计	男	女	小计	男	女
江门市	**2220**	**1097**	**1123**	**30**	**16**	**14**			
蓬江区	1055	507	548	19	9	10			
江海区	537	253	284	4	2	2			
新会区	201	102	99	2	2				
台山市	73	40	33						
开平市	177	101	76	2	2				
鹤山市	134	70	64	1		1			
恩平市	43	24	19	2	1	1			
湛江市	**1633**	**904**	**729**	**28**	**12**	**16**			
赤坎区	472	243	229	3	2	1			
霞山区	636	346	290	9	5	4			
坡头区	97	61	36	2		2			
麻章区	93	53	40	4	2	2			
遂溪县	76	41	35	1		1			
徐闻县	48	31	17	3	1	2			
廉江市	90	56	34	2	1	1			
雷州市	47	27	20	1	1				
吴川市	74	46	28	3		3			
茂名市	**733**	**449**	**284**	**10**	**3**	**7**			
茂南区	320	174	146	4	1	3			
电白区	82	62	20	3	1	2			
高州市	114	70	44						
化州市	62	44	18	2	1	1			
信宜市	155	99	56	1		1			
肇庆市	**736**	**405**	**331**	**7**	**5**	**2**			
端州区	372	196	176	1	1				
鼎湖区	48	30	18	1	1				
高要区	25	18	7	1	1				
广宁县	13	10	3						
怀集县	11	8	3	1		1			
封开县	19	12	7						
德庆县	29	19	10	1		1			
四会市	219	112	107	2	2				
惠州市	**3121**	**1692**	**1429**	**90**	**40**	**50**	**1**	**1**	
惠城区	1587	826	761	43	22	21			
惠阳区	1044	574	470	22	10	12	1	1	
博罗县	286	172	114	10	2	8			
惠东县	158	89	69	12	4	8			
龙门县	46	31	15	3	2	1			
梅州市	**1352**	**819**	**533**	**60**	**27**	**33**			
梅江区	588	334	254	42	14	28			
梅县区	448	263	185	14	10	4			
大埔县	42	29	13	1	1				
丰顺县	36	23	13						
五华县	67	54	13	1	1				
平远县	20	15	5						
蕉岭县	40	24	16	2	1	1			
兴宁市	111	77	34						

8-5 续表 5 单位：人

地　区	离退休金/养老金			最低生活保障金			失业保险金		
	小计	男	女	小计	男	女	小计	男	女
汕尾市	**179**	**107**	**72**	**14**	**7**	**7**			
城　区	70	44	26	4	2	2			
海丰县	73	43	30	2	2				
陆河县	15	10	5	4	2	2			
陆丰市	21	10	11	4	1	3			
河源市	**924**	**585**	**339**	**95**	**45**	**50**			
源城区	710	441	269	88	43	45			
紫金县	51	32	19						
龙川县	62	39	23	5	2	3			
连平县	25	20	5						
和平县	28	19	9						
东源县	48	34	14	2		2			
阳江市	**383**	**230**	**153**	**11**	**6**	**5**			
江城区	209	119	90	6	2	4			
阳东区	88	56	32	2	1	1			
阳西县	22	15	7	3	3				
阳春市	64	40	24						
清远市	**1462**	**814**	**648**	**75**	**33**	**42**			
清城区	1007	540	467	55	23	32			
清新区	199	121	78	10	5	5			
佛冈县	40	25	15	4	1	3			
阳山县	21	11	10						
连山壮族瑶族自治县	8	4	4	1	1				
连南瑶族自治县	15	7	8	2	1	1			
英德市	116	71	45	3	2	1			
连州市	56	35	21						
东莞市	**5357**	**2640**	**2717**	**68**	**33**	**35**	**1**	**1**	
市辖区	5357	2640	2717	68	33	35	1	1	
中山市	**3227**	**1569**	**1658**	**57**	**26**	**31**			
市辖区	3227	1569	1658	57	26	31			
潮州市	**461**	**242**	**219**	**4**		**4**			
湘桥区	264	138	126	4		4			
潮安区	175	92	83						
饶平县	22	12	10						
揭阳市	**45**	**26**	**19**						
榕城区	3	2	1						
揭东区	1	1							
揭西县	29	15	14						
惠来县	3	2	1						
普宁市	9	6	3						
云浮市	**316**	**202**	**114**	**5**	**2**	**3**			
云城区	154	93	61	5	2	3			
云安区	10	9	1						
新兴县	32	18	14						
郁南县	27	16	11						
罗定市	93	66	27						

8-5　续表 6　　　　　　　　　　　　　　　　　　　　　　　　　　　　　　单位：人

地　　区	财产性收入			家庭其他成员供养			其　　他		
	小计	男	女	小计	男	女	小计	男	女
广　东	**1236**	**784**	**452**	**91695**	**33643**	**58052**	**9626**	**4790**	**4836**
广州市	**201**	**129**	**72**	**12223**	**4416**	**7807**	**1609**	**822**	**787**
荔湾区	10	4	6	352	119	233	50	23	27
越秀区	6	4	2	429	141	288	43	18	25
海珠区	16	9	7	664	219	445	92	42	50
天河区	37	26	11	1576	581	995	166	88	78
白云区	42	31	11	2692	1040	1652	351	197	154
黄埔区	15	10	5	1306	440	866	179	87	92
番禺区	42	20	22	2119	733	1386	312	170	142
花都区	15	10	5	1400	528	872	216	107	109
南沙区	7	5	2	631	215	416	78	31	47
从化区	1	1		104	34	70	20	11	9
增城区	10	9	1	950	366	584	102	48	54
韶关市	**6**	**5**	**1**	**1453**	**469**	**984**	**90**	**43**	**47**
武江区	4	3	1	412	135	277	28	14	14
浈江区	1	1		362	116	246	17	7	10
曲江区				268	77	191	7	2	5
始兴县				21	6	15	1		1
仁化县				88	23	65	7	5	2
翁源县				56	18	38	8	3	5
乳源瑶族自治县				64	30	34	7	3	4
新丰县	1	1		33	12	21	2		2
乐昌市				114	41	73	11	7	4
南雄市				35	11	24	2	2	
深圳市	**387**	**242**	**145**	**33047**	**11960**	**21087**	**2792**	**1326**	**1466**
罗湖区	13	10	3	2010	716	1294	266	120	146
福田区	19	10	9	2193	753	1440	244	115	129
南山区	19	13	6	2864	1008	1856	279	130	149
宝安区	64	42	22	7886	2815	5071	491	245	246
龙岗区	168	106	62	9814	3631	6183	1044	485	559
盐田区	3	2	1	460	164	296	20	11	9
龙华区	51	28	23	5002	1798	3204	306	149	157
坪山区	29	16	13	1133	437	696	79	39	40
光明区	21	15	6	1685	638	1047	63	32	31
珠海市	**35**	**26**	**9**	**2608**	**895**	**1713**	**279**	**144**	**135**
香洲区	17	14	3	1476	482	994	155	75	80
斗门区	14	10	4	652	250	402	30	19	11
金湾区	4	2	2	480	163	317	94	50	44
汕头市	**15**	**9**	**6**	**844**	**302**	**542**	**82**	**43**	**39**
龙湖区	6	2	4	371	131	240	33	18	15
金平区	7	5	2	283	94	189	26	10	16
濠江区				8	5	3	2	1	1
潮阳区				61	21	40	9	6	3
潮南区	1	1		29	14	15	8	7	1
澄海区	1	1		86	36	50	3	1	2
南澳县				6	1	5	1		1
佛山市	**156**	**88**	**68**	**6706**	**2440**	**4266**	**683**	**336**	**347**
禅城区	12	9	3	771	285	486	117	51	66
南海区	75	39	36	2719	995	1724	316	162	154
顺德区	60	36	24	2554	937	1617	200	95	105
三水区	8	4	4	435	142	293	36	19	17
高明区	1		1	227	81	146	14	9	5

8-5 续表 7

单位：人

地区	财产性收入			家庭其他成员供养			其他		
	小计	男	女	小计	男	女	小计	男	女
江门市	**8**	**7**	**1**	**2602**	**973**	**1629**	**192**	**101**	**91**
蓬江区	2	2		864	310	554	51	28	23
江海区	1	1		510	176	334	27	12	15
新会区	1	1		336	134	202	11	10	1
台山市				126	55	71	29	15	14
开平市				320	128	192	36	14	22
鹤山市	4	3	1	261	89	172	17	11	6
恩平市				185	81	104	21	11	10
湛江市	**21**	**12**	**9**	**1387**	**493**	**894**	**193**	**107**	**86**
赤坎区	12	7	5	325	115	210	54	25	29
霞山区	5	3	2	641	214	427	85	51	34
坡头区				49	19	30	11	6	5
麻章区				114	45	69	12	7	5
遂溪县	1		1	41	19	22	4	1	3
徐闻县	1	1		46	16	30	7	6	1
廉江市	1		1	63	24	39	10	4	6
雷州市	1	1		34	15	19	3	2	1
吴川市				74	26	48	7	5	2
茂名市	**8**	**6**	**2**	**687**	**234**	**453**	**59**	**25**	**34**
茂南区	3	2	1	372	117	255	21	9	12
电白区				78	28	50	1		1
高州市	1	1		63	27	36	9	3	6
化州市	1	1		44	14	30	10	4	6
信宜市	3	2	1	130	48	82	18	9	9
肇庆市	**14**	**7**	**7**	**991**	**370**	**621**	**108**	**59**	**49**
端州区	8	4	4	298	94	204	44	22	22
鼎湖区	3	2	1	163	67	96	7	5	2
高要区				48	25	23	6	3	3
广宁县				20	9	11	5	3	2
怀集县				15	7	8	4	2	2
封开县				12	2	10	1		1
德庆县				31	8	23	14	7	7
四会市	3	1	2	404	158	246	27	17	10
惠州市	**137**	**95**	**42**	**6615**	**2499**	**4116**	**823**	**397**	**426**
惠城区	55	41	14	3327	1221	2106	424	210	214
惠阳区	46	35	11	2007	770	1237	239	112	127
博罗县	30	15	15	772	291	481	87	45	42
惠东县	6	4	2	477	204	273	69	28	41
龙门县				32	13	19	4	2	2
梅州市	**5**	**3**	**2**	**1425**	**557**	**868**	**151**	**84**	**67**
梅江区				692	258	434	78	41	37
梅县区	3	2	1	443	176	267	37	20	17
大埔县				36	17	19	5	5	
丰顺县	1	1		21	8	13	6	2	4
五华县				48	22	26	9	6	3
平远县	1		1	55	23	32			
蕉岭县				58	19	39	2	1	1
兴宁市				72	34	38	14	9	5

8-5 续表 8

单位：人

地 区	财产性收入			家庭其他成员供养			其 他		
	小计	男	女	小计	男	女	小计	男	女
汕尾市	**4**	**3**	**1**	**733**	**326**	**407**	**69**	**48**	**21**
城 区	2	1	1	224	99	125	13	8	5
海丰县	1	1		394	176	218	45	31	14
陆河县				50	21	29	2	1	1
陆丰市	1	1		65	30	35	9	8	1
河源市	**16**	**10**	**6**	**2686**	**1053**	**1633**	**129**	**63**	**66**
源城区	11	7	4	2296	898	1398	77	39	38
紫金县	2	1	1	73	33	40	13	3	10
龙川县	3	2	1	101	41	60	21	10	11
连平县				39	12	27	5	3	2
和平县				25	10	15	1		1
东源县				152	59	93	12	8	4
阳江市	**3**	**2**	**1**	**942**	**386**	**556**	**95**	**60**	**35**
江城区	2	1	1	565	241	324	73	44	29
阳东区	1	1		260	97	163	8	8	
阳西县				50	23	27	6	4	2
阳春市				67	25	42	8	4	4
清远市	**7**	**5**	**2**	**2394**	**891**	**1503**	**143**	**69**	**74**
清城区	3	1	2	1688	636	1052	92	45	47
清新区	3	3		398	142	256	21	9	12
佛冈县	1	1		73	25	48	6	4	2
阳山县				23	8	15	4	2	2
连山壮族瑶族自治县				15	6	9	1		1
连南瑶族自治县				18	7	11	3	1	2
英德市				146	53	93	14	6	8
连州市				33	14	19	2	2	
东莞市	**170**	**109**	**61**	**9616**	**3586**	**6030**	**1614**	**807**	**807**
市辖区	170	109	61	9616	3586	6030	1614	807	807
中山市	**38**	**22**	**16**	**3759**	**1434**	**2325**	**429**	**209**	**220**
市辖区	38	22	16	3759	1434	2325	429	209	220
潮州市	**1**	**1**		**346**	**131**	**215**	**21**	**9**	**12**
湘桥区	1	1		216	82	134	16	5	11
潮安区				118	46	72	4	3	1
饶平县				12	3	9	1	1	
揭阳市				**76**	**32**	**44**	**11**	**8**	**3**
榕城区				7	2	5			
揭东区				34	15	19	3	3	
揭西县				8	3	5	2	1	1
惠来县				3	2	1			
普宁市				24	10	14	6	4	2
云浮市	**4**	**3**	**1**	**555**	**196**	**359**	**54**	**30**	**24**
云城区	2	2		352	115	237	29	16	13
云安区				20	8	12	2	2	
新兴县				74	30	44	2	1	1
郁南县				21	9	12	3	1	2
罗定市	2	1	1	88	34	54	18	10	8

8-6　全省分年龄、性别、主要生活来源的人口

单位：人

年　龄	15岁及以上人口			劳动收入		
	合计	男	女	小计	男	女
总　计	**4414093**	**2528225**	**1885868**	**3431203**	**2153537**	**1277666**
45岁以下	**3187250**	**1850258**	**1336992**	**2610769**	**1621248**	**989521**
45-49岁	**446326**	**253946**	**192380**	**393455**	**238457**	**154998**
45	87556	50024	37532	78395	47307	31088
46	95645	54229	41416	85297	51056	34241
47	91698	52110	39588	80932	48971	31961
48	87561	49734	37827	76622	46578	30044
49	83866	47849	36017	72209	44545	27664
50-54岁	**344072**	**196682**	**147390**	**268516**	**176606**	**91910**
50	82568	46884	35684	68565	43281	25284
51	72569	41513	31056	58008	37717	20291
52	75221	42991	32230	58630	38557	20073
53	55983	31964	24019	41901	28256	13645
54	57731	33330	24401	41412	28795	12617
55-59岁	**203329**	**113039**	**90290**	**120732**	**88214**	**32518**
55	52558	29829	22729	35231	24928	10303
56	47067	26393	20674	29485	21353	8132
57	49642	27916	21726	29009	21600	7409
58	36270	19569	16701	18893	14153	4740
59	17792	9332	8460	8114	6180	1934
60-64岁	**100314**	**50659**	**49655**	**26663**	**20392**	**6271**
60	18234	9180	9054	6295	4618	1677
61	18024	9218	8806	5273	4066	1207
62	22083	11331	10752	5908	4600	1308
63	23164	11764	11400	5501	4273	1228
64	18809	9166	9643	3686	2835	851
65-69岁	**70033**	**34305**	**35728**	**9100**	**7144**	**1956**
65	17867	8721	9146	2952	2313	639
66	16710	8226	8484	2443	1929	514
67	13665	6655	7010	1644	1266	378
68	12143	6008	6135	1281	1018	263
69	9648	4695	4953	780	618	162
70-74岁	**31947**	**15725**	**16222**	**1495**	**1149**	**346**
70	8722	4321	4401	534	409	125
71	7695	3835	3860	394	312	82
72	5923	2886	3037	253	194	59
73	5132	2550	2582	178	127	51
74	4475	2133	2342	136	107	29
75-79岁	**15055**	**7090**	**7965**	**331**	**236**	**95**
75	3801	1802	1999	115	83	32
76	3239	1625	1614	66	46	20
77	2898	1361	1537	65	47	18
78	2672	1202	1470	43	31	12
79	2445	1100	1345	42	29	13
80-84岁	**9401**	**4104**	**5297**	**89**	**59**	**30**
80	2356	1083	1273	23	15	8
81	1928	847	1081	17	8	9
82	1915	798	1117	17	13	4
83	1681	745	936	17	12	5
84	1521	631	890	15	11	4
85-89岁	**4561**	**1795**	**2766**	**29**	**19**	**10**
85	1201	489	712	12	6	6
86	1137	446	691	7	7	
87	953	362	591	4	3	1
88	720	301	419	5	2	3
89	550	197	353	1	1	
90岁及以上	**1805**	**622**	**1183**	**24**	**13**	**11**

8-6　续表 1

单位：人

年　龄	离退休金/养老金			最低生活保障金			失业保险金		
	小计	男	女	小计	男	女	小计	男	女
总　计	**127196**	**51672**	**75524**	**2870**	**1361**	**1509**	**1834**	**1145**	**689**
45岁以下	**20**	**8**	**12**	**650**	**333**	**317**	**1331**	**807**	**524**
45–49岁	**673**	**13**	**660**	**223**	**101**	**122**	**310**	**166**	**144**
45	47		47	42	21	21	44	22	22
46	72	4	68	46	20	26	71	38	33
47	89	2	87	43	24	19	69	41	28
48	118	1	117	42	16	26	58	32	26
49	347	6	341	50	20	30	68	33	35
50–54岁	**12472**	**1508**	**10964**	**278**	**141**	**137**	**142**	**124**	**18**
50	1810	133	1677	42	18	24	47	32	15
51	2361	220	2141	57	33	24	26	25	1
52	2759	327	2432	69	37	32	27	26	1
53	2402	322	2080	58	27	31	21	20	1
54	3140	506	2634	52	26	26	21	21	
55–59岁	**22528**	**4668**	**17860**	**400**	**194**	**206**	**45**	**44**	**1**
55	4027	731	3296	71	33	38	19	18	1
56	4429	784	3645	81	39	42	4	4	
57	5824	1209	4615	100	49	51	7	7	
58	5033	1119	3914	97	48	49	7	7	
59	3215	825	2390	51	25	26	8	8	
60–64岁	**32717**	**15430**	**17287**	**447**	**201**	**246**	**1**	**1**	
60	5376	2338	3038	73	35	38			
61	5697	2609	3088	70	30	40			
62	7080	3440	3640	94	46	48	1	1	
63	7836	3760	4076	113	50	63			
64	6728	3283	3445	97	40	57			
65–69岁	**27918**	**14009**	**13909**	**378**	**171**	**207**	**3**	**1**	**2**
65	6616	3210	3406	93	36	57	1		1
66	6631	3300	3331	88	45	43	1	1	
67	5490	2772	2718	74	31	43			
68	4978	2586	2392	76	35	41	1		1
69	4203	2141	2062	47	24	23			
70–74岁	**15227**	**8174**	**7053**	**231**	**111**	**120**			
70	4104	2170	1934	49	21	28			
71	3626	1978	1648	48	28	20			
72	2765	1483	1282	57	24	33			
73	2540	1384	1156	41	21	20			
74	2192	1159	1033	36	17	19			
75–79岁	**7363**	**3866**	**3497**	**133**	**66**	**67**	**1**	**1**	
75	1768	929	839	34	16	18			
76	1595	867	728	32	15	17			
77	1435	763	672	25	13	12	1	1	
78	1343	687	656	16	8	8			
79	1222	620	602	26	14	12			
80–84岁	**4959**	**2483**	**2476**	**65**	**28**	**37**	**1**	**1**	
80	1239	648	591	16	5	11			
81	1038	506	532	12	7	5			
82	1006	486	520	11	4	7	1	1	
83	890	460	430	13	7	6			
84	786	383	403	13	5	8			
85–89岁	**2446**	**1137**	**1309**	**42**	**12**	**30**			
85	645	304	341	5	4	1			
86	623	277	346	11	3	8			
87	508	233	275	9	3	6			
88	374	194	180	10	1	9			
89	296	129	167	7	1	6			
90岁及以上	**873**	**376**	**497**	**23**	**3**	**20**			

8-6 续表 2

单位：人

年 龄	财产性收入			家庭其他成员供养			其 他		
	小计	男	女	小计	男	女	小计	男	女
总 计	**19679**	**11423**	**8256**	**667128**	**222395**	**444733**	**164183**	**86692**	**77491**
45岁以下	**11753**	**6612**	**5141**	**445460**	**159076**	**286384**	**117267**	**62174**	**55093**
45-49岁	**2789**	**1549**	**1240**	**33811**	**5733**	**28078**	**15065**	**7927**	**7138**
45	463	253	210	5762	922	4840	2803	1499	1304
46	575	335	240	6456	1096	5360	3128	1680	1448
47	581	323	258	6891	1146	5745	3093	1603	1490
48	567	323	244	7136	1218	5918	3018	1566	1452
49	603	315	288	7566	1351	6215	3023	1579	1444
50-54岁	**2301**	**1388**	**913**	**47194**	**10013**	**37181**	**13169**	**6902**	**6267**
50	526	295	231	8544	1530	7014	3034	1595	1439
51	457	264	193	8873	1818	7055	2787	1436	1351
52	500	313	187	10369	2202	8167	2867	1529	1338
53	415	258	157	9010	1970	7040	2176	1111	1065
54	403	258	145	10398	2493	7905	2305	1231	1074
55-59岁	**1600**	**1090**	**510**	**48968**	**13930**	**35038**	**9056**	**4899**	**4157**
55	401	270	131	10597	2656	7941	2212	1193	1019
56	348	225	123	10651	2853	7798	2069	1135	934
57	371	263	108	12143	3598	8545	2188	1190	998
58	332	227	105	10192	3108	7084	1716	907	809
59	148	105	43	5385	1715	3670	871	474	397
60-64岁	**586**	**380**	**206**	**35571**	**12056**	**23515**	**4329**	**2199**	**2130**
60	109	70	39	5597	1730	3867	784	389	395
61	124	87	37	6074	2030	4044	786	396	390
62	142	94	48	7897	2652	5245	961	498	463
63	114	71	43	8601	3101	5500	999	509	490
64	97	58	39	7402	2543	4859	799	407	392
65-69岁	**379**	**237**	**142**	**29301**	**11256**	**18045**	**2954**	**1487**	**1467**
65	92	56	36	7340	2719	4621	773	387	386
66	84	49	35	6752	2544	4208	711	358	353
67	87	58	29	5815	2238	3577	555	290	265
68	62	38	24	5257	2092	3165	488	239	249
69	54	36	18	4137	1663	2474	427	213	214
70-74岁	**157**	**96**	**61**	**13561**	**5564**	**7997**	**1276**	**631**	**645**
70	34	21	13	3653	1527	2126	348	173	175
71	36	21	15	3271	1350	1921	320	146	174
72	39	25	14	2577	1040	1537	232	120	112
73	26	16	10	2151	895	1256	196	107	89
74	22	13	9	1909	752	1157	180	85	95
75-79岁	**73**	**42**	**31**	**6607**	**2630**	**3977**	**547**	**249**	**298**
75	18	11	7	1715	689	1026	151	74	77
76	18	12	6	1398	621	777	130	64	66
77	14	7	7	1257	489	768	101	41	60
78	12	7	5	1180	438	742	78	31	47
79	11	5	6	1057	393	664	87	39	48
80-84岁	**24**	**17**	**7**	**3946**	**1384**	**2562**	**317**	**132**	**185**
80	5	4	1	1011	379	632	62	32	30
81	3	1	2	794	302	492	64	23	41
82	8	7	1	808	263	545	64	24	40
83	5	3	2	686	232	454	70	31	39
84	3	2	1	647	208	439	57	22	35
85-89岁	**11**	**6**	**5**	**1884**	**549**	**1335**	**149**	**72**	**77**
85	2		2	502	159	343	35	16	19
86	3	2	1	454	136	318	39	21	18
87	1	1		402	107	295	29	15	14
88	2	1	1	304	89	215	25	14	11
89	3	2	1	222	58	164	21	6	15
90岁及以上	**6**	**6**		**825**	**204**	**621**	**54**	**20**	**34**

8-7　全省分性别、婚姻状况、主要生活来源的60岁及以上老年人口

单位：人

婚姻状况	60岁及以上人口			劳动收入		
	合计	男	女	小计	男	女
总　计	**233116**	**114300**	**118816**	**37731**	**29012**	**8719**
未　婚	3451	2314	1137	1528	1233	295
有配偶	194176	103765	90411	34417	26736	7681
离　婚	3149	1470	1679	491	368	123
丧　偶	32340	6751	25589	1295	675	620

8-7　续表 1

单位：人

婚姻状况	离退休金/养老金			最低生活保障金			失业保险金		
	小计	男	女	小计	男	女	小计	男	女
总　计	**91503**	**45475**	**46028**	**1319**	**592**	**727**	**6**	**4**	**2**
未　婚	919	420	499	119	103	16	1	1	
有配偶	77104	41794	35310	843	400	443	3	3	
离　婚	1837	747	1090	50	33	17			
丧　偶	11643	2514	9129	307	56	251	2		2

8-7　续表 2

单位：人

婚姻状况	财产性收入			家庭其他成员供养			其　他		
	小计	男	女	小计	男	女	小计	男	女
总　计	**1236**	**784**	**452**	**91695**	**33643**	**58052**	**9626**	**4790**	**4836**
未　婚	39	23	16	456	274	182	389	260	129
有配偶	1116	725	391	72723	29947	42776	7970	4160	3810
离　婚	8	7	1	624	237	387	139	78	61
丧　偶	73	29	44	17892	3185	14707	1128	292	836

8-8 全省分性别、居住状况、主要生活来源的60岁及以上老年人口

单位：人

居住状况	60岁及以上人口			劳动收入		
	合计	男	女	小计	男	女
总　计	**233116**	**114300**	**118816**	**37731**	**29012**	**8719**
与配偶和子女同住	82602	45887	36715	6668	5231	1437
与配偶同住	42632	24876	17756	9825	7210	2615
与子女同住	68813	18784	50029	2851	1752	1099
独居(有保姆)	495	210	285	49	33	16
独居(无保姆)	16625	10439	6186	6467	5353	1114
养老机构	1910	688	1222	17	7	10
其　他	20039	13416	6623	11854	9426	2428

8-8 续表 1

单位：人

居住状况	离退休金/养老金			最低生活保障金			失业保险金		
	小计	男	女	小计	男	女	小计	男	女
总　计	**91503**	**45475**	**46028**	**1319**	**592**	**727**	**6**	**4**	**2**
与配偶和子女同住	37333	21534	15799	403	212	191	2	2	
与配偶同住	21624	12228	9396	187	91	96			
与子女同住	21815	6535	15280	456	115	341	2		2
独居(有保姆)	296	127	169	5	2	3			
独居(无保姆)	5887	2953	2934	147	91	56	1	1	
养老机构	1241	424	817	49	32	17			
其　他	3307	1674	1633	72	49	23	1	1	

8-8 续表 2

单位：人

居住状况	财产性收入			家庭其他成员供养			其　他		
	小计	男	女	小计	男	女	小计	男	女
总　计	**1236**	**784**	**452**	**91695**	**33643**	**58052**	**9626**	**4790**	**4836**
与配偶和子女同住	500	326	174	34724	16915	17809	2972	1667	1305
与配偶同住	318	204	114	9101	4265	4836	1577	878	699
与子女同住	167	77	90	40796	9474	31322	2726	831	1895
独居(有保姆)	3	2	1	126	39	87	16	7	9
独居(无保姆)	147	109	38	3296	1456	1840	680	476	204
养老机构	3	3		560	199	361	40	23	17
其　他	98	63	35	3092	1295	1797	1615	908	707

8-9　全省分年龄、性别、居住状况的60岁及以上老年人口

单位：人

年　龄	60岁及以上人口			与配偶和子女同住		
	合计	男	女	小计	男	女
总　计	**233116**	**114300**	**118816**	**82602**	**45887**	**36715**
60-64岁	**100314**	**50659**	**49655**	**36479**	**19186**	**17293**
60	18234	9180	9054	6309	3254	3055
61	18024	9218	8806	6478	3378	3100
62	22083	11331	10752	7974	4287	3687
63	23164	11764	11400	8523	4539	3984
64	18809	9166	9643	7195	3728	3467
65-69岁	**70033**	**34305**	**35728**	**27456**	**15002**	**12454**
65	17867	8721	9146	7022	3681	3341
66	16710	8226	8484	6607	3533	3074
67	13665	6655	7010	5400	2951	2449
68	12143	6008	6135	4687	2696	1991
69	9648	4695	4953	3740	2141	1599
70-74岁	**31947**	**15725**	**16222**	**11641**	**7069**	**4572**
70	8722	4321	4401	3387	1989	1398
71	7695	3835	3860	2877	1750	1127
72	5923	2886	3037	2124	1315	809
73	5132	2550	2582	1785	1114	671
74	4475	2133	2342	1468	901	567
75-79岁	**15055**	**7090**	**7965**	**4281**	**2771**	**1510**
75	3801	1802	1999	1183	730	453
76	3239	1625	1614	940	637	303
77	2898	1361	1537	811	541	270
78	2672	1202	1470	698	446	252
79	2445	1100	1345	649	417	232
80-84岁	**9401**	**4104**	**5297**	**1971**	**1317**	**654**
80	2356	1083	1273	575	381	194
81	1928	847	1081	433	295	138
82	1915	798	1117	391	257	134
83	1681	745	936	321	220	101
84	1521	631	890	251	164	87
85-89岁	**4561**	**1795**	**2766**	**629**	**438**	**191**
85	1201	489	712	178	122	56
86	1137	446	691	177	116	61
87	953	362	591	111	80	31
88	720	301	419	97	72	25
89	550	197	353	66	48	18
90岁及以上	**1805**	**622**	**1183**	**145**	**104**	**41**

8-9 续表 1 单位：人

年龄	与配偶同住			与子女同住			独居(有保姆)		
	小计	男	女	小计	男	女	小计	男	女
总 计	**42632**	**24876**	**17756**	**68813**	**18784**	**50029**	**495**	**210**	**285**
60-64岁	**18668**	**10748**	**7920**	**25001**	**6433**	**18568**	**74**	**45**	**29**
60	3595	2061	1534	4039	926	3113	7	3	4
61	3450	2026	1424	4268	1075	3193	10	6	4
62	4101	2342	1759	5519	1439	4080	18	11	7
63	4169	2411	1758	6101	1658	4443	21	15	6
64	3353	1908	1445	5074	1335	3739	18	10	8
65-69岁	**12545**	**7070**	**5475**	**20407**	**5917**	**14490**	**77**	**38**	**39**
65	3205	1833	1372	4942	1370	3572	19	9	10
66	2952	1646	1306	4785	1428	3357	20	10	10
67	2455	1369	1086	3909	1118	2791	9	5	4
68	2191	1227	964	3728	1117	2611	15	8	7
69	1742	995	747	3043	884	2159	14	6	8
70-74岁	**6220**	**3642**	**2578**	**10337**	**3007**	**7330**	**52**	**21**	**31**
70	1638	931	707	2688	840	1848	11	5	6
71	1460	846	614	2459	719	1740	8	5	3
72	1133	662	471	1975	549	1426	12	6	6
73	1073	660	413	1653	471	1182	14	2	12
74	916	543	373	1562	428	1134	7	3	4
75-79岁	**2916**	**1815**	**1101**	**5848**	**1618**	**4230**	**47**	**22**	**25**
75	736	438	298	1416	418	998	8	4	4
76	644	425	219	1238	370	868	8	4	4
77	577	347	230	1114	292	822	5	3	2
78	529	325	204	1061	274	787	14	7	7
79	430	280	150	1019	264	755	12	4	8
80-84岁	**1586**	**1068**	**518**	**4122**	**1080**	**3042**	**110**	**40**	**70**
80	449	317	132	971	253	718	17	4	13
81	346	221	125	814	216	598	24	8	16
82	294	185	109	885	237	648	22	11	11
83	270	187	83	755	198	557	22	9	13
84	227	158	69	697	176	521	25	8	17
85-89岁	**563**	**421**	**142**	**2155**	**505**	**1650**	**88**	**31**	**57**
85	162	124	38	581	137	444	18	6	12
86	145	100	45	516	123	393	16	7	9
87	123	94	29	459	102	357	20	7	13
88	81	63	18	337	86	251	16	9	7
89	52	40	12	262	57	205	18	2	16
90岁及以上	**134**	**112**	**22**	**943**	**224**	**719**	**47**	**13**	**34**

8-9　续表 2　　单位：人

年　龄	独居(无保姆)			养老机构			其　他		
	小计	男	女	小计	男	女	小计	男	女
总　计	**16625**	**10439**	**6186**	**1910**	**688**	**1222**	**20039**	**13416**	**6623**
60–64岁	**7869**	**5540**	**2329**	**126**	**68**	**58**	**12097**	**8639**	**3458**
60	1561	1074	487	16	11	5	2707	1851	856
61	1489	1064	425	21	12	9	2308	1657	651
62	1718	1241	477	35	16	19	2718	1995	723
63	1786	1265	521	23	11	12	2541	1865	676
64	1315	896	419	31	18	13	1823	1271	552
65–69岁	**4456**	**2888**	**1568**	**126**	**65**	**61**	**4966**	**3325**	**1641**
65	1151	769	382	30	15	15	1498	1044	454
66	1079	732	347	26	14	12	1241	863	378
67	901	586	315	24	14	10	967	612	355
68	765	472	293	22	10	12	735	478	257
69	560	329	231	24	12	12	525	328	197
70–74岁	**1961**	**1054**	**907**	**172**	**76**	**96**	**1564**	**856**	**708**
70	505	277	228	38	12	26	455	267	188
71	478	279	199	33	18	15	380	218	162
72	357	182	175	36	16	20	286	156	130
73	349	175	174	28	13	15	230	115	115
74	272	141	131	37	17	20	213	100	113
75–79岁	**1077**	**471**	**606**	**218**	**98**	**120**	**668**	**295**	**373**
75	246	119	127	32	15	17	180	78	102
76	230	105	125	47	21	26	132	63	69
77	219	99	120	34	14	20	138	65	73
78	201	78	123	54	26	28	115	46	69
79	181	70	111	51	22	29	103	43	60
80–84岁	**768**	**303**	**465**	**423**	**118**	**305**	**421**	**178**	**243**
80	194	77	117	57	13	44	93	38	55
81	150	50	100	76	23	53	85	34	51
82	142	48	94	96	25	71	85	35	50
83	139	67	72	86	25	61	88	39	49
84	143	61	82	108	32	76	70	32	38
85–89岁	**368**	**133**	**235**	**531**	**174**	**357**	**227**	**93**	**134**
85	105	41	64	105	38	67	52	21	31
86	100	36	64	120	40	80	63	24	39
87	72	21	51	117	35	82	51	23	28
88	53	21	32	101	33	68	35	17	18
89	38	14	24	88	28	60	26	8	18
90岁及以上	**126**	**50**	**76**	**314**	**89**	**225**	**96**	**30**	**66**

8-10 全省分性别、婚姻状况、居住状况的60岁及以上老年人口

单位：人

居住状况	60岁及以上人口			未婚		
	合计	男	女	小计	男	女
总 计	**233116**	**114300**	**118816**	**3451**	**2314**	**1137**
与配偶和子女同住	82602	45887	36715			
与配偶同住	42632	24876	17756			
与子女同住	68813	18784	50029	159	70	89
独居(有保姆)	495	210	285	24	16	8
独居(无保姆)	16625	10439	6186	1100	791	309
养老机构	1910	688	1222	156	84	72
其 他	20039	13416	6623	2012	1353	659

8-10 续表

单位：人

居住状况	有配偶			离婚			丧偶		
	小计	男	女	小计	男	女	小计	男	女
总 计	**194176**	**103765**	**90411**	**3149**	**1470**	**1679**	**32340**	**6751**	**25589**
与配偶和子女同住	82602	45887	36715						
与配偶同住	42632	24876	17756						
与子女同住	41730	13654	28076	1484	463	1021	25440	4597	20843
独居(有保姆)	164	87	77	25	17	8	282	90	192
独居(无保姆)	10763	7823	2940	1041	631	410	3721	1194	2527
养老机构	757	357	400	60	31	29	937	216	721
其 他	15528	11081	4447	539	328	211	1960	654	1306

第五部分　附录

附录 1　广东省第七次全国人口普查工作基本情况

广东省第七次全国人口普查工作基本情况

广东省统计局
广东省第七次全国人口普查领导小组办公室

根据《中华人民共和国统计法》《全国人口普查条例》规定和《国务院关于开展第七次全国人口普查的通知》（国发〔2019〕24号）及《广东省人民政府转发国务院关于开展第七次全国人口普查的通知》（粤府〔2019〕107号）要求，我省进行了第七次全国人口普查。一年多以来，在以习近平同志为核心的党中央坚强领导下，在省委、省政府统一部署下，在各地区各有关部门的大力支持下，在全省各级普查机构和普查人员的共同努力下，在广大普查对象的积极配合下，我省第七次全国人口普查圆满完成普查现场登记和普查主要数据的汇总评估工作，取得重大成果和显著成效。

一、加强组织领导

2019年12月，广东省成立由省委常委、常务副省长林克庆任组长的第七次全国人口普查领导小组，领导小组由24个政府部门组成，办公室设在省统计局。2020年1月，省政府召开全省第七次全国人口普查动员电视电话会议，省长马兴瑞作动员讲话，为确保人口普查工作强力推进、圆满完成打下坚实基础。按照“全省统一领导、部门分工协作、地方分级负责、各方共同参与”的组织实施原则，各市、县（市、区）及乡镇（街道）全部成立普查机构，为普查工作开展提供了坚实的组织保障。相关地方党委、政府全面加强领导，精心组织实施，做到人员到位、经费到位、措施到位。相关部门积极履职尽责、密切协作配合，确保了普查的顺利实施。

二、采用科学方法

广东省第七次全国人口普查领导小组办公室（以下简称省人口普查办公室）借鉴历次普查经验，积极探索方式方法，着力提高普查的科学性、规范性。结合1个国家级专项试点、1个省级综合试点、1个省级专项试点和前期开展大量调研工作的经验积累，按照国务院人口普查办公室《第七次全国人口普查方案》及相关业务流程，印发组织实施、行政资料整理、人员选聘与培训、普查摸底、现场登记、质量验收和时候质量抽查等工作细则，为普查工作有序开展提供制度保障。在现场登记前指导各地开展户口整顿资料库收集上报工作，完整收集全省户籍整顿资料。比对复查首次依据公民身份号码，结合部门行政记录对登记数据进行一致性和完整性比对。

三、坚持依法普查

全省各级普查机构严格遵守《中华人民共和国统计法》《统计法实施条例》《全国人口普查条例》，严明普查纪律，切实保障普查人员独立调查、独立报告职责，坚决抵制伪造、篡改普查数据的行为。强化依法依规普查以及保密教育等方面的专题培训，切实强化基层人口普查机构的责任担当，强化普查指导员和普查员的保密责任和纪律意识，明确各项工作红线。加强基层普查机构和人员的管理和监督，确保严格按照普查方案和细则开展工作，严格保护普查对象的个人隐私。建立健全普查数据质量追溯和问责机制，加强督察检查，及时妥善办理群众举报问题，组织专门力量进行重点抽查核查，对发现的问题认真整改，为普查顺利推进提供坚强法治保障。

四、着力普查创新

省人口普查办公室主动作为，先行先试，开发人口行政资料整理系统，充分利用卫健、公安、民政、教育等部门行政记录，切实提高第七次全国人口普查登记效率和普查数据质量，大数据应用成效显著，部门协助发挥重大作用。创新设计广东人口经济产出与七人普“挂图作战”屏，实时掌握普查进度，狠抓督导落实。开发“广东智能普查”微信公众号，对全省普查人员实现数字化管理、精准管理，确保“两员”队伍的素质与稳定。这次普查首次采用公民身份号码进行信息采集，数据生产全过程电子化、网络化，普查人员全部使用智能终端设备在线采集、实时上报普查数据，有效提高数据采集处理质量和效率。

五、精心组织登记

省人口普查办公室努力克服新冠肺炎疫情影响，制定《广东省第七次全国人口风险防控方案》，将疫情防控工作纳入规范化、制度化、程序化轨道，扎实推进人口普查现场登记工作。全省各级普查机构组织声势浩大的人口普查宣传活动，为人口普查顺利进行营造良好的舆论环境。省委书记李希、省长马兴瑞率先垂范，参加我省第七次全国人口普查登记，常务副省长林克庆到社区调研指导人口普查工作，广泛宣传人口普查。全省近 60 万普查人员按照普查方案要求，完成全省超 4000 户家庭的上门入户登记和比对复查工作，普查动员组织工作力度空前。各地积极探索自主填报方式，在常态化疫情防控下高效便捷地开展普查登记，通过微信扫描二维码，联网实时填报短表信息，大大减少对普查对象的面对面接触和多次入户打扰。

六、确保数据质量

全省各级普查机构严格执行普查方案，确保普查各项要求不走样、不变形。全面采用电子化采集，通过互联网自主填报、电子设备采集、数据实时直接上报等，提高数据采集效率，防止数据人为干预。有效利用各种行政记录数据，为普查登记信息比对工作提供数据支撑。狠抓源头数据质量，实时监控普查数据采集、上报，加强现场核查与业务指导，组织开展现场督导和质量抽查，确保普查数据真实准确。为检验各地普查工作成效和普查数据质量，国务院人口普查办公室在全国组织开展较大规模的人口普查数据事后质量抽查工作，对我省 7 个市，21 个普查小区进行抽查。抽查结果表明，数据质量符合控制标准。

七、全面摸清家底

第七次全国人口普查是在中国特色社会主义进入新时代开展的重大国情国力调查，是在我国全面建成小康社会、第一个百年奋斗目标即将实现，并为开启第二个百年奋斗目标打好基础的重要历史节点开展的一次普查。第七次全国人口普查标准时点是 2020 年 11 月 1 日零时，时期资料为 2020 年度，经历前期准备、全面普查和总结发布三个阶段，对全省超 1 亿人口进行了全面普查登记，汇集了丰富的人口普查基础数据。通过这次普查，基本摸清我省人口数量、结构、分布、城乡住房等方面情况，为科学制定全省“十四五”规划、推动广东经济高质量发展，提供真实准确的统计信息支持。

第五部分 附录

附录2 广东省第七次全国人口普查公报

广东省第七次全国人口普查公报[1]（第一号）

——全省常住人口情况

广东省统计局

广东省第七次全国人口普查领导小组办公室

2021 年 5 月 15 日

根据《中华人民共和国统计法》《全国人口普查条例》规定，我国进行了第七次全国人口普查[2]。在以习近平同志为核心的党中央坚强领导下，在省委、省政府统一部署下，在各地区各有关部门的大力支持下，在全省各级普查机构和普查人员的共同努力下，在广大普查对象的积极配合下，我省第七次全国人口普查圆满完成普查现场登记工作，汇集了丰富翔实的普查数据，取得重要阶段性成果。根据第七次全国人口普查结果，现将 2020 年 11 月 1 日零时我省常住人口[3]的基本情况公布如下：

一、常住人口

全省常住人口[4]为 126012510 人。

二、人口增长

全省常住人口与 2010 年第六次全国人口普查的 104303132 人相比，十年共增加 21709378 人，增长 20.81%，年平均增长率为 1.91%。

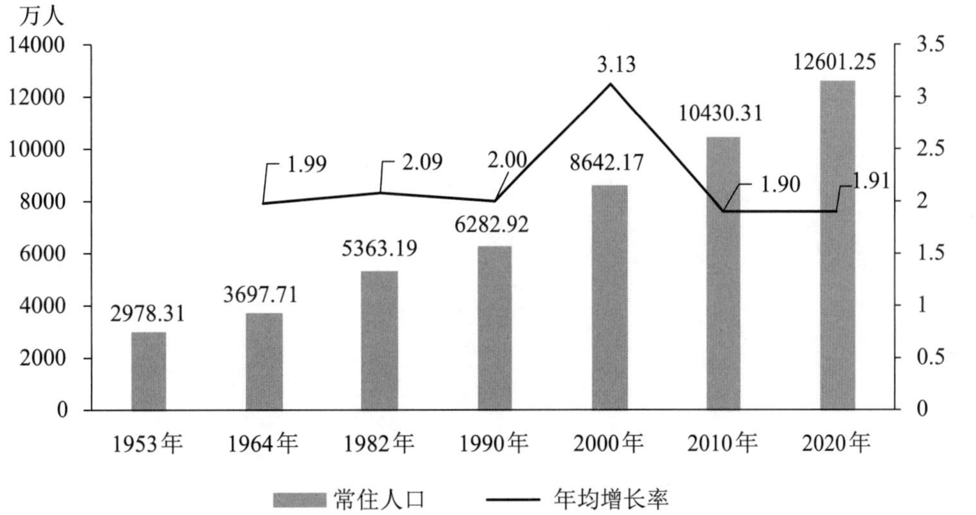

图 1-1 历次人口普查常住人口及年均增长率

三、户别人口

全省共有家庭户[5]42469178 户，集体户 4222469 户，家庭户人口为 111671837 人，集体户人口为 14340673 人。平均每个家庭户的人口为 2.63 人，比 2010 年第六次全国人口普查的 3.20 人减少 0.57 人。

四、民族人口

全省常住人口中，汉族人口为121260372人，占96.23%；各少数民族人口为4752138人，占3.77%。与2010年第六次全国人口普查相比，汉族人口增加19020646人，占比下降1.79个百分点；各少数民族人口增加2688732人，占比上升1.79个百分点。

注释：

[1]本公报中数据均为初步汇总数据。

[2]普查标准时点为2020年11月1日零时，普查对象是普查标准时点在中华人民共和国境内的自然人以及在中华人民共和国境外但未定居的中国公民，不包括在中华人民共和国境内短期停留的境外人员。

[3]常住人口包括：居住在本乡镇街道且户口在本乡镇街道或户口待定的人；居住在本乡镇街道且离开户口登记地所在的乡镇街道半年以上的人；户口在本乡镇街道且外出不满半年或在境外工作学习的人。

[4]全省常住人口是指省内21个地级以上市的人口，不包括居住在省内21个地级以上市的港澳台居民和外籍人员。

[5]家庭户是指以家庭成员关系为主、居住一处共同生活的人组成的户。

广东省第七次全国人口普查公报[1]（第二号）

——地区人口情况

广东省统计局

广东省第七次全国人口普查领导小组办公室

2021 年 5 月 15 日

根据第七次全国人口普查结果，现将 2020 年 11 月 1 日零时我省 21 个地级以上市（以下简称市）的常住人口有关数据公布如下：

一、地区人口

21 个市中，人口超过 1000 万人的市有 3 个，在 500 万人至 1000 万人之间的市有 6 个，在 300 万人至 500 万人之间的市有 5 个，少于 300 万人的市有 7 个。其中，人口居前五位的市合计人口占全省常住人口[2]比重为 50.14%。

分区域[3]看，珠三角核心区人口为 78014335 人，占 61.91%；沿海经济带东翼地区人口为 16321051 人，占 12.95%；沿海经济带西翼地区人口为 15758245 人，占 12.51%；北部生态发展区人口为 15918879 人，占 12.63%。

表 2-1 各市人口

单位：人、%

地 区	人口数		比 重[4]
	2020 年	2010 年	
全 省	**126012510**	**100.00**	**100.00**
广州市	18676605	14.82	12.17
深圳市	17560061	13.93	9.99
珠海市	2439585	1.94	1.50
汕头市	5502031	4.37	5.17
佛山市	9498863	7.54	6.90
韶关市	2855131	2.27	2.71
河源市	2837686	2.25	2.83
梅州市	3873239	3.07	4.07
惠州市	6042852	4.79	4.41
汕尾市	2672819	2.12	2.75
东莞市	10466625	8.31	7.88
中山市	4418060	3.51	2.99
江门市	4798090	3.81	4.27
阳江市	2602959	2.06	2.32
湛江市	6981236	5.54	6.70
茂名市	6174050	4.90	5.58
肇庆市	4113594	3.26	3.76
清远市	3969473	3.15	3.55
潮州市	2568387	2.04	2.56
揭阳市	5577814	4.43	5.63
云浮市	2383350	1.89	2.26

二、地区人口变化

与2010年第六次全国人口普查相比，21个市中，有15个市人口增加。人口增长较多的5个市依次为：深圳市、广州市、佛山市、东莞市、惠州市，分别增加7136531人、5975805人、2304552人、2246388人、1445850人。

分区域看，与2010年第六次全国人口普查相比，珠三角核心区人口所占比重上升8.04个百分点，沿海经济带东翼地区人口所占比重下降3.16个百分点，沿海经济带西翼地区人口所占比重下降2.10个百分点，北部生态发展区人口所占比重下降2.78个百分点。

注释：

[1] 本公报中数据均为初步汇总数据。

[2] 全省常住人口是指省内21个地级以上市的人口，不包括居住在省内21个地级以上市的港澳台居民和外籍人员。

[3] 珠三角核心区包括广州、深圳、珠海、佛山、惠州、东莞、中山、江门和肇庆等9市；沿海经济带东翼地区包括汕头、汕尾、潮州和揭阳等4市；沿海经济带西翼地区包括阳江、湛江和茂名等3市；北部生态发展区包括韶关、河源、梅州、清远和云浮等5市。

[4] 指各地级以上市的常住人口占全省人口的比重，为使口径可比，深圳两次普查人口数据均包含深汕特别合作区。

广东省第七次全国人口普查公报[1]（第三号）

——人口性别构成情况

广东省统计局

广东省第七次全国人口普查领导小组办公室

2021 年 5 月 15 日

根据第七次全国人口普查结果，现将 2020 年 11 月 1 日零时我省 21 个地级以上市（以下简称市）的人口性别构成情况公布如下：

一、全省人口性别构成

全省常住人口[2]中，男性人口为 66873646 人，占 53.07%；女性人口为 59138864 人，占 46.93%。总人口性别比（以女性为 100，男性对女性的比例）由 2010 年第六次全国人口普查的 109.00 上升为 113.08。

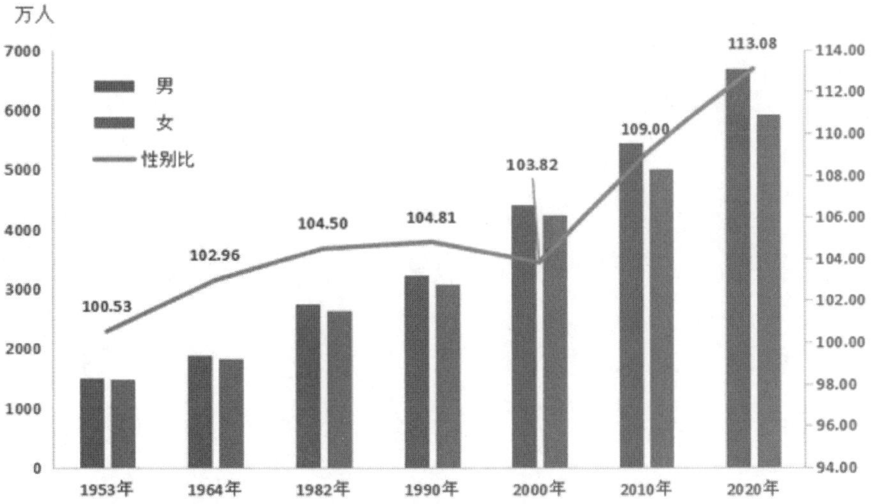

图 3-1 历次人口普查人口性别构成

二、地区人口性别构成

21 个市中，人口性别比在 110 以上的市有 7 个，在 105-110 之间的市有 8 个，在 105 以下的市有 6 个。

表 3-1 各市人口性别构成

单位：%

地 区	占总人口比重		性别比
	男	女	
全 省	**53.07**	**46.93**	**113.08**
广州市	52.83	47.17	111.98
深圳市	55.04	44.96	122.43
珠海市	53.46	46.54	114.87
汕头市	50.46	49.54	101.85
佛山市	54.36	45.64	119.12
韶关市	50.87	49.13	103.56

续表

地　区	占总人口比重		性别比
	男	女	
河源市	51.04	48.96	104.27
梅州市	50.41	49.59	101.65
惠州市	53.77	46.23	116.32
汕尾市	51.80	48.20	107.48
东莞市	56.53	43.47	130.06
中山市	53.94	46.06	117.12
江门市	51.80	48.20	107.47
阳江市	52.33	47.67	109.78
湛江市	52.14	47.86	108.95
茂名市	52.30	47.70	109.63
肇庆市	52.05	47.95	108.57
清远市	51.92	48.08	108.00
潮州市	50.85	49.15	103.44
揭阳市	51.14	48.86	104.68
云浮市	51.73	48.27	107.16

注释：

[1]本公报中数据均为初步汇总数据。

[2]全省常住人口指省内 21 个地级以上市的人口，不包括居住在 21 个地级以上市的港澳台居民和外籍人员。

广东省第七次全国人口普查公报[1]（第四号）

——人口年龄构成情况

广东省统计局

广东省第七次全国人口普查领导小组办公室

2021 年 5 月 15 日

根据第七次全国人口普查结果，现将 2020 年 11 月 1 日零时我省 21 个地级以上市（以下简称市）的常住人口年龄构成情况公布如下：

一、全省人口年龄构成

全省常住人口[2]中，0-14 岁[3]人口为 23749882 人，占 18.85%；15-59 岁人口为 86697562 人，占 68.80%；60 岁及以上人口为 15565066 人，占 12.35%，其中 65 岁及以上人口为 10813000 人，占 8.58%。与 2010 年第六次全国人口普查相比，0-14 岁人口的比重提高 1.97 个百分点，15-59 岁人口的比重下降 4.59 个百分点，60 岁及以上人口的比重提高 2.62 个百分点，65 岁及以上人口的比重提高 1.79 个百分点。

表 4-1　全省人口年龄构成

单位：人、%

年　龄	人口数	比重
总　计	**126012510**	**100.00**
0-14 岁	23749882	18.85
15-59 岁	86697562	68.80
60 岁及以上	15565066	12.35
其中：65 岁及以上	10813000	8.58

二、地区人口年龄构成

21 个市中，15-59 岁人口比重在 65%以上的市有 8 个，在 60%-65%之间的市有 6 个，在 60%以下的市有 7 个。

16 个市 65 岁及以上老年人口比重超过 7%，其中，1 个市 65 岁及以上老年人口比重超过 14%。

表 4-2　各市人口年龄构成

单位：%

地　区	占总人口比重			
	0-14 岁	15-59 岁	60 岁及以上	其中：65 岁及以上
全　省	18.85	68.80	12.35	8.58
广州市	13.87	74.72	11.41	7.82
深圳市	15.11	79.53	5.36	3.22
珠海市	15.88	74.12	10.00	6.64
汕头市	22.28	62.20	15.52	10.67
佛山市	15.11	74.37	10.52	7.35
韶关市	21.60	60.02	18.38	13.12

续表

地 区	占总人口比重			
	0-14 岁	15-59 岁	60 岁及以上	其中：65 岁及以上
河源市	25.28	58.25	16.47	11.74
梅州市	23.50	56.46	20.04	14.41
惠州市	20.76	69.19	10.05	6.83
汕尾市	25.88	59.20	14.92	10.60
东莞市	13.12	81.41	5.47	3.54
中山市	15.69	75.44	8.87	5.98
江门市	16.02	65.72	18.26	13.01
阳江市	22.48	60.53	16.99	12.48
湛江市	26.08	57.13	16.79	11.93
茂名市	27.07	56.13	16.80	12.09
肇庆市	22.16	61.43	16.41	11.81
清远市	23.33	60.34	16.33	11.62
潮州市	19.30	61.53	19.17	13.27
揭阳市	25.53	58.36	16.11	11.30
云浮市	25.12	57.44	17.44	12.50

注释：

[1] 本公报中数据均为初步汇总数据。

[2] 全省常住人口是指省内 21 个地级以上市的人口，不包括居住在省内 21 个地级以上市的港澳台居民和外籍人员。

[3] 0-15 岁人口为 24937244 人，16-59 岁人口为 85510200 人。

广东省第七次全国人口普查公报[1]（第五号）

——人口受教育情况

广东省统计局

广东省第七次全国人口普查领导小组办公室

2021 年 5 月 15 日

根据第七次全国人口普查结果，现将 2020 年 11 月 1 日零时我省 21 个地级以上市（以下简称市）的人口受教育基本情况公布如下：

一、受教育程度人口

全省常住人口[2]中，拥有大学（指大专及以上）文化程度的人口为 19782909 人；拥有高中（含中专）文化程度的人口为 22965096 人；拥有初中文化程度的人口为 44714249 人；拥有小学文化程度的人口为 26054418 人（以上各种受教育程度的人口包括各类学校的毕业生、肄业生和在校生）。与 2010 年第六次全国人口普查相比，每 10 万人中拥有大学文化程度的由 8214 人上升为 15699 人；拥有高中文化程度的由 17072 人上升为 18224 人；拥有初中文化程度的由 42913 人下降为 35484 人；拥有小学文化程度的由 22956 人下降为 20676 人。

表 5-1 各市每 10 万人口中拥有的各类受教育程度人数

单位：人/10 万人

地　区	大学（大专及以上）	高中（含中专）	初中	小学
全　省	**15699**	**18224**	**35484**	**20676**
广州市	27277	22005	29480	13777
深圳市	28849	20695	31220	11512
珠海市	25752	21575	28900	15356
汕头市	8255	17128	33426	28391
佛山市	16143	20556	36318	18683
韶关市	11613	15985	34270	26065
河源市	8480	14711	39983	25408
梅州市	8266	16295	40551	23631
惠州市	12322	16220	40204	21518
汕尾市	5199	10866	34480	33358
东莞市	13241	22279	42219	15713
中山市	13356	19601	38568	20021
江门市	11839	20653	36553	22836
阳江市	9095	15404	35223	28586
湛江市	8817	13986	36890	25896
茂名市	8074	15107	36209	27196
肇庆市	8786	14863	39898	25240
清远市	9255	12182	36707	29237
潮州市	7669	14680	35106	30625
揭阳市	4418	13542	37534	30493
云浮市	6871	12512	41933	26598

二、平均受教育年限[3]

与 2010 年第六次全国人口普查相比，全省常住人口中，15 岁及以上人口的平均受教育年限由 9.55 年提高至 10.38 年。

21 个市中，平均受教育年限在 10 年以上的市有 8 个，在 9 年至 10 年之间的市有 10 个，在 9 年以下的市有 3 个。

表 5-2　各市 15 岁及以上人口平均受教育年限

单位：年

地　区	2020 年	2010 年
全　省	10.38	9.55
广州市	11.61	10.84
深圳市	11.86	10.91
珠海市	11.46	10.82
汕头市	9.30	8.75
佛山市	10.49	9.75
韶关市	9.64	9.07
河源市	9.58	8.98
梅州市	9.68	9.21
惠州市	10.09	9.37
汕尾市	8.40	8.20
东莞市	10.41	9.82
中山市	10.20	9.73
江门市	10.02	9.33
阳江市	9.39	8.79
湛江市	9.45	8.88
茂名市	9.48	8.86
肇庆市	9.53	8.82
清远市	9.26	8.52
潮州市	8.99	8.61
揭阳市	8.86	8.56
云浮市	9.32	8.68

三、文盲人口

全省常住人口中，文盲人口（15 岁及以上不识字的人）为 1826344 人，与 2010 年第六次全国人口普查相比，文盲人口减少 215354 人，文盲率[4]由 1.96%下降为 1.45%，下降 0.51 个百分点。

注释：

[1] 本公报中数据均为初步汇总数据。

[2] 全省常住人口是指省内 21 个地级以上市的人口，不包括居住在省内 21 个地级以上市的港澳台居民和外籍人员。

[3] 平均受教育年限是将各种受教育程度折算成受教育年限计算平均数得出的，具体的折算标准是：小学=6 年，初中=9 年，高中=12 年，大专及以上=16 年。

[4] 文盲率是指省内 21 个地级以上市常住人口中的 15 岁及以上不识字人口所占比例。

广东省第七次全国人口普查公报[1]（第六号）

——城乡人口和流动人口情况

广东省统计局

广东省第七次全国人口普查领导小组办公室

2021 年 5 月 15 日

根据第七次全国人口普查结果，现将 2020 年 11 月 1 日零时我省人口城乡分布及流动情况公布如下：

一、城乡[2]人口

全省常住人口[3]中，居住在城镇的人口为 93436072 人，占 74.15%；居住在乡村的人口为 32576438 人，占 25.85%。与 2010 年第六次全国人口普查相比，城镇人口增加 24408259 人，乡村人口减少 2698881 人，城镇人口比重提高 7.97 个百分点。

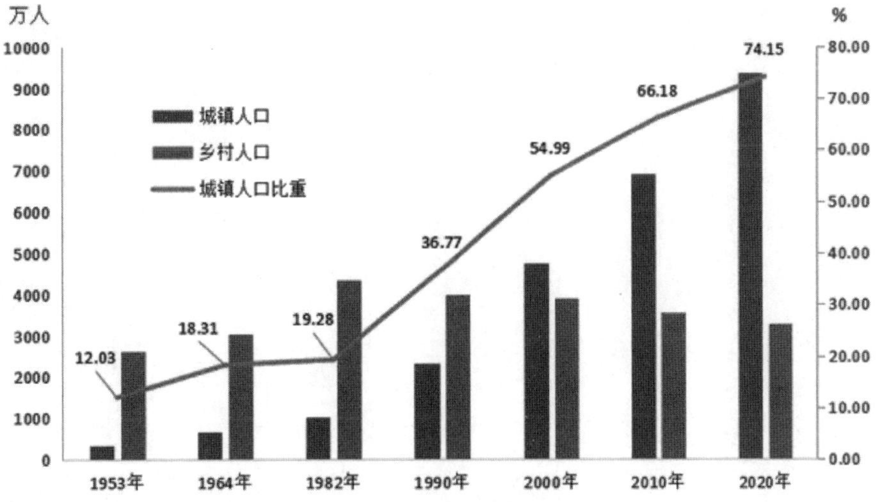

图 6-1 历次人口普查城乡人口及比重

二、流动人口[4]

全省常住人口中，人户分离人口[5]为 60635086 人，其中，市辖区内人户分离[6]人口为 8568936 人，流动人口为 52066150 人。流动人口中，外省流入广东人口为 29622110 人，省内流动人口为 22444040 人。

与 2010 年第六次全国人口普查相比，人户分离人口增加 23828437 人，增长 64.74%；市辖区内人户分离人口增加 6081542 人，增长 244.49%；流动人口增加 17746895 人，增长 51.71%。

注释：

[1] 本公报中数据均为初步汇总数据。

[2] 城镇、乡村是按国家统计局《统计上划分城乡的规定》划分的。

[3] 全省常住人口是指省内 21 个地级以上市的人口，不包括居住在省内 21 个地级以上市的港澳台居民和外籍人员。

[4]流动人口是指人户分离人口中扣除市辖区内人户分离的人口。

[5]人户分离人口是指居住地与户口登记地所在的乡镇街道不一致且离开户口登记地半年以上的人口。

[6]市辖区内人户分离人口是指一个地级市所辖的区内和区与区之间，居住地和户口登记地不在同一乡镇街道的人口。

第五部分 附录

附录 3 国务院关于开展第七次全国人口普查的通知

国务院关于开展第七次全国人口普查的通知

国发〔2019〕24号

各省、自治区、直辖市人民政府，国务院各部委、各直属机构：

根据《中华人民共和国统计法》和《全国人口普查条例》规定，国务院决定于2020年开展第七次全国人口普查。现将有关事项通知如下：

一、总体要求

（一）指导思想。以习近平新时代中国特色社会主义思想为指导，全面贯彻党的十九大和十九届二中、三中、四中全会精神，认真落实党中央、国务院关于统计改革发展的决策部署，坚持实事求是、改革创新，科学设计、精心组织，周密部署、依法实施，确保第七次全国人口普查数据真实准确，全面客观反映我国人口发展状况。

（二）普查目的。第七次全国人口普查是在中国特色社会主义进入新时代开展的重大国情国力调查，将全面查清我国人口数量、结构、分布、城乡住房等方面情况，为完善人口发展战略和政策体系，促进人口长期均衡发展，科学制定国民经济和社会发展规划，推动经济高质量发展，开启全面建设社会主义现代化国家新征程，向第二个百年奋斗目标进军，提供科学准确的统计信息支持。

二、普查对象、内容和时间

普查对象是普查标准时点在中华人民共和国境内的自然人以及在中华人民共和国境外但未定居的中国公民，不包括在中华人民共和国境内短期停留的境外人员。

普查主要调查人口和住户的基本情况，内容包括：姓名、公民身份号码、性别、年龄、民族、受教育程度、行业、职业、迁移流动、婚姻生育、死亡、住房情况等。

普查标准时点是2020年11月1日零时。

三、组织实施

第七次全国人口普查涉及范围广、参与部门多、技术要求高、工作难度大，各地区、各部门要按照“全国统一领导、部门分工协作、地方分级负责、各方共同参与”的原则，认真做好普查的宣传动员和组织实施工作。

为加强组织领导，国务院决定成立第七次全国人口普查领导小组，负责普查组织实施中重大问题的研究和决策。普查领导小组办公室设在国家统计局，具体负责普查的组织实施。各成员单位要按照职能分工，各负其责、通力协作、密切配合，共同做好普查工作。对普查工作中遇到的困难和问题，要及时采取措施予以解决。

地方各级人民政府要设立相应的普查领导小组及其办公室，认真做好本地区普查工作。要充分发挥街道办事处和乡镇政府、居民委员会和村民委员会的作用，广泛引导、动员和组织社会力量积极参与并认真配合做好普查工作。

地方普查机构可根据工作需要，招聘或者从有关单位借调符合条件的普查指导员和普查员。为稳定普查工作队伍，确保普查工作顺利进行，应及时支付招聘人员的劳动报酬，保证借调人员在原单位的工资、福利及其他待遇不变，并保留其原有工作岗位。

四、经费保障

第七次全国人口普查所需经费，由中央和地方各级人民政府共同负担，并列入相应年度的财政预算，按时拨付、确保到位。

五、工作要求

（一）坚持依法普查。各地区、各部门要按照《中华人民共和国统计法》、《中华人民共和国统计法实施条例》、《全国人口普查条例》等法律法规要求，认真做好普查各项工作。普查取得的数据，严格限定用于普查目的，不得作为任何部门和单位对各级行政管理工作实施考核、奖惩的依据。普查中获得的能够识别或者推断单个普查对象身份的资料，不得作为对普查对象实施处罚等具体行政行为的依据。

（二）确保数据质量。建立健全普查数据质量追溯和问责机制，各级人民政府统计机构要加大对普查工作中违纪违法行为的查处和通报曝光力度，坚决杜绝人为干扰普查工作的现象，确保普查工作顺利进行和普查数据真实准确。对普查中发现应当给予党纪政务处分或组织处理的统计违纪违法责任人，由统计机构按规定提出处分处理建议并及时移送任免机关、纪检监察机关或组织（人事）部门。

（三）提升信息化水平。采取电子化方式开展普查登记，探索使用智能手机采集数据。广泛应用部门行政记录，推进大数据在普查中的应用，提高普查数据采集处理效能。全流程加强对公民个人信息的保护，各级普查机构及其工作人员必须严格履行保密义务，严禁向任何机构、单位、个人泄露或出售公民个人信息。

（四）加强宣传工作。各级普查机构要会同宣传部门认真做好普查宣传的策划和组织工作。采用多种手段，广泛深入宣传第七次全国人口普查的重要意义和要求，引导广大普查对象依法配合普查，如实申报普查项目，为普查工作顺利实施创造良好舆论环境。

附件：国务院第七次全国人口普查领导小组组成人员名单（略）

国务院

2019 年 10 月 31 日

（此件公开发布）

广东省人民政府转发国务院关于开展第七次全国人口普查的通知

粤府〔2019〕107号

各地级以上市人民政府，省政府各部门、各直属机构：

现将《国务院关于开展第七次全国人口普查的通知》（国发〔2019〕24号）转发给你们，请认真贯彻执行。

人口普查是重大的国情国力调查，各地、各部门务必高度重视，把第七次全国人口普查工作列入重要议事日程，制订切实可行的普查方案并认真组织实施。为加强对此项工作的组织领导，省政府决定成立广东省第七次全国人口普查领导小组，办公室设在省统计局，具体负责普查的组织实施。省有关部门要按照职责分工，各负其责、通力协作、密切配合。各地政府要在2020年1月底前设立相应的普查领导小组及其办公室，抓紧组织做好相关事项的部署安排。本次普查经费按照事权与支出责任相适应和分级负担的原则，由各级财政共同负担，所需资金按程序报批后由各级财政予以保障。

附件：广东省第七次全国人口普查领导小组组成人员名单（略）

广东省人民政府
2019年12月22日

第五部分 附录

附录 4 全国人口普查条例

中华人民共和国国务院令

第 576 号

《全国人口普查条例》已经 2010 年 5 月 12 日国务院第 111 次常务会议通过，现予公布，自 2010 年 6 月 1 日起施行。

总理　温家宝

二〇一〇年五月二十四日

全国人口普查条例

第一章　总　　则

第一条　为了科学、有效地组织实施全国人口普查，保障人口普查数据的真实性、准确性、完整性和及时性，根据《中华人民共和国统计法》，制定本条例。

第二条　人口普查的目的是全面掌握全国人口的基本情况，为研究制定人口政策和经济社会发展规划提供依据，为社会公众提供人口统计信息服务。

第三条　人口普查工作按照全国统一领导、部门分工协作、地方分级负责、各方共同参与的原则组织实施。

国务院统一领导全国人口普查工作，研究决定人口普查中的重大问题。地方各级人民政府按照国务院的统一规定和要求，领导本行政区域的人口普查工作。

在人口普查工作期间，各级人民政府设立由统计机构和有关部门组成的人口普查机构（以下简称普查机构），负责人口普查的组织实施工作。

村民委员会、居民委员会应当协助所在地人民政府动员和组织社会力量，做好本区域的人口普查工作。

国家机关、社会团体、企业事业单位应当按照《中华人民共和国统计法》和本条例的规定，参与并配合人口普查工作。

第四条　人口普查对象应当按照《中华人民共和国统计法》和本条例的规定，真实、准确、完整、及时地提供人口普查所需的资料。

人口普查对象提供的资料，应当依法予以保密。

第五条　普查机构和普查机构工作人员、普查指导员、普查员（以下统称普查人员）依法独立行使调查、报告、监督的职权，任何单位和个人不得干涉。

地方各级人民政府、各部门、各单位及其负责人，不得自行修改普查机构和普查人员依法搜集、整理的人口普查资料，不得以任何方式要求普查机构和普查人员及其他单位和个人伪造、篡改人口普查资料，不得对依法履行职责或者拒绝、抵制人口普查违法行为的普查人员打击报复。

第六条　各级人民政府应当利用报刊、广播、电视、互联网和户外广告等媒介，开展人口普查的宣传动员工作。

第七条 人口普查所需经费，由国务院和地方各级人民政府共同负担，并列入相应年度的财政预算，按时拨付，确保足额到位。

人口普查经费应当统一管理、专款专用，从严控制支出。

第八条 人口普查每 10 年进行一次，尾数逢 0 的年份为普查年度，标准时点为普查年度的 11 月 1 日零时。

第九条 国家统计局会同国务院有关部门制定全国人口普查方案（以下简称普查方案），报国务院批准。

人口普查应当按照普查方案的规定执行。

第十条 对认真执行本条例，忠于职守、坚持原则，做出显著成绩的单位和个人，按照国家有关规定给予表彰和奖励。

第二章　人口普查的对象、内容和方法

第十一条 人口普查对象是指普查标准时点在中华人民共和国境内的自然人以及在中华人民共和国境外但未定居的中国公民，不包括在中华人民共和国境内短期停留的境外人员。

第十二条 人口普查主要调查人口和住户的基本情况，内容包括姓名、性别、年龄、民族、国籍、受教育程度、行业、职业、迁移流动、社会保障、婚姻、生育、死亡、住房情况等。

第十三条 人口普查采用全面调查的方法，以户为单位进行登记。

第十四条 人口普查采用国家统计分类标准。

第三章　人口普查的组织实施

第十五条 人口普查登记前，公安机关应当按照普查方案的规定完成户口整顿工作，并将有关资料提交本级人口普查机构。

第十六条 人口普查登记前应当划分普查区，普查区以村民委员会、居民委员会所辖区域为基础划分，每个普查区划分为若干普查小区。

第十七条 每个普查小区应当至少有一名普查员负责入户登记等普查工作。每个普查区应当至少有一名普查指导员，负责安排、指导、督促和检查普查员的工作，也可以直接进行入户登记。

第十八条 普查指导员和普查员应当具有初中以上文化水平，身体健康，责任心强。

第十九条 普查指导员和普查员可以从国家机关、社会团体、企业事业单位借调，也可以从村民委员会、居民委员会或者社会招聘。借调和招聘工作由县级人民政府负责。

国家鼓励符合条件的公民作为志愿者参与人口普查工作。

第二十条 借调的普查指导员和普查员的工资由原单位支付，其福利待遇保持不变，并保留其原有工作岗位。

招聘的普查指导员和普查员的劳动报酬，在人口普查经费中予以安排，由聘用单位支付。

第二十一条 普查机构应当对普查指导员和普查员进行业务培训，并对考核合格的人员颁发全国统一的普查指导员证或者普查员证。

普查指导员和普查员执行人口普查任务时，应当出示普查指导员证或者普查员证。

第二十二条 人口普查登记前，普查指导员、普查员应当绘制普查小区图，编制普查小区户主姓名底册。

第二十三条 普查指导员、普查员入户登记时，应当向人口普查对象说明人口普查的目的、法律依据以及人口普查对象的权利和义务。

第二十四条 人口普查对象应当按时提供人口普查所需的资料，如实回答相关问题，不得隐瞒有关情况，不得提供虚假信息，不得拒绝或者阻碍人口普查工作。

第二十五条 人口普查对象应当在普查表上签字或者盖章确认，并对其内容的真实性负责。

第二十六条 普查人员应当坚持实事求是，恪守职业道德，拒绝、抵制人口普查工作中的违法行为。

普查机构和普查人员不得伪造、篡改普查资料，不得以任何方式要求任何单位和个人提供虚假的普查资料。

第二十七条 人口普查实行质量控制岗位责任制，普查机构应当对人口普查实施中的每个环节实行质量控制和检查，对人口普查数据进行审核、复查和验收。

第二十八条 国家统计局统一组织人口普查数据的事后质量抽查工作。

第四章 人口普查资料的管理和公布

第二十九条 地方各级普查机构应当按照普查方案的规定进行数据处理，并按时上报人口普查资料。

第三十条 人口普查汇总资料，除依法应当保密的外，应当予以公布。

全国和各省、自治区、直辖市主要人口普查数据，由国家统计局以公报形式公布。

地方人民政府统计机构公布本行政区域主要人口普查数据，应当报经上一级人民政府统计机构核准。

第三十一条 各级人民政府统计机构应当做好人口普查资料的管理、开发和应用，为社会公众提供查询、咨询等服务。

第三十二条 人口普查中获得的原始普查资料，按照国家有关规定保存、销毁。

第三十三条 人口普查中获得的能够识别或者推断单个普查对象身份的资料，任何单位和个人不得对外提供、泄露，不得作为对人口普查对象作出具体行政行为的依据，不得用于人口普查以外的目的。

人口普查数据不得作为对地方人民政府进行政绩考核和责任追究的依据。

第五章 法律责任

第三十四条 地方人民政府、政府统计机构或者有关部门、单位的负责人有下列行为之一的，由任免机关或者监察机关依法给予处分，并由县级以上人民政府统计机构予以通报；构成犯罪的，依法追究刑事责任：

（一）自行修改人口普查资料、编造虚假人口普查数据的；

（二）要求有关单位和个人伪造、篡改人口普查资料的；

（三）不按照国家有关规定保存、销毁人口普查资料的；

（四）违法公布人口普查资料的；

（五）对依法履行职责或者拒绝、抵制人口普查违法行为的普查人员打击报复的；

（六）对本地方、本部门、本单位发生的严重人口普查违法行为失察的。

第三十五条 普查机构在组织实施人口普查活动中有下列违法行为之一的，由本级人民政府或者上级人民政府统计机构责令改正，予以通报；对直接负责的主管人员和其他直接责任人员，由任免机关或者监察机关依法给予处分：

（一）不执行普查方案的；

（二）伪造、篡改人口普查资料的；

（三）要求人口普查对象提供不真实的人口普查资料的；

（四）未按照普查方案的规定报送人口普查资料的；

（五）违反国家有关规定，造成人口普查资料毁损、灭失的；

（六）泄露或者向他人提供能够识别或者推断单个普查对象身份的资料的。

普查人员有前款所列行为之一的，责令其停止执行人口普查任务，予以通报，依法给予处分。

第三十六条 人口普查对象拒绝提供人口普查所需的资料，或者提供不真实、不完整的人口普查资料的，由县级以上人民政府统计机构责令改正，予以批评教育。

人口普查对象阻碍普查机构和普查人员依法开展人口普查工作，构成违反治安管理行为的，由公安机关依法给予处罚。

第三十七条 县级以上人民政府统计机构应当设立举报电话和信箱，接受社会各界对人口普查违法行为的检举和监督。

第六章 附 则

第三十八条 中国人民解放军现役军人、人民武装警察等人员的普查内容和方法，由国家统计局会同国务院有关部门、军队有关部门规定。

交通极为不便地区的人口普查登记的时间和方法，由国家统计局会同国务院有关部门规定。

第三十九条 香港特别行政区、澳门特别行政区的人口数，按照香港特别行政区政府、澳门特别行政区政府公布的资料计算。

台湾地区的人口数，按照台湾地区有关主管部门公布的资料计算。

第四十条 为及时掌握人口发展变化情况，在两次人口普查之间进行全国 1%人口抽样调查。全国 1%人口抽样调查参照本条例执行。

第四十一条 本条例自 2010 年 6 月 1 日起施行。

第五部分 附录

附录 5 第七次全国人口普查方案

第七次全国人口普查方案

国家统计局
国务院第七次全国人口普查领导小组办公室

第一部分　总说明

根据《中华人民共和国统计法》《中华人民共和国统计法实施条例》《全国人口普查条例》和《国务院关于开展第七次全国人口普查的通知》，制定本方案。

一、普查目的

全面查清我国人口数量、结构、分布、城乡住房等方面情况，为完善人口发展战略和政策体系，促进人口长期均衡发展，科学制定国民经济和社会发展规划，推动经济高质量发展，开启全面建设社会主义现代化国家新征程，向第二个百年奋斗目标进军，提供科学准确的统计信息支持。

二、普查时点

普查的标准时点是2020年11月1日零时。

三、普查对象

普查对象是指普查标准时点在中华人民共和国境内的自然人以及在中华人民共和国境外但未定居的中国公民，不包括在中华人民共和国境内短期停留的境外人员。

四、普查内容和普查表

普查登记的主要内容包括：姓名、公民身份号码、性别、年龄、民族、受教育程度、行业、职业、迁移流动、婚姻生育、死亡、住房情况等。

根据不同的普查对象和普查内容，具体分为四种普查表。

（一）第七次全国人口普查短表

普查短表包括反映人口基本状况的项目，由全部住户（不包括港澳台居民和外籍人员）填报。

（二）第七次全国人口普查长表

普查长表包括所有短表项目和人口的经济活动、婚姻生育和住房等情况的项目，在全部住户中抽取10%的户（不包括港澳台居民和外籍人员）填报。

（三）第七次全国人口普查港澳台居民和外籍人员普查表

港澳台居民和外籍人员普查表包括反映人口基本状况的项目以及入境目的、居住时间、身份或国籍、就业情况等项目，由在境内居住的港澳台居民和外籍人员填报。

（四）第七次全国人口普查死亡人口调查表

死亡人口调查表包括死亡人口的基本信息，由2019年11月1日至2020年10月31日期间有死亡人口的户填报。

五、普查方法

普查采用全面调查的方法，以户为单位进行登记。

普查采用按现住地登记的原则，每个人必须在现住地进行登记。普查对象不在户口登记地居住的，户口登记地要登记相应信息。

普查登记采用普查员入户询问、当场填报，或由普查对象自主填报等方式进行。

普查数据采集原则上采用电子化的方式。采取普查员使用电子采集设备（PAD 或智能手机）登记普查对象信息并联网实时上报，或由普查对象通过互联网自主填报等方式进行。

普查员应按照工作要求，在户口整顿基础上对所负责普查小区进行全面摸底，掌握普查小区内的人口和居住情况，编制《户主姓名底册》，根据《户主姓名底册》进行入户登记工作，并参考部门行政记录等资料进行比对复查，确保普查登记真实准确、不重不漏。

六、普查数据处理

各级普查机构负责普查数据处理。国务院人口普查办公室统一编制数据采集、审核、编辑、汇总程序。

国务院人口普查办公室集中部署数据采集处理环境。各级普查机构应保障必要的数据处理办公环境和网络条件，采取必要的安全措施，确保数据处理工作安全、顺利地进行。

七、普查组织实施

（一）全国统一领导

国务院第七次全国人口普查领导小组负责普查组织实施中重大问题的研究和决策。普查领导小组办公室设在国家统计局，具体负责普查的组织实施。

（二）部门分工协作

领导小组各成员单位要按照职能分工，各负其责、通力协作、密切配合，共同做好普查工作。对普查工作中遇到的困难和问题，要及时采取措施予以解决。

（三）地方分级负责

地方各级人民政府设立相应的普查领导小组及其办公室，领导和组织实施本区域内的普查工作。村民委员会和居民委员会设立人口普查小组，协助街道办事处和乡镇政府动员和组织社会力量，做好本区域内的普查工作。

普查指导员和普查员可以从国家机关、社会团体、企业事业单位借调，也可以从村民委员会、居民委员会或者社会招聘。借调和招聘工作由县级人民政府负责。

（四）各方共同参与

国家机关、社会团体、企业事业单位应当按照《中华人民共和国统计法》《中华人民共和国统计法实施条例》和《全国人口普查条例》的规定，参与并配合普查工作。

八、普查质量控制

普查实行严格的质量控制制度，建立健全普查数据质量追溯和问责机制，确保普查数据可核查、可追溯、可问责。国务院人口普查办公室统一领导、统筹协调普查全过程质量控制的有关工作。地方各级普查机构主要负责人对本行政区域普查数据质量负总责，确保普查数据真实、准确、完整、及时。各级普查办公室必须严格执行各阶段工作要求，保证各阶段工作质量达到规定标准，确保普查工作质量与数据质量合格达标。

九、普查宣传

各级宣传部门和普查机构应制定宣传工作方案，深入开展普查宣传。

各级宣传部门应组织协调新闻媒体及有关部门，通过报刊、广播、电视、互联网、手机和户外广告等多种渠道，充分利用微博、微信、短视频等新媒体传播手段，宣传普查的重大意义、政策规定和工作要求，积极营造良好的普查氛围。

各级普查机构要组织开展形式多样的宣传活动，动员社会各界支持、参与普查。

十、普查法规与纪律要求

坚持依法普查，普查工作要严格按照《中华人民共和国统计法》《中华人民共和国统计法实施条例》《全国人口普查条例》《国务院关于开展第七次全国人口普查的通知》及相关规定组织开展。

普查对象应当依法履行普查义务，如实提供普查信息，不得虚报、瞒报、拒报。拒绝提供普查所需的资料，或者提供不真实、不完整的普查资料的，由县级以上人民政府统计机构责令改正，予以批评教育，情节严重的依法严肃处理。普查取得的数据，严格限定用于普查目的，不得作为任何部门和单位对各级行政管理工作实施考核、奖惩的依据。普查中获得的能够识别或者推断单个普查对象身份的资料，任何单位和个人不得对外提供、泄露，不得作为对普查对象实施处罚等具体行政行为的依据，不得用于普查以外的目的。各级普查机构及其工作人员，必须严格履行保密义务。

十一、普查主要工作阶段

普查工作分三个阶段进行：

一是准备阶段（2019 年 10 月—2020 年 10 月）。这一阶段的主要工作是：组建各级普查机构，制定普查方案和工作计划，进行普查试点，落实普查经费和物资，准备数据采集处理环境，开展普查宣传，选聘培训普查指导员和普查员，普查区域划分及绘图，进行户口整顿，开展摸底等。

二是普查登记阶段（2020 年 11 月—12 月）。这一阶段的主要工作是：普查员入户登记，进行比对复查，开展事后质量抽查等。

三是数据汇总和发布阶段（2020 年 12 月—2022 年 12 月）。这一阶段的主要工作是：数据处理、汇总、评估，发布主要数据公报，普查资料开发利用等。

十二、其他

（一）香港特别行政区、澳门特别行政区的人口数，按照香港特别行政区政府、澳门特别行政区政府公布的资料计算。

台湾地区的人口数，按照台湾地区有关主管部门公布的资料计算。

（二）因交通极为不便等特殊因素，需采用其他登记时间和方法的地区，须报请国务院人口普查办公室批准。

（三）对认真执行本方案，忠于职守，坚持原则，在普查工作中做出显著成绩的单位和个人，按照国家有关规定给予表彰奖励。

（四）本方案由国务院人口普查办公室负责解释。

第二部分　普查表式

第七次全国人口普查短表

经国务院批准进行第七次全国人口普查
人口普查的标准时点为2020年11月1日零时
人口普查的原始资料不向任何单位和个人提供，
仅供汇总使用
公民应履行如实申报普查项目的义务

表　　号：R 6 0 1 表
制定机关：国家统计局
国务院人口普查办公室
批准文号：国发（2019）24号
有效期至：2021年3月

地址：_____省（区、市）_____市（地、州、盟）_____县（市、区、旗）_____乡（镇、街道）_____普查区_____普查小区_____户编号

一、住户项目

H1．户别
1．家庭户
2．集体户

H2．本户应登记人数
2020年10月31日晚居住本户的人数_____人
户口在本户，2020年10月31日晚未住本户的人数_____人

H3．本户2019年11月1日至2020年10月31日期间的出生人口
男_____人 女_____人

H4．本户2019年11月1日至2020年10月31日期间的死亡人口
男_____人 女_____人

H5．住所类型
1．普通住宅
2．集体住所
3．工作地住所
4．其他住房
5．无住房
（选择2—5的，跳至个人项目。）

H6．本户现住房建筑面积
_____平方米

H7．本户现住房间数

_____间

二、个人项目

每个人都填报的项目

D1．姓名

____

D2．与户主关系

0．户主
1．配偶
2．子女
3．父母
4．岳父母或公婆
5．祖父母
6．媳婿
7．孙子女
8．兄弟姐妹
9．其他

D3．公民身份号码

□□□□□□□□□□□□□□□□□□

D4．性别

1．男
2．女

D5．出生年月

出生于：_______年_______月

D6．民族

_______族

D7．普查时点（2020 年 11 月 1 日零时）居住地

1．本普查小区
2．本村（居）委会其他普查小区
3．本乡（镇、街道）其他村（居）委会
4．本县（市、区、旗）其他乡（镇、街道）
5．其他县（市、区、旗），请在下面填写地址

________省（区、市）
________市（地、州、盟）
________县（市、区、旗）
6．香港特别行政区、澳门特别行政区、台湾地区
7．国外

D8．户口登记地
1．本村（居）委会
2．本乡（镇、街道）其他村（居）委会
3．本县（市、区、旗）其他乡（镇、街道）
4．其他县（市、区、旗），请在下面填写地址
________省（区、市）
________市（地、州、盟）
________县（市、区、旗）
5．户口待定→D11

D9．离开户口登记地时间
1．没有离开户口登记地→D11
2．不满半年
3．半年以上，不满一年
4．一年以上，不满二年
5．二年以上，不满三年
6．三年以上，不满四年
7．四年以上，不满五年
8．五年以上，不满十年
9．十年以上

D10．离开户口登记地原因
0．工作就业
1．学习培训
2．随同离开/投亲靠友
3．拆迁/搬家
4．寄挂户口
5．婚姻嫁娶
6．照料孙子女
7．为子女就学
8．养老/康养
9．其他

3周岁及以上（2017年10月31日以前出生）的人填报的项目
D11．受教育程度
1．未上过学

2．学前教育
3．小学
4．初中
5．高中
6．大学专科
7．大学本科
8．硕士研究生
9．博士研究生

15 周岁及以上（2005 年 10 月 31 日以前出生）的人填报的项目

D12．是否识字

1．是
2．否

第七次全国人口普查长表

经国务院批准进行第七次全国人口普查
人口普查的标准时点为2020年11月1日零时
人口普查的原始资料不向任何单位和个人提供，
仅供汇总使用
公民应履行如实申报普查项目的义务

表　　号：R 6 0 2 表
制定机关：国　家　统　计　局
国务院人口普查办公室
批准文号：国发（2019）24 号
有效期至：2 0 2 1 年 3 月

地址：_____省（区、市）_____市（地、州、盟）_____县（市、区、旗）_____乡（镇、街道）_____普查区_____普查小区_____户编号

一、住户项目

H1．户别

1．家庭户
2．集体户

H2．本户应登记人数

2020年10月31日晚居住本户的人数_____人
户口在本户，2020年10月31日晚未住本户的人数_____人

H3．本户2019年11月1日至2020年10月31日期间的出生人口

男_____人　女_____人

H4．本户2019年11月1日至2020年10月31日期间的死亡人口

男_____人　女_____人

H5．住所类型

1．普通住宅
2．集体住所
3．工作地住所
4．其他住房
5．无住房

（选择2—5的，跳至个人项目。）

H6．本户现住房建筑面积

_____平方米

H7．本户现住房间数

_____间

H8．住房所在建筑的总层数

1．平房
2．多层（7 层及以下）
3．高层（8—33 层）
4．超高层（34 层及以上）

H9．承重类型

1．钢及钢筋混凝土结构
2．混合结构
3．砖木结构
4．竹草土坯结构
5．其他结构

H10．住房建成年代

1．1949 年以前
2．1949—1959 年
3．1960—1969 年
4．1970—1979 年
5．1980—1989 年
6．1990—1999 年
7．2000—2009 年
8．2010—2014 年
9．2015 年以后

H11．住房所在建筑有无电梯

1．有
2．无

H12．主要炊事燃料

1．燃气
2．电
3．煤炭
4．柴草
5．其他

H13．住房内有无管道自来水

1．有
2．无

H14．住房内有无厨房

1．独立使用
2．与其他户合用

3．无

H15．住房内有无厕所

1．水冲式卫生厕所
2．水冲式非卫生厕所
3．卫生旱厕
4．普通旱厕
5．无

H16．住房内有无洗澡设施

1．统一供热水
2．家庭自装热水器
3．其他
4．无

H17．住房来源

1．租赁廉租房/公租房
2．租赁其他住房
3．购买新建商品房
4．购买二手房
5．购买原公有住房
6．购买经济适用房/两限房
7．自建住房
8．继承或赠予
9．其他

（选择3—9的，跳至H19。）

H18．月租房费用

0．200元以下
1．200—499元
2．500—999元
3．1000—1999元
4．2000—2999元
5．3000—3999元
6．4000—5999元
7．6000—7999元
8．8000—9999元
9．10000元以上

H19．拥有全部家用汽车的总价

1．不满10万元
2．10万元以上，不满20万元

3．20 万元以上，不满 30 万元
4．30 万元以上，不满 50 万元
5．50 万元以上，不满 100 万元
6．100 万元以上
7．没有汽车

二、个人项目

每个人都填报的项目

C1．姓名

____

C2．与户主关系

0．户主
1．配偶
2．子女
3．父母
4．岳父母或公婆
5．祖父母
6．媳婿
7．孙子女
8．兄弟姐妹
9．其他

C3．公民身份号码

□□□□□□□□□□□□□□□□□□

C4．性别

1．男
2．女

C5．出生年月

出生于：________年________月

C6．民族

________族

C7．普查时点（2020 年 11 月 1 日零时）居住地

1．本普查小区
2．本村（居）委会其他普查小区
3．本乡（镇、街道）其他村（居）委会
4．本县（市、区、旗）其他乡（镇、街道）

5．其他县（市、区、旗），请在下面填写地址

_______省（区、市）

_______市（地、州、盟）

_______县（市、区、旗）

6．香港特别行政区、澳门特别行政区、台湾地区

7．国外

C8．户口登记地

1．本村（居）委会

2．本乡（镇、街道）其他村（居）委会

3．本县（市、区、旗）其他乡（镇、街道）

4．其他县（市、区、旗），请在下面填写地址

_______省（区、市）

_______市（地、州、盟）

_______县（市、区、旗）

5．户口待定→C12

C9．离开户口登记地时间

1．没有离开户口登记地→C12

2．不满半年

3．半年以上，不满一年

4．一年以上，不满二年

5．二年以上，不满三年

6．三年以上，不满四年

7．四年以上，不满五年

8．五年以上，不满十年

9．十年以上

C10．离开户口登记地原因

0．工作就业

1．学习培训

2．随同离开/投亲靠友

3．拆迁/搬家

4．寄挂户口

5．婚姻嫁娶

6．照料孙子女

7．为子女就学

8．养老/康养

9．其他

C11．户口登记地类型

1．乡

2．镇的村委会
3．镇的居委会
4．街道

C12．是否有农村土地承包经营权

1．有
2．无

C13．出生地

1．本县（市、区、旗）
2．本省其他县（市、区、旗）
3．省外：______省（区、市）

5 周岁及以上（2015 年 10 月 31 日以前出生）的人填报的项目

C14．五年前常住地

2015 年 11 月 1 日常住地：
1．本县（市、区、旗）
2．其他地区，请在下面填写地址
_____省（区、市）
_____市（地、州、盟）
_____县（市、区、旗）

3 周岁及以上（2017 年 10 月 31 日以前出生）的人填报的项目

C15．受教育程度

1．未上过学→C17
2．学前教育→C17
3．小学
4．初中
5．高中
6．大学专科
7．大学本科
8．硕士研究生
9．博士研究生

C16．学业完成情况

1．在校
2．毕业
3．肄业
4．辍学
5．其他

15 周岁及以上（2005 年 10 月 31 日以前出生）的人填报的项目

C17．是否识字

1．是

2．否

C18．工作情况

10 月 25—31 日是否为取得收入而工作了一小时以上（包括临时工、依托互联网平台灵活就业、家庭经营无酬帮工等）

1．是，上周工作时间_______小时

2．在职休假、在职学习培训、临时停工（保留工资）

3．未做任何工作→C22

C19．工作单位或生产经营活动所属类型

1．企业、事业、机关或社会团体等法人单位

2．个体经营户

3．经营农村家庭承包地（家庭农林牧渔生产经营活动）

4．自由职业/灵活就业

C20．行业

单位详细名称：____

主要产品或主要业务：___________________________________

C21．职业

本人从事的具体工作：___________________________________→C23

C22．未工作原因

1．在校学习

2．离退休

3．料理家务

4．丧失工作能力

5．其他

C23．主要生活来源

1．劳动收入

2．离退休金/养老金

3．最低生活保障金

4．失业保险金

5．财产性收入

6．家庭其他成员供养

7．其他

C24．婚姻状况

1．未婚→C28

2．有配偶

3．离婚

4．丧偶

C25．初婚年月

______年______月

15至64周岁（1955年11月1日—2005年10月31日出生）的妇女填报的项目

C26．生育子女数

1．未生育→C28

2．有生育（请填报生育的子女数）

生过几个孩子：

男______人

女______人

其中现在存活几个孩子：

男______人

女______人

15至50周岁（1969年11月1日—2005年10月31日出生）的妇女填报的项目

C27．过去一年（2019年11月1日—2020年10月31日）的生育状况

1．一年内未生育（结束）

2．一年内有生育（请填报生育时间和孩子性别）

生育时间：

____月

婴儿性别：

1．男

2．女

一年内生育两个以上孩子的，请填报第二个孩子的状况。

生育时间：

____月

婴儿性别：

1．男

2．女

60周岁及以上（1960年10月31日以前出生）的人填报的项目

C28．居住状况

1．与配偶和子女同住

2．与配偶同住

3．与子女同住
4．独居（有保姆）
5．独居（无保姆）
6．养老机构
7．其他

C29．身体健康状况
1．健康
2．基本健康
3．不健康，但生活能自理
4．不健康，生活不能自理

第七次全国人口普查港澳台居民和外籍人员普查表
The Seventh National Population Census Form for Residents from Hong Kong, Macao, Taiwan and from Foreign Countries

中国政府决定进行第七次全国人口普查
人口普查标准时点为2020年11月1日零时
我们将对您在普查表中填写的信息给予保密，敬请合作。

The Government of China has decided to conduct the 7th National Population Census, with zero hour on 1 November 2020 as the reference time.
Information provided will be kept confidential.
Your cooperation is highly appreciated.

表　　号：R603表
制定机关：国家统计局
　　　　　国务院人口普查办公室
批准文号：国发（2019）24号
有效期至：2021年3月

Form number: R603
Form issued by: National Bureau of Statistics
Office of the State Council for the Seventh National Population Census
Approval number: （2019）24
Valid until: March 2021

地址 Address：

_____省（区、市）Province

_____市（地、州、盟）City (prefecture)

_____县（市、区、旗）County (city, district)

_____乡（镇、街道）Town (township, street)

_____普查区 Enumeration area (village/community committee)

_____普查小区 Enumeration block

_____户编号 Household number

一、住户项目

Household Information

F1. 户别

Type of household

1. 家庭户 Family household
2. 集体户 Collective household

F2. 住所类型

Type of dwelling

1. 普通住宅 Conventional dwellings
2. 集体住所 Collective living quarters
3. 工作地住所 Living in work places
4. 其他住房 Other dwellings
5. 无住房 With no dwellings

（选择2—5的，跳至个人项目。）

(If the answer is 2-5, then skip to 'Individual Information'.)

F3. 本户现住房建筑面积

Floor space for this household

_____平方米 m^2

F4. 本户现住房间数

Number of rooms for this household

_____间 rooms

二、个人项目

Individual Information

R1. 姓名 Full name

____

R2. 与户主关系

Relationship with head of household

0. 户主 Head of household
1. 配偶 Spouse
2. 子女 Son or daughter
3. 父母 Parent
4. 岳父母或公婆 Parent-in-law
5. 祖父母 Grandparent
6. 媳婿 Son-in-law or daughter-in-law
7. 孙子女 Grandchild
8. 兄弟姐妹 Brother or sister
9. 其他 Other relationship

R3. 性别

Sex

1. 男 Male
2. 女 Female

R4. 出生年月

Date of birth

出生于 Born in：_______年 year_______月 month

R5. 来内地（大陆）或来华目的

Purpose for stay in the mainland of China

1. 商务 Business
2. 就业 Work
3. 学习 Study
4. 定居 Residence
5. 探亲 Visiting relatives

6. 其他 Others

R6. 已在内地（大陆）或在华居住时间
Duration of stay in the mainland of China

1. 不满三个月 Less than 3 months
2. 三个月以上，不满半年 3 months to less than 6 months
3. 半年以上，不满一年 6 months to less than 12 months
4. 一年以上，不满二年 1 year to less than 2 years
5. 二年以上，不满五年 2 years to less than 5 years
6. 五年以上 5 years or more

R7. 受教育程度
3 周岁及以上（2017 年 10 月 31 日以前出生）的人填报
Educational attainment
For persons aged 3 and over（Born before 31st Oct. 2017）

1. 未上过学 No schooling
2. 学前教育 Pre-primary education
3. 小学 Primary education
4. 初中 Junior secondary education
5. 高中 Senior secondary education
6. 大学专科 College
7. 大学本科 University
8. 硕士研究生 Master
9. 博士研究生 Doctor

R8. 身份或国籍
Citizenship

1. 香港特别行政区居民 Hong Kong SAR resident
2. 澳门特别行政区居民 Macao SAR resident
3. 台湾地区居民 Taiwan resident
4. 外国人 Foreigner：国籍 Country_______（结束）(End)

15 周岁及以上（2005 年 10 月 31 日以前出生）港澳台居民填报的项目
For persons aged 15 and over (Born before 31st Oct. 2005) from Hong Kong, Macao and Taiwan

R9. 工作情况
10 月 25—31 日是否为取得收入而工作了一小时以上

1．是
2．在职休假、在职学习培训、临时停工（保留工资）
3．未做任何工作→R12

R10．行业

1．农、林、牧、渔业

2．采矿业
3．制造业
4．电力、热力、燃气及水生产和供应业
5．建筑业
6．批发和零售业
7．交通运输、仓储和邮政业
8．住宿和餐饮业
9．信息传输、软件和信息技术服务业
10．金融业
11．房地产业
12．租赁和商务服务业
13．科学研究和技术服务业
14．水利、环境和公共设施管理业
15．居民服务、修理和其他服务业
16．教育
17．卫生和社会工作
18．文化、体育和娱乐业
19．公共管理、社会保障和社会组织
20．国际组织

R11．职业

1．党的机关、国家机关、群众团体和社会组织、企事业单位负责人
2．专业技术人员
3．办事人员和有关人员
4．社会生产服务和生活服务人员
5．农、林、牧、渔业生产及辅助人员
6．生产制造及有关人员
7．不便分类的其他从业人员

R12．婚姻状况

1．未婚
2．有配偶
3．离婚
4．丧偶

第七次全国人口普查死亡人口调查表

（2019 年 11 月 1 日至 2020 年 10 月 31 日死亡的人口登记）

经国务院批准进行第七次全国人口普查
人口普查的标准时点为 2020 年 11 月 1 日零时
人口普查的原始资料不向任何单位和个人提供，
仅供汇总使用
公民应履行如实申报普查项目的义务

表　　号：R　6　0　4　表
制定机关：国　家　统　计　局
　　　　　国务院人口普查办公室
批准文号：国发（2019）24 号
有效期至：2 0 2 1　年　3　月

地址：_____省（区、市）_____市（地、州、盟）_____县（市、区、旗）_____乡（镇、街道）_____普查区_____普查小区_____户编号

每个死亡人口都登记的项目

S1．姓名

____

S2．公民身份号码

□□□□□□□□□□□□□□□□□□

S3．性别

1．男
2．女

S4．出生年月

出生于：_______年_______月

S5．死亡时间

死亡于：_______月

S6．民族

_______族

死亡时满 3 周岁的人登记的项目

S7．受教育程度

1．未上过学
2．学前教育
3．小学
4．初中
5．高中
6．大学专科
7．大学本科

8．硕士研究生

9．博士研究生

死亡时满 15 周岁的人登记的项目

S8．婚姻状况

1．未婚

2．有配偶

3．离婚

4．丧偶

第三部分 普查表填写说明

一、普查表的种类

第七次全国人口普查表分为《第七次全国人口普查短表》《第七次全国人口普查长表》《第七次全国人口普查港澳台居民和外籍人员普查表》和《第七次全国人口普查死亡人口调查表》四种表。

二、标准时点

第七次全国人口普查的标准时点为2020年11月1日零时。

普查员在掌握普查标准时点时，应注意以下两点：

（一）2020年11月1日零时以后出生的人不登记；2020年11月1日零时以后死亡的人仍要在普查短表中登记。

（二）2020年11月1日零时以后居住地发生变化的人，仍在原居住地登记。

三、普查对象

普查对象是指普查标准时点在中华人民共和国境内的自然人以及在中华人民共和国境外但未定居的中国公民，不包括在中华人民共和国境内短期停留的境外人员。

（一）普查短表和普查长表的普查对象具体是指2020年10月31日晚住本普查小区的人，以及户口登记在本普查小区但2020年10月31日晚未住本普查小区的人。

1.2020年10月31日晚住本普查小区的人，无论其户口登记在何处。

2.户口登记在本普查小区，但2020年10月31日晚未住本普查小区的人，无论其外出时间长短、外出原因如何。

（二）港澳台居民和外籍人员普查表的普查对象具体是指2020年10月31日晚住本普查小区的港澳台居民和外籍人员。

（三）死亡人口调查表的登记对象具体是指2019年11月1日至2020年10月31日期间本普查小区的死亡人口。

四、登记原则

人口普查采用按现住地登记的原则，每个人必须在现住地进行登记。普查对象不在户口登记地居住的，户口登记地要登记相应信息。

人口普查以户为单位进行登记，户分为家庭户和集体户。集体户以一个住房单元为一户进行普查登记。

为便于理解登记对象，并考虑到普查中可能遇到的特殊情况，普查员在入户登记时可采取以下方式询问住户：

应在您家普查登记的人包括：

•2020年10月31日晚住在您家里的人。

•经常居住在您家，由于临时出差、探亲、旅游或值夜班等原因，2020年10月31日晚未住在您家的人（视为2020年10月31日晚住在您家）。

•幼儿园全托孩子，小学、初中住校生（视为2020年10月31日晚住在您家）。

•户口登记在现住房地址的其他人。

不包括：

•现役军人和武警。

•由于临时出差、探亲、旅游等原因，2020 年 10 月 31 日晚暂住在您家的人。

•2020 年 11 月 1 日零时以后出生的人。

五、普查项目

（一）普查短表

按户填报的项目有：户别、本户应登记人数、本户 2019 年 11 月 1 日至 2020 年 10 月 31 日期间的出生人口、本户 2019 年 11 月 1 日至 2020 年 10 月 31 日期间的死亡人口、住所类型、本户现住房建筑面积、本户现住房间数。

按人填报的项目有：姓名、与户主关系、公民身份号码、性别、出生年月、民族、普查时点（2020 年 11 月 1 日零时）居住地、户口登记地、离开户口登记地时间、离开户口登记地原因、受教育程度、是否识字。

（二）普查长表

按户填报的项目有：户别、本户应登记人数、本户 2019 年 11 月 1 日至 2020 年 10 月 31 日期间的出生人口、本户 2019 年 11 月 1 日至 2020 年 10 月 31 日期间的死亡人口、住所类型、本户现住房建筑面积、本户现住房间数、住房所在建筑的总层数、承重类型、住房建成年代、住房所在建筑有无电梯、主要炊事燃料、住房内有无管道自来水、住房内有无厨房、住房内有无厕所、住房内有无洗澡设施、住房来源、月租房费用、拥有全部家用汽车的总价。

按人填报的项目有：姓名、与户主关系、公民身份号码、性别、出生年月、民族、普查时点（2020 年 11 月 1 日零时）居住地、户口登记地、离开户口登记地时间、离开户口登记地原因、户口登记地类型、是否有农村土地承包经营权、出生地、五年前常住地、受教育程度、学业完成情况、是否识字、工作情况、经常工作单位或生产经营活动所属类型、行业、职业、未工作原因、主要生活来源、婚姻状况、初婚年月、生育子女数、过去一年（2019 年 11 月 1 日—2020 年 10 月 31 日）的生育状况、居住状况、身体健康状况。

（三）港澳台居民和外籍人员普查表

按户填报的项目有：户别、住所类型、本户现住房建筑面积、本户现住房间数。

按人填报的项目有：姓名、与户主关系、性别、出生年月、来内地（大陆）或来华目的、已在内地（大陆）或在华居住时间、受教育程度、身份或国籍、工作情况、行业、职业、婚姻状况。

（四）死亡人口调查表

填报的项目有：姓名、公民身份号码、性别、出生年月、死亡时间、民族、受教育程度、婚姻状况。

六、普查表的填写方法

（一）普查表以户为单位进行登记。普查短表、死亡人口调查表采用普查员入户询问、当场填报，或由普查对象通过互联网自主填报等方式进行。普查长表、港澳台居民和外籍人员普查表采用普查指导员和普查员入户询问、当场填报的登记方式。

（二）普查小区中的每一户有且只有一个户编号，为“001”开始的 3 位顺序码，在《户主姓名底册》编制完成后自动生成，普查表上的户编号与其一致，不可修改。

（三）普查表的填写顺序：先填写住户项目，再逐人填写个人项目。

普查员填写普查短表时，填写按人登记的项目时，表内第一人应填户主，然后依次填户主的配偶和其他关系的人。全户死亡的户，只填写“H4.本户 2019 年 11 月 1 日至 2020 年 10 月 31 日期间的死亡人口”，其他住户项目和个人项目均不再登记。

普查员填写普查长表时，与普查短表相同的项目直接代入短表信息，经向普查对象核实确认后，再填报其他项目。

（四）普查表每户最多可以填写 20 人。对于超过 20 人的大集体户，可酌情分成若干集体户填写。

（五）有标准选项的项目，根据实际情况选填，并且每个问题只能选择一个标准选项。民族、普查时点（2020 年 11 月 1 日零时）居住地、户口登记地、出生地、五年前常住地等项目可根据列表栏进行选择。没有标准选项的项目，用文字或阿拉伯数字据情填报。

（六）如果填写错误或发生逻辑关系异常，数据采集程序会给出审核提示。审核类型分为强制性审核和确认性审核，若为强制性审核错误，必须根据提示信息对错误项目进行修改；若为确认性审核提示，应根据提示信息对异常项目进行核实，确认无误后，继续进行填报。

（七）普查员每填完一户，应即刻进行审核，将通过审核的信息向申报人当面宣读，核对无误后，由申报人签字确认。

第四部分　指标解释

一、普查短表

（一）住户项目

H1.户别——按家庭户、集体户的类别填报。

1.家庭户：以家庭成员关系为主，居住一处共同生活的人口，作为一个家庭户。单身居住独自生活的，也作为一个家庭户。

2.集体户：相互之间没有家庭成员关系，集体居住共同生活的人口作为一个集体户。

H2.本户应登记人数——包括两个部分。一部分是 2020 年 10 月 31 日晚居住本户的人数，既包括户口在本户、2020 年 10 月 31 日晚居住本户的人数，也包括户口不在本户、2020 年 10 月 31 日晚居住本户的人数，填写 H2 的第一项；另一部分是户口在本户，2020 年 10 月 31 日晚未居住本户的人数，填写 H2 的第二项。

H3.本户 2019 年 11 月 1 日至 2020 年 10 月 31 日期间的出生人口——填写本户在 2019 年 11 月 1 日至 2020 年 10 月 31 日期间出生的人数。分别填写男、女的合计数。若本户在此期间没有出生人口，请填写“0”。

H4.本户 2019 年 11 月 1 日至 2020 年 10 月 31 日期间的死亡人口——填写本户在 2019 年 11 月 1 日至 2020 年 10 月 31 日期间死亡的人数。分别填写男、女的合计数。若本户在此期间没有死亡人口，请填写“0”。

填写 H3、H4 时应注意：

不要漏掉出生时有某种生命现象（如在胎儿脱离母体时，有呼吸或心跳，脐带搏动、随意肌收缩等）不久即死亡的婴儿，既要填写出生人数，也要填写死亡人数。

H5.住所类型——按居住的住所类型填报。

1.普通住宅：指人工建造的，有墙、顶、门、窗等结构，具有独立入口，专门供人居住的房屋或场所。如单元房、平房、四合院、独栋别墅、筒子楼、窑洞等传统意义上的住宅。

2.集体住所：指学生宿舍、职工宿舍、工棚、养老院、福利院、宗教场所等。

3.工作地住所：指居住在办公楼、发廊、商铺、餐馆等工作场所。

4.其他住房：指居住在上述场所以外的其他房屋或场所。

5.无住房：指本户没有住房，居无定所（如流动人口中那些睡在桥下、公园、车站或睡在运载货物、商品车辆上的人等）。

H6.本户现住房建筑面积——本户现住房的建筑面积以房屋所有权证（不动产权证）或租赁凭证上的相关信息为准。

若只知道使用面积的，可用使用面积乘以 1.33，换算成建筑面积。填写本项目时应注意：

1.在租借房屋居住的户，按租借住房的实际情况填写其住房建筑面积。

2.合住在同一所住房里的住户，其建筑面积为各户所独立使用的房间面积加上公共使用面积（包括厨房、厕所、门厅、阳台等）的分摊部分：两户合住的，各按二分之一计算；三户合住的，各按三分之一计算，依此类推。

3.建筑面积应填写整数，不为整数时四舍五入获得。

H7.本户现住房间数——指除厨房、厕所、过道和厅以外的所有自然间数（包括扩建的房间）。填写本项目时应注意：

1.在租借房屋居住的户，按租借住房的实际居住情况填写其住房间数。

2.合住同一所住房的，在填写住房间数时，填写其独立使用的房间数。

（二）个人项目

D1.姓名——填写被登记人的正式姓名。没有正式姓名的可填小名或某某氏，但不能填笔名、代号等。婴儿未起名的，可填“未取名”。

D2.与户主关系——指被登记人与本户户主的关系。申报人不是户主的，不要将被登记人与申报人的关系错填为与户主的关系。

0.户主：按家庭日常生活习惯确定户主。

1.配偶：指户主的妻子或丈夫。

2.子女：指户主的子女。

3.父母：指户主的父母或继父母、养父母。

4.岳父母或公婆：指户主配偶的父母或继父母、养父母。

5.祖父母：指户主或配偶的祖父母、外祖父母、曾祖父母、外曾祖父母。

6.媳婿：指户主子女的配偶。

7.孙子女：指户主的孙子女、外孙子女、孙媳婿、外孙媳婿、重孙子女、重孙媳婿、重外孙子女、重外孙媳婿。

8.兄弟姐妹：指户主及其配偶的兄弟姐妹以及他们的配偶。

9.其他：指以上九种人以外的成员。

在登记家庭户时，户主应登记为第一人，选填“0.户主”。如果户主的配偶也在本户登记，应登记为第二人，选填“1.配偶”，然后再登记该户的其他成员；如果户主没有配偶，或户主配偶不在本户登记，第二人登记本户其他成员。

在登记集体户时，任选一人登记为户主，选填“0.户主”，本户其他成员与户主关系一律登记为其他，选填“9.其他”。

D3.公民身份号码——指18位公民身份号码。无公民身份号码的填写18位0。

D4.性别——指被登记人的性别。

D5.出生年月——指被登记人的出生年、月。

出生年月按公历填写，只知道农历的，要换算成公历。按照一般的规律，农历的月份与公历的月份相差一个月左右，换算时农历的月份加1即可作为公历的月份，但要注意农历的12月应当是公历下一年的1月。

D6.民族——指被登记人的民族。

外国人加入中国籍，其民族和我国的某一民族相同的，就选填某一民族；没有相同民族的，按外国人加入中国籍填写，选填“入籍”。

D7.普查时点（2020年11月1日零时）居住地——指被登记人在普查标准时点居住的地址。

1.本普查小区：指普查时点居住在本普查小区的人。如果本户在本普查小区拥有一套以上的住房，可确定其中一处进行登记。

2.本村（居）委会其他普查小区：指户口登记地在本普查小区，普查时点居住在本村（居）委会其他普查小区的人。

3.本乡（镇、街道）其他村（居）委会：指户口登记地在本普查小区，普查时点居住在本乡（镇、街道）其他村（居）委会的人。

4.本县（市、区、旗）其他乡（镇、街道）：指户口登记地在本普查小区，普查时点居住在本县（市、区、旗）的其他乡（镇、街道）的人。

5.其他县（市、区、旗）：指户口登记地在本普查小区，普查时点居住在本县（市、区、旗）以外地区的人。填报本选项的人还需选填普查时点居住地所在省（区、市）、市（地、州、盟）、县（市、区、旗）

的具体名称。

6.香港特别行政区、澳门特别行政区、台湾地区：指户口登记地在本户，普查时点居住在香港特别行政区、澳门特别行政区、台湾地区的人。

7.国外：指户口登记地在本户，普查时点居住在国外的人。

D8.户口登记地——指被登记人的居民户口簿上的地址。

1.本村（居）委会：指户口登记地在本村（居）委会的人。

2.本乡（镇、街道）其他村（居）委会：指普查时点居住本普查小区，户口登记地在本乡（镇、街道）其他村（居）委会的人。

3.本县（市、区、旗）其他乡（镇、街道）：指普查时点居住本普查小区，户口登记地在本县（市、区、旗）的其他乡（镇、街道）的人。

4.其他县（市、区、旗）：指普查时点居住本普查小区，户口登记地在本县（市、区、旗）以外地区的人。填报本选项的人还需填写户口登记地所在省（区、市）、市（地、州、盟）、县（市、区、旗）的具体名称。

5.户口待定：指普查时点居住本普查小区，在任何地方都没有登记户口的人。包括手持户口迁移证、出生证、退伍证等情况。

D9.离开户口登记地时间——指到普查标准时点为止，被登记人离开户口登记地（居住地与户口登记地不一致）的时间。

没有离开户口登记地是指户口登记地在本村（居）委会，普查标准时点居住在本普查小区或本村（居）委会其他普查小区。

若常年外出的人由于农忙、节假日等原因偶尔回家的，或回家后因疫情原因推迟外出的，还应该从第一次离开户口登记地的时间开始计算。

D10.离开户口登记地原因——指被登记人离开户口登记地（居住地与户口登记地不一致）的原因。

0.工作就业：指十五周岁及以上因务工经商、工作招聘、调动等原因离开户口登记地的人。

1.学习培训：指六周岁及以上因考入各级各类学校或参加各种学习班、培训班而离开户口登记地的人。

2.随同离开/投亲靠友：指因跟随亲属、投亲靠友而离开户口登记地的人。

3.拆迁/搬家：指因房屋拆迁、改造或者搬家而离开户口登记地的人。

4.寄挂户口：指户口落在集体户或没有在户口登记地居住过、只落户口的人。

5.婚姻嫁娶：指十五周岁及以上因结婚而离开户口登记地的人。

6.照料孙子女：指为照料孙子女而离开户口登记地的人。

7.为子女就学：指为子女就学而离开户口登记地的人。

8.养老/康养：指因旅游（度假）养老/康养、候鸟式养老/康养、回籍贯地养老/康养、居住在养老院而离开户口登记地的人，不包括跟随子女养老。

9.其他：指上述几种以外的原因。

凡具有两种以上原因的，按其主要的原因选填一个标准选项。

D11.受教育程度——指按照国家教育体制，被登记人接受教育的情况。通过自学或成人学历教育经国家统一考试合格的，分别归入相应的受教育程度。

1.未上过学：指从未接受过各级各类学校教育。包括参加过各种扫盲班或成人识字班学习，且以后再没有接受过各级各类学校教育的人。

2.学前教育：指仅接受过或正在接受专门学前教育机构教育，即在幼儿园或附设幼儿班接受保育和教育。

3.小学：指接受的最高一级教育为小学，无论其是否在校、毕业、肄业或辍学。

4.初中：指接受的最高一级教育为初中，无论其是否在校、毕业、肄业或辍学。

5.高中：指接受的最高一级教育为普通高中、成人高中和中等职业学校，无论其是否在校、毕业、肄业或辍学。

6.大学专科：指接受的最高一级教育为大学专科。在普通高等学校学习大学专科的，无论其是否在校、毕业、肄业或辍学，都填报此项。

凡国家授权承认学历的开放大学、广播电视大学、职工大学等成人高校和普通高等学校举办的函授大学、夜大学和其他形式的大学，按教育部颁布的大学专科教学大纲进行授课的，其毕业生选填此项；其肄业生、在校生按原有受教育程度填报。含成人专科和网络专科。

通过自学，经国家统一举办的自学考试合格，并取得大学专科毕业证书的，也选填此项。

7.大学本科：指接受的最高一级教育为大学本科。在普通高等学校学习大学本科的，无论其是否在校、毕业、肄业或辍学，都填报此项。

凡国家授权承认学历的开放大学、广播电视大学、职工大学等成人高校和普通高等学校举办的函授大学、夜大学和其他形式的大学，按教育部颁布的大学本科教学大纲进行授课的，其毕业生选填此项；其肄业生、在校生按原有受教育程度填报。含成人本科和网络本科。

通过自学和进修大学课程，经考试合格，并取得大学本科毕业证书的，也选填此项。

8.硕士研究生：指接受的最高一级教育为硕士研究生，无论其是否在校、毕业、肄业或辍学。含 2016 年 12 月 1 日以后录取的非全日制硕士研究生。

在职接受硕士研究生教育的，其毕业生选填此项；肄业生和在校生按原有受教育程度填报。

9.博士研究生：指接受的最高一级教育为博士研究生，无论其是否在校、毕业、肄业或辍学。含 2016 年 12 月 1 日以后录取的非全日制博士研究生。

在职接受博士研究生教育的，其毕业生选填此项；肄业生和在校生按原有受教育程度填报。

凡是没有按教育部的教学大纲培养或只学单科的人，不能填报“大学专科”“大学本科”“硕士研究生”或“博士研究生”，一律按原有受教育程度填报。

D12.是否识字：指被登记人是否达到国家规定的脱盲标准（城镇居民和企、事业单位职工识字 2000 个，农村居民识字 1500 个）。登记时可询问，日常生活中是否能读懂简单的书信或书写简短的句子。如果能阅读通俗书报、能写便条就认为具有识字能力。

二、普查长表

（一）住户项目

H1.户别——与短表 H1 相同。

H2.本户应登记人数——与短表 H2 相同。

H3.本户 2019 年 11 月 1 日至 2020 年 10 月 31 日期间的出生人口——与短表 H3 相同。

H4.本户 2019 年 11 月 1 日至 2020 年 10 月 31 日期间的死亡人口——与短表 H4 相同。

H5.住所类型——与短表 H5 相同。

H6.本户现住房建筑面积——与短表 H6 相同。

H7.本户现住房间数——与短表 H7 相同。

H8.住房所在建筑的总层数——层数是指建筑物的自然层数，一般按室内地坪以上计算。

采光窗在室外地坪以上的半地下室，其室内层高在 2.20m 以上（不含 2.20m）的，计算自然层数；假层、附层（夹层）、插层、阁楼（暗楼）、装饰性塔楼，以及突出屋面的楼梯间、水箱间不计层数。

其中，平房是指只有一层的房子。

H9.承重类型——指在房屋建筑中，由各种构件（屋架、梁、板、柱等）组成的能够承受各种作用的体系。

1.钢及钢筋混凝土结构：指承重的主要构件是用钢及钢筋混凝土建造的。它包括“钢结构”“钢、钢筋混凝土”和“钢筋混凝土”三种结构类型。

钢结构：承重的主要构件是钢材料建成的，包括悬索结构。

钢、钢筋混凝土结构：承重的主要构件是用钢、钢筋混凝土建造的。如一幢房屋一部分梁柱采用钢、钢筋混凝土构架建成。

钢筋混凝土结构：承重的主要构件是用钢筋混凝土建造的。包括薄壳结构、大模板现浇结构及使用滑模、升板等建造的钢筋混凝土结构的建筑物。

2.混合结构：指承重的主要构件是用钢筋混凝土和砖木建造的。如一幢房屋的梁是用钢筋混凝土制成，以砖墙为承重墙，或者梁是用木材建造，柱是用钢筋混凝土建造。

3.砖木结构：指承重的主要构件是用砖、木材建造的。如一幢房屋是木制房架、砖墙、木柱建成的。

4.竹草土坯结构：指承重的主要构件是用竹、草、土坯等建造的。如竹楼、土窑洞等。

5.其他结构：指不属于上述类型的结构。

H10.住房建成年代——指本户住房所属建筑物的建成年份。

本户住房所属建筑物翻修过的，按翻修时的年份选填。经过改建的，如改建面积大于原面积的，按改建时的年份选填；如改建面积小于原面积的，按原建成年份选填。

H11.住房所在建筑有无电梯——指本户住房所属建筑物内部、外部是否安装电梯。

H12.主要炊事燃料——指本户用于炊事的主要燃料。

如果本户用于炊事的燃料有两种以上，选填主要的一种。

H13.住房内有无管道自来水——指本户住房内是否有经过公用设施净化处理的管道输送水。

在院子里自己打的机井不能算作有自来水。

H14.住房内有无厨房——指本户住房内是否有专供做饭使用的房间，无论是否装有上下水道及固定灶具。

在公用过道、客堂等处烧饭的和在庭院、路边搭建的、临时简陋设施中做饭的都不算有厨房。

H15.住房内有无厕所——指本户住房内是否有厕所。

1.水冲式卫生厕所：指有上下水系统，或厕间有备水桶（瓢冲），坐便或蹲便器有水封或无水封的厕所，且粪便及污水冲入到下水道、化粪池和厕坑，无蝇，不会造成环境污染。

2.水冲式非卫生厕所：指虽然是水冲式厕所，但是粪便被冲到开放的水渠、沟塘等开放水体或者不确定冲到何处，会污染环境。

3.卫生旱厕：指有固定盖板的厕所，粪便基本无暴露，保持无蝇。比如通风改良厕所、堆肥厕所、双坑交替厕所、粪尿分集厕所、阁楼厕所、深坑防冻厕所等。

4.普通旱厕：包括无盖板的敞开式旱厕，有或无防渗处理。通常粪便暴露、有蛆蝇。

5.无：指没有厕所。

H16.住房内有无洗澡设施——指住房内是否有固定浴缸（浴盆）或淋浴龙头等能使用的洗浴设施。

1.统一供热水：指本户洗浴用热水由社区、物业管理部门或其他公共设施统一供应。

2.家庭自装热水器：指本户洗浴用热水是由自己安装的各种热水器，如电热水器、燃气（罐装、管道）热水器等。

3.其他：指上述两种以外的洗浴设施。

4.无：指住房内没有洗浴设施。

H17.住房来源——指本户获取现住房的方式。

1.租赁廉租房/公租房：指向政府相关部门申请并租住廉租房、公租房。

2.租赁其他住房：指通过私人、单位或房屋中介等渠道租住住房。

3.购买新建商品房：指按市场价购买的新建商品房。

4.购买二手房：指购买那些进入房屋市场进行交易，第二次及以上进行产权登记的住房，包括二手商品房、允许上市交易的已售公房、经济适用房等。

5.购买原公有住房：指个人以成本价或优惠价购买的、原作为福利分配给本单位职工的住房。

6.购买经济适用房/两限房：指向政府相关部门申请并购买经济适用房、两限房。

7.自建住房：指个人建造的住房，其产权属于个人所有。

8.继承或赠予：指从亲属处继承而来或者受他人赠予而获取住房。

9.其他：指上述几种住房来源以外的情况。

H18.月租房费用——指最近用于交纳房租的单月金额，不包括水电费、物业费、取暖费等附加费用。月租房费用不为整数时，按四舍五入计算。

若多人合租作一户登记时，则需将每人月租费加总计算。

H19.拥有全部家用汽车的总价——是指住户拥有的全部供家庭生活使用的汽车价格之和。

汽车价格按汽车实际购买价格（含税）的方式计算。

若住户有多辆家用汽车，则按全部家用汽车的价格总和选填。

（二）个人项目

C1.姓名——与短表 D1 相同。

C2.与户主关系——与短表 D2 相同。

C3.公民身份号码——与短表 D3 相同。

C4.性别——与短表 D4 相同。

C5.出生年月——与短表 D5 相同。

C6.民族——与短表 D6 相同。

C7.普查时点（2020 年 11 月 1 日零时）居住地——与短表 D7 相同。

C8.户口登记地——与短表 D8 相同。

C9.离开户口登记地时间——与短表 D9 相同。

C10.离开户口登记地原因——与短表 D10 相同。

C11.户口登记地类型——指离开户口登记地（居住地与户口登记地不一致）时的户口登记地类型。

若离开时户口登记地的类型是“乡”，而现在已改成“镇”，应选填“1.乡”，不要填报“2.镇的村委会”或“3.镇的居委会”。

C12.是否有农村土地承包经营权——指被登记人户口所在的户是否有农村土地承包经营权。

户口所在的户应以被登记人的户口簿为准。拥有农村土地承包经营权是指被登记人户口登记地在农村地区或以前的农村地区，目前户口所在的户与集体经济组织签订了农村土地承包合同。

拥有农村土地承包经营权的户，目前可能实际经营承包地，也可能因各种原因不再经营承包地，包括以转包、出租、入股、托管等方式流转所承包土地经营权。

C13.出生地——指被登记人的出生地点。

1.本县（市、区、旗）：指出生在本县、县级市、区、旗。

2.本省其他县（市、区、旗）：指出生在本省的其他县、县级市、区、旗。

3.省外：指出生在本省（区、市）以外其他地区，并选填出生地所在省（区、市）的名称。在港、澳、台或国外出生的，根据实际情况选填 “香港特别行政区”“澳门特别行政区”“台湾地区”或“国外”。

C14.五年前常住地——指被登记人在普查标准时点的五年前，即 2015 年 11 月 1 日零时的常住地。

五年前居住在本县（市、区、旗）以外其他地区的人，还需选填五年前常住地的地址。

五年前居住在港、澳、台或国外的，根据实际情况选填“香港特别行政区”“澳门特别行政区”“台湾地区”或“国外”。

C15.受教育程度——与短表 D11 项相同。

C16.学业完成情况——指受教育程度为小学及以上的人完成学业的情况。

1.在校：正在接受各级各类学校教育并有学籍。

2.毕业：已修完全部课程，并经过考试鉴定合格。

3.肄业：修完全部课程，但考试不及格或因种种原因未取得毕业资格。

4.辍学：未能修完所规定的全部课程，中途退学。

5.其他：私塾、自学等其他方式。

C17.是否识字——与短表D12项相同。

C18.工作情况——指被登记人在10月25—31日期间，即普查标准时点前一周，是否为取得收入而工作了1小时以上，包括临时工、互联网灵活就业、家庭经营无酬帮工。

工作是指为获取工资、实物报酬或经营收入而从事的各种生产、经营或服务性活动，其目的是为了取得收入，无论实际是否取得。不包括义务劳动和公益性劳动。

1.是：指在10月25—31日期间，为取得收入而干过固定的、临时的或兼职的工作，并且工作时间超过1小时。在校学生利用课余或假期以及退休人员为取得收入而从事了工作，也选填此项。

家庭成员在自家或亲属经营的公司、企业、商铺或网店工作，即使本人没有劳动报酬，也选填此项。

选填“1.是”的人，还需填写工作时间。工作时间按在10月25—31日期间实际的工作时间填写，而不是按国家或企业规定的制度工作时间填写。

计算工作时间，要注意把握以下几种情况：

（1）从事一种以上有收入工作的，几项工作时间相加计算。

（2）在规定的工作时间以外加班工作的，加班时间一并计算在内。

（3）农村既干家务又从事农业或其他有收入工作的人，家务劳动时间除外。

2.在职休假、在职学习培训、临时停工（保留工资）：

在职休假是指在10月25—31日期间，因各种休假或请假临时未工作，包括公休假、年休假、空勤人员、船员、火车乘务人员的轮休假、病假、工伤假、产假、事假、探亲假、婚丧假等。个人档案、人事关系已在某单位，但因各种原因尚未到新单位报到上班，如军人转业或工作调动等，也视为休假。

在职学习培训是指有工作单位，在10月25—31日期间参加脱产学习或培训。

临时停工（保留工资）是指在10月25—31日期间，由于机械或电力故障、原料或燃料短缺、天气或其他灾害等原因导致的暂时未工作，但仍可以有工资收入。

打零工、计件工等临时就业或灵活就业的人，因为上述原因停工并且没有收入，不填此项，应填“3.未做任何工作”。

3.未做任何工作：指在10月25—31日期间，没有工作单位，也未从事过任何可以有收入的工作。

对于下岗、内退人员，如果未与原单位解除劳动合同，仍有工资性收入的，选填“2.在职休假、在职学习培训、临时停工”；如果没有工资性收入，选填“3.未做任何工作”。对于承包土地的农民，在10月25—31日期间，如果干农活或其他有收入的工作超过1小时，选填“1.是”；如果外出打工，未从事任何工作，选填“3.未做任何工作”；如果正处于农业生产季节，没有外出打工，期间临时没有干农活，选填“2.在职休假、在职学习培训、临时停工”。

对于从事季节性生产经营的人，如果生产经营仍在进行中，只是在10月25—31日期间没有工作，选填“2.在职休假、在职学习培训、临时停工”；如果正处于季节性歇业，选填“3.未做任何工作”。

C19.工作单位或生产经营活动所属类型——指普查标准时点前一周的主要工作单位或生产经营活动类型。

1.企业、事业、机关或社会团体等法人单位：法人单位指依法成立，有自己的名称、组织机构和场所，能够独立承担民事责任，独立拥有和使用（或授权使用）资产承担负债，有权与其他单位签订合同，会计上独立核算，能够编制资产负债表的单位。包括企业、事业、机关、社会团体、民办非企业单位、基金会、居委会、村委会、农民专业合作社、农村集体经济组织和其他组织机构。

2.个体经营户：指资产归个人所有，以个体劳动为基础，劳动成果归劳动者个人占有和支配的一种经济组织。既包括在各级工商行政管理机关登记注册、领取《营业执照》的个体工商户，也包括没有领取《营业执照》，但实际从事个体经营活动的人。

3.经营农村家庭承包地（家庭农林牧渔生产经营活动）：指在自家承包的耕地、林地、草地、池塘以及其他合法用于农业的土地上，从事农林牧渔业生产经营活动，也包括家庭在转包和租用他人农业用地上从事农林牧渔业生产经营活动，所从事的农业生产活动以自营劳动为主，不雇佣长期雇工，但可能雇佣临时短工。

农业生产季节在承包土地上从事农业生产，但上周未做任何工作的人，也选填此项。

普查标准时点前一周未在自家承包土地上工作而从事其他生产经营活动的人，或外出务工经商的人不填此项，选填上周实际工作单位或生产经营活动。

4.自由职业/灵活就业：指除个体经营户以外的自雇就业或自主型的个体就业。包括律师、自由撰稿人、歌手、模特等自主就业人员，也包括家庭自雇家政服务、街头小贩、其他类型打零工的临时就业人员，还包括依赖平台承接工作任务、不隶属于任何雇主的劳动者。

C20.行业——指普查标准时点前一周主要工作所在单位的生产经营活动。如果前一周从事两项不同工作，按工作时间长短确定主要工作；如果工作时间相同，再按报酬高低确定主要工作。

行业是按照经济活动的同一性进行分类的，不是按其所属的行政管理系统来分的。产业活动单位是划分行业的分类标准。产业活动单位是指：（1）具有一个场所、从事一种或主要从事一种经济活动；（2）单独组织生产、经营或业务活动；（3）掌握收入和支出的会计核算资料。

填写行业时要注意以下情况：

有工作单位的，既要填写单位名称，也要填写单位的主要产品或从事的主要业务。单位名称要具体到分厂、分公司或营业部，即产业活动单位，不能笼统地只填写总厂名称。最重要的是单位的主要产品或主要业务要详细填写，要用动宾词组表达，如“生产服装”或“销售服装”，不能简写为“服装”。保密单位，填写其公开使用的名称和公开的主要产品或主要业务。

没有工作单位的，只填写主要产品或主要业务，如“送外卖”“当滴滴司机”。务农人员不能笼统地填写“农业”，要根据其具体的农业生产活动或农户具体从事的主要业务填写。如“种粮食”“养猪”等。

C21.职业——指普查标准时点前一周主要工作具体是干什么。如果前一周从事两项不同工作，按工作时间长短确定主要工作；如果工作时间相同，再按报酬高低确定主要工作。

职业分类是以工作性质的同一性为基本原则。所谓“同一性”，是指不论其所在工作单位是什么经济类型，不论用工形式是固定工还是临时工，也不论其隶属于哪个行业，凡是从事同一性质工作的人都划分为同一类。

填写职业时应注意以下情况：

填写职业要具体、详细。不能笼统地写“工人”“农民”“公务员”“工程师”等，而应具体填写其实际工作种类，如“铸轧工”“捕鱼”“统计人员”“通信工程技术员”等。具有专业技术职称的行政领导人员，应按行政领导职务填写其职业；同时担任两个以上职务的领导干部，应按主要职务填写其职业。工种尚未确定，暂时又无具体工作岗位的，要填写“工种未定”。

C22.未工作原因——指被登记人在普查标准时点前一周没有工作的主要原因。

1.在校学习：指在各级各类学校学习，并有正式学籍的人员。不包括有工作单位，脱产学习的人员。

2.离退休：指已办理离休、退休手续，定期领取离退休生活费，且未从事任何有收入劳动的人。

3.料理家务：指主要在自己家里从事家务劳动，且没有劳动收入的人。离、退休人员从事家务劳动的，选填“2.离退休”。为自家经营的摊位、商店、门市部、工厂工作的人，农村中既料理家务又务农或从事家庭副业的人，在别人家干家务活的临时工或小时工，均属于有工作的人，不选填此项。

4.丧失工作能力：指经专门机构鉴定或虽未鉴定但本人或其法定监护人认为，其因生理或心理疾患已丧失了从事劳动的能力。包括年老体弱生活不能自理的人员，但不包括离休、退休人员，这些人不论是身体残疾还是年老体弱生活不能自理，均选填“2.离退休”。

5.其他：指上述几种以外的原因。

C23.主要生活来源——指被登记人主要依靠什么生活。

如果被登记人同时有几种生活来源，选填其认为最主要的一项。

1.劳动收入：指主要依靠劳动报酬、经营利润或家庭收益（包括现金和实物收入）生活。

2.离退休金/养老金：指办理了离休、退休或退职手续，主要依靠从原工作单位或社会保险经办机构领取的离退休金（包括退职费）生活。

3.最低生活保障金：指建立最低生活保障制度的地区，家庭人均收入低于当地规定的最低生活保障线，主要依靠从政府有关部门或集体领取最低生活保障金生活，以及依靠民政部门发放的烈军属、五保户、残疾人等的生活抚恤金生活。

4.失业保险金：指失业保险经办机构依法支付给符合条件的失业人员的基本生活费用，是对失业人员在失业期间失去工资收入的一种临时补偿。

5.财产性收入：指以资金储蓄、借贷入股以及财产运营、房屋租赁等所取得的利息、股息、红利、租金等收入。

6.家庭其他成员供养：指主要依靠家庭其他成员或亲属的供养和资助生活。

7.其他：指上述几种以外的情况。

C24.婚姻状况——指被登记人在普查标准时点的实际婚姻状况。

1.未婚：指从未结过婚。

2.有配偶：指有配偶，处于婚姻中。

3.离婚：指曾经结过婚，但已办理了离婚手续且没有再婚，或正在办理离婚手续。

4.丧偶：指配偶已去世，且没有再婚。

人口普查的婚姻是指事实婚姻，不是单指法律意义上的婚姻，对不到法定结婚年龄，或未办理结婚手续而同居、实际结婚的人，应根据其在普查标准时点的实际情况，按照被登记人的申报选填。

C25.初婚年月——指被登记人第一次结婚时的年、月。

C26.生育子女数——指截止到普查标准时点，15 至 64 周岁妇女的生育状况。

1.未生育：指被登记妇女没有生育过子女。

2.有生育：指被登记妇女生育过子女，需分别填写生过和存活的子女数。

生过几个孩子：指生育的活产男孩和女孩数，包括产后不久就死亡的婴儿。胎儿脱离母体时（不管孕期长短），凡有过呼吸或心跳、脐带搏动、随意肌收缩等生命现象的，都视为“活产”。这里所说的“子女”是指该妇女的亲生子女，不包括丈夫前妻的子女和领养的子女，但鉴于有些家庭不愿公开领养关系，可尊重申报人的意愿，按亲生子女填报。

其中现在存活几个孩子：指活产子女中，仍然存活的男孩和女孩数，无论是否与父母一起居住。在普查标准时点前已死亡的孩子不包括在内。无存活子女的填写“0”。

C27.过去一年（2019 年 11 月 1 日—2020 年 10 月 31 日）的生育状况——指普查标准时点前 12 个月内，15 至 50 周岁被登记妇女的生育状况。

1.一年内未生育：指过去一年内没有生育过子女。

2.一年内有生育：指过去一年内生育过子女，需选填生育时间和孩子性别。

一年内生育两个以上孩子的，包括两次生育或生育多胞胎，还需填报第二个孩子的状况，第三个或以上的孩子不用填报。

C28.居住状况——指普查标准时点前一个月，60 周岁及以上被登记人的主要居住状况。

1.与配偶和子女同住：指与配偶和子女住在一起。

2.与配偶同住：指子女不在身边，与配偶住在一起。

3.与子女同住：指配偶不在身边，与子女住在一起。

4.独居（有保姆）：指本户中只有老人和保姆。

5.独居（无保姆）：指独身一人居住。

6.养老机构：指在提供养老服务的场所，包括敬老院、老年公寓等居住的情况。凡在养老机构居住的老年人，不论与谁同住。

7.其他：指上述几种以外的状况。

C29.身体健康状况——指60周岁及以上被登记人根据自身健康状况，对普查标准时点前一个月能否保证正常生活做出的自我判断。

1.健康：指过去一个月健康状况良好，完全可以保证日常的生活。

2.基本健康：指过去一个月健康状况一般，可以保证日常的生活。

3.不健康，但生活能自理：指普查标准时点前一个月健康状况不是太好，但可以基本保证正常的生活。

4.不健康，生活不能自理：指普查标准时点前一个月健康状况较差，不能照顾自己日常的生活起居，如吃饭、穿衣、自行走动等。

三、港澳台居民和外籍人员普查表

（一）住户项目

F1.户别——与短表H1相同。

F2.住所类型——与短表H5相同。

F3.本户现住房建筑面积——与短表H6相同。

F4.本户现住房间数——与短表H7相同。

（二）个人项目

R1.姓名——填写被登记人的正式姓名。婴儿未起名的，可填“未取名”。外籍人员的姓名最好用中文填写，也可以用其它文字填写。

R2.与户主关系——与短表D2相同。

R3.性别——与短表D4相同。

R4.出生年月——与短表D5相同。

R5.来内地（大陆）或来华目的——指被登记人来中华人民共和国境内居住的原因。

1.商务：指进行各种商务活动的人。

2.就业：指已有工作或正在寻找工作的人。

3.学习：指已经或准备在各类学校学习的人。

4.定居：指在中华人民共和国境内定居但没有工作或上学的人。包括在中华人民共和国境内工作人士的家属。

5.探亲：指探望亲戚或朋友的人。

6.其他：指上述以外的其他原因。

R6.已在内地（大陆）或在华居住时间——指到普查标准时点为止，被登记人在中华人民共和国境内居住的时间。

R7.受教育程度——指被登记人接受教育情况。按照被登记人的申报选填。

R8.身份或国籍——指被登记人是香港特别行政区居民、澳门特别行政区居民还是台湾地区居民。如果是外国人，还应填写国籍。

R9.工作情况——参照长表C18。

R10.行业——指被登记人的工作单位主要生产的产品或提供的服务类别，参照《国民经济行业分类（GB/T4754—2017）》，按标准选项据情选填。

R11.职业——指被登记人所从事的工作类别，按标准选项据情选填。

1.党的机关、国家机关、群众团体和社会组织、企事业单位负责人：指在中国共产党机关，国家机关，民主党派和工商联，人民团体和群众团体、社会组织及其工作机构，基层群众自治组织，企业、事业单位中担任领导职务并具有决策、管理权的人员。

2.专业技术人员：指从事科学研究和专业技术工作的人员。

3.办事人员和有关人员：指在公共管理和社会组织机构中从事行政业务、行政事务、行政执法和仲裁、安全保卫、消防和应急救援等工作的人员。

4.社会生产服务和生活服务人员：指从事商品批发零售、交通运输、仓储、邮政和快递、信息传输、软件和信息技术、住宿和餐饮以及金融、房地产、租赁和商务技术辅助、生态保护、文化、体育和娱乐等社会生产服务与生活服务工作的人员。

5.农、林、牧、渔业生产及辅助人员：指从事农、林、牧、渔业生产活动及辅助生产的人员。

6.生产制造及有关人员：指从事产品生产及设备制造，矿产开采，工程施工和运输设备操作的人员及有关人员。

7.不便分类的其他从业人员。

R12.婚姻状况——参照长表 C24。

四、死亡人口调查表

凡在普查短表户记录 H4 中，登记了 2019 年 11 月 1 日至 2020 年 10 月 31 日期间有死亡人口的户，还要登记死亡人口的具体情况。

S1.姓名——与短表 D1 相同。

S2.公民身份号码——与短表 D3 相同。

S3.性别——与短表 D4 相同。

S4.出生年月——与短表 D5 相同。

S5.死亡时间——指死亡人口死亡时的月份。

S6.民族——与短表 D6 相同。

S7.受教育程度——与短表 D11 相同。

S8.婚姻状况——与长表 C24 相同。

为保证死亡人口的登记质量，普查员在入户登记时应注意以下几点：

1.登记死亡人口时，一般以死亡前的常住地为登记地，而不以死亡发生时的地点（如医院等）为登记地。

2.本户常住人口中有死亡的，不论其与该户有无亲属关系，都应作为该户死亡人口予以登记。

3.对于无法确定死亡人口常住地，或登记时与死亡人口常住地联系不上的，如孤寡老人、流动人口等，一律在死亡发生地登记。